2017

高邮年鉴

GAOYOU YEARBOOK

高邮市地方志年鉴编纂委员会　编

方志出版社
Publishing House of Local Records

图书在版编目（CIP）数据

高邮年鉴. 2017/ 高邮市地方志年鉴编纂委员会编
. --北京：方志出版社，2017.12
ISBN 978-7-5144-2907-7

Ⅰ. ①高… Ⅱ. ①高… Ⅲ. ①高邮 – 2017 – 年鉴
Ⅳ. ①Z525.33

中国版本图书馆CIP数据核字(2017)第321963号

高邮年鉴（2017）

编　　者：高邮市地方志年鉴编纂委员会
责任编辑：李　静
出 版 人：冀祥德
出 版 者：方志出版社
地址　北京市朝阳区潘家园东里9号（国家方志馆4层）
邮编　100021
网址　http://www.fzph.org
发　　行：方志出版社图书经销中心
电话（010）67110500
经　　销：各地新华书店
印　　刷：扬州市机关彩印中心
开　　本：889×1194毫米　1/16
印　　张：26.75
字　　数：895千字
版　　次：2017年12月第1版　2017年12月第1次印刷
印　　数：0001～1000册
ISBN 978-7-5144-2907-7　　定价：150.00元

高邮年鉴编辑部地址：江苏省高邮市海潮东路 89 号高邮市城市商务大厦 16 楼
邮政编码：225600　　电话：0514－84614796

编 辑 说 明

一、2017 年版《高邮年鉴》是由中共高邮市委员会、高邮市人民政府主办,高邮市地方志年鉴编纂委员会编纂,高邮市地方志办公室具体编辑,方志出版社出版的地方综合年鉴。该版年鉴系第 29 卷,为大 16 开精装本。

二、本版年鉴以马克思列宁主义、毛泽东思想、邓小平理论、“三个代表”重要思想、科学发展观、习近平新时代中国特色社会主义思想为指导,坚持实事求是的原则,主要记载2016年度高邮市在经济建设、政治建设、文化建设、社会建设、生态文明建设中的新成就、新经验、新典型,集全市政治、经济、文化和社会生活等方面基本情况于一册。本版年鉴对2017年上半年发生的部分重要事项分别在《特载》《市情概览》《人物》等篇目和彩页中予以记载,并在时间上加注“2017年”。

三、本版年鉴对使用频率较高的较长词句,初次用全词句,再次用缩略语。

四、本版年鉴按照增强资料性和实用性的要求,在相关篇目中设有企事业单位名录、各村和社区基本情况等项内容。对少数需要说明的问题,分别在所属条目后列有“资料链接”。文中表格列有统一表序。

五、本版年鉴对部分篇目进行了调整,删去《趣闻轶事》篇目。

六、本版年鉴所载资料,以各部门、各乡镇(园区)和有关单位的专人撰写、负责人审核为主,并经供稿单位审校后刊用。所载主要数据,除市委工作报告、市政府工作报告、引文中的数字和计量单位保持原貌外,凡市统计局列入统计的,按其公布的数字作适当校改;市统计局未列入统计的,以各乡镇(园区)、部门、单位提供的数字入鉴;对难以统一认定但不可缺的重要数据,采用多说并存方法,并注明数据来源。

七、本版年鉴采用分类编辑法,设篇目、分目、条目三个层次。全书共有 31 个篇目、203 个分目、1720 个条目、73 幅表格。设有彩页 4 页,文中黑白照片 35 幅。选载的照片,除署名者外,由供稿单位提供。

八、本版年鉴设有中英文总目、目录、书眉、索引等组成的检索系统,以供读者查阅。

九、本版年鉴所登载的照片或文字稿件若署名遗漏或有误,请摄影者或作者与编辑部联系,以便发放稿酬并在下一版《高邮年鉴》中予以更正。

十、《高邮年鉴》系集体创作成果。本版年鉴的编辑出版,得到全市各级领导、各乡镇(园区)、各部门、各党群机构、有关企事业单位、撰稿人和方志出版社、扬州市机关彩印中心的热情支持,对此深表谢意。同时,欢迎海内外各界人士提出宝贵意见,以便把《高邮年鉴》办得更好。

领导视察

江苏省委常委、副省长、省“双学双比”活动领导小组组长杨岳（前中）出席在高邮市召开的全省农村妇女创业创新行动现场推进会并现场观摩

（市妇联供稿）

江苏省人大常委会副主任刘永忠（右四）到高邮市调研《江苏省少数民族权益保障条例》《民族乡行政工作条例》贯彻落实情况

（朱根榴 摄）

江苏省人大常委会副主任公丕祥（右一）到高邮市开展矛盾纠纷多元化解机制建设等专题调研

（市法院办公室供稿）

江苏省政协副主席范燕青（前右三）到高邮市调研视察工作

（市政协办公室供稿）

2016年7月28～30日，举行中国共产党高邮市第十一次代表大会

（吴同祥 摄）

2016年 1月10～13日，举行高邮市十四届人民代表大会第五次会议

（市人大常委会办公室供稿）

2016年 1月10～12日，举行政协高邮市第十二届委员会第五次会议

（市政协办公室供稿）

2016年扬州"烟花三月"国际经贸旅游节暨第十二届中国双黄鸭蛋节重大项目集中开工投产仪式现场

（刘媛 摄）

2016年扬州市（高邮）"8·18"重大项目集中开工仪式现场

（刘媛 摄）

重要活动

第十二届中国双黄鸭蛋节开幕式暨产业合作商机说明会现场

（杨龙 摄）

扬州（高邮）国家农业科技园区暨扬州大学现代农业科教示范园奠基仪式现场

（刘媛 摄）

高邮市第三届广场舞蹈大赛现场

（冯志荣 摄）

城市建设

第十二届中国双黄鸭蛋节城建项目集中开竣工仪式现场　　（市城建局办公室供稿）

S333高邮东段改扩建工程开工暨S611高邮段通车仪式现场　　（王莉　摄）

横泾河改造工程一景　　（朱仁权　摄）

市河水曲溪园新貌　　（朱仁权　摄）

南海子河新貌　　（朱仁权　摄）

高邮市部分机构全称、简称对照表

全　称	简　称
中共高邮市委员会	市委
中共高邮市纪律检查委员会	市纪委
市委办公室	市委办
市委统一战线工作部	市委统战部
市委政法委员会	市委政法委
市委农村工作办公室、市政府农村工作办公室	市农工办
市机构编制委员会办公室	市编制办
市委台湾工作办公室、市政府台湾事务办公室	市台办
市委市级机关工作委员会	市级机关工委
市精神文明建设指导委员会办公室	市文明办
市地方志办公室	市志办
市社会治安综合治理委员会办公室	市综治办
市人民政府	市政府
市政府办公室	市政府办
市农业委员会	市农委
市农业机械管理局	市农机局
市发展和改革委员会	市发改委
市经济和信息化委员会	市经信委
市科学技术局	市科技局
市人力资源和社会保障局	市人社局
市环境保护局	市环保局
市城乡建设局	市城建局
市住房保障和房产管理局	市房管局
市建筑工程管理局	市建管局
市人民防空办公室	市人防办
市城市管理局	市城管局
市民族宗教事务局	市民宗局
市政府外事侨务办公室	市外侨办
市安全生产监督管理局	市安监局
市市场监督管理局	市市场监管局
市拥军优属、拥政爱民工作领导小组办公室	市双拥办
市老龄工作委员会办公室	市老龄办
市国有资产监督管理办公室	市国资办
市国土资源局	市国土局

全　称	简　称
市爱国卫生运动委员会办公室	市爱卫办
市文化广电新闻出版局	市文广新局
江苏省高邮经济开发区	高邮经济开发区
市国家税务局	市国税局
扬州市高邮地方税务局	高邮地税局
市人民法院	市法院
市人民检察院	市检察院
中国电信股份有限公司高邮分公司	电信高邮分公司
中国人民银行高邮市支行	人行高邮市支行
中国银行业监督管理委员会扬州监管分局高邮办事处	扬州银监分局高邮办事处
中国农业发展银行高邮市支行	农发行高邮市支行
中国工商银行股份有限公司高邮支行	工商行高邮支行
中国农业银行股份有限公司高邮市支行	农行高邮市支行
中国建设银行股份有限公司高邮支行	建行高邮支行
中国银行股份有限公司高邮支行	中行高邮支行
中国邮政储蓄银行高邮市支行	邮储行高邮市支行
江苏高邮农村商业银行股份有限公司	高邮农村商业银行
中国人民财产保险股份有限公司高邮支公司	财保高邮支公司
中国人寿保险股份有限公司高邮支公司	寿保高邮支公司
江苏省烟草公司扬州市公司高邮营销部	高邮烟草营销部
江苏省苏盐连锁有限公司高邮分公司	高邮盐业分公司
共青团高邮市委员会	团市委
市妇女联合会	市妇联
市工商业联合会	市工商联
市文学艺术界联合会	市文联
市科学技术协会	市科协
市哲学社会科学界联合会	市社科联
市计划生育协会	市计生协会
市残疾人联合会	市残联
市关心下一代工作委员会	市关工委

2016 数字高邮

境域面积 1963 平方千米
水域面积 788 平方千米
陆地面积 1175 平方千米
城区建成区面积 26.4 平方千米
城区实有铺装道路 284.4 千米
总户数 25.51 万户
总人口 81.48 万人
男性 40.56 万人
女性 40.92 万人
人口密度 415 人/平方千米
少数民族人口 9041 人
回族人口 7197 人
人口自然增长率 0.62‰
乡镇区(含高邮经济开发区)15 个
村委会 175 个
社区居委会 52 个
年平均气温 16.7℃
年降水量 1553 毫米
地区生产总值 537.5 亿元
第一产业增加值 69.59 亿元
第二产业增加值 237.86 亿元
工业增加值 194.85 亿元
建筑业增加值 43.01 亿元
第三产业增加值 230.05 亿元
人均地区生产总值 72562 元
工业企业 6400 家
规模以上企业 522 家
规模以上企业产值 1205.11 亿元
规模以上企业销售收入 1161.1 亿元
规模以上企业利税总额 92.55 亿元
新增国家级高新技术企业 53 家
新增省以上高新技术产品 131 种
个体工商户 3.32 万户
农业总产值 135.64 亿元
粮食总产量 85.98 万吨
棉花总产量 51 吨
油料总产量 1931 吨
生猪出栏量 31.09 万头
家禽出栏量 1227 万只
水产品产量 13.79 万吨
农机总动力 71.9 万千瓦
公路总里程 2133.72 千米
高速公路 44.26 千米
一级公路 90.31 千米
二级公路 305.7 千米
路网密度 108.7 千米/百平方千米
内河通航里程 613.86 千米
交通系统客运量 2892 万人
交通系统客运周转量 18.77 亿人/千米
交通系统港口操作量 818 万吨
长途汽车班车线路 62 条
农村公交线路 12 条
城区公交线路 10 条
出租汽车 337 辆
邮政业务收入 1.3 亿元
电信业务收入 2 亿元
城区电话用户 8.63 万户
农村电话用户 7.22 万户
百户城镇居民电脑拥有量 89 台
全社会固定资产投资额 455.6 亿元
社会消费品零售总额 170.1 亿元
城乡交易额超亿元专业交易市场 6 家
自营出口额 4.33 亿美元
实际利用外资及港澳台资 5055 万美元
旅游接待人数 447.36 万人次
公共财政收入 34.12 亿元
国家税收 22.09 亿元
地方税收 38.44 亿元
城乡居民储蓄存款余额 346.46 亿元
中等职业学校在校生 6648 人
高级中学在校生 1.05 万人
初级中学在校生 1.6 万人
小学在校生 2.68 万人
入园儿童 1.49 万人
医疗机构 250 家
医院病床 2502 张
城市居民人均可支配收入 31429 元
农村居民人均可支配收入 16952 元
城区人均住宅面积 45.25 平方米
农村人均住宅面积 45.79 平方米

总　目

Table of Contents

目　　录

Contents

特　　载

大事纪要

市情概览

城乡建设·环境保护

开放与开发

农村工作和农业·水利

工　业

建筑业·房产业

信息化建设

供电·交通·邮政

商业·服务业

金融业

经济综合管理

财政·税务

中共高邮市委员会

高邮市人民代表大会及其常务委员会

高邮市人民政府

政协高邮市委员会

法治·国防

科学技术

教育

文化·体育

医疗卫生

人力资源

社会组织

社会保障

社会事务管理

乡 镇

人 物

附 录

索 引

封面 镇国寺景区 盐河两岸风光
封底 “邮驿之路”雕塑

特　　载

Special Feature

视察与调研

全国人大常委会副委员长、民建中央主席陈昌智到高邮市视察企业

7月28日下午，全国人大常委会副委员长、民建中央主席陈昌智到高邮市，视察民建会员企业——扬州市华翔有色金属有限公司。全国政协委员、民建中央组织部部长李世杰，江苏省政协副主席、民建江苏省委主任委员洪慧民，江苏省政协副秘书长、民建江苏省委专职副主任委员郝星辰，扬州市委书记谢正义，扬州市政协副主席王克胜，扬州市人大常委会秘书长林正玉及高邮市领导勾凤诚、潘学元、薛晓寒、高长明、张拥军等参加活动。

陈昌智到该公司后，察看车间生产状况，询问原料进货渠道，了解产品销售途径，并听取该公司负责人生产经营情况汇报。他特别叮嘱企业负责人，一定要环保绿色生产，不能对周边大气、水、土地等环境造成污染，确保人民群众生产安全、生活健康。他希望民建会员企业要注意稳步发展，顺应形势，切莫贪快贪大；要坚持走创新之路，技术上要创新，产品开发上要创新，营销模式上要创新，制度管理上要创新，为经济社会发展做贡献，为民建组织增光彩。　（陆业斌）

国务院参事一行到高邮市调研江淮生态大走廊建设和生态农业发展

11月11日，国务院原参事、农业部原部长刘坚和国务院参事室参事葛志荣、刘志仁、黄当时等到高邮市，专题调研江淮生态大走廊建设和生态农业发展情况。市领导勾凤诚、潘学元、张新钢、孙建年、杨文喜等参加活动。

刘坚一行实地察看清水潭生态中心、高邮湖、高邮鸭良种繁育中心富硒鸭养殖基地、中国鸭文化博物馆、扬州高邮国家农业科技园区等处。他们边走边看边问，详细了解高邮市江淮生态大走廊建设和生态农业发展情况。各位参事对高邮市的工作给予充分肯定，同时要求该市要充分发挥历史文化的优势和得天独厚的自然禀赋，继续夯实生态建设和文化建设的基础；要抢抓国家“一带一路”倡议等所带来的重要机遇，进一步做精做专特色产业，持续加快经济发展步伐；要充分认识江淮生态大走廊建设的重大意义，以高度的历史责任感推进江淮生态大走廊建设，使之成为高邮的统领性发展战略。　（郭玉梅）

教育部、财政部调研组到高邮市调研学前教育改革发展工作

3月24日上午，教育部基础教育二司巡视员李天顺、财政部教科文司教育二处调研员张禹钦率教育部、财政部调研组到高邮市，专题调研学前教育改革发展工作。高邮市领导汤学仁陪同调研。

调研组在听取相关情况汇报后认为，高邮市对学前教育改革发展做到领导重视，措施扎实，推进得力，成效显著。调研组建议，要不断完善“县乡共管、以县为主”的学前教育管理体制，建立健全学前教育统筹规划、政策引导、投入保障、日常监管和督导评估机制，努力推动各级各类幼儿园

走特色化、品牌化发展之路;切实加大对学前教育的统筹力度,合理配置城乡学前教育资源,不断促进城乡学前教育优质、普惠和均衡发展;强化师资队伍建设,切实改善现有城乡幼师队伍的年龄结构、学历结构和专业结构,着力打造一支高素质、高水平的幼教队伍;加强督导评估,在着力加强对各级各类幼儿园科学评估的同时,逐步提高依法治园、内部管理、教育科研和保教质量的考核权重,全面提升学前教育发展水平。其间,调研组一行还进行实地考察和座谈活动。 (管玮玮)

中华全国集邮联合会会长杨利民率专家组到高邮市开展筹建中国集邮家博物馆专题论证

5月8～9日,中华全国集邮联合会会长杨利民率中华全国集邮联合会、中国邮政文史中心、江苏省邮政公司、江苏省集邮协会等相关单位领导与专家到高邮市,就筹建中国集邮家博物馆开展专题论证。高邮市领导韩方、钱富强等参加活动。

8日,杨利民一行与市集邮协会负责人和部分集邮爱好者进行座谈交流。杨利民在听取相关情况介绍后说,高邮集邮活动跳出集邮爱好者自娱自乐的小圈圈,主动与中心工作相结合,充分体现集邮的社会价值和意义,这是高邮集邮事业发展的成功之道,值得推广。杨利民还对市集邮协会会刊《盂城邮花》开辟企业集邮协会专版的创意表示肯定。

9日上午,杨利民一行在听取高邮市委、市政府和相关部门工作汇报后,一致赞成高邮市筹建中国集邮家博物馆。同时希望该市要从实际出发,开拓创新,加快筹建步伐;要加强领导,统筹规划,让博物馆早日成型,逐步完善;严格认定入馆的集邮家,注重深入挖掘和整理其藏品背后的故事,让人们了解中国集邮文化发展的历程;要通过传统与现代相融合的技术手段,集展示与体验、交流与交易为一体,将集邮家博物馆真正办出名气、办出成效。其间,杨利民一行还实地考察盂城驿及工程现场。 (杨 勇 管玮玮)

资料链接 高邮是一座因"邮"而生、因"邮"而兴的城市。秦王嬴政二十四年(前223年),秦始皇沿邗沟通邮路在此"始筑台、置邮亭",后设高沙馆,故名高邮,又称秦邮。因居水中,形似覆盂,又称盂城。唐设高邮驿,增设水驿。宋设迎华驿、马递铺。元设秦淮驿。明置界首驿、界首递运所、盂城驿。至此,高邮州境内形成由盂城驿、界首驿、界首递运所和总铺、八里铺、王琴铺、露筋铺、柴庄铺、塘头铺、张家沟铺、井亭铺、唐湾铺、盖楼铺、第一沟铺、第二沟铺、王良沟铺、第三沟铺、官沟铺等东西南北中15处邮舍(急递铺)构成较为完备的邮传体系。晚清,始设大清邮局。从此,现代邮政开始逐步兴起。两千多年的中国邮政发展史浓缩于一城——高邮城。如今,市内有全国规模最大、保存最为完好的古代驿站——盂城驿,民间集邮氛围十分浓厚,全市获"中国集邮之乡"称号。市委、市政府为进一步弘扬集邮文化,着力打造"东方邮都"品牌,经过论证,决定在盂城驿东侧筹建中国集邮家博物馆。 (杨 勇 管玮玮 高志中)

国家邮政局副局长赵晓光一行到高邮市就邮文化建设展开调研

8月24日上午,国家邮政局副局长赵晓光一行到高邮市,就邮文化建设展开调研。江苏省邮政管理局党组书记、局长张水芳,扬州市邮政管理局党组书记、局长张宏亮,高邮市领导勾凤诚、孙建年陪同调研。

赵晓光一行先后到盂城驿、邮驿博物馆、中国集邮家博物馆(筹)等处,进行实地察看调研。他听讲解、问历史、讲邮事,被高邮市邮文化历史遗存所深深吸引,对高邮市保护、挖掘、弘扬邮文化工作给予高度评价。赵晓光表示,国家邮政局将全力支持高邮市邮文化建设,让全国保存最好、规模最大的古代驿站——盂城驿更加熠熠生辉。同时,他希望高邮市在筹建中国集邮家博物馆的过程中,要切实做好集邮家向上争取及相关协调工作,要以独特的、全国唯一的标准做好集邮家博物馆的筹建工作。 (殷朝刚)

中国地震局调研组到高邮市调研防震减灾工作

9月28～29日,中国地震局副局长修济刚率调研组到高邮市,专题调研该市的防震减灾和创建国家防震减灾示范县工作。高邮市领导孙建年、高长明陪同活动。

其间,修济刚一行先后察看高邮经济开发区民生花苑应急物资仓库和应急疏散场地、九园社区服务中心、高邮明清运河故道、高邮中学、高邮地震台等处,听取高邮市防震减灾工作和创建国家防震减灾示范县工作情况汇报。修济刚对高邮市防震减灾工作和创建国家防震减灾示范县工作给予充分肯定。认为高邮市委、市政府高度重视，部门工作协调有力，全市防震减灾工作扎实、全面、到位，创建国家防震减灾示范县工作有亮点、有特色，有很多好的经验和做法值得推广。修济刚表示，调研结束后将宣传和推广高邮市的经验与做法，全力支持和帮助高邮市创建国家防震减灾示范县。

（杨晓莉）

中共江苏省委常委、副省长杨岳到高邮市出席全省农村妇女创业创新行动现场推进会并现场观摩

12月7～8日，中共江苏省委常委、副省长、省“双学双比”活动领导小组组长杨岳，出席在高邮市召开的全省农村妇女创业创新行动现场推进会并现场观摩。扬州市委副书记、代市长张爱军，扬州市副市长丁一，高邮市领导勾凤诚、潘学元、王学峰、杨文喜等参加活动。

8日上午，杨岳一行现场观摩江苏省巾帼电商服务示范基地——苏中特色农产品巾帼电商园。一进该园，杨岳就被浓浓的创业创新氛围所吸引。“什么时候引进阿里巴巴农村淘宝项目的，目前农村淘宝店有多少家？”“2015年，阿里巴巴农村淘宝项目落户高邮。目前全市以‘村淘’为依托已建成村级巾帼电商服务站67个。”“园区为入园企业提供哪些服务？”“我们提供办公场地、仓储5000平方米，免租金、水电费、网络费1～2年，同时提供免费注册、开通网店、代办会计等配套业务。”得知这些情况后，杨岳十分欣慰，他要求进一步引导更多农村妇女积极投身创业创新行动，真正实现自身价值。随后，杨岳一行又到江苏高邮鸭集团，参观中国鸭文化博物馆，实地了解高邮咸鸭蛋生产制作流程和网上销售情况。

在推进大会上，杨岳作主题讲话，张爱军致辞，高邮市政府等6个单位做交流发言。会议期间，与会人员还现场观摩省巾帼现代农业科技示范基地——江苏丰庆种业有限公司、省“双学双比”女能手企业——高邮巧妹子科技养殖园等处。

（郭玉梅）

江苏省人大常委会副主任公丕祥率调研组到高邮市开展专题调研

6月1日下午，江苏省人大常委会副主任公丕祥率调研组到高邮市，开展矛盾纠纷多元化解机制建设等方面的专题调研。扬州市中级人民法院党组书记、院长蒋惠琴，高邮市领导徐健、高长明参加活动。

在调研座谈会上，市委常委、政法委书记徐健汇报高邮市运用法治思维和法治方式化解社会矛盾的工作情况。听取汇报后，公丕祥充分肯定高邮市矛盾纠纷多元化解工作取得的成效。同时要求充分认识完善矛盾纠纷多元化解机制的重大意义，充分发挥职能部门在矛盾纠纷化解当中的引导、推动、保障作用，探索建立矛盾纠纷多元化解告知制度，建立健全多元化解平台，强化多元纠纷化解机制工作信息化管理，确保依法规范有效推进相关工作。

（邮法宣　王小敏）

江苏省人大常委会副主任刘永忠率调研组到高邮市开展专题调研

12月7日，江苏省人大常委会副主任刘永忠率调研组到高邮市，就《江苏省少数民族权益保障条例》和《民族乡行政工作条例》贯彻落实情况进行专题调研。扬州市人大常委会副主任陈卫庆、扬州市副市长宫文飞和高邮市领导勾凤诚、张秋红、孙建年、杨文喜、薛晓寒陪同调研。

刘永忠一行实地视察菱塘回族乡的扬州曙光电缆股份有限公司、清真村便民服务中心、古清真寺、民族广场、民族文化宫、回民小区，认真观看菱塘回族乡专题宣传片，并详细听取相关情况的汇报。

刘永忠充分肯定高邮市在贯彻落实民族工作两个条例和促进菱塘回族乡经济社会发展方面取得的成绩。他说，高邮市各级党委、人大和政府高度重视两个条例的贯彻落实，把民族工作放在十分重要的位置抓实抓好，推动菱塘回族乡出现经济繁荣、环境优美、宜居宜业、团结和谐的良好局面。他希望菱塘回族乡在落实两个条例的实践中，能够取得更多更好的成果；按照省第十三次党代会“两聚一高”的新要求，充分发挥民族团结进步优势、品牌优势、产业优势、生态优势和旅游特色优势，取得更大成绩，给回汉群众带来更多实惠。他要求，面对新时期民族工作的新情况和新问题，要进一步提高认识，宣传好和落实好民族工作的两个条例，进一步加大对民族乡村各项事业的支持力度，在各方面给予倾斜，促进民族乡村经济和社会事业取得长足发展；要深入基层和群众中进行广泛调研，及时收集两个条例在基层落实中存在的问题，为省人大常委会修改和完善条例提出积极的意见和建议。

（高志中）

江苏省政协副主席范燕青到高邮市开展专题调研

4月12日，江苏省政协副主席范燕青率部分省政协委员到高邮市，就“宗教事务依法管理与宗教场所文物保护”开展专题调研。扬州市政协副主席杨明荣和高邮市领导徐永宝、张新钢、杨文喜、居晓波等参加活动。

调研座谈会上，在听取高邮市对调研专题相关内容的汇报、意见和建议后，范燕青等对高邮市的宗教事务依法管理与宗教场所文物保护工作给予肯定。他说，高邮的经济社会取得长足发展，民族宗教工作在全省有地位、全国有影响，好的经验、做法值得大家去借鉴、学习。他要求，省相关人员要将高邮提出的意见和建议归纳整理好，回去尽快落实到工作中去，尽力帮助解决难点问题。同时，他要求高邮要进一步完善制度，合理开发，保护修缮，促进全市宗教事务依法管理与宗教场所文物保护工作健康、有序发展。

其间，范燕青一行还先后到抗日战争最后一役纪念馆、柳荫禅林、镇国寺、菱塘回族乡古清真寺等处进行现场调研。（杨晓莉）

江苏省军区司令员李大清到高邮市视察人民武装工作

8月31日，江苏省军区司令员李大清一行到高邮市，视察全市人民武装工作。扬州军分区司令员郦斌，扬州军分区政治委员许建树，高邮市委书记勾凤诚和市委常委、市人民武装部政委陈立柱陪同视察。

在视察汇报会上，勾凤诚和陈立柱分别作人武工作汇报。李大清听取汇报后，给予充分肯定。他要求，市人武部要把征兵工作做好，严把兵员质量关，确保不退兵；做好杭州G20峰会（20国集团领导人会议）其间全市安全工作，坚决把纪律和规矩挺在前面；严格抓好队伍建设，加强专武干部教育和训练，扎实有效开展人武部基础性工作。（王小敏）

重要文告

国务院《关于同意将江苏省高邮市列为国家历史文化名城的批复》

11月22日，国务院下发《关于同意将江苏省高邮市列为国家历史文化名城的批复》。批复原文为：

江苏省人民政府：

你省关于申报高邮市为国家历史文化名城的请示收悉。现批复如下：

一、同意将高邮市列为国家历史文化名城。高邮市历史悠久，文化遗存丰富，古城传统格局和风貌保持完好，邮驿文化和运河文化特色突出，具有重要的历史文化价值。

二、你省及高邮市人民政府要根据本批复精神，按照《历史文化名城名镇名村保护条例》的要求，正确处理城市建设与保护历史文化遗产的关系，深入研究发掘历史文化遗产的内涵与价值，明确保护的原则和重点。编制好历史文化名城保护规划，并将其纳入城市总体规划，划定历史文化街区、文物保护单位、历史建筑的保护范围及建设控制地带，制定严格的保护措施。在历史文化名城保护规划的指导下，编制好重要保护地段的详细规划。在规划和建设中，要重视保护城市格局，注重城区环境整治和历史建筑修缮，不得进行任何与名城环境和风貌不相协调的建设活动。

三、你省和住房城乡建设部、国家文物局要加强对高邮市国家历史文化名城规划、保护工作的指导、监督和检查。

中华人民共和国国务院

2016年11月22日

江苏省人民政府《关于筹建江苏省高邮高新技术产业开发区的批复》

5月17日，江苏省人民政府下发《关于筹建江苏省高邮高新技术产业开发区的批复》。批复原文为：

扬州市人民政府：

你市《关于恳请同意高邮湖西新区申报省级高新技术产业开发区的请示》收悉。现批复如下：

一、同意在高邮市筹建江苏省高邮高新技术产业开发区，实行现行的省级高新技术产业开发区政策。

二、江苏省高邮高新技术产业开发区（筹）规划面积3.35平方千米，包括两个区块。区块一规划面积1.14平方千米，四至范围为：东至南北大道，南至曙光路，西至扬菱北路，北至菱支路；区块二规划面积2.21平方千米，四至范围为：东至333省道，南至向阳河，西至邮仪公路、工业区规划南北支路、规划纬十九路、南北大道，北至规划纬十六路。

三、江苏省高邮高新技术产业开发区（筹）必须严格实施土地利用总体规划和城市总体规划，按规定程序履行具体用地报批手续；必须依法供地，以产业用地为主，严禁房地产开发，合理、集约、高效利用土地资源。

四、望你市切实加强对筹建工作的组织领导，推动江苏省高邮高新技术产业开发区（筹）全面贯彻创新、协调、绿色、开放、共享的发展理念，深入实施创新驱动发展战略，按照布局集中、产业集聚、用地集约、特色鲜明、规模适度、配套完善的要求，立足科学发展，着力自主创新，完善体制机制，优化发展环境，努力成为自主创新的战略高地、培育发展战略性新兴产业的核心载体、抢占高新技术产业制高点的前沿阵地，为推进供给侧结构性改革，加快转换发展动力机制，把我省建设成为具有全球影响力的产业科技创新中心和具有国际竞争力的先进制造业基地做出积极贡献。

江苏省人民政府

2016年5月17日

资料链接 经过多年发展，湖西新区已成为极具鲜明特色的产业集聚区，初步形成以绿色照明产业、电线电缆产业、太阳能光伏产业为主导的光伏特色产业群。湖西新区获批省级高新区，将促新区在更高的平台上集聚科技资源，创新体制机制，提高原始创新、集成创新和引进消化吸收再创新的能力，实现产业结构和科技创新能力的升级，成为带动区域经济结构调整和经济增长方式转变的强大引擎，有利于发挥新区的辐射带动作用，激发高邮产业经济发展活力；率先承接长三角地区高新技术产业、创新创业人才、科研机构等高端要素转移，带动高邮整体融入长三角一体的进程，促进苏南苏北融合发展。 （张松青 周雷森）

国家质量监督检验检疫总局《关于批准对涉县柴胡等70个产品实施国家地理标志产品保护的公告》

12月28日，国家质量监督检验检疫总局下发《关于批准对涉县柴胡等70个产品实施国家地理标志产品保护的公告》，高邮市政府申报的高邮湖大闸蟹名列其中。公告摘录为：

根据《中华人民共和国地理标志产品保护规定》，国家质量监督检验检疫总局组织专家对涉县柴胡、涉县连翘、迁安桑皮纸（迁纸）……高邮湖大闸蟹、如东条斑紫菜……彭阳红梅杏共70个地理标志产品保护申请进行技术审查。经审查合格，批准上述产品为国家地理标志保护产品，自即日起实施保护。

……

十四、高邮湖大闸蟹

（一）产地范围。

高邮湖大闸蟹产地范围为江苏省高邮市高邮湖水域及其流域。

（二）专用标志使用。

高邮湖大闸蟹产地范围内的生产者，可向高邮市市场监督管理局提出使用“地理标志产品专用标志”的申请，经江苏省质量技术监督局审核，报质检总局核准后予以公告。高邮湖大闸蟹的检测机构由江苏省质量技术监督局在符合资质要求的检测机构中选定。

（三）质量技术要求。（略）

……

国家质量监督检验检疫总局

2016年12月28日

城市名片

国家旅游局公布高邮市为国家全域旅游示范区

10月21日，国家旅游局下发《关于公布第二批国家全域旅游示范区创建单位名单的通知》，高邮市名列其中，被认定为第二批国家全域旅游示范区。 （高志中）

国家文物局下发通知 龙虬庄遗址被列入大遗址保护专项规划

10月31日，国家文物局下发《关于印发〈大遗址保护“十三五”专项规划〉的通知》，在该通知所列附件《“十三五”时期大遗址·各省、自治区、直辖市的大遗址》名单中，列有“江苏省·龙虬庄遗址”。 （高志中）

江苏省委、省政府颁授高邮市“国家生态市”匾牌

2月24日，江苏省委、省政府召开生态文明建设大会。会上，省委、省政府向全省近两年获“国家生态市、县（区）”称号的15个市、县（区）颁授匾牌，高邮市名列其中。 （周雷森）

表1 **2016年度高邮市获扬州市以上荣誉一览表**

时间	获誉对象	称号	授誉机关
一、高邮市			
2月24日	高邮市	"国家生态市"匾牌	中共江苏省委、江苏省人民政府
2月15日	高邮市	2015年度经济社会发展综合考评一等奖	扬州市人民政府
2月18日	高邮市	高邮国家食品安全检测检验技术服务基地	江苏省食品药品监督管理局
4月13日	高邮市	"十二五"江苏省人口协调发展先进市	江苏省人民政府
4月17日	高邮市	江苏省农村电子商务示范县(第二批)	江苏省商务厅
4月22日	高邮市	2016年"长三角"地区自驾游热门十强城市	"长三角"自驾游专家委员会
6月16日	高邮市	江苏省国土资源节约集约利用模范市(2015年度)	江苏省国土资源厅
9月14日	高邮市	全省法治建设示范市(2014～2015年)	中共江苏省委、江苏省人民政府
9月14日	高邮市	全省平安市	江苏省社会治安综合治理委员会
10月15日	高邮市	原味大闸蟹之乡	江苏省餐饮行业协会
10月21日	高邮市	国家全域旅游示范区(第二批)	国家旅游局
11月7日	高邮市	2016年度中国中小城市综合实力百强县市(第64位)、中国最具投资潜力中小城市百强县市(第46位)、中国中小城市创新创业(双创)百强县市、中国中小城市新型城镇化质量百强县市	全国中小城市经济发展委员会、中小城市发展战略研究院、中国中小城市科学发展指数研究课题组等
11月7日	高邮市	江苏省妇幼健康优质服务示范市	江苏省卫生和计划生育委员会
11月22日	高邮市	国家历史文化名城	国务院
12月6日	高邮市	全省公共文化服务体系建设示范市(第三批)	江苏省文化厅
12月20日	高邮市	中国羽绒服装制造名城(第三次)	中国纺织工业联合会、中国服装协会
12月21日	高邮市	阿里巴巴农村最美县域	阿里巴巴集团、江苏省
12月26日	高邮市	中国城市公益慈善指数百强(第76位)	中国慈善联合会
12月26日	高邮市	江苏省社区教育示范区(2016年度)	江苏省教育厅
12月29日	高邮市	全国计划生育优质服务先进单位(2014～2016年)	国家卫生计生委
12月29日	高邮市	全国"百佳"国地税合作县级示范区	国家税务总局
二、乡镇、园区、村			
1月26日	扬州农业科技园高邮核心区——八桥农业科技园	国家农业科技园区	科技部
3月	高邮城南经济新区(车逻镇)	社区教育示范乡镇(2015年)	中国成人教育协会社区教育专业委员会
5月17日	高邮湖西新区	江苏省高邮高新技术产业开发区(筹)	江苏省人民政府
8月31日	汤庄镇	中国液压机械产业集群镇	中国机械工业联合会
9月6日	三垛镇、临泽镇、菱塘回族乡	全国重点镇	住房和城乡建设部、国家发展和改革委员会、财政部、国土资源部、农业部、民政部、科技部
10月14日	龙虬镇	国家卫生乡镇	江苏省爱国卫生运动委员会
11月25日	高邮经济开发区电池工业园	江苏省高端装备制造业特色产业基地(第三批)	江苏省经济和信息化委员会

续表1

时 间	获誉对象	称 号	授誉机关
11月28日	菱塘回族乡	江苏省农村电子商务示范镇(第二批)	江苏省商务厅
12月7日	高邮经济开发区九园社区	全国综合减灾示范社区	国家减灾委员会、民政部
12月8日	扬州(高邮)国家农业科技园区高邮特色水禽星创天地	全国“星创天地”(第一批)	科技部
12月10日	菱塘回族乡菱塘村	2016中国名村影响力排行榜(300佳)第279位(第三届)	中国村社发展促进会特色村工作委员会、同济大学现代村镇发展研究中心、亚太农村社区发展促进会(APCRD)中国委员会、中华口碑中心(CPPC)
12月17日	菱塘回族乡	国家园林村镇	住房和城乡建设部
12月23日	高邮镇琵琶社区	国家地震安全示范社区	中国地震局
12月	高邮高新技术产业开发区	全国道路照明灯具产业知名品牌创建示范区(筹)	国家质量监督检验检疫总局
12月	高邮城南经济新区(车逻镇)	粮食生产全程机械化乡镇(2016年)	江苏省农业机械管理局
三、部门 、社团			
1月31日	市新闻信息中心	2015年度江苏省县市新闻中心工委先进集体	江苏省县市报研究会、江苏省新闻中心工作委员会、江苏省今世缘酒业股份有限公司
3月	市物价局	2015年度全省价格工作先进单位	江苏省物价局
3月	市个体私营经济协会、市建筑业协会、市纪检监察协会、市农机安全互助协会	江苏省示范性社会组织	江苏省民政厅
3月	卸甲镇总工会	2015年度江苏省模范职工之家	江苏省总工会
5月	市财政局	全省财政系统先进集体	江苏省人力资源和社会保障厅、江苏省财政厅
5月	送桥镇计划生育协会	全国计划生育协会乡级先进单位	中国计划生育协会
10月25日	市文化广电新闻出版局	江苏省文化系统先进集体	江苏省人力资源和社会保障厅、江苏省文化厅
12月	市集邮协会	全国先进集邮协会	中华全国集邮联合会
四、其他			
1月11日	城北历史文化街区、城南历史文化街区、城中历史文化街区	江苏省历史文化街区(第一批)	江苏省住房和城乡建设厅、江苏省文物局
1月14	菱塘回民习俗(民俗类)、高邮咸鸭蛋制作技艺(传统技艺类)	江苏省非物质文化遗产代表性项目(第四批)	江苏省人民政府

续表1

时　间	获誉对象	称　号	授誉机关
2月	江苏科凌医疗器械有限公司	江苏省信用管理示范企业	江苏省社会信用体系建设领导小组办公室
2月	江苏金飞达电动工具有限公司	江苏省优秀企业	中共江苏省委、江苏省人民政府
3月23日	高邮经济开发区科技创业中心	国家级科技企业孵化器(2015年度)	科学技术部
3月	城区府前街	2015年江苏省放心消费创建示范街区	江苏省放心消费创建活动办公室
	中国移动通信集团江苏有限公司高邮分公司	2015年江苏省放心消费创建示范单位	
	扬州崔记茶叶有限公司、江苏美滋滋食品有限公司	2015年江苏省放心消费创建先进单位	
4月	高邮鸭蛋	2015年中国农产品区域公用品牌网络声誉"五十强"	阿里巴巴研究院,浙江大学CARD农业品牌研究中心、农业电商研究中心
4月	江苏民泰律师事务所	江苏省优秀律师事务所	江苏省司法厅、江苏省律师协会
6月	三垛文化站	全国服务农民、服务基层文化建设先进集体(第六届)	中共中央宣传部
		江苏省服务农民、服务基层文化建设先进集体(第五届)	中共江苏省委宣传部
9月8日	高邮灯具(市灯具协会申报)	国家生态原产地保护产品	国家质量监督检验检疫总局
10月20日	高邮湖芦根麻鸭汤(高邮湖芦苇荡湿地公园制作)	2016年江苏省乡村美食大赛——金牌菜	江苏省旅游局、江苏省人力资源和社会保障厅、江苏省餐饮行业协会
10月27日	高邮经济开发区卫生服务中心	全国百强优秀社区卫生服务中心	中国社区卫生协会
10月31日	龙虬庄遗址	全国大遗址保护单位("十三五"专项规划)	国家文物局
11月26日	江苏润华电缆股份有限公司(高邮镇)、扬州润明智能装备股份有限公司(甘垛镇)、扬州市德运塑业科技股份有限公司(卸甲镇)	企业技术中心(江苏省级)	江苏省经济和信息化委员会、江苏省发展和改革委员会、江苏省科学技术厅、江苏省财政厅、江苏省国家税务局、江苏省地方税务局、南京海关
12月28日	高邮湖大闸蟹(市政府申报)	国家地理标志保护产品	国家质量监督检验检疫总局
12月	市大学生农业创业园	江苏省大学生创业示范园	江苏省人力资源和社会保障厅

(高志中)

重要选举、任命与决定

中国共产党高邮市第十一届委员会委员名单

（2016年7月30日中国共产党高邮市第十一次代表大会选举产生，按姓氏笔画为序）

王永海　王庆东　王有泉　王怀忠
王学峰　勾凤诚　朱莉莉(女)许　明
孙建年　孙禹文　李　生　杨文喜
杨朝友　张　龙　张　澍　张曰兴
张秋红(女)张新钢　陆有林　陈立柱
周建峰　居育明　赵广华　胡朝霞(女)
姜国权　夏瑞林　顾吉林　徐　健
徐永宝　高　健　黄仁云　潘玉华
潘学元　潘建奇　薛　斌

中国共产党高邮市第十一届委员会候补委员名单

（2016年7月30日中国共产党高邮市第十一次代表大会选举产生）

仇家春　杨　林　徐晓君　张定林
黄　平　盛文希　张方俊

中国共产党高邮市第十一届委员会常委、书记、副书记名单

（2016年7月30日中国共产党高邮市第十一届委员会第一次全体会议选举产生）

常　委：勾凤诚　潘学元　张新钢
孙建年　徐　健　朱莉莉(女)
王学峰　陈立柱　杨文喜
赵广华
书　记：勾凤诚
副书记：潘学元　张新钢

中国共产党高邮市第十一届纪律检查委员会委员名单

（2016年7月30日中国共产党高邮市第十一次代表大会选举产生，按姓氏笔画为序）

王存山　朱莉莉(女)刘　云　杨少荣
吴必蔚　沈国俊　陈　军　陈　军
陈国俊　居方祥　胡行球　顾卫东
徐顺山　高日平　屠刚强　嵇明峰(女)

中国共产党高邮市第十一届纪律检查委员会常委、书记、副书记名单

（2016年7月30日中国共产党高邮市第十一届纪律检查委员会第一次全体会议选举产生）

常　委：朱莉莉(女)陈　军　高日平
王存山　陈　军　沈国俊
居方祥
书　记：朱莉莉(女)
副书记：陈　军　高日平

高邮市人民代表大会常务委员会公告

高邮市第十五届人民代表大会代表名额为295名，各选区依照选举法和省选举实施细则的规定共选出294名，尚缺1名。高邮市第十四届人大常委会第三十六次会议根据代表资格审查委员会提出的代表资格审查报告，确认这次选举产生的294名代表的代表资格全部有效。现将名单予以公告。

附：高邮市第十五届人民代表大会代表名单

（按姓氏笔画排序）

丁　伟　丁迎国　于徐生　万宏清
王士华　王久兵　王元才　王　平
王正东　王乐天　王永海　王加银
王有泉　王　刚　王传祥　王兴平
王庆东　王　杨(女)王　芳(女)王丽娟(女)
王步明　王怀忠　王　昕(女)王国华
王泽林　王学峰　王秋菊(女)王　浩
王　娟(女)王焕宏　王　琨　王朝良
王勤栋　王殿祥　王旗宏　王翠琴(女)
王　璐(女)韦志高　尤新月　勾凤诚
卞正明　孔祥明　孔祥琴(女)厉子刚
左林林(女)左瑞莲(女)卢　红(女)卢有忠
卢红梅(女)田　耘(女)冯宝奎　冯春娟(女)
成顺明　吕小平　吕天龙　朱万香(女)
朱政美(女)朱莉莉(女)朱耀洲　伍长明
任宏佳(女)刘　云(女)刘长春　刘长超
刘玉山　刘　军　刘传霞(女)刘尚斌
刘国峰　刘定妹(女)刘定骏　刘顺兆
刘庭权　汤瑞英(女)祁志芳(女)许玉杉
许　明　许　瑞　孙玉林　孙玉高

孙如标　孙丽华(女)　孙明如　孙定华
孙建年　孙禹文　纪福明　杨卫平
杨文喜　杨玉霞(女)　杨立芳(女)　杨向东
杨　军　杨春霞(女)　杨海虹(女)　杨朝友
花红星　苏正香(女)　苏延祥　李才富
李有田　李有栋　李庆华　李宏金
李高坤　李深红(女)　李琴琴(女)　时小平(女)
时正宏　时宝荣　吴开泉　吴亚兵
吴有还　吴年林　吴华生　吴秀梅(女)
吴宝国　吴梦雪(女)　吴朝斌　吴惠山
吴静波　吴翠珍(女)　吴　璇(女)　何　飞
何其新　何　萍(女)　余兴良　余　芳(女)
邹永芳(女)　汪晓云(女)　沈后芳　沈　俊(女)
沈爱红(女)　沈德银　宋尔金　张士勇
张曰兴　张方俊　张玉莺(女)　张　龙
张成华(女)　张红珍(女)　张国兵　张春元
张贵南　张秋红(女)　张艳燕(女)　张　峰
张爱东　张　超　张　靖　张新钢
张　澍　陆士梅(女)　陆凤霞(女)　陆有林
陆红霞(女)　陆　炜　陆桂兵　陆海凤(女)
陆誉文　陈玉华(女)　陈立柱　陈庆文
陈灯华　陈　丽(女)　陈　忠　陈述东
陈宝昌　陈宝琴(女)　陈美俊　陈　烨
陈媛媛(女)　陈　新　陈德元　陈德娟(女)
陈　燕(女)　邵龙霞(女)　邵贞清　林玉顼
茆玉斌　迮德宏　迮德娟(女)　金　明
金晓云(女)　周文龙　周　华　周和妹(女)
周宝英(女)　周宗宝　周荣祥　周桂平(女)
周梅楠(女)　周　琴(女)　周德美　郑仲超
郑粉英(女)　居广星　居长霞(女)　居春山
柏升君(女)　柏文慧(女)　胡有美　郝炳和
查仪勇　赵小山　赵广华　赵方玉
赵玉同　赵叶宽　赵成明　赵伯民
赵宏才　赵学珍(女)　俞晓惠(女)　施维峰
姜仁勤　姜国权　费勇芳(女)　姚义平
姚兴桃　姚国遂　姚恒斌　姚　涌
骆奎雪(女)　袁贵兵　顾吉林　顾志峰
顾　勇　夏瑞林　晏文兵　钱　春(女)
倪文松　倪宝春　倪道权　徐文权
徐为坤　徐龙海　徐立珠(女)　徐永宝
徐宏明　徐顺山　徐美金　徐　健
徐祥丰　徐瑞芝(女)　郭士文　郭晓琴(女)
高日平　高梅英(女)　高梦颖(女)　凌九山
凌　玲(女)　展厚忠　黄　平　黄桂君
黄　强　曹丽琴(女)　曹金林(女)　曹荣干
曹修铭　曹　琳(女)　曹富艳(女)　龚金花(女)
盛文希　章志东　韩长琴(女)　韩永平(女)
韩　非　葛红生　葛桂秋　蒋久娟(女)
蒋杏朝　程增强　童晓娟(女)　路荣山
詹　斌　褚书文(女)　管国勤(女)　端武斌
翟素娟(女)　樊建军　滕加卫　潘玉华
潘学元　薛　飞　薛世宽　薛晓斌
薛晓寒　薛　斌　戴少清　戴孝霞(女)
戴荣祥　瞿　军

高邮市人大常委会
2016年12月30日

高邮市人民代表大会公告

（第一号）

高邮市第十五届人民代表大会第一次会议于2017年1月20日选出高邮市第十五届人民代表大会常务委员会主任、副主任、委员。现予公布：

主　任：张秋红(女)
副主任：薛晓寒　孙明如　吴惠山　杨向东
委　员：(按姓氏笔画排序)
王　杨(女)　孔祥明　卢　红(女)　吕天龙
李庆华　李高坤　杨　军　张曰兴
张方俊　张春元　陈　烨　陈玉华(女)
陈德元　邵龙霞(女)　邵贞清　林玉顼
金晓云(女)　周荣祥　赵小山　施维峰
徐龙海　高日平　黄　平　盛文希
蒋杏朝　韩　非　端武斌　戴少清
戴荣祥　瞿　军

高邮市第十五届人民代表
大会第一次会议主席团
2017年1月20日

高邮市人民代表大会公告

（第二号）

高邮市第十五届人民代表大会第一次会议于2017年1月20日选出高邮市市长、副市长。现予公布：

市　长：潘学元
副市长：孙建年　刘春林　邱加永
王　薇(女)　王永海　李　生

高邮市第十五届人民代表
大会第一次会议主席团
2017年1月20日

高邮市人民代表大会公告

（第三号）

高邮市第十五届人民代表大会第一次会议于2017年1月20日选出高邮市人民法院院长、高邮市人民检察院检察长。现予公布：

高邮市人民法院院长：王　刚

高邮市人民检察院检察长：顾　勇

根据《中华人民共和国地方各级人民代表大会和地方各级人民政府组织法》规定，选出的市人民检察院检察长必须报扬州市人民检察院检察长提请扬州市人民代表大会常务委员会批准。

高邮市第十五届人民代表
大会第一次会议主席团
2017年1月20日

高邮市人民代表大会公告

（第四号）

高邮市第十五届人民代表大会第一次会议于2017年1月20日选出高邮市出席扬州市第八届人民代表大会代表。现予公布：（共70名，按姓氏笔画排序）

马建勇　王　刚　王正年　王龙生
王国莲（女）王学峰　王香芸（女）仇家春
勾凤诚　龙慧斌　史美山　毕　刚
师永生　吕艾芳（女）朱洪文（女）乔龙山
刘　玲（女）刘　柏　刘春海　孙志彬
孙建年　李　航　李小琴（女）李深红（女）
杨大忠　杨晓妹（女）吴战宇　吴雁平（女）
何其新　何金发　闵爱革（女）沙志芳
沈　哲　张　龙　张生泉　张仲林
张秋红（女）张媛媛（女）陈　扬　陈　刚
陈　隽　陈士坡　陈朝明　陈韵强
罗庆久　金　梅（女）金春林　周弘心
周荣祥　郑连元　郑瑜瑜（女）赵　勇
胡玉珍（女）胡朝霞（女）俞长嵩　施　军
施如勤（女）袁正兰（女）顾　勇　钱国芳（女）
徐长梅（女）高　健　唐世文　黄仁云
黄锦红（女）戚定祥　曾祥华（女）詹东周
詹惜文　潘卫民

高邮市第十五届人民代表
大会第一次会议主席团
2017年1月20日

高邮市人民代表大会常务委员会决定任命名单

（2016年1月26日市十四届人大常委会
第二十九次会议通过）

决定任命孙建年为高邮市人民政府副市长。

高邮市人民代表大会常务委员会决定任命名单

（2016年3月29日市十四届人大常委会
第三十次会议通过）

任命吴惠山为高邮市城乡建设局局长。

高邮市人民代表大会常务委员会决定任命名单

（2016年7月27日市十四届人大常委会
第三十二次会议通过）

任命王勤栋为高邮市人大常委会城南经济新区工作委员会主任。

任命陈烨为高邮市人大常委会湖西新区工作委员会主任。

高邮市人民代表大会常务委员会决定任命名单

（2016年9月24日市十四届人大常委会
第三十三次会议通过）

决定任命张军为高邮市人民政府副市长。

高邮市人民代表大会常务委员会决定任命名单

（2016年11月29日市十四届人大常委会
第三十四次会议通过）

任命端武斌为高邮市人大常委会马棚街道工作委员会主任。

高邮市人民代表大会常务委员会决定任命名单

（2016年12月8日市十四届人大常委会
第三十五次会议通过）

决定任命刘春林为高邮市人民政府副市长、市公安局局长。

高邮市人民代表大会常务委员会决定任命名单

（2016年12月8日市十四届人大常委会
第三十五次会议通过）

任命王刚为高邮市人民法院副院长、审判委员会委员、审判员、代理院长。

高邮市人民代表大会常务委员会决定任命名单

(2016年12月30日市十四届人大常委会第三十六次会议通过)

决定任命邱加永为高邮市人民政府副市长。

高邮市人民代表大会常务委员会决定任命名单

(2016年12月30日市十四届人大常委会第三十六次会议通过)

任命盛文希为高邮市人大常委会内务司法工作委员会主任。

政协高邮市第十三届委员会委员名单

(2016年12月30日政协高邮市第十二届第二十五次常委会协商通过,以姓氏笔画为序)

中共界:

毛振洋　孙晓宝　李春青　杨少荣
沈晓明　张贵龙　张锦山　陈　军
陈东辉　陈春满　邵义坤　林学斌
林荣岩　周建伟　宝珍芳　居永平
居晓波　赵金标　胡明亮　顾卫东
倪文才　徐永宝　戚维斌　戴小斌
戴光耀　魏道智

无党派人士界:

丁小明　朱其根　张　青　张　辉
陈　旭　陈正荣　陈宏明　周　军
钱富强　徐兴锋　翁宏定　戚秋虹
葛　勇　葛爱东　薛　峰

工商联界:

丁小祥　王　剑　王　薇(女)王金高
方先其　师　明　杨志鸿　张仁宏
林　琳　居远松　胡旭峰　崔　俊
谢　翔　窦宝林

工会界:

王如桂　尹波涛　张　讯　张爱民
胡　玲(女)姚　刚　徐　荣　徐祥庆
徐德荣　蒋　娟(女)翟东阳　潘朝霞(女)

共青团界:

王　晶　叶　靖　叶鹏云　华　冠
刘　军　孙　楷　李　劲　李　强
杨大忠　张雪莹(女)陈希聪　陈冠瑜
钱　景

妇联界:

李　红(女)李　莉(女)李　娟(女)肖　红(女)
张怡生(女)周　芳(女)周　恂(女)郑　舟(女)
姜粉娣(女)谈　竞(女)陶荣梅(女)盛富云(女)
韩建梅(女)蔡　悦(女)薛　超(女)

文艺新闻界:

朱　军　李亿湘(女)杨旭娟(女)张　霞(女)
张士锋　陆晓祥　陈冬梅(女)陈朝明
武　元　周春华　周荣池　祝　丽(女)
殷旭明　唐以军

科学技术界:

王庆山　成　杰　张永兴　陆金友
赵卫红(女)赵洪月(女)徐　明　盖小军
温　刚　詹　斌　端　平(女)

教育体育界:

王永昌　王有新　王宏英(女)王国照
石青松　成迎道　朱雪萍(女)李光荣
吴海梅(女)张　宁　张爱群(女)陆建国
陈跃潮　胡恒香(女)俞永亮　秦恩斌

医药卫生界:

许友金　许德军　张浩然　陈桂明
赵殿华　郝吉琴(女)施福琴(女)姚　慧(女)
姚红莹(女)顾永祥　徐霞英(女)翁中培
蒋茂剑　管在勇　潘朝霞(女)

经济界:

王连根　王宏标　王虎定　韦　璟(女)
卞洪益　方艺霖(女)卢安伟　朱文明
刘文斌　刘志信　汤权松　汤洪流
孙晓震　孙海山　孙清华　李卫军
李树青　李修祥　李德遂　宋　巍
张拥军　张恒兴　张爱文　陈　伟
陈　俊　陈　康　陈士华　陈玉兴
陈宝山　陈智慧　邵永宏　林恩茂
竺寿云　金　钟　周安国　周荣跃
周桂林　赵　波　俞　刚　俞广海
夏国华　顾权斌　顾恒林　徐　俊
徐广申　凌　清　葛坤明　董延志
鲁建才　窦启平　管　勇　樊秉柏
薛　峰　薛书荣　薛树华　戴金明

农业农村界:

王假真　从　敏(女)吴华生　宋长龙
张春虎　陈有春　姜文超　夏书宏
黄桂钊　曹汉梅(女)董同湖　薛巧云(女)
戴大喜

社会福利与社会保障界:

马建勇　叶　芸(女)　吉　平　朱　波
朱　健　朱杏玲(女)　刘　耀　刘春生
祁兵宏　许乃清　肖　香(女)　周启泉
郑庆梅(女)　徐金鹏

少数民族宗教界：

文　德　心　然　朱代兵　李　伟
杨建新　陈维香(女)　释曙安　管树桃
潘寿田　薛成俊

特邀人士界：

王开宏　王长海　王业星　毛向前
毛振华　方　芳(女)　冯艳红(女)　华劲松
李大骏　吴玉来　吴庆才　吴春芳(女)
吴登峰　吴增建　张龙香(女)　张爱文
陈传江　陈建春　林文龙　诈双勇
周宏中　周颖昕(女)　居　锦(女)　赵　勇
赵大兴　柏乃华(女)　钟晓春　俞　燕(女)
秦其锦　徐　进　徐庆华　徐瑞琴(女)
曹海英(女)　崔明海　颜金松　薛　云

政协高邮市第十三届委员会第一次会议选举结果公告

中国人民政治协商会议高邮市第十三届委员会第一次会议于2017年1月16～19日召开。会议其间，经充分酝酿协商，选举产生政协高邮市第十三届委员会主席、副主席、秘书长、常务委员。现公告如下：

主　席：徐永宝

副主席：张贵龙　钱富强　张拥军
居晓波　周启泉

秘书长：林荣岩

常务委员：(按姓氏笔画为序)

丁小祥　马建勇　王连根　毛振洋
卞洪益　心　然　吉　平　朱代兵
刘　耀　孙晓宝　杨大忠　杨少荣
张爱群(女)　张锦山　陆晓祥　陈　军
陈士华　陈正荣　陈东辉　陈冬梅(女)
陈宏明　邵义坤　林　琳　林文龙
林学斌　林恩茂　周　军　居　锦(女)
居永平　赵洪月(女)　胡明亮　俞永亮
姚　慧(女)　顾卫东　顾永祥　顾恒林
钱　景　徐　明　崔　俊　葛　勇
葛爱东　谢　翔　潘朝霞(女)　戴大喜

政协高邮市委员会
2017年1月19日

重要事项

高邮市与海军"高邮湖"舰结对双拥共建

2016年1月28日下午，高邮市与海军"高邮湖"舰军地结对双拥共建签约仪式在海军"高邮湖"舰会议室举行。海军某部政治部主任张宪星、高邮市委书记韩方、海军"高邮湖"舰政委熊华峰分别致辞；高邮市委常委、常务副市长、组织部部长孙建年与海军"高邮湖"舰舰长万林签订《军民共建公约》；高邮市政协主席徐永宝与熊华峰互赠双拥共建纪念品；高邮市委副书记、市人大常委会主任张秋红，市委常委、市人武部部长付有银参加签约仪式。

(王红梅　陆业斌)

高邮市领导参加海军"高邮湖"舰入列仪式

2016年1月29日上午，中国海军综合补给舰——"高邮湖"舰入列仪式在浙江舟山某海军码头举行。海军东海舰队副司令员、少将沈浩为"高邮湖"舰入列授军旗、海军军旗，颁发命名证书；海军某部支队长、大校董焱主持入列仪式。高邮市委书记韩方在仪式上发表讲话，高邮市委副书记、市人大常委会主任张秋红代表高邮市与"高邮湖"舰舰长和政委互赠纪念品；高邮市政协主席徐永宝，高邮市委常委、常务副市长、组织部部长孙建年，高邮市委常委、市人武部部长付有根参加入列仪式。

(王红梅　陆业斌)

资料链接　海军"高邮湖"舰为今中国海军最先进、吨位最大的第六艘综合补给舰。该舰命名是依照中共中央军事委员会批准的《海军舰艇命名条例》，按照"补给舰以湖泊命名"的规定，因高邮湖是全国第六大淡水湖，故被命名为"高邮湖"舰。且高邮与中国海军有着久远的历史渊源。抗日战争时期诞生于高邮的"老虎五团"在建国时就被编入海航部队，并立下赫赫战功，被国防部授予"海空雄鹰团"称号。

(高志中)

高邮市人民政府授予李忠等5名在高邮投资兴业人士"城市贵宾"称号

4月17日，在市委、市政府举办的第十二届中国双黄鸭蛋节开幕式暨产业合作商机说明会上，市政府授予李忠等5名在高邮投资兴业人士“城市贵宾”称号。他们是：

李　忠　深能南京能源控股有限公司董事长、总经理，高邮协合风力发电有限公司董事长、总经理

胡云法　广东百昇投资发展有限公司董事长、总经理，扬州万丰置业有限公司董事长、总经理

钟俊浩　上海亚泽新型屋面系统股份有限公司董事长、江苏泽高新能源建设有限公司董事长

钱金龙　昆山市港昆双龙蓄电池有限公司董事长、江苏双龙电源有限公司董事长

熊晓辉　江苏高邮南工大健康产业研究院院长　（高志中）

高邮市与意大利萨尔扎纳市缔结友好城市

10月21日下午，高邮市与意大利萨尔扎纳市缔结友好城市意向书签约仪式在高邮市举行。高邮市外侨办主任张龙香和萨尔扎纳市外事办主任Beatrice Casini，分别代表高邮市与萨尔扎纳市，签署两市缔结友好城市意向书。意大利民主党(执政党)拉斯佩齐亚省主席兼萨尔扎纳市市长阿莱西奥卡凡拉、意大利西海岸华商总会终身名誉会长陈朝霞，高邮市委常委、常务副市长孙建年出席签约仪式。

签约仪式结束后，双方互赠礼物。孙建年向阿莱西奥卡凡拉赠送代表高邮文化的集邮册。

（翟甜甜）

工作报告

创新 实干 服务 担当 加快高水平全面建成小康社会

——在中共高邮市委十一届二次全体会议上的报告

中共高邮市委书记　勾凤诚

（2016年12月30日）

这次市委全会的主要任务是，全面落实党的十八届六中全会和中央经济工作会议精神，按照省第十三次党代会、全省经济工作会议，扬州市第七次党代会、扬州市委七届二次全会，高邮市第十一次党代会决策部署，动员全市上下紧扣“两聚一高”，创新、实干、服务、担当，加快高水平全面建成小康社会。

2016年工作回顾

2016年，全市上下紧紧围绕“迈上新台阶、建设新高邮”主题，牢牢把握“稳中求进、创新发展”工作总基调，突出抓好重大项目建设、招商引资、“四城同创”、“三服务”、全面从严治党等重点工作，“十三五”发展实现良好开局。

——经济总量持续攀升。预计全年实现地区生产总值535亿元，增长9.2%；公共财政预算收入34.1亿元，增长2.6%；固定资产投资455亿元、社会消费品零售总额169.89亿元、出口总额4.35亿美元，分别增长15%、10.1%、6.8%。工业支撑更强，实现开票销售496亿元、入库税收19亿元，新增“新三板”挂牌企业2家。服务业占比更高，为42.8%。旅游业名气更响，获批第二批国家全域旅游示范区。建筑业企业总产值突破千亿大关，新晋升一、二级资质企业16家。

——转型升级持续推进。把重大项目作为第一抓手，开展务实精准招商，强化督查推进，全年重大项目新签约108项、新开工85项、新竣工71项，超额完成扬州市下达的10亿元重大项目建设任务，总投资达50亿元的海润光伏正式签约。把科技创新作为第一动力，累计建成各类科技创业孵化载体18万平方米，获批筹建省级高新区，80多人次入围(入选)扬州市级以上人才计划，高新技术产业产值达400亿元。把园区建设作为第一支撑，4+X园区格局初步形成。建立高新区区域统筹发展体制，出台加快高新区发展的意见。明确农业科技园区“区镇合一”管理体制，基础设施全面推进。制定扶持东部六乡镇发展的政策，逐一谋划乡镇产业发展、城镇化发展的目标定位和路径举措，推动区域特色发展。把深化改革作为第一要务，推进供给侧结构性改革，改组新设国有投融资实体公司10家，引进基金公司3家，基金规模40亿元。出台项目审批代办帮办、企业家培育、缓解企业融资难等政策意见，全力服务企业发展。

——城乡统筹持续加快。“四城同创”取得突破性进展，国家历史文化名城获得国务院批准，国家卫生城市创建高分通过国家级暗访，全国文明城市创建完成省级暗访。城乡面貌不断改善，108条后街后巷整治、北澄子河公园等一批城建“双十”工程顺利竣工，连淮扬镇铁路高邮段、S611省道等重点交通工程进展顺利，老横泾河、南澄子河等13条城河整治工程圆满完成，中小河流治理重点县等农村水利项目加快实施。完成12个村覆盖拉网式农村环境综合整治，“美丽乡路”三年行动计划圆满收官，菱塘回族乡创建成国家园林城镇。全年新增造林800公顷。现代农业蓬勃发展，新建高效农业2267公顷，新创扬州市农产品加工

集中区1个,新增新型农业经营主体167家。

——居民生活持续改善。紧扣“富民”,连续12年提高企业退休人员养老金,城乡低保标准分别提高到月人均560元、450元,城镇登记失业率控制在2.2%以内,7000元以下低收入农户脱贫率31.53%,城乡居民人均可支配收入分别增长7.8%、8.5%。紧扣“惠民”,建成各类保障性安居房2368套、居家养老服务中心(站)215个。企业职工“五险”参保人数不断增加,城乡居民养老保险参保实现全覆盖。创建成省现代化学校9所,省优质幼儿园2所,省高水平现代化职业技术学校、“四星高中”各1所。深化医药卫生体制改革,率先实施分级诊疗制度。制定城乡医疗卫生服务体系建设方案。获评省妇幼健康优质服务示范市、“十二五”省人口协调发展先进市,创建成省公共文化服务体系建设示范市。紧扣“安民”,出台民生诉求办理实施意见,扎实推进信访积案化解。强化安全生产和食品药品安全监管。创建成省法治建设示范市、省平安市。

——党的建设持续加强。召开市第十一次党代会,选举产生新一届市委、市纪委领导班子。圆满完成乡镇党委和村(社区)“两委”换届。扎实开展“两学一做”学习教育,学习贯彻党的十八届六中全会精神和省、扬州市党代会精神,出台《市委常委会议事决策规则》等制度。开展“三个如何”大讨论,组织大规模署名推荐“好干部”活动,启动实施年轻干部培养选拔“151”计划,开展各级干部培训950多人次。率先出台《党员干部改革创新、干事担当容错免责实施办法》。实施“双覆盖双提升”工程,推进“六有”服务型基层党组织建设,开展“双百双千”等活动,推动基层党组织全面过硬、全面进步。全面落实党风廉政建设“两个责任”,严格执行中央八项规定精神。完成十届市委第三轮巡察,启动实施十一届市委第一轮巡察工作,抓好上级党委巡视反馈意见整改落实。综合运用执纪监督“四种形态”,始终保持惩治腐败高压态势。将市第十一次党代会报告确定的147项工作任务,逐一明确牵头领导、责任单位、年度序时、推进举措。截至年末,2016年任务按序时完成的135项,未达序时的12项。对未达序时的事项,由责任单位逐一说明情况、落实改进措施。

在全年工作中还存在一些不足,需要认真研究解决。主要是:区域发展不够平衡,东部乡镇仍需加快发展;财政收入增收放缓,税源经济仍需继续培育;产业结构不够协调,核心竞争能力仍需不断增强;居民增收存在短板,渠道仍需有效拓展;部分党员干部主动担当的意识、狠抓落实的干劲仍需进一步强化。

2017年总体要求和重点工作

2017年工作的预期目标是:地区生产总值增长9%以上;公共财政预算收入增长5%;固定资产投资增长15%,其中工业资产投资增长18%以上;全部工业开票(销售)增长11%以上;社会消费品零售总额增长10%左右;全体居民人均可支配收入增速力争与GDP同步。全面完成市第十一次党代会确定的2017年度目标任务。

——聚焦聚力抓“三大载体”。要突出产业发展、科技创新抓园区。要以“四大园区”为重点,坚持“引进来”和“走出去”并重,实施招商引资攻坚行动计划,突出制造业主导产业和特色产业,聚焦高成长型生产服务业和高水平生活服务业,不断提升民资质量,加大外资吸引力度。发展跨境电子商务等新型贸易方式,推动外贸向优质优价、优进优出转变。引导企业更大步伐走出去,开展国际产能和装备制造合作,增强国际化经营能力和竞争力。经济开发区突出培育50亿元以上重大产业项目,着力打造先进制造业集聚区、宜居宜商新城区。高新技术产业开发区突出招引创新资源和战略性新兴产业项目,打造“科技新区、智慧新城”。农业科技园区突出推进核心区开发,加快高校院所科技平台建设,推动重大项目实施。城南经济新区围绕特色开发区、创新新高地、现代新城区,大力发展先进制造、新材料新能源产业,做大做强总部经济、楼宇经济、电商经济。要突出特色彰显、魅力提升抓中心城区。持续推进“四城同创”,继续实施城建“双十”工程,着力打造东部新城和盐河两岸。强化国家历史文化名城保护,规范有序推进城市更新,科学施策合力推进城中村、“八老”改造,继续开展城市环境综合整治,创建成国家卫生城市、省优秀管理城市。深化中国特色社会主义和“中国梦”宣传教育,践行社会主义核心价值观,全力推动全国文明城市创建通过国家检查验收。要突出城镇发展、城乡一体抓重点镇。加快临泽、三垛、菱塘等国家重点镇发展,落实加快东部六乡镇发展的扶持政策,促进特色园区和乡镇工业集中区错位化发展、差别化竞争。坚持“急不得,也慢不得”的理念,推动农业结构调好调优调顺,推动建筑业加快发展,推动服务业提速增效,促进“产镇”融合。积极盘活闲置用地,加强城镇低效用地再开发,不断提高节地水平和产出效益。加快“连淮扬镇”铁路高邮段建设,实施S333东段工程,启动S352高邮段、S125城区段、S333湖西段改扩建等重点交通道路工程。

——精准施策抓“三个口袋”。要持续增加居民收入。要以“两创”示范建设三年行动计划为抓手,进一步营造有利于创新创业的良好氛围,降低创业门槛,完善创业支持政策,使更多的人通过创业增收。继续拓宽就业、投资、社保等增收渠道,加快发展现代高效农业、农村电子商务、乡村旅游,增加就业岗位。全面推进农村集体土地"所有权、承包权、经营权"三权分置改革,有序流转土地经营权。把脱贫攻坚作为最大的富民工程,推动精准扶贫、精准脱贫,切实强化各类"兜底"保障。要大力振兴实体经济。一方面,企业要牢牢树立质量第一的意识,深耕主业,打造品牌,增强产品和服务的竞争力。另一方面,要以供给侧结构性改革为主线,推进"三去、一降、一补"五大任务取得新的实质性进展。继续落实好国家和省、市降低实体经济企业成本的政策意见,重点在降低各类交易成本、降低各类中介评估费用、降低企业税费负担和要素成本等方面加大力度。营运好总规模10亿元的市政府投资基金,支持优质企业技术改造、对外并购。强化基金培育,力争再落户产业基金公司3家以上。推行"拨改投"的财政资金投入模式改革,推动国有控股或参股企业股份在交易所挂牌出让。落实缓解企业融资难的工作意见,新增"新三板"挂牌企业3家,实现传艺公司中小板上市,力争全社会直接融资比重超过10%。推进以行政审批制度改革为主要内容的"放、管、服"改革,开展相对集中的行政许可权改革试点,探索推动"区域评估"、"多评合一",建成市场信用信息平台。要想方设法壮大财力。把重大项目尤其是产业项目建设作为2017年工作的"一号工程",不断扩大有效投入。要坚持做大总量与优化结构并重,加大重点工业项目、技改项目、新兴产业项目的投入力度。把项目招引与项目代办、帮办同步推进,做好用地等要素保障工作,确保当年注册、到账、开工项目占比50%以上。要加大向上争取力度,尤其是符合国家扶持方向的重大项目、重大工程,争取早日列入国家和省里的"盘子",用国家资金推动全市发展。在加快新型城镇化发展的过程中,要采取PPP和资产证券化等投融资模式,努力实现合作共赢。要优化国有企业、乡镇(园区)债务结构,利用各类金融政策置换债务,向上争取债券置换财政资金15亿元以上。

——科学有序抓"三大行动"。要推进江淮生态大走廊建设。着力推进"十百千万"工程,培育和实施一批重点生态示范项目,建成运河西堤马拉松赛道和高邮湖西大圩自行车赛道。加大水安全保障、水环境保护、水生态修复力度,实施市乡污水处理提标改造和区域供水安全工程,加强农业面源污染管控,疏浚县乡村河道185条。加快京杭运河高邮段、三阳河、高邮湖等水源涵养防护林建设,全年新增造林667公顷(1万亩)以上。结合落实全省"263"专项行动,关闭污染企业20家,实现国信电力第一期供热,建成生活垃圾焚烧发电、康博固废物处置等项目,确保环境空气优良率70%。要推进公园体系建设。实施以文体中心和澄子湖公园为核心的城市中央公园建设,打造盐河生态风光带、状元湖生态休闲公园,加快镇区、村(社区)公园建设,完成扬州市下达的"111工程"建设任务。精细管理各类公园,抓好各项设施维护工作,让老百姓使用更方便、生活更舒适。健全"五位一体"长效管护模式,建成省"美丽乡村"2个。要推进国家全域旅游示范区建设。牢固树立"城市即旅游、全域即景区"的理念,编制国家全域旅游示范区建设规划,制定3年行动计划,把旅游元素、文化元素注入城乡建设各个环节,完善各类配套设施,为外来旅行者逐步提供标准化、智能化、人性化服务。注重发挥"旅游+"的无穷潜力,深化与第一产业融合,发展农业旅游、乡村旅游;深化与第二产业融合,发展工业旅游、特色商品制造;深化与第三产业融合,发展文化旅游、体育旅游等多种复合型新业态。要突出重点,狠抓关键,大力推进菱塘回族风情、界首芦荡渔乡争创扬州市级特色小镇,加快建设邮运世遗文化旅游区、清水潭旅游度假区、十里长街、龙虬庄国家考古遗址公园、中国集邮家博物馆等工程,建成同心基地展览馆,推动抗战最后一役纪念馆创建国家4A级旅游景区,着力形成一批新的旅游项目。

——持之以恒抓"三个服务"。坚持"围墙内的事企业管,围墙外的事政府办",发扬"店小二"精神,既遍地开花、又抓大抓重,既锦上添花、又雪中送炭,既属地管理、又分级负责,提供贴身服务、精准服务和有效服务,推动企业轻装上阵、放量发展。落实市委、市政府主要负责人服务重点企业双月座谈会制度,持续推动工业经济转型升级"356"行动计划,研究制定加快培育10亿元以上重点工业企业实施意见,大力推进"个转企""小升规",年内培育10亿～50亿元工业企业4家。要满怀真情、满腔热忱服务群众。持续实施民生"1号文件",加快推进基础设施、民生保障、公共服务、生态环境、脱贫攻坚、现代农业等领域的补短板工作。按照"四个全覆盖"要求,夯实做实民生诉求办理工作。强化社区建设,推行政社互动,完善服务功能,为群众提供就近服务。推进各类社保提标扩面,着力完善多层次、广覆盖的养老服务体系。立足均衡,统筹配置城乡教育、卫生资源,实现"学有优教、病有良医"。要扑下身子、干出样子服务基层。市领导干部,尤其是党政负责人,要按照分工,抓好基层突出问题的协调和推进。各地各部门负责人也要敢于担当，把责任落实到位。深化差别化考核，实行一个乡镇(园区)一份“考卷”，加大奖励力度，强化结果运用。大力开展“破除中梗阻、弘扬正能量”活动，该表彰的表彰，该问责的问责。

——尽职尽责抓“三个稳定”。要保持经济平稳增长。坚持底线思维，做好各类风险预防和化解工作。要引进战略投资者，对“僵尸”企业进行兼并重组，加快市场出清，推动经济发展行稳致远。坚持“房子是用来住的、不是用来炒的”定位，促进房地产业健康发展。全面排查和化解征地拆迁、劳资纠纷、环境污染等领域的风险隐患。加强对建筑、服装等行业债务风险以及金融风险的监测预警，抓好互联网金融和非法集资专项整治。要维护社会和谐稳定。坚持“属地管理”“谁主管谁负责”，健全社会稳定风险评估机制，推进阳光信访升级，落实领导干部接访、下访、包案制度，及时有效化解各类矛盾纠纷。认真落实“七五”普法规划。扎实抓好“平安高邮”“法治高邮”建设。坚持依法行政，规范执法行为，推进公正司法，促进公平正义。严格落实安全生产责任制，严厉打击各类违法非法行为，坚决防范和遏制重特大事故发生。要强化舆情引导处置。全面落实党委(党组)意识形态工作责任制，牢牢掌握意识形态工作领导权、管理权和话语权。在全媒体时代，各级领导干部要提高运用网络了解民意、开展工作的本领，学会通过网络走群众路线，经常上网了解群众所思所愿，积极解疑释惑、回应网民关切。要加快培养专业队伍，强化网络舆情监测，抓好网络舆情管理，优化网络舆论生态。鼓励和引导新闻媒体、政府网站向新闻移动客户端、微信公众号等新兴传播领域延伸，扩大覆盖面，增强影响力。在突发事件和敏感问题上，要及时发声、抢占先机，公开透明、化解疑虑，闻过即改、树立公信，回应诉求、赢得民心。

——突出重点抓“三支队伍”。要打造一支精干高效的干部队伍。精心做好市乡人大、政府和市政协换届工作，选优配强领导班子。坚持“正派、务实、创新、担当”好干部标准，发现好干部、使用好干部。大力实施年轻干部培养选拔“151”计划，持续推进年轻干部“墩苗”计划。开展村“两委”成员全员培训，组织“两优一先”和“十佳”村(社区)党组织书记评选，着力打造一支善谋发展、善带民富、善待群众的带头人队伍。要培育一支优秀的企业家队伍。召开全市企业家发展大会，在全社会进一步营造尊重企业家、弘扬企业家精神的良好氛围。实施企业家培育三年行动计划，完善培育机制、激励机制、保障机制，培育一批领军型企业家、新生代企业家，打造一支“听党话、跟党走”“开明、开拓、开放、开阔”的优秀企业家队伍。要建设一支高素质的人才队伍。深入实施“秦邮人才集聚计划”“秦邮英才培育计划”，完善体制机制，优化人才发展环境，培养造就一批复合型、高层次人才，人才资源总量11.4万人。大学大院大所是重要的创新策源地，也是高端人才的集聚地。要加大工作力度，积极主动对接，强化柔性引才，不求所在，但求所用，让人才活力持续涌向高邮。

推进全面从严治党

当前和今后一个时期，要把深入学习宣传贯彻党的十八届六中全会精神作为重大政治任务，坚定不移地落实全面从严治党新要求，为加快高水平全面建成小康社会提供坚强保证。

一是坚持思想建党，增强党员干部的政治定力。要坚持思想建党和制度建党紧密结合，引导各级党员干部增强“四个意识”，坚定不移维护以中共中央总书记习近平为核心的党中央权威，确保中央、省委和扬州市委的决策部署在高邮得到不折不扣的贯彻落实。要巩固深化“两学一做”学习教育成果，加强换届后领导班子和领导干部思想政治建设，加强和改进党委(党组)中心组学习，用好周末课堂、社区学堂、农村幸福课堂等载体，不断强化理论武装。要按照全覆盖、针对性、实打实的要求，制定实施领导干部谈话谈心制度。

二是夯实基层基础，筑牢坚实稳固的执政根基。要推动“两个有效覆盖”，实施“两新”组织党建提优行动，探索在小微企业、互联网企业、农民集中居住区等领域建立党组织。要继续抓实经济薄弱村、软弱后进村党组织整顿工作，实行基层党建工作项目化推进、精细化考核。要严把党员“出入口”关，严肃党内组织生活，保持党员队伍的先进性和纯洁性。要推进基层服务型党组织建设，强化村级组织“四有一责”建设和规范化建设，推动力量、资源和工作向基层下沉。

三是狠抓推进落实，砥砺求真务实的工作作风。各级领导干部要落实挂联工作制度，深入一线，实地指导，勇于担当，履职尽责，及时协调解决挂联项目和企业存在的困难和问题。要狠抓工作推进，坚持协调问题看会议纪要，招商引资看请假条，发展成果看成绩单，盯住不落实的事，追究不落实的人。要把责任明确到人，要求具体到每个阶段、每个环节，形成压力传导、督查问责、跟踪问效、赏罚分明的考评激励机制。市第十一次党代会确定的年度目标任务，每年年底都要向市委全会通报，未能完成的，必须做出说明；政府工作报告、民生“1号文件”、城建“双十”工程等明确的任务,未能完成的,责任单位要向市委常委会做出检讨。

四是深化反腐倡廉,营造风清气正的政治生态。要从严落实“两个责任”,层层压紧压实管党治党责任,进一步把政治纪律和政治规矩立起来、严起来。要抓住严肃党内政治生活这个关键,用好加强党内监督这个手段,用好批评与自我批评有力武器,促进党内生活制度化、常态化、规范化。要从严抓好执纪问责,建立健全发现、查处、问责、通报等一系列监督机制,对规避监督、顶风违纪的一律从严惩处。要综合运用监督执纪“四种形态”,进一步巩固深化市委巡察工作制度,持续抓好省委巡视“回头看”反馈意见整改落实工作。要坚持有案必查、有腐必惩,始终保持惩治腐败高压态势。

五是充分发挥党委总揽全局、协调各方的领导核心作用。要认真贯彻落实《中国共产党地方委员会工作条例》,完善党委全会、常委会和党组会议工作机制。进一步支持和保证人大、政府、政协、法院、检察院等依法依章程独立负责、协调一致地开展工作。坚持党管武装,加强国防动员和后备力量建设,做好拥军优属、拥政爱民工作。巩固和发展最广泛的爱国统一战线,加强和改进对工会、共青团、妇联等群团组织的领导,汇聚起建设“强富美高”新高邮的强大合力。

(该工作报告系摘要)

政府工作报告

——在高邮市第十五届人民代表大会第一次会议上

高邮市市长　潘学元

(2017年1月17日)

过去五年工作回顾

市十四届人大一次会议以来,我们在中共高邮市委的领导下,在市人大、市政协的监督支持下,团结和依靠全市人民,弘扬新时期高邮精神,主动适应和把握经济发展新常态,全力以赴稳增长、促转型、抓投入、惠民生、控风险,较好地完成市十四届人大历次会议确定的各项任务。

——五年奋斗,综合实力稳步提升。致力于在沿河地区率先崛起,推进富民强市。地区生产总值从302亿元增至535亿元,年均增长10.7%,人均突破1万美元。规模以上工业增加值达286亿元,年均增长10.6%。一般公共预算收入从20.5亿元增至34.1亿元,年均增长10.7%,税收占比从75%提高至83.6%。固定资产投资达455亿元,年均增长17.6%。社会消费品零售总额达169亿元,年均增长12.7%。城镇居民人均可支配收入突破3万元,农村居民人均可支配收入从10450元提高至16935元。以招商引资、项目建设驱动发展,共招引落地亿元以上项目166项、外资项目63项,外资到账3.43亿美元。竣工亿元以上项目231项、总投资582亿元,其中10亿元以上项目26项。秦邮特钢、华翔有色金属、深能风力发电等一批重特大项目投产达效,航天水力、中航工业、中信戴卡等一批“国字头”、500强企业相继落户,登高高性能电池、中航新材料、食品快检服务基地列入省重大产业项目库,总投资50亿元的海润光伏、30亿元的风帆电池等一批重大项目正式签约。“四城同创”首战告捷,获批国家历史文化名城。创成国家生态市、中国建筑之乡。“全国中小城市综合实力百强”排名前移2位,进至第64位。

——五年进取,转型升级步伐加快。推动工业集群发展,建成国家火炬特种电缆特色产业基地、中国路灯制造基地、省高性能电池特色产业基地、省光电高技术特色产业基地、省高端装备制造业特色产业基地、省电动工具出口基地,规模以上企业达529家、总数列扬州第二,规模以上工业总产值突破千亿元,工业开票销售额从352亿元增至498亿元。推动服务业加快发展,服务业限上企业达126家、规上服务业企业达102家,世贸商圈年营运额突破10亿元,苏中农贸城等8个专业市场年交易额突破60亿元,创成省农村电子商务示范县,2016年电商销售额达30.5亿元。确定旅游业为永久性基本产业,投入近12亿元着力推进盂城驿、清水潭、龙虬庄等重点景区建设,盂城驿创成扬州县市区中首个国家4A级旅游景区,清水潭创成省生态旅游示范区。建成新民滩郊野公园、芦苇荡湿地公园,开通高邮湖水上游览线,获“国家全域旅游示范市”称号。强化高效农业、设施农业建设,连续被评为全国粮食生产先进县、省高效设施农业发展先进市。水稻单产创淮南地区新高。建成千亩农业连片园区20个、省级现代农业园区2个、省级农产品加工集中区2个、国家级农业科技研发中心2家。高标准农田占比达50%。农业综合机械化水平提高至85.5%。完成省农村土地承包经营权确权登记发证试点工作。建成市县镇三级农村产权交易体系,交易额达6.5亿元。创成全国推进农业现代化优秀城市。提质提效发展建筑业,建筑业企业总产值突破千亿元,在市内累计纳税23亿元,一级总包以上资质企业从6家增至16家,省建筑业百强企业达3家,弘盛、瑞沃、龙腾等7家企业获得海外经营承包权,国优工程金奖取得零的突破。三次产业比重由16.7:48.1:35.2优化为13:44.2:42.8。

——五年开拓，发展能级不断增强。以发展红利、改革红利、技术红利驱动增长。积极构建生产力“4+X”格局，开发区全省综合排名进至前十名，湖西新区获批筹建省级高新区，以卸甲、八桥为核心区创建扬州国家农业科技园区获得科技部批准，城南新区创成省智能装备产业园。三大工业园区对全市的财政贡献度从36.5%提高至44.6%，工业开票贡献度从41.6%提高至55.9%。成立环保产业园、循环经济产业园。金飞达工业园、菱塘工业集中区、汤庄工业集中区被认定为扬州重点特色园区，循环经济产业园被纳入扬州“十三五”园区专项规划。全面推进八大重点领域47项重点改革，全国发展改革试点市、全国新型城镇化试点、全国农业水价综合改革试点取得首创性成果，高邮医疗改革模式在全国推广。有效推进供给侧结构性改革，制定执行去产能方案，落实正税清费和“营改增”政策，启动实施金融实业贷、集群贷、苏微贷，房地产去化周期降至22个月。加快完善创新体系，成立市产业技术研究院，与大连理工、南工大、武汉理工合作建设高校地方研究院，新建省以上研发中心60家。市科技创业中心创成国家级科技企业孵化器。引进扬州市级以上人才计划187人。实施省级重大科技成果转化项目12项、省战略性新兴产业项目4项。高新技术企业从41家增至129家，全社会研发经费占GDP比重从1.69%提高至2%。获批国家知识产权试点城市、全国科技进步先进市、省创新型试点市。创中国驰名商标8件、中国名牌农产品2种，“界首茶干”入选国家地理商标，“高邮湖大闸蟹”获批国家地理标志保护产品，“高邮灯具”成为全省首个获得国家生态原产地保护产品标志的工业品。激活汇聚经济元素，盘活国有经营性资产324亿元、改制新设国有公司10家，争取政策性各类补助资金达110亿元、存量债务置换资金50.3亿元。在扬州率先设立政府企业发展专项资金，帮助企业转贷28.3亿元。成功发行10亿元“15高邮债”、10亿元“经开公司企业债”。组建波司登等产业基金4只。润华电缆、德运塑业等9家企业在“新三板”挂牌，日兴生物进入“新三板”创新层、股权转让融资超亿元，传艺科技、曙光电缆中小板上市报会待批。银行机构从9家增至15家，贷款余额从143亿元增至322亿元，创成省金融生态优秀县。完成两轮土地利用规划修编，新增流量指标2067公顷。供应建设用地2100公顷，其中工业项目用地652宗、873公顷，创成省国土资源节约集约利用模范市。

——五年攻坚，城乡统筹更加有力。加快中心城区以城带乡一体化发展，完成城市总体规划修编，入选省镇村布局示范市，三垛、临泽、菱塘获批全国重点镇。城镇化率提高至53%，城市建成区扩大至27.2平方千米。建成新S237、S333西段及高邮湖特大桥，推进连淮扬镇铁路建设，运东船闸通航，初步形成“一铁、两水、四纵四横”交通骨干网络体系。按照保护古城、改造旧城、建设新城的思路，滚动实施城建“双十”工程300项。完成盂城驿景区扩容、当铺修缮、明清运河故道整治、抗战最后一役纪念馆建设，跻身世界文化遗产城市。建成北澄子河生态公园、通湖大桥体育公园等城市公园16处，整治城中村空闲地块88个，改造老旧小区11个、后街后巷270多条，新改建海潮东路、通湖东路、秦邮路等城市道路50千米、农贸市场17个。商务大厦、世贸广场等一批城市新地标拔地而起。以“四城同创”为抓手扎实开展城市环境综合整治“931”行动，成立数字化城管，出台城市事权划分办法，建立住宅物业管理新机制，国家卫生城市和全国文明城市创建有序推进。协调推进城乡建设，实施农村危桥改造、美丽乡路三年行动计划，提档升级农村公路90千米以上，改造危桥672座，创建美丽乡路840千米，完成通乡公路亮化工程，4个乡镇开通镇村公交，“邮乡阡陌服务组”被评为省优质服务品牌。提前1年实现区域供水全覆盖。全面落实城乡环境“五位一体”长效管护机制，创成三星级村庄17个、省“美丽乡村”8个。菱塘回族乡在扬州率先创成国家园林城镇。制定扶持政策，推动临泽、界首、周山、汤庄、三垛、甘垛等六乡镇发展。开展经济薄弱村三级帮扶，村村集体经营性收入达40万元。创成省“四有一责”建设先进市。圆满完成第三次全国经济普查任务。

——五年聚力，人民生活持续改善。集中财力办实事，民生年度投入规模从25.6亿元增至44.4亿元。把良好的生态环境作为最普惠的民生福祉，综合整治南澄子河、大寨河等城市河道15条，基本建成清水活水、不淹不涝城市。推进淮河入江水道整治工程，疏浚农村骨干河道516千米，流域区域防洪能力显著提高。关闭污染企业72家，取缔改造燃煤锅炉452座，新增城市绿地130公顷，建成清水潭生态中心，林木覆盖率达22.4%，功能区水质达标率100%，环境空气优良率69%。把就业、收入作为民生之本，城镇居民登记失业率保持在2.3%以下，连续12年提高企业退休人员养老金，完成人均年收入5000元以下低收入农户脱贫任务。生活、医疗、养老保障实现全覆盖，农村“五保”、城市“三无”、孤儿及贫困残疾人保障标准提高一倍。设立疾病应急救助基金、急难家庭救助基金,广泛开展慈善募捐和志愿者爱心活动。完成农村敬老院升级改造。新改建幼儿园10所、中小学49所,实行义务教育段免试就近入学,取消高中择校生,高考上线率攀升至扬州前列,创成全国义务教育发展基本均衡县、省学前教育改革发展示范区。建成市公共卫生中心、残疾人康复中心、社会福利中心。建立健全三级医疗卫生服务网络,人民医院创成三级医院,创成国家妇幼健康优质服务示范市。实施兜底性安居工程,改造棚户区52.5万平方米、农村危房2940户、直管公房2328户,渔民上岸649户,住房实物保障4330户。公积金覆盖面达10.8万人。乡镇文化广场、村级农家书屋实现全覆盖,三垛镇文化站被中宣部表彰为"双服务"先进基层文化站,通过省公共文化服务示范区验收。成功举办市第五届运动会,基本建成"15分钟文化圈""10分钟体育健身圈"。强化政社互动,高邮镇琵琶社区创成全国和谐示范社区。菱塘回族乡第三次被国务院表彰为全国民族团结进步模范集体。整合监管资源,食品药品安全监管有力有效。健全专业化调解组织,落实安全生产责任体系,创成省法治建设示范市、省平安市,连续两年被省表彰为维稳工作先进市。民政文化经验在全国交流。高邮湖号综合补给舰光荣入列。

——五年砥砺,政府自身建设进一步加强。扎实开展党的群众路线教育实践活动、"三严三实"专题教育和"两学一做"学习教育,认真抓好中央八项规定精神的贯彻执行,驰而不息反对"四风",对发现的问题切实加强整改,并认真组织"回头看"。完成公车改革,认真治理"吃空饷",市级"三公"经费从4200万元压减至2400万元。自觉接受人大法律监督、工作监督和政协民主监督,共办理人大代表建议959件、政协提案966件,办结率从52%提高至64.4%,重点建议、重点提案办结率100%。持之以恒推进"放管服"改革,公开"五张清单",取消市级行政权力20项。率先在全省实施基本项目行政审批"证照库"系统,审批承诺时限由109个工作日压缩至37个。严格依法行政,规范性文件制定和行政合同签订全程公开符合规范。政府信息公开力度不断加大,完善行政权力网上公开透明运行系统,市级部门预决算全面公开。畅通民生诉求渠道,设立"12345"热线平台,所有来信来访均统一归口、派单办理、逐件回复。落实党风廉政建设主体责任和监督责任,查处政府系统违纪案件91起,21名乡科级干部受到党纪政纪处分。推进审计全覆盖,完成审计项目290项,核减工程造价6.23亿元。

与此同时,人武、人防、物价、广电、供销、宗教、对台事务、侨务、外事、地方志、气象、地震、档案、协会等工作也取得新的成绩。

五年成绩有目共睹、令人振奋。但是,对照全面建成小康社会的使命,发展不充分、不协调、不平衡仍是高邮市最大的市情实际,人均GDP、城乡居民收入与省定指标存在差距,三次产业结构不够优化,部分乡镇相对落后的面貌改变不快;对照先进地区的发展,带动产业发展的特大项目偏少,百亿级企业、主板上市企业尚未有实质性突破;对照人民群众的期盼,教育、医疗、环境等基本公共服务和社会保障体系还不够完善;对照全面从严治党的要求,服务型政府建设有待加强,敢为人先、敢于担当的氛围不够浓厚,"四风"问题、腐败现象时有发生。对此,我们将高度重视,采取有力措施,切实予以解决。

新一届政府工作目标及2017年工作安排

今后五年,政府工作的总体要求是:全面贯彻中共十八大和十八届三中四中五中六中全会精神,深入贯彻习近平总书记系列重要讲话精神,统筹推进"五位一体"总体布局和协调推进"四个全面"战略布局,坚持稳中求进工作总基调,牢固树立和贯彻落实新发展理念,坚持以提高发展质量和效益为中心,以推进供给侧结构性改革为主线,聚力创新、聚焦富民,创新、实干、服务、担当,全面做好稳增长、促改革、调结构、惠民生、优生态、防风险各项工作,促进经济平稳健康发展和社会和谐稳定,高水平全面建成小康社会,迎接中国共产党建党一百周年。

今后五年,全市经济社会发展主要奋斗目标是:地区生产总值增速高于扬州平均水平,一般公共预算收入增速高于全省平均水平。到2021年地区生产总值超800亿元,一般公共预算收入超50亿元,工业开票销售超1000亿元,固定资产投资超800亿元,城镇、农村居民人均可支配收入分别达5万元、2.6万元,全社会研发经费占GDP比重提高至2.5%。

围绕上述目标,我们将在未来五年重点抓好十件关系全局、影响长远的大事:一是打造企业"百亿航母、十亿方阵",力争培育百亿元企业2家、50亿~100亿元企业3~5家、10亿~50亿元企业20家以上。二是实施项目建设"4010"行动,每年实施亿元项目40项、10亿元项目10项,带动三次产业结构优化。三是构建"公铁水空"一体化交通新格局,连淮扬镇铁路建成通车,湖西通用机场投入使用,通扬线"五改三"工程完工,新建改造扩容G2(京沪高速)、G344(界临沙)、S125(宁盐公路)、S333高邮全线、S611、S352(车樊线)、S264(安大线北段)7条国省道干线,建成高新区至扬州扬子江北路快速路。四是实施“4+2+X”创新工程,开发区争创国家级开发区,高新区通过省级验收力争进入全省前十强,农业科技园区争取升级为国家农业高新区,建设城南产城融合示范区,建成界首、菱塘两个特色小镇,打造一批孵化载体、众创空间。五是实施“引金入邮”计划,建成金融集聚区,形成从银行机构、信托机构到投资机构、资产管理机构以及律师事务所、会计师事务所的完整金融生态圈,引进各类基金10家以上、基金规模达200亿元以上,境内外上市企业达5家、“新三板”挂牌企业20家以上,全社会直接融资比重提高至20%以上。六是持续推进“四城同创”,放大国家历史文化名城效应,创成国家卫生城市、全国文明城市、国家全域旅游示范区。七是实施江淮生态大走廊“十百千万”行动计划,开展退圩还湖行动,建成高邮湖、清水潭、龙虬庄、神居山、八桥生态中心,保护涵养界首芦苇荡湿地、渌洋湖湿地、三阳河清水廊道,建设盐河生态风光带、状元湖生态休闲湿地公园,形成区域性生态绿岛。八是实施“五馆、二园、一城、一中心”文化建设工程,建成市博物馆、当铺博物馆、集邮家博物馆、非遗文化展示馆、汪曾祺纪念馆,建设龙虬庄遗址公园、大运河世界遗产公园,大力推进文化博览城建设,建成文化体育中心。九是力争城乡居民收入达省均水平,全面消除绝对贫困。十是调整教育、医疗布局,形成城区公立医院和社区卫生服务中心“2+4”、农村区域医疗卫生中心和乡镇卫生院“4+8”的医疗服务体系;新建、改建、迁建中小学学校20所以上、幼儿园10所以上,解决中小学大班额和学龄前儿童入园难问题,创成省教育现代化示范区。

五年看头年,2017年经济和社会发展主要目标是:

——经济强。地区生产总值增长9%以上,服务业占比提高1个百分点;一般公共预算收入增长5%,税收收入增长5%;固定资产投资增长15%,其中工业投资占比不低于65%;工业总产值增长8%,工业开票销售增长11%,规模以上工业企业利润增长3%;社会消费品零售总额增长10%左右;注册外资实际到账6000万美元以上;出口额增长5%;全社会研发经费占GDP比重提高至2.1%;高新技术产业产值占规上工业比重达38%。

——百姓富。全体居民可支配收入力争与GDP增长同步;城镇登记失业率控制在2.2%以内;新增城镇就业6000人、培训农民4000人;建设创业孵化基地1个,成功创业350人;人均年收入7000元以下低收入农户全部脱贫。

——环境美。单位GDP能耗降低完成省定目标;环境空气优良率70%以上;国考(省考)断面三类以上水质比例达80%;林木覆盖率提高至22.6%;创成国家卫生城市。

——社会文明程度高。法治建设满意度、公众安全感均达90%以上;全国文明城市创建通过国家级测评。

围绕以上目标,重点做好以下五方面工作:

一、坚持量质并举发展,保持经济运行在合理区间。

以提高发展质量和效益为中心,扩大有效投入,提振实体经济,促进经济保持中高速增长、产业迈向中高端水平。

主攻重大项目建设。把项目建设作为扩大有效投入的重中之重,按照投资有效益、产品有市场、企业有利润、员工有收入、政府有税收这五条标准选项目、上项目。新开工10亿元重大项目10项、亿元项目40项。竣工10亿元以上项目6项、亿元项目35项。力争1～2项产业项目纳入省重大项目库。切实抓好国信燃气第一期工程、康博多晶硅第二期工程竣工投产,开工建设海润新能源、云海铝棒、润寅石墨烯项目,启动城南新区多能互补和深能东部风电场建设,推进风帆电池落地,积极跟踪展华印制电路板、德国电缆钢绳项目。推进东部港口码头、金融中心、科技灯具城、林禾科技创新园建设,启动凤凰商业广场第一期工程,打造盂城驿“文商旅”特色街区。积极推动京沪高速扩容工程,全力争取S125列入省级计划,配合做好连淮扬镇铁路高邮站、界首站建设,启动实施车樊路提升、S333西延工程,全面建设S333东段,开工建设周山至S237连接线、车樊路与S333连接线、高新区至S244、S611连接线,建成屏淮路北延工程,S611全线通车,完成界首运河大桥主体建设。落实招商引资与项目建设无缝对接,对重大项目按照“集体研究、全程留痕”的要求制定优惠政策,实现当年重大项目固定资产投资150亿元以上。

全力做强实体经济。把稳定企业、发展企业、壮大企业作为高邮经济的命根子。防止资金脱实向虚,强化政府性资金存贷挂钩、以存促贷,重点骨干企业优先授信,不压贷、不限贷、不抽贷,促进信贷增长达扬州平均水平、资金更多投向实体经济。以“围墙外的事政府办”为根本遵循,做好为企业服务以及资金、能源、劳动力、创新资源等要素保障。运营总规模10亿元的市政府投资基金,支持优质企业创业创新、做大做强。提高企业发展资金使用频次,扩大受惠面。发挥政府金融实业贷、集群贷和融资担保公司杠杆作用,撬动资金规模超15亿元。积极推动传艺科技、曙光电缆在中小板上市,日兴生物进入创业板,确保1家上市成功，启动华富储能中小板上市工作，宏程重工等3家以上企业挂牌“新三板”，争取引进1～2家境外上市公司入驻。健全“两部制”电费定价机制，落实直购电指标5亿千瓦时，推动秦邮特钢进入电价直接交易平台。帮助企业落实应用型人才1000人以上，引进高层次人才200人以上。实施10亿元以上重点企业培育计划，年内培育10亿～50亿元工业企业4家。实施企业家培育三年行动计划，培养一支“开明、开拓、开放、开阔”的现代企业家队伍，培训科技企业家100名以上，开展“十佳企业家”“突出贡献企业家”评选活动，让优秀企业家在高邮有地位、有荣誉、有实惠。

推进“四大园区”升档进位。把开发区、高新区、农业科技园区和城南新区作为经济建设的主战场、压舱石，推进项目集中布局、产业集聚发展、资源集约利用、功能集合构建，将“四大园区”对全市的财政贡献度提高至50%、工业贡献度提高至60%。开发区开启争创国家级开发区新征程，紧盯招引重大产业项目、长三角梯度转移项目，着力打造先进制造业集聚区、宜居宜商新城区，实施10亿元以上项目4项，其中50亿元项目1项，电池园落户企业全部达产，实现工业开票销售增长15%、一般公共预算收入增长10%。高新区全面贯彻落实《关于支持高邮高新技术产业开发区加快发展的意见》，围绕“高”“新”总体要求，统筹一乡一镇建设，积极打造“科技新区、智慧新城”，突出招引创新资源和战略性新兴产业项目，加快推进“双百十”倍增行动计划，建成创客中心一期，实施10亿元以上项目3项(其中菱塘1项)，实现工业开票销售增长15%、一般公共预算收入增长12%、高新技术产业产值增长20%。农业科技园区积极构建“研、种、养、加、销”的现代农业全产业链，加快先导区基础设施建设，启动扬州大学现代农业科教示范园建设。城南新区围绕产城融合示范区定位，大力发展先进制造、生命健康、研发孵化、总部经济以及现代服务业，实施10亿元以上项目1项，实现工业开票销售增长15%、一般公共预算收入增长12%、服务业占比提高2个百分点，创成省两化融合示范区。

二、深化改革开放创新，奋力培育发展新动能。

顺应新常态下发展动力转换的新趋势，强化改革引领、开放支撑和创新驱动，全力促进新动能成长、传统动能提升，切实把经济发展的重心、资源和空间转到发展新经济上来。

以改革激发新活力。运用好新常态下的逻辑思维和制度安排，打破对传统发展方式的路径依赖，下好先手棋。牢牢把握供给侧结构性改革主线，持续推进“三去一降一补”重点任务。淘汰落后产能，推进金旸机械、江北钢构、华兴石机并购重整，释放资金、土地、环境容量等要素投向优质先进产能。保持房地产市场量价稳定，住宅类商品房去化周期控制在20个月以内。推动深创投基金、国开基金、盂城基金、波司登基金落地运作，做好城投公司、经开公司第二期企业债发行，推动企业通过企业债、公司债、私募债、资产证券化等途径融资20亿元以上，力争全社会直接融资比重超10%。及时全面落实税收优惠政策。持续推进国有企业改革，加快政府出资人从管资产向管资本转变，建立以资产保值增值为主要导向的考核制度，推动2～3家国有控股或参股企业股份在交易所挂牌。不断深化全口径预算管理，建立跨年度预算平衡机制，全面降低政府性债务成本，优化国企、政府债务结构，控制政府性债务规模。持续推进“放管服”改革，深化商事登记制度改革，建成市场信用信息平台，市场经济主体数量增长10%。探索建立城市“八老”改造、科技创新市场化商业运作模式。个性化制定乡镇园区绩效考核办法，充分调动基层发展的积极性、主动性。

以开放拓展新空间。坚持以开放促改革，树立全方位、宽领域、多层次开放理念，全面融入国家对外开放和区域发展新战略，充分利用国际国内两个市场、两种资源，拓展供需新空间。加快融入“长三角”核心区，主动对接“宁镇扬”一体化，积极参与长江经济带建设。深入开展精准招商年活动，强化重点乡镇园区主体责任，瞄准世界500强、著名跨国公司和大型央企、知名国企、实力民企，开展产业链、创新链招商，努力招引基地型项目，积极承接“长三角”“珠三角”“京津冀”等地区的产业转移项目。办好第十三届双黄鸭蛋节、第八届邮文化节暨首届高邮艺术节、第二届高邮湖大闸蟹旅游美食节。全年新签约5000万元以上项目110项，其中外资项目20项、中央企业或跨国公司项目2项、重组项目3项、产业转移项目4项。坚持“引进来”与“走出去”并重，加强同省驻外机构深度合作，在主要经济体和“一带一路”沿线国家新设或重设代表处。加强与国信、苏美达、中江、汇鸿等外贸集团的战略合作，做大代理出口规模。大力推进贸易促进计划，组建跨境电商协会，设立政府外贸外经引导资金，资助企业参加境内外产品展览展销活动，支持金飞达、和益公司创建外贸综合体。大力推进外贸出口优进优出、优质优价，推动曙光电缆、欧力特电池、承煦照明等重点企业走出国门开展产能输出、并购营销体系，实现出口额4.5亿美元以上。扶持弘盛、瑞沃等建筑企业借船出海，力争外经营业额翻两番。扩大政府购买公共服务范围，努力招引优质教育、文化、医疗、养老、管理等资源进行合作。积极开展国家重大市政工程领域PPP模式创新试点工作，力争环湖健康生态风光带、盐河两岸改造等项目进入国家发展和改革委员会PPP项目储备库。

以创新打造新引擎。把创新摆在高邮发展全局的核心位置，以科技创新为引领推进全面创新。优先实施人才发展战略，持续推进秦邮人才集聚计划、秦邮英才培育计划，新增专业技术人才1500人，培养高技能人才800人。落实大众创业、万众创新政策措施，重点建设开发区食品安全产业集聚区和科技创业中心、高新区光电科技孵化器，打造“文游汇”“高邮特色水禽星创天地”全国众创空间，新增各类科技创业孵化载体8万平方米，引进入孵企业40家。强化企业创新主体地位，新增高新技术企业16家、省科技“小巨人”企业1家，新建省级以上研发中心15家。强化金融对科技创新的支撑作用，完善天使投资、风险投资、股权投资、融资担保等多层次金融体系，以资本力量推动科技成果转化。采用财政资金“拨改投”方式，实施重大科技成果转化项目10项。提高高校地方研究院产出效益，探索建立项目经理制与合同科研激励模式，实现技术合同成交额4000万元以上。持续推进质量强市、品牌兴市、专利导航，完成电液推杆行业标准起草，新创驰名商标1件、省著名商标和名牌产品8件，申请专利2400件。进一步解放思想，凝聚共识，在理念创新、制度创新、商业模式创新、文化创新等各方面迈出更大的步伐。

三、推进转型升级提效，加快构建绿色产业体系。

深刻把握省生态保护引领区的内涵和要求，守住发展与生态两条底线，加快构建绿色、循环、低碳的现代产业体系，实现绿色崛起。

促进工业绿色化发展。坚持绿色工业立市，在发展中调整结构、提升质量。对照《中国制造2025江苏行动纲要》，编制完善全市主导产业升级标准，以集群发展加快更新工业四大基本产业，推进生产过程清洁化、产业链接循环化、废物处理资源化，突出工业强基改造，完成技改投入200亿元，带动全市工业开票销售达550亿元、工业入库税收达20亿元，净增规模以上工业企业15家。在传统产业的优化升级中驱动产业链向“微笑曲线”两端延伸，机械装备产业主攻智能制造，深度推进两化融合。电线电缆产业主攻“专精特新”，实施差别化发展战略。照明灯具产业主攻服务化转型，促进龙头企业从灯具制造供应商转向城市照明景观整体解决方案提供商。纺织服装产业主攻业态模式升级，促进重点企业从代工向品牌发展转变，引导中小企业走“互联网+小批量”自主营销之路。立足现有基础，大力发展新能源、新材料、生物医药、智能电网、绿色食品等新兴产业。加强前瞻谋划，运用各类基金，努力引进“工业母机”、机器人、3D打印、纳米材料、石墨烯应用等前沿高端项目。新兴产业开票销售占全部工业比重提高2个百分点。推广清洁能源，大力实施电力替代工程。围绕住宅产业化和绿色建筑示范应用，着力推进建筑产业现代化，加快建设建筑业总部集聚区、建筑产业现代化基地，积极组建主营业务突出、技术素质一流、融资能力强大的建筑业“新航母”，全年装配式建筑面积达7万平方米，建筑业产值增长5%。

推进农业供给体系建设。以提供农产品有效供给为核心，进一步优化农业产业体系、生产体系、经营体系，着力提高农业综合效益和竞争力。实施藏粮于地、藏粮于技战略，稳控粮食生产面积，完善粮食购销体系。优化现代农业布局，打造“三特三优”主导产业，新增高效设施农渔业面积2333公顷，新建高标准农田3333公顷，特色农产品加工销售超150亿元。推动绿色种植业和生态养殖业和谐发展，农产品质量安全总体合格率98%以上，畜禽规模养殖比重80%以上，进一步叫响高邮特色区域公共农产品品牌。完成灌区节水改造、千亿斤粮食和中小河流治理年度项目。创成省粮食生产全程机械化示范市。深化农村集体土地所有权、承包权、经营权“三权分置”改革，依法推进农村产权交易流转，新增适度规模经营面积1667公顷，市级平台交易额2亿元以上，创成省级示范家庭农场5个、省级示范合作社2家。高效农业保险覆盖面占比达45%以上。推进农村第一、第二、第三产业融合发展，加快发展“互联网＋农业”，打造一批主题创意农业园。做好第三次全国农业普查工作。

提升服务业发展质态。把服务业作为经济发展的“绿色引擎”、转型升级的战略支点，大力发展文创产业、服务外包、楼宇经济、总部经济等新业态，重点发展电子商务、旅游业。放大国家历史文化名城效应，实施国家全域旅游示范区建设三年行动计划，将旅游元素、文化元素注入城乡建设各个环节，完善各类配套设施，为游客逐步提供标准化、智能化、人性化服务。对全市旅游资源进行整体规划布局、综合统筹管理、一体化营销推广。确保清水潭大马戏、温泉酒店项目实质性开工，启动十里长街和邮运世界遗产文化景区建设，建成同心基地展览馆，抗战最后一役纪念馆争创国家4A级景区，加快形成以文旅资源为卖点、旅游度假为热点、农旅融合为特点的休闲游、两日游格局，实现游客购票入园超10万人次。实施“互联网+”战略，深化与阿里巴巴、京东商城、1号店等大平台的合作，巩固网货下乡，推动特色农产品上行，强化轻工产品网上销售，做大诚信电子商务物流产业园、通邮电子商务产业园，实现年度电商销售额40亿元，创省级电商示范基地1个。稳定发展商贸服务业，新增服务业规上企业10家、限上服务业企业15家，服务业纳税22亿元，创扬州服务业集聚区1个。

四、坚持全域规划引领，积极打造区域魅力城市。

遵循城市发展规律，树立精明增长理念，注重自然保护和历史传承，提升县域综合竞争力。

合力推进江淮生态大走廊建设。把生态建设作为政治担当，打造守护全域的清水走廊、安全走廊、绿色走廊。引进国资、民资启动实施高邮湖退圩还湖工程，完成新民滩淮河入江水道整治工程，高标准建成环高邮湖大道，建设高邮湖省级湿地公园。搬迁大协船厂，新建盂城驿码头。关闭、搬迁三阳河两侧1千米范围内规模化畜禽养殖场。建设盐河生态风光带、状元湖水库及湿地公园，活化清水潭水系，整治通扬线航道高邮段，疏浚农村骨干河道32条。升级扩容开发区、湖西污水处理厂，开工建设城南新区工业污水处理厂，启动实施乡镇污水处理能力提升工程。实施以S611高邮段为主体的环湖、环河绿化工程，启动S333、S237高邮段绿化提档升级，继续推进神居山省级森林公园建设，城市规划区内每个社区建成1个社区公园，每个乡镇建成1个镇区公园，每个村建成1个村级公园。新增成片林533公顷、城市绿地40公顷。实施“两减、六治、三提升”行动，完成节能减排任务。关闭污染企业20家，建成投运生活垃圾焚烧发电厂、康博工业固体废弃物无害化处理项目，开展“五气共治”，全面淘汰供热管网覆盖范围内的工业燃煤锅炉。强化刚性约束，坚持源头严防、过程严管、后果严惩，系统推进环境污染综合治理。从严控制新增建设用地总量和土地开发强度，提高节地水平和土地产出率。

加快建设运河明珠城市。突出“古今交融、宜居宜业”，积极打造公园城市、水韵城市、宜居城市、人文城市。加强城市规划和城市设计，围绕完善功能推进多规合一、依规建设。按照政府主导、稳妥推进的原则，改造月塘小区等3～4个老小区、北门酒厂等2～3个老厂区、武安社区办南侧等1～2个老庄台，加快改造5处老宅子及一批老宿舍、老街区、老巷道、老校舍，改造棚户区2100套。按照规划先行、市场化运作的原则，实施塑编厂周边、市一中南侧等地块城中村改造，打造“一镇两区”先行示范项目。全面推进城市中央公园、新城路网第一期工程、金融大厦建设，实质性启动盐河两岸开发，建成文体中心、智慧大厦。实施捍海路断面改造、凌波路改造、通湖路提升、嘉禾路北延、邮都路北延、丰瑞路南延、屏淮路南段贯通、新华东路建设等城市道路工程。综合整治中大沟、香沟河东段、先锋支、向阳河、支农河、腰圩河等城市河道，全面打通城市东西水系。以“四城同创”为抓手不断提升城市品质。丰富国家历史文化名城内涵，启动文游台景区扩容，完成人民公园周边景观提升工程，高邮州署、集邮家博物馆和市博物馆展陈开放。创成国家卫生城市，大力开展城市管理示范创建，整治珠湖路、傅公桥路、人民路、北海菜场及周边环境。试点推进垃圾分类回收。新建停车场6处。建成投运北海大型摊贩疏导区、大型货运停车场。筑牢全国文明城市创建基础，广泛开展社会主义核心价值观学教活动，引导市民参与身边环境综合整治，共同遵守市民守则，积极参加志愿服务行动，不断提升社会文明程度。推进城乡均衡协调发展。围绕城乡公共服务均等化、居民收入均衡化、要素配置合理化、产业发展融合化，推进城乡发展一体化。完善农村基础设施，提档升级农村公路80千米，改造危桥25座。开通周山镇镇村公交。发展乡镇特色经济，卸甲苏中循环经济产业园、龙虬环保产业园各落户项目两项以上，汤庄液压环保机械产业园创成扬州市特色园区，规划实施三垛消防器材产业园、甘垛新材料产业园，打造临泽渔光互补光伏发电基地、周山花卉苗木生产基地，推进菱塘回族风情小镇、界首芦荡渔乡特色小镇创建扬州市级特色小镇。狠抓东部六乡镇扶持政策落地生效，全面置换六乡镇政府性集资债务，设立总额不低于1亿元的区域发展资金，支持六乡镇走特色发展之路，按省补生态补偿资金的三分之一，奖励六乡镇在环境容量腾让和基本农田保护等方面的贡献。加强重点镇金融机构、农贸市场、文化场所建设，全国重点镇全部设立城管执法分支机构，推进界首、临泽申报国家历史文化名镇。继续实施农村环境综合整治工程，建成省美丽乡村2个。

五、落实共建共治共享，着力补齐民生幸福短板。

自觉践行以人民为中心的发展思想，坚持问题导向，加大民生投入，让发展更有温度、幸福更有质感。

提高城乡居民收入。把产业富民作为最大源泉、创业富民作为最大潜力、公共服务作为最大普惠、脱贫攻坚作为最大民生、深化改革作为最大红利，以务实行动、创新举措做好聚焦富民文章。大力发展电商、旅游、建筑等就业容量大、质量高的产业。加大政府购买服务力度，建立健全终身职业技能培训制度，不断提升劳动者素质。制定执行地方性增资政策，建立劳动报酬增长和劳动生产率提高同步机制，加快缩小与周边地区差距。健全产权投资服务体系，持续增加居民经营性和财产性收入。探索实施征地留用地统筹开发，让农民成为发展的利益主体。开展大学生创业引领行动、农村妇女创业创新行动，做大各类创业贷款担保贴息规模。发挥社会保障基础性、兜底性作用，建立城乡统一的居民基本医疗保险制度，人均筹资水平不低于615元，其中财政补助不低于470元。最低生活保障实现城乡同标，从7月份起每月保障585元。坚持优化社会救助体系与提高困难群众自我发展能力相结合，推进经济薄弱村“亿千百”脱贫攻坚工程，继续实施百企帮百村联千户活动，完成新一轮低收入农户脱贫任务。加快住房保障政策向乡镇延伸。公积金扩面3600人。

全面发展社会事业。优化教育布局，实施校车安全工程。新建、迁建、改建第一小学、城北小学、城南新区小学、卸甲小学、高新区初中、临泽幼儿园、三垛幼儿园等一批学校和幼儿园。推进职业教育产教融合发展，争创省教育现代化建设示范区。深化医疗体制改革，坚持公立医院公益性质，建立合理的财政补偿机制，确保服务质量。健全分级诊疗体系，启动城乡医疗资源结构优化和布局调整，乡、村两级门诊政策范围内补偿比提高至50%、60%，乡镇卫生院住院政策范围内补偿比提高至90%。建设人民医院东区第二期工程，建成投运送桥、临泽农村区域性医疗卫生中心。家庭医生个性化签约覆盖率20%以上。实施“医养融合”发展三年行动计划，提高居家养老政府资助标准，引进民间资本投资养老服务业，民办养老机构、残疾人之家实现乡镇全覆盖。推进数字图书馆和24小时城市书房建设，新增基层综合性文化服务中心90个。提高环高邮湖国际自行车越野赛、大运河半程马拉松赛事影响力，承办好省青少年武术锦标赛。构建食品药品覆盖生产、流通、消费全过程的监管体系，创成省食品安全城市。实施城区自来水深度处理工程、东北片区供水提标升级工程。

推进社会治理创新。以居民需求为导向，提升城乡社区治理水平，推进城市社区网格化管理，探索实施乡镇社区体制改革，巩固提升村民自治成果，补齐城乡社区治理短板。完善维稳工作机制，开展重点问题综合治理，做实社会稳定风险评估，增强人民调解与司法调解、行政调解互联互动，提高社会治理智能化水平。推进信访工作制度创新，提升民生诉求及时办理率。深化立体化治安防控体系建设，建成环城、环市、环集镇监控防护圈。启动智慧安监建设，实现对危化企业、重点危险源、重点企业的实时监控。完成“七五”普法年度任务。做好城市民族工作和宗教场所规范化管理工作。创建省双拥模范城市。

全面提升政府自身建设水平

发展新形势、人民新期待，对政府工作提出更高的要求。市政府及各组成部门，将创新工作理念，提升执政能力，奋力开创政府工作新局面。

打造法治政府。推动政府及其组成部门职责法定化，依法界定全面、清晰的政府权力清单。切实提高政府依法行政和依法治理的能力。健全依法决策机制，严格落实重大行政决策法定程序、跟踪反馈、责任追究和第三方评估制度。全面推行政府法律顾问制度，加强行政复议和行政应诉工作。切实增强人大意识和民主协商意识，依法接受人大及其常委会的监督，自觉接受人民政协的民主监督，虚心接受社会和舆论监督。认真办理人大代表建议和政协提案，不断提高办结率。

打造服务政府。持续推动“三服务”工作，切实为企业、为基层、为群众多办实事。秉持“围墙内的事企业管，围墙外的事政府办”，构建“亲”“清”政商关系，当好推进经济发展的“店小二”。新建市政务服务中心，打造“行政审批、便民服务、公共资源交易、效能监察”四位一体的政务服务平台。强化政府信息公开和新闻发布工作，大幅度提升政府服务智慧化水平。在提升基层服务能力的同时，切实为基层排忧解难，为基层提供优质高效服务。把群众满意作为第一标准，全面呼应群众诉求，着力打通政策落实、决策部署、为民服务的“最后一公里”，让群众办事更方便、更有尊严。

打造实干政府。紧紧围绕新一届政府目标任务，大力弘扬勤政有为、真抓实干、攻坚克难的优良作风，把解难攻坚作为工作要求、前进起点，深入调查研究，吃透真实情况，努力提升政府系统工作人员发现问题、分析问题、解决问题的能力。用开放的胸襟对待新生事物，更多运用市场机制和办法推动发展，在项目建设、招商引资、做大实体经济和国企改革等方面多运用经济思维，使政府有形之手、市场无形之手、市民勤劳之手同向发力。

打造担当政府。强化履职尽责，在关系经济发展的时代重任面前、在制约社会进步的焦点矛盾面前，主动作为、敢抓敢管，勇于担责、绝不推诿。强化督促检查和督查问责，全面整治慵懒散，力戒为官不为、敷衍了事。强化正向激励,按照“三个区分开来”要求,健全容错机制,完善免责清单,给改革者撑腰,为担当者担当,让“想干事、肯干事、能干事、干成事、不出事”的干部有机会、有舞台。

打造廉洁政府。严格落实全面从严治党要求,切实履行“一岗双责”,坚持把纪律挺在前面,进一步加强全方位监督,使纪律建设贯穿于政府工作的各个方面。严格执行中央八项规定精神,持续狠刹“四风”,突出整治和查处侵害群众利益的不正之风和腐败问题。厉行勤俭节约,严控“三公”经费,把有限的财力用在发展最迫切、民生最急需的地方。在完善制度、强化监管方面下更大力气,严管公共资源交易,严管国有资产资本,不断加大行政监察和审计监督力度,让权力在阳光下运行。

(该工作报告系摘要)

“两学一做”学习教育

【概况】 2016年,市委认真贯彻落实中央和省委、扬州市委要求,面向全市4.5万多名党员,全面部署开展“两学一做”(学党章党规、学系列讲话,做合格党员)学习教育工作。年初,在全市党建工作会议上,市委即对全市“两学一做”学习教育先行提出要求,促使各级党组织和党务工作者思想上更加重视学习教育,确保以实际行动抓好抓实“两学一做”学习教育。5月11日下午,市委召开全市“两学一做”学习教育工作座谈会,动员和部署在全市中共党员中开展“两学一做”学习教育。会上,以市委办文件形式印发《关于在全市党员中开展“学党章党规、学系列讲话,做合格党员”学习教育的实施方案》。至此,该学习教育工作在全市全面启动。6月,市委成立“两学一做”学习教育协调小组,具体负责该学习教育的协调工作。6~12月,全市以“四学四讲”为学习载体、“双百双千”为实践载体,坚持专题学习、专题研讨、专题调研、查摆解决问题、岗位奉献同步用力,推动“两学一做”学习教育深入开展,并因此形成“示范+分类”“讲学+送学”“线上+线下”“正面+反面”“集中+日常”这一交叉进行、立体推进的鲜明特征。至年底,全市4.5万名党员以“必修课”的要求与形式积极投入其中,并收到相应成效。 (史志)

【全市“两学一做”学习教育工作座谈会】 5月11日下午举行。会议的主要任务是,贯彻落实习近平重要指示和中央、省委、扬州市委座谈会精神,动员和部署全市“两学一做”学习教育工作。会议由市委常委、常务副市长、组织部部长孙建年主持。会上,市委书记韩方作主题讲话,市委副书记张新钢传达习近平总书记重要指示和中央、省委、扬州市委座谈会精神,菱塘回族乡党委、市级机关工委、市教育局党委、市供电公司党委负责人作表态发言。市四套班子党员领导,各乡镇、园区、部门党组织负责人及扬州市委“两学一做”学习教育协调小组相关负责人参加会议。 (郭玉梅)

【《关于在全市党员中开展“学党章党规、学系列讲话,做合格党员”学习教育的实施方案》印行】 5月11日,《关于在全市党员中开展“学党章党规、学系列讲话,做合格党员”学习教育的实施方案》印发。该方案从总体要求、基本原则、主要内容、具体措施四个方面,对全市开展“两学一做”学习教育提出总体设想和具体安排。该方案要求,在学习教育过程中,坚持正面教育为主,用科学理论武装头脑;坚持学用结合,知行合一;坚持领导机关领导干部带头,以上率下;坚持问题导向,注重实效;坚持从实际出发,分类指导。开展“两学一做”学习教育,基础在学、关键在做,“学”带着问题学,“做”针对问题改。通过学党章党规,着眼明确基本标准、树立行为规范,引导党员提升尊崇党章党规、敬畏党章党规、遵守党章党规的思想自觉。学习近平系列讲话,重在加强理论武装、增强“四个意识”,在思想上政治上行动上同以习近平为总书记的党中央保持高度一致。做合格党员,重在学以致用、知行合一,做讲政治、有信念,讲规矩、有纪律,讲道德、有品行,讲奉献、有作为的合格党员。该方案指出,此次学习教育不是一次活动,不分批次、不划阶段、不设环节,将长期坚持开展。

(史志 郭玉梅)

【市委中心组(扩大)“两学一做”学习教育专题培训班】 6月4~6日举行。韩方、潘学元、张秋红、徐永宝等市领导和各乡镇、园区党政主要负责人,市级机关部门主要负责人集中参加培训。市委副书记张新钢作开班动员讲话。江苏省委党校廉政建设研究中心主任、教授王世谊应邀到班作首场专题讲座。

按照市委研究决定,全市共分3期5个班次,分别举办市委中心组(扩大),机关部门基层党组织负责人,农村基层、“两新组织”党组织书记“两学一做”学习教育专题培训班。

(陈寨英 黄小帅 周雷森)

【设立协调小组】 6月中旬,为确保“两学一做”学习教育各项任务有序开展,市委抽调精干力量,专门成立由市委副书记张新钢任组长的市委“两学一做”学习教育协调小组,并在协调小组下设组织组、综合组、宣传组及督导组等工作组,具体协调负责该学习教育的组织、推动、督导工作。(史志)

【市委常委会“两学一做”学习教育】 从5月中旬起，市委常委会注重发挥“两学一做”学习教育引领示范作用，先后召开专题学习会5次，组织专题研讨活动4次（每个常委至少重点交流2次），举办中心组（扩大）专题辅导班7期，分4个层次举办“两学一做”学习教育专题培训班5期，并组织集中调研指导活动4次，切实起到以上率下的作用。 （史志）

【市四套班子党员领导开展“三下三联三交”活动】 5月中旬开始，市委、市人大常委会、市政府、市政协党员领导干部按照“两学一做”学习教育工作要求，带头深入联系点开展“三下三联三交”活动。即：下到一个村，联系一个合作经济组织，交一个农民朋友；下到一个工厂企业，联系一个班组，交一个工人朋友；下到一个社区，联系一个社团，交一个社区主任朋友。通过驻点调研、走访交流等形式，认真收集、听取意见建议，准确了解群众所思、所忧、所盼，了解惠民政策落实、民生改善情况，了解基层群众对党和政府的要求和期盼，为科学决策提供依据。其间，市委书记韩方先后深入汤庄镇、界首镇，开展“两学一做”学习教育专题调研；市委副书记、市长潘学元深入卸甲镇开展“两学一做”学习教育专题调研；市人大常委会主任张秋红到挂联点友好村和扬州昇业机械有限公司、扬州恒通环保科技有限公司、江苏科凌医疗器械有限公司等企业开展走访调研；市政协主席徐永宝到湖滨村和御马社区开展“两学一做”专题调研；市委副书记张新钢到高邮湖西新区南荼村开展座谈调研。其他市党员领导干部也均到所挂联的乡镇、园区及企业开展专题调研。走访调研期间，市党员领导干部以高度的政治责任感、以身作则的务实作风和最讲认真的精神，坚持严的标准、严的措施、严的纪律，扎实开展好调研活动，促进以优良党风、政风带动民风、社会风气的转变。大家表示，一定要切实发挥示范带动作用，先学一步，深学一层，推动工作，成为“两学一做”的引领者，积极引导广大党员干部为高邮改革发展建功立业。 （陈寨英 周雷森）

【落实党组织主体责任】 从6月中旬起，市委“两学一做”学习教育协调小组强化落实各级党组织的主体责任，先后在各级党组织中组织开展“四学四讲”（学党章准则、学系列讲话、学党史国史、学党纪国法，书记讲党课、骨干讲业务、典型讲事迹、普通党员讲感受 ）及“我是党课主讲人·微党课”活动，全市共举办各类讲堂375次、微党课7000多场次，先后有700多名科级党员干部走上讲堂上党课、1.1万名党员上讲台谈感受、党课讲师团送学53场次。同时，围绕主题开展专题研讨，各级党组织班子成员至少重点交流1次，全市4万多名党员参加集中讨论。 （史志）

【发挥党员主体作用】 从6月中旬起，市委“两学一做”学习教育协调小组要求各级党组织注重发挥党员主体作用，广泛开展岗位奉献、“亮身份、作承诺、树形象”活动，开展创争党员示范岗、党员中心户等活动，开展“双百双千”联系服务活动及百企帮百村行动等，并结合防洪防涝、夏秋两季抢收抢种、“四城同创”、“三服务”（服务企业、服务基层、服务群众）等全市诸多中心工作开展，检验学习教育的成效。同时，组织举办“做时代楷模 展先锋风采”先进事迹报告会、党员干部勤廉事迹报告会等23场次；开展“不忘誓词 我为什么入党”征文研讨活动和“领导干部立家规，共产党员立家风”主题活动，共征集高质量征文176篇，典型家规、家风文章37篇。发挥“一方有难、八方支援”的责任意识和奉献精神，组织党员为盐城灾区捐款121.29万元。 （史志）

【强化问题查摆和整改】 从10月起，市委“两学一做”学习教育协调小组着力推进问题查摆和整改工作，围绕党组织建设、党员教育管理、党员干部作风建设、廉洁自律4个方面，开展“五查摆五强化”“七查摆七强化”活动，逐一列出问题清单和整改清单，并及时督导跟进清单所列问题的整改落实到位情况。其间，全市各党委（党组）梳理出突出问题508条、市委常委会成员排查出突出问题81条，并全部落实整改。推进实施群众诉求集中办理机制、党员干部容错机制等系列整改措施，推动“两学一做”抓在平常，融入经常。 （史志）

【督导工作】 6～12月，市委“两学一做”学习教育协调小组全面落实督导责任，建立督导小组65个，实行工作情况月报制、双月督查制、季度抽查制，并开展两轮集中督导、两轮抽查；建立“两学一做”相关监测点132个，先学先行先做，为面上推进积累经验；建立专项督导组107个，开展“百组千支”专项督导，全面确保“两学一做”学习教育的实效。 （史志）

重要文献摘要

2016年高邮市民生幸福工程实施意见（摘要）

一、终身教育体系

1. 改善薄弱学校办学条件。迁建城南经济新区小学（幼儿园）（责任单位：高邮城南经济新区）、汤庄镇沙堰幼儿园(责任单位:汤庄镇),建设湖西新区初中(责任单位:高邮湖西新区)、武安初中综合楼(责任单位:高邮镇、市教育局)、临泽镇临泽幼儿园(责任单位:临泽镇)。改建甘垛镇平胜小学危房(责任单位:甘垛镇)、扩建菱塘回族乡回民实验小学(责任单位:菱塘回族乡)。全年完成中小学校校舍安全改造1.5万m^2(责任单位:市教育局)。提供校车安全服务(责任单位:市教育局、市交通局、市公安局、市财政局)。

2. 促进职社教育优质发展。全市开展城乡劳动者职业技能培训3000人,其中农村劳动力职业技能培训1000人以上(责任单位:市人社局)。1所江苏省高水平现代化职业学校接受省网评或现场考察,1个省级高水平示范性实训基地接受省视导评估,创成省级标准化乡镇社区教育中心1个、省级居民学校8个(责任单位:市教育局)。新建老年大学多功能报告厅和室外教学场地(责任单位:市委老干部局)。

3. 完善教育资助扶持政策。将低收入农户作为重点纳入教育资助范围,逐步加大就学救助力度。对低收入农户中的就学子女,凡考入大专、本科的,由市财政分别给予3000元和4000元的助学金(责任单位:市委农工办)。对考入高中以上的残疾学生和贫困残疾人子女,发放教育专项补贴和考学奖励(责任单位:市残联)。

二、就业服务体系

1. 落实就业帮扶政策。开展城乡"双零"家庭就业帮扶行动,保持动态清零。新增城镇就业6000人,推荐失业人员再就业2300人,就业困难人员再就业300人,新增农村劳动力转移3000人。期末城镇登记失业率控制在2.5%以内。对零就业家庭、经济困难家庭等就业困难的未就业高校毕业生实施"一人一策"援助,确保有就业意愿的高邮籍高校毕业生推荐就业服务率100%(责任单位:市人社局)。

2. 积极提供创业条件。全年开展创业培训500人次以上,实现成功创业300人,创业带动就业800人,推介创业项目30个以上,扶持建设创业孵化基地1个以上(责任单位:市人社局)。小贷公司当年累计发放涉农贷款10亿元(责任单位:市金融办)。

三、社会保障体系

1. 加大社会保障力度。全市城镇职工基本医疗保险、城镇居民基本医疗保险参保率达98%以上,城镇居民医疗保险各级财政投入人均不低于425元;将职工基本医疗保险上限由20万元提高至30万元。全面实施职工大病补充保险,大病补充保险实际支付比例不低于55%。城镇职工医疗保险新增参保2000人,失业保险新增参保1000人,工伤保险新增参保8000人,生育保险新增参保2000人。深化工资集体协商,50人以上建会企业工资协议签订率达95%(责任单位:市人社局)。认真落实社会救助和保障标准与物价上涨挂钩联动机制,及时启动并按月发放物价补贴,确保低收入群体生活水平不因价格上涨受到影响(责任单位:市物价局、市民政局)。规范平价商店运营,充分发挥平价商店稳价惠民作用,稳定"菜篮子"价格(责任单位:市物价局)。

2. 提高救助资助水平。落实城乡低保、农村五保自然增长机制,城市(农村)居民最低生活保障标准不低于当地上年度城镇(农村)居民人均可支配收入的20%。巩固孤儿养育标准自然增长机制,孤儿集中供养、社会散居养育标准分别提高至每人每月1771元、1065元,农村五保、城市"三无"供养标准分别提高至每人每年7260元、13464元。落实未成人救助保护政策,构建早发现、早介入、早救助保护机制。继续推进文明、生态安葬方式,逐步引导各级公墓向生态节地型转变(责任单位:市民政局)。对全市建档的特困职工实施生活救助、大病救助、助学救助,发放特困职工各项救助金80万元(责任单位:市总工会)。

3. 帮扶残疾弱势群体。扶持社会组织建设辅助性就业机构和残疾人农疗基地各1个,新建村(社区)康复室5个,残疾人扶贫基地5个、创业基地3个,建成2个残疾人"自强健身示范点"。开展残疾人技能培训250人,为60周岁以下持证残疾人免费办理意外伤害保险,完成全市贫困白内障患者免费复明手术200例,发放轮椅300辆,为700名精神残疾人免费提供基本用药,为500户贫困残疾人辅助器具适配和家庭无障碍环境改造项目,实施0~6岁残疾儿童抢救性康复训练及7~14岁残疾儿童(脑瘫、孤独症)继续康复项目(责任单位:市残联)。

4. 促进低收入农户脱贫。强化精准扶贫、精准脱贫措施。继续推进经济薄弱村"亿千百"脱贫攻坚工程,重点扶持100个经济薄弱村,确保以乡镇为单位村级集体经营性收入同比增长10%以上,低收入人群稳定增收,村级债权回收10%以上、债务下降10%以上。落实低收入农户在用水、用电和数字电视收视费方面的扶持政策,对低收入农户中的扶贫户新农合保险费进行减免(责任单位:市委农工办)。

四、医疗卫生体系

1. 健全医疗服务体系。加快推进基层首诊、双向转诊、急慢分治、上下联动的分级诊疗制度建设(责任单位:市卫计委)。完善服务体系,4个区域性医疗卫生中心中，三垛、卸甲建成并投入使用，临泽、送桥完成主体建设工程。迁建城南新区社区卫生服务中心（责任单位：高邮城南经济新区、高邮湖西新区、三垛镇、卸甲镇、临泽镇、市卫计委）。大力实施“三个一”工程，做实做优做强家庭医生工程、健康档案工程和居民健康卡工程。提高新农合参合群众医疗保障水平，人均筹资标准不低于570元，其中各级财政投入不低于425元。完善新农合支付方式改革，在市、乡医疗机构推出35个病种实行按病种付费，提升基金使用效益，降低群众就医负担。继续开展“十大主题健康促进行动”，创建健康机关20个、健康社区（村）12个、健康家庭200个、健康厨房（餐厅）200个、健康广场（公园）10个、健康步道10个、健康企业4个。大力开展爱国卫生运动，完成全市农村无害化卫生户厕任务5000座。创建省和扬州市卫生村10个。提升妇幼健康服务水平，实施免费婚检和免费孕前检查一体化服务，提高效率，方便群众（责任单位：市卫计委）。龙虬镇积极争创国家卫生镇（责任单位：龙虬镇、市卫计委）。

2. 保障食品药品安全。加强农产品质量安全监管，组织开展种植产品的农药残留超标，畜禽、水产品违法使用添加剂和滥用添加剂等专项整治行动，全市农产品抽检合格率达98%以上（责任单位：市农委）。开展食品、药品医疗器械等商品质量监督管理，实施生产加工、流通、餐饮服务环节食品抽样检测3200批，综合检测合格率95%以上。药品监督抽样检测，全市抽检药品150批、快检300批，基本药物检测合格率达98%以上（责任单位：市市场监管局）。

五、住房保障体系

1. 推进供应体系建设。积极推动存量房转为公租房和安置房。以公租房建设为重点，筹集公共租赁住房150套。发放公共租赁住房（廉租住房）租赁补贴60户。基本建成碧水新城南苑三期264套经济适用住房。全面推进老旧小区实施基本物业服务（责任单位：市房管局），龙虬镇安置区（龙兴小区）一期完成建设（责任单位：龙虬镇）。实施怡水、飞达小区完善提升工程（责任单位：高邮城南经济新区）。提高住房公积金制度覆盖率，新增住房公积金扩面4000人，发放住房公积金贷款1.8亿元（责任单位：公积金高邮分中心）。

2. 打造宜居生活环境。实施造林绿化工程，全市植树造林0.6万亩，其中成片造林0.5万亩，四旁植树30万株（折算造林0.1万亩）；新建省级绿化示范村8个，森林抚育经营面积1.5万亩（责任单位：市农委）。新增城市绿地30万平方米（责任单位：市城建局），建设东部新城文体公园、盐河运动休闲公园和运河西堤沿湖生态公园，建成老横泾河、南澄子河、香沟河滨河公园（责任单位：市城建局、市水利局、高邮经济开发区、高邮镇），加大噪音扰民治理力度，组织多部门联动，进行路面巡查，坚决取缔噪音扰民现象，净化城市环境（责任单位：市城管局、市环保局、市公安局）。建设环境监测站开发区分站，新建1座空气自动监测站（责任单位：市环保局）。对100家燃煤锅炉进行整治，实施煤改天然气、电、生物质燃料等清洁能源或集中供热供水（责任单位：市环保局、市市场监管局）。实施饮用水水源地保护工程，清理6个水源地保护区内的违规建设项目和船舶，实施城区自来水深度处理工程，确保出厂水质100%达标（责任单位：市水利局、市交通局、市城建局）。建成水源地在线监测站4座（责任单位：市水利局、市环保局）。

六、养老服务体系

1. 做好养老保险服务。企业职工养老保险新增参保1万人，参保覆盖率达98%以上；城乡居民养老保险参保人数达21.35万人，发放基础养老金人数16.8万人，参保覆盖率达99.8%以上，基础养老金发放率达100%，启动实施个人账户养老金调整机制。适时调整企业退休人员、城乡居民养老保险待遇水平和城乡居民基础养老金标准。建立完善城乡居保数据信息系统，启动全民参保登记工作。大力推进服装企业全员参保工作，逐步带动其他行业参保覆盖工作（责任单位：市人社局）。做好计划生育特殊困难家庭扶助工作，年满60周岁的独生子女伤残、死亡特别扶助对象扶助金分别从每人每月400元、500元提高到600元、700元。提高60周岁以上特扶对象居家养老补贴标准，对特扶对象城乡居民基本养老保险、城镇居民基本医疗保险以及农村居民新农合个人付费给予补贴（责任单位：市卫计委）。

2. 提升养老服务业态。引导扶持社会力量兴办养老服务机构，做好农村居家养老政府购买服务工作，开展居家养老服务示范点建设。创建标准化居家养老服务中心5个以上，示范性居家养老服务中心2个以上。新建5家以上社区日间照料中心，完善配餐送餐服务功能。加大对养老服务事业的投入，60岁以上户籍老年人口数提取养老服务事业费不少于24元/人。加强敬老院规范化建设，年底全市机构养老床位数每千名老人达34张，护理型床位占养老机构床位比率50%。对全市乡镇敬老院养老护理员给予一次性补贴和每月补贴（责任单位：市民政局）。实施开发区敬老院、送桥敬老院天山分院扩容工程，城南经济新区敬老院竣工，菱塘回族乡民族敬老院竣工（责任单位:高邮经济开发区、高邮湖西新区、高邮城南经济新区、菱塘回族乡、市民政局)。

七、其他民生事项

1. 靓化城市整体形象。实施长生大沟、承志河整治工程(责任单位:市水利局、市城管局)。实施玉带河、蝶园大沟、月塘河、东营大沟、支农河、大寨河等黑臭河整治工程,实施马饮塘河南延活水和人民公园活水除涝工程(责任单位:市水利局)。全市老城区后街后巷改造基本完成(责任单位:市城建局)。基本完成城中村改造(责任单位:高邮经济开发区、高邮城南经济新区、高邮镇)。修缮出新部分老旧小区(责任单位:市城建局)。新建南门农贸市场(责任单位:高邮镇),改造北市口农贸市场(责任单位:市工业总公司),规范统一设置早餐车、熟食车,建立便民服务点,合理划分位置,统一规范经营。规划建设1座建筑垃圾消纳场(责任单位:市城管局)。实施生活垃圾焚烧发电PPP项目(责任单位:市城管局、龙虬镇)。加强道路、建筑施工扬尘管理(责任单位:市城管局、市建管局)。

2. 美化农村生活环境。各乡镇园区开展街巷改造整治工作(责任单位:各乡镇、园区),加快龙虬庄国家考古遗址公园建设(责任单位:龙虬镇)。加大农村环境整治力度,安排3630万元用于农村环境长效管护工作。实施省"美丽乡村"建设行动,打造2个省级美丽乡村(责任单位:市委农工办)。在全市12个行政村中开展覆盖拉网式农村环境统合整治(责任单位:市环保局)。抓好稻麦秸秆机械化还田工作,确保机械化还田100万亩以上。新改建农村小型机电灌排泵站50座(责任单位:市农机局)。改建三垛粮库粮食仓储设施(责任单位:市粮食局)。完成农村供水支管网更新48.38公里。实施农村河道轮浚工程,中小河流重点县综合整治和水系连通试点项目,综合整治县乡骨干河道27条(段),清淤疏浚河道118.58公里,堤防加固47.55公里,河道护岸18.42公里(责任单位:市水利局)。实施乡镇污水处理厂提标改造工程,在中心镇建立5000吨级以上的污水处理厂,其余乡镇建立提升泵站,配套建设污水收集管网(责任单位:各乡镇、市环保局)。开发区建设污水管网5公里(责任单位:高邮经济开发区、市环保局)。实施湖西污水处理厂二期工程,改造湖西新区状元沟周边环境(责任单位:高邮湖西新区)。

3. 完善交通设施建设。实施京杭运河"三改二"城区段后续综合整治工程(责任单位:市水利局、市交通局)。规划建设城市东部港口码头(责任单位:市交通局、市水利局、卸甲镇)。推进连淮扬镇高铁建设。完成运东船闸扩容工程配套,建成S611高邮段,建设S333高邮东段先导段,规划建设湖西新城至S611、S244连接线。规划建设周八路南延,规划建设X301连接线。建设界首运河大桥。实施省道S333三垛集镇段拓宽改造工程,完成提档升级农村公路60公里(责任单位:市交通局、各有关乡镇)。完成县道安保工程三级公路40公里,县道养护完成二级公路8公里大中修,建设公交站台120个,出租车临时停靠点120个(责任单位:市交通局)。规划建设菱塘民族大道神居山环山段工程(责任单位:高邮湖西新区)。实施县道菱塘民族大道二期工程(责任单位:菱塘回族乡)。

4. 强化社会综合治理。开展服务领域消费维权工作,查处假冒伪劣商品。依法打击扰乱市场价格秩序的行为。完善价格异动应急预案,及时防范和应对市场价格异动(责任单位:市物价局)。规划建设气象监测预报预警服务中心(责任单位:市气象局)。实施未成年人救助保护中心改造工程,实施社会组织公益创投项目,安排50万元资助公益创投项目、培育社会组织发展。加大城乡和谐社区创建力度,实现城乡社区办公服务用房达标全覆盖,落实"三社联动"机制,深化"政社互动"工作机制建设.充分发挥社会组织培育发展中心作用,积极开展公益创投活动。每个城区社区登记或备案的社会组织不低于6个,其中公益慈善类、社区服务类、互助类社会组织不低于30%,大力培植琵琶社区、御码社区作为社区社会组织典型培植点,以点带面,加快社会组织培育发展(责任单位:市民政局)。

5. 丰富群众文体生活。办好环高邮湖自行车越野赛、高邮大运河半程马拉松赛(责任单位:市体育局)。组织好周末大舞台、秦邮文化讲坛、新年音乐会、珠湖之波赛歌会等品牌群众文化活动。市图书馆新增图书8000种、2万册;送电影下乡1980场,进广场252场。送戏下乡,组织剧目演出全年80场。实施王氏纪念馆提升工程,完成市博物馆和当铺博物馆展陈,修缮五处古民居(责任单位:市文广新局)。对抗日战争最后一役纪念馆、革命斗争史陈列馆、烈士纪念馆等三馆展品进行更新、维护及布展(责任单位:市民政局)。实施数字电视无线覆盖工程(责任单位:市广电台)。改造周山镇革命烈士纪念馆(责任单位:周山镇、市民政局),建设城南新区车逻文体公园(责任单位:高邮城南经济新区),新建菱塘回族乡民族休闲公园(责任单位:菱塘回族乡)。建设卸甲镇文体中心及农民健身公园(责任单位:卸甲镇)。新建三垛镇笼式足球场一处(责任单位:三垛镇)。

(摘自市委、市政府2016年2月16日印发的邮发〔2016〕1号文件)

关于进一步促进和扶持建筑业又好又快发展的实施意见(摘要)

一、加快发展现代建筑业,鼓励企业提质增效

1. 加快推进建筑产业现代化发展步伐。在城南新区设立建筑产业现代化生产基地,鼓励建筑业企业入园投资。入园建筑业企业固定资产投资总额(以年度审计报告为准)在1亿元以上的,市政府一次性给予100万元奖励。政府投资的保障性住房、医院、学校、市政设施等公共建筑,优先考虑采用建筑产业现代化方式建设。“十三五”其间,全市建筑产业现代化项目面积年均增长20%,对市区预制装配率达20%以上的建筑产业化单体项目,所缴纳城市基础设施建设配套费,按50%奖励给建设单位;预制装配率达到40%以上的,实行全额奖励。建筑产业现代化的工厂化生产项目纳入工业扶持资金支持范围,享受工业企业转型升级的相关优惠政策,在土地供应上优先支持,其用地价格及各项配套费用享受工业用地有关优惠政策。市政府牵头成立工作领导小组,着重强化我市房屋建筑与灯具照明企业的信息互通、产业互融,实现双向合作共赢,促进两个行业健康、稳定、融合发展。(责任部门:市建管局、高邮城南经济新区、市城建局、市房管局、市财政局、市国土局、市经信委)

2. 支持建筑业企业建设总部。鼓励乡镇和企业支持集聚区发展,对协助本辖区内建筑业企业进驻集聚区发展的乡镇,税收分成及考核政策等按照《市政府关于印发<高邮市建筑业总部集聚区若干政策意见>的通知》(邮政发〔2013〕149号)执行;我市建筑业企业申请总部基地建设超过1万平方米的,优先供应土地,用地价格及各项配套费用参照工业企业供地的优惠政策。(责任部门:市政府办、高邮城南经济新区、市规划局、市国土局)

3. 推动建筑业企业做大做强。对成功晋升总承包特级、一级、二级资质的建筑业企业,市政府分别一次性给予50万元、10万元、5万元奖励;对年度工程结算收入首次超过100亿元、50亿元的建筑总承包企业,市政府分别一次性给予10万元、5万元的奖励;对年度工程结算收入超过10亿元且增幅超过15%的专业承包企业,市政府一次性给予5万元的奖励。经市政府批准采用邀请招标方式的国有投资建设工程项目,原则上优先邀请获得“鲁班奖”、国优、省优工程奖的独立承包的本地建筑业企业参加投标。对获得上年度“江苏省建筑业百强企业”、“扬州市建筑业综合实力20强”、市委市政府年度综合表彰的建筑业企业及获国家级、省级新技术应用示范工程的建筑业企业,本年度在实施信用评价时予以加分;对获得上年度“江苏省建筑业百强企业”、“扬州市建筑业综合实力20强”的建筑业企业,自获奖之日起一年内可暂缓缴纳质量保证金、诚信履约保证金等。(责任部门:市建管局、市财政局、市城建局)

4. 鼓励企业深化改革。建筑业企业通过合并方式重组扩大规模(不含资产转让方式),按标准下限的50%收取不动产登记交易过程中的相关规费。完善建筑业企业内部管理机制,“十三五”其间,二级以上总承包资质企业要全部实现信息化管理。积极推进建筑业企业赴境内外上市和“新三板”挂牌,享受市政府出台的关于上市成本补贴的各项政策。(责任部门:市国土局、市政务办、市房管局、市经信委、市金融办)

5. 推进建筑业企业诚信经营。完善市场各方主体信用评定实施细则,实施动态监管,将信用评价结果作为建设工程招投标、评优创先、资质晋升的重要内容,“绿牌企业和个人”在市场准入、各类评优创先、资质晋升等方面享有优先权。对诚信经营,并在促进地方经济发展、维护稳定、扶贫助残、抢险救灾中做出突出贡献的企业给予表彰奖励。定期开展建筑市场秩序专项整治,可通过征收诚信履约保证金等措施,严厉打击围标串标、转包、违法分包、挂靠等市场违法违规行为。加大失信成本,对不满足资质条件、存在违法违规行为、发生质量安全事故和拖欠工资的企业和个人,要及时曝光,并依法进行处罚,直至清理出建筑市场。(责任部门:市建管局、市城建局)

二、优化建筑产业结构,鼓励企业建设家乡

6. 引进项目建设新模式。积极探索PPP(公私合营)、BT(建设—移交)、BOT(建设—运营—移交)以及EPC(设计采购施工)等项目建设模式,逐年排出一批PPP项目,优先支持高邮本土重点企业单独或联合投资承建。对本土企业投资承建的PPP项目,根据项目规模(以中标通知书为准)给予一定的贷款贴息。造价在1-5亿元(含5亿元,以审计报告为准)的工程项目,按合同总额20%作为贴息基数;造价在5-10亿元(含10亿元,以审计报告为准)的工程项目,按合同总额30%作为贴息基数;造价在10亿元(以审计报告为准)以上的工程项目,按合同总额40%作为贴息基数。贴息利率按同期央行贷款基准利率执行,贴息上限为100万元,贴息时限不少于2年,由市财政部门审核发放。(责任部门:市财政局、市发改委、市城建局、市建管局)

7. 推动建筑业企业跨行业发展。鼓励重点骨

干建筑业企业跨行业经营并申请相关资质,积极参与交通、水利及城市基础设施建设。本市实施的铁路、公路、水利、电力、公用事业、设备安装、装饰、钢结构、大型地下工程及城市综合体等重点项目施工,应鼓励本市具有相关资质建筑业企业积极参与投标,依规在同等条件下优先选择由本市重点企业单独或通过组建联合体承建。企业购买专业设备进行技改投入可参照工业企业技改投入,按照《市政府关于印发<高邮市企业技术改造专项引导资金管理办法(试行)>的通知》(邮政发〔2015〕223号)等政策文件给予优惠扶持。(责任部门:市交通局、市水利局、市供电公司、市城建局、市财政局、市经信委、市建管局)

8. 鼓励钢结构、机电安装、灯具照明、装饰装修、幕墙、园林古建等企业建立预制钢结构、构配件及部品生产基地。加大钢结构在政府投资项目中的应用力度,支持钢结构企业申报高新技术企业并享受相关科技专项资金支持。对纳税400万元以上的一级资质专业企业,年实缴地方税收增幅达到全市平均增幅的,按年实缴地方税收增量每50万元给予5万元奖励,年最高奖励不超过50万元。(责任部门:市财政局、市地税局、市国税局、市城建局、市建管局)

三、加强政策支持,鼓励企业走出国门

9. 鼓励企业积极纳税。对独立纳税的我市建筑业企业,当年实际入库税金(以纳税系统数字为准)首次达到1000万元、2000万元、3000万元、4000万元以上且比上年增长超过10%的,市政府分别一次性给予30万元、50万元、80万元、120万元奖励;对将企业注册地由本市以外地区变更为我市的二级以上总承包资质建筑业企业,自注册变更起三年内企业缴纳的企业所得税和个人所得税中的地方留成部分,市政府分别按50%、30%、20%的比例奖励;对在外市承建工程(含省内)、在我市缴纳所得税的建筑业企业,在上年入库基数上净增长20%以上的地方留成部分,市政府按50%的比例奖励。(责任部门:市财政局、市地税局、市国税局、市建管局)

10. 强化金融信贷支持。鼓励金融单位为建筑业企业提供与其实力相匹配的授信额度,在企业资信状况和经营情况符合规定的情况下,原则上每个特级、一级、二级企业的银行授信额度分别不低于8亿元、4亿元、1亿元;金融单位对建筑业企业的信贷投入,视同工业企业的信贷投入,纳入政府相关考核指标,加大考核权重,对建筑业的信贷投入按工业信贷投入的150%考核计分。(责任部门:人行高邮市支行、市金融办、市建管局)

11. 鼓励建筑业企业"走出去"。对我市首个独立承接境外工程的总包、劳务分包总量达1000万美元以上的建筑业企业,市政府分别一次性给予100万元、30万元奖励;在1000万美元基础上,建筑业企业每完成境外工程施工营业额200万美元(外汇结算额),市政府一次性给予2万元奖励。建筑业企业落实多元化经营的投资开发项目在办理行政审批手续时,市相关部门按我市招商引资项目优惠政策减免有关行政事业性收费和政府基金。(责任部门:市财政局、市建管局、市商务局、市经信委、市政务办)

四、实行"优质优价"政策,鼓励企业创优创新

12. 鼓励企业积极创建各类优质工程。实行"优质优价"奖励政策,对获得国家、本省或扬州市优质工程奖的项目,建筑业企业可按合同约定向建设单位计取优质工程增加费。对本地建筑业企业在市辖区内国有投资工程获得"鲁班奖"的,在次年投标时予以信用加分。对创建绿色建筑和建筑产业化示范项目的,按照国家、省相关文件给予政策性奖励。对我市首次独立承建项目获得"鲁班奖"的,市政府一次性奖励200万元;对参建"鲁班奖"的,市政府一次性奖励80万元;对首次之后获奖的项目,独立承建获"鲁班奖"、参建"鲁班奖"的,市政府分别一次性给予40万元、20万元奖励;独立承建获国优工程奖、省优工程奖(含装饰工程奖)的,市政府分别一次性给予20万元、5万元奖励;促进企业激励项目部积极参与创优,对创"鲁班奖"、国优工程奖的项目部,企业可分别按合同总价0.5%、0.3%自行进行奖励。对获得国家AAA级安全文明标准化诚信工地的我市独立承建企业,市政府一次性给予5万元奖励。(责任部门:市财政局、市发改委、市城建局、市建管局)

13. 建筑业企业要强化科技创新,企业内部要制定并实施科技激励措施。对新认定的国家级、省级企业"三站三中心"及公共技术研发平台的企业,市政府分别一次性给予20万元、10万元奖励;对国家级工法、国家或行业标准的第一编制(独立完成)单位,每项市政府分别一次性给予3万元奖励,建筑业企业申报发明专利的有关费用按照市政府相关规定执行;对纳入国家(部)、省(厅)计划的建筑科研项目,市政府按相关规定安排相应的配套资金;对建筑业企业研发具有自主知识产权的项目,由市科技局安排专项资金按项目研发经费的25%给予资助,单项资助最高50万元。鼓励建筑业企业积极应用"互联网+"和建筑信息模型(BIM)技术,企业用于信息化建设的费用,可在企业所得税前扣除。(责任部门:市财政局、市建管局、市科技局、市地税局、市国税局、市发改委、市经信委、市人社局)

五、加强人才队伍建设，鼓励企业提升整体素质

14. 建筑业企业要加强人才队伍引进与培养，企业内部要制定并实施人才激励措施。建筑业企业引进高层次创新人才、基础型人才及其他各类优秀人才，按市委、市政府人才工作相关规定执行。市人社部门每年将一定数量的建筑业从业人员纳入免费培训范畴，考核合格后发放岗位证书。对新取得一级建造师、造价师等执业资格，并在我市建筑业企业注册五年以上的人员，市政府一次性给予每人2000元奖励；对进入江苏省建筑业百强企业综合实力类或专业类的企业主要负责人、独立承建获得“鲁班奖”项目的建造师，分别一次性给予2万元奖励。市人社部门会同建管部门每年按一定数量，对在企业服务3年以上的建筑工人岗位技能培训纳入获证奖补范围。总承包一级以上资质企业引进的高层次人才，可按照相关文件规定，享受市人才住房保障政策；符合条件的建筑工人，可优先享受住房保障。对吸纳我市民工300人以上且年纳税300万元以上的劳务企业，年实缴地方税收增幅达到全市平均增幅的，按年实缴地方税收增量每50万元给予5万元的奖励，年最高奖励不超过50万元。（责任部门：市人社局、市财政局、市房管局、市建管局、高邮地税局、市国税局）

15. 加大招生政策扶持力度。将建工学校招生工作纳入市教育局招生计划，进一步提高办学质量，提升办学水平，通过广泛深入的培训，切实提升建筑产业工人技能水平和就业能力，为建筑业一线输送实用性技术人才，为企业新资质就位提供人才保障。（责任部门：市建管局、市教育局）

16. 对参加政府组织的抢险救灾、重大活动、主项资质晋升特级和荣获省建筑业百强企业，以及承建本市范围内项目荣获“鲁班奖”、国优工程奖的项目经理，优先推荐为各级劳动模范、五一劳动奖章、中青年专家候选人。（责任部门：市总工会、市人社局、市建管局）

17. 建筑业企业每年发生的职工教育经费支出，按工资总额2.5%的比例在税前列支，建筑业企业用于信息化建设的费用及企业为完成特定工程项目而聘请享受政府特殊津贴专家所支付的咨询费、劳务费，经核实符合规定的，在税前列支。（责任部门：高邮地税局、市国税局）

六、强化组织推进，全力营造浓厚氛围

18. 强化建筑业经济专项考核奖励。将建筑业纳入市政府经济考核范畴，加强对乡镇、园区建筑业工作的目标考核。设立“先进乡镇、园区”、“建筑业优秀企业”、“建筑业纳税十强企业”、“建筑业金融优质服务单位”、“建筑业优质服务单位”、“建筑业先进个人”等奖项，并给予表彰奖励。市建管局要细化考核项目、量化考核标准、严格考核程序，会同市相关部门开展建筑业年度考核工作，制定具体表彰方案，经市政府分管领导审核，报市委、市政府决定。有关“优秀建造师”、“先进建管站”等相关奖项由市建管局自行组织考核，并表彰奖励。（责任部门：市建管局、市财政局等）

19. 切实保障各项奖励扶持政策落到实处。⑴加大对银行机构的考核力度。银行机构无正当理由不得对正常经营的建筑业企业抽贷、压贷；市政府将根据建筑业年度贷款的实际变动，调整相关银行机构政府性存款数额所占本市政府性存款总额的比例。⑵建筑业企业要加强内部激励扶持政策的落实，企业就“鲁班奖”争创、科技创新、人才培养等工作，未按本意见要求制定并实施内部激励措施的，不得享受本意见中的相关奖励、扶持政策。⑶企业发生重大质量、安全事故或因拖欠农民工工资造成严重不良影响，以及存在其他严重不良信用记录的，或者在申报过程中弄虚作假的，取消当年奖励资格。

20. 本意见由市建管局会同市财政局等有关部门负责解释。本意见规定的奖励政策与其他优惠政策类同或重复的，企业可按就高不重复原则申请享受。意见所列奖励扶持政策实行申报核准制，其程序为：⑴市内建筑业企业提出申报申请附相关资料报送市建管局；⑵市建管局会同市财政、税务等相关部门负责审核；⑶通过一定形式向社会公示；⑷报市政府批准后按规定实施。

本意见经市政府第33次常务会议研究通过，自2016年1月1日起执行。

（摘自市政府2016年2月14日印发的邮政发〔2016〕15号文件）

关于加快发展服务业的政策意见

为加大政策激励，推进服务业快速发展，现根据国家、省、扬州市及周边发达地区优惠政策，结合高邮实际，提出如下意见：

第一条　凡在市内注册成立、依法开票纳税并拥有独立法人资格、符合国家、省产业政策的服务业项目均可享受本政策资金奖励和扶持。

第二条　固定资产投资在3000万元以上的服务业项目，用水（洗浴、洗车等特种行业除外）、用电按物价部门的规定享受优惠价格，用气价格实行与工业并轨，企业审批实行“一事一议”绿色通道。

第三条　商贸流通类的扶持项目及标准为：

（一）商贸流通企业年营业额首次达一定规模

(批发企业达5000万元的、零售业达2000万元的、住宿和餐饮业达1000万元的)以上,且当年实际入库税收(指增值税和企业所得税之和,下同)达到100万元以上的,给予一次性奖励10万元;年实际入库税收超100万元且年度纳税增长20%以上的,按年度新增税收地方留成部分的30%给予奖励;具有独立法人资格的批发、零售、住宿、餐饮企业,经省级以上部门认定,经营规模进入全省100强、全国500强的,分别给予10万元和20万元的奖励,列入扬州市同行业排行前10名的,给予5万元奖励。

(二)总投资1亿元以上或商业建筑面积3万平方米以上的商贸流通项目,其所缴纳的增值税本级财政地方留成部分,从企业营业之日起,第一年度奖励50%,第二年度奖励30%,第三年度奖励20%;其所缴纳的所得税财政地方留成部分,前3年奖励50%,后4年奖励30%。

(三)对具有商业、办公、餐饮、会议、文娱、酒店等三个以上功能且商业部分面积(不含写字楼、住宅公寓、停车场等)在3万平方米以上,商业自持比例超过50%的大型城镇综合体项目,实质运行后,按实际投资额的1%给予一次性奖励,最高不超过200万元。

(四)对总部设在高邮,由总部统一配送结算的连锁(直营)企业,在市内已有3家以上连锁店的,利用自身商号,在商业网点规划区内新开设连锁(直营)店,单个网点实际投资额在100万元以上且经营面积在500平方米以上的,每新增一个网点年终一次性奖励5万元。

第四条　现代物流类的扶持项目及标准为:

(一)对符合物流空间布局规划、固定资产投资2000万元以上的新办物流类项目,在其实质运行后,按实际投资额的1%实行一次性奖励,最高不超过100万。对新办物流企业当年实际入库税收超过50万元的,奖励5万元;原有物流企业当年实际入库税收超过100万元且增幅超过20%的,奖励10万元。

(二)对市重点扶持的综合物流园区内新引进的分拨、配送、采购、仓储类物流企业,新引进的从事报关、进出口处理、物流咨询、信息技术服务等专业物流服务类企业,按合同约定建设周期投产达效,其实现的增值税(营改增实施前按营业税计算,下同)地方留成部分,从营业之日起,第一年度奖励80%,第二年度奖励50%,第三年度奖励30%;其所缴纳的所得税地方留成部分,前3年全额奖励,后4年奖励50%。

(三)扶持快递物流企业做大做强。对快递企业年发件量达100万件以上的给予每件0.1元的补贴,最高不超过50万元;在本市注册开票运营的仓储一体快递企业,年发件量100万件以上的给予每件0.1元的补贴,最高不超过20万元;鼓励品牌快递企业在我市设立区域总部,对运行半年以上、年营业收入达500万元以上的,一次性给予20万元奖励。

(四)对按照国家《物流企业分类与评估指标》标准,首次被评为国家5A、4A、3A、2A级的物流企业,分别奖励15万元、8万元、5万元、2万元。

第五条　科技服务类的扶持项目及标准为:

(一)新办科技研究开发、技术转移、检验检测认证、创业孵化、知识产权、科技咨询、科技金融、科技技术普及等专业技术服务和综合技术服务公司或机构,实收注册资本50万元以上或引进本科学历以上直接从事科技服务人员6人以上的,经市科技局认定备案,奖励10万元;大力鼓励产业内重点企业研发机构剥离主体独立注册成立专业化技术研发公司,对此类项目其实收注册资本在50万元以上或转入、引进本科学历以上直接从事科技服务人员6人以上的,经市科技局认定备案,奖励10万元。

(二)对已在市科技局认定备案的各类科技服务机构或企业,通过开展科技服务当年所获得的技术性服务收入在50万元、100万元、200万元以上的,分别奖励5万元、10万元、15万元。

第六条　国家、省及扬州市鼓励发展的扶持项目及标准为:

(一)法律服务、评估检测、会计审计、广告咨询等商务服务业项目;

(二)人力资源服务机构、各类培训机构或体验基地、社区教育、老年教育、幼儿教育等服务业项目;

(三)面向设计开发、生产制造、售后服务等生产环节的计量、检测技术和检验装备研发等生产性服务业项目;

(四)健康体检、健康咨询、体育健身、养老护理等健康养老服务项目。

对新办符合以上产业类别的项目,固定资产投资200万元以上或设备投入50万元以上的,在其实质运行后,给予一次性奖励10万元。其他具有独立法人、独立场所且经营方式和业态属于我市首创或在同行业具有特色的服务业项目,经市服务业发展局和财政局联合评定后,奖励5万元。

第七条　凡本市工业、建筑业龙头企业在城区统一规划区内新设立办公、销售、研发等公共服务中心(其厂区内只建加工厂房)的或市外大型企业、集团公司在本市新设立总部大厦,其固定资产投资在亿元以上的,按每投入1亿元,奖励

10万元，最高奖励50万元。市外大型企业、集团公司总部自身开票税收地方留成部分实行前三年奖励50%，后两年奖励30%。凡在城区开发建设楼盘，总投资3亿元以上或建筑面积4万平方米以上，通过出租、售卖、合作等形式，招商引进现代服务业企业，从而培育新税源和新的经济增长点，商业及商业配套面积不低于总开发面积70%的，运转超过一年以后，经验收合格，给予一次性奖励50万元。

第八条　新获驰名商标或中国名牌的服务业企业奖励20万元、新获省名牌或著名商标的服务业企业奖励10万元。新获省级现代服务业集聚区的奖励30万元、新获扬州市级现代服务业集聚区的奖励15万元、新被评为扬州市三星级以上服务业集聚区的奖励10万元。对通过国家、省、扬州市服务标准化项目验收的企业，分别奖励10万元、8万元、5万元。新获省、扬州市行业主管部门授予服务业品牌称号的，分别奖励5万元、3万元。

第九条　各类服务业企业为拓展主营业务扩大规模，利用存量房地资源发展服务业项目新增固定资产投资500万元以上的，在其实质运行后，按实际投资额的1%实行一次性奖励，最高不超过50万元；新增智能化、信息化设备的，按每新增投入50万元，奖励5万元，最高不超过50万元。

第十条　根据《高邮市服务业龙头企业认定办法》，凡被认定为服务业龙头企业的，除优先享受服务业引导资金等相关扶持政策，另给予奖励5万元；对首次进入省服务业行业100强、扬州市服务业行业50强的独立法人单位，分别奖励15万元、10万元。

第十一条　对服务业集聚区、大型交易市场、重点物流园区区域内经营户交易实行统一结算、统一统计、统一开票的，一次性奖励管理机构5万元。

第十二条　对服务业批发和零售业、住宿和餐饮业、交通运输等个体工商户，当年申报并经省统计部门批准转性为限额以上法人企业或服务业重点企业的，一次性奖励企业3万元。

第十三条　对纳入全市工业"356"行动计划的大型企业实施二三产分离，经税务部门确认且二三产分离企业年实际缴纳税收超过50万元的，给予母体企业一次性奖励5万元。其他细则参照市政府《关于组织开展企业非核心业务分离试点工作的方案》执行。

第十四条　经市政府认定的服务业特重大项目，采取"一事一议"的方式给予扶持。

第十五条　旅游业、软件和信息服务类项目及本政策意见中未涉及的科技、文化、招商、人才等扶持项目按市政府专项扶持政策执行，当年度同一项目不重复奖励。其他此前出台的涉及服务业优惠政策意见与本政策意见相悖的，以本政策意见为准。

第十六条　以上各项扶持政策的兑现，由市发改委、服务业发展局、财政局按《高邮市服务业发展引导资金管理办法》组织申报审核，在市级媒体公示期满后报市政府批准拨付。

第十七条　本政策意见由市服务业发展局负责解释，自2016年7月1日起执行。市政府于2013年出台的《关于加快发展现代服务业的若干政策意见(暂行)》同时废止。

（摘自市政府2016年6月16日印发的邮政发〔2016〕108号文件）

关于加强五项重点权力监督制约的实施意见(摘要)

一、加强五项重点权力监督制约的总体要求

《中共中央关于全面深化改革若干重大问题的决定》强调，强化权力运行制约和监督体系，坚持用制度管权管事管人。全市各级党(工)委(党组)和纪(工)委(纪检组)要深刻认识加强重点权力监督制约的重要性，结合工作实际，确保把各项规定和要求落到实处。

全市各级党的机关、人大机关、行政机关、政协机关、审判机关、检察机关，乡镇党委、人民政府，人民团体、事业单位要按照"副职分管、正职监管、集体领导、民主决策"的总体要求，强化对乡镇和部门人事、财务、行政审批、工程建设项目和财政专项资金等五项重点权力(下称"五项权力")事项的监督制约，构建决策科学、执行坚决、监督有力的权力运行体系。

二、加强五项重点权力监督制约的用权原则

1. 实行权责一致原则。明确主要领导和分管领导各自的职责、权限、运行程序和目标要求，做到权力和责任相统一。主要领导对本单位"五项权力"负总责，不直接分管"五项权力"事项，支持分管领导在职责范围内开展工作，适时听取分管领导工作情况汇报，同时加强对分管领导行使职权的监督管理。班子其他成员根据分工行使职权，及时向主要领导和领导班子报告工作，对职责范围内的工作负直接领导责任。纪检监察组织要加强对各项决策和权力行使过程的监督，负监督责任。

2. 坚持民主集中制原则。凡属"五项权力"中的重大事项，必须由领导班子集体研究决定。

3. 实行末位表态制度。领导班子研究决定重大事项，主要领导须在听取领导班子其他成员充

分发表意见后末位表态,确保决策的民主科学,主要领导不得事先向其他班子成员或具体经办人员表明和暗示自己观点和态度。

4. 坚持“三不决策”原则。与群众利益密切相关的重大事项,未经充分征求群众意见不得决策;专业性、技术性较强的重大事项未经专家论证、评审的不得决策;异议、分歧较大的事项不得决策。

三、加强五项重点权力监督制约的权限设定

1. 主要领导不直接分管人事。干部选拔任用严格按照《党政领导干部选拔任用工作条例》规定的基本原则、标准条件、程序方法和纪律要求执行。工作人员录用(调入)、调出、干部调整特别是提拔和重要岗位人员配备,以及重大奖惩事项,在符合编制职数、资格条件的前提下,根据工作需要,由单位组织(人事)科室提出方案,经分管领导审核把关,向主要领导报告并征求本单位纪检监察机构意见后,由领导班子集体讨论决定,分管领导负责组织实施。

2. 主要领导不直接分管财务。财务管理实行分级负责制,各单位根据实际制定分档限额标准,实行分级审批。小额度的财务支出,由分管领导审批;一定额度以上的财务支出,分管领导需向主要领导汇报并经签字确认后审批;数额较大的财务支出,必须经主要领导同意后由领导班子集体研究决定。分管领导每季度须向领导班子汇报财务收支及“三公”经费支出情况,按规定做好“三公”经费支出公示工作。

3. 主要领导不直接分管行政审批。程序性行政许可事项实行充分授权,直接授权给职能科室或审批窗口审批;决策性行政许可事项由分管领导提出方案,经主要领导同意后由领导班子集体讨论决定,分管领导负责履行审批程序。

4. 主要领导不直接分管工程建设项目。分管领导须严格按照工程建设有关规定履行相关程序,其他人员不得干预、插手工程建设活动。按规定应进行招标的工程建设项目,统一进入市招标办进行招标。按规定不需要公开招标的工程建设项目发包和工程建设中的重大问题,必须经领导班子集体研究决定,分管领导负责组织实施。工程建设项目前期准备(含招标)、工程现场管理推进和资金拨付分别由不同人员具体负责。工程建设项目招标或其他方式发包的程序、结果,及工程验收、资金拨付等情况,须及时向班子成员和干部职工公开。

5. 主要领导不直接分管财政专项资金。财政专项资金包括各类扶持、引导、补助资金等。财政专项资金使用由单位职能科室依照规定提出计划,分管领导审核把关,经主要领导同意后由领导班子集体研究决定,并向社会公示。主要领导不得向职能科室或具体经办人表明、暗示本人有关专项资金使用意见。

四、加强五项重点权力监督制约的监督检查

1. 推进公开透明用权。各单位“五项权力”事项的分工、工作流程和执行情况等要在部门网站或本单位内部及时、充分公开(涉密事项除外)。

2. 开展抽查核实。各单位纪检监察组织跟踪监督“五项权力”运行情况,每半年对五项权力决策、执行情况开展抽查核实一次,监督和抽查核实情况,及时报市纪委党风政风监督室。

3. 接受质询评议。各单位要将本规定执行情况列入“四述”、党风廉政建设责任制述职报告重要内容,接受质询和评议。

4. 加强审计监督。审计部门要结合领导干部经济责任审计、专项审计,把执行财务规定、工程建设、专项资金使用绩效等作为审计重点,对发现的问题要明确责任,并及时将涉嫌违纪违法线索移送纪检监察或司法机关。

5. 强化纪检监督。市纪委监察局要加强对各单位执行本规定情况的监督检查,检查情况纳入党风廉政建设考核内容。充分利用“清风高邮”网络平台、“政风行风热线”、“六位一体”信访举报平台等监督渠道,对领导干部权力行使中的问题线索,及时组织调查处理,严格问责追究。

五、加强五项重点权力监督制约的责任追究

1. 主要领导有下列情形之一的,综合运用“四种形态”予以问责追究:

(1)未落实主要领导不直接分管“五项权力”事项的;

(2)未将“五项权力”事项的分工、工作流程和执行情况等在部门网站或本单位内部及时、充分公开的;

(3)应提交集体讨论决定的事项未经集体研究,由个人或者少数人决定的;

(4)不履行或者不正确履行工作职责,造成损失或者其他不良后果的。

2. 分管领导有下列情形之一的,综合运用“四种形态”予以问责追究:

(1)违反规定行使职权、执行集体决定不力,造成损失或者其他不良后果的;

(2)授意、指使、强令下属人员违反“五项权力”相关规定的。

3. 乡镇园区和部门单位纪检监察组织负责人有下列情形之一的,综合运用“四种形态”予以问责追究:

(1)对主要领导违反政策规定或者决策程序等行为不制止、不报告的;

（2）对分管领导不正确执行集体决定不制止、不报告的；

（3）对本单位“五项权力”行使情况监督不力，造成损失或者其他不良后果的。

附件：“五项权力”行使流程图（略）

（摘自市委、市政府2016年6月22日印发的邮发〔2016〕43号文件）

关于高邮市企业家培育三年行动计划（摘要）

一、指导思想和主要目标（略）

二、重点对象和主要内容

1. 重点对象：以列入“356行动计划”企业的企业家、规模以上企业的企业家、有上市需求的企业家，以及新生代企业家和企二代为重点对象，通过分层分类、分产业行业，开展“菜单式”培训。对年龄较大的企业家，侧重以参观见学为主的培训，增强直观感受；对年轻企业家侧重于高校培训，提升理论层次、思维层次、发展眼界和社会责任，提高培训实效。

2. 主要内容：突出企业的传承发展、经营管理、创新创意、资本市场、企业文化等主题，结合企业家素质提升需求，加大培训力度。同时，通过结对交友、组织座谈、走访调研等形式，深入了解企业家的培育需求、发展难题，从政策、人才等方面，积极帮助协调解决，推动企业更好发展。

三、主要措施

1. 强培训，提素质。根据“分级负责、分层培训、分类实施、系统培育”要求，采取“请进来、走出去”的方式，按照缺什么补什么、需什么训什么的原则，着力打造多维度、立体式的培训体系，着力开拓企业家的视野、提升企业家的思维和素质。

专题讲堂轮训。以“企业家讲堂”为依托，围绕企业家培训需求，每年举办3期工业企业、1期建筑业“企业家讲堂”，邀请知名专家学者、上级宏观经济部门领导、著名企业家来邮举办讲座，推动企业家更新知识，了解把握宏观经济形势和相关政策法规，分享成功企业的经验，增强发展信心（责任单位：市经信委、市建管局，配合单位：市委人才办、市高层次人才协会）。

参观见学集训。每年组织1—2次龙头企业赴产业发展先进的地区参观见学，鼓励企业家参与高层次的展览会、博览会，提高企业家的感性认识，了解产业发展动态，开阔企业家视野，激发企业家创业激情（责任单位：市经信委，配合单位：市工商联）。适时组织列入“356行动计划”的企业家，赴日本、德国等国家和世界500强企业进行培训考察学习（责任单位：市经信委，配合单位：市委组织部）。注重发挥乡镇、园区的主观能动作用，每年组织2次本区域内企业家开展“看邻企、查不足、找方向、定目标”学习考察活动，推动企业家开阔视野，开拓思维，对标找差（责任单位：乡镇、园区）。

高校集中培训。每年组织1—2期高校专题培训，筛选一批规模以上企业的企业家，赴高校开展专题培训（责任单位：市委组织部、市经信委、市建管局）。

精英高端培训。筛选30名左右有一定文化层次、有较大发展潜力、企业发展质态良好的新生代企业家，以3年为一周期，依托国内知名高校，量身定制培训课程，每半年在高校集中授课一次，每年安排赴先进地区参观见学一次，3年中安排一次境外学习考察（责任单位：市委组织部，配合单位：市经信委）。

2. 选典型，树标杆。发挥企业家的榜样作用，引导带动企业家在全面深化改革中增强企业核心竞争力和影响力，为企业家的成长提供更宽松的环境，形成“人人尊重企业家、个个争当创业者”的浓厚氛围。

注重氛围上营造。每年开展一次“十佳企业家”评选表彰活动，选树10名优秀企业家典型；三年内组织一次“突出贡献企业家”评选命名，对受命名对象给予奖励（责任单位：市经信委）。注重挖掘全市企业家在创新创优创业和诚信友善、履行社会责任等方面的成功经验和先进典型，发挥市级主流媒体作用，开辟专栏重点宣传，推广优秀企业家创业创新创优成果与精神，形成尊重企业家、学习企业家的浓厚氛围；积极向外推介我市优秀企业家典型，力争3年内培植1-2名在全省乃至全国有一定影响力的企业家典型（责任单位：市委宣传部）。适时举办优秀企业家先进事迹专场报告会，以优秀企业家典型影响带动企业家队伍建设（责任单位：市经信委，乡镇、园区）。

强化政治上关心。优先推荐优秀企业家作为各级党代表、人大代表、政协委员人选，让优秀企业家有更多参政议政机会。关心企业家政治上的成长进步，有计划、有重点地吸收企业家中的优秀分子加入党组织（责任单位：市委组织部，配合单位：市委人大办、市政协办、市委统战部）。在每年评先评优、劳模推选、优秀共产党员表彰中，适当增加企业家比例。突出加强新生代企业家政治培育，适时举办企业家党性教育培训班，增强新生代企业家的政治责任和传承发展意识，培育“对党有感情、对创业有追求、对员工有关爱、对社会有责任”的新型企业家（责任单位：组织部、经信委、总工会）。

突出生活上关爱。建立企业家信息库,构建互动式信息服务平台,跟踪了解企业家生活上需求和困难,及时帮助协调解决(责任单位:市委人才办,配合单位:市经信委)。强化企业文化打造,推动企业形成共同价值观念、行为准则、道德规范,以及体现企业家特质和企业品质的精神,凝聚企业发展合力,形成推动企业发展的内生动力(责任单位:市委宣传部)。着力打造企业"红色名片",以群团组织作用的发挥,凝聚职工群众,优化企业内部发展环境,助推企业加快发展(责任单位:市委组织部,配合单位:市经信委、市市场监管局、市总工会)。

3.搭平台,促成长。突出互动交流、人才支撑,积极创新企业家成长路径,助推企业做大做强。

创新交流平台。围绕企业成长和发展的需求,开展党政干部与企业家交友结对活动。市四套班子成员每人至少结对一个列入"356行动计划"的企业家、一个重大项目,每季至少到结对企业走访调研1次;乡镇、园区党政班子成员每人至少结对1名企业家,每月至少要走访1次结对企业,党政主要负责人每季要走遍一次本辖区内所有规模以上企业、成长型企业,真心与企业家交朋友(市四套班子结对企业家由"四办"负责;乡镇、园区结对企业家由乡镇、园区负责)。要优先与重点企业的新生代企业家结对,从思想教育、政策法规、经营发展、企业管理、社会责任等方面加强引导。每年市委市政府组织1次有影响的企业家活动(责任单位:市委办、市政府办,配合单位:市经信委);市委市政府主要领导双月组织1次企业家座谈会,面对面了解企业发展情况,听取企业家意见建议,实打实帮助解决实际问题,推动企业发展(责任单位:市委办、市政府办)。每年举办1期青年创业者沙龙,通过交流、对话等形式,激发青年企业家创业奉献激情(责任单位:团市委)。每年举办1期企业家论坛,重点约请3—5名企业家进行主题发言、现场交流(责任单位:市经信委,配合单位:市工商联)。各乡镇、园区党(工)委书记每季度要主持召开1次企业家座谈会,倾听企业家心声、了解企业发展困难、帮助协调解决企业发展难题(责任单位:乡镇、园区)。进一步发挥行业协会作用,每年每个行业协会至少要组织2次本行业企业家考察学习、座谈交流、小型培训讲座等活动,推动行业内企业家相互交流、相互提高(责任单位:市各行业协会)。

建立人才支撑平台。强化以人才助推企业发展的理念,推动企业家树立正确的人才观,加强企业人才队伍建设。继续实施"秦邮英才培育计划",每年遴选10名左右企业家作为"秦邮英才培育"重点对象,强化人才服务。深入开展"政产学研"活动,每年组织人才和科技项目对接活动不少于50次,达成技术合作协议100项。坚持每年举办"秦邮人才集聚年"集中签约活动,推进和展示人才科技合作成果50项。不断加强企业家整合创新要素的本领,实现高新技术企业引进高层次人才全覆盖,加大科技金融和"人才贷"对企业家技术创新资金支持,每年融资3000万元。不断优化企业家二次创业的服务环境,以高层次人才暨科技镇长团创业基地为载体,将企业家拥有的产业资本与人才的科研成果有效对接并入驻孵化,每年对接创业项目10项(责任单位:市委人才办,配合单位:市科技局、市经信委)。

四、组织领导

定职责。企业家素质培育由市委组织部牵头抓总,相关部门(行业协会)各司其职、密切配合,共同抓好各项工作落实。乡镇、园区要承担起本辖区内企业家队伍的日常管理职责,组织好本地企业家的各项座谈交流、参观见学等工作。各职能部门单位要根据本行动计划,制定本部门单位详细的年度实施计划,并于12月30日前将本部门单位下一年企业家培育实施计划报市委组织部。

严考核。将企业家培育工作纳入党建工作考核体系,实施项目化推进,建立培育清单,对单销号,切实督促工作落实。对企业家参加活动实行签到制和半年通报制,对每次要求企业家参加的活动,各牵头单位要将企业家参加活动情况及时报市委组织部备案,企业家参加活动情况将作为今后市委市政府表彰、推优以及重点服务的依据。

强保障。市委市政府设立企业家培育工作专项资金,由市委组织部归口管理。利用现有资源,逐步打造市级企业家培育基地。

(摘自市委、市政府2016年12月28日印发的邮发〔2016〕60号文件)

大 事 纪 要

Chronicle of Events

导读

第十二届中国双黄鸭蛋节

【召开双黄鸭蛋节组委会会议】 4月1日，第十二届中国双黄鸭蛋节组委会召开节庆活动筹备工作督查会议。组委会各工作小组和有关部门负责人分别汇报开幕式暨产业合作商机说明会、经贸招商、客商邀请、城建项目集中开工和竣工、农产品电商博览会等节庆活动筹备情况。市委常委、常务副市长、组织部部长孙建年听取汇报。（居思雨）

【召开双黄鸭蛋节新闻发布会】 4月11日，市政府召开第十二届中国双黄鸭蛋节新闻发布会。市委常委、常务副市长、组织部部长孙建年介绍双黄鸭蛋节有关活动筹备情况；市商务局、市发改委、市农委、市体育局等部门、单位负责人现场解答记者的提问。

此届双黄鸭蛋节开幕式定于4月17日下午举行，遵循“简洁、节俭、务实、惠民”原则，以简朴、大气、大方方式，展现高邮深厚的人文积淀和蓬勃的发展势头。

应邀出席会议的有中国新闻通讯社、《新华日报》、《扬子晚报》、《现代快报》、江苏广播电台、《扬州日报》等近20家新闻媒体记者。

（殷朝刚　东方　甜甜）

【举行节庆重大项目集中开工投产活动】 4月15日，市委、市政府在清水潭景区举行2016年扬州“烟花三月”国际经贸旅游节暨第十二届中国双黄鸭蛋节重大项目集中开工投产活动。市委副书记、市长潘学元致辞，市委副书记张新钢主持，中国杂技家协会副主席、世界魔术联盟中国分会主席、亚洲魔术联盟主席戴武琦，高邮市领导徐永宝、孙建年、钱富强出席仪式。此次集中开工投产活动项目共5项，总投资额53亿元。其中，开工项目3项，即投资额22亿元的清水潭“大运来”生态文化旅游度假区项目、投资额10亿元的金雷电动邻里车项目、投资额1亿元的常天淡水鱼养殖和深加工项目；投产项目2项，即投资额10亿元的扬州华翔有色金属再生铅项目、投资额10亿元的鸿润一体化移动通信基站项目。（周雷森　刘媛）

【举行节庆城建项目集中开工、竣工仪式】 4月15日，市委、市政府举行第十二届中国双黄鸭蛋节城建项目集中开工、竣工仪式。市委副书记、市长潘学元发出“开工”指令，市委常委、常务副市长、组织部部长孙建年致辞，副市长潘建奇主持，市领导张秋红、徐永宝、张新钢、钱富强、张拥军等出席。

此次竣工城建项目10项，即文游中路南段立面整治工程、秦邮路主辅分离及环境综合整治工程、古城区沿街公房及重点文物建筑保护工程、珠湖农贸市场建设工程、东部新区大型综合农贸市场建设工程、馆驿路与盂城驿交叉口东南角停车场建设工程、南澄子河水环境综合整治工程、北澄子河上段水系整治工程、市河第二期水曲溪园社区体育公园工程、高邮镇工业园污水管网改造工程；开工城建项目22项，即北门城墙遗址公园建设工程、盐河运动休闲公园（两桥）、城市公园体系提档升级工程、“四城同创”城市基础设施提质工程、富达新村整治工程、邮都路建设工程、序贤路建设工程、众乐园路建设工程、邮汉路整治改造工程、大寨河（文游路—盐河）整治工程、马饮塘河南延（新华河）工程、腰圩河整治工程、新沟河整治工程、垃圾中转站建设工程、城市摊贩疏导点建设工程、京杭大运河高邮城区段航道养护改善及东堤道路改造整治工程、屏淮北路北延工程、老横泾河滨河公园、北关河风光带提档升级工程、五号河泵

站建设工程、九里路建设工程、2016年城中村环境综合整治工程。 (郭玉梅)

【举办新编大型古装扬剧《淮海悲歌》专场演出】 4月16日晚,由市委宣传部、市文明办、市文广新局共同主办的新编大型古装扬剧《淮海悲歌》专场演出在市大剧院举行。中国工程院院士秦伯益、著名文化学者秦子卿等来自全国各地的秦少游后裔、秦氏宗亲代表与市领导张秋红、汤学仁、钱富强、张贵龙等一起观看演出。 (管玮玮)

【参加扬州市军民融合产业展览】 4月16～20日,高邮市微特电机厂、扬州亚光电缆有限公司、扬州光明电缆有限公司等企业组团赴扬州市,参加扬州"烟花三月"国际经贸旅游节重点活动之一——2016年中国·扬州科技创新成果展示洽谈会军民融合专场展览。共送展无人直升机磁发电机、高速无人机高能点火器、军用特种线缆及组件、舰船用电力电缆及组件等15项军民融合产品。其中,高邮市微特电机厂制造的无人直升机磁发电机集点火、发电功能于一体,具有体积小、重量轻、效率高等优点,备受关注。

(刘长华 卞小丽 周雷森)

【举办首届"美味高邮"农产品电商博览会】 4月17日,市委、市政府在市馆驿巷广场举行首届"美味高邮"农产品电商博览会启动仪式。市委书记韩方、市长潘学元与省商务厅电商处处长邢冲、扬州市农业委员会副主任王友芳共同启动水晶球。在仪式上,邢冲宣读《关于授予高邮市"江苏省农村电子商务示范县"称号的决定》,市委副书记张新钢致辞。

4月19日,博览会落幕。此次博览会共设置展位18个,全市13个乡镇、园区的50多家企业、110多种特色农产品参与线上销售、线下展示。在淘宝网(农村淘宝)、京东商城1号店、苏宁易购等电商平台同时举办高邮鸭蛋"秒杀"、买产品送旅游等促销活动。博览会期间,线上访问量40万人次、销售6万多单,共实现线上线下销售额250万元。 (陆业斌)

【举行双黄鸭蛋节开幕式暨产业合作商机说明会】 4月17日,市委、市政府举行第十二届中国双黄鸭蛋节开幕式暨产业合作商机说明会。参加活动的有中建基础设施勘察设计建设集团有限公司董事长邢海宁,上海市企业联合会副会长、上海亚泽金属屋面系统股份有限公司董事长钟俊浩,南京工业大学食品与轻工学院党委书记熊晓辉等150多名嘉宾、客商。市领导韩方、潘学元、张秋红、徐永宝、张新钢等参加活动。市委常委、常务副市长、组织部部长孙建年主持会议,市委书记韩方致欢迎词,市委副书记、市长潘学元做全市重点产业推介说明。会上,市政府授予5位在高邮投资兴业人士高邮市"城市贵宾"称号,并颁发证书。美国德韧汽车部件集团公司亚太地区运营总裁、中国区总经理程杰等4位投资者分别发言,肯定高邮投资环境和表达美好祝愿。会上,举行现场签约仪式,现场签约项目35项。 (郭玉梅)

【签订产业合作协议项目47项】 在第十二届中国双黄鸭蛋节期间,全市共签订产业合作协议项目47项,总投资额折合人民币162.2亿元,注册资本折合人民币37.6亿元。其中双黄鸭蛋节开幕式现场集中签约项目35项、扬州"烟花三月"经贸旅游节集中签约项目5项、各乡镇场外自行签约项目7项。 (郭玉梅)

【参加海峡两岸(扬州)农业合作试验区签约项目4项】 4月17日,副市长扬文喜率市农委、市农业招商中心负责人和部分乡镇分管负责人、客商代表,赴仪征市参加"4·17" 海峡两岸(扬州)农业合作试验区扬州农业专场推介及项目集中签约活动。受邀参加活动的客商共20人,其中台商7人、港商1人。高邮市签约项目共4项,即湖西新区(送桥镇)与苏州客商王林签订的总投资额1亿元的华俊农业生态园项目、临泽镇与常州天水科技有限公司签订的总投资额1亿元的淡水鱼深加工项目、三垛镇与东方日升新能源(香港)有限公司签订的总投资额1000万美元的太阳能农光互补项目、八桥国家农业科技园扬州惠万家农业科技有限公司与北京航天神舟生物科技集团有限公司签订的太空育种科技合作和共建航天工程育种科普教育基地科技合作项目。 (申加宽 陆业斌)

【举办双黄鸭蛋节"周末大舞台"文艺演出活动】 4月17日,由市委宣传部、市文广新局主办,市文化馆承办的"幸福邮都·美丽高邮"第十二届中国双黄鸭蛋节"周末大舞台"文艺演出活动,在市蝶园市民广场举行。市领导张秋红、钱富强、张贵龙和众多市民观看演出。 (管玮玮)

【举行"4·18"项目集中开工、竣工仪式】 4月18日,全市举行节庆分片项目集中开工、竣工仪式,由市领导带队分片参加活,全市共开工、竣工项目41项,总投资额79亿元。

市领导张秋红、王薇等参加南片(卸甲镇、汤庄镇)项目集中开工、竣工仪式。卸甲镇开工项目为总投资额5亿元的江苏金飞达电动工具有限责任公司空压机项目、总投资额1亿美元的中国电力国际发展有限公司渔光互补光伏发电项目等;竣工项目有总投资额1亿元的扬州经纬锁业有限公司安防设备项目等。汤庄镇开工项目有总投资额1亿元的江苏荣康空气净化设备有限公司环保设备制造项目、总投资额1亿元的江苏路宝新能源车业有限公司新能源观光车项目等；竣工项目有总投资额1亿元的扬州正德金属科技有限公司锌合金项目等。

市领导徐永宝、薛晓寒、潘建奇等参加临城片(城南新区、高邮镇)项目集中开工、竣工仪式。城南新区开工项目有总投资额2亿元的江苏康峰高分子材料项目、总投资额1.2亿元的扬州汇强工具有限公司项目等。高邮镇开工项目有总投资额2亿元的扬州日兴生物科技股份有限公司植物源氨糖及医药中间体产业化项目、总投资额3亿元的扬州恒生置业有限公司时代广场项目等；竣工项目有总投资额1.05亿元的扬州市法马智能设备有限公司智能交通设备项目、总投资额1.05亿元的江苏弘升置业有限公司熙园净菜市场项目等。

市领导张新钢、王永海、杨文喜等参加湖西片(湖西新区、菱塘回族乡)项目集中开工、竣工仪式。湖西新区开工项目有总投资额5亿元的江苏赛鸥电气集团有限公司电力和通讯铁塔项目、总投资额2亿元的江苏永诚交通器材有限公司投射电容式触摸屏和交通信号灯项目等；竣工项目有总投资额1.5亿元的江苏睿力新能源科技有限公司新型风力发电设备项目、总投资额1.5亿元的扬州市国光照明电器有限公司大功率LED灯具项目等。菱塘回族乡开工项目有总投资额10亿元的鸿润电气集团有限公司移动通信基站生产项目、总投资额5亿元的扬州天瑞交通工程有限公司可再生沥青资源回收利用项目等。

市领导徐健、孙明如等参加东片(三垛镇)项目集中开工、竣工仪式。

(管玮玮　夏慧　思雨　小敏)

【举行第十届读书节开幕式】　4月23日，市第十届读书节开幕式暨第三届“十大学习之星”颁奖仪式举行。市人大常委会主任、市文化高邮建设领导小组组长张秋红出席开幕式，并为市图书馆志愿者服务队授旗，市委常委、宣传部部长汤学仁致辞，市领导薛晓寒、钱富强、张贵龙参加开幕式。在开幕式上，市领导为13个乡镇(园区)图书馆颁发赠书和向“十大学习之星” 颁奖。

(袁正兰　管玮玮)

大事记

1　月

1日　依照江苏省人大常委会审议通过的《关于修改〈江苏省人口与计划生育条例〉的决定》，从是日起，在全市实施全面两孩政策。

1日　是日起，全市凡60岁以下持有“中华人民共和国残疾人证”的残疾人和0～6周岁有发育障碍的儿童全部免费参加意外伤害保险。

5日　市第十四届人大常委会召开第二十八次会议。会议决定任命潘学元为高邮市人民政府副市长、代理市长；决定接受方桂林、朱莉莉分别辞去高邮市人民政府市长、副市长职务的请求，并报高邮市第十四届人民代表大会第五次会议备案。

10日　农村淘宝高邮市级运营中心暨首届电商年货节开业。

10～12日　市政协第十二届委员会第五次会议召开。徐永宝、居晓波分别被选举为市政协第十二届委员会主席、副主席。

11日　市城北历史文化街区、城南历史文化街区、城中历史文化街区被江苏省住房和城乡建设厅、省文物局公布为首批“江苏省历史文化街区”。

11～13日　市第十四届人民代表大会第五次会议召开。审议通过《高邮市国民经济和社会发展第十三个五年规划纲要》。张秋红被补选为市第十四届人民代表大会常务委员会主任，潘学元被补选为市人民政府市长。

14日　高邮咸鸭蛋制作技艺(传统技艺类)、江苏省菱塘回民习俗(民俗类)被江苏省人民政府公布为第四批省级非物质文化遗产代表性项目。

15日　南京银行高邮支行开业。

23～25日　全市出现自2008年以后的第二次极寒天气。其中，23日，最高气温为零下2度，最低气温为零下10度；24日，最高气温为零下5度，最低气温为零下9度。

26日　扬州农业科技园的高邮核心区——八桥农业科技园被国家科学技术部批准为国家农业科技园区。

28日　市第十四届人大常委会第二十九次会议决定任命孙建年为高邮市人民政府副市长。

28日　高邮市与海军“高邮湖”舰军地结对双拥共建签约仪式在海军“高邮湖”舰办公室举行。

29日　市领导参加在浙江舟山某海军码头举行的 “高邮湖”舰入列仪式。

29日　市诚信“红黑榜”新闻发布会暨“诚信高邮”网站开通仪式举行。

2　月

2日　全市首个生态体育休闲公园——金桥生态体育休闲公园建成开放。

14日　市委、市政府召开全市经济工作表彰暨机关能力作风建设大会。

14日　市政府首次授予市城建局、市发改委三等功,授予市经信委主任陆炜、市残联理事长朱杏玲三等功。

15日　中共高邮市第十届纪律检查委员会第六次全体会议召开。通过《中共高邮市第十届纪律检查委员会第六次全体会议决议》。

15日　市委、市政府召开全市建筑业工作会议。

17日　高邮市在扬州市6个县(市、区)2015年度经济社会发展综合考评中获一等奖。扬州市委书记谢正义到高邮市表示祝贺。

23日　全市第一期"企业家大讲堂"开讲。

23日　市委、市政府举行"清风德善"助学金发放活动,全市50名小学、初中学生分获总额10万元助学金。该助学金系高邮籍成功人士、北京鼎汉技术股份有限公司董事长顾庆伟设立。

24日　中共江苏省委、江苏省人民政府在全省生态文明建设大会上,授予高邮市"国家生态市"匾牌。

3　月

1日　《高邮日报》手机报创刊。

2日　市法院依照《中华人民共和国反家庭暴力法》发出首份人身安全保护令。

5日　高邮北京商会在北京召开第一届第一次理事会。

5日　市政府召开农村环境长效管护工作会议,启动打造"水清、路净、岸绿、田美、村庄整洁"美丽乡村行动。

10日　由参加邵伯、高邮和陇海线东段战役部分新四军老战士后代自行组织的寻访团一行30多人到高邮市,追寻革命先辈足迹,缅怀先烈丰功伟绩。

16日　由中铁航空港建设集团有限公司承建,横跨高邮唐柘河的连淮扬镇铁路高邮特大桥开工。至6月28日,全线首联悬灌连续梁顺利合龙。该桥全长24.58千米。

16日　中共高邮市委巡察办公室成立,并设第一、第二、第三巡察工作组。是日,发出首个《中共高邮市委巡察公告》。首批接受常规巡察的有市商务局、市农委、市民政局;接受专项巡察的有市人防办、市房管局、市体育局。

16日　省放心消费创建活动办公室公布,在2015年度全省放心消费创建活动中,市府前街获"江苏省放心消费创建示范街区"称号,中国移动通信集团江苏有限公司高邮分公司获"江苏省放心消费创建示范单位"称号,扬州崔记茶叶有限公司、江苏美滋滋食品有限公司获"江苏省放心消费创建先进单位"称号。

21～22日　中国工程院院士、空间技术专家、神舟号飞船总设计师戚发轫应市委、市政府邀请到高邮市考察并作专题报告。

22日　全市开展化工行业专项整治活动。此项活动至6月底告一段落。

23日　高邮经济开发区科技创业中心被科学技术部公布为国家级科技企业孵化器(2015年度)。此为全市首例。

25日　市政府印发《关于公布高邮城区首批地下文物埋藏区的通知》,首批公布的地下文物埋藏区有高邮城区古城墙(含南、东、北、西部等四大片区内的城墙遗址)、城北地下文物埋藏区(主要是原社稷坛、承天寺地带),面积分别为12.68公顷、3.46公顷。

4　月

1日　高邮邮政管理局成立。江苏省邮政管理局党组书记、局长张水芳到高邮市参加成立仪式,并为该局揭牌。

1日　高邮湖滩郊野公园开园暨高邮湖水上游览线开通。

5日　市委、市人武部召开武装工作暨国防动员工作会议,部署建立军民融合深度发展机制,并表彰2015年度优秀"专武"干部和军事工作先进单位及先进个人。

8日　市委召开第十届第十二次会议,专题讨论召开第十一次党代会有关事项,并做出决议。

8日　第九届中国国际食品安全技术论坛高邮食品安全产业推介会在市汇富金陵大酒店举行。

11日　全省基层食品安全监管骨干培训示范班师资班在江苏省食品药品监督培训中心高邮基地开班。首批学员共150多人,进行为期一周的封闭式培训。

13日　高邮市被江苏省人民政府表彰为"'十二五'江苏省人口协调发展先进市"。

14日　市委、市政府做出《关于表彰2013～2015年度全市结对帮扶低收入农户工作先进单位和先进个人的决定》,表彰"帮扶之星"30人、先进单位20个、先进个人20人。

14日　由市政府主办,市级机关工委、市总工会、市教育局、市体育局联合举办的2016年全民健身体育节启动仪式在市体育场举行。

15日　市委、市政府在清水潭景区举行2016年扬州"烟花三月"国际经贸旅游节暨第十二届中国双黄鸭蛋节重大项目集中开工投产活动。共5项项目,总投资额53亿元。

16日　北澄子河上段生态休闲公园和水曲溪

园建成开放。至此,全城已建成城市生态休闲公园5个、广场及风光带9个。

17日　江苏省商务厅下发《关于授予高邮市“江苏省农村电子商务示范县”称号的决定》。

17日　市委、市政府举行第十二届中国双黄鸭蛋节开幕式暨产业合作商机说明会。

17日　市委、市政府在市馆驿巷广场举行首届“美味高邮”农产品电商博览会启动仪式。该博览会至19日落幕,共实现线上线下销售额250万元。

18日　市银行业协会成立。

19～20日　“名家高邮行”勤廉文学创作采风活动在江苏省首个勤廉文学创作基地——高邮市展开。江苏省作家协会主席范小青,副主席叶兆言、储福金率全省知名作家到高邮市开展创作采风活动。

22日　市中医医院援圭(圭亚那)中医师贾磊(34岁)应邀登上圭亚那大学讲台,为该校师生作中医知识讲座,并现场演示针灸、拔火罐等传统中医技艺疗法。

22日　高邮市被“长三角”自驾游专家委员会授予“2016年‘长三角’地区自驾游热门十强城市”称号,排名第四位。

29日　全市庆祝“五一”国际劳动节暨劳动模范表彰大会举行。会上共表彰劳动模范50人。

5　月

1日　从即日起,在全市范围内全面推开营业税改增值税工作。

1日　从即日起,在全市范围内全面实施分级诊疗制度,即基层首诊、双向转诊、急慢分治、上下联动,形成“小病在社区(村)、大病到医院、康复回基层”的就医格局。

8～9日　中华全国集邮联合会会长杨利民率专家组到高邮市,就该市筹建中国集邮家博物馆开展专题论证,并参观盂城驿。

11日　市委召开全市“两学一做”学习教育工作座谈会,贯彻落实中共中央总书记习近平重要指示和中央、省、扬州市委座谈会精神,动员和部署全市开展“两学一做”学习教育活动。

13日　高邮公安“微警务”上线。通过扫描二维码或添加微信号“gyga2016”登陆关注公众号。

13日　市残疾人文体艺展能中心揭牌启用。

15日　第21个国际家庭日。全市首批“健康家庭”评选揭晓,有130户家庭获“高邮市健康家庭”称号。

17日　江苏省人民政府下发《关于筹建江苏省高邮高新技术产业开发区的批复》。

17日　市委、市政府召开全市农村扶贫工作会议。

17日　市政府召开政金企对接签约会。市长潘学元与恒丰银行扬州分行行长罗雁南签署战略性合作协议;14家银行与42家企业集中签约,共放贷42笔、8.38亿元。

20日　甘肃临夏回族自治州转移就业工作高邮服务站成立。至年底,该州累计有2000多名劳务人员在高邮市就业,成为外地人员在高邮市就业最多的州市。

25日　在由省县市报研究会、省县市新闻中心工作委员会和省报纸副刊编辑协会组织的2015年度江苏省县市报好新闻、副刊好作品评选中,《高邮日报》获奖作品有22件,其中获一、二、三等奖作品分别为5件、6件、8件。

26日　市委、市政府召开全市服务业工作会议。

28日　位于城区经五路、占地面积1.26公顷、总投资额6亿元、建筑面积14万平方米的市人民医院东区医院建成投用。

28日　首批市级机关公车拍卖会在扬州少游拍卖行举行,50辆公车拍卖成交价167万元。

6　月

2日　市政府召开创建国家防震减灾示范县督查暨防震减灾工作联席会议。江苏省地震预报研究中心主任、研究员冯志生到会做报告。

4日　市文明办、市文联、市教育局、团市委、市新闻信息中心共同举办“弘升·熙园杯”第二十四届全市小学生书画现场比赛,有600多名小学生参赛。获一、二、三等奖学生有81人。

8日　市委、市政府召开全市“双十”工程(城市建设十大重点工程、十类重点工程)表彰、“四城同创”(国家历史文化名城、国家环保模范城、国家卫生城、全国文明城市)暨生态文明建设推进会。

8～10日　第二届江苏高邮菱塘老鹅节暨第八届江苏省创新菜烹饪技术比赛在菱塘回族乡民族文化宫和民族文化广场举行。江苏省餐饮行业协会会长周志达,中国烹饪协会副会长、江苏省餐饮行业协会常务副会长、秘书长于学荣参加开幕式,并向菱塘回族乡授予“中国江苏菱塘老鹅饮食文化传承基地”牌匾和为比赛获奖者颁奖。

10～11日　“浓情端午,非遗赶集汇”高邮市2016年非遗项目及传统老行当展示在盂城驿景区馆驿巷举办。

11日　市古琴学会成立。

14～15日　江苏省卫生和计划生育委员会副主任、江苏省爱国卫生运动委员会办公室主任汪华率考核组到高邮市，考核国家卫生城市该市创建工作。高邮市通过考核。

16日　高邮市被江苏省国土资源厅授予“2015年度江苏省国土资源节约集约利用模范市”称号。

17日　市委、市政府举行市文化体育中心开工仪式和康博工业固体废弃物处置项目、康博新材料第二期多晶硅项目、市环保产业园基础设施配套工程项目集中开工仪式。

17日　市委、市政府召开高邮文化研究院成立大会。

24日　市委、市政府向市教育局发出贺信，祝贺全市在2016年度高考中喜获佳绩。

28日　中共扬州市教育局委员会、扬州市教育局向中共高邮市委、高邮市政府发出贺信，祝贺高邮市在2016年度高考中喜获佳绩。

29日　由中国机械工业企业管理协会主办，市政府协办的中国机械工业企业管理协会第七届第四次理事(扩大)会在高邮市举行。国家工业和信息化部信息化和软件服务业司巡视员李颖、中国机械工业企业管理协会理事长孙伯淮出席会议。

30日　市委召开全市领导干部会议，宣布省委、扬州市委决定，勾凤诚任中共高邮市委书记。

30日　市委举行纪念建党95周年先进事迹报告会。

7　月

4日　市委、市政府在深圳举办2016江苏·高邮(深圳)产业合作恳谈会。签约项目16项，总投资额49.8亿元。

6日　扬州市发展和改革委员会在高邮市召开成长型企业股权融资暨项目路演高邮专场对接会。全市40多家企业与深圳创新投资集团等30多家创业投资机构开展面对面交流。

8日　中国农工民主党高邮市总支委员会成立。徐尔山当选为首届主任委员。

12日　江苏华能电缆股份有限公司、武汉科技大学共建博士后创新实践基地签约暨揭牌仪式在高邮市举行。

21～24日　在2016首届中国·徐州国际武术大赛中，市净土拳社学员姚永珍获女子D组陈式太极拳一等奖、女子D组四十九式武当太极剑三等奖。

26日　中共中央纪律检查委员会、监察部网站向全国推出《高邮王氏家训》专题片。

28～30日　中共高邮市第十一次代表大会召开。出席会议党代表共364人。在29日上午举行的会议开幕式上，勾凤诚做题为《迈上新台阶，建设新高邮，为全面建成小康社会而努力奋斗》的市委工作报告，潘学元主持会议，张新钢致开幕词，朱莉莉做纪委工作报告。

8　月

1日　市政府举行通湖大桥、海潮大桥运动休闲公园开园仪式。

3日　“弘扬志愿精神、共建平安高邮”平安志愿服务启动仪式在海潮市民广场举行。同时，市平安志愿者协会揭牌成立。

6日　中央电视台“发现之旅”频道《行走华夏》栏目播出纪录片《印象高邮》。

6～8日　由市体育总会、市旅游局、清水潭旅游度假区管委会共同举办的“清水潭杯”第六届高邮围棋公开赛，在临湖国际会议中心举行。江苏棋院院长杨伊明出席开幕式。7个外省市和省内10个大市的120多名选手参赛。徽帮木野狐研究会队及其队员袁斯童分别获团体、个人第一名。

8日　农业部唯一、江苏省首个——高邮湖金融支渔创新项目在高邮市实施。

9日　由市委宣传部、市文明办、市文广新局等单位联合主办的“我们的节日·七夕”——“鹊桥仙”文艺晚会暨《相思鸟》邮票首发式，在市蝶园市民广场举行。

10日　全市首个残疾人综合服务机构——“馨邮之家”成立。

16日　由市政府主办，市总工会、市旅游局、市商务局共同承办的“2016扬州淮扬菜秋冬旅游套餐大赛”高邮赛区选拔赛，在市华侨国际大酒店举办。

19日　市政府与扬子江投资发展集团签订全面战略合作框架协议。

22日　由市委宣传部、市文明办、市文广新局联合主办的“舞动邮城”高邮市第三届广场舞大赛决赛在高邮中学体育馆举行。共有18支代表队参加决赛。

24日　国家邮政局副局长赵晓光一行到高邮市就邮文化建设开展调研。

25日　由市纪委、市委宣传部、扬州市收藏协会、市水利局、市档案局主办，市收藏家协会承办的“勿忘历史，兴我水利——1931年里下河特大水灾老报纸展”在市档案局一楼大厅开展。

25日　市大运河集邮研究会成立。杭州、嘉兴、无锡、常州、扬州、济宁等6个运河沿线城市的大运河集邮研究会代表莅临祝贺。

28日　市女书画家协会成立。首批女会员共52人。

31日　由市经信委、汤庄镇政府联合主办的高邮液压机械产业发展高峰论坛在高邮举行。中国机械工业联合会副会长、中国机械工业企业管理协会理事长孙伯淮，中国机械工业企业管理协会常务副理事长李玲出席会议。会上，汤庄镇被授予“中国液压机械产业集群镇”匾牌，国家中小企业公共服务示范平台——中国机械工业企业管理协会汤庄工作站同时成立。

9　月

4日　中央电视台《舌尖上的中国》纪录片总导演陈晓卿率摄制组和由知名作家、美食家组成的美食寻访团，到高邮市采风，寻访、品味汪曾祺笔下的运河美食。

8日　市灯具协会申报的高邮灯具产品被国家质量监督检验检疫总局公布为“国家生态原产地保护产品”。此为全省工业产品首例。

10日　市体育局、市旅游局、市游泳协会共同举办“学士园杯”第七届横渡高邮湖活动。江苏省、浙江省、安徽省、上海市的32支代表团队、572名游泳爱好者参加，参加人数创历史之最。

10日　《海上丝绸之路》特种邮票首发式在盂城驿举行。中国邮政集团公司江苏省分公司总经理王曙东，江苏省集邮公司总经理汤小翊，扬州市市长朱民阳，扬州市副市长何金发，伊朗驻沪总领事馆文化领事本哈明·阿扎德参加首发式。

13日　市舞蹈家协会成立。

14日　高邮市被中共江苏省委、江苏省政府表彰为“全省法治建设示范市”（2014～2015年），被江苏省社会治安综合治理委员会表彰为“全省平安市”。

20日　市委、市政府召开全市“三服务”（服务企业、服务群众、服务基层）工作动员大会。

20日　市委宣传部、市文明办、市新闻信息中心、市广电台、市见义勇为基金会联合举办第六届道德模范“高邮好人”颁奖典礼。获奖道德模范“高邮好人”共10人。

24日　市第十四届人大常委会第三十三次会议通过，决定任命张军为副市长，并接受赵平辞去副市长请求。

26日　市政府驻美国洛杉矶代表处设立签约仪式在扬州市举行。

28～29日　中国地震局副局长修济刚率调研组到高邮市，专题调研防震减灾工作和创建国家防震减灾示范县工作。

30日～10月2日　市政府在加洲城市广场举办2016高邮市秋季房产交易会。共成交商品房782套、面积9.02万平方米、金额4.37亿元。

10　月

13日　高邮市建成扬州市第一批“名师工作室”。

13日　市政协举行“高邮政协成立六十周年纪念大会暨文艺演出”活动。

15日　由市政府主办，市旅游局、高邮湖大闸蟹行业协会、高宝邵伯湖渔管会、菱塘回族乡政府、界首镇政府等单位联合承办的2016首届高邮湖大闸蟹旅游美食节开幕式举行。高邮市获江苏省餐饮行业协会颁发的“原味大闸蟹之乡”牌匾。

17日　市委召开全市市、乡镇人大换届选举工作会议。

21日　高邮市被国家旅游局授予“国家全域旅游示范区”称号（第二批）。

21日　高邮市与意大利萨尔扎纳市缔结友好城市意向书签约仪式在高邮市举行。

21～24日　中共高邮市委第十一届委员会开展首轮巡察活动。先后派出3个巡察组，分别对相关单位实施巡察和“回头看”。首轮巡察时间为10～15个工作日。

25日　市高层次人才协会成立。葛桂秋被选举为首届理事会会长。

26日　市委、市政府举行2016高邮市“秦邮人才集聚”突破年暨科技合作集中签约活动。现场集中签约平台共建、院地合作、科技与人才等方面项目共50项。中国科学院院士褚君浩和省、扬州市组织部门负责人，全国50多家高校、院所的150多名教授、博士应邀出席会议。

31日　国家文物局下发《关于印发〈大遗址保护“十三五”专项规划〉的通知》，龙虬庄遗址被列入“十三五”时期大遗址保护名单。

31日　市政府召开物业管理工作会议，并出台《关于进一步提升全市住宅物业管理工作水平的意见》《高邮市市区住宅物业管理工作考核办法（暂行）》。

11　月

2日　中国人民解放军空军指挥学院外国军官团一行100多人参观菱塘回族乡。

7日　高邮市获2016年度“中国中小城市综合实力百强县市”“中国最具投资潜力中小城市百强县市”“中国中小城市创新创业（双创）百强县市”“中国中小城市新型城镇化质量百强县市”称号，分别列64位、46位、45位、68位。后两项荣誉为首次获誉。

7日　高邮市被江苏省卫生和计划生育委员会授予“江苏省妇幼健康优质服务示范市”称号。

8日　市政府举行“政府金融实业贷”首发签约仪式。30多家中小企业获“实业贷”贷款2亿多元。

16日　高邮国地税联合办税服务大厅揭牌启用。

20日　在昆山市召开的第九届国际发明展览会上,江苏传艺科技股份有限公司报送的“带背光的柔性线路板集成化模组(TBM)的研发及产业化”发明、扬州日兴生物科技股份有限公司报送的“生物转化和膜谱技术制备氨糖的研发及产业化”发明,分别获金奖、银奖。

20日　由市政府主办,市体育局、市旅游局、市跑步协会联合承办的“奔泰体育杯”2016高邮大运河越野半程马拉松赛在高邮市举办。全程21.0975千米,参赛的国内外选手共2720人。

22日　国务院批准高邮市为国家历史文化名城。

30日　“平安高邮湖——2016高邮湖应急搜救”实战演习在高邮湖高邮市所属水域举行。

30日　全市首个行业商会——家居建材装饰商会成立。

12　月

6日　高邮市获江苏省文化厅授予的“全省公共文化服务体系建设示范市”称号(第三批)。

7日　江苏省人大常委会副主任刘永忠率调研组到高邮市,就《江苏省少数民族权益保障条例》和《民族乡行政工作条例》贯彻落实情况进行专题调研。

7～8日　全省农村妇女创业创新行动现场推进会在高邮市召开。中共江苏省委常委、江苏省副省长、省“双学双比”活动领导小组组长杨岳,出席会议并讲话。

8日　扬州(高邮)国家农业科技园区高邮特色水禽星创天地被科学技术部批准为第一批全国“星创天地”。

8日　市第十四届人大常委会第三十五次会议通过,决定任命刘春林为高邮市人民政府副市长、市公安局局长。

15日　全市市、乡镇两级人大代表换届选举投票日。全市选民在各自选区内庄严地行使宪法赋予的民主权利,选举新一届市、乡镇两级人大代表。

15日　市委、市政府召开全市科技创新大会暨高邮新区建设推进会。江苏省科学技术厅副厅长蒋洪等参加会议。

16日　中国(高邮)印度商务投资推介会在高邮市举办。印度驻沪总领事古光明一行出席会议。

16日　市选举委员会召开第四次会议,审核确认第十五届市人大代表选举结果。全市市人大代表选区138个,共选举产生市人大代表294人;乡镇人大代表选区435个,共选举产生乡镇人大代表995人。

18日　扬州市园林与盆景艺术家协会高邮分会成立。

18日　高邮灯具产业创业40周年大会在郭集大剧院举行。江苏省照明电器协会理事长虞炎秋等到会祝贺。至此,全市灯具产业拥有企业近1000家、从业人员近4万人,实现年产值超100亿元。

21日　扬州市委书记谢正义,扬州市委副书记、代市长张爱军和扬州市人大常委会、扬州市政协领导,率扬州市各县市区、功能区党政主要负责人、相关部门负责人到高邮市,现场观摩重大项目建设情况。

25日　全市村民委员会、社区居民委员会换届选举日。是日,全市13个乡镇(园区)的175个村民委员会和50个社区居民委员会全部一次性选举成功。

28日　国家质量监督检验检疫总局向市政府颁发高邮湖大闸蟹为国家地理标志保护产品的批文与牌匾。

29日　高邮市被国家卫生和计划生育委员会表彰为2014～2016年全国计划生育优质服务先进单位。

29日　高邮市被国家税务总局授予“全国‘百佳’国地税合作县级示范区”称号。

29日　市政府举办主题为“全民健身促健康,同心共筑中国梦”的2017年高邮市元旦健身长跑活动。近万名市民参加长跑。

30日　中共高邮市委召开第十一届第二次全会。市委书记勾凤诚做题为《创新、实干、服务、担当,加快高水平全面建成小康社会》的工作报告。

30日　市第十四届人大常委会第三十六次会议通过,决定任命邱加永为高邮市人民政府副市长。

市 情 概 览

City Outline

导读

自 然 地 理

【地理位置】 高邮市位于沿江经济带的长江北岸，北纬32°38′～33°05′，东经119°13′～119°50′。地处长江三角洲的江苏省中部、里下河西缘。东邻兴化市，南连江都区、邗江区、仪征市，西接天长市（安徽省）、金湖县，北界宝应县。市区西南经扬州市达南京市165千米，东南经无锡市、苏州市抵上海市331千米，北距北京市980千米。（史志）

【区域面积】 全境南至北50.04千米，东至西57.6千米。总面积1963平方千米，其中陆地面积1175平方千米、水域面积788平方千米，分别占总面积的59.9%、40.1%。城市面积扩大到40多平方千米，建成区土地面积26.4平方千米。（史志）

【地形、地貌】 地势西南略高，东北偏低，多为水乡平原。高邮湖西南部属仪六低山丘陵尾端，多数海拔15米～20米，最高处神居山（火山熔岩）海拔49.5米；京杭大运河高邮段以东里下河浅洼平原由古泻湖淤积而成，河渠成网，良田万顷，一般海拔0.85～4.8米，最低处海拔0.75米。（史志）

【水文】 高邮市水面之多，居扬州市之首。美丽富饶的高邮湖有55.3%的水域面积在高邮市境内。邵伯湖北部水域和渌洋湖东北一角水域亦属高邮市。境内主要灌排、交通河流有19条，即京杭大运河高邮段、澄潼河、龙须沟、人字河、张叶沟、小泾沟、三阳河、第三沟、南澄子河、南关大沟、北澄子河、东平河、横泾河、六安河、新六安河、二里大沟、子婴河、天菱河、向阳河。径流总量1.5亿立方米。水网密度2.83千米/平方千米。（史志）

【高邮湖】 为江苏省第三大湖，属平原浅水型淡水湖泊，淮河入江水道穿湖而过。水域总面积780平方千米（水位在8.5米以上），其中在高邮境内水域面积431.5平方千米。高邮湖自然风光秀丽，有天赋的自然美，有许多令人神往的传说。宋代，甓社湖曾现珠光（河蚌珠光），并为在甓社湖居室临窗夜读的著名学者孙觉亲眼所见，被其好友沈括记载于《梦溪笔谈》，故后人称高邮湖为珠湖。《高邮州志》记载，夏秋之际，雨过天晴，湖面上会出现鳞次栉比的高楼大厦、连绵的大山，活脱脱一个天上的世界，这就是高邮湖上有名的"海市蜃楼"奇观。西湖夕照、渔舟唱晚、珠湖雪浪、邗沟烟柳，美不胜收。（史志）

高邮湖风光　（丁春晴　摄）

【自然资源】 高邮土地肥沃，物产丰富，素有"鱼米之乡"之称。京杭大运河高邮段以东10个镇以种植水稻、小麦、棉花、油菜为主，高邮湖以西2个乡镇以种植水稻、小麦、油菜为主，其中菱塘回族乡、原天山镇分别兼种湖桑、茶叶。全市今存植物479种，其中木本植物203种、草本植物220种、水生植物56种。野生植物资源主要有柳树、刺槐树、榆树、杨树等59科、108属、177种，豨莶草、青蒿等60科、140属、200种。绿化造林树种有61科、132属、274种。其中，乔木161种，灌木99种，藤本植物14种；落叶树种162种，常绿树种112种；阔叶树种216

种,针叶树种58种。淡水渔业资源丰富,碧波浩渺的高邮湖、京杭大运河高邮段以东成网的河渠、东北部成片的荡滩,为发展淡水养殖提供条件,同时也适宜于高邮鸭、扬州鹅的生长。水产资源有银、鲤、青、草、白、鳝鱼和蟹、虾等63种;野生动物资源有野鸡、野鸭、秧鸡、野兔、黄鼠狼等,鸟类约有120种,其中国家一级保护鸟类有东方白鹳、大鸨、丹顶鹤等。矿产资源主要有石油、天然气和品质好、储量大的矿泉水,已开发储量近千万吨的大中型油田有金沙油田和马头庄油田。2016年,耕地面积7.68万公顷,人均耕地0.09公顷。 (史志)

历史文化

【建置沿革】 高邮,属海退成陆的里下河浅洼平原。代表江淮地区东部史前文化的龙虬庄遗址,表明七千多年前境内便有人类的璀璨文明。春秋,吴邗沟地,越并吴属越。战国,楚并越属楚。秦王嬴政二十四年(前223年),灭楚,筑高台,置邮亭,故名高邮,亦称秦邮。西汉,先后属荆国、吴国、江都国。武帝元狩五年(前118年),置高邮县,属广陵国。东汉,高邮县属广陵郡。东汉末,高邮县废。三国时期,地属广陵郡,先属魏,后属吴。西晋,复高邮县,属临淮郡。东晋,高邮县属广陵郡。东晋和南北朝,高邮西北(今金湖县、天长市部分)侨置幽、冀、青、并州及后魏平阿县,由此形成北阿镇(亦曰三阿),与平阿湖、下阿溪三者合称三阿等地名。南北朝期间,南宋置高邮县,属广陵郡,又划设临泽县,属海陵郡;南梁起,先后置广业郡、神农郡,辖高邮县划设的高邮、竹塘、三归三县;临泽县仍属海陵郡。隋,竹塘、三归、临泽三县仍并入高邮县,属吴州(不久改称扬州),后属江都郡。唐,高邮县先后属兖州、邗州、扬州、广陵郡、扬州(均为现扬州)。玄宗天宝元年(742年),划江都、六合、高邮三县部分地区置千秋县,天宝七年(748年)改称天长县。五代十国,高邮县先后属吴都江都府、后唐东都(扬州)、后周扬州大都督府。宋,开宝四年(971年)置高邮军,直属京师。诏文为:"惟彼高邮,古称大邑,舟车交会,水陆要冲,宜建军名,以雄地望。"军同下州高沙郡,辖高邮县;熙宁五年(1072年)军罢,县属扬州;元祐元年(1086年),复置高邮军;建炎四年(1130年),升高邮军为承州,领承州、天长军,辖高邮县与兴化县;绍兴五年(1135年),废州,县属扬州;绍兴三十一年(1161年),复为军,仍领高邮、兴化二县。元,至元十四年(1277年),置高邮路,辖高邮、兴化二县;至元二十年(1283年),改为高邮府,辖高邮、兴化、宝应三县,属扬州路。至正十四年(1354年),张士诚在高邮建都,国号大周。元末,高邮改为散府。明洪武元年(1368年),置高邮州,领兴化、宝应二县,属扬州府;洪武四年(1371年),升守御所为高邮卫。清顺治元年(1644年),置高邮州,属扬州府,不久遂为散州。古代高邮,史称"江左名区,广陵首邑",由宋置军至清设州,有九百多年中等行政区划的经历。民国元年(1912年),废州为县。在中国共产党领导下的抗日战争和解放战争期间,高邮县澄子河以南地区曾先后属江高行政区、江都县,高邮湖西菱塘地区曾先后属天高县、甘泉县、东南县、仪扬县、仪征县。中华人民共和国成立后仍设高邮县。1991年2月,经国务院批准撤县设市(县级),同年4月1日,正式建高邮市,实行计划单列。 (史志 伯翔)

【古今名人】 宋至清代,有进士177人、举人428人。北宋著名文学家、婉约派词宗秦观和文学家孙觉,南宋诗词家陈造,明代右丞相汪广洋、散曲家王磐和著名诗词家张綖,明清之际唯物主义哲学家王夫之(祖籍高邮),清代海内无匹的训诂学家王念孙、王引之父子和数学家李惇,均是代表人物。张廷仁、葛耀山是中国共产党早期的革命烈士。文化部原副部长徐平羽、古生物学家孙云铸、棉花专家孙恩麟、蚕桑专家赵鸿基、黑热病防治专家孙志戎、历史学家王绳祖、教育家沈亦珍、著名作家汪曾祺等,在国内外享有较高声誉。

客籍名人,古代范仲淹、王安石、苏轼、黄庭坚、韩世忠、岳飞、陆游、杨万里、文天祥、萨都剌、王士祯、康熙帝、郑板桥、乾隆帝、魏源、张謇等,在高邮留下了政绩、论著、墨宝或佳话;抗日战争和解放战争时期,无产阶级革命家陈毅、粟裕、谭震林、张鼎丞、陶勇、惠浴宇等威震高邮城乡;社会主义建设时期,国家主席刘少奇于1958年到高邮视察;国务院总理李鹏、朱镕基分别于1994年、2000年到武安乡视察。 (史志)

【秦邮名胜】 清代蒲松龄称:"秦邮文物,素号名区。"全市有全国、省、市文物保护单位96处,馆藏文物2000余件。全国重点文物保护单位有:新石器时代龙虬庄遗址,明盂城驿,明、清里运河故道,清当铺,唐镇国寺塔,唐平津堰遗址;江苏省文物保护单位有:天山汉墓、宋文游台、宋城墙及明奎楼、商周时期的周邶墩遗址、明净土寺塔、清代菱塘清真寺;高邮市文物保护单位有:明、清州署头门,清训诂学家王氏父子故居,唐王墩遗址,明陈瑄治水纪念室等84处。"邮"是高邮之根,高邮是全国唯一以"邮"命名的县市。秦邮亭,后为宋代高邮新城北郊的九里亭和清代绿营兵驻防高邮运河堤的十汛(讯)之一的九里汛(讯)。南宋诗人杨万里写有《过九里亭》五言律诗,清代训诂学家王念孙之子王敬之作过"今营房古亭堠也"的考证性的七言古诗。

以秦邮亭为源的高邮邮驿制度不断发展变化。元、明代设两处驿站。明代有盂城驿、界首驿、界首递运所和中南北东十五处急递铺的邮传系统。清代盂城驿(大部分迁入城内马棚巷,南门外留皇华厅)、界首驿和十五处铺舍延续运行到辛亥革命胜利为止。始建于明代的盂城驿,是全国现存规模最大、有代表性的古代邮驿。盂城驿风景区,包括修缮一新的盂城驿,明、清风格的南门大街,重建的秦邮亭以及复建的其他邮文物,重现了高邮悠久的邮驿史。

被列为1993年全国十大考古新发现之一的龙虬庄遗址,在1997年9月22～24日高邮龙虬庄遗址暨江淮地区古文化研讨会上,26名中外考古专家、学者对其个性特点和保护价值给予充分肯定,认为可称为龙虬文化,是人类文明的摇篮之一。2004年,具有重要历史价值和旅游观赏价值的龙虬庄生态博物苑(部落村)一期工程建成开放。

始建于唐代的镇国寺塔,俗称西塔,为方形仿楼阁式,原为9层,现存7层,置于京杭大运河河心岛上。镇国寺景区一期工程于2005年年底建成开放,2010年4月被确定为国家AAA级旅游景区,2014年3月被确定为第七批全国重点文物保护单位。位于市区东北角的宋文游台,为全国20座名台之一的淮堧名胜,台内盍簪堂嵌有著名的《秦邮碑帖》石刻和画像石刻,还建有四贤祠、读书台、映翠园、重光亭、秦观塑像等,最高处的主体楼修葺一新,在东展区建成汪曾祺文学馆,西展区设有反映1931年高邮特大洪灾及运堤修复资料的“水鉴馆”。清王氏父子故居,1983年建馆,陈列王氏父子故物、典籍和现代多名学者、书画家的作品。人民公园革命烈士墓、革命烈士纪念馆、抗日战争最后一役纪念馆等数十处革命文物,为后人景仰。近年来,高邮市陆续开发融古代文化和现代观念为一体的江苏东湖湿地公园、三垛秦观故里亭、界首芦苇场渔家乐生态旅游区、八桥渌洋湖森林公园和城区蝶园市民广场、海潮市民广场、邮都广场、文游台广场、大淖广场、净土寺塔广场、运河东堤风光带、新河风光带、北澄子河风光带、市河风光带等新景观,秦邮古城不断焕发青春的魅力。 (史志)

区划与人口

【行政区划】 2016年,高邮市有11个镇(街道),1个乡(菱塘回族乡),2个省级开发区(高邮经济开发区、高邮高新技术产业开发区),1个新区(高邮城南经济新区)。有175个村民委员会,1787个村民小组;52个社区居民委员会,453个居民小组。(史志)

【人口】 2016年,全市户籍总户数255138户,户籍总人口814771人。其中,非农业人口365824人,农业人口448947人;男性405621人,女性409150人,男女性别比99.14。新出生人口6714人,死亡人口6210人,自然增长人口504人,人口出生率8.24‰、死亡率7.62‰、自然增长率0.62‰。年末常住人口74.14万人,比上年增加0.13万人。人口密度415人/平方千米。 (史志)

【民族】 2016年,全市共有33个民族,即汉族、回族、苗族、土家族、布依族、壮族、彝族、满族、蒙古族、侗族、白族、黎族、拉祜族、仡佬族、傣族、瑶族、傈僳族、朝鲜族、藏族、哈尼族、佤族、羌族、景颇族、畲族、水族、布朗族、土族、仫佬族、赫哲族、纳西族、京族、普米族、珞巴族。少数民族人口9041人,其中回族人口占79.6%。 (史志)

气候

【常年气候】 属北亚热带季风气候区,四季分明,寒暑显著,阳光充足,雨水充沛。常年平均气温15.3℃,无霜期221天,常年降水量1036.6毫米。主要灾害性天气为水灾、风灾、雷击灾害,偶有旱灾。 (史志)

【2016年气候特点】 平均气温偏高,降水量明显偏多,日照时数正常略偏少。

全年极端最高气温为7月25日的39.0℃,极端最低气温为1月24日的-10.0℃。年平均气温为16.7℃,比常年平均值高1.4℃。平均气温全年12个月均偏高。与常年同期平均值比较,1～2月平均气温为4.8℃,比常年同期平均值偏高1.3℃,其中1月高0.6℃、2月高1.9℃。3～5月平均气温为16.2℃,比常年平均值偏高1.7℃,其中3、4、5月分别高2.4℃、2.7℃、0.1℃。6～8月平均气温为27.6℃,比常年平均值偏高1.3℃,其中6、7、8月分别高0.3℃、1.4℃、2.3℃,7月20日～8月2日出现高温天气。9～11月平均气温为17.9℃,比常年同期平均值偏高0.9℃,其中9、10、11月分别高1.7℃、0.7℃、0.3℃。12月平均气温比常年同期平均值高2.4℃。

全年冷空气活动频繁,共出现寒潮天气过程3次,分别是1月22～24日、3月7～9日和11月21～23日。

全年降水量为1553.0毫米,比常年平均值多50%,其中仅2、3、8月偏少,其他各月均偏多。与常年同期平均值比,2、3、8月降水量分别少69%、58%、66%,1、4、5、6、7、9、10、11、12月降水量分别多8%、46%、89%、45%、38%、153%、451%、40%、141%。全年在6月21～22日和7月1日、4日、6日及9月16日分别出现强降水天气,其中9月16日降水量为139.9毫米，为全年最大降水量。

全年日照时数为1977.7小时，比常年平均值少5%，其中2、3、4、8、12月偏多，其他各月均偏少。与常年同期平均值比较，2、3、4、8、12月日照时数分别多32%、16%、3%、31%、1%，1、5、6、7、9、10、11月日照时数分别少9%、24%、15%、2%、5%、69%、20%。

6月19日入梅，接近常年；7月20日出梅，偏迟；梅期32天，偏长；梅雨量467.5毫米，比常年同期偏多近90%。　（市气象局）

【异常气候】　1月22～24日，因受北方强冷空气影响，全市出现寒潮天气过程，其中1月24日出现年度极端最低气温-10.0℃。这一寒潮天气过程，使全市在田农作物遭受严重冻害，仅严重受灾农作物面积就达2.43万公顷，造成直接经济损失1.5亿元。7月1日凌晨3时左右，因受高空槽和低层切变线、急流影响，全市出现雷雨大风天气，仅市内省道、县道、乡道旁的树木就被刮倒刮断180多棵，还有车辆、电线杆等受损。7月20日～8月2日，因受副热带高压控制，全市出现持续高温天气。这一极端高温天气，是本站有记录以来同期出现的最高值，其持续高温的日数也是同期最长的。7月24～26日高温强度最强，其中7月24日辖区内所有监测站点日最高气温均达37℃以上，其中有6个站点出现39℃以上高温。因受持续高温影响，全市出现中暑病例157人(含医院收治35人)，其中因中暑死亡2人。8月2日16时30分左右，因受台风倒槽及低涡渗透的冷空气影响，送桥镇遭遇短时间强对流天气，局部受大风、小冰雹袭击，造成孙巷、毛港等村的多户村民家中受灾，共损坏房屋92户、150间，造成直接经济损失150万元，未造成人员伤亡。10月20～29日，全市出现连续10天的阴雨天气，对各乡镇的秋收秋种工作产生严重影响。　（市气象局）

表2

2016年高邮市逐月地面气象资料主要项目统计表

		1月	2月	3月	4月	5月	6月	7月	8月	9月	10月	11月	12月	全年
极端最高气温	极值℃	16.4	20.0	23.2	28.9	30.6	33.9	39.0	35.6	35.0	27.2	23.1	18.5	39.0
	日期	3	10	29	30	12	18	25	2	3	5	5	5	25/7
极端最低气温	极值℃	-10.0	-3.9	-0.1	8.7	12.7	16.5	20.6	22.0	16.9	9.3	-1.9	-2.6	-10.0
	日期	24	2	1	4	10	4	4	3	30	30	24	30	24/1
平均气温℃		2.7	6.0	10.9	17.4	20.4	24.6	29.0	29.3	24.5	18.1	11.0	6.8	16.7
极端最高地面温度	极值℃	25.3	36.4	44.5	50.7	53.4	60.9	65.5	63.7	59.9	41.8	35.5	28.6	65.5
	日期	3	10	30	14	12	20	26	2	2	6	5	5	26/7
极端最低地面温度	极值℃	-6.1	-3.2	-1.4	7.9	11.5	15.7	21.6	19.2	15.8	8.3	-0.2	-2.2	-6.1
	日期	2	7	1	4	18	2	5	30	20	30	25	30	2/1
平均地面温度℃		3.9	7.4	14.2	20.7	23.6	27.6	33.1	35.4	28.3	19.2	12.1	7.4	19.4
降水量(毫米)		41.1	13.2	28.1	88.4	146.1	207.8	315.9	54.2	202.4	313.2	77.1	65.5	1553.0
一日最大降水量	量(毫米)	14.9	5.9	24.7	23.7	47.1	70.1	98.6	18.0	139.9	37.4	20.7	33.4	139.9
	日期	5	13	8	6	21	22	4	2	16	20	7	21	16/9
降水日数(天)		11	4	6	12	15	11	14	7	6	21	11	7	125
一日降水量≥25毫米/天数		—	—	—	—	2	3	4	—	2	8	—	1	20
一日降水量≥50毫米/天数		—	—	—	—	—	2	3	—	1	—	—	—	6
最长连续降水日数(天)		3	2	2	3	4	5	7	4	3	10	7	3	10
最长连续无降水日数(天)		10	9	9	8	4	8	10	10	15	3	8	12	15
平均相对湿度(%)		68	62	63	70	72	79	78	73	72	88	80	76	73
日照时数(小时)		133.4	182.7	190.3	189.7	156.8	144.2	189.7	272.5	179.1	54.0	127.7	157.6	1977.7
蒸发量(毫米)		24.8	39.2	63.8	75.1	86.4	78.2	104.7	134.6	98.2	45.5	38.3	30.0	818.8
大风日数(无)		1	—	—	—	—	—	—	—	—	—	—	—	1
最大冻土深度(厘米)		9	5	—	—	—	—	—	—	—	—	—	—	9
雪		上年度初日2015年11月24日				上年度终日　2016年3月9日					本年度初日2016年11月22日			
霜		上年度初日　2015年11月27日				上年度终日2016年3月26日					本年度初日2016年11月24日			

（市气象局）

地方特产

【高邮麻鸭】 高邮麻鸭系与北京鸭、绍兴鸭齐名的全国三大名鸭之一，为蛋肉兼用型食用鸭。鸭肉鲜美，含脂量少，为加工板鸭、盐水鸭、琵琶鸭的好原料。该鸭产蛋率高，每年每只鸭产蛋200枚，平均每枚蛋重81.4克。2016年，据市有关部门统计，全市高邮麻鸭出栏量360万只。（史志）

【高邮双黄鸭蛋】 该蛋为高邮麻鸭所生，一蛋双黄，蛋大如鹅卵，蛋壳质细，蛋白似碧玉，蛋黄如玛瑙，是世界罕见珍品。1909年，高邮双黄鸭蛋在南京举办的南洋劝业会陈赛，获得较高声誉，后远销至美国、日本、新加坡、马来西亚等十多个国家，是内外宾客不忍动箸的佳肴和馈赠亲友的厚礼。高邮双黄鸭蛋单枚最大重量为135克。2016年，全市加工销售双黄鸭蛋5000万枚。（史志）

【高邮咸鸭蛋、松花蛋】 高邮咸鸭蛋采用特色辅料和传统配方、工艺腌制而成。高邮咸鸭蛋久享盛誉，具有鲜、细、嫩、红、沙、油的风味特点。清代文学家袁枚说："脆蛋（即咸鸭蛋）以高邮为佳，颜色红而油多。"高邮咸鸭蛋营养丰富，含有人体必需的锌、锗、硒、钙等元素。国家质量监督检验检疫总局于2002年批准高邮鸭蛋为原产地域保护产品（现更名为国家地理标志产品），颁布实施《高邮鸭蛋国家强制性标准》。"红太阳"牌咸鸭蛋为中国名牌农产品，"秦邮"牌、"三湖"牌和"红太阳"牌蛋品商标分别为省名牌商标和扬州市知名商标，"三湖"牌、"红太阳"牌、"秦邮"牌咸鸭蛋、松花蛋先后获中国绿色食品发展中心颁发的绿色食品标志。松花蛋是将高邮鸭蛋采用独特配料和工艺制作而成。分硬心皮蛋（湖彩蛋）和溏心皮蛋（京彩蛋）两种。硬心皮蛋味醇香略咸，蛋白为黑褐色半透明体，有明显的松花纹状，蛋黄一般呈墨绿或黄色，宜制成各种形状入盘；溏心皮蛋清凉可口，可助消化，解酒开胃。2016年，全市各类蛋品加工企业共加工各类蛋品9.5亿枚，其中泥灰咸鸭蛋1.1亿枚、真空包装熟咸鸭蛋5.7亿枚、松花蛋2.2亿枚、双黄蛋0.5亿枚。（史志）

【扬州鹅】 江苏省"九五"重点攻关项目，系扬州大学畜牧兽医学院教授赵万里主持选育的杂交新种。1997～1999年在送桥镇通过杂交选育和试养比较，扬州鹅显示了生长快、耐粗饲、肉质好、产量多、经济效益高的特点。2000年，开始在全省推广饲养。2016年，据市有关部门统计，全市扬州鹅出栏量430万只。（史志）

【高邮湖大闸蟹】 高邮湖大闸蟹，学名中华绒螯蟹，属于十足目方蟹科绒螯蟹属。身体分两部分：头胸部和腹部，附有步足5对。头胸部的背面为头胸甲所包盖，呈墨绿色，俯视近六边形，后半部宽于前半部，中央隆起，表面凹凸不平，共有6条突起为脊，额及肝区凹降，其前缘和左右前侧缘共有12个棘齿。额部两侧有一对带柄的复眼。头胸甲的腹面，除前端为头胸甲所包裹外，大部分为腹甲，腹甲分节，周围有绒毛，腹部紧贴在头胸部的下面，俗称蟹脐，周围有绒毛，共分7节。雌蟹的腹部为圆形，俗称"团脐"；雄蟹腹部呈三角形，俗称"尖脐"。第一对步足呈棱柱形，末端似钳，为螯足，强大并密生绒毛；第四、五对步足呈扁圆形，末端尖锐如针刺。高邮湖大闸蟹体型肥大，蟹黄细酥，肉质白嫩，蟹味美且营养丰富，历来被视为上品。秦少游曾把此蟹作为上等礼品馈赠苏东坡，并赋诗《以莼姜法鱼糟蟹寄子瞻》一首。每百克高邮湖大闸蟹食用部分含蛋白质14%、脂肪5.9%、碳水化合物7%。此外，还含有维生素A、核黄素、烟酸，其发热量超过一般鱼类的营养水平。2002年，"高邮湖"牌大闸蟹获中国绿色食品发展中心颁发的绿色食品标志。2005年，"河荡"牌螃蟹、"碧湖"牌螃蟹通过国家无公害食品认定。2008年，"王鲜记"大闸蟹获扬城地产优质生态大闸蟹、扬城最正宗的生态大闸蟹"蟹王"称号。2011年，"左岸"牌大闸蟹通过江苏省无公害农产品产地认证；由扬州江淮湖泊渔业有限公司养殖、生长于高邮湖水域的"宝湖"牌大闸蟹囊括"华东杯"蟹王、蟹后大奖，为 "中国十大名蟹"之一、江苏名牌产品，通过农业部无公害农产品标志及中华人民共和国出境动物养殖场注册认证。2015年，"高邮湖大闸蟹"地理标志证明商标获国家工商总局商标局批准。2016年，据市农委统计，高邮湖大闸蟹养殖面积1万多公顷，产量近5800吨，产值4.5亿多元。（史志）

【高邮罗氏沼虾】 亦称白脚虾、马来西亚大虾、金钱虾、万氏对虾等，素有淡水虾王之称。原产地集中在厄瓜多尔沿岸，是世界上养殖量最高的三大虾种之一。其壳薄体肥，肉质鲜嫩，味道鲜美，营养丰富。除富有一般淡水虾类的风味之外，成熟的罗氏沼虾头胸甲内充满了生殖腺，具有近似于蟹黄的特

殊鲜美之味。每百克虾肉含蛋白质20.6克、脂肪0.7克,并含有多种维生素及人体必需的微量元素,系高蛋白营养水产品。高邮市于1992年引进养殖罗氏沼虾。2002年,高邮市罗氏沼虾养殖标准化示范区被列为全国农业标准化示范区,罗氏沼虾被评为省无公害农产品。2005年,"司徒潭"牌、"少游"牌、"龙虬庄"牌罗氏沼虾通过国家无公害食品认定。2016年,据市农委统计,罗氏沼虾养殖面积0.89万公顷,产量4.1万吨,产值16.8亿元。(史志)

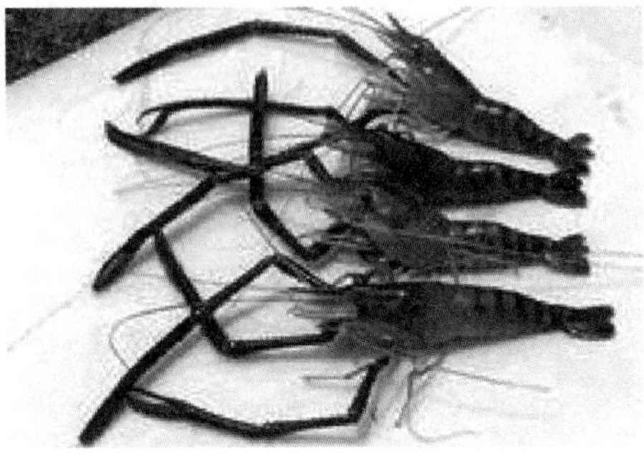

【高邮湖青虾】 高邮湖青虾,学名日本沼虾。高邮湖青虾体形粗短,整个身体由头胸部和腹部两部分构成。头胸部各节接合,由一大骨片覆盖背方和两侧,叫头胸甲或背甲。头胸部粗大,腹前部较粗,后部逐渐细而且狭小。额角位于头胸部前端中央,上缘平直,末端尖锐,背甲前端有剑状突起,上缘有11～15个齿,下缘有2～4个齿。体色通常呈青蓝色并有棕绿色斑纹,但常随着栖息环境而变化。高邮湖青虾肉质松软,易消化,营养丰富,对身体虚弱以及病后需要调养的人是极好的食物。2005年,"横泾河"牌青虾通过国家无公害食品认定。2016年,据市农委统计,青虾(鲫鱼、龙虾)混养面积1.3万公顷,产量近200吨。 (史志)

【高邮湖龙虾】 高邮湖龙虾,学名克氏原螯虾,也叫红螯虾或者淡水小龙虾。体形较大呈圆筒状,甲壳坚厚,头胸甲稍侧扁,前侧缘除海螯虾科外,不与口前板愈合,侧缘也不与胸部腹甲和胸肢基部愈合。颈沟明显。第一触角较短小,双鞭;第二触角有较发达的鳞片。3对颚足都具外肢。步足全为单枝型,前3对螯状。其中,第1对特别强大、坚厚,故又称螯虾;末2对步足简单,爪状。鳃为丝状鳃。龙虾头部有触须3对,触须近头部粗大,尖端小而尖。在头部外缘的一对触须特别粗长,一般比体长长1/3;在一对长触须中间为两对短触须,长度约为体长的一半。栖息和正常爬行时6条触须均向前伸,若受惊吓或受攻击时,两条长触须弯向尾部,以防尾部受攻击。胸部有步足5对,第一至第三对步足末端呈钳状,其中第二对步足特别发达而成为很大的螯,第四至五对步足末端呈爪状。区别雄雌龙虾的重要特征是螯,雄性的螯比雌性的发达,且雄性龙虾的前外缘有一鲜红的薄膜,雌性则没有此红色薄膜。龙虾的蛋白质成分约占18.9%;氨基酸组成比肉类优质,含有人体所必需的而体内又不能合成或合成量不足的异亮氨酸、色氨酸、赖氨酸、苯丙氨酸、缬氨酸、苏氨酸、精氨酸、组氨酸。2016年,据市农委统计,龙虾(鲫鱼、青虾)混养面积1.3万公顷,产量近500吨。 (史志)

【高邮湖银鱼】 高邮湖银鱼,亦称冰鱼或玻璃鱼。体细长,约12厘米,近圆筒形,后段略侧扁。头部极扁平,眼大,口亦大,吻长而尖,呈三角形,上下颌等长,前上颌骨、上颌骨、下颌骨和口盖上都生有一排细齿,下颌骨前部具犬齿1对,下颌前端没有联合前骨,但具一肉质突起。背鳍Ⅱ11～13,略在体后3/4处。胸鳍8～9,肌肉基不显着。臀鳍Ⅲ23～28,与背鳍相对;雄鱼臀鳍基部两侧各有一行大鳞,一般为18～21个。背鳍和尾鳍中央有一透明小脂鳍。体柔软无鳞,全身透明,死后体呈乳白色。体

侧各有一排黑点，腹面自胸部起经腹部至臀鳍前有2行平行的小黑点，沿臀鳍基左右分开，后端合而为一，直达尾基。此外，在尾鳍、胸鳍第一鳍条上也散布小黑点。可食部分每百克含水分89克、蛋白质8.2克、脂肪0.3克、碳水化合物1.4克、灰分1.0克、钙258毫克、磷102毫克、铁0.5毫克、硫胺素0.01毫克、核黄素0.05毫克、尼克酸0.2毫克。晒干后的银鱼叫燕干，每100克燕干含蛋白质72.1克、脂肪13克、热量1709.4千焦、钙761毫克、磷1000多毫克。补虚，健胃，益肺，利水。（史志）

【高邮湖青鱼】 高邮湖青鱼体长，略呈圆筒形，腹部平圆，无腹棱。尾部稍侧扁。吻钝，较草鱼尖突。上颌骨后端伸达眼前缘下方。眼间隔约为眼径的3.5倍。鳃耙15～21个，短小，乳突状。咽齿一行，左右一般不对称，齿面宽大，臼状。鳞大，圆形。侧线鳞39～45。体青黑色，背部更深；各鳍灰黑色，偶鳍尤深。背鳍软条7～9枚，臀鳍软条8～10枚，体长约145厘米。青鱼是一种富含蛋白质、脂肪很低的食物，含有丰富的核酸。高邮湖青鱼蛋白质含量19.5%、脂肪含量5.2%，还有钙、磷、铁、B1、B2、二十碳五烯酸(EPA)、二十二碳六烯酸(DHA)和微量元素锌、硒、碘等。（史志）

【高邮湖白鱼】 高邮湖白鱼属鲤科鱼类，俗称大白鱼、翘嘴白鱼、白鱼。白鱼多生活在流水及大水体的中上层，游泳迅速，善跳跃，以小鱼为食，是一种凶猛性鱼类。雌性3龄、雄性2龄成熟，6～7月产卵，幼鱼喜栖湖泊近岸水域或河道、港湾水流较缓沿岸生活。自然分布甚广，为中国南北水域常见的淡水鱼类。体形长，甚侧扁，头背平直，头后背部隆起，眼大且位于头的侧下方。口上位，下颌很厚，上翘，口裂与体长轴几乎成垂直，下咽齿末端成钩状。腹鳍基部至肛门有腹棱，背部具强大而光滑的硬刺，尾鳍分叉，下叶稍长于上叶。体背略呈青灰色，两侧银白，各鳍灰黑色。高邮湖白鱼除味道鲜美外，还有较高的药用价值，具有补肾益脑，开窍利尿等作用，尤其鱼脑是不可多得的强壮滋补品。（史志）

【高邮湖鲫鱼】 高邮湖鲫鱼呈流线型（也叫梭形），体高而侧扁，前半部弧形，背部轮廓隆起，尾柄宽，腹部圆形，无肉棱。头短小，吻钝，无须；鳞片大；背鳍长，外缘较平直，背鳍、臀鳍第3根硬刺较强，后缘有锯齿。胸鳍末端可达腹鳍起点，尾鳍深叉。背银灰色而略带黄色光泽，腹部银白而略带黄色，各鳍灰白色。高邮湖产的鲫鱼肉质细嫩，肉味甜美，营养价值很高，每百克肉含蛋白质13克、脂肪11克，并含有的钙、磷、铁等矿物质。高邮湖的鲫鱼以2～4月、8～12月的最肥美。2002年，“碧湖”牌、“金荡”牌鲫鱼被评为省无公害农产品；2005年，“河荡”牌鲫鱼、“碧湖”牌鲫鱼、“龙虬庄”牌鲫鱼通过国家无公害食品认定。2016年，据市农委统计，鲫鱼(青虾、龙虾)混养面积1.3万公顷，产量近2000吨。（史志）

【高邮湖泥鳅】 高邮湖泥鳅的体形在腹鳍以前呈圆筒状，由此向后渐侧扁，头较尖，无眼下刺，背鳍无硬刺，前两枚为不分支鳍条，胸鳍距腹鳍较远，腹鳍不达臀鳍，尾鳍圆形。体背部及两侧深灰色，腹部灰白色，尾柄基部上侧有黑斑，尾鳍和背鳍具黑色斑点，胸鳍、腹鳍和臀鳍为灰白色，但生活环境及饲料营养不同体色有变化。高邮湖泥鳅可食部分占整个鱼体的80%左右，味道鲜美，营养丰富，含蛋白质较高、脂肪较低，能降脂降压，素有“天上的斑鸠，地下的泥鳅”和“水中人参”之美誉。2016年，据市农委统计，高邮泥鳅养殖面积48公顷，产量为720吨。（史志）

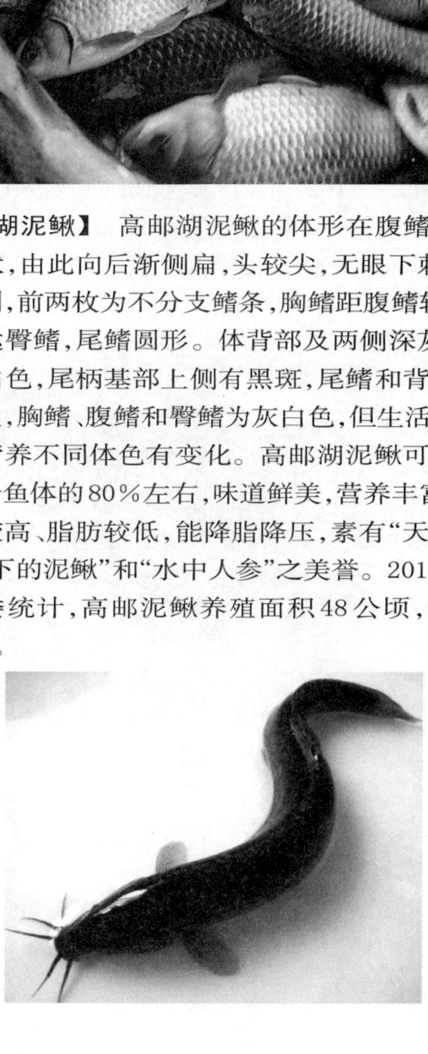

【高邮湖鳊鱼】 高邮湖鳊鱼,学名鳊,亦称长身鳊、鳊花、油鳊,古名槎头鳊、缩项鳊。在中国,鳊鱼为三角鲂、团头鲂(武昌鱼)的统称。该鱼全长约40厘米,比较适合于静水性生活。高邮湖鳊鱼体侧扁而高,呈菱形;头较小,头后背部急剧隆起;眶上骨小而薄,呈三角形;口小,前位,口裂广弧形;上下颌角质不发达;背鳍具硬刺,刺短于头长;胸鳍较短,达到或仅达腹鳍基部,雄鱼第一根胸鳍条肥厚且略呈波浪形弯曲;臀鳍基部长,具27~32枚分枝鳍条;腹棱完全,尾柄短而高;鳔3室,中室最大,后室小。体背部青灰色,两侧银灰色,腹部银白;体侧鳞片基部灰白色,边缘灰黑色,形成灰白相间的条纹。高邮湖鳊鱼具有补虚、益脾、养血、祛风、健胃之功效。2016年,据市农委统计,鳊鱼养殖面积986公顷,养殖产量4533吨。 (史志)

【界首茶干】 界首茶干,始产于明嘉靖年间。形似银圆,色泽酱红,质如鸡肉,鲜美香醇。清代被列为贡品,1911年、1927年、1929年在杭州西湖博览会上连连获奖,1954年获省物品展览会一等奖,从1983年以来多次获江苏省名特优产品称号。2015年,界首茶干创成国家地理标志证明商标。(史志)

【高邮大米】 高邮大米是采用在无污染、无公害的绿色食品生产基地种植的新品种粳稻加工而成。米质新鲜,颗粒整齐,晶莹似玉,免淘洗,易储藏,蒸煮后味道香浓诱人、口感滋润爽滑。经国家权威部门检测,确认高邮大米内含丰富蛋白质、脂肪、糖及人体必需的微量元素。 "珠光"牌大米于1997年被中国绿色食品发展中心评为绿色食品;"双兔"牌大米在2002年中国(淮安)优质稻米博览会上获"十大金奖大米"称号,2005年获"国家免检产品"称号,2007年"双兔"品牌获中国驰名商标、中国名牌;"邮宝"牌、"鸿运"牌大米获中国绿色食品发展中心颁发的绿色食品标志,"周巷"牌、"米河"牌大米被评为省无公害农产品。 (史志)

【秦邮董糖】 秦邮董糖是高邮的传统名特产品,已有三百多年历史。原名酥糖,之所以称董糖,有两种说法:一说以此糖为董姓师傅所制而得名,一说此糖为明末清初秦淮名妓董小宛所创,故名。董糖每块长约3厘米、宽、厚各约1.5厘米,每块有48层软片组成,用糯米粉、芝麻、白糖、麦芽等原料,手工精制而成,拆开包装纸,色泽呈深麦黄色,厚薄均匀,入口酥软,味美香甜,老少皆宜,是馈赠亲友的佳品。该产品有一定的季节性,不适合在气温高的地方或季节储运。 (史志)

【七大名宴】 高邮菜属淮扬菜系,又因其浓郁的水乡风味和深厚的文化内涵而自成体系,形成特色,给海内外嘉宾留下深刻印象。2002年,《中国食品报》先后两次以整版篇幅,分别介绍高邮的"汪氏家宴"和"少游宴"。2003年8月27日,经由市个体私营经济协会、市商贸总公司、市旅游局、高邮工商局等单位联合成立的餐饮业名店、名师、名宴、名菜评定委员会评出"汪氏家宴""少游宴""全鸭宴""珠湖鱼宴""清真宴""盂城驿宴"等六大名宴。2006年,增添"少游虾宴"。现将七大名宴简介如下:

汪氏家宴　取料平常，高邮麻鸭、高邮鸭蛋、杨花萝卜、慈姑、荠菜、茶干、螺蛳、青虾、昂嗤鱼、虎头鲨等做成的菜肴，经汪曾祺记述、描绘，让人感到滋味极佳。全鸭宴原料以高邮麻鸭为主，菜菜有鸭。

少游宴　注重秦少游诗文中对饮食文化描绘的钩沉，又结合当地传统的美食佳肴，其风味可用“清新、雅致”概括。如先社芽姜、菰蒲嫩心等，清新、清香、清纯，食之如闻泥土的芬芳和流水的清甜，体味到既清且浓的亲情。糟鱼、醉蟹等土特产品更为文人雅士饮酒论文、诗歌唱和时常常提及。

全鸭宴　充分展示淮扬烹饪技艺和水乡特色，因春、夏、秋、冬季节不同，而有桃花全鸭席、荷花全鸭席、菊花全鸭席、梅花全鸭席之别。桃花全鸭席有雏鸭迎春、芙蓉鸭舌、西湖鸭群、鸭肉春卷等；荷花全鸭席有清香解热的荷花白焖鸭、三色鸭雪糕，玲珑剔透的玉骨穿翅、盐水玉鸭；菊花全鸭席有银杏鸭丁、琵琶鸭舌、仙鹤望月；梅花全鸭席则有涮全鸭、雪盖鸭方、油炸鸭串、鸭血豆腐等。

珠湖鱼宴　冷菜有鱼跃龙门、七星彩碟等，热菜有太极双鱼、鸿运当头、粉蒸荷鱼、软兜黄鳝等，点心有碧玉虾包、鱼翅金糕、珠湖鱼面等。珠湖鱼宴清纯、鲜美，水乡风味浓郁。

清真宴　菱塘回族乡伊斯兰教徒吸收汉民族烹饪技术特长，创造出独特风格的淮扬清真食品，既是淮扬菜系的重要组成部分，也是中国清真饮食南北两大流派的南方代表。菱塘回族乡许多回民善于制作各种清真食品，他们严守教规，精心制作，什锦面盒、熘羊肉片、芝麻牛排、椒盐牛筋、爆炒牛百叶等菜肴，以其风味独到、注重清洁而备受青睐。

盂城宴　盂城驿开设于明洪武八年（1375年），为全国现存较好的规模最大的驿站。驿丞是一驿之长，常设“盂城驿宴”接待全国各地政要显贵。桃源居大酒店厨师查阅地方志等各类典籍，走访耆老名流，熔铸古代文化与现代文明，制作了盂城驿宴。

少游虾宴　是近年来以罗氏沼虾为主要原料制作的。（史志）

【十大名菜】　璧合珠联　冷菜。取咸双黄鸭蛋煮熟带壳切开，蛋白似白玉凝脂，蛋黄如红橘流丹，且两黄相连，寓意吉祥。

珠湖雪浪　又名“雪花豆腐”。高邮湖因有过珠光，故别名珠湖。高邮名厨烹制的豆腐，腐块细如飞雪，盛于碗中犹如珠湖雪浪。食之只觉得鲜美、香甜、细嫩、光滑、舒适、暖胃。艺术大师刘海粟题为“其乐无穷”。

地久天长　又名“砂锅天地鸭”。以野鸭和高邮麻鸭同锅清炖而成。野鸭飞天，麻鸭在地，故名。清香美味，为冬令滋补佳肴。

金宝大发　香酥麻鸭，油氽枣红，乳制金黄，皮酥肉嫩。筷子稍稍一拨，骨散架，肉脱骨，皮酥脆。“鸭”谐音“发”，寓意财源大发。

霞蔚凤仙　以高邮湖野鸭为主料，钗烤时火光熊熊，蒸气腾腾，故名。食之，清汤润肺天然美味，骨脆肉酥野味香醇，可称筵席中难得的美馔佳肴。

雏凤迎春　五香八角卤桃花双双鸟。双双鸟是高邮特有的一种小水鸟，桃花盛开、秧苗青青时节最多，也最香嫩。

金裹银装　金丝鱼，又名昂嗤鱼。取其腮边两片如蒜瓣状肉热炒，一面金黄，一面洁白，其嫩无比。

玉珠藏丹　夹心鱼圆。鱼圆象征大的玉珠，夹心小肉圆为“丹”色。鱼中有肉味，玉珠藏美丹，其寓意从古秦邮八景之一“鹿女丹泉”化出。

文游玉带　是黄瓜鱼的雅号。黄瓜鱼白色透明，柔软细嫩，如玉带般晶莹。每到黄瓜开花时节是捕捉黄瓜鱼的最好时期。

三阳开泰　羊肉汤，以高邮东北临泽镇羊肉汤为最。寒冬腊月，喝羊肉汤犹如三春艳阳在心头，全身暖和，通体舒泰。（史志）

【秦邮名点】　秦邮点心，品种繁多，选料考究，制作精细，具有馅丰、皮薄、多卤、味鲜、形美的特色，是全国三大点系之一的淮扬细点的组成部分。

蟹黄大包　高邮传统名点，与镇江、靖江的蟹黄汤包不同，有体形圆、肥口小、皮薄、多蟹黄、卤馅调配得当的特点。蒸熟后，皮亮形美，蟹油浸出包口，渗透出金黄色斑块。

虾肉菜包　用虾肉配菜做成包子，虾肉鲜嫩，卤汁盈溢，甜咸适中，口味别致。

鲜笋肉包　采撷地方鲜芽笋，切成细碎丁，配制生肉馅，制作成点。野鸭菜包选用鲜肥野鸭肉，做成野鸭菜包，异香扑鼻，鲜美可口，色味俱佳。

五丁大包　馅中含有鸡、虾、参、肉、笋等五丁，以鸡汤作卤。

干菜糖包　馅心以咸干菜（即晒干的咸白菜）为主料，浸泡去咸汁，保持干菜原味，加配糖油，搅拌成馅，制成点心，味鲜食美。

翡翠烧卖　选用新鲜青菜叶为馅心主料，将菜焯熟凉透，再加淀粉熬成糊状，制成烧卖。

千层油糕　以面粉、大油、油丁、白糖、桂花等为原料，制作精细，程序讲究。蒸熟后切成菱形，糕面上布有红色油丝，立面呈现出为多层相叠、层层相分、色泽透明的水晶体。

各式花卷　品种多样，分甜、咸、椒盐三种口味。多用上等面粉发酵，分品种配制各种调料精制而成。（史志）

经济社会发展

【概况】 2016年,全市实现地区生产总值537.5亿元,其中第一、二、三产业增加值各为69.59亿元、237.86亿元、230.05亿元,可比价分别增长9.5%、0.3%、11%、10.8%;第一、二、三产业结构由上年的13.7:44.6:41.7调整为12.9:44.3:42.8;人均地区生产总值72562元,按当年汇率折算达10924美元。 (史志 韦璟)

【农业和农村工作】 实现农业产值135.64亿元(含农林牧渔服务业,不含农民家庭兼营商品性工业)、农业增加值69.59亿元,分别增长5.2%、0.3%;农村居民人均可支配收入16952元,增长8.6%。实现粮食总产量85.98万吨、棉花总产量51吨、油料总产量1931吨、蔬菜总产量54.65万吨;生猪出栏量31.09万头、家禽出栏量1227万只、水产品产量13.79万吨。新增高效设施农渔业面积0.24万公顷,累计建成千亩农业连片园区15个、省级农产品加工集中区1个。创成扬州市级农业园区3家。新建高标准农田0.13万公顷,新增土地流转0.32万公顷。创成省级示范家庭农场7家、扬州市级示范家庭农场 10家。举办各类农民培训班92期,培训农民5090人。加强农村电子商务工作,高邮市被表彰为江苏省农村电子商务示范县。完善农村产权交易体系,完成年交易额4亿元。新增农产品"三品"品牌29个,累计365个。完成农业保险保费收入7840万元,其中高效农业保险保费收入3778万元(投保品种14种),当年兑现理赔资金5800万元。农业水价综合改革试点县工作成效明显,受到《农民日报》《新华日报》《扬子晚报》《江苏经济报》《群众》及人民网等媒体的关注。深化农村金融改革,高邮湖金融支渔创新项目获农业部批准实施。加快推进农业资源综合开发,实施农业综合开发项目8项,总投资3911万元。投入资金628.57万元,疏浚农村河道(河塘)215条、201.56千米,完成土方量161.50万立方米。加快发展各类农业机械,全市农机总动力71.9万千瓦, 农业综合机械化水平85.5%。巩固提高秸秆禁烧、还田及综合利用工作水平,实现秸秆还田面积8.59万公顷。投入资金5.76亿元,组织实施农村水利工程、城市水务工程、重点水利工程等3项重点工程。强化村级集体经济发展,行政村年集体经营性收入40万元实现全覆盖。农村危房改造工作通过国家级验收。按照精准扶贫要求,全市建档立卡低收入农户5551户、1.13万人实现全部脱贫。 (史志 韦璟)

【工业】 全市522家规模以上工业企业(全部国有及销售2000万元以上非国有企业)累计完成现价产值1205.11亿元、销售收入1161.1亿元、利税92.55亿元、利润50.9亿元,分别比上年增长7.3%、7.1%、-14.4%、-23.9%。规模以上工业产销率97.4%,比上年下降2个百分点。实现工业增加值194.85亿元,可比价增长9.9%;工业增加值占GDP比重36.3%,下降0.5个百分点。实现工业用电量22.38亿千瓦时,下降0.1%。实现开票销售超1亿元企业60家、纳税超1000万元企业15家,其中扬州市秦邮特种金属材料有限公司年开票销售74亿元、江苏波司登制衣有限公司年纳税额8852万元,均位列工业企业之首。推进实施工业经济转型升级"356"行动计划,有66家企业入选《2016年度工业经济转型升级"356"行动计划培育企业名单(第二批)》。完成设备抵扣税1.76亿元,下降12.2%。工业技改投资完成184.29亿元,增长25.8%。实施投资额10亿元或1亿美元以上工业项目26项,计划投资320亿元,当年用款31.9亿元,累计完成投资186亿元。机械装备、电线电缆、纺织服装、照明灯具等4个基本产业的规模以上企业运行平稳,其规模以上企业实现开票销售247亿元,增长17.2%。市电池工业园获批"江苏省高端装备制造业特色产业基地"。"高邮灯具"获国家级"生态原产地产品保护证书"。获批全国工业品牌培育试点企业1家、中国机械工业管理进步示范企业2家、中国电线电缆行业最具竞争力100强企业2家;获批江苏省科技小巨人企业1家、省管理创新优秀企业1家、省科技型中小企业13家、省互联网与工业融合创新示范工程试点企业7家、省服务型制造示范培育企业1家;入选省重点技术创新项目计划项目27项,获省首台套重大装备及关键部件产品认定6种,入选省重大装备(首台套)保险试点企业及产品名单产品2种,获批省"专精特新"产品1种,入选省重点推广应用的新技术新产品目录产品15种,通过省级新产品推广应用鉴定新产品30种,新创成省级示范智能车间4个,新增省级认定企业技术中心4家、扬州市级认定企业技术中心27家,获批扬州市"专精特新"示范(培育)中小企业33家。兑现工业经济转型升级奖励资金2852.8万元。兑现工业集中区发展专项扶持资金和奖励资金826.99万元,完成园区基础设施投入1.5亿元,新建标准化厂房10.2万平方米。扬州润明智能装备股份有限公司、江苏欣宝科技股份有限公司实现在"新三板"挂牌上市。 (史志 韦璟)

【建筑业】 全年新增有资质企业15家,累计有各类有资质建筑企业383家。其中总承包特级资质企业1家 、一级资质企业16家、二级资质企业29家、三级资质企业39家,专业承包一级资质企业25家、二级资质企业62家、三级资质企业156家,劳务分包资质企业24家，特种工程专业承包资质企业31家。承接高层建筑2239幢，其中超高层建筑255幢。各建筑企业累计承接施工面积5943.3万平方米，其中新开工面积3282.4万平方米，竣工面积2914.1万平方米。完成建筑业企业总产值1050亿元、建筑业总产值802亿元、建筑业增加值43.01亿元、建筑业税收4.75亿元，分别增长5%、11%、16.1%、5.6%。有年产值超1亿元建筑企业85家，其中年产值超10亿元建筑企业20家。获地市级以上优质工程奖73项，其中省级12项、地市级61项。高邮市获扬州市建筑业综合考核二等奖。江苏瑞沃建设集团有限公司蝉联江苏省建筑业百强企业，江苏兴厦建设工程集团有限公司、江苏弘盛建设工程集团有限公司、江苏瑞沃建设集团有限公司晋升扬州市建筑业综合实力20强企业称号，江苏润扬建设工程集团有限公司、江苏建宇建设集团有限公司和扬州市华联装潢广告有限公司晋升扬州市建筑业成长型10强企业。 （史志　韦璟）

【旅游业】 坚持“城市即旅游、旅游即生活”发展理念，立足运河旅游名城发展定位，从政策扶持、资源整合、合作开发、项目建设、市场营销、行业管理等方面入手，切实推动旅游业加快发展。是年，高邮市入选第二批国家全域旅游示范区创建单位行列、获“长三角地区自驾游热门十强城市”称号；盂城驿景区入选京杭大运河精品线路和“江南水乡”精品新品旅游线路；界首镇创成省特色景观旅游创建示范镇，菱塘回族乡清真村创成省特色景观旅游创建示范村。全年接待游客447.36万人次，实现旅游收入39.15亿元，分别增长10.2%、11.8%。

（史志　韦璟）

【国内贸易】 加强城乡现代流通体系建设，推进商贸业重点项目建设，强化专业市场培育与管理，提高城乡商贸流通业发展水平。苏中农贸城等8个专业市场年交易额突破60亿元。通邮电子商务产业园入驻商户54户，实现年交易额1.5亿元、营业收入6300万元。“互联网+”战略推进实施，网上团购、网上订餐、网上约车等各种O2O消费模式逐渐兴起。全市实现社会消费品零售总额170.10亿元，增长11.1%。其中，批发业、零售业、住宿业、餐饮业各实现零售额27.6亿元、118亿元、1亿元、23.5亿元，分别增长17.5%、7.6%、11.5%、23.9%；城镇、乡村消费品市场各实现零售额161.15亿元、8.02亿元，分别增长11.1%、11.7%。新增限额以上企业25家，累计有限额以上企业125家，实现营业收入90.2亿元，增长15.1%。限额以上批发和零售企业中，粮油食品类零售额5.40亿元，增长10.3%；服装、鞋帽、针纺织品类零售额1.70亿元，下降12.2%；日用品类零售额1.31亿元，增长2.3%；化妆品类零售额0.30亿元，下降6.5%；金银珠宝类零售额1.37亿元，增长10.4%；家用电器和音像器材类零售额2.91亿元，增长9.6%；汽车类零售额5.12亿元，增长23.7%。

（史志　韦璟）

【招商引资】 按照招商“深化年”要求，组织开展“春季招商迎节庆”“上海招商周”“深圳招商周”“北京招商周”等活动，签约投资额5000万元以上项目133项，其中外资及港澳台资项目13项，协议投资额6.5亿美元；域外民资项目120项，协议投资额70.5亿元。举办第十二届中国双黄鸭蛋节，签约产业合作项目47项，协议投资额162.2亿元。全市实际利用外资及港澳台资5055.3万美元，下降16%。完成进出口总额4.75亿美元，其中出口总额4.33亿美元，分别增长7.9%、6.4%。完成外经营业额330万美元，增长11.9%。 （史志　韦璟）

【固定资产投资】 全市完成固定资产投资455.6亿元，其中第一、二、三产业各投资4.4亿元、294.7亿元、156.5亿元，分别比上年增长15.4%、13.7%、11.3%、24%，三次产业投资占比各为1%、64.7%和34.3%。完成房地产开发投资31.6亿元，下降10.5%。 （史志　翁加良）

【交通、邮电与供电】 连淮扬镇铁路高邮段建设工程稳步推进，负责该路段施工的中铁十九局集团有限公司、中国中铁航空港建设集团有限公司、中铁十七局集团有限公司累计完成建设投资15亿元，建成桩基9674根、承台886座、墩身813座、预制箱梁732片、箱梁414片，分别占总量的93.4%、71.1%、65.3%、39.7%、22.4%。高邮市铁路建设配套服务工作获扬州市一等奖。加快推进界首运河大桥工程建设，S611高邮段第二期工程建设完成并交工验收，完成X204卸甲至伯勤段工程建设。投资5921.2万元，建设农村公路16条、59.21千米；投资508.19万元，改造农村危桥6座、175.2延米。创成扬州首个省“四好农村路”达标县（市）和扬州首个省级农村公路安全畅通示范县（市）。当年交通系统实有载客汽车284辆（不含公交车、出租车）、1.19万客位，完成客运量2892万人，旅客周转量18.77亿人/千米。全年完成邮政业务总收入1.3亿元、电信业务收入2亿元。年末城乡累计有固定电话15.85万部，其中城区电话用户8.63万部、农村电话用户7.22万部。城乡固定电话普及率62.1部/百户。电信和移动宽带网络在市区及所有农村集镇实现全覆盖。投入4.9亿元实施配电网改造工程，建成首个城市公用电动汽车充电站及110千伏汤庄变电站、110千伏张轩变电站。全年全社会用电量31.78亿千瓦时，增长5.2%。其中，城乡居民生活用电量4.82亿千瓦时、各行业用电量26.96亿千瓦时,分别增长19.6%、3.1%;第一、二、三产业用电量各为1.63亿千瓦时、22.65亿千瓦时、2.68亿千瓦时,分别增长29.4%、0.3、16.0%。售电量30.44亿千瓦时,增长5.0%。至年底,实现安全记录4756天。(史志 韦璟)

【城乡建设】 启动实施新一轮城建"双十"重点工程。修缮出新后街后巷106条、老旧小区3个;实施前进路、邮都路、序贤路、众乐园路、邮汉路、四达路和莲花路道路建设工程;完成城市公园体系提档升级、高邮州署复建等工程;推进人民公园及周边环境整治工程,实施"四城同创"城市基础设施维修改造、城区道路照明改造及景观亮化工程、城市文化解读工程。推进开展菱塘回族乡的"回民风情小镇"及界首镇的"旅游特色小镇"创建工作。

全市房地产开发投资31.6亿元,其中住宅投资23.9亿元、商业营业用房投资6.3亿元,分别增长-10.5%、-12.4%、10.0%。全市商品房施工面积359.05万平方米,其中新开工面积55.67万平方米,分别下降8.8%、62.7%。商品房竣工面积111.2万平方米,增长30.1%;商品房销售面积77.8万平方米,增长14.0%。城市化水平进一步提高,年末城市化水平51.99%,比上年提高1.62个百分点。(史志 韦璟)

【环境保护和生态建设】 健全完善环境保护和生态文明建设评价考核体系,注重扩张环境容量,全面启动江淮生态大走廊建设,高邮市获"全国创建生态文明标杆城市"称号。坚持"五气同治",淘汰老旧机动车和黄标车1483辆,完成195台燃煤锅炉和4家企业有机废气治理工作等,城市空气质量优良率为69.2%,比上年上升8.8%,PM2.5年平均值56微克/立方米,比上年下降1.7%。以中央环保督察为契机,深入开展化工、重金属行业专项整治,关闭"十小"企业23家,立案查处环境违法案件91件。继续开展城乡河道疏浚整治工作,主要河流监测断面达标率100%,城市水域功能区水质达标率82.4%。继续保持北澄子河三垛西大桥国控断面水质基本达标。推进完成减排工程11项,消减化学需氧量197.55吨、氨氮43.11吨、二氧化硫204.19吨、氮氧化合物160.28吨,均完成年度目标任务。汤庄镇联谊村、三垛镇柳南村创成省级美丽乡村;三垛镇东风社区、临泽镇临泽社区中街申报为省级城乡环境综合整治专项资金省级传统村落。(史志 韦璟)

【财政与金融】 全市实现公共财政预算收入34.12亿元,增长2.6%。完成税收收入28.54亿元,增长4.3%,占公共财政预算收入的83.6%。公共财政预算支出56.93亿元,增长6.2%。年末全市金融机构各项存款余额556.26亿元,比年初增加100.45亿元,增长22%;各项贷款余额322.25亿元,比年初增加43.68亿元,增长15.7%。全年人寿保险高邮支公司、人保财险高邮支公司、大地保险高邮支公司和利安人寿高邮支公司等4家企业共实现保费收入9.26亿元,增长19.5%;受理各类理赔案件1.76万件,下降26.7%;累计支付赔款1.6亿元,增长2.7%。(史志 韦璟)

【科学技术与教育】 高邮湖西新区获省政府批准筹建高新技术产业开发区,八桥农业科技园(属扬州农业科技园核心区)获批国家农业科技园,市科技创业中心获批国家级科技企业孵化器。新认定国家级高新技术企业53家,累计有国家级高新技术企业129家。全年获批扬州市级以上各类科技项目30项,其中获批省重大科技成果转化项目4项、省重点研发计划(产业前瞻与共性关键技术)项目3项、省科技支撑计划项目3项(现代农业2项、社会发展1项)、省级产学研前瞻性研究项目6项、省级国际合作项目1项,获批扬州市重大科技成果转化项目3项、扬州市产学研前瞻性研究项目3项、扬州市国际合作项目1项、扬州市科技发展计划农业科技攻关项目6项。新获批省高新技术产品131种。获批省级以上"三站三中心"15家(院士工作站1家、研究生工作站11家、工程技术研究中心3家),累计建成省级以上"三站三中心"116家(博士后工作站6家、院士工作站4家、研究生工作站42家,工程技术研究中心27家、工程中心4家、企业技术中心30家)。支持科技型中小微企业发展,获发江苏省科技成果转化风险补偿专项资金贷款(简称苏科贷)3120万元。实施"秦邮人才集聚计划",完成国家"千人计划"申报3人,引进高层次人才75人,其中创业创新领军人才25人、创业创新博士人才50人,柔性引进科技人才150人。获批专利授权2750件,其中发明专利授权60件;组织制定国家、行业标准8个;新增注册商标826件,新创中国驰名商标1件、省著名商标16件、扬州市知名商标21件,新获批省名牌产品4种、扬州市名牌产品13种。高邮特色水禽"星创天地"被科技部评为第一批全国"星创天地"。举办高邮液压机械产业发展高峰论坛,成立中国机械工业企业管理协会汤庄工作站,汤庄镇获批中国液压机械产业集群镇。实现高新技术产业产值438.46亿元,增长6.1%。全社会研发经费占GDP比重提高至2%。

推进实施第二期学前教育五年行动计划,坚持义务教育免试就近入学和热点高中定向指标分配制度。全年撤并学校3所;完成沙堰幼儿园、秦邮初中综合楼、市第二中学风雨操场等新、改、扩建工程11项,面积2.58万平方米。高考普通类本二以上达线人数首破2000人大关,上线人数和增幅均

位居扬州各县(市、区)之首;高邮中等专业学校对口高考录取数和录取率继续位列扬州各县(市、区)第一名。 (史志 韦璟)

【文化、卫生与体育】 高邮市获批国家历史文化名城,创成江苏省公共文化服务体系示范区。临泽镇、界首镇率先在全市创成省级历史文化名镇。举办专场文艺演出近百场,观众近10万人次。全年送戏下乡82场、送书下乡1.6万多册、送电影下乡2400场。市图书馆新增图书1.04万种、2.1万册,年接待读者22.3万人次,书刊流通16.9万册次,实现与农家书屋资源共享、通借通还工作全覆盖。强化文艺精品创作。加强文物保护工作。全市数字电视总用户19.1万户,门槛入户率96%。率先启动分级诊疗制度,积极推进医联体建设、农村区域性医疗卫生中心建设。全面两孩政策平稳落地,一、二孩生育登记信息5669条,审批照顾再生育133例,出生政策符合率99.9%。国家卫生城市创建接受全国爱卫会组织的技术评估。高邮市创成国家妇幼健康优质服务示范市、全省人口协调发展先进市、全省农村改厕工作先进市。菱塘回族乡、界首镇、汤庄镇3家卫生院创成第二批全国群众满意乡镇卫生院。高邮经济开发区社区卫生服务中心获批全国百强优秀社区卫生服务中心。甘垛、横泾2家卫生院创成省示范乡镇卫生院,实现市域内省示范乡镇卫生院全覆盖。推进东部新城文体公园建设,建成通湖大桥、海潮大桥桥下体育休闲公园。举办第七届环高邮湖国际自行车越野赛、第七届横渡高邮湖、第五届大运河半程马拉松等品牌赛事。承办省青少年武术锦标赛、扬州市青少年武术锦标赛,指导各体育协会开展单项体育赛事活动近120项次。 (史志 韦璟)

【劳动和社会保障】 落实促进就业创业扶持政策,新增农村劳动力转移5100人、城镇就业1.15万人,帮助城镇失业人员和就业困难人员实现再就业9656人,"双零"家庭保持动态清零,城镇登记失业率1.9%。推荐创业项目40项,发放创业担保贷款1395万元,为自主创业209人提供小额担保贷款贴息123.16万元。严格执行相关制度,强化劳动保障专项执法检查,保障劳动者合法权益。出台城乡居民养老保险个人账户养老金调整机制,全面落实各项保险调待政策,社会保障水平不断提高,当年新增社保"五险"参保人数2.13万人。城镇职工、城镇居民、新农合医保政策范围内报销比例分别为80%、70%、75.2%。职工医保年度内报销限额由20万元提高至30万元,大病报销上不封顶。全年募集慈善资金894.84万元,支出慈善资金670万元。发放资金2852.48万元,供养农村"五保"老人4420人,其中集中供养率40.6%。发放各类救济金近2200万元,发放残疾人救助金及补助金3600多万元。筹措保障性住房房源3512套(户)。住房公积金扩面4764人,发放贷款2.75亿元。完成农村危房改造任务240户,并通过国家级验收。

(史志 韦璟)

人民生活

【城镇居民户结构与就业】 2016年,据百户城市居民抽样调查,在百户城市居民家庭中共有人口306人,其中有收入者217人。在有收入者中,就业人数193人,离退休人数24人,就业人数占全部人口的70.9%。 (薛冰 林洁)

【城市居民住房】 2016年,据城市居民抽样调查,城市家庭居住人口平均每户为3.06人,人均住房建筑面积45.25平方米。按房屋产权类型分:购买商品房占25.3%,自建住房占64.8%,购买房改住房占6.6%,购买保障性住房和租赁公、私房及其他产权类型占3.3%。按住宅建筑式样分:单栋住宅(包括单栋楼房60.1%、单栋平房38.4%)占83.2%,四居室占0%,三居室占9.2%,两居室占7.7%,一居室占0%。现有住房按市场价估算平均每户价值38.77万元。从住房居住条件来看,自来水使用率100%,有厕所户占98.9%,有浴室户占96.7%,有取暖(降温)设备户占89.0%,使用管道天然气户占10.3%,使用液化石油气户占63.4%。在百户城市居民家庭中有固定电话68.9部、移动电话251.3部,其中接入互联网的移动电话有180.2部。在调查的百户城市居民中,有1套房屋出租,建筑面积64平方米。 (薛冰 林洁)

【城市居民收入情况】 2016年,据城市居民抽样调查,城市居民人均可支配收入31429.61元,比上年增加2422元,增长8.3%。在城市居民人均可支配收入中,人均工资性收入19248.50元,经营净收入4610.23元,财产净收入2897.01元,转移净收入4673.92元(其中养老金或离退休金为3656.42元),比上年分别增加1366元、332元、318元、407元,各增长7.6%、7.8%、12.3%、9.5%。 (薛冰 林洁)

【城市居民支出情况】 2016年,据城市居民抽样调查,城市居民家庭人均总支出31856.40元,比上年增加3495元,增长12.3%。其中,人均消费性支出20609.87元,比上年增加1183元,增长6.1%;人均财产性支出52.76元,比上年减少63元,下降54.5%;人均转移性支出1856.52元(社会保障支出1777.27元、赡养支出1.79元、其他转移性支出73.45元);人均商业保险支出103.49元;人均购置资产及非经常性转移支出7710.69元;人均借贷性支出1015.56元。 (薛冰 林洁)

【城市居民消费支出结构】 2016年,据城市居民抽样调查,在城市居民八大类消费性支出中,人均食品烟酒类支出6454.76元,比上年增长5.8%;衣着类支出1690.12元,比上年增长4.2%; 居住类支出4118.26元,比上年增长10.3%;生活用品及服务类支出1124.56元,比上年增长5.3%;医疗保健类支出1091.94元,比上年增长2.2%;交通和通信类支出2348.69元,比上年增长4.9%;教育文化娱乐服务类支出3204.25元,比上年增长6.4%;其他用品和服务类消费支出577.28元,比上年下降0.9%。

2016年,据全市城市居民抽样调查,恩格尔系数为31.3%,比2015年下降0.1个百分点。

(薛冰　林洁)

【城市居民食品消费结构】 2016年,据城市居民抽样调查,在城市居民人均食品消费的3780.91元中,粮油类人均消费579.93元,占食品消费总额的15.3%,比上年下降2.3个百分点;肉禽蛋水产品类人均消费1546.53元,占食品消费总额的40.9%,比上年增加0.1个百分点;蔬菜和食用菌类人均消费601.70元,占食品消费总额的15.9%,比上年增加0.8个百分点;干鲜瓜果类人均消费289.27元,占食品消费总额的7.7%,比上年下降0.06个百分点;奶类人均消费367.52元,占食品消费总额的9.7%,比上年增加1.4个百分点。在抽样调查的百户城市居民家庭中,人均在外饮食支出1862.38元,占食品烟酒消费总额的28.9%,比上年增加4.5个百分点。此外,烟酒饮料、糖果糕点、其他食品类人均消费1166.13元,占食品烟酒消费总额的18.1%,比上年下降4.1个百分点。

(薛冰　林洁)

【农村住户从业类型、年龄结构、就业及住房】 2016年,据农村95.83户抽样调查,按从业类型的从业劳动力比重划分:农业生产经营户63户,非农业生产经营户9户。家庭常住人口277.83人。其中,5岁及以下12人,6～15岁20人,16～19岁8人,20～24岁9人,25～29岁18人,30～34岁10人,35～40岁10人,41～50岁55.5人,51～60岁58人,61岁以上80.08人。在常住人口中,整劳动力有78人,半劳动力有127.58人。在6周岁以上人口205.58人中,未上过学的13.75人、小学文化程度40.33人、初中文化程度113.5人、高中文化程度24人、大专及以上文化程度14人。在劳动力中,就业的有197.58人,其中从事农业、渔业75.58人,从事制造业、建筑业82人,从事交通运输、仓储和邮政业2人,从事批发和零售业8人,从事居民服务和其他服务业10人,从事住宿餐饮、信息传输、教育、文体娱乐、公共管理、租赁商务服务业等20人。

年末农民人均住房面积45.79平方米,比上年增加2.89平方米。

(薛冰　林洁)

【农村居民收入构成】 2016年,据农村95.83户抽样调查显示,农村居民年人均可支配收入16951.83元,比上年增加1344元,增长8.6%。农村居民年人均可支配收入主要构成:年人均工资性收入9804.60 元,年人均经营净收入4202.13元,年人均财产净收入402.50元、转移净收入2542.60元,占比分别为57.8%、24.8%、2.4%、15.0%,占比与上年相比,分别下降0.4个百分点、下降 0.5个百分点、上升0.2个百分点和上升0.7个百分点。增幅与上年相比,分别下降1.7个百分点、上升3个百分点、上升1个百分点、下降1.5个百分点。

(薛冰　林洁)

【农村居民消费水平】 2016年,据农村95.83户抽样调查,农村居民人均生活消费支出13280.37元,比上年增加1296元,增长10.8%。其中,食品烟酒类消费支出4175.31元,比上年增长9.4%, 占比为31.4%;衣着类消费支出878.29元,比上年增长7.6%,占比为6.6%;居住类消费支出2578.34元,比上年增长9.6%,占比为19.4%;生活用品及服务类消费支出799.06元,比上年增长13.3%,占比为6.0%;交通和通信类消费支出1649.48元,比上年增长12.4%,占比为12.4%;教育文化娱乐类消费支出1911.27元,比上年增长14.2%,占比为14.4%;医疗保健类消费支出934.97元,比上年增长14.5%,占比为7.0%;其他用品和服务类消费支出353.64元,比上年增长5.4%,占比为2.7%。

2016年,全市农村百户居民恩格尔系数为31.4%,比2015年下降 0.4个百分点。(薛冰　林洁)

表3　2016年年末高邮市百户城市居民家庭抽样调查主要耐用消费品拥有量表

品　名	单位	数量	品　名	单位	数量
摩托车	辆	19.41	照相机	架	28.21
助力车	辆	166.30	中高档乐器	件	5.49
家用汽车	辆	26.01	微波炉	台	98.90
洗衣机	台	104.40	空调机	台	195.97
电冰箱	台	105.49	热水器	台	104.40
彩色电视机	台	196.34	消毒碗柜	台	5.49
接入有线电视网络	台	167.03	健身器材	套	13.19
家用计算机	台	89.01	移动电话	部	251.28
接入互联网计算机	台	83.52	接入互联网移动电话	部	180.22
摄像机	架	7.69			

(薛冰　林洁)

表4　2016年年末高邮市95.83户农民家庭抽样调查主要耐用消费品拥有量表

品　名	单位	数量	品　名	单位	数量
洗衣机	台	97.00	固定电话	部	70.83
电冰箱	台	99.83	移动电话	部	241.83
空调机	台	139.50	接入互联网移动电话	部	133.00
排油烟机	台	28.00	彩色电视机	台	171.08
微波炉	台	67.50	接入有线电视网	台	138.83
热水器	台	96.83	摄像机	架	1.00
其中太阳能热水器	台	89.83	照相机	架	7.00
助力车	辆	161.50	家用计算机	台	32.50
摩托车	辆	28.00	接入互联网计算机	台	28.50
家用汽车	辆	17.00			

（薛冰　林洁）

精神文明创建工作

【韩素玲入选“中国好人榜”】　10月1日，由中央文明办主办、中国文明网承办的“我推荐、我评议身边好人”月度评选活动揭晓9月“中国好人榜”名单，高邮市妇计中心医生韩素玲名列其中，被授予“敬业奉献好人”称号。（戴俊芳）

【韩素玲当选2016年度十大“扬州好人”】　12月，由扬州市委宣传部、市文明办、市总工会、团市委、市妇联、扬州报业传媒集团和扬州广电传媒集团（总台）共同举办的2016年度十大“扬州好人”评选活动结果揭晓，高邮市推荐的韩素玲当选2016十大扬州好人，马建勇获2016年度十大“扬州好人”提名奖。（戴俊芳）

【王海滨当选第四届扬州市道德模范】　12月，经公众投票、专家评审、社会公示，由扬州市委宣传部、市文明办、市总工会、团市委、市妇联、扬州报业传媒集团和扬州广电传媒集团（总台）共同举办的第四届扬州市道德模范评选活动结果揭晓，高邮市推荐的王海滨当选第四届扬州市道德模范，韩素玲获第四届扬州市道德模范提名奖。（葛玉琴）

【第六届道德模范“高邮好人”评选】　9月20日下午，市委宣传部、市文明办、市新闻信息中心、市广电台和市见义勇为基金会在市广电台11楼会议室联合举办第六届道德模范“高邮好人”颁奖典礼。此次评选活动历时20天，由各地、各部门按照助人为乐、见义勇为、诚实守信、孝老爱亲、爱岗敬业五个类别组织推荐，并由主办方遴选其中20名候选人在《高邮日报》和“今日高邮”微信平台予以进一步的公示和评选（同步推出20名候选人的事迹介绍及选票），最终根据征集到的近2万张选票及“今日高邮”微信平台1.23万人次的投票，确定韩素玲、雷锋车队、王海滨、汤建虎、戚华春、黄玉香、傅学文、陈士杰、何萍、李均萍为第六届道德模范“高邮好人”。颁奖典礼现场，市领导张秋红、张新钢、薛晓寒、钱富强、张贵龙等为“高邮好人”当选者颁奖，并通过VCR短片、现场交流互动、文艺表演等表现方式，将“高邮好人”的感人事迹搬上舞台，赢得现场观众阵阵掌声。（葛玉琴　夏慧）

【《关于开展“最美家庭·德润高邮”主题活动推动家庭家风建设的实施意见》出台】　8月中旬，市纪委、市委组织部、市委宣传部、市文明办、市级机关工委和市妇联联合下发《关于开展“最美家庭·德润高邮”主题活动　推动家庭家风建设的实施意见》。该意见明确提出以六大工作载体推动家庭家风建设，以优秀家风家训涵养社会文明新风，推动家庭文明建设落地生根，以此造浓全市上下强化家庭家风建设的浓厚氛围。（葛玉琴）

【学雷锋志愿服务集中行动】　3月5日上午，由市委宣传部、市文明办、市级机关工委和市志愿者协会联合主办的“传播正能量　引领新风尚”学雷锋志愿服务集中行动启动仪式在市世贸家居生活广场举行。活动中，表彰2015年度高邮市优秀志愿者服务队、优秀志愿者协会和优秀志愿者；开展“幸福邮城　与爱同行”大型义卖活动；组织小讲解员讲解高邮抗日战争历史的；组织市人社局、市市监局、市房管局等单位志愿者开展法律援助、社区家政、心理疏导等便民利民志愿服务活动。至年底，全市累计建有各类志愿者协会65家，各类志愿者服务队（组）102个，注册登记志愿者人数2.06万人。（葛玉琴）

【“闪闪红星”小讲解员志愿服务项目】　年初，市文明办依托全市丰富的爱国主义教育基地资源，牵头组建全市“闪闪红星”小讲解员志愿服务队，首批共有城区7所学校120名学生参与。结合“3·5学雷锋”“清明缅怀革命先烈”等重点活动，小讲解员服务队提供义务讲解200多场，惠及青少年2万多人次。组织开展全市“闪闪红星”小讲解员讲解技能比赛活动和“弘扬志愿精神　传播红色文化”——“闪闪红星”夏令营活动，着力提升其讲解技能，增强其团队精神。至年底，小讲解员服务队、小分队志愿服务范围覆盖抗日战争最后一役纪念馆、盂城驿、吴登云纪念馆、华中雪枫大学、周山纪念馆等城乡多个爱国主义教育基地。是年，该“闪闪红星”小讲解员志愿服务项目受到中国文明网的关注。（戴俊芳）

【“闪闪红星”小志愿者夏令营活动】 7月16日上午，由市委宣传部、市文明办和市教育局联合举办的全市第一期“闪闪红星”夏令营正式开营。此次夏令营活动为期3天，全市城乡10多所学校的近150名“闪闪红星”小志愿者参加。其间，先后组织开展参观爱国主义教育基地、党史知识宣传教育和讲解知识培训等系列活动，促进小志愿者们的互相学习、共同成长。（葛玉琴）

【寻找“最美家庭”】 （详见《社会组织》篇目《妇女联合会》分目）

【警营“最美”典型选树活动】 （详见《法治·国防》篇目《公安》分目）

【未成年人文明礼仪养成教育】 2016年，市文明办联合相关单位继续组织开展未成年人文明礼仪养成教育系列活动，引导未成年人学礼仪、知礼仪、行礼仪，努力培养他们成为崇德向善、崇尚文明、富有理想、快乐健康、全面发展的新一代高邮人。联合市文联、市教育局等部门举办全市少儿书画现场大赛活动，600多名学生围绕“歌颂祖国 放飞梦想”“手绘礼仪 书写文明 践行美德”等专题，开展创作活动；联合市教育局创编《未成年人文明礼仪养成教育成长手册(小学版)》数千册，并免费发放到各学校，作为“八礼四仪”微课堂的主要教材；从9月起，市第一小学、市实验小学、市城北小学、市秦邮小学等4所学校分别承办全市仪表之礼、餐饮之礼、言谈之礼、待人之礼微课堂观摩展示活动。全年通过以点带面的示范效应，促进文明礼仪进课堂、进学生头脑。同时，以“扬帆起航 蓓蕾绽放”“激扬青春 担当未来”等为主题的入学、成长、青春、成人仪式活动在全市各中小学校广泛开展。（戴俊芳）

【关爱未成年人心理健康主题系列活动】 2016年，市文明办围绕关爱未成年人心理健康主题，联合相关部门组织开展进校园、进乡镇、进社区系列活动。联合高邮中学、市第一中学推进开展心理宣讲进校园活动，先后举行“演绎青春 共筑中国梦”“绽放青春 铸就梦想”心理剧大赛活动两场，惠及学生近2000人。开展全市未成年人心理健康教育宣传月活动，通过校讯通平台、校园广场咨询等活动进行广泛宣传，惠及学生及家长5000多人。组织20多位志愿者集中开展考前心理辅导，惠及市区3所中学的1500多名学生。组织开展心理宣讲和团辅活动，惠及中小学生2000多人。组织志愿者到市荷花塘特殊教育学校，开展“放飞心灵 做快乐特教人”团体辅导活动。以市未成年人成长指导中心为阵地，开展面向未成年人的免费心理咨询活动，惠及学生200多人。推进心理健康教育阵地建设，建成市未成年人成长指导中心琵琶社区分中心。继续推进开展心理关爱“萤火虫行动”，组织心理志愿者20多人，深入乡镇学校举办心理健康主题讲座20多场，惠及农村中小学学生3000多人。（戴俊芳）

【精神文明创建活动】 2016年，市文明办继续组织全市上下开展群众性精神文明创建活动，促进公民文明素质和社会文明程度不断提高，并涌现出一批各项事业协调发展、精神文明建设成绩突出的行业、单位、乡镇、村、社区，其中受省级表彰的单位就有44家。分别是：获评江苏省文明单位26家，即市国税局、市国税局第二税务分局、市国税局第三税务分局、市国税局第六税务分局、高邮地税局、高邮地税局第一税务分局、高邮地税局第四税务分局、高邮地税局第七税务分局、邮政公司高邮市分公司、市供电公司、市供电公司龙虬供电所、市市监督局、市市监督局送桥分局、市财政局、市公路站、市烟草专卖局、市人民检察院、市国土局、电信公司高邮分公司、市审计局、市公安局交巡警大队、移动公司高邮分公司、扬州市住房公积金管理中心高邮分中心、高邮农商行、市气象局、江苏建宇建设集团有限公司；获评江苏省文明乡镇4家，即高邮镇、菱塘回族乡、卸甲镇、临泽镇；获评江苏省文明村9家，即卸甲镇金港村、花阳村和金家村、送桥镇肖祠村、车逻镇太丰村、汤庄镇汤庄村、高邮镇黄渡村和凤凰村、临泽镇西安村；获评江苏省文明社区2家，即高邮镇琵琶社区和康华社区；获评江苏省文明校园3家，即高邮中学、市南海中学、市实验小学。（潘俊恺）

优化发展环境

【开展为投资者服务系列活动】 3月和9月，市优办分别印发《关于开展为投资者服务系列活动的通知》，部署开展为投资者服务活动，协调解决企业生产经营中遇到的困难和问题。其间，累计走访相关企业128家，征求意见、建议168条，以按类别发放《交办函》的形式，交由乡镇(园区)、部门单位集中办理，问题及时办结率96%，受到投资者的欢迎。（吴耀东　宋伟）

【开展小贷公司涉企服务行为专项检查】 7月，市优办组织相关部门联合开展小贷公司涉企服务行为专项检查，切实减轻企业负担，优化发展环境。其间，通过听取汇报、调阅资料、谈话询问、查看台账等方式，专项检查小额贷款公司13家，延伸调查相关服务企业4家，累计发现相关问题15个，均交由相关职能部门集中办理，问题及时办结率100%。（吴耀东　宋伟）

【开展机关工作作风专项整治】 2016年，市纪委、市优办和市监察局按照《关于进一步严肃机关工作纪律的通知》精神，继续开展机关作风专项整治活动。其间，聘请6名大学生村官和4名市民观察团成员充实检查队伍，召开明查暗访人员培训会，实行"一月一检查一通报"制度，通过集中明查、例行暗访、随机抽查、重点检查、跟踪督查等方式，实现机关作风建设明查暗访全覆盖。至年底，全市共查处违反机关工作纪律的工作人员19人。（吴耀东　宋伟）

【行政审批"三集中、三到位"工作】 2016年，全市继续推进行政审批"三集中、三到位"（将部门行政审批职能向一个科室集中，承担审批职能的科室向市政务服务中心集中，行政审批事项向电子政务平台集中，做到审批服务类事项进驻中心到位、授权到位、监察到位）工作，取得明显进展。严格执行《关于进一步梳理行政审批事项优化审批流程工作的通知》要求，对照全市最新公示的行政审批权力清单，对各窗口部门进驻中心的行政审批事项进行再次梳理，完成进驻中心或分中心办理的行政许可审批事项218项，进驻率97.3%，实现窗口简单事项授权率100%、复杂事项授权率90%以上。落实《高邮市基本建设项目并联审批实施方案》规定，对涉及两个及两个以上部门审批的事项全部实行并联审批并向社会公布并联操作流程图，全面实行"一门受理、抄告相关、同步审批、限时办结、全程监督"审批模式。继续健全完善重大项目容缺受理、模拟审批、形式审查制，努力提升重大项目联合会办、联合勘查、联合验收机制的运行质态。继续推行行政审批现场会办和上门服务制度，"零距离"服务企业。（吴耀东　宋伟）

【推进涉企中介机构专项治理行动】 2016年，市优办和市监察局继续推进涉企行业协会专项治理行动，不断优化企业发展环境。严格督查全市贯彻落实《省政府办公厅关于开展清理规范行政审批中介服务专项治理实施方案》的相关情况，清理中介服务事项，动态更新、公布涉审中介服务事项和机构清单。开展两年一次的涉企涉审中介机构专项检查，检查公司地点设在高邮的中介机构28家，延伸调查问题线索2个，处理挂靠资质的部门工作人员1人，推进审批部门与下属事业单位脱钩、与主管的行业协会脱钩、与举办的企业脱钩，切断审批部门与中介机构利益关联，破除中介服务垄断。（吴耀东　宋伟）

【推进涉企行业协会专项治理行动】 2016年，市优办和市监察局联合相关部门继续组织开展涉企行业协会专项治理行动。根据《高邮市行业协会商会专项治理工作实施方案》，明确相关部门职责，继续推进开展全市行业协会商会专项治理工作，努力促进行业自律。按照《关于加快推进涉企行业协会、商会与行政机关脱钩的实施意见》精神，继续开展行业协会、商会与行政机关脱钩工作"回头看"，对运转不正常、不能发挥作用的协会依法予以注销。继续开展协会会费使用、兼职人员薪酬专项检查，严禁乱收会费、乱支乱补协会经费。（吴耀东　宋伟）

【群众满意银行信贷部门考评】 8月，市优办印发《关于开展群众满意银行信贷部门考评活动的实施意见》，部署开展群众满意银行信贷部门考评活动。经申报、核查及满意度测评等程序，评出2016年群众满意银行信贷部门3个，即高邮农商行公司部、邮储银行高邮市支行公司部、农行高邮市支行公司部。（吴耀东　宋伟）

【执法队伍和重点科室作风建设考评】 5月，市优办、市监察局印发《关于开展执法队伍和重点科室作风建设考评活动的实施意见》，就评选年度"群众满意执法单位""群众满意科室"的考评要求、原则、程序和目的等作出规定。经过平时考核、满意度测评两个程序，共评出2016年度"群众满意执法单位"6家、"群众满意科室"10个。所评出的"群众满意执法单位"为：高邮地税局稽查局、市国税局稽查局、市国土资源执法监察大队、市气象局执法大队、市规划局城市规划执法大队、市公安消防大队；所评出的"群众满意科室"为：市经信委企业服务科、市发改委固定资产投资科、市民政局社救科、市政务服务管理办公室业务科、市财政局企业财务管理科、市国税局第一税务分局、高邮地税局税政法规科、市科技局科技管理和技术市场科、市统计局工业能源科、市城建局村镇建设科。（吴耀东　宋伟）

【开展服务品牌、服务标兵评选活动】 12月，市优办根据市委、市政府《2015—2016年度优化发展环境服务品牌、服务标兵评选实施意见》精神，结合上年度的初评结果，评出2015—2016年度"优化发展环境服务品牌"4个、2015—2016年度"优化发展环境服务标兵"3人。所评出的"优化发展环境服务品牌"为：高邮市创业服务超市（市人社局）、"双园"服务（市民政局）、"三证合一"登记制度改革（市政务管理办）、"服务发展创一流 创新改革勇争先"（市发改委）；所评出的"优化发展环境服务标兵"为：李进凯（市发改委）、叶明林（市水利局）、王永莉（市环保局）。（吴耀东　宋伟）

【市级机关能力作风建设考评】 12月，市优办组织开展2016年度市级机关能力作风建设考评活动。能力作风建设考评包括平时考核和满意度测评两部分。参加市级机关能力作风建设考评对象分为三个序列共105个部门单位，第一类参评部门和单位共34个，第二类参评部门和单位共33个，第三类参评部门和单位共38个。参与满意度测评人员分为三类（共1500人），即市委委员、市委候补委员、市纪委委员、人大代表、政协委员和各乡镇（园区）主要负责人、市级机关各部门主要负责人；规模以上企业负责人；基层群众代表。三类的考评分值权重分别为20%、40%、40%。按照考评规定,经过测评结果统计,确定市级机关能力作风建设考评标兵单位14个,即市发改委、市财政局、市经信委、市政务服务管理办、市教育局、市城建局、市科技局、市检察院、市级机关工委、市法院、市国税局、市国土局、高邮地税局、市气象局;确定市级机关能力作风建设先进单位15个,即市统计局、市人社局、市房管局、市交通局、市公安局、市审计局、市残联、市信访局、市新闻信息中心、市委农工办、市供电公司、国家统计局高邮调查队、扬州市住房公积金管理中心高邮分中心、市邮政公司、市公路站。(吴耀东　宋伟)

高邮市党政军群组织机构和负责人名录

(2016年4月1日～2017年3月31日)

中共高邮市委员会

(第十届)

书　记　韩　方(6月12日离任)
　　　　勾凤诚(6月12日任)
副书记　潘学元　张新钢　方桂林(援藏)
常　委　韩　方(6月12日离任)
　　　　勾凤诚(6月12日任)　潘学元
　　　　方桂林(援藏)　张新钢
　　　　汤学仁　孙建年
　　　　付有根(6月24日免)
　　　　徐　健　朱莉莉(女)
　　　　王学峰(5月20日任)
　　　　陈立柱(6月24日任)

中共高邮市纪律检查委员会

(第十届)

书　记　朱莉莉(女)
副书记　郭建新(常务)　陈　军
常　委　朱莉莉(女)　郭建新　陈　军
　　　　高日平　仲崇明
　　　　王存山(5月13日任)
　　　　陈　军(5月13日任)

中共高邮市委员会

(第十一届)

书　记　勾凤诚(7月30日选任)
副书记　潘学元(7月30日选任)
　　　　张新钢(7月30日选任)
　　　　方桂林(8月8日任,援藏)
常　委　勾凤诚(7月30日选任)
　　　　潘学元(7月30日选任)
　　　　张新钢(7月30日选任)
　　　　孙建年(7月30日选任)
　　　　徐　健(7月30日选任)
　　　　朱莉莉(女,7月30日选任)
　　　　王学峰(7月30日选任)
　　　　陈立柱(7月30日选任)
　　　　杨文喜(7月30日选任)
　　　　赵广华(7月30日选任)
　　　　方桂林(8月8日任,援藏)
　　　　潘建奇(12月20日任)

中共高邮市纪律检查委员会

(第十一届)

书　记　朱莉莉(女,7月30日选任)
副书记　陈　军(7月30日选任,
　　　　　　2017年1月6日任常务)
　　　　高日平(7月30日选任)
常　委　朱莉莉(女,7月30日选任)
　　　　陈　军(7月30日选任)
　　　　高日平(7月30日选任)
　　　　王存山(7月30日选任)
　　　　陈　军(7月30日选任)
　　　　沈国俊(7月30日选任)
　　　　居方祥(7月30日选任)

市委工作机构

市委办公室
主　任　孙禹文
副主任　赵德清(5月10日免)　周　成
　　　　郑　舟(女)　杨海蔚　张来根
　　　　王荣山(2017年1月6日任)

市委组织部
部　长　孙建年(5月20日免)
　　　　王学峰(5月20日任)
副部长　张曰兴(常务)　王　鸿
　　　　顾卫东(2017年3月30日免)
　　　　谭　旭

市委宣传部
部　长　汤学仁(7月21日免)
　　　　潘建奇(12月20日任)
副部长　黄　平(常务)　杨少荣　刘定明
　　　　杨建国

市委统一战线工作部
部　长　张贵龙(9月22日免)
　　　　杨文喜(9月22日任)
副部长　居永平(常务)　居远松

市委政法委员会
书　　记　徐　健
副 书 记　黄安良(常务,2017年1月6日免)
　　　　　毛振洋(2017年1月6日任)
　　　　　万　钧(2017年1月6日任)
政治处主任　徐克俊
纪检组组长　陈玉华(11月24日免)

市委农村工作办公室(市政府农村工作办公室)
主　　任　仇家春(12月6日免)
　　　　　王庆东(12月6日任)
副 主 任　翁玉才　孔祥明　俞　翔
　　　　　张福华(5月10日任)

市机构编制委员会办公室
主　　任　王　鸿
副 主 任　陈春满　孙兆松
　　　　　沈其培(2017年3月19日任,试用期一年)

市委合署办公、挂牌、部门管理机构

市委研究室(在市委办公室挂牌)
主　　任　赵德清(5月10日免)
　　　　　张来根(2017年3月19日任)
副 主 任　遇宝新
　　　　　曹德山(2017年1月6日任,试用期一年)

市委台湾工作办公室(市政府台湾事务办公室)(与市委办公室合署办公)
主　　任　万豪海
副 主 任　周宏中

市信访局
局　　长　盛文希(2017年3月19日免)
　　　　　高金海(2017年3月19日任)
副 局 长　谢骁勇
　　　　　赵秋宸(2017年1月6日免)
　　　　　戴小斌
　　　　　王焕宏(2017年1月6日任,试用期一年)

市委机要保密局(市委保密委员会办公室)(挂市国家保密工作局牌子,为市委办公室部门管理机构)
局　　长　周　成
副 局 长　赵金俊　邓恒俊　姜庆华

市委市级机关工作委员会(与市委组织部合署办公)
书　　记　胡行球
副 书 记　居　锋(2017年1月22日病逝)
　　　　　王士华
纪工委书记　居　锋(2017年1月22日病逝)
　　　　　刘生华(2017年3月19日任,试用期一年)

市委老干部局(为市委组织部部门管理机构)
局　　长　孙德明
副 局 长　李宇宙　高　明

市精神文明建设指导委员会办公室(在市委宣传部挂牌)
主　　任　杨少荣
副 主 任　夏　斌(5月10日免)　戴俊芳
　　　　　潘俊凯(5月10日任,试用期一年)

市委督查室*(在市委办公室挂牌)
主　　任　王荣山(2017年1月6日任)
副 主 任　吴　俊

市委市政府接待办公室*(与市委办公室合署办公)
主　　任　郑　舟(女,兼任)

市委党史办公室(在市档案局挂牌)
主　　任　刘春龙
副 主 任　宝珍芳

市地方志办公室(在市档案局挂牌)
主　　任　刘春龙
副 主 任　宝珍芳

市社会治安综合治理委员会办公室(与市委政法委员会合署办公)
主　　任　黄安良(2017年1月6日免)
　　　　　万　钧(2017年1月6日任)
副 主 任　吴书林　赵书宝

市依法治市领导小组办公室(与市委政法委员会合署办公)
主　　任　徐　健(兼任)
副 主 任　毛振洋(11月24日免)
　　　　　陈玉华(11月24日任)

市国家安全领导小组办公室(与市委政法委员会合署办公)
主　　任　毛振洋
副 主 任　王超群

市事业单位登记管理局(在市机构编制委员会办公室挂牌)
局　　长　陈春满

市委人才工作办公室(在市委组织部挂牌)
主　　任　谭　旭
副 主 任　汤永玉　陈思睿(9月8日兼任,挂职)

市委直属事业机构和单位

市委党校
校　　长　张新钢(兼任)
副 校 长　钱宝祥(常务,2017年3月19日免)
　　　　　朱耀洲(常务,2017年3月19日任)
　　　　　陈友献

市档案局(市档案馆)
局长(馆长)　戚维斌
副 局 长　李才稳

市新闻信息中心
主　　任　唐以军

副　主　任　夏在祥

市委、市政府派出机构

中共江苏省高邮经济开发区工作委员会

书　　记　潘学元(兼任)
副　书　记　赵广华　苏延祥
　　　　　金　锋(2017年3月19日免)
　　　　　刘国和

市人大常委会高邮经济开发区工作委员会

主　　任　王德兴(7月27日免)

江苏省高邮经济开发区管理委员会

主　　任　赵广华
副　主　任　金　锋(常务,2017年3月30日免)
　　　　　赵锦章　张倩桦(女,兼任)　高明华
　　　　　何瑞荣　陈维飞(4月14日任)
　　　　　高亚军(9月14日任,挂职)

中共江苏省高邮经济开发区纪律检查工作委员会

书　　记　刘国和
副　书　记　赵宏霞(女)　郭才荣

中共江苏省高邮经济开发区党工委政法委员会

副　书　记　张登清

江苏省高邮经济开发区管理委员会办公室

主　　任　陈富广(5月17日免)
副　主　任　邵德军　潘学山

江苏省高邮经济开发区农村工作处

党委书记　苏延祥
党委副书记　吴长宝　郭丛云　李贵军　黄叶森
副　主　任　黄叶飞　戴华文　周仁忠
　　　　　陆永霞(女)　戴和斌
　　　　　丁文虎(4月14日任,试用期一年)

江苏省高邮经济开发区经济发展局

局　长　赵锦章
副局长　陈　俊　冯广东　韦忠涟

江苏省高邮经济开发区园区建设管理局

副局长　朱华春(5月17日免)　陶桂春

江苏省高邮经济开发区招商局

局　长　高明华
副局长　刘　斌　王　全　徐　斌　周安国

江苏省高邮经济开发区安全生产监督管理局

局　长　梅　霜(女)

江苏省高邮经济开发区财政分局*

局　长　陈维飞

江苏省高邮经济开发区规划分局*

局　长　陈俊生

江苏省高邮经济开发区国土资源分局*

局　长　王　斌

江苏省高邮经济开发区人民武装部*

部　长　顾　勇

中共高邮城南经济新区工作委员会

书　记　王有泉
副书记　詹东周　陆登峰　杨金辉
　　　　陈　烨(5月10日免)
　　　　陈梅英(女,5月10日免)
　　　　张　旭(2017年1月6日任)

市人大常委会城南经济新区工作委员会

主　任　张宝东(7月27日免)
　　　　王勤栋(7月27日任)

高邮城南经济新区管理委员会

主　任　詹东周
副主任　陆登峰　朱玉珊(5月17日免)
　　　　严和平(5月17日免)　王长海
　　　　王纬经(5月17日任,2017年1月25日免)
　　　　路荣山(5月17日任)
　　　　饶　耿(9月14日任,挂职)
　　　　孙必香(女,2017年1月25日任)

中共高邮市城南经济新区纪律检查工作委员会

书　记　王勤栋(5月10日免)
　　　　杨慧梅(女,5月10日任)

高邮城南经济新区党政办公室

主　任　陈梅英(女,5月10日免)
　　　　张明艳(女,2017年3月11日任)
副主任　张才良(5月10日免)　张明艳(女)
　　　　方　芳(女,5月27日任,2017年3月11日免)
　　　　秦恩娟(女,2017年3月11日任)

高邮城南经济新区经济发展局

局　长　严和平(5月17日免)
　　　　路荣山(5月17日兼任)
副局长　路荣山　谢江明(5月17日任,12月2日免)
　　　　吴德朝(2017年3月11日任)
　　　　方　芳(女,2017年3月11日任)

高邮城南经济新区建设管理局

局　长　王勤栋(5月17日任)
副局长　许学宏(5月17日免)
　　　　张真祥(2017年3月11日任)
　　　　胡尔丰(2017年3月11日任)

高邮城南经济新区投资促进局

局　长　王长海(兼任)
副局长　张真祥(2017年3月11日免)
　　　　王生帮(2017年3月11日任)

高邮城南经济新区社会事业局

局　长　杨金辉(兼任)
副局长　吴德朝(2017年3月11日免)
　　　　张才良(5月17日任)

高邮城南经济新区农村工作局

局　长　朱玉珊(5月17日免)
　　　　管　隽(5月17日任,2017年1月25日免)

孙必香(女,2017年3月11日任)
副局长 管 隽 孙必香(女,2017年1月25日免)
杨志清(2017年3月11日任)
柏玉升(2017年3月11日任)

高邮城南经济新区人民武装部
部 长 胡尔丰

中共江苏省高邮湖西新区工作委员会(12月15日止)
书 记 王永海(兼任)
副书记 顾吉林 王怀忠(兼任) 韦恒林

市人大常委会高邮湖西新区工作委员会
主 任 陈恩平(7月27日免) 陈 烨(7月27日任)

江苏省高邮湖西新区管理委员会(12月15日止)
主 任 顾吉林
副主任 韦恒林(5月17日免) 张恩仁
陈恩平(5月17日免) 吴玉来
陈 烨(5月17日任) 赵宝松(5月17日任)
丁兆年(5月17日任)
刘芙蓉(女,9月14日任,挂职)

中共江苏省高邮湖西新区纪律检查工作委员会(12月15日止)
书 记 仲崇明(兼任)
副书记 孙兆清

江苏省高邮湖西新区党政办公室(12月15日止)
主 任 夏永金
副主任 吴正军(5月17日免) 李生林

江苏省高邮湖西新区农村工作局(12月15日止)
局 长 陈如林
副局长 谈中英(女) 丁兆山 朱文龙
王 月 陈安庆

江苏省高邮湖西新区党群工作局(12月15日止)
局 长 李长太(5月10日免)
副局长 曹国忠(5月10日任,主持工作)
孙兆清 吴登峰(5月10日免)
徐龙海 赵 军

江苏省高邮湖西新区经济发展局(12月15日止)
局 长 赵宝松
副局长 刘玉其 王义忠 吴长根
林 虎(5月17日免)
曹国忠(5月17日免) 朱有清

江苏省高邮湖西新区建设管理局(12月15日止)
局 长 丁兆年
副局长 郑汉宏(5月17日免) 包桂田(5月17日免)
李道海 张明光 胡德东(5月17日免)
赵国良(5月17日任)

江苏省高邮湖西新区社会事业局(12月15日止)
局 长 夏瑞香(女,5月17日免)
副局长 盛九琴(女,5月17日任,主持工作)
张正平 吴凤星 阮中阳
明昌岗 王正久

江苏省高邮湖西新区招商局(12月15日止)
局 长 朱有清

中共江苏省高邮高新技术产业开发区工作委员会(12月15日设)
书 记 张新钢(12月14日兼任)
副书记 王永海(12月14日兼任)
顾吉林(12月14日任)
王怀忠(12月14日兼任)

江苏省高邮高新技术产业开发区管委会(12月15日设)
主 任 王永海(12月15日兼任)
副主任 顾吉林(12月15日任)
薛元金(12月15日任)
韦恒林(12月15日任)
赵宝松(12月15日任)
丁兆年(12月15日任)
张方俊(2017年3月11日任)

中共江苏省高邮高新技术产业开发区纪律检查工作委员会(12月15日设)
书 记 仲崇明(12月14日兼任,2017年3月19日免)
副书记 孙兆清(12月14日任)

江苏省高邮高新技术产业开发区党政办公室(12月15日设)
主 任 夏永金(2017年3月11日任)
副主任 李生林(2017年3月11日任)

江苏省高邮高新技术产业开发区农村工作局(12月15日设)
局 长 朱有清(2017年3月11日任)
副局长 谈中英(女,2017年3月11日任)
丁兆山(2017年3月11日任)
朱文龙(2017年3月11日任)
陈安庆(2017年3月11日任)

江苏省高邮高新技术产业开发区党群工作局(12月15日设)
副局长 曹国忠(2017年3月11日任,主持工作)
孙兆清(2017年3月11日任)
徐龙海(2017年3月11日任)
赵 军(2017年3月11日任)
李生林(2017年3月11日任)
黄亦定(2017年3月11日任)
崔明海(2017年3月11日任)

江苏省高邮高新技术产业开发区经济发展局(12月15日设)
局 长 马振斌(2017年3月11日任)
副局长 盛九琴(女,2017年3月11日任)
刘玉其(2017年3月11日任)
王义忠(2017年3月11日任)

吴长根(2017年3月11日任)
明昌岗(2017年3月11日任)
胡德东(2017年3月11日任)
张佩善(2017年3月11日任)
王亚奇(2017年3月11日任)
张义平(2017年3月11日任)

江苏省高邮高新技术产业开发区建设管理局
(12月15日设)
局　长　朱广跃(2017年3月11日任)
副局长　李道海(2017年3月11日任)
张明光(2017年3月11日任)
赵国良(2017年3月11日任)
赵　军(2017年3月11日兼任)
黄亦定(2017年3月11日兼任)
王　月(2017年3月11日任)
顾文中(2017年3月11日任)
顾桂金(2017年3月11日任)

江苏省高邮高新技术产业开发区社会事业局
(12月15日设)
局　长　陈如林(2017年3月11日任)
副局长　张正平(2017年3月11日任)
阮中阳(2017年3月11日任)
王正久(2017年3月11日任)

江苏省高邮高新技术产业开发区招商局
(12月15日设)
副局长　刘玉其(2017年3月11日兼任,主持工作)
崔明海(2017年3月11日兼任)

江苏省高邮高新技术产业开发区科技人才局
(12月15日设)
副局长　吴凤星(2017年3月11日任,主持工作)
张义平(2017年3月11日兼任)

市规划局湖西分局
局　长　顾桂金(兼任)

市财政局湖西分局
局　长　王家扬(兼任)

市住房保障和房产管理局湖西分局
局　长　金大春(兼任)

市国土资源局湖西分局
局　长　顾文中

高邮市清水潭旅游度假区管理委员会
主　任　何瑞荣
副主任　吴长宝　李贵军　夏国华(兼任)
杨少荣(兼任)　顾　宏(兼任)
林　森(兼任)　韦忠涟　戴和斌(兼任)

中共扬州高邮国家农业科技园工作委员会
书　记　张新钢(4月6日兼任,12月14日离任)
杨文喜(12月14日兼任)
副书记　杨文喜(4月6日兼任)
夏瑞林(4月6日兼任)
姜文超(4月6日兼任,2017年1月6日免)

扬州高邮国家农业科技园管委会
主　任　杨文喜(12月15日离任)
夏瑞林(12月15日兼任)
副主任　姜文超(2017年1月25日免)
史美山　徐兴春　周弘心　吕传祥

扬州高邮国家农业科技园管委会办公室
主　任　吴　华(2017年1月25日免)
刘　凡(2017年1月25日任)

扬州高邮国家农业科技园管委会规划建设局
局　长　徐兴春

扬州高邮国家农业科技园管委会农业发展局
局　长　吕传祥(2017年1月25日免)
李荣军(2017年1月25日任)

扬州高邮国家农业科技园管委会人才科技局
局　长　周弘心

扬州高邮国家农业科技园管委会财政分局
局　长　王广兴

高邮市盂城驿景区管理委员会(4月14日设)
主　任　魏道智(兼任)
副主任　赵小山(兼任)　贾正松(兼任)
颜世权(兼任)　从　明(兼任)
张宗桥(兼任)　秦　超(兼任)
赵国祥(兼任)　尹子宽(兼任)
唐　椿(兼任)

高邮市人大常委会

(第十四届)

主　　任　张秋红(女)
副 主 任　葛桂秋　薛晓寒　孙明如　王永海
党组书记　韩　方(7月19日离任)
勾凤诚(7月19日任)
党组副书记　葛桂秋

高邮市人大常委会

(第十五届)

主　　任　张秋红(女,2017年1月20日选任)
副 主 任　薛晓寒(2017年1月20日选任)
孙明如(2017年1月20日选任)
吴惠山(2017年1月20日选任)
杨向东(2017年1月20日选任)
党组书记　勾凤诚(2017年2月6日任)
党组副书记　张秋红(女,2017年2月6日任)

办公室
主　　任　吕天龙
副 主 任　林玉顼　王　培

政策研究室
主　　任　林玉顼
副 主 任　施维峰
内务司法工作委员会
主　　任　费绍兴(12月30日免)
　　　　　盛文希(12月30日任)
副 主 任　端武斌(11月29日免)
　　　　　施维峰(2017年3月20日兼任)
财政经济工作委员会
主　　任　陈德元
副 主 任　邵贞清
人事代表联络工作委员会
主　　任　周荣祥
副 主 任　王　杨(女)
农村工作委员会
主　　任　徐龙海
副 主 任　薛晓忠
环境资源城乡建设工作委员会
主　　任　蒋杏朝
副 主 任　施海明(2017年3月20日任)
教育科学文化卫生工作委员会
主　　任　卢　红(女)
副 主 任　李庆华(2017年3月20日任)

高邮市人民政府

(第十四届)

市　　长　潘学元
副 市 长　孙建年　杨文喜(12月8日辞)
　　　　　钱富强　高长明(12月8日辞)
　　　　　潘建奇　赵　平(9月24日辞)
　　　　　张　军(9月24日任)
　　　　　刘春林(12月8日任)
　　　　　邱加永(12月30日任)
党组书记　潘学元
党组副书记　孙建年

高邮市人民政府

(第十五届)

市　　长　潘学元(2017年1月20日选任)
副 市 长　孙建年(2017年1月20日选任
　　　　　刘春林(2017年1月20日选任)
　　　　　邱加永(2017年1月20日选任)
　　　　　王　薇(女,2017年1月20日选任)
　　　　　王永海(2017年1月20日选任)
　　　　　李　生(2017年1月20日选任)
　　　　　张　军(2017年3月20日任)
党组书记　潘学元(2017年2月6日任)
党组副书记　孙建年(2017年2月6日任)

市政府工作机构

市政府办公室
主　　任　李　生(2017年3月30日免)
　　　　　许　明(2017年3月30日任)
副 主 任　戴光耀
　　　　　盛文希(2017年1月25日免)
　　　　　濮国华　何　飞　张　胜　吴兆亮
　　　　　蒋国茂(2017年1月25日免)
市发展和改革委员会
主　　任　杨向东(2017年3月30日免)
　　　　　周建峰(2017年3月30日任)
副 主 任　李德华　高明华(兼任)
　　　　　纪玉景　邵永宏　华劲松
党组书记　杨向东(2017年3月19日免)
　　　　　周建峰(2017年3月19日任)
纪检组组长　王文斌
市经济和信息化委员会
主　　任　陆　炜
副 主 任　张华荣　徐学斌(12月2日免)
　　　　　马向阳　林恩茂　王启华　李圣忠
　　　　　陈增清　袁启海(9月14日任,挂职)
党组书记　陆　炜
党组副书记　张华荣
纪检组组长　杨宝权
市教育局
局　　长　陆鹏海
副 局 长　戴万顺
　　　　　邵正祥(2017年1月25日免)
　　　　　孔祥鹏　陈生桃　吴海梅(女)
党委书记　陆鹏海
党委副书记　俞武群
纪委书记　俞武群
市科学技术局
局　　长　谭　旭
副 局 长　曹　勇　孙　刚　周弘心　徐　光
　　　　　黄　翔　刘芙蓉(9月14日兼任,挂职)
党组书记　谭　旭
党组副书记　曹　勇
纪检组组长　刘定猛(2017年1月6日免)
市公安局
局　　长　高长明(12月8日免)
　　　　　刘春林(12月8日任)
副 局 长　张　萍(女)　金传铮
　　　　　任春铭(2017年1月25日免)
　　　　　徐顺山　潘万宝
政　　委　杨　林(12月6日免)

党委书记　高长明(12月6日免)
　　　　　刘春林(12月6日任)
党委副书记　杨　林(12月6日免)　张　萍(女)
督察长　高长明(12月8日免)
　　　　　刘春林(12月8日任)
纪委书记　杨　林(12月6日免)
政治处主任　赵金标

市监察局(与中共高邮市纪律检查委员会机关合署办公)

局长　郭建新(2017年3月30日免)
　　　　　陈　军(2017年3月30日任)
副局长　陈永平
　　　　　高日平(2017年3月30日免)
　　　　　仲崇明(2017年3月30日免)
　　　　　王存山(2017年3月30日任)
　　　　　陈　军(2017年3月30日任)

市民政局

局长　张立中
副局长　凌高玉(2017年1月25日免)
　　　　　王功林　吴健生(2017年1月25日免)
　　　　　吴桂顺　晏　忠
党组书记　张立中
党组副书记　凌高玉(2017年1月6日免)
纪检组组长　薛　嵩

市司法局

局长　张国平
副局长　刘　伟　汤真龙　朱　波　胡迎春
党组书记　张国平
纪检组组长　孙　逊

市财政局

局长　许　明(2017年3月30日免)
　　　　　詹惜文(2017年3月30日任)
副局长　王新元　王家扬　戚剑冰　陈海荣
党组书记　许　明(2017年3月19日免)
　　　　　詹惜文(2017年3月19日任)
纪检组组长　嵇明峰

市人力资源和社会保障局

局长　高　健
副局长　王宏旭(2017年1月25日免)
　　　　　叶　芸(女)　王如桂　姚茂源
　　　　　李士平　陈同清　夏　斌(5月17日任)
　　　　　李　勇(9月14日任,挂职)
党组书记　高　健
党组副书记　王宏旭(2017年1月6日免)
纪检组组长　李照洋

市国土资源局

局长　涂志成
副局长　王荣芳(女)　顾权斌　李明鹏　时　锋
党组书记　涂志成
纪检组组长　徐智余

市城乡建设局

局长　吴惠山(2017年3月30日免)
　　　　　金　锋(2017年3月30日任)
副局长　张定林　林学斌(12月2日免)
　　　　　徐兴春　朱广跃　雍殿建
党委书记　吴惠山(2017年3月19日免)
　　　　　金　锋(2017年3月19日任)
党委副书记　朱艳曦(女)
纪委书记　钟宏春

市城市管理局

局长　潘万宝
副局长　滕志云(女)　嵇朝玉
　　　　　何瑞山(2017年1月25日免)
　　　　　周荣跃　冯国庆
党组书记　潘万宝
党组副书记　滕志云(女)
纪检组组长　李　彦

市交通运输局

局长　张德宏
副局长　陈仁梅　宋　健　陈　祥　孙永文
　　　　　温云景(12月2日免)
　　　　　杨连安(12月2日任)
党组书记　张德宏
纪检组组长　秦兴夏

市水利局

局长　周建峰(2017年3月20日免)
　　　　　潘玉华(2017年3月20日任)
副局长　赵方庆　顾　宏
　　　　　秦　超(12月2日免)
　　　　　茆德华　李江安
党组书记　周建峰(2017年3月19日免)
　　　　　潘玉华(2017年3月19日任)
党组副书记　赵方庆
纪检组组长　高　凌

市农业委员会

主任　肖伯群(12月8日免)
　　　　　仇家春(12月8日任)
副主任　朱耀洲
　　　　　沈恒桃(2017年1月25日免)
　　　　　汤高东(2017年1月25日任)
　　　　　孙桂尧　吴朝森　尤兆荣　郭万胜
　　　　　张　军　高兆义
党组书记　朱耀洲(2017年3月19日免)
　　　　　仇家春(2017年3月19日任)
党组副书记　仇家春(12月6日任)
　　　　　沈恒桃(2017年1月6日免)

汤高东(2017年1月6日任)
纪检组组长 王兆才(2017年1月6日免)
屠刚强(2017年3月19日任)

市商务局
局　　长 张　锋
副 局 长 冯国庆
曹　林(2017年1月25日免)
倪荣平　吴　铭　禹光宏　卢安伟
党组书记 张　锋
纪检组组长 吴定安

市文化广电新闻出版局
局　　长 魏道智
副 局 长 赵小山(12月2日免)　杨德彪
陆晓祥　王学朴　周　悦(女)
黄士民(2017年1月25日任)
党组书记 魏道智
纪检组组长 秦国君(11月24日任,试用期一年)

市民族宗教事务局
局　　长 潘寿田
副 局 长 曹　巍
胡凤林(2017年1月25日免)
党组书记 潘寿田

市卫生和计划生育委员会
主　　任 胡朝霞(女)
副 主 任 姚学仁(11月14日免)
邹建华(女)　王月芳(女)　顾永祥
姚松强　姚　慧(女)
蒋太生(11月14日任)
党委书记 胡朝霞(女)
纪委书记 吴士来

市审计局
局　　长 詹惜文(2017年3月30日免)
张仲林(2017年3月30日任)
副 局 长 刘　云　陈　敏(女)
戚秋虹　时玉康
党组书记 詹惜文(2017年3月19日免)
张仲林(2017年3月19日任)
党组副书记 刘　云
纪检组组长 周殿军

市统计局
局　　长 居育明 (2017年3月30日免)
陈东辉(2017年3月30日任)
副 局 长 石正平　吴雁平(女)
党组书记 居育明(2017年3月19日免)
陈东辉(2017年3月19日任)
纪检组组长 姜方东

市安全生产监督管理局
局　　长 徐晓君(2017年3月20日免)
仲崇明(2017年3月20日任)
副 局 长 葛仕海　郑　治
薛　峰　陶　银
党组书记 徐晓君(2017年3月19日免)
仲崇明(2017年3月19日任)
纪检组组长 葛凤祥

市环境保护局
局　　长 张学雷
副 局 长 吴耀平
冯荣春(2017年1月25日免)
明昌岗　陈正荣
党组书记 张学雷
纪检组组长 王　斌

市政府合署办公、挂牌机构

市政府研究室(在市政府办公室挂牌)
主　　任 戴光耀
副 主 任 龙在祥(2017年1月25日免)
杨　铖　张凌翔

市政府督查室*(在市政府办公室挂牌)
主　　任 何　飞
副 主 任 冯　元　陈正斌

市政府法制办公室(在市政府办公室挂牌)
主　　任 濮国华
副 主 任 潘国清

市政府外事侨务办公室(在市政府办公室挂牌)
主　　任 张龙香(女)
副 主 任 高炳才　居　锦(女,9月23日任)

市政府金融工作办公室(在市政府办公室挂牌)
主　　任 李永安
副 主 任 竺寿云

市粮食局(在市发展和改革委员会挂牌)
局　　长 陈有春
副 局 长 许爱俊　陶兴海　盛福朝
党委书记 陈有春
党委副书记 许爱俊
纪委书记 韩国路

市物价局(在市发展和改革委员会挂牌)
局　　长 姜永顺
副 局 长 朱在清　陈玉祥　陈　忠
吴苏扬(女)
党组书记 姜永顺

市服务业发展局(在市发展和改革委员会挂牌)
局　　长 李德华
副 局 长 陈建民　蒋庆奎

市中小企业局(在市经济和信息化委员会挂牌)
局　　长 张华荣
副 局 长 张德新

市国有资产管理中心*(在市财政局挂牌)
主　　任　王新元
副 主 任　薛金平(兼任)　颜世权
市规划局(在市城乡建设局挂牌、2017年3月20日单设)
局　　长　张定林
副 局 长　夏国华　赵国祥
党组书记　张定林(2017年3月11日任)
市人民防空办公室(在市城乡建设局挂牌)
主　　任　陈德顺(5月17日免)
　　　　　赵德清(5月17日任)
副 主 任　余富祥
市住房保障和房产管理局(在市城乡建设局挂牌)
局　　长　张拥军(兼任)
副 局 长　朱海涛　张宗桥　徐金鹏　金大春
党组书记　朱海涛
纪检组组长　胡　克
市建筑工程管理局(在市城乡建设局挂牌)
局　　长　张仲林(2017年3月30日免)
　　　　　徐晓君(2017年3月30日任)
副 局 长　卞红莲(女)　王　斌　绪　军　张　青
党组书记　张仲林(2017年3月19日免)
　　　　　徐晓君(2017年3月19日任)
党组副书记　卞红莲(女)
纪检组组长　祝志勇
市城市管理行政执法局(在市城市管理局挂牌)
局　　长　滕志云(女,兼任)
副 局 长　潘万宝　从　明
市水务局(在市水利局挂牌)
局　　长　周建峰(兼任)
市农业机械管理局(在市农业委员会挂牌)
局　　长　宋长龙
副 局 长　孙新国　徐瑞杏　姜建平
党组书记　宋长龙
纪检组组长　徐临震
市农业资源开发局(在市农业委员会挂牌)
局　　长　姜　岭(2017年1月25日免)
　　　　　凌高玉(2017年1月25日任)
副 局 长　姜文超(2017年1月25日免)
　　　　　王瑞珏　钟晓强
　　　　　葛爱东(2017年1月25日任)
党组书记　姜　岭(2017年1月6日免)
　　　　　凌高玉(2017年1月6日任)
党组副书记　姜文超(2017年1月6日免)
市水产局(在市农业委员会挂牌)
局　　长　肖伯群(12月8日免)
　　　　　仇家春(12月8日任,2017年1月25日免)
　　　　　汤高东(2017年1月25日任)
市体育局(在市文化广电新闻出版局挂牌)
局　　长　周　琳(女)
副 局 长　陆　翔　宰玉华
市旅游局(在市文化广电新闻出版局挂牌)
局　　长　道书林(2017年1月25日免)
　　　　　姜文超(2017年1月25日任)
副 局 长　钱宗岗
　　　　　邹海峰(2017年1月25日免)
　　　　　贾正松
党组书记　道书林(2017年1月6日免)
　　　　　姜文超(2017年1月6日任)
市文物局(在市文化广电新闻出版局挂牌)
局　　长　赵小山(12月2日免)
　　　　　杨德彪(2017年1月25日任)
副 局 长　杨德彪
市地震局(在市科学技术局挂牌)
局　　长　谭　旭(兼任)
副 局 长　蒋延林(兼任)
市知识产权局(在市科学技术局挂牌)
局　　长　曹　勇
市拥军优属、拥政爱民工作领导小组办公室*
主　　任　(空缺)

市政府直属事业机构和单位

市广播电视台
台　　长　刘定明
总 编 辑　陈冬梅(女)
副 台 长　俞一军　张成来
党组书记　刘定明
纪检组组长　李正东
市残疾人联合会(第五届)
执行理事长　朱杏玲(女)
副理事长　石文俊　吉　平

转为经济实体机构和经济实体单位

市工业总公司(归口市经济和信息化委员会管理)
经　　理　王兆宏
副 经 理　任春雷　陈海平　朱宏忠
党委书记　王兆宏
党委副书记　施　群
纪委书记　施　群
市供销合作总社(挂市商贸总公司牌子)
主　　任　孙海山
副 主 任　姜黎明　卞雷生
　　　　　许为玉(12月2日任,试用期一年)
党委书记　孙海山
市建设投资发展集团有限公司
董 事 长　林学斌(12月2日任)

总　经　理　林学斌(12月2日任)
副总经理　吴福荣(2017年1月25日任,试用期一年)
　　　　　赵　刚(2017年1月25日任,试用期一年)
监事会主席　钟宏春(2017年1月25日任)

市交通产业投资集团有限公司

副董事长　温云景(12月2日任,主持工作)
副总经理　温云景(12月2日任)
　　　　　谭国和(2017年1月25日任)
　　　　　吴成明(2017年1月25日任,试用期一年)
监事会主席　陈　勇(2017年1月25日任,试用期一年)

市水务产业投资集团有限公司

董　事　长　秦　超(12月2日任)
总　经　理　秦　超(12月2日任)
副总经理　戴桂忠(2017年1月25日任)
监事会主席　高　凌(2017年1月25日任)

市文化旅游股份有限公司

董　事　长　赵小山(12月2日任)
总　经　理　赵小山(12月2日任)
副总经理　邹海峰(2017年1月25日任)
监事会主席　黄　强(2017年1月25日任,试用期一年)

市经济发展集团有限公司

董　事　长　吴盛昌(12月2日任)
总　经　理　吴盛昌(12月2日任)

市园区经济发展集团有限公司

董　事　长　谢江明(12月2日任)
总　经　理　谢江明(12月2日任)

市国有资产投资运营有限公司

董　事　长　李卫军(12月2日任)
总　经　理　李卫军(12月2日任)

市清水潭旅游投资公司

董　事　长　金　锋(4月15日免)
总　经　理　金　锋(4月15日免)
副总经理　吴长宝(4月15日免)
　　　　　李贵军(4月15日免)
　　　　　夏国华(4月15日免)
　　　　　杨少荣(4月15日免)
　　　　　顾　宏(4月15日免)
　　　　　林　森(4月15日免)

江苏有线网络发展责任有限公司高邮分公司

总　经　理　王俊坤
副总经理　于　彤　周友良
党委书记　王俊坤

专业系统和金融单位

市国家税务局

局　　长　刘正群
副　局　长　李跃明　肖　红(女)　刘　忠
党组书记　刘正群
纪检组组长　潘卫民

高邮地方税务局

局　　长　徐　志
副　局　长　薛树华　吕艾芳(女)　杨国海
党组书记　徐　志
纪检组组长　汤和强

市市场监督管理局

局　　长　卞荣中(2017年3月20日免)
　　　　　顾卫东(2017年3月20日任)
副　局　长　周建伟　张广钊
　　　　　郭如林(2017年1月25日免)
　　　　　苏正高　颜启山　陈红兵　陈春伍
　　　　　朱　宏　张　勇　曹　钧
党委书记　周建伟
党委副书记　卞荣中(2017年2月6日免)
　　　　　顾卫东(2017年2月6日任)
纪委书记　戚小梅

市食品药品监督管理局(在市市场监督管理局挂牌)

局　　长　(空缺)

扬州市住房公积金管理中心高邮分中心

副　主　任　杨向华(主持工作,8月30日免)
　　　　　王步金(8月30日主持工作)
　　　　　颜　星

中国邮政集团公司江苏省高邮市分公司

总　经　理　朱其庭
副总经理　王宇平　袁在祥
党委书记　朱其庭
纪委书记　王宇平

中国电信股份有限公司高邮分公司

总　经　理　窦启平
副总经理　李剑锋　颜连顺　夏路云
党委书记　窦启平
纪委书记　颜连顺

江苏省电力公司高邮市供电公司

总　经　理　李　培
副总经理　杨　曙　戴云国　姜　俊　梁　铭
党委书记　杨　曙
党委副书记　李　培
纪委书记　张　晖

市烟草专卖局(扬州市烟草公司高邮分公司)

局长(经理)　汤权松
副　局　长　王松山(9月29日免)
　　　　　殷　伟(9月29日免)
　　　　　冯恒中(9月29日任)
副　经　理　戴　阳
党组书记　汤权松

市盐务管理局*(江苏省苏盐连锁有限公司高邮分公司)

局长(经理)　韩晓震

副局长(副经理)　查学军　姜建中
党支部书记　查学军
市气象局
副　局　长　朱小平(主持工作)　熊　伟
国家统计局高邮调查队
队　　　长　孙　权
副　队　长　许彩萍(女)
纪　检　员　武　艺
高邮邮政管理局(4月1日设)
局　　　长　王宏标
中国人民银行高邮市支行(国家外汇管理局高邮市支局)
行长(局长)　孙　坚
副　行　长　薛朝勤　胡志萍(女)
党组书记　孙　坚
纪检组组长　薛朝勤
中国银行业监督管理委员会扬州监管分局高邮办事处
主　　　任　吴兆魁
中国农业发展银行高邮市支行
行　　　长　翁德海
副　行　长　智海红(女)　胡东晖
中国工商银行股份有限公司高邮支行
行　　　长　樊秉柏
副　行　长　李建中(11月28日免)
卞慧祥(11月28日任)
郭　群(女)
樊晓娟(女,2017年2月14日任)
纪检组组长　王　健
中国农业银行高邮市支行
行　　　长　林学忠(2017年2月24日免)
副　行　长　刘　嵬(9月13日任,
2017年2月24日主持工作)
柯红兵　杨丹妲(女,9月13日免)
殷　俊
党委书记　林学忠
中国银行股份有限公司高邮支行
行　　　长　王　军
副　行　长　姜小川(女)　吴春军
党支部书记　王　军
党支部副书记　滕志凤(女)
中国建设银行股份有限公司高邮支行
行　　　长　曹德平
副　行　长　袁洪涛(7月29日免)
常永宏(9月21日免)
孙晓东(7月29日任)
党委书记　曹德平
中国邮政储蓄银行江苏省高邮市支行
行　　　长　彭谢亲
副　行　长　胡剑东(11月11日免)　钟　彬
李名忠(11月11日任)
江苏银行股份有限公司高邮支行
行　　　长　崔爱军
江苏高邮农村商业银行股份有限公司
董　事　长　詹　毅(11月3日免)
赵　波(11月3日任)
行　　　长　王克平(7月22日免)
朱　泉(7月22日任)
副　行　长　朱崇安(7月22日免)
张建宏　姚步疆
徐　键(7月22日任)
监　事　长　田贵荣(5月20日免)
朱崇安(7月22日任)
党委书记　詹　毅(11月3日免)
赵　波(11月3日任)
党委副书记　王克平(7月22日免)
朱　泉(7月22日任)
纪委书记　田贵荣(5月20日免)
朱崇安(7月22日任)
招商银行股份有限公司高邮支行
行　　　长　常　雷
中国光大银行股份有限公司高邮支行
行　　　长　徐锦锅
副　行　长　徐文胜
江苏射阳农村商业银行股份有限公司高邮支行
行　　　长　王　勇
副　行　长　张　定
扬州高邮兴福村镇银行有限责任公司
行　　　长　邵建民
副　行　长　闵建根　郭政忠
交通银行股份有限公司扬州高邮支行
行　　　长　奚智勇
副　行　长　王家红
中国人民财产保险股份有限公司高邮支公司
经　　　理　许永慧
副　经　理　韩　斌
中国人寿保险股份有限公司高邮支公司
经　　　理　周宜春
中国大地保险股份有限公司高邮支公司
经　　　理　柏文森
副　经　理　夏世勇　张　权
利安人寿保险股份有限公司高邮支公司
经　　　理　徐宏昌
江苏省高邮地震台
台　　　长　蒋延林
市公路管理站*
站　　　长　孙晓震
市航道管理站*

副 站 长 徐晓平(主持工作) 陈晓华

市运东船闸管理所*

所 长 (空缺)

其他机构

市委610办公室(市人民政府防范和处理邪教问题办公室)

主 任 张 萍(女)

副 主 任 卞根宏 孙新春

市优化发展环境领导小组办公室

主 任 郭建新(2017年1月6日免)

副 主 任 高日平 姜宝新 胡明亮 马宝元

市政务服务管理办公室(市政务服务中心)

主 任 王 薇(女,兼任)

副 主 任 史承进 徐生光

党工委书记 张宏林(2017年1月6日免)

孙定勇(2017年1月6日任,2017年3月11日免)

孙建年(2017年3月11日兼任)

党工委副书记 姜宝新

孙定勇(2017年3月19日任)

纪工委书记 姜宝新

江苏省高邮中学

校 长 黄仁云

副 校 长 董晓波(2017年1月25日免)

刘久胜 王庆余 李建军

党委书记 黄仁云

党委副书记 田开象

纪委书记 田开象

扬州广播电视大学高邮分校

校 长 戴万顺

副 校 长 吴荣平

市疾病预防控制中心*

主 任 郭开忠

市地方海事处*

主 任 杨其标

市运输管理处*

主 任 姚万明

市公安局110指挥中心*

主任兼指挥长 仇玉权

教 导 员 陈德山

市公安局交通警察大队*

大 队 长 杨万荣

教 导 员 严长龙

市公安局刑事警察大队*

大 队 长 王桂华

教 导 员 张爱军

市公安局治安警察大队*

大 队 长 尹子宽

教 导 员 朱崇平

市公安局防控处警大队*

大 队 长 黄栋甫

教 导 员 居万国

市公安局水上警察大队*

大 队 长 王宏忠

教 导 员 周振林

市公安局经济案件侦查大队*

大 队 长 孙尔明

教 导 员 陈 云

市公安局国内安全保卫大队*

大 队 长 吴国安

教 导 员 师林清

市公安局监所管理大队*

大 队 长 彭康斌

教 导 员 林恩荣

市公安局网络安全监察大队*

大 队 长 陶庆庆

教 导 员 金潮淦

市公安局法制大队*

大 队 长 嵇金凤

教 导 员 姚学华

市城市管理执法大队

大 队 长 居桂森

教 导 员 薛朝晖(11月24日免)

张德慧(11月24日任)

市城市规划执法大队

大 队 长 陈长源(12月2日免)

教 导 员 张德慧(11月24日免)

薛朝晖(11月24日任)

政协高邮市委员会

(第十二届)

主 席 徐永宝

副 主 席 肖伯群(12月30免) 王 薇(女)

张贵龙 张拥军 居晓波

党组书记 徐永宝

党组副书记 张贵龙(9月22日任)

秘 书 长 林荣岩

政协高邮市委员会

(第十三届)

主 席 徐永宝(2017年1月19日选任)

副 主 席 张贵龙(2017年1月19日选任)

钱富强(2017年1月19日选任)

张拥军(2017年1月19日选任)

居晓波(2017年1月19日选任)

周启泉(2017年1月19日选任)
党组书记 徐永宝(2017年2月6日任)
党组副书记 张贵龙(2017年2月6日任)
秘书长 林荣岩(2017年1月19日选任)

办公室

主任 林荣岩
副主任 夏恒荣(女) 张旭(12月30日免)
孙薇薇(2017年3月28日任)

提案工作委员会

主任 沈晓明
副主任 戴光耀(兼任)

经济和科技委员会

主任 陈东辉(2017年1月19日止)
林恩茂(2017年3月28日任)
副主任 詹惜文(兼任)

教卫文史委员会

主任 孙晓宝
副主任 黄平(兼任)

社会与法制委员会

主任 邵义坤
副主任 濮国华(12月30日免)
葛勇(12月30日任)

城乡联络委员会

主任 胡明亮
副主任 魏道智(兼任)

人口资源环境委员会

主任 张锦山
副主任 姚慧(女)

人民武装部

中国人民解放军江苏省高邮市人民武装部

党委第一书记 韩方(6月12日免)
勾风诚(6月12日任)
党委书记 陈立柱
党委副书记 付有根(6月30日免)
部长 付有根(6月30日免)
政委 陈立柱

人民法院、人民检察院

市人民法院

院长 韩雪峰(2017年1月20日止)
王刚(2017年1月20日选任)
代理院长 王刚(12月8日任)
副院长 王刚(12月8日任)
陈国俊 沈福宁 周启泉
党组书记 韩雪峰(12月6日免)
王刚(12月6日任)
党组副书记 陈国俊
纪检组组长 许云霞(女)
政治处主任 时金泉
审判委员会专职委员 林坚
陈连峰(2017年1月6日免)
执行局局长 朱林源

市人民检察院

检察长 顾勇
副检察长 樊跃先 吴必蔚 范启晓
党组书记 顾勇
党组副书记 吴必蔚
政治处主任 宋继红(女)
纪检组组长 赵玉平

市人民检察院反贪污贿赂局*

局长 周明义
副局长 黄建华

市人民检察院反渎职侵权局*

局长 黄建华
副局长 张冰

社会团体

市工商业联合会

(第十届)
主席 王薇(女)
副主席 居远松(驻会) 葛爱东(驻会)
何其新(兼任) 戴顺民(兼任)
居春山(兼任) 陈有新(兼任)
乔龙山(兼任) 张和(兼任)
张春元(兼任) 陈还喜(兼任)
党组书记 居远松
(第十一届)
主席 王薇(女,2017年2月6日任)
副主席 居远松(驻会,2017年2月6日任)
赵秋宸(驻会,2017年2月6日任)
杨军(驻会,2017年2月6日任)
何其新(2017年2月6日兼任)
乔龙山(2017年2月6日兼任)
张和(2017年2月6日兼任)
张春元(2017年2月6日兼任)
王传祥(2017年2月6日兼任)
刘顺兆(2017年2月6日兼任)
龙慧斌(2017年2月6日兼任)
崔俊(2017年2月6日兼任)

党组书记 居远松

市总工会

（第十六届）

主　　席 陈满祥（2017年2月23日辞）

王宏旭（2017年2月23日选任）

副主席 杨寿群　高金海　蒋　娟（女）

党组书记 王宏旭（2017年1月6日任）

党组副书记 陈满祥（2017年1月6日免）

共青团高邮市委员会

（第十三届）

书　　记 张方俊（2017年3月19日免）

刘　玲（女，2017年3月19日任）

副书记 张雪莹（女）

市妇女联合会

（第十一届）

主　　席 金晓云（女）

副主席 谈　竞（女）　宗兰妹（女）

市文学艺术界联合会

（第五届）

主　　席 黄　平

副主席 朱崇平（兼任）　王学朴　韩粉琴

市科学技术协会

（第六届）

主　　席 孙　刚

副主席 颜庆亮（兼任）　尤兆荣（兼任）

王启华（兼任）　陈生桃（兼任）

姚学仁（12月1日免）　徐　明

市计划生育协会

（第四届）

会　　长 马根生（兼任）

副会长 徐庆年（常务）　顾永华

市哲学社会科学界联合会

（第二届）

主　　席 杨建国（兼任）

副主席 杨海蔚（兼任）　张　胜（兼任）

吴朝森（兼任）　王家扬（兼任）

曹丰汉（兼任）

市红十字会

会　　长 钱富强（2017年3月11日离任）

王　薇（女，2017年3月11日兼任）

副会长 姚学仁（常务，11月3日免）

邹建华（常务，2017年3月19日任）

纪　骏

市法学会（与市委政法委员会合署办公）

会　　长 徐　健（兼任）

专职副会长 徐克俊

市归国华侨联合会

（第三届）

主　　席 居　锦（女，兼任）

副主席 葛　勇（2017年1月12日辞）

宋　巍（兼任）　邹伟民（兼任）

王传祥（兼任）　龙慧斌（兼任）

乡镇(街道)党政机构

高邮镇

党委书记 王庆东（12月6日免）

李深红（女，2017年1月6日任）

党委副书记 李深红（女）

蒋国茂（2017年1月6日任）

徐春虎（5月19日免）

张中斌（2017年1月6日免）

冯国庆（5月27日任）

刘志刚（9月8日任，挂职）

周德全（2017年1月6日任）

人大主席 韩　非

人大副主席 赵帮定（8月6日选任）

镇　　长 李深红（女，2017年1月9日辞）

蒋国茂（2017年1月10日选任）

副镇长 冯国庆（8月6日辞）

赵永海（2017年1月9日止）

徐有和（2017年1月9日辞）

张中斌（8月6日辞）

马德龙（2017年1月10日选任）

唐　椿　管正斌

扬大忠（8月6日选任）

李进凯（2017年1月10日选任）

政协工作召集人 徐　进

纪委书记 周德全（2017年1月6日免）

卢登祥（2017年1月6日任）

组织委员 马德龙（2017年1月6日免）

赵帮定（2017年1月6日任）

宣传委员 潘　忠

政法委员 戴仁才（5月27日止）

周　峰（5月27日任）

统战委员 俞　燕（5月27日任）

人武部部长 梁殿文

高邮街道

党工委书记 王庆东（12月6日免）

李深红（女，2017年1月6日任）

党工委副书记 冯国庆（5月10日免）

从　明（挂职）

徐有和（5月10日任）

办事处主任 李深红（女，2017年1月25日免）

蒋国茂（2017年1月25日任）

人武部部长　梁殿文

车逻镇

党委书记　王有泉
党委副书记　詹东周　朱玉珊(5月10日止)
　　管　隽(5月27日任,2017年1月6日免)
　　张　旭(2017年1月6日任)
人大主席　张宝东(7月13日辞)
　　王勤栋(7月13日选任)
人大副主席　张才良(7月13日选任)
镇长　詹东周
副镇长　吴德朝　许学宏(7月13日止)
　　孙必香(女,7月13日辞)　张真祥
　　王生帮(7月13日选任)
　　柏玉升(2017年1月10日选任)
政协工作召集人　陈梅英(女,5月10日免)
　　王长海(5月10日任)
纪委书记　王勤栋(5月10日免)
　　杨慧梅(女,5月10日任)
组织委员　张明艳(女)
宣传委员　张才良(5月27日止)
　　谢江明(5月27日任,11月24日免)
　　秦恩娟(女,2017年1月6日任)
政法委员　管　隽(5月27日止)
　　杨志清(5月27日任)
人武部部长　胡尔丰

龙虬镇

党委书记　姜国权
党委副书记　王海生　陈建春(5月27日止)
　　刘　玲(女,5月27日任,
　　2017年3月19日免)
　　郭传波(9月8日兼任,挂职)
人大主席　朱万香(女)
人大副主席　刘宏秀(7月12日止)
镇长　王海生
副镇长　徐万水(2017年1月10日辞)
　　秦荣建(7月12日止)　张万林
　　谢振军(7月12日止)
　　孙方贵(7月12日选任)
　　房爱平(7月12日选任)
　　谢　丹(女,2017年1月10日选任)
政协工作召集人　陈建春(5月10日任)
纪委书记　黄海铭
组织委员　刘　玲(女,5月27日止)
　　董久山(5月27日任)
宣传委员　张爱萍(女,5月27日止)
　　陈玉鸿(5月27日任)
政法委员　谢振军(5月27日止)
　　徐长山(5月27日任,2017年1月6日免)
　　徐万水(2017年1月6日任)
统战委员　连双勇(5月27日任)
人武部部长　陈玉鸿(8月9日免)
　　徐长山(8月9日任)

马棚街道

党工委书记　金　锋(2017年3月19日免)
办事处主任　张倩桦(女)
人大工委主任　王德兴(7月27日免)
　　端武斌(11月29日任)

卸甲镇

党委书记　夏瑞林
党委副书记　史美山　秦其锦(5月21日止)
　　陈大权(5月21日止)
　　吕传祥(5月27日任)
　　王方树(5月27日任)
　　陈思睿(9月8日任,挂职)
　　刘志刚(9月8日兼任,挂职)
人大主席　蔡以岗(7月12日止)
　　周文龙(7月12日选任)
人大副主席　胡星林(7月12日止)
　　居宏英(女,7月12日辞)
镇长　史美山
副镇长　蔡以安　茅　平(7月12日辞)
　　李春琴(女)　杨大忠(7月12日辞)
　　凌宏兴　杨立志
　　李荣军(2017年1月9日辞)
　　刘　凡(2017年1月9日辞)
　　问　聪
政协工作召集人　周文龙(5月10日免)
　　秦其锦(5月10日任)
卸甲镇八桥办事处主任　吕传祥(5月10日免)
卸甲镇八桥办事处副主任　陈安全(5月10日免)
纪委书记　陶才清(5月27日止)
　　陈安全(5月27日任,2017年1月6日止)
　　居宏英(女,2017年1月6日任)
纪委副书记　朱兰香(女,2017年1月6日止)
组织委员　王方树(5月27日止)
　　江　钟(5月27日任)
宣传委员　孙方贵(5月10日免)
　　茅　平(5月27日任)
政法委员　花国蓉(女,5月27日止)
　　陈玉良(5月27日任)
统战委员　颜金松(5月27日任)
人武部部长　李　祥

汤庄镇

党委书记　陆有林
党委副书记　毛礼良　吴春芳(女,5月27日免)
　　王荣山(5月27日任,2017年1月6日免)

李　勇(9月8日任,挂职)
刘定猛(2017年1月6日任)
人大主席　姚义平
人大副主席　刘文芳(女,7月18日止)
张　荣(7月18日选任)
镇　长　毛礼良
副镇长　赵天春(7月18日止)
浦良胜(7月18日止)
王正玉　张　荣(7月18日辞)
王荣山(7月18日辞)
黄建龙(2017年1月11日止)
王方俊(2017年1月11日止)
吴才安　吴亚兵(2017年1月11日选任)
吴开峰(2017年1月11日选任)
政协工作召集人　吴春芳(女,5月10日任)
汤庄镇汉留办事处主任　吴春芳(女,5月10日免)
汤庄镇汉留办事处副主任　潘维才(5月10日免)
纪委书记　吴义祥(5月27日止)
李凤华(5月27日任)
组织委员　潘维才
宣传委员　乔根美(5月27日止)
谭海琴(女,5月27日任)
政法委员　李凤华(5月27日止)
吴开峰(5月27日任,2017年1月6日免)
韩增栋(2017年1月6日任)
统战委员　王荣山(5月27日兼任,2017年1月6日免)
张　荣(2017年1月6日任)
人武部部长　张海军

三垛镇

党委书记　杨朝友
党委副书记　孙定勇(2017年1月6日免)
王　勋(2017年1月6日任)
王德泉(5月27日止)　孙如标
吴冬云(女,5月27日任)
马小芳(女,9月8日任,挂职)
人大主席　陈　斌(2017年1月11日止)
杨朝友(2017年1月11日选任)
人大副主席　姜金花(女,7月14日止)
姚恩进(7月14日止)
李　淮(7月14日选任)
吴福龙(2017年1月11日选任)
镇　长　孙定勇(2017年1月11日辞)
王　勋(2017年1月11日选任)
副镇长　沈连登(7月14日止)
吴福龙(2017年1月11日辞)
潘宏斌　李　淮(7月14日辞)
朱泰山(2017年1月11日止)
俞一飞(2017年1月11日止)
管文斌　杨芹芹(女,7月14日辞)
周颖昕(女,2017年1月11日辞)
左伍琴(2017年1月11日选任)
王爱群(2017年1月11日选任)
钱向前(2017年1月11日选任)
政协工作召集人　陈传江
三垛镇司徒办事处主任　高步林(5月10日免)
三垛镇司徒办事处副主任　王才明(5月10日免)
纪委书记　秦　寨(5月27日止)
杨芹芹(女,5月27日任)
组织委员　左伍琴(2017年1月6日免)
路怀文(2017年1月6日任)
宣传委员　吴冬云(5月27日止)
王　平(5月27日任)
政法委员　王爱群(2017年1月6日免)
陈有松(2017年1月6日任)
统战委员　路怀文(5月27日任,2017年1月6日免)
周颖昕(女,2017年1月6日任)
人武部部长　杨士亮

甘垛镇

党委书记　薛　斌
党委副书记　陈　刚　鲍飞琴(5月27日止)
王富桂(5月27日止)
阮勇峰(5月27日任)
郭传波(9月8日任,挂职)
人大主席　陈学富(7月10日止)
刘定骏(7月11日选任)
人大副主席　侍广彬(2017年1月8日辞)
钱士卫(7月10日止)
镇　长　陈　刚
副镇长　詹福江(2017年1月8日辞)
张美兰(女)　凌生平
徐德爱(7月10日辞)
刘定骏(7月10日辞)
王开宏(7月10日辞)
罗　利(女,7月10日辞)
王文平(7月11日选任)
徐　晨(7月11日选任)
侍广彬(2017年1月11日选任)
政协工作召集人　姚灿音(5月10日免)
王开宏(5月10日任)
甘垛镇横泾办事处主任　詹福江(5月10日免)
甘垛镇横泾办事处副主任　王生帮(5月10日免)
纪委书记　沐国芳(女)
组织委员　阮勇峰(5月27日止)
李小兵(5月27日任)

宣 传 委 员　王文平(5月27日止)
罗　利(女,5月27日任)
政 法 委 员　王生帮(5月10日免)
徐德爱(5月27日任)
统 战 委 员　毛振华(5月27日任)
人武部部长　朱广虎

临泽镇

党 委 书 记　潘玉华(2017年3月19日免)
居育明(2017年3月19日任)
党委副书记　汤高东(2017年1月6日免)
张中斌(2017年1月6日任)
王业星(5月27日止)
姜晓刚(5月27日任)
张爱方(5月27日任)
饶　耿(9月8日任,挂职)
人 大 主 席　戴少清
人大副主席　陈仁俊(2017年1月9日辞)
镇　　　长　汤高东(2017年1月9日辞)
张中斌(2017年1月9日选任)
副　镇　长　晏　彬(7月9日止)
杨代成(7月9日止)
温义章(7月9日止)
陈春星　姜晓刚(7月9日辞)
张爱方(7月9日辞)　邹文勇
谭红祥(7月9日选任)
王本荣(7月9日选任)
钱　明(7月9日选任)
政协工作召集人　王业星(5月10日任)
临泽镇周巷办事处主任　汤高东(5月10日免)
纪 委 书 记　杨慧梅(女,5月10日免)
朱晓峰(5月27日任)
组 织 委 员　相　彪
宣 传 委 员　朱晓峰(5月27日止)
葛翔梅(5月27日任)
政 法 委 员　王本荣(2017年1月6日免)
陈仁俊(2017年1月6日任)
统 战 委 员　徐庆华(5月27日任)
人武部部长　谭红祥(5月30日免)
潘松建(5月30日任)

周山镇

党 委 书 记　张　龙
党委副书记　张福华(5月10日免)
李长太(5月10日任)
李大骏(5月27日止)
李龙奎(5月27日任)
陈思睿(9月8日兼任,挂职)
人 大 主 席　孙玉林(7月13日辞)
丁迎国(7月13日选任)
镇　　　长　张福华(7月13日辞)
李长太(7月13日选任)
副　镇　长　李龙奎(7月13日辞)　周　军
罗贤文(7月13日选任)
周朝阳(7月13日选任)
王树春(7月13日选任)
政协工作召集人　万卫荣(5月10日免)
李大骏(5月10日任)
纪 委 书 记　陆永华(5月10日免)
李　程(5月10日任)
组 织 委 员　晏　萍(女)
宣 传 委 员　曹海英(女)
政 法 委 员　罗贤文(5月27日止)
薛世权(5月27日任)
统 战 委 员　曹海英(女,5月27日兼任)
人武部部长　周朝阳

界首镇

党 委 书 记　张　澍
党委副书记　万　钧(2017年1月6日免)
龙在祥(2017年1月6日任)　毛向前
马小芳(女,9月8日兼任,挂职)
人 大 主 席　王纬经(7月8日辞)
孙玉林(7月8日选任)
人大副主席　薛　云(2017年1月10日辞)
镇　　　长　万　钧(2017年1月10日辞)
龙在祥(2017年1月10日选任)
副　镇　长　周谦祥(2017年1月10日辞)
钱　景　徐永来(7月8日选任)
徐跃亮(7月8日选任)
王瑞卿(2017年1月10日选任)
政协工作召集人　丁迎国(5月10日免)
毛向前(2017年1月6日任)
纪 委 书 记　毛向前(5月10日免)
沈志祥(5月10日任)
组 织 委 员　周谦祥(5月27日止)
赵春来(5月27日任)
宣 传 委 员　居晓芳(女,5月27日止)
梁文静(女,5月27日任)
政 法 委 员　徐永来
统 战 委 员　赵春来(5月27日兼任,2017年1月6日免)
薛　云(2017年1月6日任)
人武部部长　郑开亮(5月30日免)
毛向前(5月30日兼任)

菱塘回族乡

党 委 书 记　王怀忠
党委副书记　薛元金　盛九琴(女,5月10日免)
潘　杰(5月27日止)
林生军(5月27日任)

李克云(5月27日任)

袁启海(9月8日任,挂职)

人大主席 李高坤

人大副主席 乔元江(8月6日辞)

何兴刚(8月6日选任,2017年1月10日辞)

乡　　长 薛元金

副 乡 长 李克云(8月6日辞)

王　勋(2017年1月10日辞)

赵国良(8月6日辞)

张佩善　王　振(8月6日选任)

谢金陵(8月6日选任)

胡德东(8月6日选任,2017年1月10日辞)

何兴刚(8月6日选任)

政协工作召集人 吴登峰(5月10日任)

纪委书记 吴正军(5月10日任)

组织委员 林生军(5月27日止)

乔元江(5月27日任)

宣传委员 张爱琴(女)

政法委员 姚宏宝

统战委员 吴庆才(5月27日任)

人武部部长 杨应国

送桥镇

党委书记 顾吉林

党委副书记 韦恒林

夏瑞香(女,5月27日止)

陈如林(5月27日止)

李长太(5月10日免)

盛九琴(女,5月10日任)

曹国忠(5月27日任)

人大主席 陈恩平(7月15日辞)

陈　烨(7月15日选任)

人大副主席 包桂田(7月15日止)

林　虎(7月15日止)

阮中阳(7月15日选任)

镇　　长 韦恒林

副 镇 长 谈中英(女)

吴凤星(女,2017年1月10日辞)

丁兆山　王义忠

夏永金(7月15日辞)

朱有清(7月15日辞)

吴长根(7月15日辞)

王亚奇(7月15日选任)

张义平(2017年1月10日选任)

政协工作召集人 吴玉来

送桥镇送桥办事处主任 夏瑞香(女,5月10日免)

送桥镇送桥办事处副主任 阮中阳(5月10日免)

张明光(5月10日免)

送桥镇郭集办事处主任 李长太(5月10日免)

送桥镇郭集办事处副主任 王正久(5月10日免)

胡德东(5月10日免)

送桥镇天山办事处主任 陈如林(5月10日免)

送桥镇天山办事处副主任 朱文龙(5月10日免)

赵　军(5月10日免)

纪委书记 孙兆清

组织委员 吴登峰(5月10日免)

赵　军(5月27日任)

宣传委员 吴正军(5月10日免)

李生林(5月27日任)

政法委员 徐龙海

统战委员 张义平(5月27日任,2017年1月6日免)

崔明海(2017年1月6日任)

人武部部长 郑汉宏(5月30日免)

黄亦定(5月30日任)

说明:1.根据全市干部调整,全市党政军群机构负责人有所变动,为便于联系工作,故将各机构负责人延载至2017年3月底。凡2016年内任免的负责人,在其姓名后括注的任免时间只注明月日;2017年1月1日～3月31日任免的负责人,其姓名后括注的任免时间注明年月日。2.凡机构后面右上角带"*"者为二级局单位。3.各乡镇党委、人大主席团、政府领导班子成员在换届选举时,属新提名(或职务变动)的在其姓名后括注当选(或职务变动)的日期,属继续提名的不再括注当选日期。

表5　**2016年市委、市政府成立或调整的部分临时机构表**

时间	领导机关	临时机构名称或调整内容	负责人
2月4日	市政府	成立全市钢丝网水泥渔船更新改造工作领导小组	杨文喜任组长,肖伯群、吴兆亮任副组长
2月26日	市委 市政府	成立市招商引资工作领导小组	韩方、潘学元任组长,张新钢、汤学仁、孙建年、王永海、钱富强、王薇、居晓波、赵广华任副组长
3月1日	市政府	调整高邮市爱国卫生运动委员会(健康促进委员会)组成人员	潘学元任主任,钱富强任执行主任,李生、胡朝霞、杨铖任副主任
3月3日	市政府	调整高邮市创建"国土资源节约集约用地模范市"领导小组	潘学元任组长,孙建年任副组长
3月9日	市委 市政府	成立建设龙虬庄国家考古遗址公园领导小组	韩方、潘学元任组长,张新钢、汤学仁、孙建年、钱富强、居晓波任副组长
3月11日	市委	成立市乡领导班子换届工作领导小组	韩方任组长,潘学元、张秋红、徐永宝、张新钢、汤学仁、孙建年、付有根、徐健、朱莉莉、张贵龙、居晓波任副组长

续表5

时间	领导机关	临时机构名称或调整内容	负责人
3月16日	市政府	调整市全面推进依法行政工作领导小组成员	潘学元任组长,孙建年任副组长
3月17日	市委 市政府	成立和调整全市党的建设等领导小组	韩方任组长,潘学元、张新钢、汤学仁、孙建年、徐健、朱莉莉、张贵龙、居晓波任副组长
3月24日	市委	成立扬州高邮国家农业科技园区建设推进工作领导小组	韩方、潘学元任组长,张新钢、孙建年、孙明如、杨文喜、肖伯群、居晓波任副组长
4月29日	市委	成立市第十一次党代表大会筹备工作领导小组	韩方任组长,潘学元、张新钢、汤学仁、孙建年、付有根、徐健、朱莉莉任副组长
5月27日	市委	调整市机构编制委员会成员	潘学元任主任,孙建年、王学峰任副主任
6月7日	市政府	调整高邮鸭产业园区管理委员会成员	杨文喜任主任,吴兆亮、朱耀洲任副主任
6月8日	市委 市政府	成立高邮市推进国家新型城镇化综合试点及城乡发展一体化工作领导小组	韩方、潘学元任组长、孙建年任执行组长,杨文喜、潘建奇任副组长
6月17日	市委	成立市委“两学一做”学习教育协调小组	张新钢任组长,汤学仁、徐健、朱莉莉、王学峰任副组长
7月1日	市政府	调整市征兵工作领导小组成员	潘学元任组长,高长明、陈立柱任副组长
7月13日	市政府	成立苏中循环经济产业园推进工作领导小组	孙建年任组长,杨文喜、潘建奇任副组长
7月19日	市政府	调整市安全生产委员会组成人员	潘学元任主任,高长明任常务副主任,何飞、徐晓君任副主任
7月19日	市委 市政府	成立国企干部人事制度和分配制度改革领导小组	潘学元任组长,孙建年、王学峰任副组长
7月19日	市委	成立村(社区)党组织换届工作领导小组	勾凤诚任组长,张新钢、朱莉莉、王学峰任副组长
7月23日	市委 市政府	成立中央环境保护督察高邮市协调联络组	孙建年任组长,张胜、张学雷任副组长
7月26日	市政府	成立环境信访处置工作领导小组	孙建年任组长,张胜、郭建新、盛文希、张学雷任副组长
8月3日	市政府	成立高邮市学生军事训练工作领导小组	陈立柱、钱富强任组长,陆鹏海任副组长
8月17日	市政府	成立高邮市人民政府法律顾问委员会	孙建年任主任委员,戴光耀、濮国华任副主任委员
8月23日	市政府	成立高邮市建筑产业现代化领导小组	潘学元任组长,潘建奇任副组长
9月13日	市政府	成立高邮港城东作业区工程建设指挥部	杨文喜任总指挥,吴兆亮任副总指挥,张德宏、杨林、潘万宝任执行副总指挥
9月19日	市委 市政府	成立市“三服务”工作领导小组	勾凤诚任组长,潘学元、张新钢、孙建年、朱莉莉、王学峰任副组长
9月21日	市政府	调整高邮市创建江苏省食品安全城市工作领导小组	潘学元任组长,杨文喜、钱富强任副组长
9月21日	市委 市政府	调整“四城同创”总指挥部	勾凤诚、潘学元任总指挥,张新钢任常务副总指挥,孙建年、朱莉莉、钱富强、潘建奇任副总指挥
9月22日	市委	成立高邮市市、乡(镇)人大、政府和市政协换届工作领导小组	勾凤诚任组长,潘学元、张秋红、徐永宝、张新钢任副组长
10月1日	市委 市政府	成立高邮市小微企业创业创新工作领导小组	勾凤诚、潘学元任组长,孙建年、王学峰、赵广华任副组长
10月10日	市政府	调整高邮市应急管理委员会成员	潘学元任主任,孙建年任常务副主任,陈立柱、杨文喜、钱富强、高长明、潘建奇、张军任副主任
10月13日	市委	调整巡察工作领导小组成员	朱莉莉任组长,王学峰任副组长
10月28日	市政府	调整国家罗氏沼虾产业综合标准化示范区创建领导小组	潘学元任组长,孙建年、杨文喜任副组长
11月16日	市委	调整全市党的建设工作领导小组	勾凤诚任组长,潘学元、张新钢、徐健、朱莉莉、王学峰、杨文喜任副组长
11月16日	市委	调整全市党的建设工作考评领导小组	张新钢任组长,徐健、朱莉莉、王学峰、杨文喜任副组长
11月25日	市政府	成立高邮市处置银行不良贷款协调领导小组	孙建年任组长,戴光耀、李永安任副组长
12月1日	市委	成立全市非公有制经济代表人士综合评价工作领导小组	杨文喜任组长,张曰新、居永平、居远松、颜启山任副组长
12月8日	市政府	成立中央农作物秸秆综合利用试点工作领导小组	杨文喜任组长,陈正斌、仇家春任副组长
12月9日	市政府	调整高邮市质量强市工作领导小组	潘学元任组长,孙建年任副组长
12月12日	市委	成立全市统一战线工作领导小组	勾凤诚任组长,张新钢、杨文喜任副组长

(史志)

城乡建设·环境保护

Urban and Rural Construction·Environmental Protection

导读

城市规划

【规划编制】 2016年,市规划局按照《中华人民共和国城乡规划法》《省政府关于高邮市城市总体规划的批复》等要求,结合市情实际,组织开展"四大片区控制性详细规划"和"五个专项规划"编制工作,以期借助规划编制与实施,逐步完善规划体系,强化规划引领作用,促进发展方式转变,构建宜居宜业城市。"四大片区控制性详细规划"分别是《东部新城控制性详细规划及核心区城市设计》《老城区控制性详细规划》《高邮经济开发区控制性详细规划》和《高邮城南经济新区控制性详细规划》;"五个专项规划"分别是《城市色彩规划》《城市综合交通规划(城区慢行交通专项规划、城区公共停车场布点专项规划)》《地下管线综合规划》《海绵城市专项规划及建设实施方案》《商业网点布局规划及城市重点街道业态控制规划》。至年底,该"四大片区控制性详细规划"和"五个专项规划"编制工作全部完成,其中《城市色彩规划》通过市规划建设管理委员会审定。 (陶香远)

【"一书两证"发放工作】 2016年,市规划局加强与建设单位沟通、联系,严格执行项目批前公示和规划公布制度。全年共核发建设项目选址意见书26份、用地面积64.1公顷,建设用地规划许可证19份、用地面积49.7公顷,建设工程规划许可证54份、建筑面积71.7万平方米;核发民房建设用地规划许可证44份、用地面积0.64公顷,建设工程规划许可证40份、建筑面积0.63万平方米。 (陶香远)

【建设项目颁证后管理工作】 2016年,市规划局为确保规划意图和规划批准文件的贯彻落实,实行建设项目颁证后管理工作挂钩负责制度。加强所有建设项目放线、验线及规划核实工作,确保所有项目按规划实施到位。全年放线、验线建筑物120幢;核实规划项目54项,建筑面积112.14万平方米。其中,核实房地产开发项目23项、建筑面积89.36万平方米;核实工业项目31项、建筑面积22.78万平方米。 (陶香远)

【城市规划管理和技术审查】 2016年,市规划局按照规划设计条件集体会商制度、城市规划与建筑设计方案预审制度、城市规划与建筑方案设计比选制度、证后管理制度及四项工作实施细则等要求,完善城市规划编制、技术审查工作,严把项目出让规划设计条件和规划建筑设计方案审查关,组织专家认真评审相关设计方案,认真准备提交市规划建设管理委员会研究的议题和评审项目。全年共组织集体会商7次,会商项目24项;组织召开专家评审会13次,评审项目35项;市规划建设管理委员会召开专题会议3次,研究讨论项目23项、议题19项。 (陶香远)

城市基础设施建设

【市政建设情况】 2016年,全市加大市政建设资金投入,推进建成区道路、给排水管道、绿化等市政工程建设提档升级。至年底,城区实有铺装道路296.64千米;城区排水管道总长度220千米;全市年供水总量4623.5万吨,年售水总量3471.8万吨,其中居民家庭用水2654万吨;年液化石油气供应总量0.42万吨;建成区土地面积26.4平方千米,建成区绿地面积1003公顷,建成区绿化覆盖面积1113公顷,城区绿化覆盖率41.5%。 (陶香远)

【水曲溪园和北澄子河生态公园对外开放】 4月16日,水曲溪园和北澄子河生态公园对外开放仪

式举行。副市长潘建奇、市政协副主席张拥军出席仪式。（居思雨）

资料链接 水曲溪园位于市河北端，建设占地面积2500平方米古典园林一座，三面以廊、轩、亭相接，园内开挖池塘，坡岸叠石，周边栽种长青植物和多种花卉。

北澄子河生态公园即北澄子河上段社区体育公园，位于大运河以东、新河以北、头闸干渠西南的三角区域，总面积2.02平方千米，内设景观绿化面积6公顷、慢行系统面积1.7公顷、景观桥梁2座、通水涵桥3座，生态湿地5000平方米，是城区北部集防洪除涝、便捷交通、绿化景观和群众休闲娱乐、体育锻炼功能于一体的生态公园。（居思雨）

城市“双十”工程建设

【概况】 2016年，市委、市政府通过发函征询各级领导、离退休老干部、各部门单位、乡镇园区、人大代表、政协委员、社区干部、居民代表意见，经过比选、论证、会商，印发《关于建立2016年度城建十大重点项目和城建十类重点工程目标责任制的通知》，确定实施城建“双十”重点工程项目49项，总投资约33亿元。编制《2016年度城建“双十”重点工程项目标准化管理一览表》，按照项目标准化管理要求，排定序时进度。建立城建“双十”重点工程督查考核制度，出台《2016年度城建十大重点项目和城建十类重点工程考核办法》，由市委督查室、市政府督查室、市监察局、市城建十大工程项目指挥部办公室共同督查各责任单位和协办单位推进实施项目情况。全年共召开督查推进会8次，发放督查通知书26份。同时，将督查与考核相结合，对完成较好的单位予以表彰，对工作拖拉、推诿和作风不实的单位进行问责。至年底，该城建“双十”重点工程项目均按目标进度完成施工。

（陶香远）

【城市建设十大重点项目】 2016年，市委、市政府推进实施的城建十大重点项目包括S333高邮东段先导段工程，屏淮北路北延工程，清水活水工程，城中村环境综合整治工程，后街后巷维修改造及老小区整治工程，“四城同创”城市基础设施提质工程，城市公园体系建设工程，复建高邮州署、人民公园及周边环境整治工程，北门城墙遗址公园建设工程等项目9项，总投资12.43亿元。

S333高邮东段先导段工程。该项目西起新S237，东至卸甲镇龙奔社区，全长5千米，双向四车道，道路宽26米，按一级公路标准设计。总投资3亿元，其中工程建设费用1.7亿元，征地、拆迁费用1.3亿元。6月开工，至年底完成征地、拆迁工作。

屏淮北路北延工程。该项目由东平河起，至清水潭度假区止，全长3400米，道路宽50米。总投资1.3亿元，4月开工，12月竣工。

清水活水工程。该项目分为7个子项目，分别是：玉带河水系整治工程（含主体工程及蝶园大沟整治、东营大沟整治、人民公园区域清水除涝工程，总投资6500万元），该项目主体工程西起中山路、东至护城河，全长约750米，工程包括河道拓宽疏浚、护岸新建、管道截污、局部绿化、立面亮化、景观建造、桥梁改造、南岸立面整治等，工程费用5400万元；蝶园大沟整治工程西起东后街、东至蝶园路，全长200米，对河道进行疏浚并引入护城河水，埋设截污管道，设置控制闸，工程费用300万元；东营大沟整治工程北起玉带河、南至蝶园路，全长400米，对河道进行疏浚并引入护城河水，埋设截污管道，工程费用450万元；人民公园清水除涝工程主要对公园水系周边进行截污，改造公园大沟至新河排水通道，增建公园大沟至新河雨水管道，实现人民公园区域雨污分流，工程费用350万元；该玉带河水系整治工程3月开工，12月竣工。马饮塘河（新华河）南延工程，该项目北起马饮塘河、南至大寨河，全长710米，河宽5米，工程包括河道开挖、拓浚、护岸新建、管道截污、桥梁改造、征地等；总投资5030万元；3月开工，12月竣工。大寨河（文游南路——盐河段）闸站及河道整治工程，该项目西起文游南路，东至盐河，全长680米，工程包括河道疏浚、绿化、生态岸坡、截污管道、拆迁等，新建大寨河与盐河交汇处闸站；总投资1.06亿元；3月开工，12月竣工。腰圩河（珠光路——盐河段）整治工程，该项目西起盐河，东至珠光路，全长680米，工程包括管网截污、疏浚、活水、拆违等；总投资3250万元；4月开工，12月竣工。新沟河整治工程，该项目全长550米，对河道进行疏浚、建造护岸、截污；总投资550万元；4月开工，12月竣工。月塘河整治工程，该项目西起月塘小区、东至小淖河，全长190米，恢复现状河道断面，新建提升泵站、埋设管道，抽新河水进行活水；总投资近900万元；8月开工。支农河整治工程，该项目北起北澄子河、南至武安支，全长1500米，河宽4米，工程包括河道开挖、拓宽疏浚、护岸新建、管道截污、局部绿化、亮化、景观建设、桥梁改造、两岸环境整治等；总投资5600万元；8月开工。

城中村环境综合整治工程。该项目对“一镇两区”范围内的城中村实施环境综合整治，拆除猪圈、旱厕等，全面完成城中村闲置地块的配套建设，其中高邮镇整治18处（投入3100万元）、高邮经济开发区整治15处（投入4000万元）、高邮城南经济新区整治3处（投入7140万元）；3月开工，11

月竣工。

后街后巷维修改造及老小区整治工程。该项目对西塔村、复兴街、繁荣路等后街后巷实施维修改造,对南海五区、烟雨三区等老小区进行综合整治;总投资1亿元,其中后街后巷维修改造投入5000万元、老小区综合整治投入5000万元(含无屋面维修基金的住宅楼1000万元);6月开工,10月竣工。

"四城同创"城市基础设施提质工程。该项目按照"四城同创"要求,对城区主要干道、广场、风光带进行破损路面修补、亮化设施维修、绿化补植;总投资1850万元;4月开工,12月竣工。

城市公园体系建设工程。该工程分为子项目2项,总投资1.33亿元,3月开工,12月竣工。其中一个项目是新建、续建城市公园项目,包括东部新城文体公园、盐河运动休闲公园(一湾两桥)、运河西堤沿湖生态公园、老横泾河滨河公园、南澄子河城市公园、香沟河风光带公园建设项目,累计投资1.13亿元;另一个项目是提档升级城市公园项目,对北关河风光带、北澄子河风光带、文游广场、大小淖河广场、蝶园广场、盂城路滨河绿化带、运河东堤风光带等进行提档升级,累计投资2000万元。

复建高邮州署、人民公园及周边环境整治工程。该项目总投资6000万元,在第一期工程基础上推进实施第二期工程,重点是对人民公园实施提档升级,水系调整,复建高邮州署;4月开工。

北门城墙遗址公园建设工程。该项目总投资3500万元,对城墙遗址进行保护和修缮,对瓮城遗址进行考古,拆除市人民剧场,新建生态停车场、景观小品等设施;3月开工,12月竣工。 (陶香远)

【城建十类重点工程】 2016年,市委、市政府推进实施的城建十类重点工程主要包括道路建设工程、城市功能完善工程、农贸市场提升与建设工程等十大类40个子项目,总投资19.65亿元。

道路建设工程类项目。包含前进路、邮都路(原名龙安一路)、序贤路(原名纬一路)、众乐园路(原名纬五路)、纬十二路建设工程,大寨河北路西段(新闸北路——蝶园南路)改造工程,四达路(原名纬九路)、莲花路、邮汉路(沿河东路——珠光路)整治改造工程,运河东堤城区段改造整治工程等9项子项目。

招商地块类项目。包含推介盐河两岸、高邮塑料编织厂、外环路东侧、通湖东路南侧、东部新区实验小学南侧等地块。

民生工程类项目。包含自来水深度处理工程、城区道路照明改造及景观亮化工程、停车场建设工程及华雅小区改造工程等4项子项目。

功能完善类项目。包含新建市政务服务中心、建设气象监测预警服务中心、湖西新区人民医院建设、湖西新区中学建设、建筑垃圾消纳场建设及垃圾中转站建设等6项子项目。

农贸市场提升与建设类项目。包含南门农贸市场建设、北门菜场扩建工程等2项子项目。

安置小区类项目。包含怡水新城第三期建设、龙虬镇搬迁安置小区(第一期)建设等2项子项目。

园区建设类项目。包含五号河泵站建设、九里路建设、污水管网建设、高邮湖路和六支渠整治改造提升工程、中心大道东延工程、香沟河景观工程、汽车服务中心建设及建筑业集聚区总部大厦等8项子项目。

供电基础设施类项目。包含110千伏八桥输变电工程、江苏国信高邮2×10万千瓦级燃机热电联产项目等2项子项目。

环境综合整治类项目。包含城市摊贩疏导点建设、收储地块环境整治等2项子项目。

旅游项目建设类项目。包含城市文化解读工程、当铺博物馆布展工程、古民居修缮工程(五处)及清水潭湿地公园建设等4项子项目。 (陶香远)

村镇建设

【乡镇规划编制】 2016年,市城建局研究全市各乡镇发展趋势,制定乡镇总体发展规划,对乡镇发展做出合理布局和统筹安排,全年完成《卸甲镇总体规划》《龙虬镇总体规划》修编工作。 (陶香远)

【镇村规划管理】 2016年,市城建局依据《中华人民共和国城乡规划法》《江苏省城乡规划条例》等法律法规,规范镇村建设项目审批工作。全年共发放各类书、证595份,其中个人选址意见书352份、个人建设工程规划许可证104份、单位选址意见书43份、单位建设工程规划许可证96份;完成土地挂牌包装资料108 份,项目实施批前公示18项、批后公示12项,规划核实78项,评审各类规划和建筑设计方案23项,完成非工业项目现场放线14次。 (陶香远)

【镇村基础设施建设】 2016年,全市共完成村镇建设投入15.08亿元,其中小城镇建设投入13.66亿元、小城镇基础设施投入1.42亿元。全年有1612户镇村居民翻建或新建住宅,建筑面积50万平方米;新建公共建筑6.45万平方米、生产性建筑59.38万平方米;新建小城镇硬化道路11.7千米、面积13.34万平方米;新增绿化面积18.78公顷。 (陶香远)

【美丽乡村建设】 2016年,市城建局紧紧围绕村庄规划编制和生态环境、基础设施、特色民居、农村产业、乡风文明建设“六大工程”，扎实推进美丽乡村示范村创建工作。启动周山镇吴堡村、临泽镇陈甸村村庄整治规划编制工作；三垛镇柳南村、汤庄镇联谊村创建省级美丽乡村示范村工作通过扬州市验收。（陶香远）

【农村危房改造】 2016年，市城建局继续推进农村危房改造工作。其间，通过联合乡镇开展对接核查、摸清危房户数、制定改造方案、强化跟踪管理和督促推进等，较好地完成农村危房改造工作任务，共涉及危房户240户。12月，全市农村危房改造工作通过国家验收组现场验收。（陶香远）

表6 2016年高邮市镇、村房屋建设情况表

指标名称		单 位	建制镇	村庄
住宅	建房户	户	871	741
	在新址上新建	户	727	252
	竣工建筑面积	万平方米	39.52	10.48
	混合结构以上	万平方米	38.60	9.68
	年末实有建筑面积	万平方米	672.35	1858.51
	混合结构以上	万平方米	588.42	1233.26
	人均住宅建筑面积	平方米	41.39	40.46
公共建筑	竣工建筑面积	万平方米	6.02	0.43
	混合结构以上	万平方米	6.02	0.43
	年末实有建筑面积	万平方米	352.54	140.30
	混合结构以上	万平方米	288.64	127.18
生产性建筑	竣工建筑面积	万平方米	51.88	7.50
	混合结构以上	万平方米	51.88	7.50
	年末实有建筑面积	万平方米	541.54	139.38
	混合结构以上	万平方米	488.67	124.96

（陶香远）

市容管理

【市容环境综合整治】 2016年，市城管局围绕“四城同创”及城市环境综合整治工作目标，以“六个城管”（ 高效城管、惠民城管、创新城管、精致城管、和谐城管、阳光城管）建设为抓手，开展一系列专项整治行动，促使城市品质和城市形象得到明显提升。全年共开展现场咨询服务6次，出动宣传车4260车次，发放《致广大经营业户一封信》1万多封，签订《高邮市市容环卫责任告知书》2000份；完成“九整治”及“三规范”规定项目54项，拓展项目7项，开展户外广告专项整治、卫生死角清理、背街小巷乱堆乱放杂物清理、露天烧烤整治等大规模集中整治行动10多次，取缔各类流动摊点、店外出摊3万多次，拆除、清理各类违规破损广告1851处，清理“十乱”（乱搭乱建、乱堆乱摆、乱停乱放、乱贴乱画、乱扔乱倒）2846处，割除条幅569处，清理占道“僵尸车”、报废车137辆，规范车辆停放近10万辆次，清除路牙踏坡102处；无害化处理城乡生活垃圾18.53万吨，清洗道路里程3.5万千米、面积21万平方米，清运生活垃圾、建筑垃圾3.75万吨，更换密闭式垃圾桶2100多只，新添置果壳箱200多个。是年，高邮市创建国家卫生城工作先后通过省级验收和国家卫生城市评审专家组暗访。市城管局被市委、市政府表彰为市级机关能力作风建设先进单位。（王锐）

【马路市场整治】 2016年，市城管局坚持“疏导为主、整治为辅、点面结合、规范管理”治理模式，在通湖路原高邮市面粉厂内及运堤路停车场新设置临时疏导区各1个，引导“以路为市”的500多个摊点进场入市规范经营，并顺势推进和完成城区北海路、中山南路、珠湖路、傅公桥路四处“马路市场”取缔工作。同时，以珠湖路、中山南路为中心，采取以点连线、以线带面方式，将周边傅公桥路、通湖路、府前街、琵琶西路、国雄路、邮安路等马路流动摊点全部疏导进场经营。至年底，全市累计在相关重点路段建立临时疏导区（点）23个，累计疏导各类流动经营摊点近600个。（王锐）

【店外出摊、占道经营整治】 2016年，市城管局按照“主干道严禁、次干道严控、小街巷严管”原则，以重点路段、重点商铺为突破口，联合市国税局、高邮地税局、市市场监管局等部门开展店外出摊、占道经营专项整治。其间，共拆除珠湖路、傅公桥路沿线100多户商户的占道摊点、破旧棚亭、户外广告，促使道路周边环境得到明显改善。联合高邮经济开发区、市公安局等部门，对秦邮路开展环境综合整治，打造高邮东入口迎宾景观大道。（王锐）

【查处违法建设行为】 2016年，市城管局坚持“管源头、控新增、减存量”原则，通过组织开展“拆违整治百日会战”行动，加大违法建设行为查处力度。全年完成世贸广场西南角、馆驿路两侧、富达新村小区、月塘河沿岸、武安路与馆驿路交界处等区域拆迁拆违工作，依法查处各类违法建设行为711起、面积8.51万平方米，依法拆除各类违建462处、面积1.68万平方米，其中拆除历史遗留违建317处、面积8981.26平方米。（王锐）

【环卫基础设施建设】 2016年，市城管局继续加大城区环卫基础设施建设投入，市环卫综合作业中心、珠湖垃圾中转站、大寨河垃圾中转站先后投入使用。联合市创卫办、各城市社区开展城区自建自用或废弃不用旱厕的拆除、改造、新建工作，共涉及散布于背街后巷、企业、集贸市场内的旱厕23处。安排专项资金15万元，升级改造市蝶园广场公厕。（王锐）

【生活垃圾分类收集】 2016年，市城管局通过加强知识宣传、开展专家论证、合理布点设施、强化跟踪管理等，推进生活垃圾分类收集工作。其间，累计向市民发放《生活垃圾分类知识宣传手册》近1万份，召开各类座谈会、推进会及论证会5次，征求各方建议和意见50多条，选择花湾路、蝶园南路、馆驿路停车场、南海路等次干道及居民小区等处设置垃圾分类收集设施55座，有效推动生活垃圾分类收集工作。 (王锐)

【环卫保洁市场化运作】 2016年，市城管局以"稳步推进、分片实施、竞争择优、全面放开"为原则，继续推动实施环卫保洁市场化运作。出台《高邮市环卫市场化"五位一体"作业质量考核办法(暂行)》，强化对相关物业公司的绩效考核，进一步规范其市场化经营行为。其间，参与城东片区试点经营的5家企业累计投资402万元，新增各类环卫作业车辆60辆，提高城区环卫机械化作业水平。同时，借鉴城东片区的试点经验，将试点范围扩大至文游中路、海潮东路、武安路、珠光路，按照"垃圾不落地"环卫作业新模式，试点开展生活垃圾定时定点上门收集工作，实现垃圾收集方式从被动到主动的转变。 (王锐)

【建筑垃圾和工程渣土运输管理】 2016年，市城管局根据《扬州市市区城市建筑垃圾和工程渣土管理办法》，利用信息化监控管理手段，狠抓建筑垃圾和工程渣土运输长效监管。联合市公安局交巡警大队集中开展渣土运输车辆年审工作，共涉及15家企业的运输车辆248辆；组织开展渣土运输企业负责人安全教育培训活动，有60人次参加。同时，开展建筑垃圾、工程渣土运输专项执法整治行动8次，共依法查处、现场整改、批评教育违规渣土车90多辆次。 (王锐)

【省级城市管理示范路创建】 2016年，市城管局按照"一街一景观，一路一特色"原则，切实推进府前街、文游中路创建省级城市管理示范路工作。11月24日，高邮市省级城市管理示范路创建工作通过省住建厅验收。 (王锐)

资料链接 2016年，市城管局在稳步推进省级城市管理示范路创建工作的同时，还借助业已形成的创建氛围，加强市容动态管理，健全长效管理机制，逐步扩大整治范围，对城区各路段大型楼顶广告、一店多招、破损广告进行集中拆除，努力解决主次干道沿街商铺的橱窗招贴、乱拉乱挂、乱停乱放、"门前四包"责任落实等问题，促进城市管理精细化、规范化、长效化发展。 (王锐)

【数字化城管】 2016年，市城管局注重发挥数字化城管"高位指挥、高位监督、高位协调"作用，积极落实"互联网+城市管理"的相关举措，初步构建起涵盖22家部门单位的"大城管"体系，促进城市管理向科学化、信息化、现代化方向发展。至年底，市数字化城管中心累计派遣案件4万多件，比上年增加6700件，增长20%；派遣案件办结3.83万件，结案率95.7%。 (王锐)

【城管进社区】 2016年，市城管局按照"重心下移、属地管理、权责一致"原则，加大城管部门与社区之间的互动协作，协助社区开展"脏、乱、差"环境综合整治工作，使城市管理融入社区、根植社区、服务社区，消除城市管理盲区。全年组织开展"城管进社区"活动50多次，促使社区环境得到明显改善。 (王锐)

【社区网格化管理】 2016年，市城管局落实社区网格化管理制度，打破区域界限和分工，将市容管理触角向背街后巷、老旧小区、无物管小区延伸，扩大城市管理覆盖面。全年结合"四城同创"工作，聘请"门前四包"协管员120人、保安员94人，配合执法人员开展城市管理工作，督促沿街商铺落实"门前四包"责任制，引导市民自觉增强卫生意识、共建美好家园。 (王锐)

城市综合管理

【建设工程招投标工作】 2016年，市城建局按照"随机抽取评委、网上远程交易、市场诚信准入、全程公开透明"要求，继续组织开展建设工程招投标工作。至年底，共完成工程招投标进场交易项目218项，中标金额27.09亿元。经招标，交易工程项目累计节约资金1.87亿元。 (陶香远)

【新型墙体材料推广应用】 2016年，市墙体材料改革办公室以国家、省墙材革新政策和墙改法律法规为指引，创新思想，积极进取，较好地完成各项工作任务。全年生产新型墙体材料3.99万立方米，占墙材生产总量92.2%；削减黏土砖产量0.37亿标砖，实现节能2.7万吨标煤；城镇使用新型墙体材料的建筑工程竣工面积占全市建筑工程总竣工面积92%。 (陶香远)

【燃气市场管理】 2016年，市燃气管理办公室注重规范燃气市场秩序，强化经营行为管理，提升为民服务质量，较好地完成全年目标任务。全年新建城市天然气高、中、低压管线共104.5千米，累计建设管线1425.3千米；新增管道燃气用户0.89万户，累计用户6.68万户；供应管道天然气2642万立方米、液化石油气3450吨，城市管道燃气普及率75%，城乡燃气普及率97%。加大老旧小区管道燃气配套建设力度，推进实施煤改气工程；对全市燃气经营企业重新划分燃气特许经营权区域，并与企业签订特许经营协议。全年开展燃气专项检查活动12项次,组织安全生产检查12批次,管道燃气入户安检5.17万户,排除一般事故隐患672起、重大事故隐患1起;取缔无证液化气充装点2家,清除违章占压燃气设施建(构)筑物3处;开展燃气知识宣传咨询活动18场次,购置安全生产宣传图书320本,宣传标语、横幅330多幅,自制宣传品950多份,发放宣传资料1万多份。 (陶香远)

【建设工程档案管理】 2016年,市城建局档案馆共接收建设工程档案报送责任书41份;出具档案接收证明书132份;入库工程建设档案资料4800卷,其中工业建设类档案389卷、城市建设管理规划类档案72卷、市政工程类档案355卷、民用建设类档案3726卷、村镇建设类档案78卷、声像及其他类档案180卷;提交与纸质档案相对应的电子档案253份。全年提供查档咨询服务165次;参与规划综合验收项目62项;收缴档案管理费73万元。

(陶香远)

环境监测

【环境监测工作】 2016年,市环境监测站共收集辖区内的水、气、声环境质量和污染源等各类监测数据2.4万个,完成监测报告780份,编制《环境质量监测简报》24份,发送环境监测快报单376份。完成地表水、环境空气、区域环境噪声和交通噪声等例行监测任务,开展企业入河排污口、重点企业污染源监测和跟踪监测320家次,完成80家企业环境验收及环评监测工作。 (刘晨)

【环境质量状况】 2016年,市环境监测站例行监测结果表明,市区环境空气达标率69.2%、市区集中式饮用水源地水质达标率100%、水域功能区水质达标率94.1%、噪声达标区覆盖率100%。具体环境质量状况简述如下:

一、水环境

饮用水源。全市6处城乡集中式饮用水源地和备用水源地水质达标率99.7%(城区有1处集中式饮用水源地水质达标率为100%),比上年上升2.8个百分点。

地表水。按照环保部办公厅下发的《地表水环境质量评价方法》,全市在京杭大运河高邮段、三阳河、北澄子河、南澄子河、横泾河、东平河、张叶沟、澄潼河、盐河等9条河流及高邮湖,设置监测断面17个,常规分析项目24项。经监测,断面地表水环境质量达标率94.1%,比上年下降5.9个百分点。

地下水。经市地下水水质断面监测点监测,地下水环境质量达标率100%,与上年持平。

工业废水。全市工业废水排放量1837.54万吨,化学需氧量排放1682.19吨,氨氮排放量156.17吨,比上年分别减少118.9吨、增加274.19吨、减少6.29吨。

二、环境空气

环境空气。全年有效监测天数341天,其中环境质量达良好等级以上的天数236天,占69.2%。经检测,城区环境空气中二氧化硫年均值为0.033毫克/立方米,二氧化氮年均值为0.024毫克/立方米,可吸入颗粒物年均值为0.096毫克/立方米,细颗粒物年均值为0.056毫克/立方米,一氧化碳年均值为0.92毫克/立方米,臭氧年均值为0.082 毫克/立方米,均符合《环境空气质量标准》(GB3095—2012)中的二级标准。环境空气中的首要污染物是可吸入颗粒物。

降尘。经市环境监测站监测点监测,全市平均降尘量7.0吨/(平方千米·月),符合市级标准和8.0吨/(平方千米·月)的评价标准。

降水。全年市区有效降水监测次数37次,降水量1076.5毫米,降水pH值范围6.34~6.88,未检出酸雨。

废气。全市工业煤炭消费量34.9万吨,重点工业企业废气排放总量985亿标立方米,二氧化硫排放量750吨,烟(粉)尘排放量805.87吨。

三、声环境

区域环境噪声。在城区设置139个区域环境噪声监测网格,经监测,城区昼间平均等效声级48.3 分贝(A),符合《声环境质量标准》(GB3096—2008)1类区标准。城区环境噪声以生活噪声为主,其次是工业噪声、交通噪声、建筑施工噪声、其他噪声。

交通噪声。在城区14条主要交通干线上设置监测点45个,在京杭大运河高邮段、盐河、北澄子河等3条水路交通干线上设置监测点12个。经监测,城区交通噪声昼间平均等效声级为63.7分贝(A),符合《声环境质量标准》(GB3096—2008)4类区标准。

功能区噪声。7个点位的功能区噪声等效声级均符合《声环境质量标准》(GB3096—2008)1类至4类昼夜间标准值。

四、固体废物

全市工业固体废物产生量14.65万吨,其中综合利用14.37万吨,综合利用率为98.1%。在工业固体废物产生量中,危险废物产生量为5.2万吨,其中处置4万吨、综合利用1.2万吨。

全年城区产生生活垃圾20万吨,通过3座垃圾中转站室内吊装转运高邮市垃圾填埋场。 (刘晨)

【环境监测站建设】 2016年,市环境监测站充分发挥环境监测在环境管理中的支撑作用,根据年度《环境监测计划》和《质量管理计划》，以加强监测质量为核心，切实增强环境监测能力建设。3月，市环境监测站通过省实验室资质认定复评审。（刘晨）

【人员培训】 2016年，市环境监测站组织人员参加各类专业技能培训，提高员工能力水平。全年共组织12人次参加5个类别的培训学习，分别为：组织2人参加由省质量技术监督培训中心组织的检验检测机构技术质量负责人培训（3月），组织3人参加由中国计量测试技术研究院组织的测量不确定度评定与表示培训（3月），组织2人参加由上海摩威环境科技有限公司组织的水质自动监测站使用培训（5月），组织4人参加由南京理工大学泰州科技学院环境检测中心组织的建设项目竣工环境保护验收技术培训（7月），组织1人参加由扬州市质量技术监督局组织的资质认定评审准则转版培训（10月）。（刘晨）

环境监管

【主要污染物总量减排】 2016年，市环保局根据省、扬州市年度减排目标，制定2016年主要污染物总量减排计划。采取倒逼机制，逐一分解目标和任务，明确各乡镇（园区）、部门责任；协同职能部门，联系市农委、市公安局、市统计局等部门，形成工作合力；督促污水处理厂等重点减排工程实施，对建成的减排工程项目，按照国家核查核算要求逐条逐项进行检查，确保工程项目管理落实到位，设施运行达到要求。全年共实施完成减排工程11项，削减化学需氧量197.55吨、氨氮43.11吨、二氧化硫204.19吨、氮氧化合物160.28吨。（刘晨）

【重金属污染综合整治】 2016年，市环保局结合省、扬州市重金属污染防治规划，编制高邮市“十三五”重金属污染整治重点工程项目清单，推进开展重金属污染综合整治工作。督促扬州华翔有色金属有限公司开展技术升级，强化市电池工业园管理，对江苏海德森能源有限公司、扬州佐仕科技有限公司、艾诺斯（扬州）华达电源系统有限公司、扬州易事特电力系统技术有限公司、江苏同科蓄电池股份有限公司等5家涉重企业实施清洁生产审核。至年底，列入年度重点整治项目清单的企业，均按序时完成整治任务。（刘晨）

【基础环境专项调查】 2016年，市环保局为加强环境保护力度，摸清全市环境基础状况，先后开展重点企业环境统计调查和市级以下饮用水源地调查评估等专项调查工作。至年底，完成全市114家重点企业环境统计调查和市级以下饮用水源地调查评估工作。（刘晨）

【固体废物与核与辐射专项申报和检查】 2016年，市环保局着力规范全市危险废物产生及经营单位的环境管理，对全市被列入国家、省、扬州市重点监管的76家危险废物产生单位和4家危险废物经营单位，按照环保部下发的《危险废物规范化管理督查考核工作方案》和《危险废物规范化管理指标体系》要求，开展固体废物专项申报和检查以及人员培训，督促其规范危险废物的贮存、处置行为，完善处置台账，并对照指标体系对被列入监管的危险废物产生及经营企业进行考核打分。配合省、扬州市开展危险废物专项执法检查，指导企业做好迎查工作，对检查中发现的问题及时督促整改。对8家涉及核与辐射的工业企业和34家有放射性装置的医疗单位进行现场督察，督查率100%。及时更换相关企业及医疗单位从业人员上岗证和辐射安全许可证，督促所有涉放射源单位按照要求编制年度安全评估报告。（刘晨）

【“蓝天工程”】 2016年，市环保局根据《高邮市2016年度大气污染防治工作任务分解表》《高邮市燃煤锅炉大气污染整治工作方案》，安排年度工作任务，落实部门工作职责，有序推动工作开展。全年共实施“蓝天工程”项目10大类42项，涉及大气污染物总量减排、工业烟（粉）尘和挥发性有机物治理、机动车污染防治、扬尘综合整治、秸秆禁烧和燃煤锅炉整治等。（刘晨）

【北澄子河三垛西大桥国控断面达标巩固】 2016年，市环保局巩固北澄子河三垛西大桥国控断面达标成果，确保各项目正常运行，保障南水北调东线供水工程“三阳河清水廊道”水质。加大对该断面周边及沿线环境整治力度，避免次生污染对断面水质产生影响，强化生态红线区保护和辖区污染源监管，杜绝超标排污和偷排行为。是年，该国控断面水质未发生明显变化，继续保持达标状态。（刘晨）

【建设项目环境管理】 2016年，市环保局规范、高效地开展建设项目环境影响评价工作，促进全市经济健康发展。全年共审批建设项目环评文件198份，其中环境影响登记表116份、报告表73份、报告书9份（含项目预审1份）；审查规划环评报告书3份、项目环评资料（含包装向上争取项目）13份；办理市区夜间建筑施工许可证2份。（刘晨）

【环境稽查与执法】 2016年，市环保局通过检查核实、查阅询问等形式，重点对企业危废管理、环境管理制度执行、治污设施运行与污染物排放等情况进行检查，全年完成重点企业环境稽查108家，编印环境稽查简报8期。制定全市《2016年环境监察计划和监管任务》，对18家化工、41家涉铅、8家电镀及金属表面处理、4家造纸及28家其他行业的企业,按污染物排放量、环境安全等级、环境信访投诉等实行差别化日常监管,提高监管效能;将22条重点河流、6个饮用水水源保护地和备用水源地作为重点监管目标,开展常态化监管工作。全年累计出动执法人员8340人次,检查各类企业3515家次,工业污染源治理设施运行率和达标率均在96%以上。 (刘晨)

【应急处理】 2016年,市环保局根据《高邮市突发环境事件应急预案》《高邮市集中式饮用水水源地突发环境事件应急预案》和《高邮市公路交通突发环境事件应急预案》等文件精神,加强突发环境事件应急处理工作,组建高邮市环境应急专家库,明确现场应急专家组职责,依托基础较好的重点企业,建立环境应急现场处置队伍,并做好应急物资储备,提升应急事件处置能力。全年组织参与全市重点企业应急专题培训4次,指导应急演练2次,处理突发环境应急事件6起。 (刘晨)

【环境信访】 2016年,市环保局共受理各类环境信访投诉1956起,其中环保部交办5起、省环保厅交办147起、扬州市环保局交办95起,处理来信来访97件(次),环境信访受理初结率100%,群众满意率95%。全年未发生一起重大环境信访事件。 (刘晨)

【企业环境行为信息公开】 2016年,市环保局从执行国家环保法律法规、落实环境管理制度、加强污染防治、消除环境影响等方面入手,对全市排放污染物的重点工业企业进行环境行为信息公开,并按从优到劣分成绿色、蓝色、黄色、红色、黑色五个级别,在网上予以公布。全年网上公开企业环境行为信息321家,其中绿色企业8家、蓝色企业279家、黄色企业25家、红色企业1家、黑色企业8家。 (刘晨)

【环保资金争取】 2016年,市环保局共争取各类环保补助资金5235.05万元,下降21.5%。所争取的各类专项资金分别是:覆盖拉网式农村环境综合整治补助资金340万元、省级环境保护引导资金市县切块资金472万元、省级水环境区域补偿资金86.75万元、中央土壤污染防治专项资金及省级环保引导资金656万元、省级生态补偿转移支付基本补助资金3519万元、国控污染源第三方运维资金6万元、高邮市级环保项目资金155.3万元。 (刘晨)

生态创建与保护

【生态文明建设】 2016年,市环保局开展"江淮生态大走廊"建设调研,编制《江淮生态大走廊(高邮)专章》,规划建设"十百千万"工程(十大生态工程、百里湖堤运动风光带工程、千条河道沟渠整治工程、万亩土壤湖面生态种植养殖工程),明确江淮生态大走廊建设时间表、路线图、任务书。启动高邮湖生态保护、三阳河水质保护工程建设。接受中央环保督察,督察组交办的31个环境投诉问题全部按期办结。制定"两减六治三提升"(减煤炭消费总量、减落后化工产能,治高邮湖、治垃圾、治黑臭河道、治畜禽养殖污染、治挥发性有机化合物、治环境隐患,提升生态保护水平、提升执法监管水平、提升环境监测水平)专项行动方案,努力解决突出环境问题,提高全市生态文明程度。 (刘晨)

【高邮经济开发区创成省级生态工业园区】 12月6日,高邮经济开发区创建省级生态工业园区工作接受省生态工业园区建设协调领导小组现场验收。经验收,验收组认为,高邮经济开发区基本条件、指标总体符合《综合类生态工业示范园区标准(HJ274-2009)》及其修订方案和省级生态工业园区考核标准的要求,同意该开发区通过验收。(刘晨)

【生态红线区域保护】 2016年,市环保局依据《高邮市生态红线区域保护监督管理考核暂行办法》,继续强化与各乡镇(园区)及市国土局、市农委、市水利局等部门的上下联动、齐抓共管,并通过调整优化高邮湖、渌洋湖自然保护区生态红线区域,促使全市生态红线保护区域面积由508.15平方千米扩增至511.31平方千米,占全市总面积26.6%。 (刘晨)

开放与开发

Open and Development

招商引资

【2016年招商引资实绩】 2016年，市商务局按照市委、市政府招商引资"深化年"工作部署，通过加大工作组织力度、出台招商实施方案、优化工作考核意见、推进开展系列活动等，推动全市招商引资工作深入开展。全年组织招商小分队558批次，深入到上海、深圳、北京和"长三角""珠三角"、京津冀等81个城市与地区开展登门招商，通过组织"春季招商迎节庆""上海招商周""深圳招商周""北京招商周"等活动，拜访企业959家次，邀请客商到高邮考察项目522批次，接触、洽谈项目457项。至年底，全市新签约5000万元以上各类项目合同133项，占年度目标的125.5%。从资金来源分，外资及港澳台资项目13项，总投资6.5亿美元，协议外资2.55亿美元；民资项目120项，总投资327.7亿元，注册资本70.5亿元。从投资体量分，投资额0.5亿元～1亿元（不含1亿元，下同）项目13项、1亿元～5亿元项目（含外资及港澳台资项目折算成民资项目，下同）95项、5亿元～10亿元项目11项、10亿元及以上项目14项。从产业类型分，第一产业项目10项，占比为7.5%；第二产业项目86项，占比为64.7%，其中涉及节能环保、新能源、新材料、先进制造业项目48项；第三产业项目37项，占比为27.82%，其中旅游、电商、物流等现代服务业项目11项。（杨龙）

【市政府与波司登国际控股有限公司签订战略合作协议】 2月26日，市政府与波司登国际控股有限公司签订战略合作投资框架协议仪式在高邮市举行。波司登国际控股有限公司董事局主席高德康，扬州市委常委、常务副市长丁纯和高邮市领导韩方、潘学元、张秋红、孙建年、朱莉莉、居晓波等出席。仪式上，潘学元、高德康分别代表己方在协议上签字。根据该协议要求，双方将共同成立注册资本金为20亿元的产业投资基金公司。是日，龙虬镇政府与波司登国际控股有限公司签订投资总额5亿元、注册资本金1亿元的工业固体废弃物集中处置项目投资协议。（殷朝刚）

【市政府与四川通威集团签订战略合作协议】 5月14日，市政府与四川通威集团签订战略合作协议仪式在高邮经济开发区举行。四川通威集团董事局主席刘汉元、副总裁胡荣柱，通威股份有限公司总裁郭异忠和高邮市领导韩方、潘学元、张新钢、杨文喜等出席。仪式上，市政府还与通威集团惠金新能源有限公司签订"渔光一体"项目合作开发框架协议，并就"渔光一体"项目落户、光伏产业合作、城市综合体建设等方面开展深入磋商和深度对接。（殷朝刚）

资料链接　四川通威集团是"中国民营上市公司100强""中国最具竞争力企业50强""全球新能源企业500强"企业。其水产饲料市场占有率连续20多年全国第一，新能源产业链条完整、全国领先。此次高邮市与其合作，旨在加强饲料和光伏产业等领域的生产、经营与开发。（殷朝刚）

【市政府与扬子江投资发展集团签订全面战略合作框架协议】 8月19日，市政府与扬子江投资发展集团签订全面战略合作框架协议仪式在市汇富金陵大酒店举行。扬子江投资发展集团董事长、党委书记、总经理龚振志，常务副总经理蔡余良和高邮市领导勾凤诚、潘学元、孙建年、钱富强、潘建奇等出席。仪式上，孙建年、蔡余良分别代表己方在协议上签字。是日，龚振志一行实地考察龙虬庄遗址、清水潭旅游度假区、高邮经济开发区电池

工业园、城市规划展览馆、高邮湖、盂城驿第二期工程等。（周雷森）

资料链接 扬子江投资发展集团成立于2003年12月18日，是扬州市政府投资设立并授予国有资产投资主体资格的国有独资企业集团，主要从事扬州市政府授权范围内的国有资产经营、管理、转让、投资、企业托管、资产重组等业务。根据协议，双方将围绕高邮市“十三五”发展规划纲要，以资产营运为基础，以股权合作为纽带，以管理支撑为保障，在城市建设、国有资产经营管理、资本市场运作和发展现代农业等方面展开全面战略合作。（周雷森）

【市政府与华润五丰有限公司签订战略合作协议】 10月11～12日，华润集团香港五丰有限公司副总裁秦冬生一行到高邮市，围绕农产品商务考察重点，先后考察江苏高邮鸭集团、高邮湖畔专业合作社、高邮红心旺食品有限公司、高邮湖生态渔业有限公司，并就高邮鸭蛋、扬州鹅、罗氏沼虾等特色农产品经销进行洽谈。其间，市政府与该公司签订战略合作协议，市领导勾凤诚、张新刚、杨文喜参加签约仪式。（陆业斌）

资料链接 五丰有限公司于1951年在香港成立，隶属于香港华润集团，是华润创业有限公司(香港恒生指数成分股)的全资附属公司。现为香港最大的中国食品经销商，是集食品研发、生产、加工、批发、零售、运输、国际贸易为一体的综合食品集团，主营业务包括肉食品、水产品、综合食品等，发展区域涵盖香港、内地、海外三大市场，具有品牌、资金、技术、人才、市场等诸多优势。(陆业斌)

【市政府与苏豪投资集团签订战略合作协议】 10月18日，市政府与江苏苏豪投资集团有限公司战略合作签约仪式在南京市举行。仪式上，市委副书记、市长潘学元和苏豪控股集团副总裁、苏豪投资集团有限公司董事长余亦民分别代表己方在协议上签字。同时，市政府还与江苏苏豪“一带一路”资本管理有限公司签订关于共同组建“一带一路”子基金合作意向书；江苏苏豪“一带一路”资本管理有限公司、江苏苏豪融资租赁有限公司，分别与江苏日兴生物科技股份有限公司、江苏海德森能源科技有限公司签订投资和融资意向书。

（周雷森）

资料链接 江苏苏豪投资集团有限公司系江苏省苏豪控股集团全资子公司，主要从事股权投资、创业投资、资产管理、小额贷款、融资租赁等项业务。苏豪投资集团管理和参与发起与设立十几家创业投资基金，其中江苏“一带一路”投资基金为苏豪控股集团、江苏省财政厅与民营资本共同发起、设立的大型政府引导性投资基金，基金总规模100亿元，首期30亿元。（周雷森）

【高邮湖金融支渔创新项目在高邮市签约】 8月8日下午，市政府、省高宝邵伯湖渔业管理办、中国农业银行扬州分行、人保财险扬州市分公司在高邮市签署高邮湖金融支渔创新试点项目协议，共同实施高邮湖“渔业养殖权交易平台＋政(政府)银(银行)保(保险)＋气象指数”项目。此四方合作模式创新试点项目系农业部唯一、江苏省首例。市委常委、副市长杨文喜参加活动。(陆业斌)

【市政府驻洛杉矶代表处设立签约仪式】 9月26日上午，市政府驻美国洛杉矶代表处设立签约仪式在扬州市举行。美国华人商会副会长、美国华商总会金融分会会长陈丽洁(博士)，南京侨梦苑中以科技创新中心CEO徐斌(博士)，高邮市委常委、常务副市长孙建年出席签约仪式。（王小敏）

资料链接 美国华人商会由美国政府批准成立，总部设于洛杉矶，有行业分会12个，是美国西部最具影响力的华人商会。2016年4月下旬，经江苏省外事侨务办公室牵线搭桥，市外侨办与美国华人商会建立联系，双方就开展经贸合作、人才和技术引进、文化和教育等方面的交流，进行初步商洽。6月30日，陈丽洁到高邮市进行友好访问，双方就高邮市政府借助美国华人商会资源优势在美国洛杉矶设立代表处开展经贸合作事宜进行协商，并达成一致意见。代表处成立后，主要负责安排高邮市在美国的引资引智活动，组织有项目投资意向的客商和高层次人才到高邮市考察和洽谈，为全市储能、服装、灯具、光伏、电线电缆等行业开展国际合作提供便利。（王小敏）

【“数字高邮”地理空间框架共建项目签约】 12月2日，市政府与江苏省测绘地理信息局、扬州市国土资源局三方共建“数字高邮”地理空间框架建设项目签约仪式在高邮市举行。江苏省测绘地理信息局局长施建石、扬州市国土资源局局长周正权和高邮市委副书记、市长潘学元，分别代表己方签署共建协议。该签约项目为三方共建试点项目。（殷朝刚）

【海润光伏50亿元投资项目在高邮市签约】 12月15日下午，由海润光伏科技股份有限公司计划总投资50亿元的海润光伏3GW多晶硅铸锭及2GW切片项目在高邮市签约。海润光伏科技股份有限公司董事长兼总裁孟广宝和市领导勾凤诚、潘学元、张秋红、徐永宝、孙建年、赵广华出席签约仪式。市委常委、常务副市长孙建年主持签约仪式。（郭玉梅）

资料链接 海润光伏科技股份有限公司成立于2004年，总部设于江阴市，是中国最大的晶硅太阳能电池生产企业之一。2012年，该公司在上海证券交易所成功上市。此次完成签约的项目计划总投资50亿元，其中第一期项目投资30亿元，主要实施多晶硅铸锭及切片的生产销售，首期达产后可形成年产多晶硅铸锭2GW及切片2GW的规模。（郭玉梅）

【勾凤诚率队赴珠海、广州招商】 11月7日，市委书记勾凤诚率市委办、市发改委、市商务局、高邮经济开发区、卸甲镇、江苏金飞达集团有限公司、扬州瑞斯乐复合金属材料有限公司等单位主要负责人，先后赴珠海市、广州市招商。其间，勾凤诚一行考察珠海格力集团和棕榈生态城镇发展股份有限公司，并就空调配套件、格力循环经济产业园和相关文化旅游等项目与有关方面开展洽谈推进活动。市领导孙建年、赵广华等参加活动。

（杨龙　殷朝刚）

【勾凤诚率队赴上海等地招商】 11月29～30日，市委书记勾凤诚率市委办、市财政局、市商务局、高邮经济开发区、界首镇等单位主要负责人，赴上海市、常熟市、江阴市、南京市等地开展招商活动，洽谈推进在手项目。在上海市，拜访名列全球PCB行业第30强的台资企业，双方就加快推进PCB项目合作进行洽谈沟通；拜访与高邮经济开发区结为战略合作伙伴关系的上海青浦区徐泾镇和上海西郊经济开发区的负责人，就进一步推进承接上海产业转移项目合作进行交流洽谈。在常熟市，拜访波司登国际控股有限公司董事长高德康，双方围绕寻求下一步共同合作发展进行交流。在江阴市，拜访光伏产业知名企业海澜光伏科技股份有限公司，并就光伏项目合资合作重组进行深入交流。在南京市，考察上海华昌集团南京龙之谷项目部，就界首镇旅游项目进行建设性洽谈推进。市委常委、高邮经济开发区管委会主任赵广华参加招商活动。（杨龙）

【潘学元率队赴深圳开展招商】 3月28～30日，市委副书记、市长潘学元率市商务局、高邮经济开发区、卸甲镇等单位负责人赴深圳开展招商活动，并参加“名城扬州携手世界名企”合作恳谈会。其间，先后拜访深圳天安骏业投资发展公司、深圳胜宏科技股份有限公司（全球百强电路板企业）、广东棕榈园林股份有限公司等6家知名企业和广东扬州商会负责人，洽谈推进项目5项。其间，卸甲镇并与德国新浪爱拓公司签订总投资额为3000万美元的化妆品机械制造项目合约。（杨龙）

【潘学元率队赴上海参加恳谈会】 5月19日，市委副书记、市长潘学元率市科技局、市委人才办、高邮经济开发区及相关企业负责人赴上海市，参加2016上海—扬州科技服务业合作发展恳谈会。会上，共签约项目3项，即上海半导体工程技术研究中心和市产业技术研究院签订的共建国家半导体照明工程中心高邮分中心项目、上海博济堂科技公司和高邮经济开发区签订的共建在线产业园网络公共服务平台项目、上海太阳能电池研究与发展中心和江苏承熙电气集团有限公司签订的共建智能照明控制系统研发平台项目。

是日，潘学元还率市商务局、市科技局、高邮经济开发区等单位负责人，在上海开展精准招商活动。其间，先后拜访青浦区徐泾镇和西郊经济开发区负责人，就高邮推进承接上海产业转移项目进行深入交流，还拜访闵行经济开发区、上海闵行联合发展公司、上海徽宇电子科技有限公司、PCB行业知名台资企业等单位负责人，进行广泛交流。（郭长清　周雷森　杨龙　殷朝刚）

【潘学元率队在上海举办恳谈会】 5月31日，市委副书记、市长潘学元率各乡镇、园区和有关部门负责人在上海举办2016年江苏·高邮（上海）产业合作恳谈会。上海市相关重点园区、重点企业负责人60多人参加。上海市人大常委会副主任张杰，上海市莘庄工业园区党工委副书记、园区经济技术发展有限公司总经理韩永强等先后在会上发言。会上，签约合作项目15项，总投资额28.4亿元。签订的主要项目有：高邮经济开发区与上海国际汽车城（集团）合作共建的汽车配件产业园项目，通威惠金新能源公司在龙虬镇投资的10亿元渔光一体光伏发电项目，上海电力新能源发展有限公司在临泽镇投资的4000万美元30兆瓦光伏发电项目，昇辉电子科技（苏州）有限公司在高邮镇投资的2000万美元电磁感应元器件项目等。市领导张秋红、徐永宝、孙建年、潘建奇参加活动。

（杨龙　殷朝刚）

资料链接　在上海举办此次产业合作恳谈会，是市委、市政府开展上海招商周活动的重要内容。5月23～31日招商周活动其间，各乡镇、园区和有关部门主要负责人、分管负责人带领招商小分队共30多支，在上海开展定向招商、精准招商，走访重点企业300多家，洽谈推进项目65项。

（杨龙）

【潘学元率队赴沈阳谋求合作】 8月28～31日，市委副书记、市长潘学元率市政府办、市科技局、三垛镇等单位负责人和部分企业负责人赴沈阳市，与沈阳理工大学、中国科学院金属研究所等高校和科研院所洽谈，谋求合作。在8月29日于沈阳理工大学举行的政产学研合作洽谈会上，市政府与沈阳理工大学签订校地全面合作协议和共建沈阳理工大学高邮技术转移中心协议，三垛镇与沈阳理工大学机械工程学院签订院地合作协议，江苏富威能源有限公司与沈阳理工大学环境与化学工业工程学院签订共建研究生工作站协议。

(刘长华　周雷森)

【潘学元率队赴上海招商】 12月5～6日,市委副书记、市长潘学元率市政府办、市商务局、高邮经济开发区、高邮湖西新区、龙虬镇等单位负责人,赴上海招商,拜访知名企业3家,洽谈推进项目3项。同时,参加2016"名城扬州携手世界名企"(上海)合作恳谈会,现场签约项目2项,即高邮经济开发区与美国德韧集团公司签订总投资2000万美元的汽车零部件项目、高邮湖西新区与美国摩丁热能技术(上海)有限公司签订总投资3000万美元的汽车废气再循环冷却器项目。

(杨龙　康明　殷朝刚)

【张秋红率队赴西安高校院所推进产学研合作】 5月12～13日,市人大常委会主任张秋红率队赴西安高校院所,推进产学研合作。其间,张秋红一行先后在西安交通大学国家技术转移中心召开座谈交流会,走访陕西省工业技术研究院、中国航天科技集团公司第六研究院等院所,并与相关高校负责人、专家就相关企业的发展和技术合作等方面,进行对接沟通、交换意见。市人大常委会副主任薛晓寒参加活动。 (刘长华　管玮玮)

【孙建年率队赴上海招商】 3月14～15日,市委常委、常务副市长、组织部部长孙建年率市商务局、市发改委、汤庄镇等单位负责人赴上海市,开展招商活动,推进在手项目。其间,先后走访上海西郊经济开发总公司、3家外资企业和1家中央企业,分别洽谈、推介旅游用品、汽车轮毂、汽车铝饰件、生物质发电等项目。 (杨龙)

【孙建年率队赴广州招商】 11月8日,市委常委、常务副市长孙建年率市发改委、市商务局、卸甲镇和相关企业负责人,参加在广州市举行的第十六届再生金属国际论坛。论坛上,孙建年作《践行绿色发展新理念,携手打造循环经济新高地》的主题推介演讲,并会同国家发改委资环司领导与美国、日本等国家的再生金属协会负责人进行交流、洽谈。 (杨龙　殷朝刚)

【王薇率队赴重庆寻求科技合作】 4月9日,市政协副主席王薇率市委人才办、市科技局等部门负责人及相关企业负责人赴重庆大学,寻求科技合作。其间,王薇一行就进一步推进校地、校企合作与该校科技处负责人作深入交流;相关企业负责人还与该校专家进行面对面交流。

(长华　小丽　雷森)

【孙建年率团赴深圳协办中国国际光储充一体化电站大会】 4月13～15日,中国国际光储充一体化电站大会在深圳市举行。作为该大会协办方,市政府组建由市委常委、常务副市长、组织部部长孙建年为团长,市经信委、市商务局、高邮经济开发区和市相关重点光伏、电池生产企业负责人等参加的代表团前去协办该会议。会上,孙建年为光储充行业内获奖企业颁奖。其间,在深圳市举行高邮专场推介会。推介会上,高邮经济开发区负责人以新能源电池为重点,推介重点项目和投资环境;江苏华富储能新技术股份有限公司、江苏省欧力特能源科技有限公司负责人作推介发言;市参会企业负责人和应邀嘉宾开展现场交流;江苏金晖光伏有限公司等企业负责人与相关客商达成多项合作事宜。 (周春江　殷朝刚)

【高邮(青田)进口商品战略合作推进会】 5月8日,市委、市政府在浙江省青田县举行高邮(青田)进口商品战略合作推进会。青田县政协副主席钟秋豪和高邮市委副书记张新钢,市委常委、常务副市长孙建年,市人大常委会副主任王永海,市政协副主席王薇等参加活动。会上,张新钢、钟秋豪分别致辞。会后,孙建年、王薇在钟秋毫陪同下,实地考察、调研青田进口商品城建设项目。

(陆业斌)

【举行企业股权融资暨项目路演专场对接会】 7月6日,扬州市发改委在高邮市召开成长型企业股权融资暨项目路演高邮专场对接会。全市40多家重点成长型中小企业与30多家创业投资机构开展面对面交流。会上,深圳市创新投资集团江苏大区投资经理王琼、苏州市相城创业投资有限责任公司副总经理杨健,分别作股权融资和企业股权融资业务辅导;扬州杨杰电子科技股份有限公司、江苏阿尼信息技术股份有限公司分别作上市工作、"新三板"挂牌上市经验介绍;江苏欧力特能源有限公司、龙腾照明集团分别开展项目路演。此外,市金融办分别与中国投资风险有限公司、江苏"一带一路"投资基金会、江苏红土创业投资有限公司等签署股权融资意向书;江苏毅达股权投资有限公司、扬州海圣创业投资中心、江苏弘瑞成长创业投资有限公司等分别与江苏欧力特能源有限公司、龙腾照明集团等企业签署股权融资意向书。 (杨扬　殷朝刚)

【江苏·高邮(深圳)产业合作恳谈会】 7月4日,市委、市政府在深圳举行2016江苏·高邮(深圳)产业合作恳谈会。会上,共签约产业项目16项,总投资额49.8亿元。市领导潘学元、张秋红、徐永宝、孙建年、潘建奇及60多名当地嘉宾和部分高邮籍在深圳成功人士参加。 (杨龙　殷朝刚)

【江苏·高邮(北京)产业合作恳谈会】 10月20日,市委、市政府在北京举行2016江苏·高邮(北京)产业合作恳谈会。会上,签约项目16项,总投资额53亿元。市领导勾凤诚、潘学元、孙建年、赵广华及50多名当地嘉宾、客商参加。

（杨龙 殷朝刚）

资料链接 在北京举办此次产业合作恳谈会，是市委、市政府开展京津冀（北京、天津、河北）金秋集中招商周活动的重要内容。10月14～20日招商周活动期间，市领导勾凤诚、潘学元、孙建年、赵广华及有关乡镇、园区和部门负责人带领招商小分队共20多支，通过进园区、看企业、访客商、谈项目、交朋友方式，先后拜访企业60多家、重点客商40多人，搜集有价值的项目信息30多条。

（杨龙）

【组团赴长沙参加扬州产业合作恳谈会】 11月上旬，市委、市政府组织相关企业赴湖南省长沙市，参加2016中国·扬州科技创新·产业合作恳谈会。会上，签约合作项目4项，其中科技合作项目2项、产业合作项目1项、人才引进项目1项。

（郭长青 周雷森）

【武汉理工大学考察团到高邮湖西新区考察】 3月中旬，由武汉理工大学多名专家、教授组成的考察团到高邮湖西新区考察，双方就产学研合作、人才招引、技术合作等方面作深入交流，并就筹建武汉理工大学自动化研究院高邮分院达成意向。副市长赵平陪同考察。（殷朝刚）

【省"一带一路基金"管理团队到高邮市调研】 5月24日，江苏省"一带一路基金"管理公司总经理薛炳海率管理团队到高邮市调研，双方就"一带一路基金"募集、项目筛选、投资合作等进行座谈，重点围绕投资合作模式、投资策略、投资方向、投资目标等开展磋商。市领导潘学元、孙建年等参加活动。（殷朝刚）

【2016年扬州市（高邮）"正月十八" 重大项目集中开工活动】 2月25日，市委、市政府在高邮湖西新区举行2016年扬州市（高邮）"正月十八"重大项目集中开工仪式。此次开工活动涉及项目3项，即落户高邮湖西新区的江苏昊天龙集团有限公司电力通讯铁塔项目（总投资10亿元）、落户高邮经济开发区的扬州瑞斯乐复合金属材料有限公司微通道铝扁管项目（总投资11亿元）、落户高邮城南新区的建筑业总部集聚区项目（总投资10.5亿元）。扬州市及高邮市有关领导参加活动。

（殷朝刚 刘媛 陈虹）

【双黄鸭蛋节签订产业合作协议项目共47项】 （详见《大事记要》篇目《第十二届中国双黄鸭蛋节》分目）

【举行经贸旅游节和双黄鸭蛋节重大项目集中开工投产活动】 （详见《大事记要》篇目《第十二届中国双黄鸭蛋节》分目）

【举行"4·18"分片项目集中开工竣工仪式】 （详见《大事记要》篇目《第十二届中国双黄鸭蛋节》分目）

【举行市文化体育中心等项目集中开工仪式】 6月17日上午，市委、市政府先后举行市文化体育中心开工仪式和康博工业固体废弃物处置项目、康博新材料第二期多晶硅项目、市环保产业园基础设施配套工程项目集中开工仪式。共有市领导及有关乡镇、部门负责人20多人参加。（郭玉梅）

【2016年扬州市（高邮）"8·18"重大项目集中开工活动】 8月18日上午，市委、市政府举行2016年扬州市（高邮）"8·18"重大项目集中开工仪式。此次开工活动涉及项目3项，即扬州高邮国家农业科技园区建设项目（总投资10亿元）、康博新材料多晶硅技术改造项目（总投资11亿元）、扬州泽丰新能源科技有限公司余热余气发电项目（总投资10亿元）。扬州市领导张爱军、王玉新、汪志坚和高邮市领导勾凤诚、潘学元、张秋红、徐永宝、张新钢、孙建年、杨文喜、赵广华等参加活动。

（刘媛 殷朝刚 周雷森）

【举行高邮湖西新区"10·18"项目集中签约、开工活动】 10月18日，市委、市政府举行高邮湖西新区"10·18"项目集中签约、开工仪式。此次集中签约、开工活动共涉及项目22项，其中签约项目13项、开工项目9项。市领导勾凤诚、潘学元、孙建年、王永海、张军等参加活动。同时，举行武汉理工大学高邮研究院揭牌仪式。（宰森旺 管玮玮）

【路桥隧工程技术研发中心成立】 3月18日，大连理工大学—江苏瑞沃建设集团路桥隧工程技术研发中心在城南经济新区成立。市委书记韩方、大连理工大学技术研究开发院副院长郝海共同为该中心揭牌，市委书记韩方、市长潘学元致辞，市领导孙建年、王永海、潘建奇出席成立仪式。

（周雷森）

【改进考核奖励办法】 年初，市委、市政府责成市相关部门修订完善招商引资、开放型经济考核奖励办法。增加考核项次，将"项目招引"列为考核奖励的重点项目。在范围设定上，把"项目招引与外资到账、域外民资投资、自营出口"一并纳入考核范畴，突出签约、到账、开工项目数的考核。在分值设置上，采取百分制量化与加分奖励相结合的办法，其中项目招引占45分、注册外资实际到账占40分。在奖项设立上，新设"招商功臣奖""招引重大域外民资（国资）项目奖"，并突出"项目实际到账20%并开工建设"硬性条件，对重大项目首位引介人及超额完成引进任务的单位进行奖励。2017年年初，市委、市政府表彰2016年度招商引资、开放型经济先进单位11家。其中，高邮经济开发区、甘垛镇、菱塘回族乡获一等奖；临泽镇、卸甲镇、高邮高新区、汤庄镇获二等奖;龙虬镇、高邮城南经济新区、高邮镇、市商务局获三等奖。康博新材料第二期和海润多晶硅铸锭及切片项目、磁控并联电抗器项目、德韧汽车项目、高端铝棒生产及延伸和清水潭文化旅游PPP项目等4个项目的首位引介人何其新(江苏波司登制衣有限公司总经理)、郝炳和(江苏豪纬交通集团有限公司董事长)、张锋(市商务局局长)、高明华(高邮经济开发区管委会副主任、招商局局长)获招商功臣奖;波司登永兴置业有限公司获招引重大外资项目奖。 (杨龙)

对外国及港澳台地区贸易

【概况】 2016年,全市实现进出口总额4.75亿美元,增长7.9%。其中,进口总额0.42亿美元,增长28.6%;出口总额4.33亿美元,增长6.2%。主要出口产品有机电产品、箱包鞋产品、服装产品、光伏和新光源产品等。全年新增出口企业3家,即扬州万达环保科技有限公司(年出口额1226万美元)、艾诺斯(扬州)华达电源系统有限公司(年出口额782万美元)和扬州豪纬交通器材有限公司(年出口额521万美元),累计有出口企业121家,其中机电产品出口企业44家、箱包鞋产品出口企业14家、服装产品出口企业10家、光伏和新光源产品出口企业27家、其他产品出口企业26家。在121家出口企业中,实现年出口额300万美元以下企业85家、300万美元～1000万美元(不含1000万美元)企业30家、1000万美元以上企业6家。

全市外贸产品出口市场主要包括美国、欧洲、东南亚等国家和地区。 (陶香潮)

【机电产品年出口额平稳增长】 2016年,全市实现机电产品出口额2.89亿美元,增长13.5%,占全市出口总额的66.7%,比上年上升2.7个百分点。其中年出口额处于前三强的江苏金飞达电动工具有限公司、扬州和益电动工具有限公司、扬州市康乐机械有限公司分别实现9053万美元、2632万美元、2487万美元,分别增长16.5%、1.2%、60.6%。 (陶香潮)

【光伏和新能源产品年出口额增势强劲】 2016年,全市光伏组件和太阳能、LED灯具等产品实现出口额4980万美元,增长31.5%。其中,其中年出口额处于前三强的扬州鑫晶光伏科技有限公司、艾诺斯(扬州)华达电源系统有限公司、扬州豪纬交通器材有限公司分别实现812万美元、782万美元、521万美元。 (陶香潮)

【箱包鞋、服装产品年出口额跌幅较大】 2016年,全市实现箱包鞋产品年出口额4238万美元、服装产品年出口额2791万美元,分别下降24.7%、29.3%。其中,箱包鞋类跌幅较大的扬州祥和鞋业有限公司、高邮市博爱鞋业有限公司,全年仅分别实现出口额2万美元、35万美元,分别下降70.7%、44.6%;服装类跌幅较大的扬州市万仕达彩印包装有限公司、扬州永辉纺织科技有限公司,全年仅分别实现出口额3万美元、28万美元,分别下降73.8%、53.5%。 (陶香潮)

【参加会展外贸企业70家】 2016年,全市有70家外贸企业参加国内外各类专业展会。其中,20家企业参加第120届中国进出口商品交易会(秋季),摊位数32个,参展企业和摊位数均为历年最多;15家企业分别参加俄罗斯五金工具展览会、日本五金工具展、德国科隆展等;50家企业赴昆山参加2016中国(昆山)品牌产品进口交易会。(陶香潮)

【外贸企业信保、统保工作】 2016年,市商务局为帮助外贸企业解决后顾之忧,继续动员企业参加省政府推行的信保统保平台,使企业敢于接外贸“大单、长单”。至年底,全市累计有参加统保(续保)的出口额在300万美元以下小微企业49家,其中获信用保险费补贴的企业有10家;江苏金润龙科技有限公司、高邮东方邮都美滋滋食品有限公司等企业在中国出口信用保险公司江苏分公司的帮助下成功追回货款150万美元。 (陶香潮)

【企业海关信用等级认定】 2016年,市商务局继续强化企业海关信用等级认定工作。全年新获批海关一般信用等级认证企业2家(扬州日兴生物科技股份有限公司、高邮市鑫顺机械制造有限公司);累计获批海关高级信用等级认证企业1家(江苏金飞达电动工具有限公司)、海关一般信用等级认证企业24家。同时,扬州和益电动工具有限公司、江苏华富储能新技术发展有限公司进入海关高级信用等级认证程序。 (陶香潮)

【争取各类外贸政策性资金600.4万元】 2016年,市商务局积极引导和帮助外贸企业开展国际市场资金、国家进口贴息、省商务发展资金等各类政策性资金的争取工作。至年底,全市累计争取到各类外贸政策性资金600.4万元,惠及相关企业100多家。 (陶香潮)

【举办外贸政策宣讲暨服务平台推介会】 6月12日,市政府举办外贸政策宣讲暨服务平台推介会,共有外贸企业负责人100多人参加。会上,邀请江苏省贸促国际会展有限公司董事长韦秀军和中国出口信用保险公司江苏分公司、阿里巴巴国际事业部、谷歌江苏体验优化中心等知名企业的专家,就企业如何开展跨境电子商务、参加出口信用保险、参加国内外重点展会等,进行宣讲、推介和指导。市委常委、常务副市长孙建年出席相关活动。 (王杨　殷朝刚)

外资及港澳台资利用

【概况】 2016年，全市新批外资及港澳台资项目7项，比上年减少6项；项目协议利用外资及港澳台资4110万美元，比上年减少3870万美元。实现外资及港澳台资实际到账5055.3万美元，下降16.4%，涉及相关项目17项。其中，第二产业外资及港澳台资实际到账2578.6万美元，下降7%，涉及相关项目14项；第三产业外资及港澳台资实际到账2476.7万美元，下降23.4%，涉及相关项目3项。

全年新发展外资及港澳台资企业法人11户（含分支5户），投资总额1.58亿美元，注册资本8376.68万美元，外方认缴额3723.7万美元。至年底，全市累计有外商投资企业法人156家，投资总额17.62亿美元，注册资本11.25亿美元，外方认缴额7.22亿美元；累计有外商合资企业法人5家，注册资本5006.73万美元；累计有港澳台合资企业法人7家，注册资本3785.54万美元；累计有港澳台商与外商合资企业法人1家，注册资本230万美元；累计有中外合作企业法人2家，注册资本3846.49万美元；累计有港澳台与境内合作企业法人1家，注册资本1170.03万美元。（杨龙　韦民裕）

【新增注册中外合资企业法人1家】 2016年，全市新增注册中外合资企业法人1家，新增注册资本3306.6万美元。至年底，全市累计有中外合资企业法人34家，累计注册资本1.61亿美元。（韦民裕）

表7　**2016年高邮市新增注册中外合资企业简表**

企业名称	合资双方		注册资本(金)(万美元)	设立时间
	高邮方	外资方		
扬州谷瑞因再生资源利用有限公司	高邮绿水青山投资管理有限公司	新加坡 ZHANG WANJUN	3306.60	6月28日

（韦民裕）

【新增注册外商独资企业法人2家】 2016年，全市新增注册外商独资企业法人2家，新增注册资本1030.72万美元。至年底，全市累计有外商独资企业法人26家，累计注册资本8416.22万美元。（韦民裕）

表8　**2016年高邮市新增注册外商独资企业简表**

企业名称	投资商所在国家	注册资本(金)(万美元)	设立时间
扬州恒联照明器材有限公司	加拿大	30.72	3月17日
德韧汽车零部件(江苏)有限公司	美国	1000.00	5月11日

（韦民裕）

【新增注册港澳台与境内合资企业法人2家】 2016年，全市新增注册港澳台客商（香港）与境内合资企业2家，新增注册资本3539.36万美元。至年底，全市累计有港澳台客商与境内合资企业法人41家，累计注册资本5.65亿美元。

（韦民裕）

表9　**2016年高邮市新增注册港澳台与境内合资企业简表**

企业名称	合资双方		注册资本(金)(万美元)	设立时间
	高邮方	香港方		
江苏润寅石墨烯科技有限公司	丁恩松	陈建清	2814.36	5月20日
高邮通威惠港新能源有限公司	高邮通威惠金新能源有限公司	通威太阳能香港有限公司	725.00	12月1日

（韦民裕）

【新增注册港澳台独资企业法人1家】 2016年，全市新增注册港澳台客商（香港）独资企业法人1家，新增注册资本500万美元。至年底，全市累计有港澳台独资企业法人39家，注册资本1.74亿美元。（韦民裕）

表10　**2016年高邮市新增注册港澳台独资企业简表**

企业名称	投资商籍贯	注册资本(金)(万美元)	设立时间
扬州杰华塑胶制品有限公司	香港	500.00	6月17日

（韦民裕）

【注销中外合资企业法人1家】 2016年,全市注销中外合资企业法人1家,即扬州诺力达电源有限公司,合资双方分别为镇江市金快乐畜电池有限责任公司、加拿大童童注销注册资本2980万元。(韦民裕)

表11 2016年高邮市注销中外合资企业简表

企业名称	合资双方		注销注册资本(金)(万美元)	注销时间
	高邮方	外资方		
扬州诺力达电源有限公司	镇江市金快乐畜电池有限责任公司	加拿大:童童	2980.00	1月18日

(韦民裕)

【注销港澳台合资企业法人1家】 2016年,全市注销港澳台客商(台湾)合资企业法人1家,即台商独资企业江苏璟谅电子科技有限公司,注销注册资本105万美元。(韦民裕)

表12 2016年高邮市注销港澳台合资企业简表

企业名称	投资商籍贯	注册资本(金)(万美元)	注销时间
江苏璟谅电子科技有限公司	台湾	105.00	3月11日

(韦民裕)

【注销港澳台独资企业法人1家】 2016年,全市注销港澳台客商(台湾)独资企业法人1家,即扬州铨伟实业有限公司,注销注册资本70.06万美元。(韦民裕)

表13 2016年高邮市注销港澳台独资企业简表

企业名称	投资商籍贯	注册资本(金)(万美元)	注销时间
扬州铨伟实业有限公司	台湾	70.06	9月29日

(韦民裕)

对外国及港澳台地区经济技术合作

【概况】 2016年,全市完成外经营业额330万美元,增长11.9%;新获批对外承包经营资格的企业5家,累计达6家;新增境外商务企业2家;新获批境外投资企业1家,当年完成境外投资1290美元。(邱昆)

【新获批对外承包经营资格企业5家】 2016年,全市新获批对外承包经营资格企业5家,即江苏瑞沃建设集团有限公司、江苏建宇建设集团有限公司、江苏润扬建设工程有限公司、扬州市秦邮建筑安装工程有限公司、江苏龙腾照明集团有限公司。至此,全市累计有对外承包经营资格企业6家。(邱昆)

【扬州市天祥路灯器材有限公司发展非洲商务】 2016年,扬州市天祥路灯器材有限公司抢抓"一带一路"发展机遇,发展跨境电子商务,在非洲建成集生产、销售、服务为一体的境外分公司3家、"海外仓"5个,外派营销人员20多人,灯具产品销售范围扩大到27个国家和地区,实现年销售额1.5亿元。(殷朝刚 顾小青)

【江苏豪纬智能交通科技有限公司发展中亚商务】 2016年,江苏豪纬智能交通科技有限公司结合在新疆维吾尔自治区霍尔果斯建成科豪科技城(总面积4公顷)的契机,借助中哈(中国—哈萨克斯坦)自由贸易区的优势,并搭乘"一带一路"快车,对哈萨克斯坦等中亚国家开展跨境销售业务,实现年销售额6000万元。(殷朝刚 顾小青)

【扬州华盟电子有限公司获批境外投资企业】 6月16日,经商务部批准,扬州华盟电子有限公司获发"企业境外投资证书",并在香港设立华盟电子科技香港有限公司。该公司主要经营项目包括FPC柔性线路板、电子元器件、光学镜头的咨询、销售,自营和代理各类商品及技术的进出口业务。是年,完成境外投资1290美元。(邱昆)

江苏省高邮经济开发区(马棚街道)

【概况】 江苏省高邮经济开发区位于城区北部,总面积101平方千米,开发规划面积50平方千米,建成区面积20平方千米。辖15个村、4个社区,村(居)民小组255个。总人口6.8万人,其中男3.35万人、女3.45万人;非农业人口1.67万人,外来暂住人口8412人。

农业。全年实现农业生产总值8.61亿元,粮食总产量5.12万吨,油料总产量1492吨,农民人均年纯收入2.53万元。全年向上争取农业资金949万元,其中普惠制资金780万元、项目资金169

万元。争取省农桥改造补贴资金90万元，新建农桥6座。总投资1500万元，建设泵站9座。新增乘坐式高性能插秧机40台，机插秧率95%；新增烘干机20台。全区有农业产业化重点龙头企业7家，其中省级农业产业化龙头企业4家、扬州市级农业产业化龙头企业2家、高邮市级农业产业化龙头企业1家。发展电子商务，全区累计有农业电商企业6家，全年新增农村淘宝网站5家。

工业。全区实现工业总产值520.01亿元，其中规模以上工业产值394亿元，分别比上年增长15.8%、11.8%；工业开票销售154亿元，比上年增长27.8%，工业入库税收4.7亿元，比上年增长8.3%；工业技改投入51.04亿元，固定资产投资112.37亿元；出口总额8282万美元，实际到账注册外资2301万美元。新增规模以上工业企业10家，规模以上企业总数增至94家。

建筑业和第三产业。全区有建安企业32家。全年承接建筑施工面积98万平方米，实现建筑业总产值83.53亿元，增长7.56%。清水潭旅游度假区东入口游客服务中心投入使用，普照街建设工程基本建成，杉洲路、御试河堤、大运路便道和清水潭便道竣工，核心区新增公共厕所2座，完成景区南路工程方案设计；杉洲岛旅游设施竣工，集贤庄餐厅、森林木屋、观鸟台等系列景点对外营业。新增服务业限上企业8家，实现第三产业增加值23.99亿元，比上年增长14.29%。

招商引资。加强招商工作组织领导，成立区招商总指挥部，下设“长三角”“珠三角”“京津冀”等3个分指挥部。聚焦高性能电池、新能源汽车、PCB等产业，加大招商推介和登门拜访力度，在上海、北京、深圳、苏州等地开展招商专题推介活动，招商工作取得良好效果。全区累计签约项目38项，其中，20亿元项目2项、10亿元项目4项、亿元项目5项；总投资3000万美元的外资项目1项、5000万元项目2项。与上海市徐泾镇、上海国际汽车城合作签订合作共建协议。科技项目招商取得积极进展。通过签约，引进江苏唐无忌食品科技有限公司、扬州创立同恒工贸有限公司、扬州纳佰诚纳米科技有限公司等22项科技创新项目。

项目建设。紧抓重大项目建设不动摇，围绕年度目标抓好开工、强力推进、力促竣工，完成全年任务目标。其中，新开工投资额在亿元以上项目9项，其中10亿元项目4项，分别是总投资22亿元的清水潭生态文化旅游系列项目、总投资11亿元的康博高纯硅技改扩产项目和总投资10亿元的瑞斯乐微通道扁管项目、泽丰余热发电项目；亿元项目5项，包括总投资额2000万美元的德韧汽车配件项目。竣工投产亿元以上项目8项，其中10亿元项目3项，分别是能一电池项目、清水潭生态中心项目和省食品药品管理局检测培训中心高邮基地项目；亿元项目5项。

社会事业。向全区3000多名老年失地农民发放养老补助金360多万元，向288户特困家庭发放救助金近70万元，共向593名残疾人发放补助金304万元。养老院第二期扩建工程基本完成，1200平方米餐厅投入使用。安置小区第八期工程建成交付，新建安置房846套。开发区外国语学校全面建成并投入使用，与澳大利亚教育管理中心进行合作，引入外语教学。区卫生服务中心被国家卫生和计划生育委员会批准为“全国百强优秀社区卫生服务中心”。新型大病合作医疗统筹参合率100%，全区36户计划生育特殊困难家庭均享受特别补助金。举办开发区首届运动会，建成高沙园社区、九园社区、金塘社区文化分中心。

园区建设。完成秦邮路改造提升工程，建成横泾河滨河公园、北关河体育公园。完成“不淹不涝、清水活水”第一阶段工程，建成排涝泵站9座。开工建设屏淮路北延工程和安置小区第九期工程，完成城中村零散地块整治。为做好卫生城和文明城创建工作，大力度、常态化推进整治工作，园区市容环境有明显改善。

党建和精神文明建设。全面贯彻中共十八大和十八届三中、四中、五中、六中全会及省、市党代会精神，以市第十一届第二次全会的决策部署为引领，组织学习讲话精神内涵，进一步加强作风建设。非公企业党群组织覆盖率大幅提升，活力不断增强。全区发展新党员34人，转正40人。新组建工会10个，改选到期工会45个。建立共青团支部2个。开展双拥工作，超额完成市下达的新兵征集任务。

（赵倩倩）

【能一高性能蓄电池项目竣工投产】 2014年4月开工，2016年4月竣工投产。由江苏能一电池有限公司投资，总投资额10亿元，注册资本2亿元，用地面积9公顷，建设厂房、办公楼及附属用房7万平方米。项目主要以生产高性能铅酸蓄电池为主，项目年产铅酸蓄电池150万千伏安小时。

（赵倩倩）

【康正食品检测设备项目竣工投产】 2014年4月开工，2016年5月竣工投产。由江苏康正生物科技有限公司投资，总投资额10亿元，注册资本2亿元，用地面积2.2公顷，建设厂房、办公楼及附属用房5万平方米。项目主要从事食品安全快速检测设备的研发、生产与销售。项目建成后，可形成年产纳米增强激光拉曼光谱仪2000台、重金属快速检测仪1万台、农药残留快速检测仪1万台、全自动固相萃取仪2000台的生产能力。（赵倩倩）

【清水潭旅游度假区项目竣工】 2014年6月开工，2016年12月竣工。由市清水潭旅游投资有限公司投资，项目第一期工程总投资10亿元。总体规划功能布局为："一心"，即生态核心——湿地森林景观；"双湖"，即清水潭和普照湖组成的双湖夹镜景观；"四街"，即民俗展示街、生态特色商业街、养生休闲街、里下河风情街；"八岛"，即水系环绕的八座绿洲岛屿，包括生态养生岛、森林温泉、养生驿站等。 （赵倩倩）

【区中心初中学校项目竣工投用】 2015年3月开工，2016年1月竣工投用。由区财政投资，项目总投资额1.14亿元，占地面积6.67公顷，建筑总面积2.4万平方米。建成区九年一贯制实验学校，新建的学校按照省现代化学校要求，高起点规划，高标准建设，具有现代风格，体现现代化理念。规模为初中六轨18个班，小学四轨24个班。 （赵倩倩）

【清水潭"大运来"生态文化旅游度假区开工】 2016年4月开工。该项目由扬州大运文化产业发展有限公司投资，计划总投资额22亿元，注册资本4亿元，用地面积383.87公顷(含租地)，建设以杂技表演为核心，集温泉酒店和杂技(含马戏、杂技、魔术)表演、创作、比赛、论坛和其他配套等为一体的大型文化旅游项目与配套景区。预计2018年4月竣工。 （赵倩倩）

【瑞斯乐微通道扁管项目开工】 2016年2月开工。该项目由扬州瑞斯乐复合金属材料有限公司投资，计划总投资额11亿元，规划用地面积6.67公顷，建设厂房、附属用房等5万平方米，新上微通道扁管生产线4条。预计2018年2月竣工。(赵倩倩)

【康博多晶硅扩产项目开工】 2016年8月开工。该项目由江苏康博新材料科技有限公司投资，第一期工程设计产能年产多晶硅3000吨，征地面积17.87公顷。该项目曾于2011年1月开工建设、2012年4月18日举行竣工投产仪式，累计完成投资10亿元，但由于市场变化，投产后一直未能量产。2016年，该公司抓住全球光伏市场复苏的机遇，再次投入6000万元，重启首期3000吨多晶硅项目复产。预计2018年8月，竣工投产。(赵倩倩)

【泽丰余热余气发电项目开工】 2016年1月开工。由扬州泽丰新能源科技有限公司投资，计划总投资额10亿元，规划用地面积4公顷，建设2座5立方米～10立方米干式高炉煤气柜和干式转炉煤气柜、3×120吨/小时高温高压高炉煤气锅炉+3×30兆瓦凝汽式汽轮发电机组等。预计2018年1月，竣工投产。 （赵倩倩）

【哈登电池外壳项目开工】 2016年2月开工。由上海哈登塑料技术有限公司投资，计划总投资额1.4亿元，注册资本6000万元，用地面积2.67公顷，设备投资4800万元，建设厂房及附属用房2.4万平方米，设计年产800万套蓄电池外壳、电槽及配件、军工用器械塑料安全箱10万台。预计2017年2月竣工投产。 （赵倩倩）

【德韧汽车零部件生产项目开工】 2016年6月开工。由德韧汽车零部件(江苏)有限公司投资，项目总投资额2000万美元，注册资本1000万美元。在区内租赁厂房、购置设备，新上汽车换挡器、外饰件和结构件项目，产品主要为奥迪、宝马等高档轿车配套。预计2017年6月，竣工投产。(赵倩倩)

表14　**2016年江苏省高邮经济开发区(马棚街道)主要经济社会指标实绩表**

项　目	单位	2016年	2015年	比上年(±%)	项　目	单位	2016年	2015年	比上年(±%)
地区生产总值	亿元	112.27	105.32	6.6	规模以上企业利润	亿元	35.30	32.10	10.0
第一产业	亿元	4.70	4.51	4.2	工业技改投入	亿元	51.04	41.32	23.5
第二产业	亿元	83.58	78.27	6.8	工业从业人数	万人	4.27	4.25	0.5
第三产业	亿元	23.99	20.99	14.3	建筑业产值	亿元	83.53	77.66	7.6
公共财政收入	亿元	9.28	9.21	0.8	建筑业利润	亿元	0.28	0.26	7.7
农业总产值	亿元	8.61	8.24	4.5	建筑业从业人数	万人	0.47	0.43	9.3
粮食总产量	万吨	5.12	5.18	-1.2	外贸出口额	万美元	8282.00	7056.00	17.4
油料总产量	万吨	0.15	0.15	—	当年引进项目	项	38	36	5.6
肉类总产值	吨	4608.00	3778.00	22.0	实际利用外资额	万美元	2301.00	2500.00	-8.0
禽蛋产量	吨	1696.20	1593.70	6.4	第三产业从业人数	万人	1.65	1.62	1.9
水产品总产量	万吨	1.62	1.42	14.1	新增个体工商户	户	504	395	27.6
农业从业人数	万人	0.55	0.55	—	学校	所	4	5	-20.0
工业企业数	家	561	546	2.7	在校学生数	人	2213	1861	18.9
全部工业总产值	亿元	520.01	449.22	15.8	外出劳务人数	人	1800	2211	-18.6

续表14

项　目	单位	2016年	2015年	比上年（±%）	项　目	单位	2016年	2015年	比上年（±%）
工业开票销售额	亿元	154.00	120.50	27.8	外来劳务人数	人	8412	8368	0.5
规模以上工业产值	亿元	394.00	352.42	11.8	农民人均纯收入	万元	2.53	2.29	10.5

（赵倩倩）

表15　**2016年江苏省高邮经济开发区（马棚街道）村、社区概况表**

村、社区	党支部书记	村（居）委会主任	会计	村（居）民小组（个）	户数（户）	总人口（人）	农业面积（公顷）	工业企业（家）	社会总产值（亿元）	人均收入（元）
文游台村	张　剑	赵　荣	凌淑一	9	456	2680	120	—	5.16	27745
花王村	梁荣祥	乔乃平	刘永新	18	1853	7560	20	—	8.35	27140
奥林村	吴增海	吴增海	黄桂杰	17	1095	4369	105	8	7.60	27265
双庙村	徐善鸿	倪广明	谢维友	20	1149	5052	669	—	6.27	23929
杨桥村	倪荣贵	芦志清	茆新建	13	954	3953	78	—	1.53	27030
腰圩村	陶兴安	徐　斌	李阳伟	14	1024	4158	200	—	1.39	25330
灯塔村	赵叶宽	凌加仁	凌加莹	12	845	3523	200	—	1.01	21500
清水潭村	凌生展	龚玉喜	顾永超	11	707	2801	154	—	0.99	25600
昌农村	吴桂斌	吴有宏	张小峰	16	981	3536	323	—	1.24	24237
北太平村	茆明莉	赵金阳	胡金定	9	486	2439	160	—	1.08	21200
佛塔村	黄志远	郭朝顶	郑玉娟	8	500	2030	135	1	0.80	25000
钱厦村	王永树	陶远来	黄正松	24	1284	5006	506	—	3.84	21600
塔院村	郭富斌	黎寿东	王庆云	17	916	3197	381	—	2.65	22613
阳沟村	郭正亚	王恒贵	周宏军	13	786	3010	320	—	2.29	22074
东湖村	黄桂松	黄桂松	王　旭	15	942	3214	355	—	1.73	23248
九园社区	黄叶森	郑庆梅	—	6	4580	15200	—	—	—	24812
金塘社区	赵同海	赵同海	郭长明	9	1175	3750	233	—	3.15	23000
东墩社区	王　林	赵帮仁	郭东平	14	1046	4152	327	—	1.63	23024
高沙园社区	周梅楠	—	陶　华	10	3912	14657	—	—	—	24000

（赵倩倩）

高邮城南经济新区（车逻镇）

【概况】 高邮城南经济新区（车逻镇）地处高邮市城区南部，东与卸甲镇接壤，南与江都区邵伯镇毗邻，西邻京杭大运河，北接高邮镇；是全市重点打造的“三大园区”之一，享有省经济开发区优惠政策。总面积77.6平方千米。辖11个村、2个社区、1个站。总人口4.86万人，其中男2.41万人、女2.45万人；非农业人口805人，外来暂住人口604人。实现地区生产总值27.6亿元、公共财政预算收入1.33亿元、农民人均纯收入2.31万元，分别增长13.3%、-14.7%、2.5%。是年，该区（镇）被评为全国社区教育示范乡镇、省电子商务示范基地、省电子商务“十强镇”、省智能健康装备科技产业园、高邮市教育工作先进乡镇等；获全市乡镇、园区经济社会发展综合考评二等奖。

农业。农业规模化、现代化步伐加快，新增土地流转1759公顷，完成翻深耕867公顷，新增家庭农场3家、种养大户157户，新创农产品“三品”基地面积340公顷，新购置烘干机24台（套），农机社会化服务面积1000公顷，创成省农业机械化示范区，特色水禽“星创天地”获批国家级“星创天地”，“邮都惠农型农光互补”项目被列入省重点项目工程。

工业。坚持以稳促进、以质促增，推动实施“新技术、新设备、新产品、新品牌”四轮驱动，从政策扶持、项目建设、科技创新、技术改造入手，积极推进健身休闲器材、五金制造、机械装备及新材料新能源产业加快发展、转型发展。秦邮蛋品获批“江苏老字号”称号，获批国家高新技术企业4家、省科技型中小企业3家、省两化融合试点企业2家,入选全市工业转型发展“356”行动培育计划企业6家;大连理工大学高邮研究院、武汉理工大学等院校创新引领功能进一步加强;获批国家高新技术企业4家、省科技型中小企业3家、省两化融合试点企业2家;获批省重大科技成果转化项目1项、重点技术创新计划项目3项;获批省高新技术产品16种、市长质量奖产品1种、扬州重点培育国际品牌产品2种;新建省级企业工程技术研发中心3家、省企业研究生工作站2家;获批扬州市首批“两创”(发展创新型经济、建设创新型城市)示范点;获批省“双创(创新、创业)博士”科技副总5人、扬州“绿扬金凤计划”领军人才8人;获批发明专利授权62件。全年实现工业总产值136.5亿元,其中规模以上工业产值70.61亿元,分别增长5%、13.9%;完成工业开票销售45.42亿元、税收2.65亿元,分别增长18%、7%。实现自营出口额7639万美元,占全市比重为17.7%。

建筑业和第三产业。注重释放建筑产业集聚区功能,园内集聚江苏弘盛建设工程集团有限公司、江苏润扬建设工程集团有限公司、江苏瑞沃建设集团有限公司、扬州惠丰建筑安装工程有限公司、高邮市高强公路工程有限公司、扬州市天成建筑安装工程有限公司、江苏华坤建设工程有限公司等7家建筑企业总部;启动建设建筑现代化产业基地;完成建筑业产值63亿元。紧扣电商产业园、物流园、汽车贸易园等特色园建设,加快推动现代服务业发展,完成服务业增加值11.89亿元,被市委、市政府表彰为服务业工作先进单位(一等奖)。汽车贸易园别克、福特、大众等品牌汽车开票销售额4.3亿元,电子商务园月均交易额超1500万元。启动电商特色小镇规划建设工作。

招商引资和项目建设。坚持“四新”项目并举,突出“双十”目标倒逼,有效提升招商引资质态。全年新签约投资额1亿元以上项目13项,其中1亿元～5亿元项目8项、5亿元～10亿元项目3项、10亿元以上项目2项。新开工建设项目9项,即总投资10.59亿元的汽车城项目、总投资10亿元的亿泰新型纺纱项目、总投资2亿元的康峰医用塑料粒子生产项目、总投资1.2亿元的汇强园林工具生产项目、总投资1.08亿元的园区标准化厂房项目、总投资1亿元的城南经济新区小学项目、总投资1亿元的中欣医用高分子材料生产项目、总投资5000万元的创琦汽车零件加工项目、总投资5000万元的晓岸高效农业项目。新竣工项目10项,即总投资1.33亿元的润扬商务办公用房建设工程项目、总投资1.2亿元的方圆工贸模具生产项目、总投资1.2亿元的南开新科水质改良剂项目、总投资1.08亿元的鑫东方休闲系列产品项目、总投资1.08亿元的园区标准化厂房项目、总投资1亿元的华锋特钢加工项目、总投资1亿元的龙升现代物流项目、总投资5180万元的添穗农作物选种质保项目、总投资5000万元的东方力拓金属制品加工项目、总投资5000万元的创琦汽车零件加工项目。完成外资到账314万美元。

区镇建设。以“四城同创”为抓手,以南镇东扩北进、北城完善提升为重点,扎实推进城建“双十”工程和十大基础设施项目,加快翰林国际第三期、飞达小区第二期、天娇园第二期和惠丰大厦、润扬大厦等新小区工程建设,推进新商圈建设,统筹开展城中村整治和老街老巷改造,实施实验小学南校区工程,建设车逻体育休闲公园、大寨河河滨公园、香沟河景观带等公园体系。建成动物无害化处理中心、南苑垃圾中转站等基础项目,完成整建制绿化工程,开展拉网式全覆盖农村环境整治,通过省卫生镇复审。完成企业退园进城117家、地块整治3处;实施中心大道东延、新联路南延、森林西路拓宽、森林路东延、顺达路北延、朝阳路东延等道路升级工程;完成“美丽乡路”三年行动计划,实施新一轮村级道路硬化和亮化工程。以不淹不涝、清水活水为重点,投入2600万元完成“重点县工程”和中小河流治理工程,新铺雨水管道2.6千米,疏浚河道15条,修建灌溉排闸泵站12座、桥梁2座。

社会事业。加大教育经费投入,落实幼儿教师待遇,全面撤销村级办学点,大力推进教育信息化、品牌化,车逻初中《基于实验的数学课程建设》项目获省教育厅资助立项,获“市教育工作先进乡镇”“全国社区教育示范乡镇”等称号。推进实施分级诊疗制度、乡村医生签约服务制度等,建成眼科医院,开展“血防百日行动”,“新农合”人均筹资标准调至570元。强化社会保障,实现农村低保、“五保”、“三无”供养标准应提尽提,各类保险持续扩面,助残助学、扶危济困力度加大,精准扶贫脱贫成效明显。新建成便民服务中心3个、健身广场1个、危房改造4户,实施省“一事一议”工程4项,落实社区为民服务资金32万元。坚持建设“法治新区”和“德治新区”并行,加强“百姓学堂”“幸福会堂”建设,组织家风讲座、文艺表演等系列活动,获“扬州普法工作先进单位”称号。推进平安建设,加大依法信访维稳力度,狠抓涉化、涉爆安全,落实“四个最严”,确保食品安全,创成扬州市食品安全园区。

党建和精神文明建设。完成镇、村(社区)党组织和镇人大、政府换届。扎实推进“双覆盖双提升”工程,全面理顺基层党组织关系,成立非公有制企业综合党委，依照产业、经济组织分类逐一建立党支部，并同步规范“三会一课”、党员评议、岗位实践等政治生活。全年打造“四星级”“五星级”基层党组织5个。抓好“两学一做”学习教育，组织“三个区分开来”“三个如何”等专题研讨，精心举办“党建知识竞赛”“吴仁宝式好书记演讲”重点活动，在全市率先建立监测点，推行“书记上党课，骨干讲业务，典型说事迹”活动，广大党员干部的政治意识、大局意识、核心意识、看齐意识等得到普遍增强。坚持严管和厚爱党员干部，突出“四讲四有”标准，加强流动党员“双向管理”，推进干部年轻化、知识化，落实关爱机制，党员干部自觉将“正派、务实、创新、担当”的新时期高邮干部特征体现在干事创业、修身立德上。落实“两个责任”“一岗双责”要求，严格“四张责任清单”管理，紧绷纪律之弦，对“九严禁”做到逢会必讲、逢选必提，深入组织开展小金库、“优亲厚友”等系列排查整改活动。把管权管钱、挺纪立规作为重点，严以重大事项集体议决，推行重大项目委托代理、重大支出联合审批、工程招投标全程公开，强化商务公务接待、“三服务”等落实情况督查，加强村务大监督机制建设，定期开展常规审计和专项审计。

（仇慧　朱骏）

【润扬集团总部大厦建成并投入使用】 2月，位于高邮城南经济新区的江苏润扬建设工程集团有限公司总部大厦建成并投入使用。该大厦规划用地面积0.73公顷，建成的综合大楼及科研楼面积2万平方米，于2015年1月开工建设，总投资1亿元。（仇慧　朱骏）

资料链接　江苏润扬建设工程集团有限公司是一家具有国家一级施工总承包资质的企业。该公司注册资本1.68亿元，净资产2.06亿元。拥有各类技术、经济职称人员518人，当中包含高级工程师25人、工程师95人、一级建造师25人、二级建造师60人。该公司下设6个土建分公司、3个房地产开发公司、1个市政公司、1个安装公司、1个装潢公司，年施工能力超200万平方米，可承担各类房屋建筑和市政公用工程的施工总承包及地基基础、装修装饰、起重设备安装、消防设施等专业工程的施工。施工队伍分布南京、北京、天津、昆明、武汉、马鞍山、滁州、无锡、镇江、扬州、淮安、盐城、宿迁、徐州等大中型城市。2000年，该公司通过ISO9001国际质量管理体系、GB/T28001职业健康安全管理体系和ISO14001环境管理体系的认证。企业资信等级“AAA”级，连续多年获评“重合同、守信用”企业。

（仇慧　朱骏）

【扬州亿泰纺织有限公司第二期工程启建】 9月，扬州亿泰纺织有限公司立足智能化、基地化发展，启动建设第二期工程项目。该工程规划用地面积5.14公顷，重点建设纺纱车间标准化厂房3.5万平方米，仓库（5幢）5000平方米；计划总投资10亿元，其中设备投入4.5亿元。该工程建成后，用工将比第一期工程削减60%以上，可形成年产棉纱3.2万吨、年开票销售11亿元的规模。（仇慧　朱骏）

资料链接　扬州亿泰纺织有限公司于2008年6月落户高邮城南经济新区，是一家生产新型绿色纺织产品的国家高新技术企业。该公司第一期投资2亿元，主要生产以竹纤维为原料，利用纺纱工艺流程制成纱线织物等产品。（仇慧　朱骏）

【江苏星浪光学仪器有限公司技改投入7000万元】 2016年，江苏星浪光学仪器有限公司技改项目建设投入7000万元，主要用于新装镀膜机20台。该技改项目建成后，年可新增开票销售1亿元。

（仇慧　朱骏）

资料链接　江苏星浪光学仪器有限公司于2013年10月落户高邮城南经济新区，是一家专业从事光学影像装备玻璃镀膜技术研发、加工、销售的外商独资企业。该公司计划总投资1500万美元，用地面积1.67公顷，建成1.3万平方米的生产厂房及相关设施，主要生产光学镜片、玻璃镀膜、精密光学滤波片、数码成像滤波片等高端玻璃材料产品。（仇慧　朱骏）

表16　**2016年高邮城南经济新区(车逻镇)主要经济社会指标实绩表**

项　　目	单位	2016年	2015年	比上年（±%）	项　　目	单位	2016年	2015年	比上年（±%）
地区生产总值	亿元	27.59	24.36	13.3	规模以上工业产值	亿元	70.74	62.00	14.1
第一产业	亿元	3.30	3.17	4.1	规模以上企业利润	亿元	3.92	3.38	16.0
第二产业	亿元	12.40	11.22	10.5	工业从业人数	万人	1.90	1.90	—
第三产业	亿元	11.89	9.97	19.3	建筑业产值	亿元	63.00	52.50	20.0
公共财政收入	亿元	1.33	1.56	-14.7	建筑业利润	亿元	0.21	0.18	16.7
农业总产值	亿元	5.84	5.79	0.9	建筑业从业人数	人	5588.00	5876.00	-4.9
粮食总产量	万吨	5.40	5.40	—	实际利用外资额	万美元	314.00	570.00	-44.9
油料总产值	吨	1009.00	1028.00	-1.9	外贸出口额	万美元	7639.00	7547.00	1.2

续表16

项　　目	单位	2016年	2015年	比上年(±%)	项　　目	单位	2016年	2015年	比上年(±%)
肉类总产值	吨	4234.00	4570.00	-7.4	第三产业从业人数	人	4381.00	4338.00	1.0
禽蛋产量	吨	1270.00	1522.00	-16.6	新增个体工商户	户	45.00	262.00	-82.8
水产品总产量	吨	5915.00	5510.00	7.4	学校	所	3.00	6.00	-50.0
农业从业人数	人	2322.00	2512.00	-7.6	在校学生数	人	1539.00	1614.00	-4.7
工业企业数	家	494.00	490.00	0.8	外出劳务人数	人	6022.00	6152.00	-2.1
全部工业总产值	亿元	136.00	130.00	4.6	外来劳务人数	人	1008.00	1002.00	0.6
工业开票销售额	亿元	45.42	38.50	18.0	农民人均纯收入	万元	2.31	2.26	2.2

(仇慧　朱骏)

表17　**2016年高邮城南经济新区(车逻镇)村、社区基本情况表**

村、社区	党支部书记	村(居)委会、站主任	会计	村(居)民小组(个)	户数(户)	总人口(人)	农业面积(公顷)	工业企业(家)	社会总产值(亿元)	人均收入(元)
浩芝村	张　炎	钱祥平	马　妍	14	710	3078	167.8	9	2.08	31000
勤王村	仇素明	赵金安	成汝祥	12	562	2150	198.0	4	2.65	25715
渠南村	王静源	朱子清	金方媛	12	496	1938	196.0	7	1.43	23295
管伙村	徐志浩	师玉彩	张荣根	18	1009	3925	285.0	12	1.03	26499
车逻村	戚家林	谭跃全	师仁月	16	1145	4526	230.0	82	8.01	23210
特平村	刘国峰	胡尔朝	张曰宏	19	10673	3396	303.0	56	6.83	23064
保丰村	马年元	孙万丰	张玉英	19	968	3158	325.4	46	9.08	23729
太丰村	肖有明	居长宏	居长霞	27	1307	4876	396.3	24	6.80	23677
上庄村	居思祥	居　坤	韦楼忠	22	1345	4983	480.0	22	4.78	22242
砖场村	杨　勇	张士安	孙必兰	15	898	3640	243.9	27	0.60	24583
闸河村	赵庆云	孙长才	扬志权	25	1354	4814	468.7	38	5.26	22393
南苑社区	庄　弘	牛宝山	仇开敏	20	3000	10065	13.3	12	0.82	29000
朝阳社区	柏士荣	周宝萍	夏寻知	10	1331	4096	—	8	4.97	22000

(仇慧　朱骏)

江苏省高邮高新技术产业开发区(送桥镇)

【概况】　江苏省高邮高新技术产业开发区(12月15日由高邮湖西新区更名而来,以下简称“高邮高新区”)位于高邮湖西地区,东连高邮镇,南临邗江区公道镇、仪征市大仪镇,西于安徽省天长市毗邻,北傍高邮湖。区域面积154平方千米,其中耕地面积6923公顷。辖17个行政村、3个社区。总人口6.98万人,其中户籍人口6.64万人、外来人口3400人。

农业。农业集聚增效,加速推进400公顷的神居硒谷生态农业园、120公顷的栖湖养老观光农业园区建设。新增家庭农场51个、专业合作社23个,新增土地集中规模流转面积1600公顷。邵庄村为高邮首家被农业部认定“全国一村一品示范村镇”。坚持“治城先治水”。完成中型灌区重点县中小河流整治、水土保持、水利建设项目。治淮工程项目投入近1亿元,加固圩堤40千米,新改建涵闸站30座。

工业。全年实现工业总产值300亿元、开票销售额75亿元、外资实际到账687万美元。全区新增国家高新技术企业19家;专利申请1140件、授权895件,其中发明专利申请150件、授权15件;获批省级孵化器1个。中航百慕新材料研发中心投入使用,扬州市级科技产业综合体、豪玮众创空间装修工程基本完工。该区创建成“江苏省优质道路照明灯具生产示范区”“江苏省绿色照明产业科技产业园”“江苏省特色产业集群”。高邮灯具为全省首个获国家质量监督检验检疫总局评定和批准的生态原产地产品保护工业产品。承煦灯具点亮G20“第一迎宾大道”。全年新开工重点项目12项，其中投资额10亿元项目2项、5亿元项目1项、1亿元项目7项、5000万元以上至1亿元以下项目2项；竣工1亿元以上项目11项，其中投资额10亿元项目1项、5亿元项目1项、1亿元项目6项、5000万元以上至1亿元以下项目3项。

建筑业和第三产业。全年完成建安企业总产值168亿元，施工面积676万平方米，竣工面积371万平方米。新增限额以上服务业企业9家、规模以上服务业企业5家、服务业大个体户6家。开工建设1亿元以上服务业项目6项，其中10亿元以上服务业项目1项。郭集灯具城第一期工程项目建成营业，第二期工程项目开工建设。万丰皮草城、五星电器城、进口商品城揭牌试营业。实现服务业增加值16.88亿元、新增投入8.97亿元、经营额5.68亿元、税收收入3890万元。

社会事业。开展职工技能培训，推进教育、卫生布局规划调整，新区学校即将开工，医院完成室内装潢。实施农村健身设施三年提档升级工程。社会保障服务体系进一步健全，新增社保3400人、新农保1.2万人，按月领取基本养老金的人员1.7万人；低保“五保”应保尽保，按标准发放优抚金、尊老金；落实阳光助学、大病救助、临时困难救助、“两贫”慰问等关爱扶助政策，开展扶贫攻坚，脱贫比例30%以上。体育、文化事业取得新成绩，成功举办湖西新区（送桥镇）第二届运动会。

精神文明建设。深入开展“送桥好人”“送桥名人”“十大慈善之星”评选活动。深入开展“有理大家评”活动。试行律师信访代理员制度，引导群众依法信访、依法维权。坚持领导信访接待日制度，扎实开展矛盾纠纷排查化解活动，全年排查各类矛盾纠纷260多件，调处率100%，调处成功率98%以上。

环境保护。推进美好区镇建设行动和覆盖拉网式农村环境综合整治。全面启动状元湖扩容工程、状元沟拓宽改造工程、高邮湖大堤“绿色长廊”建设。争取国资投入330万元，实施神居山生态修复工程。投入943万元，实施污水处理厂第二期工程，新建污水管网6.5千米，累计建成污水管网49.8千米，4座污水提升泵站全部安装自动化监控设施，全年共处理污水280万吨。巩固秸秆禁烧、禁抛、还田工作成效，拓宽综合利用渠道。通过扬州市卫生镇复审，农村面貌逐步实现洁化、亮化、美化。（周中喜　赵国海）

【高邮高新技术产业开发区获省政府批准】（详见《特载》篇目《重要文告》分目）

【高邮高新区挂牌成立】 12月17日上午，江苏省高邮高新技术产业开发区举行挂牌仪式。市委副书记、区党工委书记张新钢，市人大常委会副主任、区管委会主任王永海为该区挂牌。区党工委副书记、送桥镇党委书记顾吉林主持挂牌仪式。仪式结束后，参加活动的全体人员参观新区规划馆、送桥名人馆、新城区、中航百慕有限公司、纽克瑞电气有限公司、昊天龙集团。（高志中）

【高邮高新区建设领导小组成立】 2016年，按照市委、市政府《关于加快高邮高新技术产业开发区发展的意见（试行）》，高邮高新区成立建设领导小组，围绕省高新区44条评价指标，协调推进高新区年度各项工作，并由高新区管委会修订《湖西新区工业经济“双百十”行动计划》。（周中喜　赵国海）

【高邮高新区规划编制】 2016年，高邮高新区先后完成编制高邮高新区概念性规划、送桥镇总体规划、产业发展规划、神居山文化旅游度假区规划、状元湖水库规划、生态发展规划、综合交通规划等系列规划。完成新一轮土地利用总体规划修编，推进各类规划优化提升，促进多项规划有机融合。（周中喜　赵国海）

【高邮高新区基础项目建设】 2016年，高邮高新区坚持“建城先聚人”理念，抓住获批省新型城镇化试点乡镇机遇，先后启动5轮拆迁安置工作，完成拆迁安置1314户，安置房第一期工程竣工交付，入住900多户。继续实施新区建设“十大工程”，相继建成规划馆、名人馆、供电所、市民广场；即将开工建设万丰城市综合体、人民医院、城市公园、安置房第二期工程、送桥法庭，林禾大厦、初级中学、高中档住宅区；规划设计双语幼儿园、文体中心、派出所、湖西消防交通联合指挥中心、防汛指挥中心等重点工程项目。坚持“开城先开路”思路，核心区13条道路全面贯通，实现一路一灯、一路一景。完成S611新区段主体工程建设，启动东西大道南延工程建设，加快推进新城至郭集灯具城、至天山工业集中区道路建设，完成新区至S611、至S244连接扬子江北路的快捷通道线初步设计方案，完成通用机场选址工作。争取实施村庄建设用地布局调整项目和万顷良田项目，新增建设用地指标87公顷。（周中喜　赵国海）

【中航新材金属表面防护新材料研发中心揭牌】 4月26日，落户于湖西新区的江苏中航百慕新材料技术有限公司金属表面防护新材料研发中心建成，举行揭牌仪式，同时VCI喷涂生产线投入试运行。市委书记韩方和中航工业北京航空材料研究院副院长骞西昌共同为研发中心揭牌。（郭玉梅）

表18 **2016年江苏省高邮高新技术产业开发区(送桥镇)主要经济社会指标实绩表**

项　目	单位	2016年	2015年	比上年±%	项　目	单位	2016年	2015年	比上年±%
地区生产总值	亿元	50.50	46.06	9.6	规模以上企业利润	亿元	6.89	5.70	20.0
第一产业	亿元	8.26	7.86	5.1	工业企业数	家	1015	1012	0.3
第二产业	亿元	25.52	23.28	9.6	工业从业人数	万人	2.40	2.40	—
第三产业	亿元	16.88	14.92	13.1	建筑业产值	亿元	168.00	145.00	15.9
公共财政收入	亿元	2.32	1.64	41.5	建筑业利润	亿元	3.20	3.00	6.7
农业总产值	亿元	19.23	17.77	8.2	建筑业从业人数	人	8402	8430	-0.3
粮食总产量	万吨	10.15	10.49	-3.2	实际利用外资	万美元	687.00	550.00	24.9
棉花总产量	吨	—	—	—	外贸出口额	亿美元	3.37	3.36	0.3
油料总产量	吨	823.00	937.00	-12.2	第三产业从业人数	万人	1.08	1.07	0.9
水产品产量	吨	9978.00	9860.00	1.2	学校	所	6	6	—
农业从业人数	人	6689	6700	-0.2	在校学生数	人	3310	3315	-0.2
全部工业总产值	亿元	300.00	285.80	5.0	外来劳务人数	人	6914	6950	-0.5
规模以上工业总产值	亿元	144.50	128.80	12.2	农民人均纯收入	万元	2.82	2.55	10.6

(周中喜　赵国海)

表19 **2016年江苏省高邮高新技术产业开发区(送桥镇)村、社区基本情况表**

村、社区	党支部书记	村(居)委会主任	会　计	村(居)民小组(个)	户数(户)	总人口(人)	农业面积(公顷)	工业企业(家)	社会总产值(亿元)	人均纯收入(元)
庙家村	周有文	佘德阳	佘长英	20	1035	3927	424	21	25.4	27790
南茶村	成文明	徐恒元	钱寿江	13	852	3418	281	49	26.2	28509
神居山村	陈义山	夏国朝	顾文朋	24	1481	5688	582	28	21.4	29597
肖祠村	李有田	陈玉林	赵万昌	20	1201	4800	473	385	22.6	29510
盘塘村	陈满宏	赵福年	陈　兴	18	1045	3800	374	51	41.0	28671
郭集村	聂宏萍	赵　辉	王　梅	14	786	3027	307	32	13.7	26540
槽坊村	王有辉	胡兴忠	赵学珍	26	670	2742	231	78	36.1	28562
邵庄村	吴　林	徐　冰	李　俊	24	1301	4749	637	162	46.2	28996
毛港村	李有栋	王瑞江	李　雪	13	703	2734	332	4	23.6	27325
孙巷村	周正良	卢宏朝	万粉香	12	674	2450	310	10	26.8	28057
李古村	胡顺华	戴孝山	陈　丽	11	520	2128	179	49	32.1	28566
送驾桥村	丁　伟	付文阳	陈　群	28	1293	5062	524	37	14,3	27248
张公渡村	胡广明	刘久松	杨　伟	14	845	2866	305	18	8.1	28331
常集村	王宝兵	田在梅	赵艳霞	13	746	2861	341	9	8.8	26586
黄圩村	黄永华	张春标	周田元	11	560	2293	298	4	8.6	27868
官路村	王才香	夏朝林	曹金林	15	753	3069	315	38	27.3	28942
准提村	朱　伟	朱　伟	田玉萍	11	670	2128	255	16	13.1	25520
天山社区	佘文标	佘文标	冯明慧	6	1265	3020	19	48	1.6	28192
送桥社区	唐金银	邱庆红	郑　爽	16	618	2023	9	41	13.2	28021
德华社区	陈玉东	丁小玲	李玉兰	6	2015	3619	-	62	28.3	31000

(周中喜　赵国海)

农村工作和农业·水利

Rural Work and Agriculture·Water Conservancy

综 述

2016年，各乡镇、园区和市农口各部门紧扣“推动现代农业建设迈上新台阶”的目标定位，加强组织领导，强化政策扶持，严格督查推进，农业、农村各项工作取得新成绩。全年实现农业产值135.64亿元(含农林牧渔服务业，不含农民家庭兼营商品性工业)、农业增加值69.59亿元，分别增长5.2%、0.3%；农村居民人均可支配收入16952元，增长5.9%。是年，高邮市被评为省扶贫系统工作先进集体、全省农业项目资金管理使用优秀单位、省农村电子商务示范县，获扬州市农村工作综合考评一等奖等称号。

农村工作成效明显。全面落实涉农补贴各项政策，兑现各项涉农政策性资金1.45亿元(含农业支持保护补贴1.07亿元、农机类补贴3610万元)、耕地地力保护补贴和粮食适度规模经营补贴1.27亿元，兑现政策性农业保险理赔资金5800万元。创成江苏省“美丽乡村”2个，扬州市新农村建设“优美乡村”1个，培植高邮市级“美丽村庄”8个。全年完成农业职业技能培训2379人，农产品电子商务培训130人，新型职业农民培训2581人。继续实施经济薄弱村“亿千百”(筹集1亿元扶贫资金，每年新增1000万元收益分配、扶持100个经济薄弱村)脱贫攻坚工程，当年村级集体经营性收入40万元以上实现全覆盖，村级集体经营性收入45万元以上占比65.7%。按照精准脱贫要求，全市建档立卡的低收入农户5551户全部实现脱贫。

农业结构继续优化。着力打造“三特”(特色水禽、特色水产、特色乡村旅游)和“三优”(优质稻麦、优质果蔬、优质农产品加工)产业。全市新增高效农业面积 0.24万公顷，累计达5.99万公顷。全市新增千亩农业园区15个，新增扬州市级现代农业产业园3个。高邮鸭50亿元特色连片基地实现产值53.95亿元。推进种植业结构调整。粮食种植面积11.78万公顷，增长0.3%；建成小麦高产增效创建万亩示范片8个，苏麦一八八再获苏中地区“红麦之王”称号。建成水稻绿色高产高效创建与增产模式攻关核心区17个，实现乡镇全覆盖。继续推进蔬菜基地建设，建成钢架大棚45公顷，新增两网一灌(遮阳网、防虫网、喷滴灌)面积75公顷。棉花种植面积40公顷，下降60%；油料种植面积0.71万公顷，下降1.4%；水产养殖面积3.15万公顷，增长0.6%；水产品产量13.79万吨，下降0.9%；生猪出栏量31.09万头，增长0.2%，家禽出栏量1227万只，增长6.4%；新增造林面积426.6公顷，林木覆盖率20.7%(不含高邮湖)。加快发展农村电子商务，促进网货下乡和农产品进城“双向流动”，全年建成农村淘宝服务站60个，发展农村淘宝合伙人(含淘帮手)100人，实现农副产品电子商务网上销售额3.05亿元。

农业招商引资有力推进。全年实施农业招商引资项目103项，其中民资项目98 项、外资项目5项，累计项目总投资48.24亿元，其中民资项目总投资43.65亿元、外资项目总投资3700万美元。全年实际到账民资13.31亿元、到账外资1700万美元。

农业产业化步伐有所放缓。全市拥有各级农业产业化龙头企业81家(国家级农业龙头企业1家、省级农业龙头企业14家、市级农业龙头企业34家、县级农业龙头企业32家)，实现销售99.56亿元、利润3.03亿元，分别下降1.6%、4.4%。

农产品质量品牌建设稳步推进。新创农业“三品”(绿色食品、有机食品、无公害农产品)品牌

29种,累计278种;累计建成“三品”农产品生产基地面积6.94万公顷。

农业基础建设有效推进。加快推进农业资源综合开发,实施农业综合开发项目8项,财政总投资3911万元。加快发展各类农业机械,全市农机总动力71.9万千瓦,农业综合机械化水平85.5%。改造农村桥梁19座,建设道路63.76千米。投入资金628.57万元,疏浚农村河道(河塘)215条、201.56千米,完成土方量161.50万立方米。完成农村水利工程、城市水务工程、重点水利工程等3项重点工程建设。

农村环境明显改善。健全“五位一体”(河渠管护、道路养护、绿化维护、村庄保洁、公共设施维护)长效管护模式,完善“市有监管站、镇有管护办、村有管护专干、组有保洁员”的组织网络,推动农村环境管护实现常态化、制度化和规范化。利用“美丽高邮幸福家园”微信互动平台,引导社会大众广泛参与,努力营造合力共建氛围。巩固提高秸秆禁烧、还田及综合利用工作水平,实现秸秆还田面积8.59万公顷。

农村改革深化推进。全面完成农村土地承包经营权确权登记颁证工作。农村产权交易实现省市县镇四级互联互通,年交易额4亿元。新增农民专业合作社(专业合作社、土地股份专业合作社、社区股份专业合作社)55个,累计1057个;新增农民专业合作联社1家,新增扬州市级以上示范合作社20家。新增注册家庭农场142家,累计770家;创成省级示范家庭农场7家、扬州市级示范家庭农场 10家。新建高标准农田0.13万公顷,新增土地流转0.32万公顷。完成农业保险保费收入7840万元,其中高效农业保险保费收入3778万元、投保品种14种。推进农村集体资产股份合作制度改革,培育村经济合作社典型6个,实现分红行政村占比12%。

全市农业和农村工作存在的主要问题是:纯农产业增长空间变窄,农民持续增收难度较大;农业产业化发展不快,农产品精深加工不足;现代农业主体缺位,人才队伍建设迫在眉睫;土地、资金、用工、气候等要素对农业农村经济发展的制约仍然明显。 (张思敏)

农村改革

【农村产权实现年交易额4亿多元】 2016年,全市利用市农村产权交易服务平台实现省市县镇四级互联互通的优势,常态化开展涉农产权项目交易活动。全年通过该平台审核完成交易728笔,实现年交易额4亿多元,其中农村土地承包经营权流转类2.77亿元,农村集体经济组织滩涂、水面承包经营权转让类9074万元,农村集体经济组织林地使用权和林木所有权转让类16万元,其他类项目交易3410万元。 (张思敏)

【政策性农业保险】 2016年,市政府与人保财险高邮支公司以各占50%的比例,继续联合开展政策性农业保险工作。全年联办共保水稻 4.66万公顷、小麦4.81万公顷、棉花33.3公顷、水稻制种73.3公顷、大棚蔬菜1246.7公顷;承保能繁母猪4126头、育肥猪31.89万头、育肥羊1万头、内塘螃蟹4660公顷、露地旱生蔬菜1340公顷、肉鸡1000万只、蛋鸡51.5万只、蛋鸭30.3万只、梨20公顷、桃26.7公顷等。是年,全市完成农业保险保费收入7840万元,其中高效农业保险保费收入3778万元、投保品种14种;支付理赔金5800万元。(史志)

【扬州市级以上示范家庭农场创建】 2016年,全市继续推进扬州市级以上示范家庭农场创建工作。至年底,全市新创成扬州市级以上示范家庭农场17家,其中省级示范家庭农场7家、扬州市级示范家庭农场 10家。 (史志)

社会主义新农村建设

【概况】 2016年,市社会主义新农村建设工作领导小组办公室(以下简称“市新农办”)以农业增效、农民增收、农村繁荣为中心,以示范创建(江苏省美丽乡村、扬州市新农村建设优美乡村、高邮市美丽村庄)和农村环境长效管护为重点,以“城乡统筹、强镇兴村、创业富民、建设农民幸福生活的美好家园”为目标,坚持工业化、城镇化、农业现代化“三化同步”,加快推进社会主义新农村建设。至年底,全市新创成江苏省美丽乡村2个、扬州市新农村建设优美乡村1个、高邮市美丽村庄8个。

(张嵩)

【美丽(优美)乡村(村庄)创建工作】 2016年,市新农办继续推进美丽(优美)乡村(村庄)等各类创建工作。是年,汤庄镇联谊村、三垛镇柳南村创建成江苏省美丽乡村;高邮城南经济新区浩芝村创建成扬州市新农村建设“优美乡村”;甘垛镇沙贯村、三垛镇柳南村、卸甲镇张余村向阳组、临泽镇营北村祥梅组、汤庄镇甸垛村小里庄、龙虬镇龙腾村马垛村庄、界首镇老人桥村品祚村村庄、周山镇狄奔村创建成高邮市美丽村庄。 (张嵩)

【农民培训工程】 2016年,市农委按照江苏省农民培训工程的总体要求,根据各乡镇的产业特点,有针对性地实施菜单式培训。全年共举办各类培训92期,培训5090人次,其中农业职业技能培训2379人、农产品电子商务培训130人、新型职业农

民培训2581人；印发各类农业科普资料10万份，接受农民咨询和现场技术指导8700人次。

（蔡智慧）

【农村环境管护】 2016年，市农村环境监督管理站健全“五位一体”长效管护模式，完善“四有”组织网络，继续推进开展农村环境综合整治活动。是年，全市乡镇（园区）共配备管护办专职人员100人、村管护专职人员188人、保洁人员2302人，累计新建垃圾池、中转池1045座，购置垃圾桶1252个、保洁专用车985辆，制作安装公示牌2302块；通过“美丽高邮幸福家园”微信互动平台编发信息14期41条。同时，严格执行周巡查、月通报、季度查评与年终总评相结合的考评制度，共评选出三星级管护办2个、二星级管护办3个、一星级管护办4个，环境长效管护示范村20个、优秀管护员20人、优秀保洁员30人。 （张嵩）

【耕地地力保护补贴和粮食适度规模经营补贴】 2016年，全市实施耕地地力保护补贴和粮食适度规模经营补贴政策，共发放补贴资金近1.27亿元。其中，耕地地力保护补贴对象为拥有耕地承包经营权的农户，按照每公顷补贴1770元的标准，全年共发放补贴资金1.1亿元，由市财政部门将补贴资金直接发放到农户“一折通”存折；粮食适度规模经营补贴对象为全市粮食适度规模经营者，按照规模化集中育秧、统一精确机插、小麦“一喷三防”药剂、稻麦化学农药减量控害药剂、稻鸭共作绿色无公害生产、稻虾与稻鱼共作及有机稻米生产每公顷分别补助225元、390元、177元、270元、1800元、3000元、3000元的标准（特粮特经多元多熟高效种植模式参照稻麦执行），全年共发放补贴资金1653万元。 （蔡智慧）

【新增“三品”农产品29种】 2016年，全市新增“三品”农产品29种，新建“三品”农产品基地面积440.79公顷，“三品”占全市种植业食用农产品比重50.2%。其中，绿色食品9种，即扬州马棚湾生态农业科技有限公司“清水潭”香米、“马棚湾”优质香米、“东湖”香米，扬州春色满园农业发展有限公司“新胜”苋菜、空心菜、菜瓜，市莱福家庭农场有限公司“周胖子”芦笋，市湖畔水产专业合作社“王鲜记”龙虾、大闸蟹，基地面积377.67公顷；无公害农产品20种，即市萍萍家庭农场的葡萄，市田农家庭农场的普通白菜、苋菜、茼蒿，卸甲镇虎头涌泉蔬菜土地股份专业合作社的西瓜，高邮镇嘉禾水稻生产专业合作社的稻谷、小麦，扬州市立华畜禽有限公司的活鸡，送桥镇水稻生产服务专业合作社的稻谷、小麦，扬州新洲高效农业科技有限公司的葡萄，市芳甸园家庭农场的葡萄，界首镇水稻生产专业合作社的稻谷、小麦，临泽镇爱民蔬菜种植土地股份专业合作社的菜用大豆、大白菜、西瓜，车逻镇水稻生产服务专业合作社的稻谷、小麦，市孙氏家庭农场的猕猴桃，基地面积63.12公顷。至年底，全市累计获批“三品”农产品品牌278个，其中有机食品6个、绿色食品78个、无公害农产品194个，实现种植业食用农产品“三品”产量74.8万吨，建成“三品”农产品生产基地面积6.94万公顷。此外，全市新获批绿色生资3种，即扬州市森大肥业有限公司“肥老伴”有机物料腐熟剂、复合微生物肥料、生物有机肥。 （蔡智慧）

【乡镇农产品质量安全监管】 2016年，市农委遵循“试点先行、逐步推开”原则，加强农产品质量安全移动监管终端设备添置，继续推进乡镇农产品质量安全监管工作。7月，继续在乡镇、园区推行“三定一考核”（定监管对象、定监管人员、定监管任务、工作业绩考核）网格化监管工作，实现“三定一考核”任务落实率100%，监管人员分工图、监管对象网络图、一对一监管网络表等网格化监管制度和“一栏四书”（公示栏、告知书、承诺书、监管巡查记录、企业生产记录）公示栏全部上墙；9月，在全市实施食用农产品质量产地证明工作，实现食用农产品产地准出和市场准入的无缝衔接。10月，组织31名监管员赴江宁区、海安县、泰兴市，考察学习农产品质量安全监管体制、模式及农产品追溯示范管理等先进做法。 （蔡智慧）

【获批农产品质量安全追溯管理示范单位7家】 3月，根据《关于申报2016年省级农产品质量安全追溯管理示范单位的通知》和农业项目管理要求，经企业申报、各地初审，省农委确定并公布江苏省农产品质量安全追溯管理示范单位名单，当中列有高邮市的7家企业名单，即江苏苏中大地农业科技发展有限公司、扬州秦邮人家生态农业有限公司、扬州乐态家庭农场有限公司、扬州海潮水产有限公司、扬州市丰园菌业有限公司、高邮市红心旺食品有限公司、高邮市南海食品厂名列其中。（蔡智慧）

资料链接 开展省级农产品质量安全追溯管理示范单位申报工作，旨在制定农产品质量控制措施、追溯管理制度、信息发布制度，通过加入全省“放心吃”统一信息平台，完成可追溯二维码标识包装设计和运用，实行农产品信息的可追溯查询。高邮市从2014年启动开展此项工作，经过3年持之以恒的推动，有效提升农产品质量安全的水准和层次。至2016年年底，该市累计获批农产品质量安全追溯管理示范单位20家。 （蔡智慧）

【农业行政执法】 2016年，市农委开展农资打假专项整治活动，规范农资市场，保护农民合法权益。全年共出动行政执法人员380人次，检查生产经营企业170家，抽检种子41个批次、农药54个批次、肥料15个批次、农产品72个批次;立案查处各类违法案件12起,罚没款入库3.66万元;查获假冒伪劣农资产品0.6吨,案值1万元,避免经济损失100万元。(蔡智慧)

现代高效农业建设

【概况】 2016年,全市认真落实扶持政策,优化服务指导,持续推进发展现代高效农业。全市新增高效设施农(渔)业面积0.24万公顷,累计5.99万公顷。全年向上争取各类项目资金2.27亿元,其中财政支农项目资金9008.39万元(中央资金1182.5万元、省级资金7605.09万元、扬州市级资金220.8万元)、普惠制政策补助资金1.37亿元。高邮鸭50亿元特色连片基地实现产值53.95亿元。(蔡智慧)

【高效设施农业园区建设】 2016年,全市继续推进高效设施农业园区建设,新(扩)建成有一定规模的农业园区14个、面积1348.31公顷,累计建成农业园区61个、面积4620.33公顷。

稻猪生态循环种养园:位于高邮经济开发区钱厦村23组,由扬州马棚湾生态农业有限公司投资20万元建设,规划总面积20公顷;采取生态循环生产模式(利用有机稻谷加工下脚料、皮糠和稻糠养猪,用猪粪肥田),实现循环生产综合利用。

邮都园休闲观光农业园:位于高邮城南经济新区太丰村,由扬州邮都园农业开发有限公司投资1.08亿元扩建;主要种植碧根果、大棚蔬菜、有机水稻等200公顷,并以70公顷的碧根果种植基地为龙头,综合发展高产水稻、大棚蔬菜、水生植物、水产养殖及乡村旅游等产业。

田农有机循环农业园:位于甘垛镇沙贯村野吴自然村庄,由本土在外成功人士周凤芳投资500万元创建;园区规划面积80公顷,其中第一期蔬菜生产基地28公顷(产品以露地蔬菜和西瓜为主)、第二期规划面积53.33公顷,打造生态循环有机休闲农业、水乡特色村庄;按照绿色循环、有机种养规模经营,形成融生产、消费、游乐、品尝、休闲为一体的特色生态农业园。

甘垛镇高效设施渔业养殖园:位于甘垛镇渔海村,由渔海村村委会牵头投资1100万元兴建,主要从事鱼、虾养殖经营等,养殖面积74.67公顷。

三垛镇高效蔬菜农业园:位于三垛镇柳南村,由市刘姐家庭农场投资150万元创建;按照生态种植模式,主要种植青菜、西红柿、瓠子、黄瓜等果蔬,种植面积13.3公顷。

扬州飞扬优质花卉种植园:位于扬州(高邮)国家农业科技园区,建设面积66.67公顷,由江苏飞扬农业科技有限公司先后投资1亿元兴建;园区以花卉研发、生产、销售为主,以休闲旅游、生态度假为一体,重点打造现代化农业产业园区;种植的花卉品种有仙客来、常春藤、长寿花、丽格海棠、白掌、红掌等,并采用文化传递和体验互动形式,组织线上线下智慧营销,客户遍布全国各地。

汤庄镇长林千亩高效养殖园:位于汤庄镇长林村,由汤庄镇长林村经济合作社投资900万元创建,主要养殖鱼、罗氏沼虾,养殖面积74公顷。

回乡缘休闲观光农业园:位于菱塘回族乡清真村,由宝应客商何仕海投资1500万元创建,建设面积67公顷;主要种植香樟、女贞、桂花、广玉兰、水蜜桃等高档花木和经济林果,并完善配套水、电、路、沟等基础设施建设;该园区集休闲、娱乐、观光为一体,着力打造别具民族风情的生态景观乐园。

董潭村大闸蟹养殖示范园区:位于临泽镇董潭村,建成标准化蟹池366.67公顷,每公顷产大闸蟹1800斤,每公顷纯效益2.7万元;该园区共有82个养殖户,该村村民年人均享受发包红利800元。

西河大闸蟹养殖示范园:位于临泽镇西河村、西安村,规划面积206.67公顷,主要养殖大闸蟹和罗氏沼虾,共有10个养殖户。2016年,该示范园实现养殖面积28公顷,每公顷产大闸蟹1500千克,每公顷纯效益7.8万元。

中景生态园:位于周山镇双河村,由江苏中景生态农业有限公司投资800万元创建,主要种植特色花卉100公顷,着力打造休闲农庄。

大学生创业园:位于周山镇万福村、双河村,由大学生村官晏文斌、孙杨、张兵投资300万元扩建,主要种植猕猴桃和花卉苗木100公顷,着力打造休闲生态农庄。

界首镇芦笋生产基地:位于界首镇六安村,由市来福家庭农场投资800万元创建,主要种植芦笋等20公顷。

高效生态农业观光园:位于送桥镇邵庄村,由扬州栖湖养老投资有限公司先后投资12亿元创建;该园区依托高邮湖绿色生态资源,着力打造扬州乃至全国知名的集高效观光农业精品旅游业和高端农业科普教育研讨为一体的示范园区。2016年,园区完成投资2亿元,新增高档花木种植和渔业养殖面积66.67公顷。(蔡智慧)

【建成扬州市级现代农业产业园3家】 3月,扬州市现代农业(渔业)产业园区评审委员会发文公布扬州市级现代农业产业园认定名单,高邮市的汤庄镇现代农业产业园区、周山镇现代农业产业园区、菱塘回族乡现代农业产业园区名列其中。至此,全市累计建成扬州市级现代农业产业

园14家。 (蔡智慧)

【农(渔)业科技入户示范工程】 2016年,市农委根据江苏省农(渔)业科技入户示范工程的工作要求,继续在全市实施水禽(高邮鸭、扬州鹅)、优质稻米、高效瓜果蔬菜、罗氏沼虾养殖等4项科技入户工程项目。全年遴选科技示范户1610户,辐射户3万户;选聘技术指导员184人,完成入户指导2万人次,主推品种和技术入户率95%,示范户、辐射户综合效益比普通农户分别提高10%、5%。通过实施该科技入户示范工程,全市新建标准化村级科技服务站10家,累计达78家。 (蔡智慧)

【无公害农产品与产地复查换证】 2016年,市农委按照无公害农产品产地认定和产品认证一体化要求,对到期的无公害农产品与产地进行复查换证。全年提交无公害农产品复查换证材料的农产品4种,即汤庄镇益禾植保专业合作社的稻谷、小麦产品,江苏双兔食品股份有限公司的稻谷、小麦产品;提交无公害农产品与产地一体化复查换证材料的农产品及产地16家,即市丰盛果蔬土地股份专业合作社的番茄、茄子、苋菜、黄瓜、刳瓜、大白菜、金花菜、结球甘蓝、韭菜、普通白菜、莴苣、丝瓜、豇豆、甜椒、西葫芦、冬瓜、菜瓜、扁豆、豌豆、菜用大豆、萝卜、糯玉米、甜玉米、菠菜、叶用莴苣、芹菜、茼蒿、芫荽、蕹菜、西瓜产品和产地,扬州市瑞苑蔬菜瓜果专业合作社的芹菜、叶用莴苣、苋菜、芫荽、茼蒿、菠菜产品和产地,卸甲镇虎头涌泉蔬菜土地股份专业合作社的莲藕、茭白、慈姑、荸荠、芡实、水芹产品和产地,甘垛镇水稻生产服务专业合作社的稻谷产品和产地,扬州黄四庄生态农业发展有限公司的黄瓜、丝瓜、冬瓜、瓠瓜、西葫芦、草莓产品和产地,市金禾葡萄生产专业合作社的葡萄产品和产地,扬州春色满园农业发展有限公司的番茄、甜椒、瓠瓜、黄瓜、丝瓜、苦瓜产品和产地,市联红蔬菜产销专业合作社的番茄、甜椒、普通白菜、菠菜、黄瓜、瓠瓜产品和产地,市神居山茶场的绿茶产品和产地,扬州新洲高效农业科技有限公司的黄瓜、苦瓜、冬瓜、南瓜、西葫芦、甜椒产品和产地,市润禾贸易有限公司的粮用赤豆、粮用豌豆、粮用绿小豆、大豆、粮用蚕豆、粮用芸豆产品和产地,市鑫三角原生态家禽养殖场的活鸡、鲜鸡蛋产品和产地,龙虬镇兴北蛋鸡场的活鸡、鲜鸡蛋产品和产地,扬州市顶牛生态奶业发展有限公司的生鲜牛乳产品和产地,扬州市隆盛畜禽有限公司的生猪、猪肉产品和产地,扬州市帝尧故里鹅业专业合作社的活鹅产品和产地。至年底,全市申报的4种无公害农产品、16家无公害农产品及产地复查换证材料,均通过省和农业部农产品质量安全中心审核,并换发证书。 (蔡智慧)

农业产业化

【概况】 2016年,全市拥有规模以上农产品加工企业237家,实现加工总产值369亿元,分别增长40.2%、20.4%。其中,拥有高邮市级以上农业产业化龙头企业81家,实现销售132.85亿元、利润3.51亿元、出口创汇700万美元、带动农户45.23万户,分别增长0.8%、-4.9%、-80.2%、158.5%;拥有扬州市级以上农业产业化龙头企业49家(与上年持平),实现销售99.56亿元、利润3.03亿元、出口创汇600万美元、带动农户42.22万户,分别增长-1.6%、4.6%、18.6%、0.2%。 (蔡智慧)

【省级农业产业化经营项目申报及验收】 2016年,市邮星食品有限公司的传统蛋制品风味品质调控及保鲜包装设备建设项目、市元鑫冷冻有限公司的蒸煮虾制品加工设施升级改造项目、扬州星月农产品有限公司的扬州鹅制品精深加工装备升级改造项目和市红太阳食品有限公司的蛋品加工流水线与设备更新改造项目,成功申报省级农业产业化经营项目,建设地点分别在高邮镇、汤庄镇、菱塘回族乡和高邮城南经济新区,4项项目合计争取省级财政资金233万元,均处于现场实施和验收推进阶段。 (蔡智慧)

【农业龙头企业运行数据网上监测】 2016年,市农委帮助全市81家农业产业化龙头企业推进农副产品网络营销,并督促相关企业定期上报企业运行情况。至年底,全市通过淘宝网、阿里巴巴、天猫网或自建网站开展农产品网络销售的企业共有70家,实现销售额2.8亿元。其中销售额位于前三名的企业分别是扬州十二粉黛生物工程有限公司、市嘎嘎鸭商贸公司、市红太阳食品有限公司,分别实现销售额8600万元、2700万元、1000万元。 (蔡智慧)

【阿里巴巴农村淘宝项目建设】 1月,市政府与阿里巴巴集团举办阿里巴巴农村淘宝市级运营中心暨阿里年货节开业仪式,阿里巴巴农村淘宝市级运营中心、苏中特色农产品电商体验馆、菜鸟物流基地开业运营。12月19~21日,在徐州举办的江苏省首届精品电商年货博览会上,高邮市被评为阿里巴巴农村淘宝最美县域,是扬州地区唯一入选的县级市。至年底,全市建成农村淘宝服务站、淘帮手服务站100家,完成代购10万笔,金额2000万元;市南海食品厂、苏中农贸城等涉农企业通过农村淘宝平台,完成咸鸭蛋、大米、特色瓜果等销售金额1000万元。是年,全市农村淘宝服务站工作在全国及江苏省农村淘宝网店综合评价中获较好评价。 (蔡智慧)

表20 至2016年年底高邮市被认定为扬州市级以上农业产业化龙头企业表

企业名称	认定单位	企业名称	认定单位
江苏双兔食品股份有限公司	国家农业产业化办公室	高邮市兴旺鸭业产销专业合作社	扬州市农业产业化经营工作领导小组
江苏高邮鸭集团	省农业产业化经营工作领导小组	江苏美滋滋食品有限公司	扬州市农业产业化经营工作领导小组
江苏富裕达粮食制品股份有限公司	省农业产业化经营工作领导小组	扬州市三福食品有限公司	扬州市农业产业化经营工作领导小组
高邮市万嘉面粉有限公司	省农业产业化经营工作领导小组	高邮市大海鸭业专业合作社	扬州市农业产业化经营工作领导小组
江苏戚伍水产发展股份有限公司	省农业产业化经营工作领导小组	高邮市红太阳食品有限公司	扬州市农业产业化经营工作领导小组
高邮市宇鑫棉业有限公司	省农业产业化经营工作领导小组	高邮市五有有机农业有限公司	扬州市农业产业化经营工作领导小组
江苏高志农业股份有限公司	省农业产业化经营工作领导小组	高邮市元鑫冷冻有限公司	扬州市农业产业化经营工作领导小组
高邮市三湖蛋品有限公司	省农业产业化经营工作领导小组	扬州星月农产品有限公司	扬州市农业产业化经营工作领导小组
江苏绿科生物技术有限公司	省农业产业化经营工作领导小组	高邮市应天水产有限公司	扬州市农业产业化经营工作领导小组
扬州日兴生物科技股份有限公司	省农业产业化经营工作领导小组	扬州高邮湖米业有限公司	扬州市农业产业化经营工作领导小组
高邮市秦邮蛋品有限公司	省农业产业化经营工作领导小组	扬州青青生态畜业有限公司	扬州市农业产业化经营工作领导小组
扬州市隆盛畜禽有限公司	省农业产业化经营工作领导小组	扬州马棚湾生态农业科技有限公司	扬州市农业产业化经营工作领导小组
扬州财富农业发展有限公司	省农业产业化经营工作领导小组	扬州市高特经济动物有限公司	扬州市农业产业化经营工作领导小组
高邮巧妹子科技养殖园	省农业产业化经营工作领导小组	扬州市丰园菌业有限公司	扬州市农业产业化经营工作领导小组
高邮市邮星食品有限公司	省农业产业化经营工作领导小组	高邮市润禾贸易有限公司	扬州市农业产业化经营工作领导小组
高邮市秦邮生物科技有限公司	扬州市农业产业化经营工作领导小组	江苏苏中大地农业科技发展有限公司	扬州市农业产业化经营工作领导小组
扬州市丽邮人造板有限公司	扬州市农业产业化经营工作领导小组	扬州市华兴乳业有限公司	扬州市农业产业化经营工作领导小组
扬州绿森源生态农业发展有限公司	扬州市农业产业化经营工作领导小组	扬州十二粉黛生物工程有限公司	扬州市农业产业化经营工作领导小组
扬州神游羽绒制衣有限公司	扬州市农业产业化经营工作领导小组	扬州灵谷农业科技发展有限公司	扬州市农业产业化经营工作领导小组
扬州天歌鹅业发展有限公司	扬州市农业产业化经营工作领导小组	扬州金大地米业有限公司	扬州市农业产业化经营工作领导小组
扬州大江鸭业科技发展股份有限公司	扬州市农业产业化经营工作领导小组	扬州市生龙米业有限公司	扬州市农业产业化经营工作领导小组
高邮市新文游面粉有限公司	扬州市农业产业化经营工作领导小组	扬州市董氏特种水产有限公司	扬州市农业产业化经营工作领导小组
扬州朝晖农业产业发展有限公司	扬州市农业产业化经营工作领导小组	扬州市立华畜禽有限公司	扬州市农业产业化经营工作领导小组
扬州市金宏食品有限公司	扬州市农业产业化经营工作领导小组	扬州市鼎鑫食品发展有限公司	扬州市农业产业化经营工作领导小组
扬州市宏大饲料有限公司	扬州市农业产业化经营工作领导小组		

(蔡智慧)

【"旺农贷"试点工作】　2016年，全市启动开展省首批蚂蚁金服"旺农贷"试点工作，重点面向种、养殖户及小微企业提供无抵押、无担保小额贷款服务。全年办理"旺农贷"业务70笔，涉及贷款金额200万元。（蔡智慧）

【农产品电子商务平台建设】　2016年，高邮市在扬州率先分别与知名电商1号店、京东商城及苏宁易购合作，推进打造1号店特产中国·高邮馆、京东商城中国特产·高邮馆、苏宁易购中华特色·高邮馆，并通过实行"三馆"联动机制，实现农产品网上抱团销售。至年底，通过该"三馆"平台，实现农产品网上销售2000万元，占全市农产品网上销售总量的7.1%。（蔡智慧）

【首届"美味高邮"农产品电商博览会】　4月17～19日在市馆驿巷广场举行。全市组织13个乡镇（园区）、50家企业、110种特色农产品参与线上销售、线下展示，并在淘宝网（农村淘宝）、1号店、京东商城、苏宁易购等电商平台同步举办鸭蛋秒杀促销活动。活动期间，实现线上访客量40万人次，咸鸭蛋销售6万单，总金额210万元；馆驿巷线下农产品展销势头良好，实现咸鸭蛋、菱塘鹅、水果等特色农产品销售额10万元。（蔡智慧）

【高邮市获评江苏省农村电子商务示范县】　4月18日，根据《关于深入开展农村电子商务示范县创建工作的通知》，经县级申报、市级初审、省级评定，省商务厅发文公布第二批江苏省农村电子商务示范县名单，高邮市名列其中。（蔡智慧）

【苏宁易购·中华特色高邮馆网络直播】　8月18日，苏宁易购中华特色·高邮馆从入驻苏宁易购的全国200家地方特色馆脱颖而出，成为全国第一批通过苏宁易购手机APP进行在线产地直播的地方馆，并开创扬州地方特色馆网上直播先例。在当日网上直播中，吸引0.5万名网友在线观看，实现交易额30万元。9月6日，在全国"互联网+"现代农业暨新农民创业创新论坛上，苏宁控股集团董事长张近东将中华特色高邮馆网上直播作为唯一典型案例向全国宣传推荐。（蔡智慧）

【高邮市获评"京东一村一品一店示范县"】　12月，在京东集团开展的2016年度"京东农村电商推广示范县（市、区）"评选中，高邮市凭借其得天独厚的自然及物产资源和京东商城中国特产·高邮馆所取得的优异线上销售业绩，被授予"京东一村一品一店示范县"称号。此为扬州地区首家获此称号的县（市、区）。（蔡智慧）

种植业

【概况】　2016年，全市种植业围绕稳粮增收与绿色增产的发展思路，按照"四主推"（主推品种、主推技术、主推配方肥、主推农药）要求，推广稻麦新品种、新技术，取得明显进展。全年引进和推广农作物新品种33种，推广应用稻麦生产新技术7项；实现种植业总产值40.35亿元，下降7.4%。（蔡智慧）

表21　2016年高邮市主要农产品生产简况表

作物名称	播种面积（万公顷）		总产量（万吨）		每公顷单产（吨）	
	数量	比上年±%	数量	比上年±%	数量	比上年±%
粮食作物	11.78	0.3	85.98	-3.2	7.30	-3.6
麦子	5.55	0.4	31.93	-5.7	5.75	-6.0
大麦	0.03	-	0.16	14.3	5.33	2.9
小麦	5.52	0.4	31.77	-5.8	5.75	-6.2
水稻	5.55	0.2	51.32	-1.6	9.28	-1.8
籼稻	0.28	-12.5	2.17	-11.4	7.80	1.8
粳稻	5.20	1.2	48.61	-1.0	9.35	-2.2
油菜籽	0.71	-1.4	1.99	-2.5	2.82	-0.4
棉花	0	-100	0.01	-	1.28	0.8
蔬菜	1.18	1.7	54.65	6.1	46.28	4

（市统计局）

【引进推广农作物品种33种】　2016年，全市共引进推广农作物品种33种。其中，稻麦棉油主推品种11种，即南粳"九一〇八"、武运粳"二十四"号、武运粳"二十七"号、扬粳"八〇五"、淮稻五号、扬辐麦四号、宁麦"十三"、宁麦"十四"、苏麦一八八、沣油"七三七"、秦优七号；搭配品种17种，即苏粳"八一五"、淮稻"十八"、南粳"五〇五五"、南粳"五十二"、南粳"四十九"、南粳"四十五"、甬优"二六四〇"、华两优"一二〇六"、丰两优六号、丰两优香一号、扬稻六号、扬麦"十五"、扬辐麦五号、镇麦"一六八"、镇麦九号、苏麦八号、秦优十号；特种经济作物品种5种，即苏科糯三号、丹波黑大豆、乌青一号、药用类菊花、芡实。（蔡智慧）

【测土配方施肥续建项目】　2016年，全市继续实施测土配方施肥续建项目，免费提供测土配方施肥技术服务17万农户，建立测土配方施肥示范区0.1万公顷，推广测土配方施肥技术面积11.3万公顷·次，推广应用配方肥2.5万吨，推广应用腐殖酸型、氨基酸型叶面肥55.59吨，推广小麦、水稻喷施叶面肥面积7.3/万公顷·次，农民增加经济效益1.04亿元。（蔡智慧）

【粮食绿色高产高效创建工作】　2016年，高邮市作为全省8个粮食绿色高产高效创建与增产模式攻关项目整建制推进的示范县之一，共承担水稻绿色高产高效创建任务17个、小麦绿色高产高效创建任务8个、豆麦轮作绿色高产高效创建任务2个、油菜绿色高产高效创建任务1个。6月,由省农委组织专家组实割验收,苏麦一八八攻关田平均每公顷单产9吨,位居全省第一,再获"苏中红麦之王"称号。11月,由省农委组织专家组实割验收,临泽镇南粳"九一〇八"机插稻百亩方攻关田最高田块每公顷单产11.69吨。（蔡智慧）

【蔬菜生产】 2016年,全市蔬菜播种面积1.61万公顷,总产量54.65万吨,实现产值9.5亿元,分别下降3%、4.5%、5.9%。全年累计建成设施蔬菜种植面积3413公顷,实现产值4.05亿元,其中日光温室、大中小棚种植面积3226公顷,遮阳网、防虫网使用量890公顷·次;建成蔬菜"三品"基地面积1120公顷,新通过认证的绿色蔬菜品牌4个,累计通过认证的蔬菜绿色食品品牌17个。同时,大力推进市"菜篮子"生产基地建设,建成钢架大棚45公顷,新增两网一灌(遮阳网、防虫网、喷滴灌)面积75公顷。（蔡智慧）

【种子管理】 2016年,市种子管理站按照农业部《农作物种子生产经营许可管理办法》要求,加强种子管理工作。全年共核发种子生产许可证6份,种子生产经营许可证1份。市种子管理站组织人员于春、秋两季对全市4000公顷杂交稻制种以及常规稻麦种子生产基地进行田间质量检验,并对全市主推的大宗作物品种监督抽样检测41批次,确保农业生产用种安全。（蔡智慧）

【农作物病虫害防治】 2016年,全市主要农作物病虫草害的发生总体为中等发生。主要病虫发生概况:小麦,病虫总体中等发生,小麦纹枯病、白粉病中等局部偏重发生,蚜虫中等发生,小麦赤霉病、梭条花叶病、黏虫等轻发生。水稻,病虫总体中等发生,纹枯病中等偏重发生,稻纵卷叶螟中等发生,稻曲病、稻瘟病中等偏轻发生,褐飞虱、二化螟、大螟轻发生,黑条矮缩病、条纹叶枯病零星发生。油菜菌核病、蚜虫均为中等发生。是年,全市主要农作物病虫草发生面积29.7万公顷·次,防治面积63.46万公顷·次,减少粮食损失16.14万吨、油菜籽505吨。（蔡智慧）

【植保技术研究】 2016年,全市植保技术研究主要有:实施省水稻全承包专业化统防统治项目,涉及菱塘回族乡、界首镇、卸甲镇、车逻镇、汤庄镇、临泽镇、三垛镇、江苏省高邮经济开发区、高邮城南经济新区、高邮街道办事处等10个乡镇(园区、街道),参与项目实施的植保专业合作社11家,落实水稻全承包专业化统防统治面积0.33万公顷;同时,参与全国农技中心牵头实施的"2016年更多小麦示范项目",省农药检定所牵头实施的"江苏省特经作物安全用药筛选项目";参与农药新品种的试验示范项目,累计进行8项农药新品种的试验示范,推广高效、持效、低毒、低残留的药剂品种50吨。（蔡智慧）

【植物检疫工作】 5月,市植保站对10个繁种单位、面积2554公顷进行产地检疫,签发小麦产地检疫证书35份;9月,对水稻繁(制)种田1253.7公顷进行产地检疫,签发产地检疫合格证书39份。全年共签发检疫证书204份,其中省际植物检疫证书29份、省内植物检疫证书175份,调运水稻、小麦种子3587.6吨。全年先后开展香蕉穿孔线虫、稻水象甲、小麦一号病(TCK)、瓜类果斑病菌、葡萄根瘤蚜、黄瓜绿斑驳花叶病毒、梨枯梢病、苹果棉蚜、苹果蠹蛾、假高粱、桔小实蝇、水稻细菌性穗枯病等12种病虫害的监测工作。（蔡智慧）

【植保专业化服务】 2016年,全市累计拥有植保专业合作社71个、防治专业队265个,拥有高效大中型植保机械900台(套),其中自走式喷杆喷雾机、植保无人机等大型高效植保机械60台(套),重点开展以植保专业化服务为主体的农业综合服务。继续推进开展水稻病虫专业化统防统治补贴项目实施,实施面积3333.3公顷,其中省级财政投入200万元,实现省级高产创建示范方全覆盖。至年底,全市实施植保专业化服务的区域,未出现严重的病虫危害。是年,全市"五有五好"(有合法的组织机构、有健全的章程制度、有规范的服务行为、有专业的服务人员、有一定的服务能力,内部管理好、人员素质好、防治效果好、服务信誉好、经济效益好)植保专业合作社增加到4个,即界首镇营创粮食专业合作社、市天随植保专业合作社、市铿锵植保专业合作社、市健禾植保专业合作社,主要农作物重大病虫害统防统治覆盖率70%。（蔡智慧）

林　业

【概况】 2016年,全市继续推进构建城乡一体、结构优化、功能齐全、服务民生的林业发展体系,为绿色高邮、生态高邮建设奠定基础。全年共完成成片造林面积426.55公顷;新建省级绿化示范村9个。至年底,全市共有林木面积3.07万公顷,其中公益林0.81万公顷、商品林2.26万公顷,全市林木覆盖率20.7%(不含高邮湖)。实现林业产值3.42亿元,增长1.5%。（蔡智慧）

【生态家园建设】 2016年,全市根据扬州村庄绿化工作"三个一"(1个乡镇的所有村庄、其余乡镇有1个行政村、其他行政村有1个自然村庄)要求,按照每户新栽树木20株以上、庄台绿化覆盖率30%以上的标准,在全市乡镇(园区)继续推进开展生态家园创建工作。至年底，完成“1个乡镇的所有村庄”创建工作的是高邮城南经济新区，涉及太丰村、上庄村、闸河村、砖场村、车逻村、保丰村、渠南村、勤王村、浩芝村、管伙村10个行政村的所有自然村庄；完成“其余乡镇有1个行政村”创建工作的分别是：高邮经济开发区阳沟村、高邮镇新民村、龙虬镇龙腾村、卸甲镇金家村、汤庄镇曾钰村、三垛镇柳南村、甘垛镇沙贯村、临泽镇陈甸村、界首镇老人桥村、周山镇狄奔村、高邮湖西新区张公渡村等11个行政村，涉及自然村庄72个；完成“其他行政村有1个自然村庄”创建工作的有12个自然村庄，即神居山村谈庄组、六安村张家庄、周邶墩村李庄、狄奔村胜利组、姚家村灯子庄台、菱塘村新三里组、一沟村12组、少游村秦家厦、甸垛村小里庄、西河村9组、西塔社区胜利组、阳沟村杨沟组。是年，全市相关乡镇(园区)完成84个自然村庄的生态家园创建工作。至此，全市累计完成242个自然村庄的生态家园创建工作。（蔡智慧）

【生态产业建设】 2016年，全市以发展高效林业为重点，引进社会资本发展林业产业，增加林业经济效益。是年，市邮都现代农业产业园在高邮城南经济新区太丰村投资1.08亿元，发展薄壳山核桃50公顷；扬州栖湖养老投资有限公司在送桥镇郜庄村投资2亿，新建栖湖生态园观光林106.67公顷；龙虬镇政府在龙虬镇村投资210万元，建设龙虬庄遗址主题公园生态林10公顷。至年底，全市新增高效林业面积150公顷。（蔡智慧）

【生态廊道建设】 2016年，全市实施运河西堤观光带和武安路东延绿化配套工程以及市、县、乡级新建道路绿化配套工程，新增造林面积100公顷；结合高邮湖治淮工程和中小河流治理工程，实施高邮镇保安圩、高邮湖送桥段圩堤及菱塘回族乡、送桥镇、临泽镇、甘垛镇、周山镇、界首镇、高邮经济开发区等乡镇27条骨干河道配套绿化工程，新增造林面积300公顷。（蔡智慧）

【清水潭湿地生态中心建设】 2016年，市农委协调相关部门继续推进清水潭湿地生态中心建设。新增该中心成景绿化20公顷，并完成晒金路北侧及清水潭旅游度假区东入口生态停车场绿化7公顷。同时，先后对普照湖南部鱼虾塘进行回收，推进湿地扩容；明确工程权属，落实生态绿化和林业管护责任制；完成规划范围内的东湖村、金塘社区、北太平村、清水潭村共413.3公顷的土地流转；实施区域内防洪排汛、取水补水、清水活水工程，疏浚整理河道6万平方米；完善杉洲路、御试河堤、大运路便道和清水潭便道等旅游设施，以及景观石标志、杉洲岛、餐厅及森林木屋等旅游景点。（蔡智慧）

【义务植树】 2016年植树节前后，全市利用电视、广播、报纸、会议、标语、流动宣传车等多种形式，全方位开展植树造林工作宣传。从3月上旬开始，全市开展大规模义务植树活动16批次，参加人数4000人，栽植苗木13万株，新增绿化面积150公顷。（蔡智慧）

【林政管理】 2016年，市农委在保护生态建设成果、提升生态环境优势的基础上，扶优扶强一批起点高、规模大的板材加工企业，促进森林资源的科学合理利用，提高林业的投入产出水平。全年累计开出木材运输证、森林植物检疫证32份；发放林木采伐许可证80份，采伐面积83.9公顷，采伐林木4.2万株，采伐蓄积量1.37万立方米。（蔡智慧）

表22 **2016年高邮市林业生产简况表**

项目	单位	数量		比上年±%
		2016年	2015年	
森林管护面积	公顷	22500.00	22500.00	—
成片造林面积	公顷	426.55	771.40	-44.7
育苗面积	公顷	420.00	440.00	-4.5
更新造林面积	公顷	79.86	64.63	23.56
果园面积	公顷	860.00	1065.00	19.25
水果产量	万吨	0.92	1.12	17.86

（蔡智慧）

畜牧业

【概况】 2016年，市农委围绕“稳增长、调结构、促改革、保安全”总体目标，组织实施省畜牧生态健康养殖示范场创建活动，不断提升现代畜牧业发展水平。至年底，全市新建成规模化畜禽养殖场68家，累计建有规模化畜禽养殖场631家，其中达省级规模标准176家、市级规模标准164家、县级规模标准291家，实现畜牧业产值42.56亿元，下降2.9%。（蔡智慧）

【1家单位创成农业部畜禽养殖标准化示范场】 12月，根据《关于开展江苏省畜牧生态健康养殖示范场创建活动的通知》要求，经单位申报、各地初审，省农委确定并公布达到农业部标准的畜牧生态健康养殖示范场名单，当中列有高邮市金鸡园家庭农场的名单。（蔡智慧）

【畜牧业科技推广】 2016年，市农委重点推广普及肉鸡规模集约化养殖、生猪标准化规模养殖技术、扬州鹅生态健康养殖技术等实用配套技术。全年举办各类培训班42期，培训1.2万人次，印发各类技术资料2.5万份，接受养殖户技术咨询5630人次。同时，承担实施黄羽肉鸡舍环境控制技术研究与示范推广项目、畜禽科技入户示范工程项目和全国农村基层体系改革与建设项目3项，获省财政专项补贴资金102.13万元。　(蔡智慧)

【动物防疫】　2016年，市农委以"努力确保不发生区域性重大动物疫情"为防控目标，落实各项防控措施，在实施畜禽常年免疫的基础上，组织实施重大动物疫病春季突击防疫行动、夏季高温大消毒和补免行动、秋冬季突击防疫行动"三大战役"，确保高致病性禽流感等重大动物疫病应免密度常年保持在100%、免疫抗体合格率80%、免疫标识配戴率100%。全面开展牛羊布鲁氏菌病、结核病、家畜血吸虫病、H7N9流感的普查、监测和剔除净化工作。至年底，全市未发生一起重大动物疫情和畜产品质量安全事故。　(蔡智慧)

【动物检疫与监督执法】　2016年，全市进一步规范动物检疫票证电子信息化管理工作。全年共检疫电子出证1.3万份，实施生猪产地检疫14.1万头、牛产地检疫536头、羊产地检疫2337只、家禽产地检疫772.3万只。加强高邮菱塘动物卫生监督检查站的监督检查力度，全年共监督检查消毒车辆419车次、畜禽4.39万头(只)、动物产品1025.8吨。　(蔡智慧)

【无害化处理监管】　2016年，全市落实国家病死畜禽无害化处理补助相关政策，加强对病死畜禽无害化处理监管工作。每月对乡镇上报的数据、材料进行核查、统计，经登记、核实公示后，由财政部门通过"一折通"及时发放到养殖户手中。至年底，全市共无害化处理病死猪3.58万头，发放财政补助资金286.44万元。　(蔡智慧)

【生猪"瘦肉精"专项整治】　2016年，全市建立健全生产、屠宰、运输环节"瘦肉精"监测制度，加大生猪、肉牛、肉羊"瘦肉精"监督抽检力度，对辖区内现存栏50头或年出栏100头以上的生猪饲养场(户)、肉牛场、羊场，每场(户)抽取尿样3个头份，每月抽检覆盖面10%。同时，对生猪定点屠宰场的生猪，每场按不低于5%的日屠宰量比例进行抽检；督促生猪屠宰企业按日屠宰量5%的比例开展"瘦肉精"自检工作。全年共开展生猪"瘦肉精"抽样检测1775批次，检测生猪样品1.62万头(份)，合格率100%。　(蔡智慧)

【兽药、饲料、生鲜奶专项整治】　2016年，全市继续开展兽用抗菌药专项整治活动和饲料生产企业质量安全示范创建工作，加强全市兽用处方药与非处方药管理，严厉打击无证饲料生产企业违规生产行为。全年复查生产经营许可证到期的经营户17家，验收通过15家；协助1家饲料生产企业通过省级生产资格验收。全年抽检兽药、饲料、生鲜乳样品65批次，合格率均为100%。　(蔡智慧)

【生猪屠宰管理】　1月，全市生猪屠宰行业清理整顿工作通过省农委检查验收。至年底，全市共屠宰生猪28.4万头，检疫电子出证9.7万份，生猪定点屠宰场(点)检疫率、检疫出证率、病害畜禽及其产品无害化处理率均达100%，无害化处理病害肉及废弃物折算为992.12头，发放补贴资金87.3万元；全市出动生猪屠宰执法检查100次，出动执法人员千人次。是年，全市未发生屠宰环节重大质量安全事件。　(蔡智慧)

表23　2016年高邮市畜牧业生产简况表

项目	单位	数量		比上年±%
		2016年	2015年	
生猪饲养量	万头	52.89	52.91	-0.04
生猪出栏量	万头	31.09	31.02	0.2
家禽饲养量	万只	1627	1533	6.1
家禽出栏量	万只	1227	1153	6.4
鸡	万只	435	406	7.1
鸭	万只	350	327	7.0
鹅	万只	430	405	6.2
羊饲养量	万只	7.32	7.15	2.4
羊出栏量	万只	5.02	4.83	3.9
特种畜饲养量	万只	1.67	3.30	-49
特种禽饲养量	万只	71.89	71.75	0.2
畜禽肉	万吨	8.80	8.62	2.1
禽蛋	万吨	4.89	4.70	4.0

(市统计局)

高邮鸭业

【概况】　2016年，全市鸭业经济继续保持平稳较快发展势头。全年实现鸭饲养量1035万只，其中蛋鸭500万只、肉鸭535万只，鸭饲养量中高邮鸭360万只；500只以上的养鸭大户468户；鸭蛋加工规模企业110家，有注册商标125个；加工各类蛋品9.5亿枚，其中泥灰蛋1.1亿枚、真空包装熟咸蛋5.7亿枚、松花蛋2.2亿枚、双黄蛋0.5亿枚，产值14.83亿元；加工琵琶鸭、板鸭、香酥鸭等各类鸭肉制品210万只，产值1.5亿元；饲料加工46万吨，产值11.2亿元；羽绒服装加工148万件，产值4.4亿元。是年，全市实现鸭业经济加工产值31.93亿元、销售31.4亿元、利润4.1亿元，分别增长15.8%、18.7%、26.5%。　(蔡智慧)

【高邮鸭业经济】　2016年，高邮鸭业经济继续保持良好发展态势。高邮鸭和"苏邮1号"蛋鸭高产配套系推广力度加大，全年"苏邮1号"蛋鸭高产配套系推广390万只；全市蛋品加工企业规模化养殖基地建设加快，江苏高邮鸭集团、市红太阳食品有限公司、市三湖蛋品有限公司、市秦邮蛋品有限公司、市邮星蛋品有限公司等规模企业均建立高邮鸭现代高效规模养殖基地，年饲养高邮鸭300万只。是年，高邮鸭工程技术研究中心为确保科学研究成果及时向农户推广，先后示范推广"稻鸭共作""大群关养""生态养殖""鸭鱼混养""放牧饲养""笼上养鸭"6种养殖模式。至年底，全市拥有市级鸭业合作经济组织2家、会员400个，乡镇鸭业经济组织12家、会员1856个。（蔡智慧）

水产业

【概况】 2016年，全市水产业紧紧围绕"渔业增效、渔民增收"的双增目标，强化组织领导，突出工作重点，加大新品种、新技术、新模式的推广力度，有力推动水产业健康快速发展。全年实现渔业产值42.4亿元，增长2.2%。是年，市农委被省海洋与渔业局表彰为全省渔业科技入户工作优秀等次。（蔡智慧）

表24　2016年高邮市水产品生产简况表

项目	单位	数量		比上年±%
		2016年	2015年	
养殖总面积	万公顷	3.15	3.13	0.6
精养鱼池面积	万公顷	1.61	1.60	0.6
罗氏沼虾面积	万公顷	0.89	0.90	-1.1
水产品总量	万吨	21.33	19.71	8.2
养殖产量	万吨	18.67	18.39	1.5
捕捞产量	万吨	2.67	2.42	10.3
鱼类	万吨	13.79	13.62	1.3
虾类	万吨	5.55	5.32	4.3
蟹类	万吨	0.58	0.48	20.8
贝类	万吨	1.12	1.15	-2.6
其他	万吨	0.28	0.24	16.7

（市统计局）

【罗氏沼虾养殖】 2016年，全市罗氏沼虾养殖面积8886公顷，总产量4.1万吨，实现养殖产值16.8亿元、产业链产值38亿元。罗氏沼虾养殖重点乡镇涉及龙虬镇、三垛镇、周山镇、送桥镇、汤庄镇、卸甲镇、界首镇、临泽镇、甘垛镇和高邮经济开发区等10个镇（区）。累计建成江苏富裕达公司特种水产良种场、扬州金汇源特种水产有限公司、扬州玉祥罗氏沼虾育苗有限公司、市三庄虾业有限公司、市龙洋虾苗场、市联盛罗氏沼虾育苗有限公司、市富源水产有限公司、市海源水产育苗中心、市富达虾苗育种场、市阿民虾苗育种场、市毅达育苗场、市天源虾苗厂等育苗企业12家，育苗水体6.5万立方米，实际生产罗氏沼虾虾苗45.1亿尾（比上年增加21亿尾）。（蔡智慧）

【渔业科技入户示范工程】 2016年，全市继续实施省渔业科技入户示范工程项目，建立由"县级专家组成员、技术指导员、示范户、辐射户"组成的服务网络，涉及11个乡镇59个行政村。其间，遴选400户罗氏沼虾和常规鱼养殖户作为渔业科技入户示范户，示范面积1098公顷，共选聘23名技术指导员，深入塘口服务，辐射罗氏沼虾养殖户2014户，辐射面积4978公顷。其中，罗氏沼虾养殖科技示范户330户，示范面积888公顷，示范户每公顷纯效益3万元，平均增效16.7%；常规鱼养殖科技示范户70户，示范面积210公顷，示范户每公顷纯效益5.7万元，平均增效36.5%。同时，实施省水产三新（新品种、新技术、新模式）工程项目"罗氏沼虾与小龙虾轮作养殖技术集成与示范"，主要实施内容包括小龙虾优质苗种提早繁育技术试验与示范、大棚中间培育小龙虾苗种技术试验、大棚专池高密度中间培育罗氏沼虾大规格苗种技术试验、小龙虾提早上市池塘养殖技术集成、罗氏沼虾生态养殖技术集成。（蔡智慧）

【水产品质量安全建设】 2016年，全市在菱塘回族乡、送桥镇、龙虬镇、三垛镇、汤庄镇、卸甲镇、甘垛镇、周山镇、临泽镇、界首镇、高邮经济开发区共11个镇（园区）设立11个水产病害测报点，监控面积755.47公顷。全年所检测的样品中包含寄生虫引起的疾病13种，病毒、细菌引起的疾病33种；共举办大型渔业乡村兽医培训班2期，培训人员296人；建立快检室6个，其中县级快检室1个、市场快检室1个、乡镇快检室4个；参与水产品药物残留快速检测工作的技术人员19人。至年底，在全市范围内共抽检样品604份，经检测合格604份，样品合格率100%。（蔡智慧）

【鱼苗放养】 2016年，全市投入资金4.3万元，先后在南澄子河、三阳河、六安河、北澄子河、张叶沟河、澄潼河、东平河等市属公共水域放养草鱼、鲢鱼、鳙鱼等鱼种的鱼苗210.6万尾。同时，开展人工放流活动，不断丰富渔业资源，增加渔民捕捞收入，改善渔业水域生态环境，促进渔业可持续发展。全年新（换）发放水产苗种生产许可证7本；实现罗氏沼虾育苗面积2万平方米，较上年减少73.3%。（蔡智慧）

【"铁虾"专项保险】 2016年，全市继续试点开展"铁虾"专项保险工作。全年实现在保养殖户19户、面积22.87公顷，投入保费1.7万元；理赔养殖户11户、金额8.27万元，涉及养殖面积12.25公顷。同时,省渔业互助保险协会投资11.73万元,为全市渔民投保人身平安互助保险4688户次,其中获理赔9户、金额7.82万元。（蔡智慧）

【渔政工作】 2016年,市渔政监督大队继续加强渔业行政执法工作。全年出动渔政执法人员1364人次、渔政船68艘次,实施渔业安全检查36次、水产苗种场执法检查142次;登船检验2927艘,检查渔船3565艘次,查处非法电捕作业71起,没收电捕器64台(套);出动渔政执法人员54人次,协调处理渔业水污染事件18起,为养殖户挽回经济损失8.5万元;发放机动渔船柴油补贴1221.9万元,惠及渔民2872户。（蔡智慧）

农业综合开发

【概况】 2016年,全市实施农业综合开发项目8项,财政投资总额3911万元。其中,国家农业综合开发土地治理存量项目2项,财政投资1500万元;国家农业综合开发土地治理增量项目2项,财政投资1500万元;国家农业综合开发产业化经营财政补助项目1项,财政投资180万元;国家农业综合开发产业化经营贷款贴息项目2项,中央财政拨付贴息资金156万元;省丘陵山区农业综合开发项目3项,财政投资575万元。是年,市农开局先后被省和扬州市农业资源开发局表彰为农业综合开发宣传信息工作先进单位。（陈炳荣）

【国家农业综合开发土地治理存量项目】 该项目于2016年在汤庄镇、临泽镇实施,总投资1510万元,其中省以上财政资金1387.5万元、高邮市财政配套资金112.5万元、实施单位自筹资金10万元。至年底,共建成排灌站20座、桥梁32座、闸1座、涵洞18座、田间配套建筑物536座,硬化渠道7.75千米,新建机耕路21.04千米,疏浚河道4.1千米,栽植常绿树1.04万株。项目建成后,新增灌溉面积200公顷、除涝面积133公顷,改善灌溉面积200公顷、除涝面积133公顷,粮食增产108.1吨,项目区农民收入总额增加172.8万元。（嵇九权 汤小建）

【国家农业综合开发土地治理增量项目】 该项目于2016年在汤庄镇、临泽镇实施,总投资1510万元,其中省以上财政资金1387.5万元、高邮市财政配套资金112.5万元、实施单位自筹资金10万元。至年底,共建成排灌站24座、桥梁29座、闸2座、涵洞29座、渡槽4座,田间配套建筑物478座,硬化渠道8.88千米,新建机耕路20.32千米,疏浚河道5.74千米,栽植常绿树0.81万株。项目建成后,新增灌溉面积300公顷、除涝面积233公顷,改善灌溉面积367公顷、除涝面积433公顷,粮食增产65.68吨,项目区农民收入总额增加234.48万元。（嵇九权 汤小建）

【国家农业综合开发产业化经营财政补助项目】 2016年,高邮市实施国家农业综合开发产业化经营财政补助项目1项,即扬州高邮湖米业有限公司实施的6万吨优质稻米加工扩建项目,总投资360.66万元,其中省以上财政资金166.5万元、高邮市财政配套资金13.5万元、企业自筹资金180.66万元。至年底,共建成生产车间768平方米、生产车间平台192平方米、水泥路面768平方米、下水道220平方米,新建进料口1个,购置生产设备83台(套)。项目建成后,年新增利税198.22万元,直接受益农户1000户,新增农村劳动力就业15人。（嵇九权 汤小建）

【国家农业综合开发产业化经营贷款贴息项目】 2016年,高邮市实施国家农业综合开发产业化经营贷款贴息项目2项,共拨付中央财政贴息资金156万元。其中,高邮市万嘉面粉有限公司实施的5万吨红皮小麦收购加工流动资金贷款贴息项目,中央财政拨付贴息资金93万元;高邮市新文游面粉有限公司实施的2万吨红皮小麦收购加工流动资金贷款贴息项目,中央财政拨付贴息资金63万元。（嵇九权 汤小建）

【省丘陵山区农业综合开发项目】 2016年,高邮市实施省丘陵山区农业综合开发项目3项,即在菱塘回族乡高庙村实施的生态农业基地项目,在送桥镇肖祠村、毛港村分别实施的生态农业基地项目和生态观光农业项目。项目总投资650万元,其中省财政资金575万元、实施单位自筹资金75万元。至年底,共完成建设面积233.33公顷,新建泵站14座、农桥9座、涵洞22座、进水管道1.2千米、窨井15座、渠系建筑物234座,硬化渠道10.93千米,建成水泥道路9.15千米、砂石道路2.73千米,种植苗木5.33公顷,植树11.33公顷。（陈庆和）

农业机械化

【概况】 2016年,全市新增各类农业机械8006台(套),其中推广各类大中型拖拉机266台、插秧机300台、烘干机365台(套)、设施农业机械2653台(套)、其他各类小型农业机械4422台。全市农机总动力71.9万千瓦,农业综合机械化水平85.5%。实现水稻机插秧面积4.76万公顷、机直播面积3800公顷,机插秧率81%,水稻种植机械化水平85%。秸秆机械化还田8.59万公顷。新建机电灌排泵站 44座,改建机电灌排泵站31 座,累计1413座;新增灌排流量85立方米/秒,累计灌排流量1352.25立方米/秒,改善灌排面积4666公顷。

全市农业生产过程中机械耕翻、机械灌溉、机械运输、农副产品机械加工水平100%，稻麦机械化收割水平99%。（贾海涛）

【农机购置补贴政策】 2016年，市农机局编制农机购置补贴计划，共争取省以上财政资金5825.5万元，其中农机购置补贴专项资金3188万元，秸秆机械化还田、农机政策性保险补助资金、农机服务体系建设和农机技能培训奖补等项目资金2637.5万元，带动农民和各类经济合作组织投资5700万元，购置各类农业机械8000台(套)。同时，按照中央和省级财政农机购置补贴实施办法要求，开展购置补贴机具监督工作，实现重点补贴机具核查全覆盖。（贾海涛）

【粮食生产全程机械化创建】 2016年，高邮市根据扬州市要求，启动开展创建粮食生产全程机械化乡镇工作。出台《关于高邮市加快推进粮食生产全程机械化的意见》，明确投入财政资金1500万元用于创建工作，并计划用3年时间全面完成粮食生产全程机械化乡镇创建工作(2016年创成粮食生产全程机械化乡镇5家、2017年创成粮食生产全程机械化乡镇8家、2018年巩固提高创建工作水平)。至年底，经扬州市和高邮市两级考核认定，高邮市创成粮食生产全程机械化示范乡镇5家，即高邮经济开发区、高邮城南经济新区、高邮高新区、界首镇、菱塘回族乡，创建覆盖率38.5%。（贾海涛）

【区域性粮食烘干中心建设】 2016年，高邮市根据上级要求，大力度推进区域性粮食烘干中心建设。至年底，全市新增粮食烘干机365台，占扬州市下达任务数521%；累计建成各类规模的区域性粮食烘干中心69个，其中建成30吨～60吨规模的粮食烘干中心13个(占扬州市下达任务数250%)、建成60吨以上规模的粮食烘干中心56个(占扬州市下达任务数983%)。（贾海涛）

【农机合作社建设和跨区作业】 2016年，全市新增各类农机合作23家，累计152家。在农机经营服务过程中，各类农机合作社承担80%左右的工作量，作业面积10万多公顷，实现农机经营服务总收入6.7亿元。全年新组建跨区作业队81个，组织农机跨区作业机械5200台次(外地到高邮农机作业机械1800台次、高邮赴外地农机作业机械3400台次)，作业面积26万公顷(外地机具到高邮作业面积4.5万公顷、高邮机具赴外地作业面积21.5公顷)，实现跨区作业收入2.15亿元(外地到高邮作业收入0.3亿元、高邮赴外地作业收入1.85亿元)。（贾海涛）

【农机抗灾减灾】 2016年，市农机局面对夏秋两季出现的极端性灾害天气，科学调度机具参与抗灾减灾作业，保障农业生产。夏收期间，组织各类收割机3000台，其中跨区作业收割机1300台，参与抢收小麦，并安排粮食烘干机430台用于小麦仓储，最大限度降低夏粮损失；同时，安排插秧机3000台参与夏栽，机插水稻4.41万公顷，机插秧率78%。秋收秋种期间，组织收割机2800台参与作业，并安排粮食烘干机674台用于稻谷仓储；同时，安排大中型拖拉机2200台投入秸秆还田、机播作业，完成小麦机播4.12万公顷，机播率73%。（贾海涛）

表25 **2016年高邮市区域性粮食烘干中心建设一览表**

所在乡镇(园区)	建设主体	烘干机(塔)数量(台、座)	烘干规模(吨)	所在乡镇(园区)	建设主体	烘干机(塔)数量(台、座)	烘干规模(吨)
高邮城南经济新区	清水潭有机稻米专业合作联社	2	30	高邮湖西新区	松嶺家庭农场	4	60
	李在斌	3	36		文韬家庭农场	4	60
	特平村委会	6	72		炳耀家庭农场	4	60
	喜迎临门家庭农场	4	60		昌隆家庭农场	4	60
	柏文忠	4	60		赵东元	1	30
	管平奇	4	60		庙家村祥泰农业服务专业合作社	2	60
高邮湖西新区	卢在凤	2	30	三垛镇	赵怀金	4	48
	扬州市维庆粮食专业合作社	3	45		杨旭山	2	24
	吴万明	4	60		杨旭山	2	30
	梅井华	3	100		翁年新	4	60
	潘金昌	4	60		吴开文	4	60
	孙巷村弘扬农业专业合作社	5	60		赵玉定	4	60

续表25

所在乡镇(园区)	建设主体	烘干机(塔)数量(台、座)	烘干规模(吨)
三垛镇	刘有春	4	60
	孙天强	4	60
	徐玉生	4	60
	联余种子生产专业合作社	3	60
	翁长洋	3	60
	润邮种子生产专业合作社	5	60
	丰盈粮食专业合作社	4	80
	丰盈粮食专业合作社	5	100
汤庄镇	吴剑	2	30
	李杰	2	30
	吴有龙	3	45
	吴有龙	1	15
	吴万军	4	60
	袁康	4	60
	沙埝村经济合作社	6	90
	源宝家庭农场	5	60
	李炳义	4	60
	水稻生产机插秧服务专业合作社	4	60
	沈鸿敏	2	60
	才玉粮食生产专业合作社	2	60
临泽镇	邵国江	3	36
	薛连春	12	360
	徐卫东	2	350
	李正奎	6	90
	曾祝清	3	45
	秦　巍	4	60
	秦瑞宏	4	60
	卜玉波	5	75
	营西农机服务专业合作社	4	60
	兴隆港粮食产销专业合作社	4	60
	吴小建	4	60
	董迎春	4	60
	孙新旭	5	75
	朱堆村经济合作社	4	60
界首镇	王金殿	3	36
	大昌粮食种植土地股份专业合作社	3	36
	黄春辉	3	30
	营创粮食专业合作社	2	24
	王源泉	4	60
	王凤朝	4	60
	李桂宏	4	60
	扬州宽裕粮食专业合作社	2	60
	仇玲峰	1	30
高邮经济开发区	黄桂钊	6	72
	孙金堂	6	90
	倪荣贵	3	45
高邮镇	张爱兵	3	60
	王兆华	3	60
龙虬镇	强民村社区专业合作社	8	120
	张轩村委会	4	60
甘垛镇	汇金杂粮专业合作社	5	75
	顾汝林	4	60
	戴玉庭	4	60
	戴庆忠	2	30
卸甲镇	时杰	3	36
	姜庆松	2	30
	金丰裕粮食种植专业合作社	6	90
	驿林生态农业专业合作社	2	200
	天润农业专业合作社	2	300
	禾丰农机专业合作社	6	72
	海丰粮食专业合作社	8	120
	海澄粮食专业合作社	6	120
	陈志祥	4	60
	宋才峰	4	60
菱塘回族乡	骑龙村委会	4	60
	兆丰家庭农场	4	60
	骑龙村经济合作社	4	60
	曾玉山	6	90

续表25

所在乡镇（园区）	建设主体	烘干机(塔)数量(台、座)	烘干规模(吨)	所在乡镇（园区）	建设主体	烘干机(塔)数量(台、座)	烘干规模(吨)
菱塘回族乡	水稻生产服务专业合作社	4	60	周山镇	吴堡村经济合作社	6	72
周山镇	卞庆中	2	60		长宁村经济合作社	4	60

（贾海涛）

【农村机电灌排泵站建设】 2016年，市农机局按照“建大站不建小站、建电站不建机站、建外河不建内河”原则，科学规划、合理选址，指导各乡镇新建机电灌排泵站44座，改建机电灌排泵站31座，新增流量85立方米/秒，受益田地面积5021公顷。至年底，全市累计建有各类泵站1316座，拥有灌排流量1325立方米/秒，受益田地面积6.2万公顷。 （贾海涛）

【农机科技培训】 2016年，市农机局围绕农机主推技术，采用市训、乡训、市乡联训等形式，继续组织开展农机科技教育培训工作。全年举办水稻机插秧、秸秆机械化还田等培训班20期，参训人数3100人；举办获证奖补培训班10期，培训686人；举办新型职业农民农机合作社带头人培训班1期，培训100人。7月，农机技能鉴定培训“高邮模式”在全国培训班（由农业部鉴定总站组织）上作工作交流。 （贾海涛）

【农机安全生产管理】 2016年，市农机局依据《江苏省农业机械安全监督管理条例》，先后制定年度农机安全生产工作考核办法，落实各项安全责任，开展农机安全生产宣传和集中检查，强化执法处罚，确保全市农机安全生产形势持续保持稳定。全年检审小型拖拉机2165台、大中型拖拉机1424台、联合收割机1520台，检审率分别为97%、98%、98%；上道路拖拉机交强险参保率100%。（贾海涛）

水利工作

【概况】 2016年，市水利局围绕“加快水利改革发展，助推水生态文明建设”目标，树立创新、协调、绿色、开放、共享发展理念，创新举措，扎实工作，在项目建设、改革创新、防汛防旱、城乡水务、资源管理等方面取得较好成绩。全年组织实施农村水利工程、城市水务工程、重点水利工程等3项重点工程，总投资5.76亿元，其中争取扬州市以上资金2.07亿元。 （朱玲）

【2016年度水资源总量与用水量】 2016年，全市水资源总量10.87亿立方米，其中地表水3.56亿立方米、过境水4.73亿立方米、地下水2.58亿立方米（当年开采698.5万立方米）。全年水资源使用情况：农业用水5.71亿立方米，工商业用水3565万立方米，居民生活用水3465万立方米，其他用水770万立方米。市海潮污水处理厂全年处理城区生产、生活污水1685.3万立方米。是年，京杭运河高邮段枯水期水位5.85米，丰水期水位8.01米。 （朱玲）

【水利综合改革】 2016年，市水利局根据水利改革试点工作要求，组织开展法治水利示范点和水工程确权划界试点工作，推进“三级四同”（省、市、县三级和权力名称、编码、依据、类型四同）行政权力清单标准化建设，编制《高邮市2016～2020年农业水价综合改革实施方案》。至年底，全市确定标准化权力清单168项，编制权力事项办事指南179份，完成澄潼河试点河道省级验收，新（改）建灌溉泵站20座，安装计量设施68只。是年，全市水利综合改革相关做法受到水利部和省水利厅的较好评价。 （朱玲）

【防汛防旱】 汛前，市水利局立足防大汛、抗大洪、抢大险，按照市防汛防旱指挥部统一部署组织开展水利工程大检查，处理险工患段，细化应急预案，明确工作责任，举办防汛工作培训班，落实防汛物资储备，超前谋划防汛防旱工作。汛期，因受厄尔尼诺气候影响，全市出现6次强降水，日最大降雨量达130毫米，里下河地区2次超警戒水位，最高达3.0米。10～11月，全市又持续出现降雨天气，平均降雨量比往年偏多5成。其间，市防汛防旱指挥部协同市有关职能部门及时启动工作预案，通过科学组织、优化调度、群防群控，有效控制汛情，及时消除险情，确保里下河地区有涝无灾、高邮城区未发生大面积积水。 （朱玲）

【农村水利工程建设】 2016年，市水利局投资1.63亿元（含争取省和扬州市补助资金9805万元），推进实施小型农田水利重点县、河道重点县、农田水利维修管护、河道轮浚、高邮灌区节水改造、新增千亿斤粮食等一批工程项目，共完成各类水利土方659万立方米，改造圩口涵闸55座，新建田间防渗衬砌渠道100千米，疏浚县乡河道185条、188千米，涉及高邮镇、高邮经济开发区、高邮城南经济新区、卸甲镇、周山镇、界首镇、临泽镇、甘垛镇、高邮湖西新区、菱塘回族乡等10个乡镇(园区),促进社会效益和经济效益的双提升。（朱玲）

【城市水务工程】 2016年,市水利局围绕全面建成"清水活水、不淹不涝"城市的目标,继续推进实施城市水务工程,增强城市河道引排能力。全年投入资金3亿元,新建成北澄子河社区生态体育公园和水曲溪园,完成南澄子河城区段、元沟子河、老横泾河、钓鱼河、长生大沟、承志河等6条河道整治工程,推进实施玉带河、大寨河、马饮塘河南延、腰圩河、新沟河、支农河、月塘河、东营大沟、蝶园大沟、城区运河东堤、纬十二路等11项城建"双十"重点工程。同时,完成城区第二水厂深度处理工程,改造供水支管网82.4千米,铺设污水管网6.4千米。（朱玲）

【重点水利工程】 2016年,全市投入资金1.13亿元(含争取扬州市以上资金1.08亿元),组织实施淮河入江水道湖西大堤加固工程、新老王港漫水闸拆建工程和运河西堤防汛道路工程,并完成金墩村渔船避风停泊区主体工程及向阳闸拆建工程。（朱玲）

【水资源管理】 2016年,市水利局全面落实水资源管理制度,加强水功能区水质综合治理与保护,对部分水质较差的区域设置水生植物带和生态浮岛,努力增强河道自净能力。同时,加强入河排污口监督管理,对饮用水源地开展综合整治。创新执法管理模式,建立健全"乡镇有水务站、片区有管理单位、全市有水政监察大队"的三级联动水利综合执法工作机制,全年共查处涉水违法案件27起,立案7起,拆除各类违章建筑62.6平方米,封填浅层地下取水井55眼,有效遏制乱搭乱建、违章种植等涉水违法行为。深入推进节水型社会建设, 创成省级教育基地1个、"水美乡村"3个,省、市级节水型学校5所、节水型企业2家、节水型社区1家、节水改水示范点2个。（朱玲）

【水利工程管理】 2016年,市水利局根据《高邮市水利工程管理办法》,推进涉水工程项目监管;实行河道"五位一体"管护模式,进一步加强河道、渠道长效管护;推进完成《高邮湖退圩还湖规划》编制和评审,策应江淮生态大走廊建设,增强流域、区域防洪能力。全年先后帮助运河西堤石工头避风港项目、金墩村渔船避风停泊区项目、界首运河大桥项目、S333东延工程等创造施工条件;协助江苏华电仪征热电有限公司、深能高邮新能源有限公司等光伏发电企业实地勘查选址,完善相关手续。是年,夏庄水库通过省级小型水库规范化管理单位创建验收。（朱玲）

【水利经济】 2016年,全市水利经济持续保持良好发展势头。全年完成农业水费收入1115.82万元,增长9.3%;规费征收1176.1万元,增长1.5%;市润邮供水公司实现经营收入1610万元,增长30.9%;市港邮供水公司实现经营收入6100万元,增长97.7%;市海潮污水处理厂实现经营收入4209.7万元,增长18.6%;市水利建筑安装工程公司完成总产值2.6亿元、利润440万元,分别增长13%和10%。全系统实现规费征收2291.92万元,营业额3.52亿元,实现利润2715.93万元。（朱玲）

【区域供水经营管理】 2016年,市水利局重视供水安全,针对市润邮供水有限公司等3座水厂的实际状况,围绕高邮市东北片区域供水提标升级工程,积极推进开展相关工作。其间,聘请相关专家开展实地调研;委托有资质设计单位编制完成《高邮市东北片区域供水提标升级工程方案》,并组织专家对该方案实施内容、工艺流程进行评审论证;将《高邮市东北片区域供水提标升级工程方案》提交市政府常务会议研究讨论,并最终确定该方案和相关投资计划。根据市政府常务会议研究决定,该东北片区域供水提标升级工程计划于2017年10月开工建设,涉及总投资3.02亿元。（朱玲）

【水利融资】 2016年,市水利产业投资有限公司克服经济下行、竞争激烈等不利因素,强化创新,规范运作,完成融资任务1.8亿元,其中涉及高邮市东北片区域供水提标升级工程项目融资1.0亿元、高邮市海潮污水处理厂扩能提升工程项目融资0.8亿元。（朱玲）

【城区水环境整治】 2016年,市水利局围绕"四城同创"工作目标任务,深入开展城市水环境综合整治工作。其间,组织开展河道保洁、清水活水、突击清障等活动,清运垃圾3000立方米;履行网格化管理职责,出动100人次,组织开展宣传发动、清理维护、督促引导、交通劝导等工作;加强城市供水安全管理,保障污水处理安全运行,提高城市污水集中处理率;以京杭运河高邮段东堤综合整治为契机,彻底清理金三角垃圾场、运河东堤砂石点等重点处所;牵头相关部门,开展高邮湖备用水源地餐饮船及沿线环境综合整治活动,有效保证京杭运河高邮城区段良好环境和饮用水安全。（朱玲）

工　　业

Industry

综　述

2016年,市委、市政府主动适应新常态、新要求,坚持工业第一方略不动摇,强化对工业经济的领导,推进稳增长、调结构、促转型相结合,注重落实促进工业经济发展的优惠政策,推动全市工业经济继续保持平稳发展的良好态势。是年,高邮市再次被中国纺织工业联合会、中国服装协会联合授予"中国羽绒服装制造名城"称号。

工业发展态势总体平稳。全年全部工业(近6400家企业)完成开票销售498亿元、入库税收18.9亿元,分别增长13.6%、-7%。其中,522家规模以上工业企业(全部国有及销售2000万元以上非国有企业)实现产值1205.11亿元、销售收入1161.1亿元、利税92.55亿元、利润50.89亿元,分别增长7.3%、7.1%、-14.4%、-23.9%;规模以上工业产销率97.4%,比上年下降2个百分点。实现工业增加值194.85亿元,按可比价计算,增长9.9%;工业增加值占GDP比重36.3%,下降0.5个百分点。完成工业用电22.4亿千瓦时,下降0.1%。

重点企业支撑效应增强。全市有年开票销售1亿元以上企业60家(比上年增加8家),实现开票销售227亿元、入库税收7.4亿元,分别占全市规模以上工业总量的64.4%、59.6%;在年开票销售1亿元以上企业中,有3家企业的开票销售超10亿元,当中体量最大的扬州市秦邮特种金属材料有限公司达74亿元。全市有年纳税额1000万元以上的企业15家(与上年持平),实现纳税总额6.5亿元,占全市规模以上工业总量的52.6%;在年纳税额1000万元以上的企业中,江苏波司登制衣有限公司的年纳税额达8852万元,位于全市第一位。

优势产业培育特色彰显。机械装备、电线电缆、照明灯具、纺织服装四个基本产业发展势头平稳,其规模以上企业完成开票销售247亿元,占全市规模以上工业总量的70.2%。其中,机械装备产业、电线电缆产业、照明灯具产业及纺织服装产业的规模以上企业分别完成开票销售141亿元、40亿元、34亿元、32亿元,分别占全市规模以上工业总量的40%、11.3%、9.8%、9.1%。新能源、医药制品等新兴产业发展势头良好,其规模以上企业分别实现开票销售35.3亿元、10亿元,分别增长7.0%、5.3%。

重大项目建设有效推进。全年实施投资额10亿元或1亿美元以上工业项目26项(上年结转续建项目20项、当年新开工项目6项),项目计划总投资320亿元,当年用款31.9亿元,累计用款186亿元。当年竣工投资额10亿元或1亿美元以上项目3项。实施工业技术改造工程项目104项,完成投资184.29亿元,增长25.8%。围绕机械装备、电线电缆、照明灯具、纺织服装四个基本产业发展,印发《关于挂联国内重点招商对象的工作意见》,推进精准招商。组织开展省经信领域重大招商选资项目报送工作,入选"江苏省2016年经信领域重大招商选资项目"10项。

企业上市工作继续跟进。全年获批在"新三板"挂牌企业2家,即扬州润明智能装备股份有限公司、江苏欣宝科技股份有限公司。至此,全市获批在"新三板"挂牌上市企业9家。同时,企业首次公开募股(IPO)工作有序推进,江苏传艺科技股份有限公司、扬州曙光电缆股份有限公司中小板上市文件完成报会程序。

科技创新能力不断增强。全年获批全国工业品牌培育试点企业1家、中国机械工业管理进步示范企业2家、中国电线电缆行业最具竞争力100强企业2家;获批江苏省科技小巨人企业1家、省管理创新优秀企业1家、省科技型中小企业13家、省服务型制造示范培育企业1家;入选省重点技术创新项目计划项目27项,获省首台套重大装备及关键部件产品认定6种,入选省重大装备(首台套)保险试点企业及产品名单产品2种,获批省“专精特新”产品1种,入选省重点推广应用的新技术新产品目录产品15种,通过省级新产品推广应用鉴定新产品30种,新创成省级示范智能车间4个,新增省级认定企业技术中心4家、扬州市级认定企业技术中心27家,获批扬州市“专精特新”示范(培育)中小企业33家。新创成扬州市级以上众创空间6个,其中国家级1个、省级3个、扬州市级2个,新创成省星级公共服务平台2家,其中省二星级1家(江苏省道路照明灯具产品质量监督检验中心)、省一星级1家(大连理工大学高邮研究院)。全市规模以上工业实现高新技术产业产值396.63亿元,下降11.6%,占规模以上工业产值的32.9%。

园区开发建设质效良好。出台《高邮市工业集中区2016年工作要点》,落实《关于促进全市乡镇工业集中区整合提升特色发展的意见》《高邮市乡镇工业集中区专项资金扶持和考核奖励办法》等政策,从基础设施投入、标准化厂房建设、开票销售、入库税收等方面,加大对各园区、工业集中区的扶持和考核力度,力推各园区及工业集中区二次创业。全年兑现专项扶持资金和奖励资金826.99万元;完成园区基础设施投入1.5亿元,新建成标准化厂房10.2万平方米;完成入园规模以上工业企业开票销售243亿元、入库税收8.16亿元,分别占全市工业总量的48.7%、43.2%。

“两化”融合发展步伐加快。全年获批省互联网与工业融合创新示范工程试点企业7家;通过省级“双软”评估企业3家,累计达8家;帮助企业申报软件著作权70件、软件产品13个,累计分别达73件、14个;高邮湖西新区创成省两化融合试验区;获批扬州市级以上星级数字企业38家,累计达158家;完成两化融合自评估企业400多家。

绿色发展继续有效推进。围绕全市工业企业万元开票销售电耗下降3.5%的年度目标任务,实施节能技术改造项目22项、循环经济项目5项、清洁替代能源项目4项、节能环保产业化项目2项,完成企业清洁生产审核12家,淘汰高耗能电机240多台套(2350千瓦),完成节能监察企业14家。

服务企业水平有力提升。继续实行市领导和市级机关部门挂钩联系和服务企业的各项规定,深入开展“进企业、交朋友、大服务”行动,共走访规模以上企业522家(规模以上企业实现全覆盖),帮助解决相关问题100多个。协助6家企业争取到扬州市二电厂的直购电2.1亿千瓦时,节约电费支出420万元。制定出台《高邮市工业经济和信息化“十三五”发展规划》,明确全市“十三五”工业发展的指导思想、总体目标、发展重点、产业重点。推进实施《关于全市工业经济转型升级“356”行动计划》,年内新增动态培育企业66家。用好用足政策,继续开展各类项目资金的向上申报工作,全年共帮助工业企业向上争取各级转型升级支持资金4781.9万元,涉及项目110项。加大市本级对企业的激励力度,全年兑现各类奖励、扶持、引导资金4413.96万元,其中“356”政策性奖励资金2852.8万元、企业技术改造专项引导资金675万元、“互联网+”发展扶持资金495.46万元、软件和信息服务业发展专项资金152.7万元、节能专项资金238万元。开展全市工业企业融资需求情况调查,并将汇总的融资信息反复向有关融资信息平台推荐,涉及相关企业73家、融资额度5.3亿元;推进开展金融实业贷业务,建立企业融资需求基础数据库,年度实现在库企业426家,涉及项目融资额度36.1亿元。将《高邮市政府企业应急专项资金管理暂行办法》落到实处,全年帮助企业转贷24亿元。引导融资性担保公司优化服务,市东方邮都担保有限公司、市信诚工业企业贷款担保有限公司、江苏亿邦担保有限公司全年实现在保金额4.79亿元,担保余额5.35亿元,担保企业共114家。推进基金运作,加速股权融通,市政府与江苏苏豪投资集团有限公司签订战略合作协议,设立“一带一路”子基金。协助扬州市举办第十二届全国道路照明论坛,推动“高邮灯具”获国家级“生态原产地保护产品”标志。承办中国机械工业企业管理协会七届四次理事(扩大)会,举办高邮液压机械产业发展高峰论坛,成立中机企协汤庄镇工作站,汤庄镇获批中国液压机械产业集群镇。组织企业参加中国(深圳)国际光储充大会、第十八届江苏国际服装节暨博览会等,为企业开拓市场构建更高更大的平台。“中国羽绒服装制造名城”通过复评。实施企业家培育工程,先后举办企业家大讲堂、企业经营管理人员培训班、“哈尔滨工业大学——高邮企业经营管理与创新高级研修班”及“大连理工大学——高邮市园区管理干部高级研修班”等培训、考察活动10多批次,培训人员近2000人。

全市工业经济虽然取得一定的成绩,但也存在一些问题。主要有:总量规模不够大,以规模以上工业而言,其产值在苏中13个县(市)中排名第10位,处于落后位置。经济效益不够好,因受市内、外经济环境的影响,全部工业入库税收仅完成

18.9亿元，下降7%；规模以上工业更是出现利税和利润“双下降”，且利润降幅达23.9%。投资意愿不够高，因受国际、国内经济发展大环境没有出现积极变化的影响，部分企业家还持有“练好内功，求稳过冬”的谨慎态度，在项目投资方面没有明显进展。项目进展不够快，尽管当年实施推进和竣工达产一批工业项目，但因受扬州市华翔有色金属有限公司等相关重点企业新上技改项目的影响，致使项目投资与项目产出仍存在一定的失衡现象。创新转型不够好，因企业家队伍思想不够解放及企业人才缺乏、科研投入不足、品牌经营能力低下等诸多因素影响，导致全市工业制造水平低、品牌影响力弱，进而导致工业主导产业基本处于低端经营状态，难以向产业链和价值链的高端攀登，这也是造成全市工业开票销售与工业入库税收比例严重失调的根本原因。瓶颈突破不够优，以融资难问题为例，全市工业融资渠道主要依赖银行，基金、企业债等融资还是方式不多、效果不明，这也直接导致蓄电池产业相关企业的发展。融合发展不够深，软件和信息服务业产业体量小，竞争力不强，信息化发展程度和智能制造设备应用率均较低，信息技术在企业经营管理各环节的集成应用率不足，导致产业档次、整体工艺装备技术水平不高。　（周春江）

表26

2016年高邮市规模以上工业企业主要产品产量实绩表

产品名称	单位	产量		产品名称	单位	产量	
		2016年	比上年（±%）			2016年	比上年（±%）
小麦粉	万吨	40.66	13.8	塑料制品	万吨	3.71	15.7
大米	万吨	2.07	-68.8	水泥	万吨	50.70	8.9
饲料	万吨	8.98	-9.4	商品混凝土	万立方米	58.53	5.8
冷冻水产品	万吨	1.46	30.4	水泥混凝土电杆	万根	9.18	6.9
纱	万吨	8.85	0.1	粗钢	万吨	472.52	5.3
蚕丝被	万条	10.40	36.8	钢材	万吨	150.21	4.3
服装	万件	7548.62	1.0	铜材	万吨	1.67	14.5
手提包（袋）、背包	万个	116.00	-19.4	金属切削工具	万件	20.65	12.6
鞋	万双	2736.10	7.6	钢丝	万吨	1.36	35.6
人造板	万立方米	33.49	22.1	泵	万台	0.65	14.8
机制纸及纸板（外购原纸加工除外）	万吨	0.72	4.8	电动机	万千瓦	10.37	26.8
纸制品	万吨	3.58	-14.3	低压开关板	万面	9.00	-66.3
农用氮、磷、钾化学肥料（折纯）	万吨	0.35	6.6	电力电缆	万千米	18.55	4.7
涂料	万吨	0.85	-12.1	铅酸蓄电池	万千伏安时	63.05	-48.8
化学试剂	万吨	0.22	24.9	灯具及照明装置	万套（台、个）	76.22	23.5
单晶硅	吨	135.93	49.7	光电子器件	万只（片、套）	4.75	11.7
多晶硅	吨	2595.37	12.2	自来水生产量	万立方米	2552.02	9.6
化学药品原药	吨	163.00	1.2				

（市统计局）

表27

2016高邮市分地区规模以上企业主要经济指标实绩表

单位名称	企业数（个）	现价产值（亿元）	产品销售收入（亿元）	高新技术产业产值（亿元）	利税（亿元）	利润（亿元）
一、城市工业	133	414.82	396.78	97.45	33.44	20.14

续表27

单位名称	企业数(个)	现价产值(亿元)	产品销售收入(亿元)	高新技术产业产值(亿元)	利税(亿元)	利润(亿元)
高邮经济开发区	88	344.20	328.86	61.27	26.62	16.22
高邮城南经济新区	45	70.61	67.92	36.18	6.82	3.92
二、乡镇工业	389	790.29	764.32	299.18	59.11	30.75
高邮镇	67	251.36	248.30	93.13	13.44	5.91
龙虬镇	14	14.76	14.23	—	1.32	0.51
汤庄镇	42	62.80	59.11	15.97	6.87	3.65
卸甲镇	28	45.66	41.07	23.92	4.46	1.16
三垛镇	29	37.07	36.57	1.91	1.66	0.97
甘垛镇	16	16.00	15.76	3.39	0.52	0.23
界首镇	10	10.80	10.73	1.12	0.95	0.37
周山镇	7	1.47	1.41	0.22	0.01	-0.05
临泽镇	31	65.54	62.54	0.98	7.19	4.61
送桥镇	99	144.73	139.36	71.31	12.20	7.76
菱塘回族乡	46	140.08	135.23	87.24	10.47	5.64

(市统计局)

表28 **2016年高邮市分行业规模以上企业主要经济指标实绩表**

行业名称	企业数(家)	现价产值(亿元)	工业销售产值(亿元)	主营业务收入(亿元)	新产品产值(亿元)	出口交货值(亿元)	利税总额(亿元)	利润总额(亿元)	全部从业人员平均人数(万人)
总计	522	1205.11	1173.19	1161.10	70.09	99.89	92.55	50.89	10.00
农副食品加工业	27	57.10	56.05	55.72	0.43	0.50	3.29	2.35	0.35
谷物磨制	6	16.92	16.65	16.46	—	—	1.08	0.76	0.10
饲料加工	5	7.70	7.61	7.59	—	—	0.27	0.26	0.04
屠宰及肉类加工	3	5.04	4.99	4.99	—	0.50	0.17	0.10	0.03
肉制品及副产品加工	3	5.04	4.99	4.99	—	0.50	0.17	0.10	0.03
水产品加工	9	12.33	12.09	12.05	0.13	—	0.64	0.51	0.09
水产品冷冻加工	5	6.59	6.43	6.31	0.13	—	0.40	0.33	0.05
鱼糜制品及水产品干腌制加工	1	1.59	1.59	1.57	—	—	0.06	0.02	0.01
水产饲料制造	3	4.15	4.07	4.17	—	—	0.17	0.17	0.03
其他农副食品加工	4	15.12	14.71	14.63	0.30	—	1.13	0.73	0.10
蛋品加工	4	15.12	14.71	14.63	0.30	—	1.13	0.73	0.10
食品制造业	3	0.95	0.93	0.84	—	—	0.02	0.01	0.01
方便食品制造	3	0.95	0.93	0.84	—	—	0.02	0.01	0.01
米、面制品制造	3	0.95	0.93	0.84	—	—	0.02	0.01	0.01
纺织业	12	20.69	20.17	20.60	0.15	0.73	0.87	0.37	0.26
棉纺织及印染精加工	6	14.95	14.52	15.01	0.06	0.05	0.55	0.23	0.21
棉纺纱加工	6	14.95	14.52	15.01	0.06	0.05	0.55	0.23	0.21
化纤织造及印染精加工	1	0.25	0.25	0.25	—	—	—	—	—

续表28

行业名称	企业数(家)	现价产值(亿元)	工业销售产值(亿元)	主营业务收入(亿元)	新产品产值(亿元)	出口交货值(亿元)	利税总额(亿元)	利润总额(亿元)	全部从业人员平均人数(万人)
化纤织造加工	1	0.25	0.25	0.25	—	—	—	—	—
家用纺织制成品制造	1	1.38	1.37	1.37	—	—	—	—	0.01
毛巾类制品制造	1	1.38	1.37	1.37	—	—	0.01	—	0.01
非家用纺织制成品制造	4	4.11	4.03	3.98	0.09	0.68	0.31	0.14	0.03
绳、索、缆制造	2	1.32	1.29	1.26	0.09	—	0.13	0.05	0.01
纺织带和帘子布制造	2	2.79	2.74	2.72	—	0.68	0.18	0.10	0.02
纺织服装、服饰业	49	137.94	135.71	136.33	4.08	42.77	11.16	5.51	1.98
机织服装制造	46	136.54	134.32	134.98	4.08	42.77	11.07	5.49	1.92
针织或钩针编织服装制造	2	1.05	1.05	0.96	—	—	0.07	0.02	0.04
服饰制造	1	0.34	0.34	0.38	—	—	0.02	—	0.01
皮革、毛皮、羽毛及其制品和制鞋业	33	65.06	64.04	63.35	1.01	12.69	6.60	3.36	1.04
皮革制品制造	5	3.47	3.46	3.35	—	0.48	0.28	0.15	0.08
皮箱、包(袋)制造	4	1.45	1.44	1.44	—	—	0.13	0.08	0.06
其他皮革制品制造	1	2.01	2.01	1.91	—	0.48	0.15	0.06	0.02
羽毛(绒)加工及制品制造	2	1.46	1.45	1.79	—	—	0.16	0.07	0.02
羽毛(绒)制品加工	2	1.46	1.45	1.79	—	—	0.16	0.07	0.02
制鞋业	26	60.14	59.13	58.22	1.01	12.21	6.16	3.14	0.94
纺织面料鞋制造	2	3.84	3.74	3.60	0.28	3.12	0.48	0.24	0.05
皮鞋制造	17	48.04	47.31	46.65	0.23	6.79	4.68	2.39	0.68
橡胶鞋制造	7	8.27	8.08	7.97	0.50	2.30	1.00	0.52	0.21
木材加工和木、竹、藤、棕、草制品业	4	6.51	6.37	6.28	—	—	0.71	0.36	0.05
人造板制造	3	5.60	5.47	5.39	—	—	0.62	0.32	0.04
胶合板制造	2	1.35	1.34	1.34	—	—	0.09	0.04	0.01
纤维板制造	1	4.25	4.14	4.05	—	—	0.53	0.28	0.03
木制品制造	1	0.91	0.90	0.89	—	—	0.08	0.04	0.01
木制容器制造	1	0.91	0.90	0.89	—	—	0.08	0.04	0.01
造纸和纸制品业	5	11.84	11.71	11.64	—	—	0.60	0.20	0.10
造纸	3	2.69	2.56	2.58	—	—	0.21	0.09	0.08
机制纸及纸板制造	3	2.69	2.56	2.58	—	—	0.21	0.09	0.08
纸制品制造	2	9.15	9.15	9.06	—	—	0.39	0.12	0.02
纸和纸板容器制造	2	9.15	9.15	9.06	—	—	0.39	0.12	0.02
印刷和记录媒介复制业	4	4.21	4.26	4.26	1.98	0.58	0.77	0.43	0.07
印刷	3	4.21	4.26	4.26	1.98	0.58	0.77	0.43	0.07
包装装潢及其他印刷	3	4.21	4.26	4.26	1.98	0.58	0.77	0.43	0.07
装订及印刷相关服务	1	—	—	—	—	—	—	—	—
文教、工美、体育和娱乐用品制造业	7	5.46	5.31	5.05	—	3.51	0.40	0.20	0.09
文教办公用品制造	1	0.43	0.43	0.42	—	—	0.04	0.02	0.02
文具制造	1	0.43	0.43	0.42	—	—	0.04	0.02	0.02
工艺美术品制造	2	2.40	2.37	2.20	—	2.15	0.20	0.13	0.02

续表28

行业名称	企业数(家)	现价产值(亿元)	工业销售产值(亿元)	主营业务收入(亿元)	新产品产值(亿元)	出口交货值(亿元)	利税总额(亿元)	利润总额(亿元)	全部从业人员平均人数(万人)
金属工艺品制造	1	2.19	2.15	2.02	—	2.15	0.18	0.12	0.02
珠宝首饰及有关物品制造	1	0.22	0.22	0.18	—	—	0.02	0.01	—
体育用品制造	3	1.52	1.42	1.34	—	1.36	0.09	0.03	0.05
训练健身器材制造	1	0.25	0.23	0.22	—	0.19	0.01	—	0.02
其他体育用品制造	2	1.27	1.19	1.12	—	1.17	0.07	0.02	0.03
玩具制造	1	1.12	1.09	1.09	—	—	0.08	0.03	0.01
石油加工、炼焦和核燃料加工业	1	0.56	0.55	0.55	—	—	0.03	0.02	—
精炼石油产品制造	1	0.56	0.55	0.55	—	—	0.03	0.02	—
原油加工及石油制品制造	1	0.56	0.55	0.55	—	—	0.03	0.02	—
化学原料和化学制品制造业	50	96.98	94.71	95.71	20.66	3.21	6.77	3.97	0.59
基础化学原料制造	18	39.73	38.89	38.60	12.59	3.09	3.04	1.63	0.25
无机盐制造	1	0.97	0.96	0.95	—	—	0.09	0.04	0.01
有机化学原料制造	15	37.25	36.46	36.22	12.59	3.09	2.80	1.50	0.23
其他基础化学原料制造	2	1.51	1.48	1.44	—	—	0.15	0.09	0.02
涂料、油墨、颜料及类似产品制造	4	4.78	4.67	4.60	0.36	—	0.33	0.17	0.04
涂料制造	2	2.42	2.36	2.37	—	—	0.11	0.06	0.02
颜料制造	1	1.67	1.63	1.55	0.36	—	0.19	0.11	0.02
染料制造	1	0.69	0.68	0.68	—	—	0.03	0.00	0.01
合成材料制造	7	11.38	10.86	11.01	1.13	0.12	0.71	0.46	0.09
初级形态塑料及合成树脂制造	5	10.00	9.51	9.68	1.13	0.12	0.62	0.40	0.05
合成橡胶制造	2	1.38	1.35	1.33	—	—	0.09	0.06	0.03
专用化学产品制造	20	40.15	39.38	40.60	6.36	—	2.57	1.65	0.20
化学试剂和助剂制造	2	1.17	1.17	1.17	—	—	0.06	0.02	0.01
专项化学用品制造	4	7.58	7.42	6.16	—	—	0.20	0.08	0.02
信息化学品制造	14	31.40	30.79	33.26	6.36	—	2.31	1.54	0.17
日用化学产品制造	1	0.94	0.92	0.90	0.22	—	0.12	0.06	0.01
化妆品制造	1	0.94	0.92	0.90	0.22	—	0.12	0.06	0.01
医药制造业	9	13.07	12.92	12.39	4.51	—	1.69	0.88	0.10
化学药品原料药制造	2	0.79	0.75	0.77	—	—	0.06	0.03	0.01
化学药品制剂制造	2	7.19	7.09	6.70	2.45	—	1.04	0.58	0.06
兽用药品制造	1	0.50	0.49	0.49	0.08	—	0.04	0.03	0.01
卫生材料及医药用品制造	4	4.59	4.58	4.43	1.98	—	0.55	0.25	0.02
化学纤维制造业	1	9.39	9.01	9.01	0.38	—	1.05	0.56	0.09
纤维素纤维原料及纤维制造	1	9.39	9.01	9.01	0.38	—	1.05	0.56	0.09
人造纤维(纤维素纤维)制造	1	9.39	9.01	9.01	0.38	—	1.05	0.56	0.09
橡胶和塑料制品业	20	46.45	45.34	44.93	0.45	3.24	3.04	1.37	0.33
橡胶制品业	6	14.34	13.99	13.83	—	—	0.96	0.54	0.10
橡胶零件制造	3	5.40	5.32	5.28	—	—	0.46	0.25	0.05

续表28

行业名称	企业数(家)	现价产值(亿元)	工业销售产值(亿元)	主营业务收入(亿元)	新产品产值(亿元)	出口交货值(亿元)	利税总额(亿元)	利润总额(亿元)	全部从业人员平均人数(万人)
其他橡胶制品制造	3	8.93	8.67	8.54	—	—	0.50	0.29	0.04
塑料制品业	14	32.12	31.35	31.11	0.45	3.24	2.08	0.84	0.23
塑料薄膜制造	1	1.00	0.99	0.99	0.06	0.99	0.07	0.03	—
塑料板、管、型材制造	5	6.41	6.20	5.93	0.38	0.06	0.42	0.22	0.05
塑料丝、绳及编织品制造	1	1.29	1.29	1.29	—	1.19	0.11	0.03	0.07
塑料包装箱及容器制造	1	8.70	8.62	8.61	—	—	0.39	0.05	0.03
日用塑料制品制造	2	3.66	3.56	3.39	—	1.00	0.39	0.23	0.04
其他塑料制品制造	4	11.05	10.70	10.90	—	—	0.69	0.28	0.04
非金属矿物制品业	10	13.18	13.10	12.41	0.33	—	0.97	0.56	0.08
水泥、石灰和石膏制造	2	1.74	1.74	1.08	—	—	0.11	0.07	0.01
水泥制造	2	1.74	1.74	1.08	—	—	0.11	0.07	0.01
石膏、水泥制品及类似制品制造	6	9.88	9.84	9.78	0.33	—	0.67	0.34	0.05
水泥制品制造	6	9.88	9.84	9.78	0.33	—	0.67	0.34	0.05
玻璃制品制造	2	1.55	1.51	1.56	—	—	0.20	0.15	0.02
玻璃包装容器制造	1	0.59	0.57	0.61	—	—	0.06	0.03	0.01
其他玻璃制品制造	1	0.97	0.95	0.95	—	—	0.13	0.12	0.01
黑色金属冶炼和压延加工业	20	148.31	143.07	140.23	0.40	—	10.20	6.51	0.50
黑色金属铸造	1	0.40	0.40	0.40	—	—	0.01	0.01	0.01
钢压延加工	19	147.90	142.67	139.83	0.40	—	10.20	6.50	0.49
有色金属冶炼和压延加工业	15	38.36	37.74	36.84	0.34	—	3.36	0.90	0.15
常用有色金属冶炼	5	17.19	17.13	17.08	—	—	2.40	0.32	0.06
铅锌冶炼	2	15.82	15.79	15.77	—	—	2.26	0.24	0.04
铝冶炼	3	1.37	1.34	1.31	—	—	0.13	0.09	0.02
有色金属合金制造	1	0.28	0.28	0.26	—	—	—	—	—
有色金属铸造	2	0.65	0.56	0.56	—	—	0.03	0.01	0.01
有色金属压延加工	7	20.25	19.77	18.94	0.34	—	0.94	0.56	0.07
铜压延加工	3	11.51	11.19	11.06	0.02	—	0.72	0.48	0.03
铝压延加工	4	8.74	8.58	7.89	0.33	—	0.22	0.08	0.04
金属制品业	23	41.47	41.05	40.03	0.17	0.64	3.29	1.89	0.29
结构性金属制品制造	15	22.97	22.77	21.92	0.07	0.64	2.00	1.07	0.19
金属结构制造	14	16.62	16.43	16.34	0.07	0.64	1.43	0.80	0.17
金属门窗制造	1	6.35	6.35	5.58	—	—	0.57	0.27	0.02
金属工具制造	1	7.87	7.87	7.79	—	—	0.22	0.10	0.02
手工具制造	1	7.87	7.87	7.79	—	—	0.22	0.10	0.02
金属丝绳及其制品制造	1	0.96	0.87	0.87	—	—	0.03	0.01	0.01
金属表面处理及热处理加工	4	8.26	8.14	8.08	—	—	0.87	0.62	0.06
搪瓷制品制造	1	0.73	0.71	0.69	0.10	—	0.07	0.04	0.01
生产专用搪瓷制品制造	1	0.73	0.71	0.69	0.10	—	0.07	0.04	0.01

续表28

行业名称	企业数(家)	现价产值(亿元)	工业销售产值(亿元)	主营业务收入(亿元)	新产品产值(亿元)	出口交货值(亿元)	利税总额(亿元)	利润总额(亿元)	全部从业人员平均人数(万人)
金属制日用品制造	1	0.68	0.68	0.68	—	—	0.09	0.05	0.01
其他金属制日用品制造	1	0.68	0.68	0.68	—	—	0.09	0.05	0.01
通用设备制造业	34	58.00	55.77	55.70	5.48	3.01	4.77	2.61	0.57
锅炉及原动设备制造	2	1.19	1.16	1.08	0.15	—	0.08	0.04	0.01
内燃机及配件制造	2	1.19	1.16	1.08	0.15	—	0.08	0.04	0.01
金属加工机械制造	1	3.67	3.59	3.52	0.21	1.94	0.18	0.14	0.02
其他金属加工机械制造	1	3.67	3.59	3.52	0.21	1.94	0.18	0.14	0.02
泵、阀门、压缩机及类似机械制造	21	39.47	38.12	38.12	4.61	0.04	3.93	2.10	0.37
泵及真空设备制造	4	8.55	7.86	8.36	0.95	—	0.73	0.36	0.09
阀门和旋塞制造	3	13.10	13.04	12.97	0.55	0.04	0.96	0.59	0.04
液压和气压动力机械及元件制造	14	17.82	17.22	16.79	3.11	—	2.24	1.15	0.24
烘炉、风机、衡器、包装等设备制造	1	0.51	0.29	0.29	0.05	0.05	0.01	—	0.01
风动和电动工具制造	1	0.51	0.29	0.29	0.05	0.05	0.01	—	0.01
文化、办公用机械制造	1	1.16	0.98	1.04	—	—	0.02	0.01	0.04
照相机及器材制造	1	1.16	0.98	1.04	—	—	0.02	0.01	0.04
通用零部件制造	8	12.00	11.63	11.64	0.45	0.98	0.55	0.32	0.12
紧固件制造	2	2.14	2.09	1.97	0.37	0.98	0.19	0.14	0.03
弹簧制造	2	1.33	1.29	1.28	0.08	—	0.13	0.06	0.02
机械零部件加工	4	8.53	8.26	8.39	—	—	0.22	0.12	0.07
专用设备制造业	21	43.84	43.23	42.20	1.57	2.55	3.50	1.67	0.37
采矿、冶金、建筑专用设备制造	10	16.83	16.63	16.22	0.15	0.25	1.74	0.97	0.17
矿山机械制造	2	1.24	1.23	1.19	—	—	0.09	0.04	0.02
石油钻采专用设备制造	4	5.30	5.19	5.06	0.09	0.25	0.34	0.24	0.06
建筑工程用机械制造	3	8.37	8.31	8.07	0.07	—	1.30	0.69	0.06
冶金专用设备制造	1	1.91	1.91	1.91	—	—	—	—	0.03
化工、木材、非金属加工专用设备制造	2	0.81	0.77	0.74	—	—	0.06	0.04	0.01
炼油、化工生产专用设备制造	1	0.24	0.21	0.21	—	—	0.01	—	—
模具制造	1	0.56	0.56	0.53	—	—	0.05	0.04	0.01
农、林、牧、渔专用机械制造	2	16.70	16.70	16.26	—	2.30	0.61	0.14	0.05
机械化农业及园艺机具制造	1	2.30	2.30	2.00	—	2.30	0.09	0.03	0.01
农林牧渔机械配件制造	1	14.40	14.40	14.25	—	—	0.52	0.11	0.04
医疗仪器设备及器械制造	1	2.28	2.22	2.17	0.46	—	0.31	0.17	0.04
医疗诊断、监护及治疗设备制造	1	2.28	2.22	2.17	0.46	—	0.31	0.17	0.04
环保、社会公共服务及其他专用设备制造	6	7.22	6.91	6.81	0.96	—	0.79	0.35	0.09
环境保护专用设备制造	4	4.69	4.43	4.37	0.57	—	0.53	0.22	0.06
社会公共安全设备及器材制造	1	0.45	0.45	0.45	—	—	0.04	0.03	0.01
其他专用设备制造	1	2.09	2.04	2.00	0.39	—	0.23	0.10	0.02

续表28

行业名称	企业数(家)	现价产值(亿元)	工业销售产值(亿元)	主营业务收入(亿元)	新产品产值(亿元)	出口交货值(亿元)	利税总额(亿元)	利润总额(亿元)	全部从业人员平均人数(万人)
汽车制造业	14	15.38	14.88	13.44	0.29	—	1.02	0.52	0.17
汽车整车制造	1	0.01	0.01	0.01	—	—	—	—	—
汽车零部件及配件制造	13	15.37	14.87	13.43	0.29	—	1.02	0.52	0.17
铁路、船舶、航空航天和其他运输设备制造业	7	5.81	5.78	5.78	—	—	0.28	0.09	0.06
船舶及相关装置制造	1	0.58	0.57	0.57	—	—	0.04	0.02	—
船用配套设备制造	1	0.58	0.57	0.57	—	—	0.04	0.02	—
航空、航天器及设备制造	1	0.37	0.37	0.39	—	—	0.02	—	0.02
航天器制造	1	0.37	0.37	0.39	—	—	0.02	—	0.02
摩托车制造	5	4.85	4.84	4.82	—	—	0.22	0.07	0.04
摩托车零部件及配件制造	5	4.85	4.84	4.82	—	—	0.22	0.07	0.04
电气机械和器材制造业	125	301.81	289.62	286.76	19.43	21.77	21.6	12.58	1.76
电机制造	15	42.03	40.43	39.19	7.07	19.86	3.19	1.75	0.45
发电机及发电机组制造	9	18.76	18.61	18.26	0.89	1.18	1.27	0.66	0.13
电动机制造	1	0.86	0.78	0.78	—	—	0.03	0.01	0.01
微电机及其他电机制造	5	22.41	21.04	20.15	6.18	18.68	1.89	1.08	0.31
输配电及控制设备制造	15	28.56	27.27	24.69	1.24	0.42	1.68	0.71	0.23
变压器、整流器和电感器制造	3	16.72	16.58	16.51	1.08	—	1.23	0.47	0.07
电容器及其配套设备制造	3	1.42	1.37	1.28	—	0.42	0.09	0.06	0.05
配电开关控制设备制造	3	1.23	1.20	1.19	0.16	—	0.07	0.03	0.03
光伏设备及元器件制造	6	9.19	8.13	5.71	—	—	0.28	0.15	0.08
电线、电缆、光缆及电工器材制造	39	159.73	151.53	153.28	8.67	—	11.99	7.28	0.51
电线、电缆制造	38	158.09	149.94	152.02	8.67	—	11.89	7.20	0.50
绝缘制品制造	1	1.64	1.59	1.26	—	—	0.10	0.08	0.01
电池制造	7	24.38	23.85	23.58	1.14	0.21	0.84	0.56	0.13
其他电池制造	7	24.38	23.85	23.58	1.14	0.21	0.84	0.56	0.13
家用电力器具制造	2	1.08	1.07	1.06	—	—	0.14	0.08	0.02
家用制冷电器具制造	1	0.87	0.87	0.85	—	—	0.12	0.08	0.01
家用电力器具专用配件制造	1	0.21	0.20	0.20	—	—	0.01	—	0.01
照明器具制造	46	45.76	45.18	44.67	1.30	1.00	3.77	2.21	0.42
照明灯具制造	44	40.39	39.83	39.47	1.30	1.00	3.36	1.97	0.38
灯用电器附件及其他照明器具制造	2	5.38	5.35	5.20	—	—	0.41	0.23	0.04
其他电气机械及器材制造	1	0.28	0.29	0.30	—	0.28	—	—	0.01
电气信号设备装置制造	1	0.28	0.29	0.30	—	0.28	—	—	0.01
计算机、通信和其他电子设备制造业	22	57.61	56.84	56.23	8.03	4.70	5.98	3.51	0.61
计算机制造	1	0.63	0.61	0.63	—	—	0.04	0.03	0.01
计算机外围设备制造	1	0.63	0.61	0.63	—	—	0.04	0.03	0.01
雷达及配套设备制造	1	3.65	3.65	4.08	3.08	—	0.65	0.31	0.06

续表28

行业名称	企业数(家)	现价产值(亿元)	工业销售产值(亿元)	主营业务收入(亿元)	新产品产值(亿元)	出口交货值(亿元)	利税总额(亿元)	利润总额(亿元)	全部从业人员平均人数(万人)
电子器件制造	17	39.56	39.07	38.90	4.16	1.58	4.17	2.52	0.39
集成电路制造	1	6.64	6.50	6.50	1.10	1.31	0.56	0.39	0.18
光电子器件及其他电子器件制造	16	32.92	32.57	32.40	3.05	0.26	3.61	2.13	0.22
电子元件制造	2	10.02	9.75	8.90	0.79	3.12	0.86	0.53	0.13
电子元件及组件制造	1	9.00	8.75	7.91	0.79	2.70	0.78	0.49	0.10
印制电路板制造	1	1.01	1.00	0.99	—	0.43	0.08	0.04	0.03
其他电子设备制造	1	3.76	3.76	3.72	—	—	0.26	0.12	0.02
仪器仪表制造业	3	3.44	3.35	3.19	0.39	—	0.23	0.13	0.03
通用仪器仪表制造	2	1.80	1.75	1.71	0.33	—	0.13	0.06	0.02
工业自动控制系统装置制造	2	1.80	1.75	1.71	0.33	—	0.13	0.06	0.02
专用仪器仪表制造	1	1.63	1.60	1.48	0.06	—	0.09	0.08	0.01
地质勘探和地震专用仪器制造	1	1.63	1.60	1.48	0.06	—	0.09	0.08	0.01
电力、热力生产和供应业	1	0.33	0.32	0.32	—	—	0.05	0.05	—
电力生产	1	0.33	0.32	0.32	—	—	0.05	0.05	—
太阳能发电	1	0.33	0.32	0.32	—	—	0.05	0.05	—
燃气生产和供应业	1	0.99	0.99	0.93	—	—	0.22	0.20	—
水的生产和供应业	1	0.37	0.37	0.37	—	—	0.08	0.06	0.01
自来水生产和供应	1	0.37	0.37	0.37	—	—	0.08	0.06	0.01

(市统计局)

工业管理

【高邮市通过“中国羽绒服装制造名城”复评】 12月20日下午，在全国纺织产业集群复评工作总结会议上，高邮市再次被中国纺织工业联合会、中国服装协会联合授予“中国羽绒服装制造名城”称号。此为该市自2006年起第三次通过“中国羽绒服装制造名城”复评。 (杨小丽　卞彧)

资料链接 “创牌不易，保牌更难”。高邮市自2006年创成“中国羽绒服装制造名城”以来，通过持续有力地扶持、引导和推进，促使服装产业集群初具规模，成为当地传统支柱产业、工业四大基本产业之一，在经济发展、财政贡献率、扩大就业等方面发挥较大作用。至2016年年底，该市拥有服装企业350余家，其中规模以上企业51家，熟练产业工人4万人，年加工各类服装8000万件，其中羽绒服装年产量2000万件，占全省羽绒服装加工量的四分之一。2016年，该市纺织服装产业规模以上企业实现产值150亿元，其中服装产业产值120多亿元。 (杨小丽　卞彧)

【中国机械工业企业管理协会理事会在高邮市举行】 6月29日，由中国机械工业企业管理协会主办，高邮市政府协办的中国机械工业企业管理协会七届四次理事(扩大)会在高邮市举行。会议的主要任务是，认真总结中机企协“十二五”其间的重点工作，发布《机械工业“十三五”企业管理发展规划的建议》，并围绕“智能——未来机械企业转型策略”“利用互联网技术提高制造业企业能力”“构建企业信息资源”“机械行业智能制造之路”“国有企业信息化建设方法”等方面展开深入研讨，还举办管理创新论坛“装备制造与互联网同行”等。此次会议，举行中机企协汤庄液压机械工作站挂牌仪式，授予汤庄镇“中国液压机械产业集群镇”称号。会上，高邮市委副书记张新钢致欢迎辞，市委常委、常务副市长孙建年作高邮市产业合作专题推介。工信部信软司巡视员李颖，中国机械工业企业管理协会理事长孙伯淮等参加会议。 (周春江)

【《高邮市工业经济和信息化“十三五”发展规划》出台】 11月28日，市政府办以文件形式，出台《高邮市工业经济和信息化“十三五”发展规划》。该规划在总结全市工业经济和信息化“十二五”发展的基础上，对“十三五”经济环境和形势进行分析，提出全市工业经济和信息化“十三五”发展的指导思想、总体目标、发展重点及保障措施，是全市今后五年推动工业经济和信息化发展的指导性文件。（周春江）

【新确认工业经济转型升级“356”行动计划培育企业66家】 6月16日，根据《工业经济转型升级“356”行动计划》和《高邮市“356”行动计划培育企业选定办法》，按照双向承诺、滚动培育的原则，经市委、市政府研究决定，市委办、市政府办联合发文公布《2016年度工业经济转型升级“356”行动计划培育企业名单》，全市新确认“356”行动计划培育企业66家，其中涉及机械装备产业企业19家、电线电缆产业企业10家、照明灯具产业企业10家、纺织服装产业企业7家、新兴产业企业20家。至此，全市累计确认“356”行动计划培育企业133家。（周春江）

【举办“企业家大讲堂”3期】 2016年，市委、市政府立足全市企业家队伍建设及重点工作企业发展，责成市经信委牵头组织举办“企业家大讲堂”活动3期。

第1期“企业家大讲堂”，2月23日举办，由副市长赵平主持。此次讲堂，邀请高邮籍企业家、北京鼎汉技术股份有限公司董事长、总裁顾庆伟及其他国内知名经济评论员先后授课，分别从实践和理论两方面讲授企业和资本市场方面的知识；市相关领导及市有关部门主要负责人、各乡镇(园区)主要负责人和分管工业负责人、“356”企业和部分骨干企业主要负责人、有关工业行业协会负责人等200多人参加。

第2期“企业家大讲堂”，5月18日举办。此次讲堂，邀请市国税局相关负责人授课，讲授“营改增”试点税收政策等方面的知识；市有关部门主要负责人、各乡镇(园区)主要负责人和分管工业负责人、“356”企业和部分骨干企业主要负责人、有关工业行业协会负责人等共200多人参加。

第3期“企业家大讲堂”，12月1日举办。此次讲堂，邀请工信部中小企业服务中心、工信联盟秘书长吕海军，和君资本高级合伙人、投资总监徐朝华，和君资本高级业务经理韩伊默先后授课，讲授企业“新三板”挂牌后应该如何进行市值管理等方面的知识；市领导孙建年，市有关部门主要负责人、各乡镇(园区)分管工业负责人、部分骨干企业主要负责人等共130人参加。（周春江）

【高邮市组团参加中国国际光储充一体化电站大会】 4月13～15日，中国国际光储充一体化电站大会在深圳市举行，高邮市作为该大会协办单位组团参加并举办专场推介活动。举办该大会，旨在为“光储充”行业内企业搭建一个国际化、高端化、前沿化的交流合作平台，共同引领、推动和促进“光储充”行业更好地发展。此次大会，全市组织江苏华富储能新技术股份有限公司、江苏欧力特能源科技有限公司、江苏金晖光伏有限公司、扬州鑫晶光伏科技有限公司、扬州奔亚科技集团有限公司、扬州易事特新能源有限公司等10多家企业负责人参加；市委常委、常务副市长、组织部部长孙建年出席大会并在高邮专场推介会上作产业推介。（周春江）

【市电池工业园获批省高端装备制造业特色产业基地】 11月，在省经信委召开的全省高端装备创新发展推进会上，高邮市电池工业园获“江苏省高端装备制造业特色产业基地”称号。（张晓展）

【2016(第十二届)中国道路照明论坛】 3月31日，由中国照明电器协会、中国照明学会室外照明专业委员会、中国市政工程协会城市照明专业委员会共同主办，中国照明电器协会《照明》和高邮市灯具协会承办的“2016(第十二届)中国道路照明论坛”在扬州会议中心举行。此界论坛以“标准、质量、应用、趋势”为主题，邀请全国各地的市政管理专家、技术专家、建设方、道路照明设计师和道路照明生产企业代表等近700人参加。论坛上，共发表学术报告27份，并研讨城市照明管理相关政策和新法规，分析国内外道路照明技术、研发与标准，总结道路照明技术实施与工程经验，探讨当下最热门的话题等。（祁跃明　仇海责　孙树）

【“高邮灯具”获国家级“生态原产地产品保护证书”】 3月28日，国家生态原产地产品评定专家组对高邮市灯具协会的“高邮灯具”申报生态原产地产品保护进行评定。其间，通过审查申请资料、听取申请汇报、现场考察企业，专家组认为，“高邮灯具”生态原产地产品保护申请，符合生态原产地产品保护评定通则和生态原产地产品保护工作导则，一致同意通过专家组评定。10月10日，市灯具协会的“高邮灯具”产品获得由国家质检总局颁发“生态原产地保护产品”标志证书。这是全国首家以协会为申报主体并获评定通过的生态原产地产品，也是全省首个通过生态原产地产品保护评定的工业产品。（祁跃明　仇海责　孙树）

资料链接　高邮市灯具产业经过多年的发展，已在全国灯具市场占有相当大的份额。据有关数据统计，全国25%的路灯产自高邮市，高邮产灯杆在全国占有率70%以上。“高邮灯具”获得生态原产地产品保护后，“高邮灯具”这个名称和相关其他产品，未经授权的单位和个人就不能再使用。此举将有利于加快高邮市灯具企业自身“进退调转”的转型升级，推动灯具产品向“专精特新”

方向发展，推进高邮灯具产业健康良好发展。

（祁跃明　仇海贵）

【市委、市政府表彰2016年度工业经济和信息化先进单位】　2017年2月3日，市委、市政府在作出《关于表彰2016年度全市经济社会发展先进单位和个人的决定》中，对9家乡镇、园区的工业经济和信息化工作进行表彰，其中高邮高新区、高邮经济开发区、菱塘回族乡获一等奖，高邮镇、三垛镇、甘垛镇获二等奖，高邮城南经济新区、临泽镇、汤庄镇获三等奖。（杨小丽　卞彧）

【市委、市政府表彰2016年度工业纳税十强和先进企业】　2017年2月3日，市委、市政府在作出《关于表彰2016年度全市经济社会发展先进单位和个人的决定》中，对10家工业纳税十强企业、10家纳税先进企业进行表彰。受表彰的纳税十强企业分别是江苏波司登制衣有限公司、扬州市秦邮特种金属材料有限公司、江苏金飞达电动工具有限公司、扬州一洋制药有限公司、江苏传艺科技股份有限公司、扬州曙光电缆股份有限公司、高邮市卫星卷烟材料有限公司、扬州日兴生物科技股份有限公司、江苏华富储能新技术股份有限公司、高邮市经纬纺织有限公司，受表彰的纳税先进企业分别是扬州升达集团、扬州和益电动工具有限公司、江苏赛德电气有限公司、江苏海德森能源有限公司、艾诺斯(扬州)华达电源系统有限公司、扬州市百仕德礼品工艺有限公司、江苏新电投资管理有限公司、扬州国联制衣厂有限公司界首分公司、高邮市永盛纺织饰品有限公司、扬州三友合成化工有限公司。（杨小丽　卞彧）

【13家单位获"高邮市节能工作先进单位"称号】　2017年2月12日，市节能减排工作领导小组作出决定，对13家乡镇、园区和部门的节能工作进行表彰，受表彰的先进单位分别是高邮城南经济新区、高邮高新区、高邮经济开发区、临泽镇、高邮镇、三垛镇、市经信委、市环保局、市财政局、市城建局、市统计局、市交通局、市科技局。（杨舜年）

【6家企业获"高邮市节能工作先进企业"称号】　2017年2月12日，经企业申报、各地推荐、职能部门审核，市经信委发文公布获"高邮市节能工作先进企业"称号的6家企业名单，分别为扬州秦邮特种金属材料有限公司、高邮市顺达动力机电有限公司、江苏金飞达电动工具有限公司、扬州日兴生物科技股份有限公司、扬州金悦铜业有限公司、扬州光明电缆有限公司。（杨舜年）

【市政府兑现工业经济转型升级奖励资金2852.8万元】　4月，根据市委、市政府《工业经济转型升级"356"行动计划》精神，市经信委联合市财政局在各乡镇、园区所属企业中开展2015年度工业经济转型升级政策性奖励工作，经过申报、评审并经市政府批准，共向符合条件的42家企业、93项项目，兑现奖励资金2852.8万元。其中，做大体量类项目1项，奖励10万元；技术改造类项目28项，共奖励1080.5万元；智能制造类项目10项，共奖励417.1万元；两化融合类项目8项，共奖励505.2万元；创新创优类项目46项，共奖励840万元。（周春江）

【特色产业园建设】　2016年，市委、市政府立足全市特色产业发展实际，着力推进高邮苏中循环经济产业园、高邮市环保产业园两个特色产业园建设。

高邮苏中循环经济产业园：位于卸甲镇西侧，规划面积291.3公顷，规划建设核心区和扩展区两个功能区，设有循环经济服务产业、资源循环利用产业和节能环保产业3个板块，于2016年7月启动建设。核心区主要发展循环经济服务产业和资源循环利用产业；扩展区以发展节能环保、装备制造产业为主。该产业园制定园区两年建设计划，成立园区投资平台公司——扬州圆梦建设工程有限公司，引进社会资本参与园区基础设施建设。按照"边建设、边招商"的思路，加大项目招引力度，重点实施推进总投资10亿元的仓储物流项目和总投资10亿元的再生资源利用项目。至年底，该产业园规划方案、产业规划和控制性详细规划已经通过评审并由市政府批准。

高邮市环保产业园：位于龙虬镇北侧，规划面积312公顷，规划建设核心区和扩展区两个功能区，设有静脉产业、环保装备产业、环保材料产业和环境服务产业等4个板块，于2016年12月启动建设。至年底，该产业园规划方案和控制性详细规划编制工作基本完成；以PPP项目形式启动园区基础设施建设的各项前期工作有效推进；与南通市、镇江市等外地客商签署项目投资协议6份，项目协议投资额13亿元。（祁跃明　仇海贵）

【9家工业企业获评"扬州工业百强企业"】　2017年3月，扬州市政府印发《关于公布2016年度全市工业百强企业的通知》，当中列有高邮市的企业9家，即扬州市秦邮特种金属材料有限公司、江苏波司登制衣有限公司、扬州曙光电缆股份有限公司、江苏金飞达电动工具有限公司、扬州宏远电子有限公司、经纬纺织、江苏传艺科技股份有限公司、扬州一洋制药有限公司、扬州日兴生物科技股份有限公司。（杨小丽　卞彧）

【获批省级工业和信息产业转型升级项目资金2440万元】　2016年，市经信委认真研究上级工业和信息产业转型升级项目资金申报指南，深入企业了解实际情况，努力做好项目指南与企业实际有效对接工作，争取有更多的资金进入本地企业实体经济。至年底，全市累计争取省级工业和信

息产业转型升级项目资金2440万元，涉及28家企业的30项项目。　（周春江）

【获批扬州市工业和信息产业发展引导资金、中小企业转型升级奖励扶持资金2181.9万元】　2016年，市经信委认真研究扬州市工业和信息产业发展引导资金政策，积极帮助符合条件的企业做好项目申报的相关服务工作，全年共获批扬州市工业和信息产业发展引导资金、中小企业转型升级奖励扶持资金2181.9万元，涉及66家企业的78项项目。　（周春江）

【高邮企业经营管理与创新高级研修班】　7月20～27日，在哈尔滨工业大学举行。此次研修班，先后开设"提高领导者的决策力、沟通力和影响力""企业项目管理和流程管理"等多个课程，并安排考察创业板上市公司哈尔滨九洲电气股份有限公司等多家企业；全市共有中青年企业家和"创二代"企业家苗子60多人参加。　（马向阳　周莉）

【高邮市园区管理干部高级研修班】　9月4～10日，在大连理工大学举行。此次研修班，先后开设"当前宏观经济形势""园区转型""项目管理""中国资本市场再认识""互联网+的机遇与挑战""工业4.0与中国制造2025""企业财务管理"等课程；全市共有园区管理干部和企业家代表61人参加。

（马向阳　周莉）

【举办扬州大学高邮工业设计技术培训班结业典礼】　12月18日上午，市经信委举办扬州大学高邮工业设计技术培训班结业典礼，经过为期1年的培训，82名学员全部获发结业证书。（马向阳　周莉）

支柱产业培育

【概况】　2016年，全市继续狠抓机械装备产业、电线电缆产业、照明灯具产业、纺织服装产业等工业支柱产业的培育工作。强化组织领导，市推进工业经济发展工作领导小组不断发力，各产业推进工作小组扎实开展工作，有效促进支柱产业及企业的培育发展。发挥政策效应，按照《工业经济转型升级"356"行动计划》《高邮市"356"行动计划培育企业选定办法》，新确认"356"行动计划培育企业66家，其中涉及机械装备产业企业19家、电线电缆产业企业10家、照明灯具产业企业10家、纺织服装产业企业7家、新兴产业企业20家。加大奖励扶持和向上争取工作，全面兑现市本级有关工业产业、企业、项目、园区、节能等各类政策性奖励资金，大力争取省转型升级引导专项资金，涉及资金总额近5300万元。突出重大项目建设，全年新开工投资额10亿元或1亿美元以上重大项目6项，有效激活产业培育和发展的增量。至年底，机械装备、电线电缆、照明灯具、纺织服装四个工业支柱产业发展势头良好，其规模以上企业实现开票销售247亿元，占全市规模以上工业总量的70.2%。（顾小青）

【机械装备产业】　该产业主要包含装备制造、电动工具、金属及制品、电气件、基础零配件制造等重点行业，主要集中在高邮经济开发区、高邮城南经济新区、高邮镇、卸甲镇、汤庄镇等区域，涉及全市规模以上企业157家，其中有一定知名度的企业为江苏航天水力设备有限公司、扬州和益电动工具有限公司、扬州戴卡轮毂制造有限公司、扬州瑞斯乐复合金属材料有限公司、扬州市康乐机械有限公司、高邮市北方动力机械有限公司、江苏金润龙科技有限公司、江苏金飞达电动工具有限公司、扬州市华胜机电制造有限公司、江苏科凌医疗器械有限公司、扬州高标机械有限公司等。2016年，该产业规模以上企业实现开票销售141亿元、入库税收4亿元，分别占全市规模以上工业总量的40%、31.7%。　（张晓展）

【电线电缆产业】　该产业主要集中在菱塘回族乡、高邮湖西新区、高邮镇及周边区域，涉及全市相关企业近300家，其中有扬州曙光电缆股份有限公司、江苏赛德电气有限公司、江苏华能电缆股份有限公司、江苏广源电线电缆有限公司、扬州市光明电缆有限公司、扬州亚光电缆有限公司、江苏润华电缆股份有限公司、江苏赛特电气有限公司、扬州市红旗电缆制造有限公司、扬州市金阳光电缆有限公司等。2016年，该产业规模以上企业完成开票销售40亿元、入库税收1.2亿元，分别占全市规模以上工业总量的11.3%、9.9%。　（裴鸿翔）

【照明灯具产业】　该产业主要包含道路照明灯、高杆灯、交通指示灯、电力杆、通信塔、景观灯、庭院灯等主要产品，主要集中在高邮湖西新区、菱塘回族乡等区域，涉及全市相关企业近500家，其中有一定知名度的企业有龙腾照明集团有限公司、江苏豪纬交通集团有限公司、扬州市鑫通交通器材集团有限公司、江苏顺泰交通器材有限公司、江苏承煦电气集团有限公司、扬州市润源灯饰有限公司、江苏宝德照明器材有限公司、江苏现代照明集团有限公司、星慧照明工程集团有限公司、江苏伏特照明集团有限公司、江苏舜邦照明电器有限公司等。2016年，该产业规模以上企业完成开票销售34亿元、入库税收1亿元，分别占全市规模以上工业总量的9.8%、8.2%。　（祁跃明）

【纺织服装产业】　该产业主要包含服装、纺织等重点行业，主要集中在高邮经济开发区、高邮镇、龙虬镇等区域，涉及全市相关企业349家，其中有一定知名度的企业有江苏波司登制衣有限公司、高邮市经纬纺织有限公司（扬州亿泰纺织有限公司)、扬州永辉纺织科技有限公司、扬州神游羽绒制衣有限公司、扬州天宇服饰股份有限公司、扬州迪婕时装有限公司、高邮市法拉利制衣有限公司、高邮市永盛纺织饰品有限公司、扬州惠众服饰有限公司等。2016年,该产业规模以上企业完成开票销售32亿元、入库税收2.1亿元,分别占全市规模以上工业总量的9.1%、16.8%。 (杨小丽)

企业上市

【概况】 2016年,全市围绕“辅导一批、股改一批、挂牌一批、上市一批”递进策略,在政策、资金、机制和部门协作上予以重点倾斜,继续推进企业上市工作。市政府出台《关于加快资本市场建设的实施办法》,加大对企业上市(挂牌)的扶持力度。邀请相关券商等机构到高邮市,开展针对性的企业上市(挂牌)业务辅导。市职能部门注重与东北证券股份有限公司、中投证券股份有限公司、华龙证券股份有限公司、泰和律师事务所、致同会计师事务所等机构建立长期合作关系,推进企业上市(挂牌)工作。至年底,全市新获批在“新三板”挂牌企业2家,即扬州润明智能装备股份有限公司、江苏欣宝科技股份有限公司;累计获批在“新三板”挂牌上市企业9家。同时,江苏创新包装科技有限公司、江苏鑫东方户外用品有限公司、扬州华盟电子有限公司、江苏海潮科技股份有限公司与券商签署合作协议,处于股改、审计阶段。此外,企业首次公开募股(IPO)工作取得进展,江苏传艺科技股份有限公司、扬州曙光电缆股份有限公司中小板上市文件获中国证监会受理。 (周莉)

【企业“新三板”“中小板”上市业务辅导】 2016年,全市围绕推进企业“新三板”“中小板”上市,先后组织开展相关业务辅导活动3批次,惠及相关企业负责人近500人次。2月23日,市经信委利用第1期“企业家大讲堂”平台,邀请北京鼎汉技术股份有限公司董事长、总裁顾庆伟及国内 相关知名经济评论员,从实践和理论层面作企业和资本市场业务辅导。7月7～8日,市政府举办企业上市暨“新三板”挂牌专题讲座。其间,邀请致同会计师事务所合伙人王龙、东北证券股转江苏部副总经理李凯、中投证券高邮营业部经理黄春峰围绕如何做好企业上市的准备工作和“新三板”的发展现状、规则制度、挂牌财务及法律问题作详细讲解;组织部分参加讲座人员赴无锡开展“新三板”挂牌企业考察活动。12月1日,市经信委利用第3期“企业家大讲堂”平台,邀请工信部中小企业服务中心、工信联盟秘书长吕海军,和君资本高级合伙人、投资总监徐朝华,和君资本高级业务经理韩伊默先后授课,重点讲授企业挂牌后应该如何进行市值管理方面的业务知识。 (周莉)

【扬州润明智能装备股份有限公司在“新三板”挂牌上市】 5月24日,全国中小企业股份转让系统有限公司发函,正式同意扬州润明智能装备股份有限公司的股票在全国中小企业股份转让系统挂牌(证券简称:润明智能;证券代码:837551)。至此,该企业成为高邮市第8家在“新三板”挂牌上市的企业。 (周莉)

资料链接 扬州润明智能装备股份有限公司在“新三板”挂牌上市,标志着该企业实现从单一生产经营向生产经营和资本运营相互支撑的转变。对该企业而言是一次提升管理水平、不断拓宽市场空间的契机,对全市其他企业而言更是起到积极的示范效应,将会更好地促进高邮金融业的发展。 (周莉)

【江苏欣宝科技股份有限公司在“新三板”挂牌上市】 11月15日,江苏欣宝科技股份有限公司在北京全国中小企业股份转让系统举办专场挂牌仪式,正式登陆“新三板”(证券简称:欣宝科技;证券代码:839839),成为高邮市第9家在“新三板”挂牌上市的企业。 (周莉)

表29 **至2016年年底高邮市在“新三板”挂牌上市工业企业一览表**

序号	企业名称	证券简称	证券代码	主办券商	挂牌(批准)时间
1	江苏润华电缆股份有限公司	润华股份	831201	中山证券	2014年10月24日
2	扬州市德运塑业科技股份有限公司	德运塑业	831349	中山证券	2014年11月12日
3	江苏金宏泰科技股份有限公司	金宏泰	831649	英大证券	2014年12月23日
4	扬州曙光电缆股份有限公司	曙光电缆	832292	金元证券	2015年6月9日
5	江苏华富储能新技术股份有限公司	华富储能	834591	国海证券	2015年8月28日
6	扬州日兴生物科技股份有限公司	日兴生物	835197	中山证券	2015年12月11日
7	扬州润明智能装备股份有限公司	润明智能	837551	湘财证券	2016年5月24日
8	江苏欣宝科技股份有限公司	欣宝科技	839839	开源证券	2016年11月15日

(顾小青)

节能减排

【完善节能工作目标管理体系】 年初，市政府下发《关于加强2016年度节能工作的意见》，进一步明确各乡镇（园区）及有关部门节能降耗的主要工作任务。不断加大重点领域节能的工作力度，进一步落实工业、城建、交通、公共机构等领域的节能工作目标，细化责任措施，明确时间要求，认真加以推进。按照乡镇（园区）、部门和重点企业三方联动的要求，各乡镇（园区）成立或调整相应的节能工作组织机构，着力构建横向到边、纵向到底的节能工作网络，确保把节能工作目标进一步分解落实到相关企业和项目。市经信委组织召开市重点用能企业节能工作会议，加大对年耗能3000吨标煤以上的重点用能企业能耗指标的分解下达，与13家重点用能企业签订《2016年度节能工作目标责任书》，并组织引导60家年耗标准煤1000吨以上的用能企业，尤其是13家年耗标准煤3000吨以上的重点耗能企业，全面建成节能管理机构，建立节能工作机制，配备节能管理人员，形成节能管理网络，健全和完善能源管理“三项基本制度”和“三个基本台账”。印发《关于创建和申报2016年度节能示范企业的通知》，在全市年用能量1000吨标煤或年用电量500万千瓦时以上的企业中，开展能源管理体系、合同能源管理、循环经济、清洁能源替代、清洁生产、节能环保产品产业化以及节能技术改造等7类节能示范企业创建活动，着力打造典型，推广先进经验，促进节能减排工作深入开展。围绕“节能有道节俭有德”“低碳城市 宜居可持续”主题，分别组织开展“第26个全国节能宣传周”“第4个全国低碳日”活动，在全社会大力造浓节能减排的氛围。至年底，全市工业万元GDP能耗下降3.9%。（杨舜年）

【节能监管工作】 2016年，市经信委进一步强化对年耗标准煤3000吨以上的重点耗能企业单位产品能耗的管理，认真组织开展单位产品能耗专项监察活动，涉及扬州日兴生物科技股份有限公司等企业14家，确保重点产品能耗达标率达到90%以上。同时，利用节能监察和走访企业的时机，跟踪督查全市各乡镇（园区）年度节能目标分解和按序时推进的情况，有力推动全市重点企业节能工作持续深入开展。（杨舜年）

【企业清洁生产审核工作】 2016年，市经信委继续在全市12家工业企业中开展清洁生产审核工作，共实施高中费方案37项，对经济效益和环境效益均起到良好的促进作用。（杨舜年）

【实施节能技改和循环经济项目】 2016年，市经信委以窑炉改造、余热余压利用和电机系统节能等为重点，认真组织实施扬州市秦邮特种金属材料有限公司烧结环冷、扬州普天鞋业有限公司生产线、高邮市正裕纺织厂设备改造等一批节能技术改造工程，涉及企业24家。同时，市经信委积极帮助企业申报省转型升级节能技术改造、循环经济利用及环保产品产业化项目资金，全市有1家企业获批省专项资金110万元。至年底，完成节能技术改造项目22项，项目总投资1.74亿元，实现节能量1.12万多吨标准煤。

以循环利用、再制造、清洁能源替代技术应用为重点，全市扩大循环经济和清洁生产试点范围，全年实施循环经济项目5项，项目总投资0.11亿元，年减少废水排放15.6万吨、固体废物排放量3万吨。（杨舜年）

【淘汰落后产能及高耗能设备】 2016年，市经信委继续会同市供电公司对年综合能源消耗量3000吨标准煤以上的5家涉限企业、被列入省“万家企业节能低碳行动计划”的2家企业及其他7家重点用能企业，进行高耗能电机情况调查，指导督促企业使用节能降耗的新设备、新工艺、新技术。全年共淘汰落后高耗能电机240多台套，累计2350千瓦。（杨舜年）

技术改造与创新

【2家企业获批中国机械工业管理进步示范企业】 6月20日，中国机械工业企业管理协会下发《关于公布第十二批机械工业现代化管理企业第十九批管理进步示范企业的决定》，高邮市的扬州高标机械有限公司、扬州亚光电缆有限公司被确认为中国机械工业管理进步示范企业。至此，全市共有5家企业获此称号。（张晓展）

【扬州日兴生物科技股份有限公司被认定为全国工业品牌培育试点企业】 5月，根据工信部《关于开展2016年工业企业品牌培育工作的通知》要求，经企业申报、省经信委推荐和工信部评审，高邮市的扬州日兴生物科技股份有限公司被认定为全国工业品牌培育试点企业。至此，全市包括江苏华富储能新技术股份有限公司、江苏科凌医疗器械有限公司在内，共有3家企业获此称号。

（周萍　裴鸿翔）

【2家企业获评中国电线电缆行业最具竞争力100强企业】 9月25日，在2016中国电线电缆大会上，中国电器工业协会电线电缆分会发布2016年中国电线电缆行业最具竞争力企业评选结果，高邮市的扬州曙光电缆股份有限公司、江苏赛德电气有限公司获评中国电线电缆行业最具竞争力企

业100强企业，分别位列第65名、第80名。此为该2家企业第二次获评该称号。 (周萍 裴鸿翔)

【江苏华能电缆股份有限公司被认定为江苏省科技小巨人企业】 5月26日，在省经信委下发的《关于公布2016年度江苏省科技小巨人企业和专精特新产品名单的通知》中，高邮市的江苏华能电缆股份有限公司被认定为江苏省科技小巨人企业。至此，全市包括江苏华富储能新技术股份有限公司、扬州宏远电子有限公司在内，共有3家企业获此称号。 (周萍 裴鸿翔)

资料链接 科技“小巨人”企业是指科技创新能力强、市场占有率高、质量效益优的“小而强”“小而优”的企业。位于高邮镇的江苏华能电缆股份有限公司，是一家专业从事海洋工程与油气勘探用承荷探测电缆的研究、开发与生产的龙头企业，在承荷探测电缆行业内具有较强的影响力和较高的知名度，其中海洋工程与油气勘探用承荷探测电缆产品销售连续多年位居全国同行前列。此次获省认定后，该企业将会得到国家和省中小企业发展专项资金的优先支持。

(周萍 裴鸿翔)

【扬州日兴生物科技股份有限公司被认定为省管理创新优秀企业】 5月20日，经企业自主申报、各市经信部门初审、省经信委组织专家现场复审、专家小组终审、对外公示等程序，省经信委发文公布2015年度江苏省管理创新示范企业和优秀企业名单，高邮市的扬州日兴生物科技股份有限公司名列其中，被认定为江苏省管理创新优秀企业。

(周春江)

【13家企业被认定为江苏省科技型中小企业】 12月，根据《江苏省科技型中小企业评审推荐办法》，经企业自愿申报和专家评审，省中小企业发展中心公布2016年度江苏省科技型中小企业名单，当中列有高邮市的企业13家，即江苏德皇文具有限公司、江苏鑫东方户外用品有限公司、扬市康乐机械有限公司、高邮市金利达机械有限公司、江苏普利德电气有限公司、扬州市天祥路灯器材有限公司、扬州悦美达厨具科技有限公司、奔亚科技集团有限公司、高邮市鼎天高分子材料有限公司、高邮市秦邮蛋品有限公司、扬州燎原电气工程有限公司、江苏富威能源有限公司、江苏飞腾光电科技有限公司。 (周萍 裴鸿翔)

【扬州市光明电缆有限公司获批江苏省服务型制造示范培育企业】 2016年，根据《关于建设具有国际竞争力的先进制造业基地的意见》有关精神，经形式审查、专家评审、现场核查、对外公示等程序，高邮市的扬州市光明电缆有限公司被确认为第二批江苏省服务型制造示范培育企业(示范培育期为3年)。此为扬州市范围内首家获此称号的企业。 (杨小丽 卞彧)

【27项项目被列入省重点技术创新项目计划】 4月，为推进企业技术创新，加快新产品新技术开发，提升工业产品质量水平，促进产业转型升级，根据《关于组织申报2016年江苏省重点技术创新项目的通知》精神，经企业申报、各地职能部门推荐和评审，省经信委编制下达《2016年江苏省重点技术创新项目计划》，当中列有高邮市的扬州市新港电机有限公司电动汽车电机及控制系统研发及产业化等项目27项，其中重点新技术新产品研发和推广类项目17项、品牌产品质量攻关类项目2项、核心技术突破类项目8项，总投资4.81亿元。

(周萍 裴鸿翔)

表30 **2016年高邮市入选省重点技术创新项目计划项目一览表**

承担单位	项目名称	所在行业领域	类别	项目规模(万元)			项目所在地
				总投资	其中:研发费用	其中:研发设备投资	
扬州市新港电机有限公司	电动汽车电机及控制系统研发及产业化	新能源汽车	核心技术突破类	3600	3000	2600	高邮镇
扬州日兴生物科技股份有限公司	生物发酵技术制备氨基葡萄糖盐酸盐的研发及产业化	生物技术和新医药	核心技术突破类	2100	1800	1650	高邮镇
江苏华能电缆股份有限公司	油气勘探特种电缆用超高强微合金化钢丝研发与产业化	高端装备制造	核心技术突破类	1900	1500	1350	高邮镇
龙腾照明集团有限公司	高效高显色性白光LED荧光粉配色调控及封装关键技术的研发及产业化	绿色制造	核心技术突破类	1500	1200	1050	菱塘回族乡

续表30

承担单位	项目名称	所在行业领域	类别	项目规模(万元)			项目所在地
				总投资	其中:研发费用	其中:研发设备投资	
江苏金飞达电动工具有限公司	高性能开关磁阻电机研发	机械	核心技术突破类	3000	2200	2100	卸甲镇
扬州宏远电子有限公司	导电高分子固态电容器用电极箔技术研发	新材料	核心技术突破类	1200	1050	840	高邮经济开发区
江苏浩明光电科技股份有限公司	HM-T8型LED灯管全自动智能生产线装备研发	轻工照明	核心技术突破类	2000	1412	1400	高邮镇
扬州鑫晶光伏科技有限公司	新型高效低衰减分散式太阳能发电系统专用单晶硅电池片研发	新能源	核心技术突破类	2000	1500	1450	高邮湖西新区
江苏承煦电气集团有限公司	北斗智慧路灯系统集合充电桩节能	制造业	新技术新产品研发和推广类	2500	500	400	高邮湖西新区
扬州市红旗电缆制造有限公司	油田测井专用信号电缆	电气机械与器材制造业	新技术新产品研发和推广类	2000	1600	1400	菱塘回族乡
江苏赛德电气有限公司	机器人智能测控拖链电缆	新材料	新技术新产品研发和推广类	1200	950	850	高邮湖西新区
扬州和益电动工具有限公司	切碎两用自吸式树枝粉碎机	机械	新技术新产品研发和推广类	850	630	200	高邮经济开发区
扬州曙光电缆股份有限公司	露天矿用具有夜光功能的光电复合中压电缆	机械	新技术新产品研发和推广类	2000	1200	850	菱塘回族乡
扬州日兴生物科技股份有限公司	基于微波酶法和膜谱超滤技术制备功能性壳寡糖的研发与产业化	生物技术和新医药	新技术新产品研发和推广类	1800	1200	1000	高邮镇
江苏科凌医疗器械有限公司	新型多功能纠损护理轮椅	机械	新技术新产品研发和推广类	1200	800	650	汤庄镇
扬州光明电缆有限公司	石油平台用耐寒耐弯曲电缆	新材料	新技术新产品研发和推广类	1350	1080	900	菱塘回族乡
江苏华能电缆股份有限公司	石油勘探机器人用分段多层钢丝铠装探测电缆	高端装备制造	新技术新产品研发和推广类	1200	900	750	高邮镇
江苏朝阳液压机械集团有限公司	鼠笼式搅拌机研发与产业化	机械制造	新技术新产品研发和推广类	1000	550	450	汤庄镇
扬州亚光电缆有限公司	耐磨抗碾压型充电桩用软电缆及其电缆料研发和推广	机械	新技术新产品研发和推广类	1050	750	250	菱塘回族乡
扬州市德运塑业科技股份有限公司	新型环保汽车皮革	新材料	新技术新产品研发和推广类	1200	850	600	卸甲镇
高邮市迅达工程机械集团有限公司	新型推土机地板、翼板智能操纵系统总成	高端装备制造	新技术新产品研发和推广类	1200	850	600	高邮城南经济新区
扬州永辉纺织科技有限公司	过滤用摩擦纺纱线技术研究和应用	纺织	新技术新产品研发和推广类	972	635	538	高邮经济开发区

续表30

承担单位	项目名称	所在行业领域	类别	项目规模(万元)			项目所在地
				总投资	其中:研发费用	其中:研发设备投资	
江苏华富储能新技术股份有限公司	基于荷电态深循环技术的新型高效储能电研发	轻工	新技术新产品研发和推广类	3500	2500	1900	高邮经济开发区
扬州市华胜机电制造有限公司	超高效率节能三相电动机	节能环保	新技术新产品研发和推广类	900	550	500	卸甲镇
高邮市卫星卷烟材料有限公司	G型自透抗菌凹印水松纸	轻工	新技术新产品研发和推广类	880	520	200	高邮镇
扬州鑫晶光伏科技有限公司	长寿命超薄柔性晶体硅光伏组件	新能源	品牌产品质量攻关类	3000	680	590	高邮湖西新区
扬州曙光电缆股份有限公司	第三代核电站核岛内用特种仪表电缆	机械	品牌产品质量攻关类	2100	1250	900	菱塘回族乡

(周萍　裴鸿翔)

【6种产品被认定为省首台(套)重大装备及关键部件】 5月,根据《江苏省首台(套)重大装备及关键部件认定管理实施细则(2012年修订)》,经各地职能部门初审推荐、行业专家集中评审、专家现场核查认定和社会公示,省经信委发文公布2016年度江苏省首台(套)重大装备及关键部件的产品认定名单,高邮市有6种产品名列其中,即江苏创新包装科技有限公司"LCS-50型基于机器人上下袋的超轻细粉体封闭式阀口双工位包装机"、扬州高标机械有限公司"余热发电超大型高温闸板阀"、扬州润明智能装备股份有限公司"RMGL-15型全自动高效节能通用型过滤成套生产装备"、江苏浩明光电科技股份有限公司"HM-T8型LED灯管全自动智能生产线"、扬州润明轻工机械有限公司"RMSP4.0型高速玻璃瓶理瓶清洗智能视觉检测机器人包装成套生产设备"、江苏华富储能新技术股份有限公司"高效节能储能铅炭电池(6-CN)组"。(张晓展)

【2种产品入选江苏省重大装备(首台套)保险试点企业及产品名单】 6月14日,为分散生产企业和使用单位的风险,加快重大装备(首台套)的推广应用,提高市场竞争能力,推动重大科技成果转化和产业化,促进产业转型升级,经企业申报、各地推荐和专家评审认定,省经信委发文公布《省重大装备(首台套)保险试点入围企业及产品名单》,高邮市的扬州润明轻工机械有限公司"RMSP4.0型高速玻璃瓶理瓶清洗智能视觉检测机器人包装成套生产装备"、江苏浩明光电科技股份有限公司"HM-T8型LED灯管全自动智能生产线"名列其中。至此,全市共有7种产品入选省重大装备(首台套)保险试点企业及产品名单。(周萍　裴鸿翔)

【扬州市新港电机有限公司电动汽车用磁通切换永磁电机及电控系统获批省"专精特新"产品】 5月,根据《江苏省万企升级行动计划(2011-2015年)》《江苏省中小企业创新工程行动计划(2011-2015年)》相关规定,经企业申报、各地推荐和专家评审认定,省经信委公布全省50个中小企业"专精特新"产品名单,高邮市的扬州市新港电机有限公司电动汽车用磁通切换永磁电机及电控系统全自动生产线榜上有名。(周萍　裴鸿翔)

【获批省级工业设计中心2家】 2月16日,省经信委根据《江苏省工业设计中心和工业设计示范园区认定管理办法》,经企业申报、各地推荐、专家评审、现场答辩等程序,下发《关于公布2015年江苏省工业设计中心认定结果的通告》,高邮市的扬州神游羽绒制衣有限公司工业设计中心、扬州市睿诚科技有限公司工业设计企业被认定为省级工业设计中心。(杨小丽　卞彧)

【4家企业车间获批省级示范智能车间】 9月12日,根据省经信委、省财政厅《关于做好2016年示范智能车间申报工作的通知》相关要求,经基层推荐、形式审查、材料评审、现场核查,省经信委发布2016年第一批江苏省示范智能车间名单,高邮市有4家企业车间名列其中,即江苏星浪光学仪器有限公司的光学镀膜智能生产车间、中信戴卡轮毂制造股份有限公司的铝合金汽车轮毂智能生产车间、江苏传艺科技股份有限公司的柔性线路板智能生产车间、奔亚科技集团有限公司的太阳能光伏组件智能生产车间。至此,包括扬州鑫晶光伏科技有限公司的太阳能电池片智能生产车间在内,全市累计有5家企业车间被评为省级示范智能车间。(张晓展)

**【15种产品入选省重点推广应用的新技术新产品

目录】 12月，省经信委根据省政府《关于进一步加强新技术新产品推广应用的意见》和《省重点推广应用的新技术新产品指南(第一批)》，经企业自愿申报、各地择优推荐、专家行业论证，省新技术新产品推广应用工作联席会议办公室发文公布江苏省重点推广应用的新技术新产品目录(第10～12批)，高邮市的扬州鑫晶光伏科技有限公司等10家企业的15种产品名列其中。 (周萍　裴鸿翔)

表31　**2016年高邮市入选省重点推广应用的新技术新产品目录一览表**

企业名称	产品名称	企业名称	产品名称
扬州鑫晶光伏科技有限公司	具有热排风机自动控制系统的PECVD设备	江苏欧力特能源科技有限公司	高效节能硅基液态电解质蓄电池、基于功能化碳纳米管的铅炭超级储能电池
扬州润明轻工机械有限公司	RMSP4.0型高速玻璃瓶理瓶清洗智能视觉检测机器人包装成套生产装备、高速玻璃瓶理瓶清洗智能视觉检测机器人包装成套生产装备	江苏华富储能新技术股份有限公司	分布式发电系统用高能高效低成本储能电池、太阳能光伏发电系统用锂离子电池
扬州凯普电子有限公司	新能源汽车用大功率薄膜电容器	扬州曙光电缆股份有限公司	电气化铁路27.5KV单相交流交联聚乙烯绝缘环保型防鼠防蚁电力电缆、耐温耐腐高阻燃变频器用主回路电力电缆、无卤阻燃耐辐射耐候太阳能光伏系统用特种电缆
江苏科凌医疗器械有限公司	KL-TIB型智能化多功能医用供给吊塔	江苏浩明光电科技股份有限公司	HM-T8型LED灯管全自动智能生产线
扬州市鑫通交通器材集团有限公司	鑫通智能交通信号控制机(XT-TSC-48)	扬州明晟新能源科技有限公司	多功能光催化净化装置

(周萍　裴鸿翔)

【30种新产品通过省级推广应用鉴定】 2016年，根据《江苏省新产品新技术推广应用鉴定实施细则(试行)》，经省专项鉴定委员会专家组专家到高邮现场听取课题总结汇报、查验资料、质询答辩等程序后，一致认为江苏欧力特能源科技有限公司等9家企业的30种新产品关键核心性能指标均达国内行业领先水平，同意该30种新产品通过省级推广应用鉴定。通过鉴定的30种新产品分别为江苏欧力特能源科技有限公司"PVC-气相二氧化硅胶体蓄电池""基于功能化碳纳米管的铅炭超级储能电池"、扬州市鑫通交通器材集团有限公司"道路交通信号灯(JD400)""智能交通信号控制机(XT-TSC-48)""智能交通监控平台系统软件(V1.0)"、江苏机电有限公司"电动汽车云端控制器(GENFOYW041)""无级变速智能无刷控制器(GENF048332G6)""矩阵变换节能调速控制器(GENF04832J1)"、高邮鼎天高分子材料有限公司"高导电率高强度铜包铝合金电线(CCA-10A-1.8)""基站天线(ZA-RVV22)"、江苏润华电缆股份有限公司"铜芯低烟无卤绝缘低烟护套矿物柔性防火电缆(YTBW)""光伏电缆(PV1-F)""水利工程观测用屏蔽信号电缆(BGK02-250V6)"、江苏恒通照明集团有限公司"智能型储能用太阳能路灯锂电池""高效散热节能型LED路灯""风光互补型LED路灯""高稳定性智能环保太阳能路灯""高效能环保型太阳能光伏组件"、扬州日兴生物科技股份有限公司"高性能壳聚糖酶""低分子量壳寡糖""发酵氨糖""植物源氨糖"、龙腾照明集团有限公司"基于光学薄膜的模组化LED路灯""LT-DLD-LED色温可调LED道路灯""LT-TGD-LED强散热高光效LED投光灯""7米新型一体化成型灯杆""LT-SDD-LED4D低色温高光效LED隧道灯""LT-XQD-LED大功率LED洗墙灯"、江苏富威能源有限公司"太阳能光伏发电专用锂电池""分布式发电系统大容量储能蓄电池""新能源汽车专用长寿命无镉动力电池"。

(周萍　裴鸿翔)

【4家企业技术中心通过省级认定】 11月10日，根据《江苏省认定企业技术中心管理办法》(2010年修订)，经企业申报、各地推荐、专家评审、现场核查、部门会审等程序，省经信委、省发改委、省科技厅、省财政厅、省国税局、省地税局、南京海关联合下发《关于公布2016年省认定企业技术中心名单的通知》，高邮市的扬州市德运塑业科技股份有限公司技术中心、扬州市金阳光电缆有限公司技术中心、江苏润华电缆股份有限公司技术中心、扬州润明智能装备股份有限公司技术中心名列其中。至此，全市累计建成省级工业企业技术中心34家。

(周萍　任建高)

【33家企业获批扬州市“专精特新”示范(培育)中小企业】 11月,根据《关于组织申报2016年度扬州“专精特新”中小企业的通知》要求,经企业申报、各地推荐和评审,扬州市中小企业局公布2016年度扬州“专精特新”示范(培育)中小企业名单,高邮市的江苏华能电缆股份有限公司等5家企业被认定为2016年度扬州市“专精特新”示范中小企业,江苏海德森能源有限公司等28家企业被认定为2016年度扬州市“专精特新”培育中小企业。

(周萍　裴鸿翔)

表32　**2016年高邮市被认定为扬州市“专精特新”示范中小企业一览表**

企业名称	所属行业领域	所在地	企业名称	所属行业领域	所在地
江苏华能电缆股份有限公司	电线电缆	高邮镇	扬州市喜来太阳能科技有限公司	新能源	高邮经济开发区
江苏传艺科技股份有限公司	电子信息	高邮经济开发区	扬州亚光电缆有限公司	电线电缆	菱塘回族乡
扬州光明电缆有限公司	电线电缆	菱塘回族乡			

(周萍　裴鸿翔)

表33　**2016年高邮市被认定为扬州市“专精特新”培育中小企业一览表**

企业名称	所属行业领域	所在地	企业名称	所属行业领域	所在地
扬州戴卡轮毂制造有限公司	机械装备	高邮经济开发区	江苏菲利特照明电器有限公司	照明灯具	高邮湖西新区
江苏海德森能源有限公司	新能源	高邮经济开发区	奔亚科技集团有限公司	新能源	高邮湖西新区
扬州康派尔机械科技有限公司	机械装备	高邮经济开发区	扬州市天祥路灯器材有限公司	照明灯具	高邮湖西新区
江苏康正生物科技有限公司	生物医学	高邮经济开发区	江苏豪纬交通集团有限公司	照明灯具	高邮湖西新区
上海新亚药业高邮有限公司	生物医学	高邮经济开发区	扬州天恒激光灯饰有限公司	照明灯具	高邮湖西新区
扬州市福兴铝业制造有限公司	机械装备	高邮经济开发区	隆昌照明集团有限公司	照明灯具	高邮湖西新区
江苏星浪光学仪器有限公司	电子信息	高邮城南经济新区	江苏凯能机械设备有限公司	机械装备	甘垛镇
江苏鑫东方户外用品有限公司	轻工	高邮城南经济新区	扬州三元动力机械有限公司	机械装备	甘垛镇
扬州市金诺尔不锈钢有限公司	机械装备	高邮城南经济新区	高邮市润平混凝土制品有限公司	其他	界首镇
高邮市顺达动力机电有限公司	机械装备	高邮城南经济新区	高邮市凯高鞋业有限公司	轻工	临泽镇
扬州亿泰纺织有限公司	纺织服装	高邮城南经济新区	扬州金辰不锈钢制造有限公司	机械装备	三垛镇
扬州通威饲料有限公司	其他	高邮城南经济新区	高邮市宏达工业防护器材发展有限公司	机械装备	三垛镇
高邮市红太阳食品有限公司	食品	高邮城南经济新区	扬州康龙环保工程有限公司	环保能源	卸甲镇
高邮市迅达重型工程机械有限公司	机械装备	高邮城南经济新区	高邮市力博机床附件厂	机械装备	卸甲镇

(周萍　裴鸿翔)

【27家企业技术中心获批扬州市级企业技术中心】 12月，经扬州市经信委审核批准，高邮市建成扬州市企业技术中心27家，即扬州瑞斯乐复合金属材料有限公司技术中心、江苏海德森能源有限公司技术中心、扬州市喜来太阳能科技有限公司技术中心、扬州戴卡轮毂制造有限公司技术中心、江苏富威能源有限公司技术中心、江苏星浪光学仪器设备有限公司技术中心、扬州江峰机械有限公司技术中心、江苏赛尔橡胶有限公司技术中心、扬州大劲电机制造有限公司技术中心、扬州市祥华新材料科技有限公司技术中心、高邮鼎天高分子材料有限公司技术中心、高邮亚普塑业有限公司技术中心、江苏凯能机械设备有限公司技术中心、扬州三元动力机械有限公司技术中心、扬州金辰不锈钢制造有限公司技术中心、扬州岱发环保科技有限公司技术中心、江苏顺达机械设备有限公司技术中心、高邮市新浪爱拓化工机械设备有限公司技术中心、高邮市力博机床附件厂技术中心、江苏恒通照明有限公司技术中心、江苏润仕达交通设施有限公司技术中心、扬州顺泰建设工程有限公司技术中心、江苏豪纬交通集团有限公司技术中心、扬州市金源灯饰有限公司技术中心、奔亚科技发展有限公司技术中心、扬州市天祥路灯器材有限公司技术中心、高邮市润平混凝土制品有限公司技术中心。至此，全市累计建成扬州市级企业技术中心138家。

（周萍　任建高）

【实施工业技术改造项目104项】 2016年，全市累计实施工业技术改造项目104项，完成投资184.29亿元，增长25.8%。（张晓展）

【高邮秦发光电科技有限公司总经理刘西玎获省级中小企业创新创业大赛优胜奖】 7月29日，高邮秦发光电科技有限公司总经理刘西玎在2016中国江苏中小企业创新创业决赛中获优胜奖。此次大赛分前期推荐、专家评审、初赛、决赛等环节，全省共有200多名企业选手参加；经过初赛，共有包括刘西玎在内的30名创新创业业绩突出的选手参加现场决赛。此外，市经信委获此次大赛优秀组织奖。（周萍　裴鸿翔）

部分重点企业简介

【扬州市秦邮特种金属材料有限公司】 该公司前身为秦邮特种金属材料有限公司，成立于2001年，坐落在高邮经济开发区。于2008年接受无锡市兆顺不锈钢中板有限公司的产业转移，同时围绕“总量控制、淘汰落后、企业重组、技术升级”的重点，整合扬州市高邮新邮钢厂、扬州钢铁厂、扬州轧钢总厂的钢铁产能，重组成为扬州市秦邮特种金属材料有限公司，将炼、轧钢年产能稳定控制在140万吨以内。现有员工2200多人，其中工程技术人员600多人。占地面积70多公顷，建筑面积30万平方米。净资产10多亿元。拥有的高炉、转炉以及配套设备全部符合国家《产业结构调整指导目录(2005年本)》的要求，生产的产品质量达到国家优质产品标准。2016年，该公司实现现价产值115.15亿元，列全市重点工业企业之首。（史志）

【江苏波司登制衣有限公司】 该公司由波司登股份有限公司和沙龙集团股份有限公司共同投资组建，于2005年12月5日落户高邮经济开发区凌波路北侧。注册资本为5000万元，其中外资2750万元。总用地面积18.67公顷，拥有6万多平方米厂房，建有1.2万平方米员工食堂、1万平方米职工公寓楼。共有员工3500人。该公司系波司登股份有限公司在国内的“三大羽绒服生产基地”、“四大服装生产基地”之一。引进法国CAD设计系统、意大利蒸烫流水线和德国、日本等国服装专业化生产设备，产品质量达国际标准和日本市场A级水平。2016年，该公司实现现价产值80.28亿元。

（史志）

【江苏赛德电气有限公司】 该公司创办于1996年，坐落在高邮市送桥镇，系集科、工、贸为一体的国家重点高新技术企业，下设扬州赛德电缆厂、江苏赛德太阳能电力有限公司、江苏赛德特种电缆有限公司、扬州赛德大酒店四个全资或控股企业。其中，扬州赛德电缆厂是其核心企业，专业从事电线电缆、特别是特种电缆的开发和生产。拥有员工530人，其中大中专毕业生220人、各类工程技术人员180人。占地面积9.8万平方米，现代化的标准厂房12幢，建筑面积4.6万平方米。拥有先进的生产设备和检测设备，资产4.2亿元，年生产能力48万千米。

该公司先后通过ISO9001—2000质量管理体系认证、计量保证确认认证、“C”标志使用资格认证、AAA级资信等级认证，是国家火炬计划重点高新技术企业，江苏省学习型企业、“重合同、守信用”企业、著名商标企业、名牌产品企业、清洁文明生产企业。主要产品有：高压电缆、电力电缆、控制电缆、计算机电缆、补偿导线、架空绝缘线、高温电缆、风能移动电缆、矿用电缆、硅橡胶电缆和K1～K3类核电站用电缆等。该公司与上海电缆研究所、哈尔滨理工大学等国内科研院所合作，不断研制开发市场亟需的新特产品，其中K3类核电站用电缆已于2006年通过国家鉴定，DJ、K、SPT、M、IA、V等系列电缆广泛应用于国家电力、石油化工、冶金、军工、核工、有色、轻纺、交通、医药、城建等行业的特大型工程。公司还多次协办或支持举办中国电力论坛、中电联理事会以及中国电力30年成就展等重大活动。2007年春,该公司在扬州市维扬经济开发区内投资兴建江苏赛德太阳能电力有限公司和江苏赛德特种电缆有限公司。2010年4月,开工建设投资2亿元的江苏赛德电气有限公司核电缆项目;8月,该公司测试中心通过扬州市工业企业产品质量优秀实验室评审。研发的核电站核岛内用耐强辐射抗开裂耐高温控制电缆、额定电压3KV及以下风力发电用耐扭曲软电缆、矿井安全探测用网络抗强干扰铠装信号传输电缆、船用多功能铠装组合电缆被认定为2013年江苏省高新技术产品,"风力发电机组抗扭数据传输电缆项目"被列入2013年江苏省重点技术创新项目。2016年,该公司实现现价产值16.59亿元。(史志)

【扬州市光明电缆有限公司】 该公司创建于1991年,1999年改制为有限责任公司,坐落在菱塘回族乡清真路,为集舰船用电缆研发、生产、销售为一体的规模化专业生产企业,注册资金2000万元。占地面积3.3公顷,标准厂房和现代化办公大楼2.55万平方米,拥有12条生产线、128台套先进的生产及检测设备,自有资产7750万元,员工370多人。该公司先后被农业部授予全国质量管理达标企业称号,被评为国家高新技术企业,江苏省高新技术企业、省工商联先进企业、省计量保证确认单位、省民营科技型企业,扬州市名牌产品企业、"重合同、守信用"企业、AAA级信用企业等称号;建成省院士工作站。该公司董事长兼总经理杨福贵被国家民委授予全国少数民族优秀(厂长)经理称号。

该公司以市场为导向,以发展高新技术产业为重点,与上海电缆研究所等国内多家高等院校、科研所建立长期的技术协作关系,在全市同行中较早创建成扬州市级企业技术中心;先后通过ISO9002质量管理体系认证以及国家军用系列标准GJB9001A-2001质量体系认证;通过海军装备部认定审核,被列入海军装备承制单位名录;全塑电力电缆和控制电缆取得全国机电产品生产许可证,船用和橡套电缆通过中国质量认证中心CCC认证,船用产品通过CCS、ABS、BV、NK、RINA、DNV等船级社认可。先后自主研发系列舰船用特种电线电缆,其中研发的"A级抗干扰防火净化型船用特种电缆"等7个系列产品获得国家重点新产品证书,"综合铠装无卤阻燃耐火船用电缆"等4个系列产品被列为国家"火炬"计划项目,"抗干扰低烟无卤阻燃聚乙烯绝缘屏蔽控制软电缆"获'96国家专利新产品博览会金奖,"船用对称式控制低烟无卤信号电缆"被评为2010年省中小企业专利新产品,"轻型舰船用环保型特种电缆研发项目"被列入2013年江苏省重点技术创新项目计划,"企业技术中心轻型舰船用环保型特种电缆研发项目"被列入2015年江苏省重点技术创新项目计划。2016年,该公司实现现价产值16.06亿元。(史志)

【扬州市华翔有色金属有限公司】 该公司创办于1986年,坐落在高邮市卸甲镇,是国内较早从事废旧铅酸蓄电池回收、处置和再生利用的专业厂家之一,系江苏省高邮电池工业园危险废物处置企业。公司注册资本1.31亿元,总占地面积9公顷,建有标准化厂房33260平方米,拥有3条先进生产线、国内先进生产设备共计256台(套),其中破碎分选设备5台(套)、硫酸钠制备设备29台(套)、烟气脱硫系统设备15台(套)、备料设备15台(套)、熔炼、精炼、铸造设备192台(套),经营范围为废旧铅酸蓄电池的处置与再生利用,合金铅,多元素铅及2号铅的生产与销售,通过了ISO9001国际质量管理体系和ISO14001环境管理体系认证。共有员工200多人。该公司本着"保护环境、讲求实效、全员参与、强化管理、精益求精、铸就品质、团结拼搏、争创一流"的企业精神,着力"发展城市矿产,服务绿色生态",致力于打造中国再生铅领域的绿色火车头。2013年2月,公司被中国社会科学院《中国再生铅可持续发展研究》国情调研组列入国情调研对象。2013年8月,该公司获江苏省环境保护厅颁发的从事废旧铅酸蓄电池处置、利用的"危险废物经营许可证"。2014年4月22日,江苏省环保厅下发文件,同意该公司开展废旧铅酸蓄电池、废铅极板、铅膏、铅泥、铅尘、铅渣无害化处理及综合利用改造项目,项目总投资5.6亿元。2016年,该公司实现现价产值14.84亿元。

(周春江)

【高邮市永发机械有限公司】 该公司坐落在高邮市高邮镇工业园区,厂区西依古运河畔,东郊大外环,直通沪宁、京沪高速公路。占地面积3.3万平方米,建筑面积2万平方米,共有员工380人,其中中高级工程技术人员50多人;拥有车、铣、磨等各种金属机械切削加工、检验等设备250多台套,并配套有热处理设备。主要产品有台式车床、钻铣床系列、机床零部件及附件、电动工具及配套件等,产品远销欧美等50多个国家和地区,深受用户青睐。公司自创办以来,一贯坚持"质量、顾客至上"的经营理念,不短完善和强化质量管理,于2006年通过ISO9001:2000版国际质量管理体系认证。2016年,该公司实现现价产值14.4亿元。

(周春江)

【扬州千禧龙鞋业有限公司】 该公司创办于2000年5月,坐落在高邮镇南郊经济开发区,是生产各类PU底、TPU底工业用鞋的专业工厂，为国内规模较大、出鞋货量、品种和防护功能较完善的安全防护鞋制造企业之一。现有员工300多人，其中技术员工50多人。占地面积4公顷，其中建筑面积1.6万多平方米。资产5000万元。拥有国产PU连帮注射生产线4条和从德国进口的DESMA全自动PU/TPU24工位注射成型生产线2条、PU/PU18工位注射成型生产线1条，制帮针车290台(套)；年生产安全鞋、劳保鞋、职业工作鞋、耐油鞋、防酸碱、耐高温、防静电鞋、登山鞋等各类鞋130万双。为适应国际市场的要求，公司在同行业中率先通过ISO9001:2000版国际质量管理体系认证，陆续取得欧洲"CE"质量认证。并在原有以防砸安全鞋、防穿刺安全鞋、绝缘安全鞋、防静电工作鞋、焊工安全鞋等主要产品的基础上，又设计开发时尚休闲安全鞋，登山鞋等系列产品，产品远销世界各地。2016年，该公司实现现价产值13.82亿元。

(史志)

【扬州曙光电缆股份有限公司】 该公司创办于1985年，坐落在江苏省唯一的少数民族乡——菱塘回族乡。占地面积28公顷，建筑面积9.2万平方米，自有净资产7.8亿元，员工近800人。系国家重点高新技术企业、中国电子信息百强企业，江苏省"重合同、守信用"企业、省AAA级资信企业、省文明单位、省环境保护先进企业、省优秀民营企业、省首批信用管理示范企业、省和谐劳动关系模范企业、省两化融合电子商务试点企业、省质量管理奖、质量奖，扬州市重点利税大户、工业销售30强企业，高邮市首届市长质量奖。生产的强菱牌系列电缆是国家免检产品、江苏省名牌产品。董事长兼总经理郑连元先后被授予江苏省优秀企业家、江苏省劳动模范、全国乡镇企业家、扬州市十大经济新闻人物称号。

该公司拥有从芬兰、法国、美国、英国、瑞士等国家引进的电缆行业最先进生产和测控设备，主要产品500千伏、220千伏及以下交联电力电缆、塑力缆、架空绝缘导线、屏蔽控制和计算机电缆、核电站用1E级K3类电缆、煤安电缆、变频电缆、补偿电缆、耐高温电缆、钢芯铝绞线、通信光缆等20多个系列近万个规格。20世纪90年代，该公司先后与上海电缆研究所、河海大学等高等院校、科研机构合作，在全行业率先通过ISO9001质量管理体系认证后，先后通过产品安全认证、ISO14001环境管理体系认证、GB/T28001职业健康安全管理体系认证和测量管理体系认证等；2005年，在全市工业企业中首家建立省级企业技术中心。先后承担国家级火炬、星火项目13个，有8种新产品被确认为国家新产品、29种新产品被确认为省高新技术产品，"核电常规岛胜耐辐射抗开裂1E型控制电缆"被确认为省"专精特新"产品，"耐辐射抗开裂环保型核电站用IE级控制电缆项目"被列入2013年江苏省重点技术创新项目。从2008年起，该公司先后投入4亿多元，征用土地20.67公顷，实施500千伏超高压交联电缆项目，新添的2条35千伏生产线已于2010年底试投产。"智能型光电复合太阳能光伏电缆技术研发项目"被列入2015年江苏省重点技术创新项目计划。2015年6月9日，扬州曙光电缆股份有限公司获批在"新三板"挂牌上市。2016年，该公司实现现价产值11.96亿元。(史志)

【江苏金飞达电动工具有限公司】 该公司坐落在高邮市卸甲镇东风街。系台式电动工具专业生产厂家，为国家二级企业、国家机电产品出口生产基地，江苏省明星企业、高新技术企业、优质民营企业、科技进步先进企业、质量管理先进企业，扬州市工业销售30强企业，有进出口经营权。占地面积36.6公顷，其中建筑面积18.6万平方米，有加工中心20台(套)、大吨位压铸机8台(套)、自动绕线机12台(套)、注塑机12台(套)、自动化生产流水线26条、各类机床280多台(套)，固定资产2.52亿元。主要产品有斜断锯系列、台锯系列、刨类系列、台钻系列、带锯系列、线锯系列、切割机系列和园林工具等100多个规格品种。该公司生产的MJ2625Ⅶ型自吸尘全自动激光校准斜断锯、高精度闭环全自动水槽切割机、MJ-ⅣD型智能化变频调速圆锯机、G4012双柱液压全自动卧式带锯床、JDD315II型PLC控制多功能液压带锯机，被认定为2013年江苏省高新技术产品。"技术中心锂电池18V 800W直流无刷电机研发项目" 被列入2015年江苏省重点技术创新项目计划。2015年7月29日，该公司被认定为中国机械工业现代化管理示范企业。2016年，该公司实现现价产值11亿元。

(史志)

【江苏华富控股集团有限公司】 该公司创办于1990年，是一家跨地区、跨行业融科研、生产、工贸为一体的高科技企业集团，系国家高新技术企业、江苏省储能材料工程技术研究中心、全国铅酸蓄电池标准化技术委员会胶体电池分技术标准委员会，有江苏华富能源有限公司、江苏福力特电源有限公司、江苏华山电气有限公司、江苏润春电气有限公司、扬州澳玛电气有限公司、扬州市富泰塑胶实业有限公司、江苏金禾置业有限公司、江苏钰丰置业有限公司、高邮市天地通物流有限公司等十多家投资控股公司，形成以新能源、新型蓄电池、房地产、电子、物流、贸易、科研开发等多行业发展的格局。有员工1200多人，其中中专以上学历人员334人、技术人员125人。先后通过

ISO9002、ISO14001、ISO18001认证和美国UL及欧盟CE安全认证,拥有国防通信、电信、广播电视、铁道、电力、联通等设备进网许可证,有自营出口权。与中国科学院、哈尔滨工业大学、东南大学、扬州大学、浙江大学等科研院校进行产学研合作,聘请院士何祚庥、陈洪渊、曹楚南等23名专家组建公司技术咨询委员会,先后开发纳米胶体蓄电池、聚合物太阳能储能电池、电动汽车用新型无镉动力电池等高新技术产品,承担多项国家、省科技攻关项目,有核心技术专利50余项。该集团有2个中国驰名商标、2个国家免检产品、3个江苏省品牌产品、16个江苏省高新技术产品,参加5个国家(行业)标准的起草。2009年以来,该集团先后建成国家级博士后科研工作站和省级企业院士工作站、博士后工作站,形成"四站两中心"(国家级博士后科研工作站、省级企业院士工作站、省级博士后工作站、省级研究生工作站、省储能材料工程技术研究中心、省级企业技术中心)研发格局。集团旗下的江苏华富储能新技术股份有限公司被确认为2013年江苏省第一批两化融合试点企业和2013年度省高成长型中小企业省中小企业创新能力建设示范企业,有1项目入选国家火炬计划(高原专用胶体储能电池项目),生产的高海拔地区分散式新能源发电系统储能电池获批省优秀新产品奖,研发的储能用磷酸铁锂电池模组入选省重点推广应用的新技术新产品目录,"高海拔地区分散式新能源发电系统储能装置研发与产业化"项目被列入2013年江苏省重点技术创新项目,承担的"分布式发电系统储能用磷酸铁锂电池模组技术研发"项目入选省科技支撑(工业)计划项目。2016年,该集团实现现价产值5.66亿元。 (史志)

表34

2016年高邮市工业"五十强"企业一览表

企业名称	法定代表人	企业性质	主要产品	现价产值(亿元)	电话号码	地址
扬州市秦邮特种金属材料有限公司	陈家榕	私营有限责任公司	特种铸钢件	115.15	84742050	高邮经济开发区腰圩村
江苏波司登制衣有限公司	何其新	私营有限责任公司	休闲服	80.28	84603641	高邮经济开发区凌波路
江苏赛德电气有限公司	戴光华	私营有限责任公司	电缆	16.59	84249690	送桥镇大营村
扬州市光明电缆有限公司	杨福贵	私营有限责任公司	电线电缆	16.06	84232148	菱塘回族乡清真路
扬州市华翔有色金属有限公司	宋　巍	其他有限责任公司	再生铅	14.84	84502080	卸甲镇金家村
高邮市永发机械有限公司	朱恩权	私营有限责任公司	五金机械加工	14.40	84540888	高邮镇丁庄村
扬州千禧龙鞋业有限公司	于有银	私营有限责任公司	合成革鞋人造革鞋	13.82	84638118	高邮镇南郊工业园
扬州神游羽绒制衣有限公司	刘尚斌	其他有限责任公司	服装	13.78	85081678	文游南路231号
高邮市助剂厂	秦国柳	股份合作	荧光增白剂	13.14	84582888	高邮市运河大桥北
江苏金丰机电有限公司	陶加山	私营有限责任公司	电感器生产	12.05	84545883	高邮镇丁庄村
扬州曙光电缆股份有限公司	郑连元	股份有限公司	电缆制造	11.96	84239040	菱塘回族乡团结街
扬州市高升机械有限公司	管芝连	私营有限责任公司	液压配件系列、工程车座椅	11.42	84543363	高邮镇丁庄村
江苏金飞达电动工具有限公司	张庆奇	私营有限责任公司	电动工具	11.00	84732424	卸甲镇东风街

续表34

企业名称	法定代表人	企业性质	主要产品	现价产值(亿元)	电话号码	地址
扬州亚光电缆有限公司	鲁建才	私营有限责任公司	电线电缆	9.73	84232377	菱塘回族乡菱塘村
扬州市红旗电缆制造有限公司	陈有新	其他有限责任公司	电线电缆	9.48	84232078	菱塘回族乡团结街
扬州亿泰纺织有限公司	张晨喜	私营有限责任公司	纯棉纱	9.39	84665899	高邮城南经济新区兴区路88号
扬州市创新包装有限公司	方先其	私营有限责任公司	包装袋	9.03	84540555	高邮镇武安路
扬州宏远电子有限公司	蒋正林	与港澳台商合资经营	铝电解电容器用电机箔	9.00	84681292	高邮经济开发区长兴路4号
高邮市丽华实业有限公司	朱晓兰	私营有限责任公司	塑料瓶盖	8.70	84623695	邓桥路35号
江苏华能电缆股份有限公司	陶　明	股份有限公司	电线电缆	8.36	84613573	高邮镇南郊工业园
高邮亚普塑业有限公司	刘文斌	其他有限责任公司	塑料制品	8.28	84540196	高邮镇工业集中区
扬州市方正铜业有限公司	杨正森	私营有限责任公司	铜材加工销售	8.24	84369628	临泽镇周巷工业集中区
高邮市万嘉面粉有限公司	任有毅	私营有限责任公司	面粉加工	8.19	84328182	临泽工业集中区
扬州市邮谊工具制造有限公司	周启付	私营有限责任公司	刀具	7.87	84499929	高邮镇黄渡村
江苏金晖光伏有限公司	周桂英	其他有限责任公司	多晶硅	7.79	80955038	高邮城南经济新区南苑社区
江苏润华电缆股份有限公司	茆玉斌	私营股份有限公司	电缆	7.68	84583598	高邮镇丁庄村
江苏朝阳液压机械集团有限公司	陈翠萍	私营有限责任公司	生物燃料制造	7.49	84712359	汤庄镇建业路15号
江苏恒辉电气有限公司	翁志俊	私营有限责任公司	电线电缆	7.22	84239818	菱塘回族乡菱塘村
扬州大劲电机制造有限公司	李　劲	其他有限责任公司	电机	6.94	84540058	高邮镇丁庄村
江苏苏发照明实业有限公司	陈正明	其他有限责任公司	LED光电制造	6.87	84248418	送桥镇郭集集镇苏发路
江苏匡克防护有限公司	朱国华	港澳台商独资	职业防护类的服装、鞋	6.86	85089968	临泽镇工业集中区
扬州日兴生物科技股份有限公司	张　超	私营有限责任公司	氨基葡萄糖盐酸盐	6.66	84545552	高邮镇同心路
高邮市迅达工程机械集团有限公司	吴年林	私营有限责任公司	工程自动化设备	6.65	84565988	车逻镇湾桥村
扬州市恒源常笑电子电源厂	潘志龙	私营有限责任公司	蓄电池生产销售	6.65	84546228	高邮镇工业集中区
江苏传艺科技股份有限公司	陈　敏	私营有限责任公司	柔性线路板	6.64	84606629	高邮经济开发区凌波路

续表34

企业名称	法定代表人	企业性质	主要产品	现价产值(亿元)	电话号码	地址
江苏跃马钢管制造有限公司	卢金安	其他有限责任公司	照明灯具制造	6.52	84244178	送桥镇德华社区
扬州瑞斯乐复合金属材料有限公司	梅小明	私营有限责任公司	铝合金型材、模具生产	6.35	13852753886	高邮经济开发区波司登大道
扬州天地源机电股份有限公司	杨祥勇	私营股份有限公司	机械加工	6.16	84492588	高邮镇黄渡村
扬州市天宇鞋业有限公司	于徐生	私营有限责任公司	皮鞋皮革制品及安全鞋生产	6.09	84325558	临泽镇工业集中区
高邮市金宝电工有限公司	于传宝	私营有限责任公司	电线制造	6.01	84885612	甘垛镇工业集中区
江苏广源电线电缆有限公司	谭金龙	其他有限责任公司	钢缆铝绞线	5.89	84661575	高邮经济开发区泰北路
江苏华富控股集团有限公司	居　丽	其他有限责任公司	太阳能电池	5.66	84541805	高邮镇工业集中区
扬州市恒丰制衣有限公司	陈维林	私营有限责任公司	服装生产	5.59	84628258	高邮镇宝塔村太平桥组
扬州市新港电机有限公司	徐应兰	私营有限责任公司	发电机、线索	5.59	84540308	高邮镇丁庄村
扬州市别克机电有限公司	王　坤	私营有限责任公司	汽车零部件及配件制造	5.47	85606866	高邮经济开发区凌波路
江苏晨光电缆有限公司	杨文华	其他有限责任公司	电缆	5.41	84232208	菱塘回族乡工业集中区
扬州市威高机电有限公司	刑桂云	私营有限责任公司	劈木机制造、锯木机制造	5.23	85838955	高邮镇丁庄村
江苏航天水力设备有限公司	赵卫忠	其他有限责任公司	机械设备制造销售	5.09	80955121	高邮经济开发区波司登大道
江苏赛特电气有限公司	牛瑞江	其他有限责任公司	电线电缆	4.88	84232300	菱塘回族乡工业集中区
扬州霖阳电气有限公司	杨志鸿	私营有限责任公司	镀锡丝制造	4.67	13773318088	菱塘回族乡清真路

注:以企业实现现价产值从多到少为序排列　　　　（市统计局）

建筑业·房产业

Architectute·Real Estate Business

导读

建筑市场

【概况】 2016年,全市建筑业围绕提升行业规模、开拓外埠市场、增强企业实力、实现多元发展等重点,推进工作开展,取得较好业绩。全年各建筑企业累计承接施工面积5943.3万平方米,竣工面积2914.1万平方米;承接高层建筑2239幢,其中超高层建筑255幢。全年实现建筑企业总产值1050亿元,建筑业总产值802亿元,分别增长5%、11%;完成建筑业税收4.75亿元,增长1.7%;晋升一级总包资质企业4家,新开辟外埠市场4个;建筑企业获省优质工程11项、省文明工地25个。至年底,全市建筑企业从业人员20.3万人,其中高邮市从业人员7.9万人。是年,高邮市获扬州市建筑业经济综合考核二等奖。江苏瑞沃建设集团有限公司蝉联江苏省建筑业百强企业,江苏兴厦建设工程集团有限公司、江苏弘盛建设工程集团有限公司、江苏瑞沃建设集团有限公司晋升扬州市建筑业综合实力20强企业称号,江苏润扬建设工程集团有限公司、江苏建宇建设集团有限公司和扬州市华联装潢广告有限公司晋升扬州市建筑业成长型10强企业。 (王鎏生)

【建筑市场拓展】 2016年,全市建筑企业按照"巩内扩外"(巩固省内市场、扩展省外市场)思路,积极开拓新市场,提升外埠工程承接量。全年新拓展浙江省丽水市、温州市和甘肃省银川市、广西壮族自治区南宁市等外埠市场4个;承接施工面积391.2万平方米;完成外埠施工产值524.4亿元,增长6.8%。至年底,全市建筑企业外埠市场拓展至30个省份的83个县(市、区)。 (王鎏生)

【建筑企业多元化发展】 2016年,全市建筑企业继续开展多元化经营工作,加快企业转型升级,提升建筑企业发展活力和应对市场风险能力。全年实现多元化经营产值248.3亿元,下降10.7%。 (王鎏生)

【7家单位和2名个人获扬州市级以上表彰】 2016年,全市建筑行业共有8家单位和4名个人获扬州市级以上表彰。

5月30日,在省建设厅、省统计局、省商务厅联合印发的《关于发布2015年度全省建筑业百强企业的通知》中,江苏瑞沃建设集团有限公司获"江苏省建筑业百强企业"称号。

9月5日,在扬州市城建局、市统计局印发《关于发布2015年度扬州市"建筑业综合实力20强、成长型10强企业"的决定》中,江苏兴厦建设工程集团有限公司、江苏弘盛建设工程集团有限公司、江苏瑞沃建设集团有限公司获"2015年度扬州市建筑业综合实力20强企业"称号,江苏润扬建设工程集团有限公司、江苏建宇建设集团有限公司和扬州市华联装潢广告有限公司获"2015年度扬州市建筑业成长型10强企业"称号。

2月24日,在扬州市建筑施工扬尘整治领导小组办公室印发的《关于表彰2015年扬州市建筑施工扬尘治理先进集体和先进个人的决定》中,谢兆军被表彰为扬州市2015年建筑施工扬尘治理先进个人。

2月,扬州市建设工程造价管理站授予沈德本"优秀信息测报员"称号。 (王鎏生)

【建筑业骨干企业】 2016年,市委、市政府加大建筑企业扶持力度,推动建筑企业做大做强。是年,全市新增年产值超亿元建筑企业9家,其中新增年产值超10亿元企业5家,累计有年产值超亿元建筑企业85家,超10亿元建筑企业20家。(王鎏生)

表35　**2016年高邮市总产值超10亿元建筑企业主要指标实绩表**

企业名称	资质等级	法定代表人	企业总产值	
			实绩数(亿元)	其中省外工程产值(亿元)
江苏弘盛建设工程集团有限公司	房屋总承包特级	胡恒春	215.06	80.95
江苏兴厦建筑安装有限公司	房屋总承包一级	赵宏才	130.74	50.23
扬州市天成建筑安装工程有限公司	房屋总承包一级	刘长春	56.04	2.99
江苏瑞沃建设集团有限公司	市政总承包一级	李艳秋	49.06	9.61
江苏润扬建设工程有限公司	房屋总承包一级	李志森	43.80	3.46
江苏建宇建设集团有限公司	房屋总承包一级	管民良	34.15	9.63
江苏华坤建设工程有限公司	房屋总承包一级	吴华生	28.62	17.89
扬州市润泽建设工程有限公司	房屋总承包一级	杨书根	26.30	—
扬州市宏厦建筑安装工程有限公司	房屋总承包一级	董恒发	25.00	5.03
扬州首裕建设工程有限公司	房屋总承包一级	陆　峰	21.39	—
高邮市金厦建筑安装工程有限公司	房屋总承包三级	张所清	17.18	6.79
扬州市邮城建筑安装工程有限公司	房屋总承包二级	郭士文	16.56	—
江苏同发建设工程有限公司	房屋总承包一级	陈智慧	16.47	8.86
江苏弘发建设工程有限公司	房屋总承包二级	戎　胜	14.66	4.12
扬州惠丰建筑安装工程有限公司	房屋总承包二级	杨永丰	13.15	—
扬州市富康建设工程有限公司	房屋总承包二级	陈　庆	12.97	—
扬州龙海建筑安装工程有限公司	房屋总承包二级	倪德富	12.51	—
江苏华泰道路桥梁工程有限公司	市政公用总包一级	陆金友	12.02	9.86
扬州市盂城建筑安装工程有限公司	房屋总承包三级	吴定松	10.33	5.16
江苏上方建设工程有限公司	房屋总承包二级	汤学义	10.11	—

(王鎏生)

建筑业管理与服务

【建筑企业资质晋升】 2016年,市建管局引导建筑企业做大做强,加快企业资质等级提升、资质项目增项,促进建筑企业综合竞争力不断提升。全年有15家建筑企业实现资质升级,其中晋升建筑施工总承包一级资质企业4家、二级资质企业4家,晋升专业承包一级资质企业2家、二级资质企业5家。至年底,全市累计有各类有资质建筑企业383家(比上年新增6家),其中总承包特级资质企业1家 、一级资质企业16家、二级资质企业29家、三级资质企业39家,专业承包一级资质企业25家、二级资质企业62家、三级资质企业156家,劳务分包资质企业24家,特种工程专业承包资质企业31家。　(王鎏生)

【新获批境外承包工程经营资格企业5家】 (详见《开放与开发》篇目《对外国及港澳台地区经济技术合作》分目)

【专业人才队伍建设】 2016年,市建管局继续引导建筑企业加强专业技术人才储备,加大对注册建造师、小型项目管理师的培养力度,强化从业人员专业技术职称评定,不断提升全行业人才队伍建设水平。全年新增一级注册建造师128人、二级注册建造师296人;新评定专业技术职称人员446人,其中评定高级职称资格7人、中级职称资格179人、初级职称资格260人。　(王鎏生)

【从业人员培训】 2016年,市建管局面向建筑企业负责人、项目负责人、安全员、取样员、建筑施工专业技术工人等建筑业从业人员,先后举办专业技术培训活动10多期,累计培训各类人员2217人次。同时,继续组织开展建筑行业特殊工种换证考试培训工作,累计培训相关人员1404人次。

(王鎏生)

建筑施工安装

【承接建筑工程施工面积5943.3万平方米】 2016年,全市建筑企业按照做优存量、做大增量、做好质量要求,扎实组织推进各项工程的建筑施工工作。全年承接各类建筑工程施工面积5943.3万平方米,其中竣工面积2914.1万平方米,分别增长15.7%、17.6%。　(王鎏生)

【获省级优质工程奖12项】 2016年,全市建筑企业承建的工程项目共获省级优质工程奖12项。其中，按所获奖项划分：获江苏省“扬子杯”奖5项，获上海市“白玉兰杯”奖5项，获江苏省交通运输厅优质工程奖1项，获华东地区优质工程奖1项；按获奖企业划分：江苏兴厦建设工程集团有限公司获奖6项，江苏弘盛建设工程集团有限公司获奖2项，江苏瑞沃建设集团有限公司、扬州市华联装璜广告有限公司、高邮市飞马装饰工程有限公司、江苏华泰路桥建设集团有限公司各获奖1项。（王鎏生）

【获市级优质工程奖61项】 2016年，全市建筑企业承建的工程项目共获市级优质工程奖61项。其中，按所获奖项划分：获扬州市“琼花杯”奖24项，获扬州市市外优质工程奖27项，获南京市“金陵杯”、宿迁市“项羽杯”奖 各3项，获徐州市“古彭杯”、淮安市“翔宇杯”、滁州市“琅琊杯”、宣城市“云岭杯”奖各1项；按获奖企业划分：江苏瑞沃建设集团有限公司获奖11项，江苏润扬建设工程集团有限公司获奖10项，江苏弘盛建设工程集团有限公司、江苏华泰路桥建设集团有限公司各获奖7项，江苏承煦电气集团有限公司获奖5项，扬州市华联装璜广告有限公司、江苏建宇建设集团有限公司各获奖4项，扬州天成建筑安装工程有限公司、高邮市飞马装饰工程有限公司、神州交通工程集团有限公司各获奖3项，江苏兴厦建设工程集团有限公司获奖2项，扬州市润泽建设工程有限公司、江苏邮城建设工程有限公司、扬州市天弘建设有限公司（与扬州市华联装璜广告有限公司共同获扬州市“琼花杯”奖1项）各获奖1项。（王鎏生）

【获批省级工法7项】 2016年，全市有3家建筑企业的7项施工工法获批为省级工法，即江苏瑞沃建设集团有限公司研发的“无应办状态下的斜跨钢拱桥一次拉工法”“钢管桩锚杆组合支护施工工法”、扬州市天成建筑安装工程有限公司研发的“H型转臂扣件式陶土板幕墙施工工法”、江苏瑞沃建设集团有限公司研发的“逆作法桥梁切割拆除工法”“水泥稳定碎石快速施工工法”“ 隧道工程新奥法施工组合应用工法”、江苏建宇建设集团有限公司研发的“室内泥浆降水自密实回填工法”。（王鎏生）

【获省级建筑业新技术应用示范工程奖5项】 2016年，全市建筑企业获省级建筑业新技术应用示范工程奖5项，其中江苏兴厦建设工程集团有限公司获1项（上海市）、江苏弘盛建设工程集团有限公司获2项（江苏省）、江苏建宇建设集团有限公司获1项（江苏省）、扬州市天成建设集团有限公司获1项（江苏省）。（王鎏生）

【获扬州市建筑业新技术应用示范工程奖8项】 2016年，全市建筑企业获扬州市建筑业新技术应用示范工程奖8项，其中江苏弘盛建设工程集团有限公司获4项、江苏建宇建设工程有限公司获3项、江苏瑞沃建设集团有限公司获1项。（王鎏生）

工程建设管理

【工程质量监管】 2016年，市建管局坚持以民生项目工程质量为监管重心，认真组织开展工程质量监督管理工作，提高工程建设的质量和效益。全年实施工程质量监管项目157项、面积179.5万平方米，其中监管住宅工程34项、面积83.3万平方米；实施项目竣工验收109项、面积104.6万平方米，实施工程项目备案70项、面积123.5万平方米。（王鎏生）

【施工安全监管】 2016年，市建管局根据省、扬州市安全生产工作要求，以“强化安全发展观念、提升全民安全素质”为主题，扎实开展建筑施工项目安全监管工作。全市监管施工工程面积137.8万平方米，涉及工程造价21.5亿元。全面实施建筑起重机械网上产权备案、安装（拆卸）告知、申领使用证等制度，实现建筑起重机械录入江苏省建筑起重机械管理系统全覆盖，全年新发放施工起重机械设备备案证41份、使用证140份。（王鎏生）

【工程造价管理】 2016年，市建管局坚持遵循市场经济规律，切实履行法律、法规，认真组织开展工程造价管理工作。全年组织开展市相关造价咨询企业飞行检查2次，重点检查造价咨询企业资质、专业专职人员、造价咨询服务质量、咨询成果、档案归档、招标控制价备查、竣工结算价备案、《江苏省建设工程承发包计价手册》使用等情况。全年审核招标控制价工程105项。同时，注重做好《江苏省建筑工程承发包计价手册》的日常网上管理、信息更新和年检工作及《扬州工程造价管理期刊》征订、发行工作。（王鎏生）

【获批市级以上“文明工地”66处】 2016年，全市建筑业企业承建的工程工地获批市级以上“文明工地”66处，其中获批省级“文明工地”25处、市级“文明工地”41处。（王鎏生）

江苏弘盛建设工程集团有限公司

【概况】 江苏弘盛建设工程集团有限公司（以下简称“弘盛集团”）成立于1998年，位于高邮城南经济新区南环路88号，融集团总部、商务会所、设计院、研发中心、培训中心、检测中心、专家公寓为一体，占地面积5万平方米；下辖18家分公司和江苏弘盛建设工程集团有限公司建筑研究设计院（甲级）、扬州京创工程管理有限公司、江苏省弘升置业有限公司、高邮市弘益农村小额贷款公司等子公司;经营范围拓展至北京市、上海市、天津市、重庆市、广东省、山东省、山西省、湖北省、安徽省、四川省、云南省、江苏省等地;拥有房屋建筑工程施工总承包特级资质1项,市政公用工程施工总承包、建筑装修装饰工程专业承包、地基与基础工程专业承包、园林古建筑工程专业承包、土石方工程专业承包等一级资质各1项,机电安装工程施工总承包、公路工程施工总承包、水利水电工程施工总承包、起重设备安装工程专业承包、消防设施工程专业承包、送变电工程专业承包等二级资质各1项。2016年,该集团承建工程项目329项,承接施工面积688.17万平方米;完成企业总产值215.07亿元,实现工程结算收入84.35亿元;完成市内税收缴纳9918.18万元。 (汪飞)

【多元化经营】 2016年,弘盛集团按照"建筑做平台、开发增积累、金融作保障"的思路,在发展壮大建筑主业同时,实施结构调整战略,开展多元化经营,努力壮大企业综合实力、提升企业发展质效。是年,该集团实现多元化经营产值63亿元。(汪飞)

【创优夺牌】 2016年,弘盛集团大力开展创优夺牌活动,着力提升行业知名度、影响力和综合竞争力。全年该集团获省级优质工程奖1项,即:河北省"安济杯"优质工程奖,获市级优质工程奖5项,即:南京市"金陵杯"优质工程奖1项、扬州市"琼花杯"优质工程奖3项、宿迁市"项羽杯" 优质工程奖1项,获批江苏省文明工地1处,获深圳市、扬州市、宜昌市、宿迁市、亳州市等市级文明工地各1处,获批江苏省新技术应用示范工程2项、扬州市新技术应用示范工程4项,获批专利1项、省级施工工法1项、QC成果奖8项,获奖科技论文6篇。 (汪飞)

【高邮市建筑产业现代化研发生产基地建设】 12月,江苏旺材科技有限公司投资1亿元,启动实施高邮市建筑产业现代化研发生产基地第一期工程。该基地位于高邮城南经济新区兴区路与新畅路西北侧,占地面积4万平方米;工程内容主要包括建设1.2万平方米的PC厂房、中央移动台、叠合板及钢筋加工三条自动化生产线,建设1.2万平方米的仓库堆场;该项目建成投产后,将形成最高年产15万平方米装配式建筑部品部件的能力。该项目的实施,将有助于全市加快向"建筑产业现代化示范市"的目标迈进;由该基地生产的装配式部品部件及倡导的装配式施工方式,不仅能够满足全市装配式建筑的需求,还能辐射、带动周边建筑产业现代化的普及和兴起。 (汪飞)

资料链接 江苏旺材科技有限公司,于2012月9日设立,注册资本金1亿元;业务经营范围包括新型建材研发,建材批发、零售,PC构件生产与销售,幕墙生产与销售,门窗生产与销售,木塑料板生产与销售,商品混凝土生产与销售等。此次由该公司投资兴建高邮市建筑产业现代化研发生产基地,是弘盛集团响应市委、市政府号召,并积极推动自身转型发展、多元化发展的务实之举。 (汪飞)

表36 **2016年江苏弘盛建设工程集团有限公司分公司名录**

分公司名称	负责人	地 址	邮 编
南京分公司	姚在翔(兼)	南京市鼓楼区福建路12号泰润公寓01幢401室	210003
北京分公司	徐德祥(兼)	北京市海淀区玉泉路6号院5号楼1单元301-302室	100143
苏州分公司	邓爱龙	苏州市相城区相城大道168号新尚商业广场阅城大厦1501-1508室	215168
直属分公司	柏茂清	高邮市南环路88号	225600
苏中分公司	宰永昌	高邮市城南经济新区南环路88号	225600
天津分公司	闵安付	天津市河东区华兴道福建大厦603室	300010
扬州分公司	卞洪益(兼)	扬州市广陵区文昌中路一号运河城市广场C座22F	225002
广东分公司	吴贞勇	广东省东莞市南城区第一国际F座810	523000
湖北分公司	张晓林	黄冈市黄州区路口镇路口大道506号	438021
重庆分公司	黄乃文(兼)	重庆市江北区电测村100号北辰名都14-2号	400020
上海分公司	王 良	上海市杨浦区大连路1548号13楼B、C座	200082
山东分公司	陈福定	山东省青岛市市南区南京路9号联合大厦10F	266071
云南分公司	陆文清	昆明市盘龙区白云路金尚一号写字楼22楼	650200
深圳分公司	郭晓东(兼)	深圳市罗湖区红岭中路2118号建设大厦A座1106室	518022
山西分公司	王震宇	太原市太榆路学府雅园C区6号楼601室	030006
徐州分公司	赵运平	徐州市新城区吉田商务广场507-508室	221000
盐城分公司	吴士富	江苏省大丰市桃园小区468号	224100
无锡分公司	邰才宏	无锡市奥林花园D区151-1904室	214062

(汪飞)

房产管理

【公有住房管理】 2016年，市房管局审批职工住房补贴561人，审核补贴金额1117.69万元；办理2处公房出售手续，出售面积102.05平方米。全年组织自管公房招租6批次，对完成非住宅房屋公开竞标招租28户。 (周欢)

【公有住房修缮】 2016年，市房管局出台《高邮市房管局直管(自管)公房修缮管理规定》，按照规范的修缮范围、标准和审批程序，推进开展危旧公有住房的排查、检测、鉴定和修缮工作，消除房屋安全隐患。全年投入资金138万元，修缮各类危旧公房720户，其中小修养护620户、中大修100户。(周欢)

【房屋权属交易登记管理】 2016年，全市共办理各类房屋权属交易登记(备案)1.59万户、面积153.14万平方米。其中，办理新建商品房权属交易登记5832户、面积62.18万平方米；办理二手房权属交易登记3252户、面积28.62万平方米；办理房屋抵押备案(按揭)6812户、面积62.34万平方米。全年发放不动产权证1.73万本，不动产证明1.02万本，确权证明书1.24万份。 (周欢)

【房屋测绘与安全鉴定】 2016年，市房管局完成商品房竣工测绘30宗、面积101万平方米；完成商品房预销售测绘35宗、面积55万平方米；完成企业和个人测绘30万平方米，产权配图1万份。是年，市房管局完成房屋安全鉴定79户、面积4.84万平方米，其中鉴定民房48户、面积2万平方米，厂房31户、面积2.84万平方米，共出具鉴定报告81份，实现业务收入20.77万元。 (周欢)

【房屋权属档案管理与利用】 2016年，市房管局继续开展房屋权属档案的管理与利用工作。全年整理各类档案1.2万卷，新生档案1.4万卷；办理各类查档业务2.26万笔，出具房屋相关证明材料2.1万份。 (周欢)

【房屋征收】 2016年，市房管局完成全市年度房屋征收计划的编制、汇总和上报工作，加大对房屋征收(拆迁)工作的指导力度，先后指导实施龙虬生活垃圾焚烧发电和马饮塘河南延、腰圩河、大寨河、月塘河、玉带河、支农河等河道及周边环境整治工程的房屋征收(拆迁)项目17项，涉及房屋征收户1283户，征收面积20.96万平方米。开展市区北门城墙遗址建设工程、高邮州署衙门复建和市人民公园及周边环境整治等项目的房屋征收前期调查、评估及建筑认定工作。配合高邮镇、卸甲镇、高邮城南经济新区推进房屋征收工作，办理房屋权属变更手续121户，出具减免契税证明379份。组织开展房屋征收从业人员业务培训，培训相关人员115人次。严格准入程序，新批进入高邮拆迁市场的拆迁公司6家。 (周欢)

房产开发建设

【房地产开发】 2016年，在高邮市从事房地产开发的企业有67家。其中，市内企业37家，市外企业30家；二级、暂二级资质开发企业31家，三级、暂三级资质开发企业28家，暂4级资质开发企业8家。全年共完成房地产开发投资31.64亿元，其中住宅开发投资23.94亿元、商业营业用房开发投资6.42亿元、其他类型开发投资1.28亿元，分别下降10.5%、下降12.4%、持平、下降22%。全年商品房施工面积359.05万平方米，新开工商品房面积55.67万平方米，其中住宅新开发面积48.39万平方米，分别下降8.8%、62.7%、62.3%；新竣工商品房面积111.2万平方米，增长30.1%。全年市区出让房地产开发用地42.6公顷，成交金额10.88亿元，平均地价2555.47元/平方米，分别增长121.3%、399.1%、125.5%。 (周欢)

【房地产交易】 2016年，市房管局核发商品房预销售许可证30份，预售面积65.29万平方米。至年底，全市市区商品房成交6656套，成交面积77.75万平方米，交易金额41.16亿元，分别增长15.7%、14%、14.5%。其中，商品住房成交5916套，成交面积69.86万平方米，交易金额34.86亿元，分别增长16.9%、16.5%、17.5%；商业营业用房成交740套、面积7.89万平方米、交易金额6.3亿元，分别增长6.9%、-3.9%、0.5%。市区商品房合同成交均价5293.89元/平方米，其中商品住房合同成交均价4989.98元/平方米、商业营业用房合同成交均价7984.79 元/平方米，分别增长0.5%、0.9%、4.6%。 (周欢)

【秋季房产交易会】 9月30日～10月2日，由市政府主办，市房管局、市新闻信息中心、市广电台、市房地产业协会共同承办的"惠民兴业·和谐人居"主题秋季房产交易会在市加洲城市广场举办。此次交易会，共有13家房产开发企业参展。其间，观展人数5000人次，预约看房近700组；成交商品房782套，成交面积9.02万平方米，交易金额4.37亿元。此外，该交易会还设立二手房超市，满足各类购房户需求。 (周欢)

【重点房产开发项目建设情况】 2016年，全市投入建设的重点房产开发项目有9项，累计建筑面积66.63万平方米。

学士园　位于蝶园南路西侧、新华路南侧，占地面积4.63万平方米，建筑面积9.39万平方米；于2015年5月26日开工，由高邮市建设投资发展有限公司投资3.35亿元兴建。

丰泽臻源小区第一期　位于珠光路东侧、南澄子河北侧，占地面积3.17万平方米，建筑面积5.64万平方米；于2015年10月8日开工，由江苏扬联置业发展有限公司投资2.6亿元兴建。

九龙湾住宅小区A地块第三期　位于珠光路与通湖东路交叉口，占地面积 9504 平方米，建筑面积4.97万平方米；于2015年12月10日开工，由扬州益本房地产开发有限公司投资1.93亿元兴建。

翰林国际第三期　位于文游南路399号，占地面积3.2万平方米，建筑面积6.5万平方米；于2016年3月20日开工，由建融扬州房地产开发有限公司投资2.35亿元兴建。

九龙湾住宅小区A地块第二期　位于珠光路与通湖东路交叉口，占地面积3.18万平方米，建筑面积9万平方米；于2016年4月1日开工，由扬州益本房地产开发有限公司投资3.48亿元兴建。

熙园商住小区第二期　位于通湖东路北侧、通汉路东侧，占地面积2.84万平方米，建筑面积7.74万平方米；于2016年4月25日开工，由江苏省弘升置业有限公司投资2.6亿元兴建。

阳光水岸第二期　位于泰北路南侧、兴业路西侧，占地面积2.5万平方米，建筑面积6.19万平方米；于2016年5月1日开工，由高邮金科房地产开发有限公司投资2.2亿元兴建。

郭集科技灯具城第二期　位于送桥镇郭集集镇西区大道南侧，占地面积1.72万平方米，建筑面积4.3万平方米；于2016年6月8日开工，由扬州南明置业有限公司投资1.14亿元兴建。

东城首府　位于健民路北侧、通汉路西侧，占地面积4.75万平方米，建筑面积12.9万平方米；于2016年12月8日开工，由江苏民生置业发展有限公司投资3.76亿元兴建。（周欢）

物业工作

【物业行业管理】 2016年，市房管局制定《关于进一步提升全市物业管理水平的工作意见》和《高邮市市区住宅物业管理工作考核办法(暂行)》，进一步明确全市物业管理工作的各项要求。召开首次全市物业管理工作大会，将物业管理工作提升到全市层面，有力促进全市物业管理工作的开展。组织开展各级小区物业管理考评创优活动，评选表彰“高邮市优秀物业管理住宅小区”“扬州市优秀物业管理住宅小区”各1家。开展省级城市管理示范社区创建活动和小区流动红旗竞赛活动，进一步提升人居环境品质。是年，在高邮市从事物业服务工作的物管企业共40家。其中，按注册地划分：本地注册企业31家、外地注册企业9家；按资质等级划分：一级资质企业3家、二级资质企业13家、三级及暂三级资质企业24家。（周欢）

【住宅专项维修资金归集与使用】 2016年，市房管局遵循应归尽归、规范使用要求，继续强化住宅专项维修资金归集和使用工作。全年归集住宅专项维修资金2963万元；申请使用住宅专项维修资金项目46项，使用资金176.58万元。（周欢）

【老旧住宅小区物业管理】 2016年，市房管局继续加大老旧住宅小区物业服务介入力度，不断扩大物业管理范围，提升物业服务业态。全年指导大淖、水部楼、新联等3个城市社区内的滨河花园、利民花苑、福乐园、玉带园二期、金海洋等5个老旧小区实行基本物业服务，服务面积14.66万平方米，覆盖家庭住户1670户。至此，全市基本实现城区老旧住宅小区基本物业服务全覆盖。（周欢）

【业主委员会建设与管理】 2016年，市房管局注重发挥各住宅小区业主委员会的作用，在加强既有业主委员会监管的同时，先后指导和督促三阳现代城、世居雅苑、欧洲城第二街区、帝景龙庭、天利现代城、润锦苑等6个住宅小区召开首次业主大会，并选举产生各自的小区业主委员会。（周欢）

【白蚁防治】 2016年，市白蚁防治所注重开展业务培训活动，强化白蚁防治知识的宣传普及，提高白蚁防治水平。全年签订白蚁预防工程合同63份，实施预防施工36处，施工面积101.6万平方米，实施房屋白蚁灭治173户，灭治质量均达规定标准。

（周欢）

信息化建设

Informatization Construction

导读

电子政务

【概况】 2016年，全市继续强化电子政务平台的运行、维护、升级和管理工作，加大对乡镇(园区)、部门网站维护人员的业务培训，注重网站内容即时更新，推进各级政务网站的信息公开和政民互动，不断提高服务水平。 （朱万伟）

【行政权力网上运行】 2016年，全市注重完善行政权力网上公开透明运行系统"一库四平台"(行政权力库、行政权力网上运行平台、行政监察平台、法制监督平台、内部人财物管理平台)功能，加快推进与部门核心业务工作融合步伐，努力提升"三个全覆盖"(即县级以上行政机关全覆盖，行政权力事项全覆盖和网上行政监察全覆盖)工作成效。全年累计向省、扬州市平台报送各类行政权力办件4.12万件、运行数据14.3万条。 （朱万伟）

【网上信息公开】 2016年，全市各级政务网站注重推进网上信息公开工作，不断加快服务型"网上政府"建设步伐。全年累计公开发布今日高邮、部门动态和乡镇动态1.11万条，图片新闻500条，政府信息8500条，其他信息926条。 （徐燕 王璐）

【信息安全员培训】 2016年，继续组织开展党政机关信息安全员岗位专业培训工作，重点围绕工控系统安全防护、信息安全事件应急处置、电子政务系统应用操作手册等方面进行，努力提高其办公自动化实际操作能力和信息化业务应用水平。全年举办培训班3期，培训信息安全员300多人次。 （朱万伟）

【电子政务门户网站建设】 2016年，全市通过建章立制、行政推动、强化监管等举措，进一步加强电子政务门户网站建设。至年底，全市累计建成门户网站45家。 （朱万伟）

表37 **2016年高邮市政府部门、乡镇(园区)网站一览表**

网站名称	网 址	主办单位
中国·高邮网	www.gaoyou.gov.cn	市政府
高邮经信网	www.jsgaoyou.gov.cn	市经信委
高邮发改委网	fgw.gaoyou.gov.cn	市发改委
高邮城建网	www.jsgyjs.gov.cn	市城建局
高邮农业资源开发网	www.gyacd.com	市农开局
高邮民政网	www.gysmzj.gov.cn	市民政局
高邮市人力资源和社会保障网	www.gyhrss.gov.cn	市人社局
高邮招商网	www.gybi.net	市商务局
高邮科技信息网	www.gyskj.gov.cn	市科技局
高邮旅游网	www.gaoyou.cn	市旅游局
高邮教育网	jyj.gaoyou.gov.cn	市教育局

续表37

网站名称	网　址	主办单位
高邮物价网	www.jsgywj.gov.cn	市物价局
高邮房产网	www.gyfgj.gov.cn	市房管局
今日高邮网	www.gytoday.cn	市新闻信息中心
高邮统计网	www.gytjj.gov.cn	市统计局
高邮国土资源网	www.gygt.gov.cn	市国土局
高邮文明网	www.gywmw.com	市文明办
高邮水务网	www.gysw.gov.cn	市水利局
高邮档案信息网	www.gyda.com.cn	市档案局
高邮建管网	www.gyjgj.gov.cn	市建管局
高邮农机网	www.gynjj.com	市农机局
高邮安监网	www.gyaj.gov.cn	市安监局
高邮农业信息网	www.jsgy.agri.gov.cn	市农委
高邮残联网	www.jsgydpf.org.cn	市残联
高邮审计网	www.jsgysj.gov.cn	市审计局
高邮交通网	www.jsgyjt.gov.cn	市交通局
高邮人防网	www.gyrfb.gov.cn	市人防办
高邮司法网	www.gysfw.gov.cn	市司法局
高邮粮食网	www.gyls.gov.cn	市粮食局
高邮总工会网	www.gyszgh.org	市总工会
高邮住房公积金网	www.gygjj.net	扬州市住房公积金管理中心高邮分中心
高邮公安网	gy.yzga.gov.cn	市公安局
高邮财政网	www.jsgycz.gov.cn	市财政局
高邮经济开发区网	www.jsgy.com	高邮经济开发区管委会
高邮城南经济新区网	www.gyjjxq.gov.cn	高邮城南经济新区管委会
高邮镇人民政府网	www.gyz.gov.cn	高邮镇政府
龙虬镇人民政府网	www.longqiu.gov.cn	龙虬镇政府
卸甲镇人民政府网	www.xiejia.gov.cn	卸甲镇政府
汤庄镇人民政府网	www.gytz.gov.cn	汤庄镇政府
三垛镇人民政府网	www.gysd.gov.cn	三垛镇政府
界首镇人民政府网	www.jieshou.gov.cn	界首镇政府
临泽镇人民政府网	www.linze.gov.cn	临泽镇政府
周山镇人民政府网	www.gyzs.gov.cn	周山镇政府
送桥镇人民政府网	www.gysqz.gov.cn	送桥镇政府
菱塘回族乡人民政府网	www.lingtang.com	菱塘回族乡政府

（朱万伟）

【网络信息安全工作】 2016年，市经信委按照积极防御、综合防范的方针，强化责任意识、细化年度目标、量化工作任务、深化安全评估，促进全市基础信息网络和重要信息系统安全防护水平和安全可控能力明显提升，全市重要节庆时期和重大活动期间没有发生一起重大信息安全事件。落实春节、全国"两会"、扬州"烟花三月"国际经贸旅游节等重要时期信息安全保障责任、技术保障措施及值班制度、通报制度，确保全市基础信息网络传输安全、重要信息系统平稳运行和对互联网及通信网络信息内容的有效监管。完成"中国高邮"政府网站、市区域健康信息平台、市市场监督管理局网站、市人力资源和社会保障局网站等4个重要信息系统风险评估，做到信息安全事件及时预警、及时发现、及时应对、及时处置。

（朱万伟）

软件和信息化工作

【概况】 2016年，全市按照省、扬州市相关工作要求，切实加大软件和信息化项目的培育、引导和申报力度，突出“互联网+”、企业认证、载体建设、政策宣传、产业招商、业务培训等重点，推动软件和信息化工作取得新的进展，逐渐实现软件产业从传统的行业应用开发向物联网云平台、数字识别、信号灯智能控制、医疗管理、信息发布管理等新型应用软件等领域拓展。全年新通过“双软”评估企业3家，新申报软件著作权70件、软件产品13个、系统集成资质（三级）4个；新建设科技综合体近3万平方米；帮助企业对接专业技术人才300人；发放宣传资料3000多份；征集并申报项目5项；招引产业项目1项，总投资额0.45亿元；获批国家高新技术企业1家、江苏省互联网与工业融合创新示范工程试点企业7家、扬州市级以上星级数字企业38家，高邮湖西新区创成省两化融合试验区。至年底，全市累计拥有软件和信息服务业企业92家，实现软件和信息服务业收入10.13亿元，增长16%。 （朱万伟）

【“互联网+工业”】 2016年，市委、市政府贯彻落实《中国制造2025江苏行动纲要》和《省政府关于加快发展互联网经济的意见》精神，顺应“互联网+”大融合、大变革趋势，通过突出研发设计协同化、生产管控集成化、购销经营平台化、制造服务网络化、技术支撑自主化、典型引路示范化等重点，在全市启动实施“互联网+”行动计划，引导企业运用互联网等新一代信息技术重构生产组织、创新方式、商业模式，增强企业创新能力，支撑产业向中高端迈进，努力打造“互联网+工业”转型升级新优势。至年底，开展两化融合管理体系贯标试点企业10家；获批省互联网与工业融合创新示范工程试点企业7家、扬州市级以上星级数字企业38家，获发资助经费320万元；完成重点规上企业两化融合在线评估对标诊断520多家；兑现市本级“互联网+”发展扶持资金495.46万元。 （朱万伟）

【扬州东昇软件技术有限公司被认定为国家高新技术企业】 2016年，经全国高新技术企业认定管理工作领导小组审核、认定，全市共有53家企业被认定为国家高新技术企业，其中包含软件和信息服务类企业1家，即扬州东昇软件技术有限公司。 （朱万伟）

【7家企业被认定为江苏省互联网与工业融合创新示范工程示范企业、试点企业】 2016年，依据《信息化与工业化融合——省转型升级示范企业标准（试行稿）》，经企业申报、各地初审、专家评审，省经信委发文公布江苏省互联网与工业融合创新示范工程示范企业、试点企业名单，高邮市的扬州鑫晶光伏科技有限公司、高邮市北方动力机械有限公司、江苏尚诚时装有限公司、江苏金丰机电有限公司、扬州日兴生物科技股份有限公司、江苏传艺科技股份有限公司、江苏华富储能储新技术股份有限公司等7家企业被认定为省互联网与工业融合创新示范工程试点企业。至此，全市累计培育江苏省互联网与工业融合创新示范工程示范企业4家、试点企业49家。 （朱万伟）

【高邮湖西新区获批省两化融合试验区】 10月，根据《关于组织申报2016年度江苏省信息化与工业化融合示范（试验）区的通知》要求，经各地组织园区申报并初审，省级开展形式审查、专家组评审以及现场考察和公示等，省经信委发文公布2016年度江苏省两化融合示范（试验）区名单，高邮湖西新区名列其中，被认定为省级两化融合试验园区。 （朱万伟）

【38家企业被认定为扬州市级以上星级数字企业】 2016年，根据江苏省星级数字企业创建认定暂行办法的规定，经过企业自愿申请、各地推荐、组织评审等程序，高邮市的江苏传艺科技股份有限公司等38家企业被确认为扬州市级以上星级数字企业，其中扬州市鑫通交通器材集团有限公司被认定为省星级数字企业、扬州日兴生物科技股份有限公司等37家企业被认定为扬州市星级数字企业。至此，全市累计被认定为扬州市级以上星级数字企业158家，其中省五星级数字企业5家、扬州市星级数字企业153家。 （朱万伟）

【工程建设领域信息公开】 2016年，全市进一步完善工程建设领域项目信息公开和诚信体系建设，不断提升全市工程建设领域信用环境。全年公开工程领域信息1.23万条，其中项目信息1.06万条、信用信息0.17万条。 （朱万伟）

【农村信息化工作】 2016年，全市围绕建设“有先进适用的信息网络”的工作目标，巩固“四有一责”及农村信息化建设成果，推进镇、村光纤网络延伸和线路整合，实现乡村农村党员干部远程教育网、便民服务网、有线电视网和互联网的“四网齐全”全覆盖，促进农村信息化应用水平明显提升。至年底，全市累计实现农村宽带互联网用户20.6万多户、便民服务网点176个、农村党员干部远程教育网176个。 （朱万伟）

【卫生信息化建设】 2016年，市卫计委信息中心机房完成数据中心机房扩容招标，主服务器存储空间由原30T的基础上增加64T空间，内存增加至1T，基本满足系统正常使用。村卫生室与计生服务室（站）以100M裸光纤汇聚至相应乡镇医疗机构,乡镇医疗机构及等级医院以1000M裸光纤互联,并以10000M汇聚至信息中心机房。基于HIS的传染病报告系统在二级以上医院全面实施,并拓展至区域内所有公立医院。两家三级医院及一家二级医院均完成与扬州12320预约、省挂号网平台对接上线,开放号源,方便群众预约就诊。所有住院医疗机构均使用住院电子病历系统,完成扬州市病历首页数据上传任务。5月1日起正式启用分级诊疗转诊平台,全市所有基层医院可通过平台向上级医院转诊,等级医院向扬州及区域外高等级医院转诊,并与医保、新农合对接,同时通过手机短信提醒、手机App进行转诊审批。至年底,全市通过该平台转诊患者6192人次。　(黄斌)

【软件企业、软件产品评估工作】　2016年,根据省软件行业协会《关于开展“软件企业/软件产品评估”工作的通知》要求,市经信委继续推进软件企业、软件产品评估工作。至年底,全市新申报软件著作权70件、软件产品13个、系统集成资质(三级)4个,累计拥有软件产品14个、软件著作权73件、系统集成资质(三级)5个;新通过“双软”评估企业3家,即江苏金丰机电有限公司、江苏顺泰交通器材有限公司、扬州市鑫通智能信息技术有限公司,累计有通过“双软”评估企业8家。

(朱万伟　仇智)

【软件和信息服务业招商引资】　2016年,全市继续加大软件和信息服务业招商引资力度,推动实现一批项目顺利落户。全年引进实施软件和信息服务业项目3项,项目总投资5000万元。

(朱万伟　仇智)

【互联网产业园建设】　2016年,全市突出“互联网+”重点,以科技创新、软件服务、电子商务为发展方向,以培育一批电子商务龙头企业、示范企业为目标,继续加大投入、出台政策、完善配套,着力推进互联网产业园(创业园)建设。至年底,全市累计有建成和在建的互联网产业园(创业园)5家。

高邮城南经济新区通邮电商产业园。该产业园以技术、人才、金融、法律服务为依托,打造集总部办公、创业孵化、电商培训、特产展示、物流仓储、线上线下互动交易等为一体的综合性现代化电子商务产业园。2016年,该产业园实现入驻企业76家、产值9800万元;通邮梦工厂获批省级众创空间。

苏中农贸城信息大厦。该信息大厦与阿里巴巴达成战略合作协议,建成“农村淘宝”市级服务中心建设,开业运营苏中特色农产品电商体验馆、菜鸟物流基地,吸纳众多的农产品加工企业和农户入驻,加快互联网与农业、农村的融合发展,带动农民增收致富。2016年,该平台完成代购10万笔,金额2000万元。

诚信电子商务物流产业园。该产业园注重构建以B2B、B2C、C2C、C2B、O2O为核心的电子商务交易技术平台,继续引进和发展电子商务、信息软件、设计研发等新兴产业,并积极依托“电子商务物流”产业链,着力推进打造特色鲜明、实力雄厚、环境优美、产业集聚的专业电子商务园区。2016年,该产业园实现入驻企业60家、营业额2.2亿元。

高邮创客邦基地。该基地把握互联网环境下创新创业特点和需求,通过市场化机制、专业化服务和资本化途径,为“大众创业、万众创新”构建低成本、便利化、全要素、开放式的新型创业服务平台。2016年,该基地入驻孵化项目(企业)10个,吸纳创业者200人;高邮创客邦获批省级众创空间。

高邮湖西新区科技孵化众创园。该众创园主要用于电子商务发展、科技研发、产品展示及为灯具产业电子商务方面的创业者提供帮扶性创业空间和平台,打造新区灯具产业科技孵化载体。2016年,该众创园入驻孵化项目(企业)3个,吸纳创业者50人。

(朱万伟)

【软件产业载体建设】　2016年,全市继续推进市科技创业中心第二期科技综合体项目建设,努力发挥其对促进软件产业发展的承载功能。该综合体项目计划总投资近2亿元,占地面积近6公顷,规划建设科技产业综合用房8.5万平方米。至年底,该综合体累计完成孵化、加速厂房建设5.8万平方米;入驻孵化项目(企业)67个,吸纳创业者368人;入驻于此的“文游汇”众创空间获批国家级众创空间。　(朱万伟　仇智)

【兑现软件和信息服务业专项奖补资金152.7万元】　2016年,根据上级相关政策及《高邮市鼓励促进软件和信息服务业加快发展专项资金管理办法》等规定,市经信委联合市有关部门继续组织开展软件和信息服务业政策性奖励工作,经过申报、评审并经市政府批准,全市有8家企业符合条件,累计兑现专项奖补资金152.7万元。

(朱万伟　仇智)

电信通信

【概况】　2016年,中国电信股份有限公司高邮分公司(以下简称“市电信公司”)围绕完成年度收入目标,落实抓创新、强政企、振渠道、理支局、精运维、抓党建、促和谐7项举措,推进4G进攻战、光网歼灭战、新兴业务大会战三场战役,较好地完成各项目标任务。是年,该公司完成业务收入2亿元,增长1.5%;综合绩效指标(KPI)考核得分101.5分,位列扬州市4个县级分公司(仪征、江都、高邮、

宝应，下同)第二名。（薛勇）

【4G网络建设】 2016年，市电信公司继续推进4G网络建设。新开通FDD室外基站235个、室内分布系统20套(29个RRU及6个直放站)，分别位列扬州市4个县级分公司第二名、第三名。完成中兴通讯股份有限公司LTE(4G)800M主设备省内试点开通工作，累计调测开通主城区单、双模基站10个，各项指标测试正常。与中国联通高邮市分公司开展战略合作，完成17个联通共享基站的调测开通，节省建设资金150 多万元及当年维护经费近20万元。同时，完成15台配套传输A设备上行及1对ER、10对B设备入网验收工作。（薛勇）

【光网建设】 2016年，市电信公司继续推进光网建设，提升用户网络质量。全年实施完成中山、卸甲两个交换端局退网工程，完成3.93万线市话用户光纤改造；实施完成168个区域的“光进铜退”工程(拆除铜缆、安装光缆)，累计拆除铜缆11.35万线对千米、1470.78皮长千米，重量521.15千克；完成143台设备退网工作，占年度目标152.1%，位列扬州市4个县级分公司第二名；传输端口完成退网1008个，位列扬州市4个县级分公司第三名。推进开展全光网支局创建工作，全年累计建成全光网支局10家，占年度目标100%。（薛勇）

【“互联网+”应用】 2016年，市电信公司立足“互联网+”平台，继续推进行业信息化应用工作。全年完成高邮政务云、教育云、卫生云项目建设，中标高邮环保云、纪委云、高邮经济开发区双语学校云桌面等信息化项目，推进高邮社会面监控项目、卫生综合信息化项目、政府重大项目远程监控项目、环保信息平台、小区安防项目、校园信息化项目等重大项目的签约、建设。（薛勇）

【干线光缆维护】 2016年，市电信公司继续做好干线光缆维护工作。全年更换电杆7根、宣传牌12处，宣传牌换号133处，增补地标358处，更换标石20处，安装标石套238处；干线路由修剪树木95处，清除标石杂物511处；整治余缆40处，补挂钩86处，标石扶正27根；补做拉线警示67处；收紧或更换拉线39条，干线设备点评96处；实施干线光缆备用纤芯测试2次186芯，架空避雷线接地测试68处，直埋光缆对地绝缘测试40处；排查整改干线光缆隐患171处。至年底，该公司保持干线连续76个月无障碍。（薛勇）

移动通信

【概况】 2016年，中国移动通信集团江苏有限公司高邮分公司(以下简称“中国移动高邮分公司”)围绕“人人用4G”战略愿景，强化资源整合和分区指导，突出家庭市场、4G业务市场、集团市场，推进开展优质服务，较好地完成全年各项工作任务。至年底，该公司累计实现收费用户42万多户、宽带用户近7.5万户；居民4G卡更换率100%；手机上网用户占比75%，其中使用4G网络上网用户占比50%以上；累计建成4G基站700多个，区域覆盖率98%以上；累计完成405个小区、集镇、村组的光纤宽带覆盖，其中实现湖西地区全覆盖，拥有移动光纤覆盖25万户。（朱新林）

【家庭信息化工作】 2016年，中国移动高邮分公司继续推进发展家庭信息化工作，促使移动宽带和互联网电视服务业务成为全市城乡居民的首要选择。至年底，该公司累计实现城乡家庭宽带用户近7.5万户、互联网家庭电视用户近2.5万户。

（朱新林）

【集团信息化工作】 2016年，中国移动高邮分公司重点发展集团信息化业务工作，强化互联网专线、数据专线、语音专线、综合布线、视频监控等方面的服务拓展，推进各类重点行业信息化应用服务，在蓝天卫士、智慧环保、智慧城管、智慧农机、平安乡镇等方面获客户一致好评。是年，该公司实现信息化项目签约额1000万元。（朱新林）

【网络、宽带提升工程】 2016年，中国移动高邮分公司在大力强化4G网络及光纤宽带建设的同时，还积极引入相关新技术推进实施网络、宽带优化升级，不断提升行业竞争力。至年底，该公司新建4G网络基站261个，累计建成4G网络基站700个，区域覆盖率98%以上；累计完成405个小区、集镇、村组的光纤宽带覆盖，其中实现湖西地区全覆盖，实现移动光纤覆盖25万户。（朱新林）

联通通信

【概况】 2016年，中国联合网络通信有限公司高邮市分公司(以下简称“中国联通高邮市分公司”)通过强化基础管理、加强队伍建设、推进市场营销、深化业务拓展等，推动各项工作取得新的进展。至年底，该公司新增移动网用户5万户，累计在网用户11万多户；新增固网用户0.1万户，累计在网用户0.5万户；完成通信服务收入4261万元，下降8%。（杨亚波）

【数据业务】 2016年，中国联通高邮市分公司立足拓展企业市场，继续推进数据业务开展。至年底，该公司新拓展完成高邮市三鑫制衣有限公司、江苏星浪光学仪器有限公司、高邮市益路通物流有限公司、高邮市鼎洲电子科技有限公司等4家企业的固网业务；累计拓展完成10家企业的固网业务。（杨亚波）

【网络建设和维护】 2016年,中国联通高邮市分公司继续做好网络建设和维护工作。积极协调推进网络站点建设,先后完成7个3G站点、69个4G站点及室内分布系统25个站点的安装和开通工作。协同各相关网格认真排查信号覆盖盲点,并及时协助相关部门对问题信号予以测试确认、优化,努力提升通信服务保障能力。 (杨亚波)

【固网接入工程】 2016年,中国联通高邮市分公司通过自建、共建方式,推进完成市国税局、高邮世贸购物中心、江苏星浪光学仪器有限公司、中国农业银行高邮支行、苏宁电器高邮店、江苏银行高邮支行、市波士登大酒店、市御足堂、市华侨大酒店等单位40多条专线接入的查勘、设计和开通工作,完成市卫计委200多个点的查勘和初步测算工作,完成全区新增中兴19套OLT的调试开通工作。同时,推进完成光改第二期工程,为发展新用户创造有利条件。 (杨亚波)

江苏有线高邮分公司

【概况】 江苏有线网络发展有限责任公司高邮分公司(以下简称"江苏有线高邮分公司")位于市文化宫路6号,公司内设综合管理办公室、财务资产部、集团客户部、公众客户部、工程技术部、运维播控中心6个部门,下辖13个乡镇(园区)支公司,共有员工365人。2016年,该公司弘扬"艰苦创业、搏击市场、优质服务、达成目标"企业精神,解放思想,扎实工作,负重前行,较好地完成全年各项目标任务。全年实现营业收入7287万元,利润605万元,均增长8%;累计拥有有线数字电视用户19.1万户,门槛入户率96%。是年,该公司被市委、市政府表彰为服务地方发展先进单位。 (王忠德)

【特色营销】 2016年,江苏有线高邮分公司以"一体机"销售为着力点,认真组织开展特色营销系列活动,推动全年主营业务收入目标的顺利完成。全年先后组织开展"新春欢乐送""妇女半边天、家电半价购""诚信3·15、钜惠高邮城" "广电惠民、家电下乡""约会五一、广电放价""配广电一体机、看精彩欧洲杯""给力奥运会、二台半价购""月圆中秋、惠聚国庆""欢度国庆黄金周、广电好礼1+1"等系列营销活动9场,吸引消费者参与近1万人次,销售各类品牌"一体机"及其他产品2198台,实现销售收入700多万元。 (王忠德)

【新发展有线数字电视、宽带用户1.58万户】 2016年,江苏有线高邮分公司继续推进有线数字电视、广电宽带覆盖工程,全年新发展有线数字电视、宽带用户1.58万户,其中有线数字电视0.38万户、宽带用户1.2万户。至此,全市累计发展有线数字电视、宽带用户20.5万户,其中有线数字电视19.1万户(门槛入户率96%)、宽带用户1.4万户。 (薛士宝)

【网格化营维服务体系建设】 2016年,江苏有线高邮分公司立足拓展城区市场,全面推进网格化营维服务体系建设。其间,编制完成网格化营维服务体系建设实施方案,根据该方案要求将城区合理划分大网格17个、小网格133个,并据此全面推行网格化运营和管理,推动网格内全能业务的有效开展。 (薛士宝)

【有线网络"双向化"改造】 2016年,江苏有线高邮分公司投入426万元,推进实施有线网络"双向化"改造工程,促进有线网络传输覆盖和安全播出保障能力不断提升。至年底,全市累计架设有线网络光缆550千米,覆盖城乡用户14.9万户。(王忠德)

【干线光缆维护】 2016年,江苏有线高邮分公司加大对省级、市级干线光缆维护力度,按照片区分包到人,定期组织线路巡查,及时排除各种隐患,全力确保干线光缆实现正常运营,实现省级、市级干线光缆广播电视一级业务可用度≥99.99%。 (王忠德)

表38 **江苏有线高邮分公司营业网点一览表**

营业网点名称	营业网点地址	客服热线	营业网点名称	营业网点地址	客服热线
城区营业厅	市文化宫路6号	80958095	汤庄营业厅	汤庄镇迎宾大道	84722052
城区营业二厅	市海潮东路205—3	80958095	菱塘营业厅	菱塘回族乡团结街10号	84235448
高邮镇营业厅	市武安路	84549152	送桥营业厅	送桥镇德华社区23	84242123
车逻营业厅	车逻镇运东路22号	84562130	临泽营业厅	临泽镇振兴南路	84322083
龙虬营业厅	龙虬镇龙虬路16号	84477783	界首营业厅	界首镇人民路	84372296
三垛营业厅	三垛镇中心路18号	84812135	周山营业厅	周山镇中奎路59号	84302994
甘垛营业厅	甘垛镇甘泉路	84882363	开发区营业厅	市金桥北路107号	84621098
卸甲营业厅	卸甲镇东风街	84732856			

(王忠德)

供电·交通·邮政

Power Supply·Transportation·Post

供电

【概况】 2016年,高邮电网新增110千伏变电站2座,累计拥有35千伏及以上变电站32座、主变压器58台,变电总容量475.81万千伏安。其中,拥有500千伏变电所1座、主变压器2台,累计变电容量200万千伏安;220千伏变电站4座、主变压器6台,累计变电容量108万千伏安;110千伏变电站15座、主变压器28台,累计变电容量143.5万千伏安;35千伏变电站12座、主变压器22台,累计变电容量24.31万千伏安。当年新增10千伏、20千伏公用配电变压器451台,增加变电容量15.74万千伏安,累计拥有10千伏、20千伏公用配电变压器6123台、总容量169.22万千伏安。累计拥有35千伏及以上线路60条、922千米。其中,220千伏线路15条、323千米;110千伏线路25条、382千米;35千伏线路20条、218千米。10千伏、20千伏线路当年增加15条、307千米,累计有276条、3596千米。全年累计完成电网建设投资4.9亿元。全年完成供电量31.78亿千瓦时,增长5.2%。其中,第一产业用电1.63亿千瓦时,增长28.5%;第二产业用电22.65亿千瓦时,增长0.3%;第三产业用电2.68亿千瓦时,增长15.9%;城乡居民生活用电4.82亿千瓦时,增长19.7%。售电量30.44亿千瓦时,增长5.1%。线损率4.2%。电费回收率100%。电网最高负荷62.98万千瓦,最高日供电量1337万千瓦时。至年底,实现安全记录4756天。是年,该公司被省电力公司表彰为“六五”普法先进单位、省“安康杯”竞赛优胜企业,被高邮市委、市政府表彰为市级机关能力作风建设先进单位;该公司三垛变电所运维班被中华全国总工会命名为“工人先锋号”。 (顾健)

【110千伏汤庄变电站投运】 该变电站位于汤庄镇,于2015年7月15日开工建设,2016年5月31日竣工投运。该变电站规划建设110千伏线路四回、110千伏主变3台,其中本期投运110千伏出线两回、4万千伏安主变压器1台、10千伏出线12回。总投资4124万元。该变电站按照无人值班标准设计建造,具有设备运行温度、湿度等环境定时检测功能,在特定环境下还能实现空调、风机、加热器等远程控制与温度、湿度控制器的智能联动。 (顾健)

【110千伏张轩变电站投运】 该变电站位于高邮经济开发区,于2015年9月22日开工建设,2016年6月30日竣工投运。该变电站本期投运110千伏出线两回、投运4万千伏安主变压器1台、10千伏出线12回。总投资5493万元。 (顾健)

【城市公用电动汽车充电站建设】 11月18日,高邮首个城市公用电动汽车充电站建成投运。建设该电动汽车充电站,旨在推动电动汽车的商业化应用,满足城市建设和绿色交通体系建设需求。该充电站位于馆驿路-盂城路停车场,由国家电网公司投资150万元兴建,共配置120千瓦分体式直流充电机2 台和60千瓦分体式充电机4台,可供8辆电动汽车同时充电,一天可满足40辆的电动汽车充电需求。 (顾健)

【“多表合一”试点工作】 2016年,市供电公司加强与市发改、经信、房管及供水、燃气等单位的对接协调,并争取相关房产开发公司的配合,积极在相关小区试点推进智能水表、电表“多表合一”推广应用工作。4月20日,市供电公司在高邮经济开发区秦邮名都第八期安置小区完成458户智能水表、电表集中采集工作,采集成功率100%。至此,全市首次实现"多表合一"集中采集。至年底,全市"多表合一"集中采集范围涉及9个小区4059户,采集成功率100%。（顾健）

【配网自动化建设】 2016年,市供电公司按照上级统一部署,推进开展配网自动化建设。至年底,全市升级改造环网柜78座、开关站21座、柱上开关598台,安装故障指示器161个,敷设光缆线路600千米。至此,高邮地区实现配电自动化全覆盖。（顾健）

资料链接 随着高邮地区配电自动化全覆盖的实现,全市配网运行监控和管理的自动化信息化水平将得到进一步提升,并达成快速隔离故障段且恢复非故障段供电的功能,促使全市供电可靠率进一步提高,供电质量和服务质量得到明显改善。（顾健）

【"回民电力服务队"成立】 9月30日,菱塘供电所"回民电力服务队"成立。该"回民电力服务队"由5人组成,其中回民职工3人,是全省首个具有民族特色的服务团队;该服务队传承特别能吃苦、特别能奉献的优良作风,深入企业、学校、社区、田间地头,在安全用电宣传、帮扶困难群众、服务特色产业发展等方面发挥重要作用。（顾健）

【跨越高速公路废旧导线拆除工作】 12月14日,市供电公司在扬州高速交警第二、第三大队的支持下,全面完成跨越境内京沪高速废旧导线拆除工作,涉及35千伏线路2条、中低压线路27条和通信光缆线路4条,彻底消除废旧导线交叉跨越高速公路所构成的潜在安全隐患。（顾健）

交 通

【概况】 2016年,据市公安局交警大队登记,全年新增各类机动车1.18万辆,其中私人轿车9514辆,同比增长37%;减少大型汽车936辆,减少摩托车3.56万辆。至年底,全市机动车保有量10.97万辆。其中,汽车7.32万辆(包含大客车608辆、小型客车6.4万辆、大型货车2657辆、小型货车4166辆、其他类型汽车1752辆),二轮、三轮和轻便摩托车3.65万辆。全年新增机动车驾驶人1.64万人,小马力机动车驾驶人减少5113人,累计有机动车驾驶人15.3万人,当中包括汽车驾驶人12.71万人、小马力机动车驾驶人6.51万人。

全年完成投资8.5亿元,推进连淮扬镇铁路高邮段建设,建成省道611高邮段、县道204卸甲至伯勤段,建设界首运河大桥,改造乡村公路危桥6座、总跨度175.2延米。至年底,全市各类公路总里程2133.72千米。其中按照技术等级划分,高速公路44.26千米、一级公路90.31千米、二级公路305.7千米、三级公路190.82千米、四级公路1460.72千米、等外级公路41.91千米。全市公路网密度为108.7千米/百平方千米。境内有航道44条、总里程613.86千米。其中二级航道1条、41.15千米;五级航道1条、37.65千米;六级航道1条、16.7千米;七级航道8条、199.23千米;等外级航道33条、319.19千米。

全市累计有各类营运线路74条,客运车辆284辆(不含公交车、出租车),1.19万客位。其中,省际营运线路20条,客运车辆28辆;市际营运线路29条,客运车辆38辆;县际营运线路13条,客运车辆32辆;县内农村公交营运线路12条,客运车辆167辆;旅游包车19辆。同时,开通城市公交营运线路10条,公交车86辆;乡镇区间营运线路3条,班车5辆;4个乡镇开通镇村公交营运线路10条,班车12辆。境内出租车公司4家,出租车337辆。全年交通系统完成客运量2892万人次、旅客周转量18.77亿人/千米(不含公交车、出租车)。1月24日～3月3日春运期间,投放营运客车699辆、1.9万客位,发送班次2.47万次,安全运送旅客75万人次(与上年持平)。完成港口吞吐量818万吨,增长3%。是年,市交通局、市公路站被高邮市委、市政府表彰为市级机关能力作风建设先进单位。（李久强 宋丹妮）

【连淮扬镇铁路高邮段建设】 2016年,在市政府及有关乡镇(园区)、部门的协力配合下,在中铁十九局集团有限公司等3家施工企业的全力推动下,连淮扬镇铁路高邮段建设工程取得较大进展。至年底,该工程主线用地以及施工便道用地全部完成交付;累计支付拆迁费用2.1亿元,实现房屋(住宅户)拆除率100%、沿线生产企业签约拆迁让地率72.7%(8/11)、沿线鱼塘清让率99.2%(121/122);三个标段工程累计完成建设投资15亿元,建成桩基9674根、承台886座、墩身813座、预制箱梁732片、架设箱梁414片,分别占总量的93.4%、71.1%、65.3%、39.7%、22.4%。3月7日,高邮市铁路建设配套服务工作荣获扬州市一等奖。

（宋丹妮 张正清）

资料链接 连淮扬镇铁路高邮段全长44.2千米,其中高架41.8千米,途经高邮市的界首镇、周山镇、龙虬镇、高邮经济开发区、高邮镇、高邮城南经济新区、卸甲镇等7个乡镇、园区,铁路建设等级为客运专线,设计行车速度为250千米/小时,境内设有界首、高邮两个客运站;第四、第五、第六等三个标段工程施工里程分别为2.3千米、28.3千米、13.6千米,分别由中铁十九局集团有限公司、中国中铁航空港建设集团有限公司、中铁十七局集团有限公司负责实施;该工程总投资估算65亿元,于

2015年10月16日开工建设，计划2019年9月建成通车；全线共涉及工程征地106.67公顷，房屋拆迁426户（其中住宅户400户，非住宅户及其他26户）及附着物若干（其中鱼塘占用122个）。至2016年年底，该工程完成投资15亿元。（宋丹妮　张正清）

连淮扬镇铁路高邮段建设现场　（市交通局供稿）

【S611高邮段（沿湖大道）建成通车】 2016年，全市继续推进S611高邮段（沿湖大道）工程第二期工程建设，并于年底完成全部工程建设、通过交工验收。至此，历时20个月建设的S611高邮段（沿湖大道）建成通车。累计完成投资3.8亿元。

（宋丹妮　吴成明）

资料链接 S611高邮段（沿湖大道）工程起于与送桥镇郭集集镇东侧新S333交叉处，终于高邮市与邗江区交界的向阳河北侧郭集村赵金组，全长8.09千米，采用双向四车道一级公路标准建设，设计速度100公里/小时，路基全宽26.0米。该工程第一期工程（先导段，长1.14千米），于2014年4月17日开工建设，并于2015年8月31日通过交工验收；第二期工程于2015年8月动工建设，并于2015年年底实现沿湖大道路基全线贯通。（宋丹妮　吴成明）

【界首运河大桥建设】 2016年，该工程项目继续推进建设。至年底，累计完成桩基62根、承台8座、系梁13座、立柱28根、盖梁4座，分别占工程总量的57.4%、66.7%、48.2%、48.3%、100%；累计完成桥台1座、下塔柱1座、引桥箱梁1联，分别占工程总量的50%、50%、11.1%；累计完成建设投资4000万元。（宋丹妮　潘九松）

资料链接 该工程位于京杭运河高邮市界首镇境内，起于运河西提，跨越京杭大运河、淮江公路和小闸干渠，终点连接淮江公路，全长1.05千米；按二级公路标准设计，主桥全宽11.8米，采用双塔空间索面斜拉桥，塔梁分离，桥塔为“钻石型”结构，塔高59.15米，采用灌注桩基础，斜拉索为成品高强平行钢丝索，桥塔采用爬模施工，主梁采用挂篮悬臂浇筑。该工程于2015年11月28日开工建设，计划2017年年底建成通车。工程投资估算9985.63万元，由山东省路桥集团有限公司负责实施。（宋丹妮　潘九松）

【X204卸甲至伯勤段改造工程完工】 该改造工程于2015年12月开工建设，2016年12月完成工程建设。该工程起于X204卸甲集镇段，跨越南澄子河，终于X307汤车线伯勤段，全长3.64千米，按二级公路标准建设，共投入建设资金3580.7万元。

（宋丹妮　潘九松）

【农村公路建设】 2016年，全市投资5921.2万元，建设农村公路16条、59.21千米，其中邮都东路1.18千米、特平环片路1.75千米、六号河路3.8千米、老高兴东路1.81千米、乔三司路3.45千米、邓沿路5.28千米、临川路6.98千米、高阳路2.89千米、东风河南路4.94千米、高汉路（汤庄镇）4.59千米、汉姚路0.76千米、陵南路2.41千米、高汉路（卸甲镇）3.28千米、中大路8.99千米、民族大道3.4千米、毛港路3.7千米。（宋丹妮　陈启权）

【美丽乡路建设】 2016年，市农村公路管养领导小组办公室根据《高邮市美丽乡路三年行动计划》要求，在全市继续推进美丽乡路建设工作。至年底，全市新创成美丽乡路60条、总长277千米，累计创成美丽乡路165条、总长840千米。至此，该美丽乡路三年行动计划全部完成。（宋丹妮　陈启权）

【农村危桥改造】 2016年，全市投资508.19万元，改造农村危桥6座，其中中桥2座、小桥4座，总跨度175.2延米。（宋丹妮　陈启权）

表39　**2016年度高邮市农村公路桥梁建设一览表**

所属乡镇（园区）	桥梁名称	所属线路名称	建设规模				
			桥梁分类	跨径总长（米）	单孔最大跨径（米）	桥宽（米）	桥梁面积（平方米）
汤庄镇	沙堰供销社大桥	甸汤公路	中桥	80.0	20.0	6.5	520.0
周山镇	北赫桥	高阳路	小桥	10.0	10.0	6.5	65.0
界首镇	二里大沟桥	盂陵南路	小桥	24.0	8.0	13	312.0
三垛镇	官垛西桥	邓沿路	小桥	16.0	8.0	6.5	104.0
	高官河桥	邓沿路	小桥	16.0	8.0	6.5	104.0
	第三沟大桥	甘马线	中桥	48.0	16.0	5.5	264.0

（宋丹妮　陈启权）

【内河船型标准化改造】 2016年，市交通局按照省、扬州市交通部门的部署要求，继续推进内河船型标准化改造工作，全年共拆解老旧小营运船舶12艘，总吨1941吨位，完成上级交通部门下达的指标。 (宋丹妮 姚万明)

【"绿色汽修"创建】 2016年，市交通局运管处推进开展全行业"绿色汽修"创建工作，按照"绿色汽修技术应用"要求，倡导企业使用节能环保的先进技术、设备、材料和工艺规范，对车辆予以合理和科学维修。至年底，全市新创成扬州市"绿色汽修"示范企业1家，即高邮瑞通汽车销售服务有限公司(别克4S店)。 (宋丹妮 姚万明)

【新开通镇村公交线路3条】 12月28日，市湖西新区(送桥镇)开通镇村公交线路3条，投放运营车辆5辆，每天固定班次6个(上午3班、下午3班)，循环发车，票价2元，由市道客有限公司负责运营，辖区内的南茶村、盘塘村、毛港村等边远村庄实现镇村相连、村村相通。至此，全市有4家乡镇(园区)开通镇村公交营运线路10条，投运班车12辆。 (宋丹妮 姚万明)

【农村物流示范点和社区物流门面店建设】 2016年，市交通局运管处积极推进农村物流示范点和社区物流门面店建设。其间，引导临泽镇茂祥物流有限公司以北片乡镇为基地，与北片16个村及临泽社区签定粮食、油料、水产、农资、蔬菜等运输合同，开通由6条线路、12辆班车构成的农村物流定制货运班线，实现"三农"货物即收即运，受到当地群众的欢迎。 (宋丹妮 姚万明)

【从业人员继续教育】 2016年，市交通局运管处按照上级有关要求，组织开展道路运输驾驶员等从业人员资格继续教育工作。全年累计通过从业人员资格继续教育认定1742人次，其中利用网络远程教育平台("江苏交通学习网")通过认定923人次、经由备案的培训机构通过认定89人次。 (宋丹妮 姚万明)

【优化城市公交服务】 3月，市公交公司加密城市公交运行班次，将班次间隔时间由原来的15分钟以上缩短至15分钟以内；7月起，优化调整第4路、第5路、第7路、第9路、第10路公交线路，方便市民出行；9月1日起，在市区实行市民持卡30分钟内免费换乘公交车制度；加强公交站牌内涵式建设，新建成仿古式站牌40个、灯箱式站牌42个。 (宋丹妮 戚晓峰)

【出租车行业管理】 2016年，市客运管理处通过健全完善驾驶员违章停车学习制度、驾驶员入门学习考试制度、驾驶员学习考试闯关制度、驾驶员违章处理回访制度等，继续加强出租车行业管理。继续开展行业文明创建，推进行业争先创优，努力打造"爱心车队""雷锋车队""共产党员车"等品牌。是年，市出租车"爱心车队"驾驶员王斌被表彰为江苏省 "十大见义勇为"好司机，市"雷锋车队"被市委宣传部、市文明办评为"高邮好人"(集体)。 (宋丹妮 戚晓峰)

【道路运输市场监管】 2016年，市运政稽查大队认真履行工作职能，围绕春运、全国"两会"、G20峰会外围安保执法、"五一"、"国庆黄金周"、暑期旅游旺季等特殊时节及"两客一危"等重点运输车辆，继续开展道路运输市场监督检查工作。全年累计出动执法人员近1000人次，检查各类营运车辆8000多辆次，查处各类案件420起，未出现一起行政复议和行政诉讼案件，未发生一起安全责任事故。 (宋丹妮 史雪峰)

【港口管理】 2016年，全市继续强化港口安全监管，推进开展"港口安全管理年"、安全生产月、危化品码头专项整治活动，共出动检查人员142人次，检查港口码头60家次，督促整改安全隐患2起，未发生安全责任事故，未出现行政复议和行政诉讼案件。投入专项资金17万元，统一购置港口安全装备，提升港口管理科学化、信息化、规范化水平。推进完成北港14台吊机整改工作，聘请河海大学设计研究院对北港码头耐久性、实用性、安全性进行评估，并形成专题报告。委托省科技应急中心对两家危化品码头进行第三方安全监督检查，开展京杭运河和北澄子河"4+N"联合巡航，促进港口安全生产形势继续保持平稳。认真办理涉港来信来访，答复率和满意率均为100%。开展执法培训教育，网上学法参考率和合格率均为100%。积极实施危化品码头作业网上申报审批制度，全年完成危化品网上审批29.65万吨。是年，全市港口完成货物吞吐量818万吨，增长7.8%。 (宋丹妮 吴朗勇)

【干线公路养护工程】 2016年，全市投入资金3025万元，开展干线公路养护大中修及专项工程4项，即S264大修工程、S264北澄子河大桥和S333高邮运河大桥中修工程、S264路面养护专项工程、S333高兴东段路基防护水毁专项工程。至年底，全市列入养护的省道MQI值92%，PCI值88%，RQI优良率91%；一、二类桥梁占比96%以上。 (孙晓震 李晓晖)

【干线公路环境整治】 2016年，全市干线公路修补坑塘250处、保温料箱241立方米，机械灌缝30千米；安装标志牌 12块，防眩板71块，更换防撞墩23块、百米桩 685根、警示桩20根、里程碑81块、水沟盖板37块，维修桥栏杆 32米，修剪遮挡标志牌的树木4万多株，扶正绿化1354株；清除堆积物、障碍物76处、6200多立方米；清除占道经营流动摊点572个；清理悬挂物1894块、边坡种植93多处，共4200多平方米。全年现场检查超限运输车辆127辆，其中处罚35辆；根据不停车超限检查系统记录的数据，发出超限告知函257份，其中违法当事人在规定时间内接受处理42人。

（孙晓震　李晓晖）

【智慧信息公路】 2016年，市交通局在S237感知公路建成运营的基础上，加强对交通量调查点的监控监测，信息实时传输率85%以上。全年上报施工信息101条、特情信息227条、安全信息157条，辖区干线公路基础数据库、桥梁数据库、电子地图数据准确率均为95%以上，路网信息上报率100%，完整率和及时率达95%以上。

（孙晓震　李晓晖）

【省“四好农村路”达标县（市）创建】 2016年，高邮市根据扬州市要求，推进开展省“四好农村路”（建好、管好、护好、运营好）达标县（市）创建工作。9月，市政府出台《创建“四好农村路”达标市三年行动方案》，明确该创建工作从当年9月开始，计划用3年时间提档升级农村公路580千米，并同步实施危桥改造及镇村公交窄桥改造170座。10月10日上午，市政府组织召开全市“四好农村路”创建工作现场推进会，明确全市农村公路建管养运工作目标任务和奖补政策，部署和推进农村公路“四好”创建工作。11月23～24日，省检查组到高邮市检查考核该项创建工作，一致同意高邮市年度创建工作通过考核。（孙晓震　李晓晖）

【省级农村公路安全畅通示范县（市）创建】 2016年，市交通局以湖西、南片乡镇为重点，组织实施省级“农村公路安全畅通示范县（市）”创建工作。10月18日，该项创建工作通过省交通厅公路局组织的验收，高邮市获评省级“农村公路安全畅通示范县（市）”。至此，高邮市创成扬州地区首个省级“农村公路安全畅通示范县（市）”。（孙晓震　李晓晖）

【公路养护管理现代化示范项目】 2016年，市公路部门以三垛养护工区为示范，推进开展公路养护管理现代化示范项目建设，重点推进行业标识标准化，人、机、物、料管理科学化，养护作业机械化，促进公路养护管理规范化水平得到不断提升。10月18日，该工区通过省交通厅公路局组织的公路养护管理现代化示范项目验收。

（孙晓震　李晓晖）

【县道311专项整治】 3月起，市公路路政大队按照“四好”（建好、管好、护好、运营好）农村公路创建标准，组织开展县道311（全线31.8千米）专项整治工作，努力打造“畅、安、舒、美”的通行环境。其间，强化专项整治宣传，印发相关宣传单及《致311县道公路沿线居民的一封信》280多份；开展摸底调查，登记造册公路用地范围内的公路基础设施，分析研究沿线存在的安全隐患，并制定整治清单，明确治理内容、责任单位及责任人；深入实施专项整治，强制拆除沿线灯杆广告牌、固定广告牌125块，清除沿线占道堆放钢板、砖块、建筑垃圾等处所114处，清理违规设立的公交站台2处，拆除违法建设院墙1处。（王宏华　周惟）

【服务中心工作】 2016年，市公路路政大队围绕全市中心工作，继续做好各项服务。春节后，按照市政府要求，先后多次配合市水利部门开展泄洪工程，并精心组织实施好X311漫水公路段交通封闭工作；5～6月，协同卸甲镇开展县道卸高线龙奔集镇段公路占道经营专项治理活动，以疏堵结合方式，消除该路段“肠梗阻”；7月6日，组织人员参与全市公路建管养抢险突击队，冒着暴雨对全市县道公路险段进行拉网式排查，并对相关隐患予以及时排除；10月中旬，配合相关部门做好运河大桥检测的相关服务保障工作。（王宏华　周惟）

【海事工作】 2016年，市地方海事处围绕建设革命化、正规化、现代化海事队伍目标，积极组织开展交通海事“行政执法规范年”“服务提升年”“科技信息化突破年”活动，确保辖区水上交通安全形势持续稳定，有效提升“邮乡扬帆，温馨海事”服务品牌形象。全年共出动艇力1944艘次，巡航里程3.6万千米，组织上航上渡检查7860人次，检查船舶7453艘次，纠正违章873起，船舶营运检验419艘、19.63万总吨，无行政复议、行政诉讼案件和水上“三乱”（乱设站卡、乱罚款、乱收费）行为；报送海事信息41条，被各级媒体录用稿件102篇。是年，全市海事领域未发生重特大水上交通责任事故、堵航责任事件、船舶污染责任事件，渡口安全无事故，农用自备船事故率为零。（杨其标　李在国）

【智慧海事】 2016年，市地方海事处突出硬件配套与人员信息化培训，有序推进智慧海事建设。海事信息管理系统在日常工作中全面使用；京杭运河航道、渡口共11处水上视频实时监控；在航运企业船舶和渡船推广、免费安装AIS与VITS设备，实现渡船、旅游船、海巡艇AIS与VITS安装全覆盖；常态化开展内河船员基础信息采集，完成船员信息采集650人。（杨其标　李在国）

【高邮湖应急搜救实战演习】 （详见《高邮市人民政府》篇目《应急管理》分目）

【4+N联合巡航执法】 2016年，市地方海事处联合市港口、航道、水警等单位和部门，继续组织开展水上安全“4+N”跨部门联合巡航执法活动，以此提升水上的执法效率。全年围绕规范港口装卸作业及船舶停泊秩序、违规水上船舶修理平台查处、涉水旅游景区的旅游船安全检查、高邮湖饮用水

源保护地餐饮船整治、北澄子河航道碍航物清除等重点工作,全市联合举行“4+N”跨部门联合巡航执法活动13次,有效推进“平安水域”建设。

(杨其标　李在国)

资料链接　为深化推进海事行政执法规范化活动,市地方海事处于2015年联合市港口、航道、水警等单位和部门,积极探索施行水上安全“4+N”跨部门联合巡航执法模式。该模式通过优势互补、资源共享方式,合理整合管理力量,编制跨部门的联动巡航计划和水上安全应急预案,并采取开展定期与不定期巡航、专项整治等执法行动,严厉打击各类水上违法行为,维护内河船舶航行、停泊、作业、治安等秩序,规范港口、码头、占用岸线建设及装卸作业,水上旅游等行为。

(杨其标　李在国)

【联合打击水上违法作业】　2016年,市地方海事处联合苏北航政处邵伯航道站对京杭运河东墩腰圩段两艘未经许可私自改装的钢质船用于水上船舶维修平台,违法从事水上船舶维修,严重影响通航安全的行为进行查处。其间,市地方海事处在高邮经济开发区、市交通局、市水务局、市公路站、市供电公司等单位协同配合下,督促该维修点于8月份停业整改。　(杨其标　李在国)

【航政管理】　2016年,市航道站认真开展航政管理工作。全年完成巡航里程1.92万千米,完成航道清障扫床667.8千米(干线146.35千米、支线521.45千米);专项维护航标11座、540次,发光率、正常率均为100%;受理航道行政许可16起,其中二级许可4起;实施航道行政处罚5起,罚没款1.27万元。是年,市航道站被市委、市政府表彰为服务地方发展先进单位。　(徐晓平)

【航道环境专项整治】　11～12月,市航道站围绕“高东线航道沿线无主废弃碍航物”要求,联合市海事部门开展航道环境专项整治。其间,集中清理分布在高东线航道沿线的无主废弃碍航船13条,并对沿线乱推乱放的垃圾实行一次性清除,有效保障航道通行安全。　(徐晓平)

【增设高邮湖横流标1座】　8月,市航道站投入专项资金14.4万元,在高邮湖航道与深泓河泄洪通道交界处新增建设横流标1座,以彻底解决该交界处的横流安全隐患问题。该工程由常州市航务工程有限公司负责实施。　(徐晓平)

【通扬线航道整治工程】　2016年,市航道管理站继续协助做好通扬线航道整治工程高邮市境内相关工作。该工程于2015年6月15日启动实施,全程长度36.7千米,按三级标准建设;西起通扬线高邮运东船闸下游的武安大桥,向东经兴化市、姜堰市等处并最终至海安船闸上游的引航道,涉及新(改)建跨航道桥梁9座;工程投资估算49.88亿元,其中高邮境内投资17亿元。　(徐晓平)

【运东船闸扩容工程完工】　1月,运东船闸建成通航;9月,该船闸新办公楼启用。至此,历时29个月的运东船闸扩容工程完成全部工程建设。至年底,该船闸共查处船舶违法行为21起,未发生行政复议和诉讼案件;参与游泳技能比武、综合执法练兵及大规模水上安全应急演练活动各一次;安全开放3847闸次,优良闸次率100%;放行船队602个、货轮1.07万艘,涉及船舶吨位780万吨,货物通过量471万吨;征收过闸费516万元。是年,高邮运东船闸管理所被省交通厅航道局表彰为创先争优先进基层单位,被高邮市委、市政府表彰为服务地方发展先进单位;该所打造的“秦邮驿站”成为党建工作品牌。　(冯玉凯)

资料链接　运东船闸扩容工程于2014年4月8日开工建设;工程采取拆除老船闸原址扩建的方式进行改造(新闸中心线北距老船闸中心线28.5米),按照3级船闸标准建设,规划新建船闸闸室长230米、口门宽23米、槛上水深4米,设计通过能力为单船1000吨级、船队6000吨级,年船舶通过量7040万吨。工程主要建设内容包括:船闸主体工程、下闸首公路桥工程、闸阀门制作与安装工程、启闭机制造与安装工程、电气工程、房屋建筑工程、上、下游远调站及停泊锚地、景观绿化工程、标志标牌工程等。该工程投资估算4.64亿元;由中建筑港集团有限公司、江苏省建筑工程集团有限公司等企业负责施工。　(冯玉凯)

【ETC不停船智能过闸系统试点工作】　2016年,市运东船闸管理所结合运东船闸建成通航契机,先后出台《高邮运东船闸ETC系统管理办法》《关于加强ETC安装管理的通知》等文件,在该船闸开展水上ETC不停船智能过闸系统试点工作,并先后安装ETC不停船智能过闸系统设备700台。至此,该船闸成为扬州地区首家试点单位。　(冯玉凯)

【运西船闸】　2016年,运西船闸共开放2570闸次,通过各类船舶5608艘,过闸船舶吨位418.97万吨,货物通过量307.17万吨,征收过闸费138.67万元。是年,高邮运西船闸管理所党支部被表彰为高邮市交通系统先进基层党组织,该所职工之家被表彰为扬州市交通运输行业模范职工之家。　(朱建华)

邮　政

【概况】　2016年,中国邮政集团公司江苏省高邮市分公司(以下简称“市邮政公司”)坚持“一体两翼”经营发展战略,落实五大发展理念,加快企业转型升级，推动各项改革创新，圆满完成各项目标任务。全年实现业务收入1.3亿元，占年度目标的107.6%，增长17.7%；捐赠各项社会公益事业基金10.22万元。是年，该公司继续保持“江苏省文明单位”“扬州市文明单位”“高邮市文明行业”称号，被高邮市委、市政府表彰为市级机关能力作风建设先进单位；该公司党委书记、总经理朱其庭被省邮政公司表彰为勤政廉政好干部。（杨峰）

【金融类业务】 2016年，市邮政公司代理金融专业实现业务收入1.02亿元，增幅11.67%；年底存款余额50.56亿元，比上年同期增加5.36亿元，增长11.7%；完成业务经营产值14.01亿元，其中邮储业务5.29亿元、代理保费（新保）业务6.86亿元、理财业务1.86亿元，增长30%；发放有效绿卡4.57万张，有效电子银行累计3.5万户，新开户中邮证券484户。（杨峰）

【邮务类业务】 2016年，市邮政公司实现包裹快递业务收入886.95万元，增长161.9%；函件业务收入395.07万元，下降0.9%；电子商务业务收入114.97万元，增长32.2%；分销物流业务收入230万元，增长6.0%；集邮业务收入576.52万元，增长112.9%；发行业务收入489.19万元，增长0.6%；机要业务收入0.72万元；其他业务收入71.89万元。（杨峰）

【能力支撑建设】 2016年，市邮政公司结合业务发展需要，对界首、郭集、汤庄、送桥等下设网点实施办公用房扩建改造，实施公司本部办公大楼整体修缮，完成武安网点迁址事项洽谈；推进转型网点配置，按照转型标准化要求，重建团队职场室；推进开展农村电商经营业务，发展“邮乐购”加盟店271家、纯A类村邮站48家，实现年交易额1.1亿元；推进税邮合作，开设甸垛便民办税窗口，全年代开国税发票金额145万元，代征税额4.68万元。（杨峰）

【邮税共建甸垛便民服务窗口】 8月4日上午，由市邮政公司与市国税局联合共建（邮税共建）的甸垛便民服务窗口在甸垛支局正式揭牌。至此，全市首家“互联网+国税+邮政”新型办税模式启动施行。此次邮税共建，市邮政公司旨在利用网点遍布城乡的综合服务优势，为参与共建的国税部门提供媒体宣传、金融服务、发票寄递和电子商务等综合性服务，以此解决纳税人办税、开票需要走远路、排长队的问题，并以代开发票、代收税款、代发放发票等项目，进一步丰富邮政便民服务功能，是“互联网+国税+邮政”新型办税模式的。（杨峰）

【实物网建设】 2016年，市邮政公司强化快递包裹投递工作，对6条段道进行网格化投递试点，促成“双十一”期间实现日均进口量2100多件，未发生一起积压和投诉案件。是年，该公司投递邮件信息反馈率、妥投率均列全区第一位。（杨峰）

【信息化改造】 2016年，市邮政公司推动金融“两录”系统和邮政员工自助APP成功上线，并先后完成金融自助填单、移动展业、集中授权等金融项目上线及投递、营业、客管等系统扩容工程；同时，拓展完成电商平台非车险、便民办税业务功能，完成“苏邮惠民”向“邮掌柜”的整体业务迁移工作。（杨峰）

【《海上丝绸之路》特种邮票首发活动】 9月10日上午，由市邮政公司主办的《海上丝绸之路》特种邮票首发活动在市盂城驿景区举行。该《海上丝绸之路》特种邮票1套6枚，图案内容包括政策沟通、设施联通、贸易畅通、资金融通、民心相通、海上交通等6个方面，邮票在设计上注重将海上丝绸之路沿线地区的知名历史古迹、现代地标式建筑与城市建筑群收录在内，以此表现海上丝绸之路绵延不绝的悠久历史和欣欣向荣的时代风貌，并以穿梭的各类船舶与飞机表达海上丝绸之路沿线国家紧密、繁忙的交往状态。此外，活动上首发的系列藏品还包括专题珍藏邮册、经典邮折、纪念封等多种限量版邮品。（杨勇）

【国家邮政局副局长赵晓光视察盂城驿主题邮局】 8月24日，国家邮政局副局长赵晓光一行到高邮市调研期间视察盂城驿主题邮局。视察过程中，赵晓光一行认真参观该主题邮局的邮驿历史陈列，对市邮政公司就弘扬邮文化所开展的各项工作给予充分认可，并对该主题邮局的设立及邮驿细节展示和邮品陈列方面给予赞扬。（杨勇）

【《相思鸟》邮票首发式】 8月9日晚，由市委宣传部、市文明办和市邮政公司联合主办的“鹊桥仙”文艺晚会暨《相思鸟》邮票首发式在市蝶园市民广场举行。首发式上，市邮政公司特别开发、推出一套蕴含高邮元素的“相思”系列邮品（每套售价200元），包括一套“相思”剪影和“水乡情思”折印，在折印的外页上不仅印有秦少游的画像，还将《鹊桥

《相思鸟》邮票首发式现场 （市文明办供稿）

仙》的经典词作刻印在上面。首发式现场销售红火,实现邮票销售超1万元。 (杨勇)

【“中国梦”系列邮集制作活动】 6月21日,市邮政公司在盂城驿主题邮局举办“中国梦”系列邮集制作活动,以此反映长征胜利80周年、改革开放以来的变化以及中国梦伟大构想。其间,经过11名辅导员和市南海中学相关师生的共同努力,成功制作《龙的梦想》等15个帖片,并在此后全部送省集邮协会参加巡展。 (杨勇)

【小小报童献爱心活动】 10月,市邮政公司投递局利用国庆假日时间,组织开展“小小报童献爱心”活动。其间,组织小报童和家长带着爱心义卖得来的物品到市儿童福利院开展捐赠活动,并与市儿童福利院的孩子们一起制作五星红旗、联唱《歌唱祖国》庆国庆,以此提升孩子们的幸福感和满意度。 (杨峰)

现代物流

【概况】 2016年,全市实现物流业增加值24.52亿元,增长3.7%,占服务业增加值比重10.7%;完成物流国税收入3290.3万元、地税收入303万元,分别增长9.9%、下降24.4%。全年完成公路货运量1584万吨、水路货运量1160万吨、内河主要港口货物吞吐量941万吨,分别增长18.1%、16.3%、12.7%。至年底,全市累计有登记在册的物流企业93家。 (夏欢 刘健)

【快货品牌建设】 2016年,全市继续推进快货品牌建设,全年新建成“江苏快货”品牌物流专线1条,累计建成19条。 (夏欢 刘健)

【物流企业评级】 至2016年年底,全市累计获评国家级物流企业3家,其中获评国家AAAA级企业1家(江苏戚伍水产发展股份有限公司)、国家AAA级企业2家(高邮市诚信物流发展有限公司、高邮市红太阳物流有限公司)。 (夏欢 刘健)

【物流园区建设】 2016年,全市通过政策扶持、优化服务等措施,继续引导相关企业推进物流园区建设。市诚信电商物流产业园与阿里巴巴、全球热恋等多家电商运营品牌企业开展合作,开设淘宝“1号店”、全球热恋海淘线下体验店,实现产品线上线下销售及送货到家一条龙服务。高邮市鸿运物流有限公司围绕年运输流转货物150万吨、装卸物资50万吨的目标,投资1亿元,在高邮城南经济新区新上占地1.47公顷的物流园项目,主要建设仓储办公用房145万平方米。 (夏欢 刘健)

【企业“主辅分离”】 2016年,全市推进开展企业“主辅分离”工作。至年底,全市新完成“主辅分离”企业18家,完成率37.5%。 (夏欢 刘健)

【市政府兑现物流政策性奖励资金57万元】 2016年,根据《市政府关于加快发展现代服务业的政策意见》《高邮市服务业发展引导资金管理办法》和《高邮市服务业龙头企业认定办法》文件精神,市服务业发展局联合市财政局组织开展服务业企业政策性奖励工作,经申报、评审并经市政府批准,全市有2家物流企业符合引导资金扶持条件,获发奖励资金52万元;高邮市诚信物流发展有限公司被评为2016年度服务业龙头企业,获发奖励资金5万元。 (刘健)

商业·服务业

Trade·Service

导读

综 述

2016年，全市继续通过加大投入、出台政策、强化招商、新上项目、优化服务等举措，推进特色商圈和产业集群建设，促进全市商贸流通业和服务业稳步发展，为全市经济转型发展提供有力支撑。全年实现服务业增加值230亿元，增长13.9%；服务业增加值占地区生产总值42.8%，上升1.1个百分点；完成服务业税收20亿元，下降1.1%。新增服务业重点企业44家，其中限额以上企业26家、规模以上企业18家；评定服务业龙头企业15家，新增扬州市级服务业集聚区1家。实现社会消费品零售总额170.10亿元，增长11.1%。其中，批发业、零售业、住宿业、餐饮业各实现零售额27.6亿元、118亿元、1亿元、23.5亿元，分别增长17.5%、7.6%、11.5%、23.9%。全市有限额以上法人企业125家，其中批发业68家、零售业43家、住宿业1家、餐饮业13家；有限额以上大个体经营户102户，其中批发业3户、零售业50户、住宿业3户、餐饮业46户。是年，市政府出台《关于加快发展服务业的政策意见》，制定多项鼓励服务业发展优惠政策。

服务业招商引资和项目建设成效明显。全年实施投资额0.5亿元以上服务业项目25项，其中投资额0.5亿元～1亿元（不含1亿元，下同）项目10项、投资额1亿元～10亿元项目11项、投资额10亿元以上项目4项；高邮城南经济新区建筑业总部集聚区、盂城驿AAAA级景区、高邮经济开发区科技创业中心及清水潭旅游度假区、高邮湖西新区万丰商业广场等一批投资额10亿元服务业项目顺利推进，超额完成扬州市下达的服务业重大项目建设“532”（新签约5个项目、新开工3个项目、新竣工或投产2个项目）目标任务。

伴随城市建设扩张步伐，城区新兴商业网点不断增加。波司登世贸国际购物广场周边商铺云集，经营档次逐步提高；金桥路两侧新增10多家餐饮、服饰门店；秦邮路与屏淮路交叉口，加洲阳光大酒店周边休闲娱乐业渐成气候；市诚信电子商务园区集聚数家电子商务线下体验店，为消费者提供“线上+线下”“商品+体验”等新的消费体验。成熟商业街区交易保持繁荣稳定。商品一条街、商业步行街、金海洋商业区、温州商城、龙祥商业中心和文化宫路、蝶园路、府前街等商业街区服饰门店汇集，文游中路、海潮东路、屏淮路、文游北路及尚程国际家居广场的建材、家具、五金等经营门店扎堆分布，通湖路两侧成为经营珠宝首饰、电动自行车、眼镜等商品的特色街区，琵琶路、邓桥商业城、蝶园路、国雄路、水榭华庭商业区、金拇指广场、新河·新天地商业街区成为餐饮、娱乐行业的聚集地。商业营销模式不断创新。百度外卖、美团外卖等线上销售增长迅速；部分餐饮业商家取消菜单，消费者看陈列的菜品实物点单；酒水经销商按客户需求定制个性化包装；食品店可通过微信预约订购，送货上门。

新兴服务业发展质态良好。文化创意、电子商务、科技研发服务、检测检验等新兴服务业加速发展，亮点频现。扬州市百仕德礼品工艺有限公司、江苏德皇文具有限公司、扬州盛世百年工贸有限公司等省级文化生产企业销售规模不断扩大；高邮经济开发区食品安全检验检测技术服务基地竣工运营，并入选江苏省2016年60个重大投资项目计划，成为国家级食品药品监督管理系统培训基地，年培训各类人员近1万人次；扬州市睿诚科技有限公司入选扬州市文化创意及工业设计重点支持项目,年设计服务营业额1000万元。此外,以高邮城南经济新区通邮电商产业园、“文游汇”众创空间、高邮创客邦基地为代表的创新创业服务平台逐步完善,其中通邮电商园集聚电商企业60多家。

旅游业在景区、项目、服务、宣传上继续实现提升,“千年古驿站、秀美高邮湖”的品牌效应有所增强。清水潭旅游度假区成功入围全国优选旅游项目名录,扬州大运来马戏、温泉及生态文化旅游度假区第一期项目正式开工;高邮湖滩郊野公园投入运营;高邮湖水上游览线正式开通;建设抗日战争最后一役胜利广场(人民公园)第二期工程;界首芦苇荡景区规模进一步扩大。全年接待游客447.36万人次,实现旅游收入39.15亿元,分别增长10.2%、11.8%。 (夏欢　宋文宝)

粮食流通

【概况】 2016年,市粮食局适应粮食流通行业现代化发展新常态,聚焦粮食安全和助农增收,推动各项工作取得明显成效。全年粮食企业实现粮食购销总量105万吨,其中国有粮食企业实现粮食购销总量36万吨,实现销售收入2.75亿元、利润260.47万元。完成储备粮轮换1.5万吨。其中,按品种划分:小麦0.5万吨、稻谷1万吨;按属性划分:省级储备粮1万吨、地方储备粮0.5万吨。完成县级储备油100吨。是年,市粮食局被表彰为江苏省粮食系统财务联系点优胜单位,获扬州市粮食系统年度综合考核二等奖、信息调研工作优胜单位,被表彰为高邮市政务信息工作先进单位、标兵单位。 (刘金友)

【粮食购销】 2016年,全市粮食企业收购粮食52.5万吨、销售粮食52.5万吨,其中国有粮食企业收购粮食18万吨、销售粮食18万吨(小麦13.6万吨、稻谷4.4万吨),实现销售收入2.75亿元;在托市收购政策支撑下,全市粮农通过售粮实现增收6000多万元。 (刘金友)

【粮油工业】 2016年,全市15家列入统计口径的粮油工业企业,共实现产值40.6亿元、销售收入39.4亿元、利税1.8亿元,分别增长32.1%、52.7%、24.8%。 (刘金友)

【粮食流通监管】 2016年,市粮食局加强粮食流通监管,健全粮食流通监督工作机制、强化对涉粮企业及各类主体规范管理。该局联合市市场监管局、市物价局等部门开展粮食收购市场联合执法检查,坚决打击囤积居奇、哄抬物价等违法、违规行为,切实维护粮食流通市场秩序和粮食生产经营者合法权益。全年共出动检查人员300人次,受理群众举报案件4起,发出责令整改通知书22份,移交市市场监管局处理案件2起,注销存在违规经营行为的个体工商户3家。 (刘金友)

【仓储项目建设】 2016年,市粮食局继续推进粮食企业仓储项目建设,较好地解决仓容不足的问题。推进实施三垛粮库3万吨标准化储备仓建设项目,其中主体工程——2万吨储备仓项目建成并投入使用。八桥粮油经营公司利用该库点闲置土地,引进资金合作新建0.8万吨仓房。甸垛粮油经营公司沙堰库点与沙堰村合作,利用扶贫项目资金新建0.5万吨仓房。驻临泽镇周巷社区、马棚街道、送桥镇、菱塘回族乡、卸甲镇、汤庄镇、车逻镇等地的8家粮食企业共投入资金232万元,建成罩棚仓9个,累计增加仓容1.17万吨。 (刘金友)

【粮库信息化建设】 2016年,市粮食局以建设粮食收购“一卡通”系统为抓手,推进基层粮食企业粮库信息化建设。该系统在农户售粮时即可把粮食质量、重量、价格等信息全部录入其中,并由电脑实现报港信息登记、司磅、结算等流程的自动作业,且整个售粮过程均伴有LED屏及电子语音提示,所耗时间仅为传统手工作业的一半,大大提升售粮效率。至年底,全市累计建成“一卡通”信息化粮库30家,覆盖率100%。 (刘金友)

【“放心粮油示范店”创建】 2016年,市粮食局按照“规模化、网络化、标准化、信息化”和“覆盖城乡、连接产销、设施完善、服务规范”要求,在全市开展“放心粮油示范店”创建工作,形成覆盖范围广、交通条件好、服务对象多、经营信誉高的粮食经营网络。至年底,全市新创成“放心粮油示范店”3家,即高邮市苏果超市界首加盟店、高邮市华美佳超市、高邮市车逻苏购超市,累计创成“放心粮油示范店”30家。 (刘金友)

【粮食行业协会】 2016年,市粮食行业协会按照“服务、协调、监督、自律”宗旨,认真开展工作,打造行业平台,促进粮食市场规范有序发展。该协会先后组织人员赴广东省汕头市、深圳市等地考察,学习粮油精深加工、品牌创造、基地建设和行业协会建设等方面经验做法,为促进全市粮食行业健康发展发挥积极作用。是年,该协会被表彰为江苏省粮食行业先进协会,吴传杰被表彰为江苏省粮食行业先进协会工作者。 (刘金友)

【粮食应急保供体系建设】 2016年,市粮食局根据省政府《关于切实做好粮油市场保供稳价工作的通知》精神,制定《高邮市粮食应急预案》,并根据企业自愿、部门监管、合同约束、动态调整的原则,确定粮食应急加工企业10家、粮食应急供应网点20家,以此推进粮油市场应急供应体系建设,切实维护社会稳定。 (刘金友)

商贸流通

【概况】 2016年，全市实现社会消费品零售总额170.1亿元，增长11.1%，增幅位居扬州各县(市、区)第一。至年底，全市有限额以上法人企业125家(当年新增25家)，其中批发业68家、零售业43家、住宿业1家、餐饮业 13家，从业人员5758人，实现营业额100亿元，增长15.3%；有限额以上大个体经营户102户，其中批发业3户、零售业50户、住宿业3户、餐饮业46户，从业人员1607人，实现营业额11.95亿元，增长23.7%。 (黄涛)

【市副食品流通行业协会成立】 4月23日，市副食品流通行业协会在市华侨国际大酒店举行成立大会。此次会议，通过《协会章程》，选举产生协会第一届理事会成员以及会长、副会长、秘书长。经选举，俞立安成为该协会首任会长；高邮市锦泉商贸有限公司、高邮市四通食品有限公司等30多家副食品流通企业成为该协会首届会员。该协会的成立，对规范全市副食品流通经营行为、提高食品质量安全具有重要意义。 (黄涛)

【获批省级老字号创新发展项目3项】 6月，根据《关于2016年省级商务发展专项资金项目申报工作的通知》的有关规定，经企业申报、基层推荐、省级审核、对外公示等程序，省商务厅发文公布新认定的省级2016年老字号创新发展项目名单，当中列有高邮市秦邮蛋品有限公司申报的项目3项，即“蛋品加工设备升级与质量提升”“‘秦邮牌’蛋品电子商务运营”“老字号宣传与市场推广”，获批项目扶持经费45.25万元。 (王强)

【争取省级商务发展资金250.25万元】 2016年，市商务局根据全市商贸业及企业发展实际，积极开展向上争取资金工作。至年底，全市累计争取省级商务发展资金250.25万元，其中电子商务三级示范(县、镇、村)发展专项资金105万元、省级老字号创新发展项目资金45.25万元(高邮市秦邮蛋品有限公司)、大市场品牌建设商务发展专项资金50万元(扬州南明置业有限公司)、冷链物流商务发展专项资金50万元(高邮市诚信物流有限公司)。(王强)

供销合作

【概况】 2016年，全市供销合作社系统实现商品销售额84.6亿元，增长5.5%；农副产品收购额18.2亿元，增长7.1%；农产品市场交易额30.1亿元，增长0.3%；连锁配送销售额16.5亿元，增长3.1%；提档升级为农服务社(便民服务中心)12家，新建农民专业合作社10家，新建农民专业合作联社1家，重建、振兴基层社4家。是年，市供销合作总社被扬州市供销合作总社表彰为2016年度全市供销合作社信息宣传工作优秀单位和综合业绩考评二等奖；菱塘兴旺供销合作社主任王鹏被省供销合作总社表彰为2016年度全省基层供销合作社建设标兵。 (徐克祥 袁陈龙)

【为农服务社(便民服务中心)提档升级】 2016年，市供销合作总社按照集“生产生活资料供应平台、中介服务平台和公共服务平台”为一体的要求，推进为农服务社(便民服务中心)提档升级工作。至年底，完成汤庄镇车汉桥、高邮镇珠湖、三垛镇兴楼、送桥镇德华、龙虬镇唐高墩、高邮经济开发区金塘、界首镇德标及品祚、甘垛镇三郎庙及荷花、临泽镇营南及西安等12家为农服务社(便民服务中心)提档升级工作。 (徐克祥 袁陈龙)

【“社村共建”】 2016年，市供销合作总社推动供销社经营服务优势与村级组织优势融合，组织汤庄镇沙堰村和沙堰供销合作社、龙虬镇张轩村和张轩供销合作社、菱塘回族乡高庙村与兴旺供销合作社开展“社村共建”，并分别共建高邮市为民农业机械服务合作社、高邮市夏傲特种水产专业合作社、高邮市高强农业生产服务专业合作社，同时推进农业社会化服务体系、经营服务体系、农村综合服务社及干部队伍团队等方面共建，为农民提供植保、病虫害统防统治、农业机械、电商培训等一系列优质服务。 (徐克祥 袁陈龙)

【化肥农药集中采购统一配送连锁经营体系建设】 2016年，市政府成立加强化肥农药集中采购统一配送连锁经营体系建设领导小组，出台《加强化肥农药集中采购统一配送连锁经营体系建设管理办法(试行)》，从市级层面进一步加强化肥农药集中采购统一配送连锁经营体系建设。市供销合作总社积极履行职能，发挥市苏邮农资连锁有限公司农资供应主渠道作用，依托2个配送中心和121个直销店、加盟店，按照农资商品“五统一”(统一标识、统一采购、统一配送、统一价格、统一服务)服务规范开展连锁经营，在春耕、夏收、秋播等节点，为农民提供质优价廉的化肥、农药，最大限度地减少流通环节，让利于农民。至年底，全市供销合作社系统实现销售各类化肥6.8万吨、农药600吨。 (徐克祥 袁陈龙)

【农贸市场环境改造】 2016年，市供销合作总社投入资金35万元，先后对中市口、南海、瑞和、通湖、傅公桥等5个农贸市场实施改造，提档升级硬件设施，改善经营环境，促进农贸市场环境清洁卫生、管理规范有序。 (徐克祥 袁陈龙)

【“种田托管”服务】 2016年，市供销合作总社利用供销农业综合服务专业合作联社平台，全方位开展“种田托管”服务工作,与农户及种田大户签订机耕、机种、机收、病虫害统防统治等服务协议,全年签约“种田托管”服务面积4066.7公顷。

(徐克祥　袁陈龙)

【东方商厦投资发展高邮有限责任公司获“扬州市消费者满意服务单位”称号】 10月,按照开展争创“2015—2016年度扬州市消费者满意服务单位”活动要求,经过推荐、申报、初审、公示等程序,扬州市消费者协会授予东方商厦投资发展高邮有限责任公司“2015—2016年度扬州市消费者满意服务单位”称号。(徐克祥　袁陈龙)

盐业专营

【概况】 2016年,高邮市盐务管理局(江苏省苏盐连锁有限公司高邮分公司)加强食盐销售网络和农村食盐放心店建设,调整食盐供应品种结构,提升碘盐“三率”(覆盖率、合格率、食用率),确保消费者吃上安全放心的加碘食盐,维护食盐市场安全稳定。全年购进盐1.6万吨,销售盐1.56万吨,其中销售食盐7486吨(含小包装食盐3763吨),实现销售收入2460万元。是年,该局被扬州市盐务管理局评为先进集体;韩晓震被省盐业集团有限责任公司评为先进工作者,金辉被省盐务局评为盐业行政管理工作先进个人。(徐建军　王彬)

【盐业市场监管】 2016年,市盐务局围绕“维护专营、净化市场、保障安全”目标,坚持日常检查与定点检查相结合、盐政管理与营销工作相配合,查市场、堵源头、抓案件,有效维护全市盐业市场稳定。全年共出动执法人员810人次,检查农贸市场70家次,零售商店1880家次,食品加工企业及作坊356家次,饭店、食堂625家次,访问居民户3722户,签订食盐安全承诺书286份,发放行政指导提示书32份;查处盐业违法案件47起,查没违法盐产品1.92吨,罚没款入库4.48万元;未发生行政复议和诉讼案件。(徐建军　王彬)

【食盐安全专项检查】 2016年,市盐务局与市卫计委、市市场监管局、市公安局等部门配合,通过开展各类专项安全检查行动,加强对盐业违法案件打击力度,促进盐业市场安全。全年先后组织开展元旦、春节、扬州“烟花三月”国际经贸旅游节、五一劳动节、端午节和中秋节、国庆节等食盐安全专项行动7批次,对全市各宾馆、饭店、公共食堂、食品用盐单位及食盐安全度较差的农村、城乡结合部进行检查,确保消费者用盐安全。同时,联合周边县市开展边界共建活动,与宝应县盐务局、兴化市盐务局签署《共建和谐边界协议书》,强化边界食盐市场监管,促进边界地区食盐市场秩序稳定。

(徐建军　王彬)

烟草专卖

【概况】 2016年,市烟草专卖局(扬州市烟草公司高邮分公司)主动适应烟草行业市场新形势,围绕“从严从实、创新创优”工作目标,积极组织开展各类主题营销活动,各项工作取得新的进展。至年底,全系统完成卷烟销售2.67万箱,实现销售收入8.7亿元;单箱销售额3.26万元,增长5.3%。是年,该局获“2013—2015年度江苏省文明单位”“全省卷烟打假工作先进集体”称号。(杨军)

【烟草专卖管理】 2016年,市烟草专卖局开展“闪电行动”“冬季会战”“护航行动”等专项整治活动,打击各类涉烟违法行为,维护烟草市场秩序。全年累计查处各类涉烟案件161起,其中案值5万元以上案件9起,查处销售假烟案件5起,罚没款入库26.1万元,移交司法部门刑事处理4人。该局查处的“11·21”案件(涉案金额109万元),分别受到省和扬州市烟草专卖局的褒奖。(杨军)

【获扬州烟草系统优秀QC成果三等奖】 2016年,市烟草专卖局制定《员工创新积分管理办法》《创新应用管理评价体系》,鼓励员工创新工作思路,谋求创新发展。该局成立QC小组5个,开展《搭建微信公众平台,提升营销信息化水平》《提升电子化执法文书的使用率》《提升新入网客户经营能力》《提升送货服务客户满意度》等基层课题研究。是年,该局《提升送货服务客户满意度》QC课题,获扬州烟草系统优秀QC成果三等奖。(杨军)

电子商务

【电子商务应用示范工程】 2016年,全市继续推进电子商务应用示范工程创建工作,取得一定成效。是年,高邮市获批省级农村电子商务示范县,车逻镇、菱塘回族乡获批省级农村电子商务示范镇,菱塘回族乡菱塘村获批省级农村电子商务示范村;高邮经济开发区奥林村、车逻镇浩芝村创成第三批扬州市级农村电子商务示范村。(王强)

【电子商务统计监测】 2016年,市商务局健全电子商务统计体系,在全市范围选取33家经营稳定、有一定规模的电子商务样本企业,参与“省电子商务统计监测系统”网络平台数据填报。至年底,该33家样本企业共实现电子商务交易额7.06亿元,占全市社会消费品零售总额4.2%。(王强)

【农村淘宝高邮市级运营中心开业】 1月10日,阿里巴巴集团和苏中特色农产品电商园在苏中农贸城联合举办农村淘宝高邮市级运营中心暨首届电商年货节开业仪式。仪式上，表彰优秀农村淘宝村级服务站6家；高邮市获“江苏省首家旺农贷业务试点县(市)”授牌。仪式结束后，还组织相关人员参观农村淘宝高邮市级运营中心和首届电商年货节农产品一条街。（管玮玮）

【农村淘宝“春耕节”】 2月22日～3月22日，全市举办首届农村淘宝“春耕节”，共有67家农村淘宝服务站点参与。其间，阿里巴巴集结数百家国内外企业，向农民提供春耕生产所需的农药、化肥、种子、农机等各种农资，全市农民累计完成网上交易金额200万元，资金节约率10%。（郜平光 陆业斌）

市场管理与培育

【概况】 2016年，全市累计建有年交易额1亿元以上商品交易专业市场6家(按经营方式分，5家为批发市场、1家为零售市场；按经营项目分，建材市场2家、水产品市场3家、汽车市场1家)，累计营业面积16.12万平方米(建材市场6.92万平方米、水产品市场8.68万平方米、汽车市场0.52万平方米)，累计市场摊位数1051个(建材市场590个、水产品市场435个、汽车市场26个)，累计完成商品交易额27.72亿元(建材市场5.49亿元、水产品市场20.85亿元、汽车市场1.38亿元)。（市统计局）

【商品交易市场监管】 （详见《经济综合管理》篇目《工商行政管理》分目）

【城区农贸市场监管】 2016年，市市场监管局等部门根据全市“四城同创”工作部署，按照《关于城区农贸市场提档升级综合整治工作的实施意见》要求，督促各农贸市场主管部门履行属地责任，对城区13个农贸市场实施“周巡查、季考核”，就其内部管理、硬件设施、交易秩序、环境卫生、食品安全和消防安全等6大类64项子项目进行检查督导，共下发《工作督办函》28份，提出整改事项1000多条，召开考核通报会4次，并以优秀市场、良好市场、合格市场、不合格市场四个等次的巡查评定，推动城区农贸市场的交易秩序、环境卫生和管理水平实现根本改变。10月，在全国爱卫会对全市所开展的创建全国卫生城市暗访中，城区农贸市场以82.9分通过检查验收。（郑玉林）

【农副产品网络交易】 2016年，全市利用农村淘宝市级运营中心、农村淘宝服务站、淘帮手服务站及1号店特产中国·高邮馆、京东商城中国特产·高邮馆、苏宁易购中华特色·高邮馆等各类农村商贸网络平台，积极开展春季、夏季、冬季等农副产品网上交易促销活动，全年促成网络交易20多万笔，实现网上购销额3亿多元，有力促进新农村市场体系建设。（王强）

餐饮业

【概况】 2016年，全市餐饮企业完成营业额23.5亿元，增长23.9%。其中，限额以上餐饮企业及个体经营户(大个体)实现营业额4.99亿元，增长20.2%；限额以下餐饮企业及个体经营户实现营业额18.51亿元，增长24.9%。至年底，全市有限额以上餐饮企业13家，营业面积3万平方米，从业人员1129人。（市统计局）

【“2016扬州淮扬菜秋冬旅游套餐大赛”高邮赛区选拔赛】 8月16日，由市政府主办，市总工会、市旅游局等部门承办的“2016扬州淮扬菜秋冬旅游套餐大赛”高邮赛区选拔赛在华侨国际大酒店举行。此次选拔赛，华侨国际大酒店、皇华国际大酒店、京沪高速高邮龙奔服务区、鸿福记酒楼、桃源居大酒店、加州阳光大酒店、顾家厨房等7家餐饮企业组织35名厨师参加。经过角逐，华侨国际大酒店、皇华国际大酒店、京沪高速高邮龙奔服务区获选拔赛一等奖，并代表高邮市参加“2016扬州淮扬菜秋冬旅游套餐大赛”。（陈平 宋文宝）

【《舌尖上的中国》摄制组到高邮寻访美食】 9月4日，央视纪录片频道《舌尖上的中国》栏目总导演陈晓卿带领摄制组和由知名作家、美食家组成的美食团，到高邮采风，寻访、品味汪曾祺笔下的高邮美食。其间，陈晓卿一行参观汪曾祺纪念馆、汪曾祺故居，赴界首镇采访。（宋文宝）

【“高邮湖芦根麻鸭汤”获省乡村美食大赛“金牌菜”称号】 10月15日，“乡村美食放心吃——2016年江苏省乡村美食大赛”初赛在扬州市举行。此次初赛，共有160家单位选送160道菜品参加。经过角逐，共有38道菜品获“金牌菜”称号，当中列有高邮湖芦苇荡湿地公园选送的菜品“高邮湖芦根麻鸭汤”。（宋文宝）

【获评“2016江苏国际餐饮博览会”奖项1项】 10月21～23日，市烹饪协会组织会员单位参加由省餐饮行业协会、江苏新国际会展集团有限公司在南京国际展览中心举办的“2016江苏国际餐饮博览会”。其间，顾家厨房总经理顾同柱参加系列活动之一——首届中国青年厨师节的菜品制作展示活动，并经网络评选，被中国烹饪协会授予“中国百名最具影响力青年厨师”称号。（陈平）

旅游业

【概况】 2016年，市旅游局按照“城市即旅游、旅游即生活”发展理念，立足打造运河旅游名城目标，凝心聚力，抢抓机遇，整合各种资源要素，推进旅游重大项目建设,加快旅游产品开发和创新,推动全市旅游产业转型升级。全年共接待游客447.36万人次,实现旅游收入39.15亿元,分别增长10.2%、11.8%。是年,高邮市入选第二批国家全域旅游示范区创建单位,入选2016长三角自驾游热门十强城市。　(宋文宝)

【高邮湖滩郊野公园开园暨高邮湖水上游览线开通仪式】　4月1日上午在高邮湖滩郊野公园举行。市领导张新钢、薛晓寒、钱富强、杨文喜、张贵龙出席仪式,并为高邮湖滩郊野公园揭幕。仪式上,还开通高邮湖水上游览线有3条,即杨家坞码头至新民滩、杨家坞码头至高邮湖芦苇荡湿地公园、高邮湖漫游。　(宋文宝)

【高邮入选2016长三角自驾游热门十强城市】　4月22日,长三角自驾游专家委员会第二届发起单位第一次全体会议在位于浙江省金华市的横店圆明新园召开。全国各地旅游局负责人及专家委员会发起单位代表、专家委员会组成人员近200人参加。会上,颁发2016长三角自驾游发展十强城市(区)名单及2016长三角自驾游热门十强城市(区)名单,高邮市名列其中,入选2016长三角自驾游热门十强城市。　(宋文宝)

【旅游业发展政策修订】　2016年,为促进全市旅游业又好又快健康发展,市政府组织开展《旅游业发展扶持政策》修订工作。6月15日,市政府印发《关于进一步推动旅游业发展的政策扶持意见》,该意见包括六大类27条,内容涉及优化旅游业发展环境、推进旅游项目建设、促进旅游服务体系提升、加大宣传促销力度、加强旅游人才建设等方面,并根据全市旅游发展实际情况,新增智慧旅游、旅游基础设施建设、宣传促销、旅游人才培养等内容。　(宋文宝)

【江浙沪千名摄影家到高邮市采风】　5月7～8日,由高邮市旅游局、上海春秋国际旅行社(集团有限公司)、上海摄影家行业协会共同主办的"匠心扬州、心动高邮" 江浙沪千名摄影家高邮大型采风活动在高邮市举办。首批600多名摄影家参观镇国寺、高邮湖、清水潭旅游度假区、盂城驿、文游台等景点,拍摄高邮夜景、高邮湖夕照(帆船、渔民)、清水潭湿地风光(野鸭放飞、野鸟)等。10月,第二批500多名摄影家到高邮市采风,并举办高邮旅游摄影大赛,获奖作品在上海春秋大厦和高邮盂城驿展出。《中国旅游报》《新民晚报》《新闻晨报》《文汇报》《旅游时报》和上海电视台等多家媒体进行报道。　(金婧)

【中国旅游热线联盟自驾旅游团到高邮市旅游】　7月8～10日,中国旅游热线联盟自驾旅游团到高邮市旅游度假。该旅游团成员主要由上海市、无锡市、常州市、南京市等长三角客源城市居民200多人组成,还包括自驾随行的近100辆汽车。其间,该旅游团先后游览盂城驿、清水潭、镇国寺、文游台、抗日战争最后一役纪念馆等景点和菱塘回族乡,并乘船游览高邮湖水上游览线。　(宋文宝)

【盂城驿列入京杭大运河精品旅游线路】　7月15日,2016中国运河文化与旅游融合高峰论坛在山东省枣庄市举行。论坛上,发布京杭大运河精品旅游线路14条,高邮市的盂城驿成为部分线路中的旅游景点之一。　(宋文宝)

【高邮(界首)首届乡村旅游节】　9月27日,由市旅游局、界首镇政府联合主办的高邮(界首)首届乡村旅游节开幕式在界首镇举行。开幕式上,举行"醉美界首"旅游风光片首播、高邮湖(界首)房车露营基地揭牌、界首渔家"最八鲜"评选颁奖等活动,还表演富有浓郁地方特色的文艺节目。

(宋文宝)

【盂城驿入选"江南水乡"精品、新品线路】　10月15日,在由省旅游局主办,苏州市政府承办的"2016中美旅游年·千名美国游客游江南水乡"启动仪式上,省旅游局发布多条"江南水乡"精品、新品旅游线路,当中列有高邮市盂城驿景区和线路的名单。　(宋文宝)

【首届高邮湖大闸蟹旅游美食节】　10月15日,由市政府主办,市旅游局、高邮湖大闸蟹行业协会、高宝邵伯湖渔管办、菱塘回族乡政府、界首镇政府联合承办的"醉美秋色　蟹逅高邮"2016首届高邮湖大闸蟹旅游美食节暨长江三角洲地区千名摄影家大型高邮采风活动启动仪式在高邮汇富金陵大饭店举行,来自长三角地区的800多名摄影家齐聚一堂,切磋摄影技艺,欣赏高邮美景,品尝高邮美食。上海春秋国际旅行社(集团)有限公司副总经理苏海山,中国人像摄影家协会副主席任洪良,江苏省餐饮协会副会长于学荣,高邮市领导张新钢、杨文喜、钱富强、薛晓寒、张贵龙等参加开幕式。开幕式上,于学荣向高邮市颁发"原味大闸蟹之乡"牌匾;高宝邵伯湖渔管办主任陈日明向获评"蟹王""蟹后"的得主授牌。　(宋文宝)

【《蟹逅高邮》系列专题片】　10月,上海电视台生活时尚频道摄制组到高邮拍摄以高邮美食和高邮秀美风光为主题的专题片《蟹逅高邮》,主要展现高邮湖大闸蟹、蒲包肉、蟹粉包等高邮特色美食,介绍京杭大运河、高邮湖、镇国寺、盂城驿、文游台等知名景点,让华东地区观众通过专题片更好地了解高邮,到高邮休闲度假。该专题片共5集,每集约10分钟,于11月在上海电视台生活时尚频道播出。　(宋文宝)

金 融 业

Finance

导读

综 述

2016年，全市有人民银行支行1家，国家政策性银行支行1家，国有商业银行支行5家，其他商业银行或支行8家，保险股份公司分支机构36家，证券公司营业部2家。至年底，全市各银行业机构共有营业网点（营业部、支行、办事处、分理处、储蓄所）89家；全市金融行业从业人员1202人（不含保险公司营销人员）。此外，全市设有农村小额贷款有限公司15家。

本外币各项存款增长迅速。至年底，全市金融机构各项存款余额556.26亿元，比年初增加100.45亿元，增长22%。其中，居民储蓄存款余额346.46亿元，比年初增加36.12亿元，增长11.6%；单位存款余额104.72亿元，比年初增加47.08亿元，增长81.7%。

本外币各项贷款持续稳健增长。至年底，全市金融机构各项贷款余额322.25亿元，比年初增加43.68亿元，增长15.7%，完成全年新增贷款30亿元目标。从贷款期限上看，短期贷款小幅下降，中长期贷款、票据融资增长幅度较大。年末短期贷款余额133.43亿元，比年初减少1.2亿元，下降0.9%；中长期贷款余额167.3亿元，比年初增加39.45亿元，增长30.9%；票据融资余额21.47亿元，比年初增加5.43亿元，增长33.9%。从贷款投向上看，涉农贷款增势平稳，房地产业、制造业贷款有所回落，建筑业贷款有所增加。年末涉农贷款余额224.69亿元，比年初增加23.79亿元，增长11.8%，比上年上升2.3个百分点；房地产业贷款余额2.51亿元，比年初减少2.71亿元，下降51.9%，比上年下降18.1个百分点；制造业贷款余额67.48亿元，比年初减少3.01亿元，下降4.3%，比上年下降7.4个百分点；建筑业贷款余额40.86亿元，比年初增加4.05亿元，增长11%，比上年下降9.2个百分点。

银行资产质量下行问题持续显现，贷款不良率略有上升。至年底，全市银行机构不良贷款额3.93亿元，比年初增加0.75亿元，不良贷款率为1.2%，比年初上升0.08个百分点。

外汇管理与服务不断加强，开放型经济发展质态良好。全市实现跨境资金收支总额4.57亿美元，增长11.4%。其中，实现跨境收入3.53亿美元，增长9.2%；跨境支出1.04亿美元，增长20%；跨境外汇收支顺差2.49亿美元，增长5.2%。全年银行机构结汇收入 3.11亿美元，增长21%；售汇支出1.04亿美元，下降3.7%；结售汇差2.07亿美元，增长38.9%。其中，全年经常项目结汇收入 2.68亿美元，售汇支出 0.75亿美元，结售汇差1.93亿美元，增长41.9%；资本项目结汇收入 0.43亿美元，售汇支出 0.26 亿美元，结售汇差0.17亿美元，增长30.8%。全市“三资”企业外汇年报审核率100%，出口收汇率95.8%，国际收支申报率100%。

保费收入大幅增长，理赔金额略有增加。至年底，全市4家保险股份有限公司支公司（中国人寿保险股份有限公司高邮支公司、中国人民财产保险股份有限公司高邮支公司、中国大地财产保险股份有限公司高邮支公司和利安人寿保险股份有限公司高邮支公司）共实现保费收入9.26亿元、增长19.5%，受理理赔案件1.76万件、下降26.7%，支付赔付款1.6亿元、增长2.7%。

（周晓锦　杨志栎）

表40

2016年高邮市主要金融机构信贷收支报表

项目	单位	农发行	工行	农行	中行	建行	交行	江苏银行	招商银行	高邮农商行	邮储银行
一、各项存款	亿元	7.49	40.23	82.61	39.42	58.70	6.79	25.22	14.96	147.49	78.25
1.单位存款	亿元	7.49	17.44	19.62	15.89	23.50	5.59	20.07	13.16	27.77	9.78
(1)活期存款	亿元	4.77	10.22	11.69	6.65	12.74	2.79	8.02	6.35	17.42	5.08
(2)定期存款	亿元	2.32	5.12	4.19	4.60	4.56	0.20	2.91	2.13	5.06	4.56
(3)保证金存款	亿元	0.40	0.74	0.34	0.25	1.51	0.95	4.40	0.06	1.49	0.13
(4)结构性存款	亿元	—	0.10	—	—	—	—	1.12	2.60	—	—
2.个人存款	亿元	—	22.79	62.40	23.53	35.20	1.20	5.15	1.79	119.72	68.48
(1)活期储蓄存款	亿元	—	7.54	22.10	6.24	9.18	0.63	1.71	1.27	25.84	20.71
(2)定期储蓄存款	亿元	—	13.51	39.14	15.75	18.80	0.13	2.89	0.49	91.50	9.22
(3)结构性存款	亿元	—	0.22	—	—	0.29	0.27	0.16	—	—	—
3.国库定期存款	亿元	—	—	—	—	—	—	—	—	—	—
4.非存款类金融机构存款	亿元	—	—	0.60	—	—	—	—	—	—	—
二、各项贷款	亿元	21.23	32.00	27.88	32.46	39.66	4.41	21.29	10.24	85.53	13.48
1.短期贷款	亿元	1.89	12.38	4.67	6.87	13.91	2.68	10.58	7.09	58.53	2.40
(1)个人贷款及透支	亿元	—	0.05	1.02	1.04	0.26	0.03	1.34	0.52	14.53	2.40
(2)单位普通贷款及透支	亿元	1.89	12.33	3.65	5.83	13.66	2.65	9.24	6.57	44.00	—
(3)非存款类金融机构贷款	亿元	—	—	—	—	—	—	—	—	—	—
2.中长期贷款	亿元	19.34	19.00	23.10	25.39	25.75	1.42	7.71	3.15	9.78	11.09
(1)个人贷款	亿元	—	11.83	16.50	13.88	15.25	0.72	4.09	2.75	5.10	11.09
(2)单位普通贷款	亿元	19.34	7.16	6.60	11.51	10.50	0.70	3.62	0.40	4.68	—
(3)非存款类金融机构贷款	亿元	—	—	—	—	—	—	—	—	—	—
3.票据融资	亿元	—	0.62	0.08	0.20	—	0.31	3.00	—	17.22	—
4.融资租赁	亿元	—	—	—	—	—	—	—	—	—	—
5.各项垫款	亿元	—	—	0.04	—	—	—	—	—	—	—

(周晓锦 杨志栎)

金融管理

【概况】 2016年,市金融办积极履行全市金融工作牵头、协调和服务职能,各项工作均取得较好成绩,有力促进地方经济社会建设。至年底,全市银行机构各项存款余额556.26亿元,比年初增加100.45亿元,增长22%;各项贷款余额322.25亿元,比年初增加43.68亿元,增长15.7%,超额完成全年信贷投放目标。全市36家保险机构实现保费收入16.82亿元,增长7.5%,其中人寿保险高邮支公司、人保财险高邮支公司、大地保险高邮支公司和利安人寿高邮支公司等四大保险公司累计实现保费收入9.57亿元,增长24%。实现证券营业收入821.37万元,下降67.1%。融资性担保公司全年在保责任额5.38亿元,比年初减少2.17亿元。 (李瑶)

【银企合作】 2016年,市金融办继续引导银行与企业之间开展合作,深入所有乡镇、园区开展“银行行长服务企业行”活动,帮助企业解决“贷款难”问题。全年组织政银企对接签约活动1次,落实14家银行机构与42家企业现场签约,协议贷款金额8.38亿元;累计走访服务企业85家,促成32家企业新获贷款投放2.63亿元。 (李瑶)

【金融服务体系建设】 2016年,市金融办努力构建大、中、小银行机构相结合的金融服务体系,继续推进金融招商工作。1月,南京银行高邮支行对外营业;4月,市银行业协会成立,促进全市银行业自律工作开展;11月,兴福村镇银行送桥支行对外营业。至年底,全市有商业银行13家、政策性银行1家,保险公司分支机构36家,证券公司营业部2家,融资性担保机构3家,农村小额贷款有限公司15家。 (李瑶)

【打击非法集资行为】 2016年,市金融办针对民间投资理财机构无序发展局面，联合市相关部门组织开展打击非法集资系列行动，努力维护全市良好的金融生态环境。1～2月，开展投资理财公司经营范围宣传活动；5月，印发《2016年高邮市防范和处置非法集资工作实施方案》，从宣传教育、监测排查、风险处置、日常管理等方面，明确防范和处置非法集资工作重点任务、职责分工和时间节点。6月，开展防范非法集资集中宣传月活动。7～12月，联合市公安局、市市监局、人行高邮市支行等部门开展互联网金融风险专项整治行动，重点排查全市投资理财公司等中介机构。（李瑶）

【企业上市（挂牌）工作】 2016年，市政府出台《关于加快资本市场建设的实施办法》，加大对企业上市（挂牌）扶持力度。市金融办坚持每月邀请相关券商等机构到高邮走访优质企业，全年走进30家企业宣传普及上市（挂牌）相关知识。是年，扬州润明智能装备股份有限公司、江苏欣宝科技股份有限公司实现在"新三板"挂牌；江苏传艺科技股份有限公司中小板上市材料被证监会受理（处于排队候审阶段），扬州曙光电缆股份有限公司中小板上市材料被证监会受理；江苏创新包装科技有限公司、江苏鑫东方户外用品有限公司、扬州华盟电子有限公司、江苏海潮科技股份有限公司与券商签署合作协议，有序推进"新三板"挂牌工作。至年底，全市累计实现在"新三板"挂牌企业9家。（李瑶）

【小贷公司信贷业务】 2016年，市金融办按照市委、市政府部署，组织全市15家农村小额贷款有限公司围绕服务"三农"和小微企业目标，加大有效信贷投入。至年底，各农村小额贷款有限公司累计发放贷款19.49亿元，贷款余额13.11亿元，贷款存量客户910户。是年，市龙腾农村小额贷款有限公司、市承煦农村小额贷款有限公司获2016年度扬州市"十佳明星小贷公司"称号。（李瑶）

中国人民银行高邮市支行

【概况】 2016年，人行高邮市支行设办公室、纪检监察室、金融管理部、外汇管理部、金融服务一部、金融服务二部等6个职能部门，有在职员工26人。该行认真按照总、分行及中心支行工作要求，围绕金融服务实体经济任务，改进金融服务，维护金融稳定，发展普惠金融，拓宽融资渠道，为辖区经济发展营造良好的金融环境。是年，该行被高邮市委、市政府表彰为平安建设先进单位。

（周晓锦　杨志栎）

【信贷增长】 年初，人行高邮市支行、市金融办、市财政局等部门联合出台《2016年高邮市银行机构信贷投放考核办法》《2016年度高邮市农村小额贷款公司和融资性担保公司考核奖励办法》等指导性文件，确定并分解全市年度信贷增长超30亿元目标。至年底，全市实现信贷增长43.68亿元，超额完成年度目标任务。（周晓锦　杨志栎）

【金融生态环境建设】 2016年，人行高邮市支行结合全省开展县域金融生态环境综合评估契机，认真推进实施金融生态环境建设各项工作。其间，组织市金融稳定工作协调小组成员单位完成数据收集和确认工作，并按时上报相关评估材料、证明资料和自评报告等。9月18日，在江苏省金融稳定工作协调小组公布的《2016年江苏省县域金融生态环境综合评估报告》中，高邮市位列全省第26位、扬州地区第2位。（周晓锦　杨志栎）

【银行业机构综合评价】 2016年，人行高邮市支行依据10项考评标准，完成辖区内12家银行业机构综合评价工作，并将信息及时录入分行"两管理两综合系统"。经评价，共评定A类等级银行机构4家即：高邮农村商业银行、农发行高邮市支行、招商银行高邮市支行、建行高邮支行，B类等级银行机构6家即：江苏银行高邮支行、中行高邮支行、射阳农商行高邮支行、扬州高邮兴福村镇银行、邮储行高邮市支行、工商行高邮市支行，C类等级银行机构2家即：农行高邮市支行、光大银行高邮支行。（周晓锦　杨志栎）

【银行业机构综合执法检查】 9月，人行高邮市支行组织人员，对农业银行高邮市支行开展综合执法检查。其间，共查出该行存在问题17项，并向该行提出整改建议及意见12条。同时，人行高邮市支行按照处罚程序规定，对该行处以罚款5000元，并督促其认真落实整改措施。（周晓锦　杨志栎）

【落实存款保险制度】 2016年，人行高邮市支行积极落实存款保险制度，关注辖区内法人银行业机构头寸及存款变动情况，对各银行业机构及其网点存款保险制度落实情况进行抽查。全年共审核缴纳保费221.68万元，辖区内2家法人机构（高邮农村商业银行、扬州高邮兴福村镇银行）均未发生迟缴、漏缴存款保险费情况。（周晓锦　杨志栎）

【征信管理】 2016年，人行高邮市支行开展信用体系建设，提升征信管理效能。全年新认定信用乡（镇）5个、信用村51个；征集录入非信贷关系中小企业信用信息2412户，查询企业信用记录报告837份，查询自然人信用记录报告1.25万份；现场检查银行业机构征信业务1家；审核各类查询档案资料5667份，其中个人查询档案资料5176份、企业查询档案资料491份。（周晓锦　杨志栎）

【反洗钱】 2016年，人行高邮市支行严格执行支付结算、反洗钱监管考核办法，对各银行机构2015年度的支付结算、反洗钱管理情况进行考核评分，并将考核排名靠后的单位列为反洗钱工作重点监管单位。认真落实《人民银行南京分行对义务主体反洗钱工作综合评价标准》要求，对高邮农商行、华泰证券高邮营业部2015年度反洗钱工作开展综合评价，并将综合评价结果予以公开，以此促进各银行机构增强反洗钱工作意识，提高反洗钱工作水平。（周晓锦　杨志栎）

【外汇业务】　2016年，人行高邮市支行继续开展外汇管理与服务工作。全年组织举办学习培训会议5场，提高银行业机构及相关企业外汇业务水平；组织开展非现场监测指标异常企业332家，现场核查企业33家，新确定B类企业3家，完成涉外收支申报9153笔、金额5.04亿美元，其中涉外收入申报7098笔、金额3.99亿元、增长9.0%，涉外支出申报2055笔、金额1.05亿元、增长11.7%；国际收支申报率100%。办理外商投资企业外汇登记7家，办理外汇变更登记7家，办理流入权益确认57笔、金额4700万美元；办理“外资”企业注销手续3家，办理存量权益登记139家，年报审核率100%。推进外汇制度改革，促进贸易便利化，全年办理贸易外汇收支名录登记53户。全年新增人民币跨境结算企业14家，累计有人民币跨境结算企业97家，完成跨境结算金额4.28亿元，增长4.3%。加大核查力度，现场检查3家外汇指定银行的外汇业务。辅导南京银行高邮支行、光大银行高邮支行开展申请结售汇业务备案。

（周晓锦　杨志栎）

【国库管理】　2016年，人行高邮市支行共组织各级预算收入入库50.47万笔、金额73.31亿元，其中预算内收入29.18万笔、金额58.47亿元，预算外社保基金收入20.61万笔、金额14.65亿元，预算外其他政府性基金收入0.68万笔、金额0.19亿元；办理财政支拨3.13万笔、金额95.76亿元，办理预算收入退库2279笔、金额6.09亿元。

（周晓锦　杨志栎）

【民生信贷投放】　2016年，人行高邮市支行增加下岗再就业贷款担保基金投放额度，全年新增担保基金200万元，实现担保基金余额980万元，可投放资金扩大至4950万元。推进创业小额担保贷款、大学生村官创业贷款和青年创业贷款发放工作。至年底，全市小额担保贷款余额2324.3万元，其中妇女创业贷款余额794.3万元；大学生村官创业贷款余额175万元；青年创业贷款余额6.33亿元。（周晓锦　杨志栎）

【“三农”金融服务】　2016年，人行高邮市支行依托农村金融综合服务站建设，全面提升服务“三农”工作水平。是年，全市累计建有农村金融综合服务站142家，实现无银行网点行政村全覆盖；依托该服务站，全市累计办理小额取现业务6.95万笔、金额4661.7万元，办理转账业务4.18万笔、金额18806.36万元，办理消费业务7.3万笔、金额1618.4万元，办理水电费缴纳业务2.52万笔、金额439.16万元。同时，继续开展涉农银行机构助农取款服务工作，全年办理相关业务14.84万笔、金额7531.93万元。（周晓锦　杨志栎）

【集中代收付业务】　2016年，人行高邮市支行继续推动集中代收付业务发展，扩展县域支付结算服务范围，丰富基层央行服务社会内涵。全年新建立集中代收付合同库44个，累计有合同库459个；完成入网单位托收通信费用3447笔、金额726万元，托收成功率94%。（周晓锦　杨志栎）

国有政策性银行

【中国农业发展银行高邮市支行】　2016年，农发行高邮市支行内设财务科、信贷科、办公室等3个科室，有在职员工17人。该支行认真贯彻省、扬州市分行行长会议精神，加强信贷管理和财会管理，有效控制各类风险，各项业务均取得较快增长。至年底，该行实现中间业务收入258万元，经营性考核利润5404万元；人日均存款5511万元，增长67%；全行无不良贷款，达到“二类行”标准。

是年，该行继续发挥信贷政策优势，与市财政局、高邮农商行等单位合作，采取回笼抓存、激励增存等措施，促进存款业务实现较大增长。至年底，该行实现企事业单位日均存款余额10.1亿元，比上年增加4.08亿元，增长67%。注重加大农业信贷投放力度，全年发放贷款21亿元，比上年增加5.5亿元，增长35%。至年底，该行各项贷款余额26亿元，增长30%。（姚志江）

国有商业银行

【中国工商银行股份有限公司高邮支行】　2016年，工商行高邮支行内设综合管理部、公司金融业务部、个人金融业务部、市场拓展部等4个部室，下辖1个营业部，5个二级支行，有在职员工120人。至年底，该行实现各项存款余额41.63亿元，比年初新增1.49亿元，增长3.7%；各项贷款余额32.01亿元，比年初新增6400万元，增长2%；实现中间业务收入6586万元；全年实现拨备前账面利润1.4亿元。该行被扬州市财政局选为“集群贷”试点行。

是年，该行围绕地方经济建设，加大信贷投入力度，审批完成扬州科丰高新产业投资开发有限公司“高邮市送桥镇同一乡镇范围内村庄建设用地布局调整工程”第一期、第二期项目贷款，涉及贷款总额3.3亿元，当年发放项目贷款2.2亿元；投放市污水处理厂“清水潭旅游开发”项目贷款8000万元、市海潮污水处理厂“5万吨污水处理提质升级”项目贷款5000万元；新增投放高邮市丹泉绿化工程有限公司贷款1亿元。发展小企业贷款，全年储备目标客户8户，完成高邮亚普塑业有限公司、扬州市康乐机械有限公司、扬州亚光电缆有限公司等目标客户的信贷投放工作。此外，该行还发放“创业贷”2500万元，实现票据业务贴现额5.4亿元，发放个人住房按揭贷款 1.9亿元，实现汽车分期付款交易额7300万元。 （周巧）

【中国建设银行股份有限公司高邮支行】 2016年，建行高邮支行内设办公室、公司业务部、个人金融部、计划财务部、营业部等5个部室，下设5个支行、2个分理处，有在职员工135人。该行按照“稳中求进、协调发展”工作基调，围绕“五种能力”（市场竞争力、价值创造力、风险掌控力、管理约束力、业务保障力）建设和“三个转型”（ 公司业务转型、私人业务转型、电子业务转型）发展目标，全面推进各项业务健康有序发展。是年，该行被高邮市委、市政府表彰为服务地方发展先进单位。至年底，该行实现一般性存款余额58.84亿元，比年初新增8.5亿元，增加16.9%；各项贷款余额39.66亿元，比年初减少1.38亿元，下降3.4%。实现中间业务收入6358万元，增长51.6%；账面利润1.53亿元，增长19.5%。

是年，该行在各经营网点增设 “智慧柜员机”，将富余员工充实到网点产品经营和客户服务领域。建立投行、国际业务等专业化团队，定位“小额化、标准化、集约化、综合化”小微企业发展思路，支持500万元以下小微企业发展，不断增强风险管理能力和综合服务水平。大力推广移动支付业务，实现移动金融替代率超65%。采取“有保有压”“一户一策”差别化信贷政策，对经营状况不佳、回笼资金较少、出现潜在风险的企业，进行信贷资金压缩和回收，累计处置不良资产1.1亿元。 （卢晓祥）

【中国银行股份有限公司高邮支行】 2016年，中行高邮支行内设综合管理部、公司业务部、公司金融部、个人金融部等4个部门，下辖7个营业网点，有在职员工129人。是年，该行被高邮市委、市政府表彰为服务地方发展先进单位。至年底，该行实现各项存款余额41.21亿元，比年初增加7.15亿元，增长21%；各项贷款余额32.46亿元，比年初增加1.92亿元，增长6.3%；实现净利润5417万元，增长11%。

是年，该行大规模开展清收、压降和增信工作，改善公司业务资产质量，扭转公司业务条线资产质量下降趋势。同时，适时开展资产结构、客户结构调整工作，拓展优质制造业客户。全年新增授信额度3亿元，获批亿元级项目贷款4项。提升网点服务功能，对蝶园支行、临泽支行、开发区支行、环城自助银行实施改造，新增、扩大自助服务区，进一步满足客户需求。加强与新奥能源控股有限公司合作，拓展零售业务，于11月实现该公司燃气卡代充值业务全面上线。 （高惠忠）

【交通银行股份有限公司扬州高邮支行】 2016年，交通银行扬州高邮支行内设综合管理部、公司业务部、零贷业务部、个人金融部、会计营运部等5个部门，有在职员工22人。是年，该行被高邮市委、市政府表彰为服务地方发展先进单位。至年底，该行实现各项存款余额6.85亿元，比年初增加4.2亿元，增长158.7%；各项贷款余额4.84亿元，比年初增加1.3亿元，增长36.7%。全年实现中间业务收入347万元。

是年，该行向江苏华富储能新技术股份有限公司、扬州日兴生物科技股份有限公司、扬州市润源灯饰有限公司、江苏欧力特能源科技有限公司及市人民医院、市中医医院、市第三人民医院等企业（单位）发放贷款4.2亿元。 （颜刚）

【中国农业银行股份有限公司高邮市支行】 2016年，农行高邮市支行内设综合管理部、风险与信贷管理部、运营财会部、公司业务部、零售银行业务部、网点管理部等6个部门，下辖1个营业部、3个二级支行和11个分理处，有在职员工218人。至年底，该行实现各项存款余额82.88亿元，比年初增加7.42亿元，增长9.8%。其中，个人存款余额62.44亿元，比年初增加5.93亿元，增长10.4%；对公存款余额19.83亿元，比年初增加1.49亿元，增长8.1%。实现各项贷款余额27.88亿元，比年初增加2.49亿元，增长9.8%。

是年，该行先后组织 “大行德广 伴你成长金钥匙春天行动”营销竞赛活动、“激情仲夏 金彩生活”综合营销竞赛活动、“赢在金秋”系列个人金融业务竞赛活动及 “季季争先”“四走进”（走进政府、走进园区、走进企业、走进同业）等主题营销活动，促进各项业务稳步提升。全年新增对公各类结算账户356户、个人贵宾客户3500户、电子银行注册客户5.9万户、第三方存管客户562户、现金管理上线客户233户及资本金账户2户、法人信贷客户6户。提高信贷运作效率，促进资产业务发展，成功营销高邮市建设发展投资有限公司、江苏丰庆种业科技有限公司、扬州曙光电缆股份有限公司等优质客户。 （唐越）

其他商业银行

【江苏高邮农村商业银行股份有限公司】 2016年,高邮农村商业银行内设18个部室、4个区域金融服务中心,下设1个营业部、36个支行,有在职员工510人。该行实施事业部制改革,改造信贷流程,成立区域金融服务中心,提升工作效率,促进业务发展。至年底,该行实现各项存款余额147.5亿元,比年初增加16.5亿元,增长12.6%;各项贷款余额85.5亿元,比年初增加5.9亿元,增长7.4%。是年,该行获"江苏省文明单位""扬州市银行业小微企业金融服务工作先进单位"等称号,被高邮市委、市政府表彰为服务地方经济发展先进单位。

是年,该行开展"优服务、访千企、支实体、助发展"中小微企业集中走访活动,分类走访无贷户1980户,年底累计实现贷款户8461户。启动新一轮"阳光信贷"工作,全年累计走访农户3.5万户,授信2.4万户,授信金额38.87亿元。全年零售贷款实际用信户7871户,比年初增加2136户。开展年度综合授信工作,累计完成企业综合授信394户、33.67亿元,比上年增加77户、5.9亿元。

拓展消费信贷市场,相继推出"信易贷""车易贷""二手房贷"等系列消费类信贷产品,并对湖西片区开展深化"阳光信贷"试点工作,配套开发"商易贷""房易贷"等信贷品种,推出手机自助贷、小额信用贷款产品;利用"科技贷"平台,加大对科技型企业支持力度;丰富中小微企业信贷产品体系,先后推出"金融实业贷" "税惠贷"产品。至年底,该行发放"科技贷"13户、余额5110万元;商标权质押贷3户、余额3000万元;"金融实业贷"11户、余额3950万元;手机自助贷1499户、余额2.4亿元;"信易贷"333户、余额6249万元;小额信用贷322户、余额3531万元;"车易贷"79户、余额684万元。

推动电子业务发展,全年新开办银行卡3.04万张,累计41.08万张;新增手机银行用户6341户,累计1.89万户;新增POS商户56户,累计206户;金融业务柜面替代率67.6%,比年初提高6.3个百分点。新增微信客户3.12万户,累计3.65万户;拓展第三方支付客户4.65万户。 (冯春松)

【江苏射阳农村商业银行股份有限公司高邮支行】 2016年,射阳农商行高邮支行内设综合部、信贷部、微贷部和营业部等4个部室,有在职员工19人。至年底,该行实现各项存款余额1.54亿元,比年初减少1600万元,下降9.4%;实现各项贷款余额3.16亿元(公司贷款余额1.53亿元、个人贷款余额1.63亿元),比年初增加1.14亿元,增长55%。全年实现账面利润1548.31万元。

是年,该行把小微企业信贷和个人信贷业务作为营销重点,开展"走社区、进园区"系列营销拓展活动。全年累计走访企业262家,拓展公司实体贷款户55户,新增企业贷款客户11户、个人贷款客户637户。年底,该行公司贷款余额1.53亿元,增加6524万元,增长73.7%;个人贷款余额1.63亿元,比上年增加5519万元,增长51%。

该行创新信贷产品,优化信贷流程,推出"法人宝"新型信贷产品,并以该产品作为营销企业贷款的辅助产品,帮助客户解决生产经营过程中的临时性资金需求。针对光伏行业企业,创新推出流动资金贷款产品"光伏贷",并采取减费让利等优惠政策,推进信贷业务拓展。开展金融产品宣传进小区全覆盖行动,全年累计增放个人消费贷款4836万元。 (陈婷)

【江苏银行股份有限公司高邮支行】 2016年,江苏银行高邮支行内设办公室、业务发展部、营业部等3个部室,有在职员工26人。该行开展"银企统筹共建""千户企业百日行"等营销活动,促使各项业务取得迅速发展。至年底,该行实现各项存款余额25.55亿元,比年初增加4.61亿元,增长22%;各项贷款余额21.31亿元,比年初增加2.64亿元,增长14.1%。是年,该行被省总工会授予"2016年度工人先锋号"称号;被扬州市公安局评为2016年度扬州市单位内部安全保卫工作先进集体;被江苏银行扬州分行表彰为2016年度先进集体。

是年,该行大力发展主营业务,实现各项存款快速增长,信贷投放稳步上升。该行实现各项日均存款余额25.11亿元,比年初增加4.99亿元,占全市市场份额的6%;实现公司类贷款余额12.92亿元,比年初增加1.28亿元,增长11%;零售类贷款余额5.39亿元,比年初增加0.85亿元,增长18.7%。

(吴耕晖)

【扬州高邮兴福村镇银行有限责任公司】 2016年,扬州高邮兴福村镇银行内设行长室、综合管理部、业务发展部、风险授信部、营业部等5个部门,有在职员工39人。该行以"面向农村、服务乡镇"为理念,大力拓展涉农业务和小微企业客户,实现存、贷款业务较快增长。至年底,实现各项存款余额1.69亿元,比年初增加0.53亿元,增长45.7%;各项贷款余额1.76亿元,比年初增加0.73亿元,增长70.9%。10月,该行送桥支行正式营业。

是年,该行新增信贷客户650户,新增贷款投放8868万元,主要信贷客户为罗氏沼虾养殖、鹅业养殖等养殖业大户。积极拓展中间业务,主动与市人社局对接,为异地养老退休人员328人免费代发退休工资业务。 (严昊)

【招商银行股份有限公司高邮支行】 2016年,招商银行高邮支行内设行长室、公司部、零售部、运营部、办公室等5个部门，有在职员工21人。该行秉承“因势而变、因您而变”经营理念，坚持优质、高效、专业服务水准，切实推进各项业务开展。至年底，该行实现各项存款余额14.96亿元（对公存款余额13.17亿元、储蓄存款余额1.79亿元），比年初增加1.64亿元，增长12.3%；实现各项贷款余额10.24亿元，比年初减少3.49亿元，降低25.4%。

是年，该行积极运用创新手段，推出“菁英贷”产品，增加贷款投放；根据上级行授信政策变化情况，结合高邮市情特点，细化授信对象，开展分类营销，加大现代服务业、新兴产业等各领域优质客户信贷项目储备，推进实现有效信贷投放，满足企业资金需求，支持高邮市经济发展。 （王晔）

【中国光大银行股份有限公司高邮支行】 2016年，光大银行高邮支行内设行长室、业务拓展部、个人理财中心、营业部等4个部门，有在职员工15人。该支行秉承着“诚信为本、创新为先、团队合作、卓越执行、和谐发展”经营理念，为全市中小企业和广大市民提供存款、贷款、理财、融资、网上银行等多种金融服务。至年底，该行实现一般存款余额7.8亿元，其中居民储蓄存款余额1.63亿元、对公存款余额6.17亿元，分别增长96.5%、35.8%、122.7%；实现贷款余额2.62亿元，其中对公贷款余额2.5亿元、对私贷款余额0.12亿元，分别增长136%、177.8%、-42.9%。

是年，该行注重围绕经济热点及本地经济形势开展营销工作，以市内各市级融资平台为工作重心，积极组织开展有针对性的营销活动，努力降低外部市场变化带来的业务风险；加强与各乡镇、园区联系沟通，了解项目需求，促进信贷增长。强化产品创新，推出并发行光大世贸联名卡2000张，促进个人消费适度增长。 （李兴呈）

【中国邮政储蓄银行高邮市支行】 2016年，邮储行高邮市支行内设综合管理部、综合业务部、市场拓展一部、市场拓展二部等4个部室，下辖1个营业部和6个二级支行，有在职员工118人。该行认真贯彻服务“三农”、小微企业各项政策，加强业务创新和服务创优，支持地方经济发展。至年底，该行实现各项存款余额27.71亿元，增长7.3%；各项贷款余额15.44亿元，增长24.1%。

是年，该行利用网点布局合理、代收付经验丰富等优势，拓展代收代付水费、电费、交通罚款、新农保及养老保险等各类业务。至年底，累计实现代发新农保客户7.63万户、代发养老金客户2.34万户。强化贷款投放业务，先后推出“富农贷”“农保贷”“助保贷”等产品，投放涉农贷款2.34亿元，着力解决种植养殖户、个体工商户、小微企业“融资难”问题。注重拓宽中小企业融资渠道，强化灯具制造、电线电缆、机械加工、服装鞋帽、建筑施工等行业客户的挖掘，适时推出“保易贷”产品，全年新增中小企业贷款投放45笔、金额2亿元，贷款余额1.96亿元。加强个人信贷业务服务，全年新增零售信贷投放客户2600多户、金额6.97亿元。 （张玲玲）

【南京银行高邮支行】 1月15日，经中国银监会扬州监督分局批准，南京银行高邮支行正式开业。该行位于高邮市屏淮北路39-113号，内设行长室、办公室、公司金融部、个人金融部、营业部，有在职员工20人。该行以零售客户价值创造为导向，以发展客户、服务客户、经营客户为方针，以有效拓展资产业务配置领域、优化信贷结构、积累优质客户为目标，着力推动自身业务发展。是年，该行被高邮市委、市政府表彰为服务地方发展先进单位。至年底，该行实现各项存款余额34.55亿元，各项贷款余额26.55亿元。

是年，该行突出城市基础设施建设、城镇化建设、农业开发建设等重点，强化信贷投放力度；关注客户个性化需求，以贷投联动创新业务为着力点，以科技金融业务为突破口，聚焦促进本地科技、文化企业和创新型、创业型、成长型中小微企业发展，着力组织开展“鑫联税”“快捷贷”等特色微贷产品服务，推进由“做业务”向“做客户”转变；大力拓展个人金融业务，先后开发并推出“信易贷”“房易贷”“购易贷”和“诚易贷”等消费信贷产品及“商易贷”经营性个人贷款产品。 （郭爱）

财产保险

【中国大地财产保险股份有限公司高邮支公司】 2016年，大地保险高邮支公司内设经理室、综合管理部、业务管理部、车商渠道部、客户服务部、重点客户部、农险部、业务部等8个部室，有在职员工34人。至年底，该公司实现各项保费收入5910万元，其中人身险保费收入3527万元、车险保费收入2188万元、财产险保费收入195万元，分别增长21.8%、47.3%、-1.6%、17.2%；受理各类理赔案件3505起（比上年减少470起），支付理赔金3631万元（增长2.8%），结案率99.6%。

是年，该公司坚持效率为先，有效整合各类资源，重点面向车商业务、学生平安保险和道路客运公司保险开展营销服务，取得较好成绩。继续与商业银行开展合作，大力发展涉农保险业务，加强保险品种直销工作，努力提高市场占有率。在开展机动车交通事故责任强制保险业务的基础上，继续按车型、自重分类代收代缴相关类型车辆（拖

拉机、警用车、军用车除外)车船税,全年代收代缴车船税198万元。(姜学军)

【中国人民财产保险股份有限公司高邮支公司】 2016年,人保财险高邮支公司内设综合部、运营支持部、非车险业务部、理赔分中心、农村保险事业部/农村普惠金融事业部、车险直销业务部、车商业务一部、车商业务二部、电子商务业务部、社会医疗保险服务部、营销业务部、天山营业部、三垛营业部、开发区营业部和汤庄营销服务部,有在职员工61人。该公司加大涉农服务力度,把服务范围向乡镇拓展、延伸,实现乡镇(村)"三农"服务站(点)全覆盖。至年底,该公司实现各类保费收入1.82亿元,其中机动车险保费收入1.02亿元、非机动车险保费收入0.41亿元、农业政策性保险保费收入0.39亿元,分别增长10.3%、16.3%、0.6%、6.7%;受理各类案件8000多件,支付理赔金1.01亿元。

是年,该公司与市政府以各占50%的比例,继续开展联办共保政策性农业保险业务,双方共完成保费收入7840万元,支付理赔金5800万元。全年联办共保水稻4.66万公顷、小麦4.81万公顷、棉花33.3公顷、水稻制种73.3公顷、大棚蔬菜1246.7公顷;承保能繁母猪4126头、育肥猪31.89万头、育肥羊1万头、内塘螃蟹4660公顷、露地旱生蔬菜1340公顷、肉鸡1000万只、蛋鸡51.5万只、蛋鸭30.3万只、梨20公顷、桃26.7公顷等。在承保品种中有高效农业品种14种,其中高效设施农业占比为80%。是年,该公司上缴各类税收826.9万元,代收代缴车船税770.9万元。(肖勇)

人身保险

【利安人寿保险股份有限公司高邮支公司】 2015年,利安人寿高邮支公司内设个险销售部、团体业务部、客户服务部、银行保险部等4个部门,有在职员工11人。是年,该公司被利安人寿保险股份有限公司表彰为2016年度先进集体,被高邮市委、市政府表彰为服务地方发展先进单位。至年底,该公司实现保费收入1.94亿元,其中实现个险业务保费收入2623万元、银行保险业务保费收入1.67亿元、短期保险保费收入73.5万元,分别增长116%、64.8%、127.7%、40.8%;受理理赔案件366起,赔付金额87.1万元。

是年,该公司坚持诚信销售,承保过程清晰透明,理赔服务简捷快速,信息披露准确完整,投诉处理高效及时,努力让客户明明白白买保险,安安心心获理赔。强化合作银行数量拓展工作,累计拥有合作银行16家,方便客户办理业务。同时,该公司积极支持开展公益事业,践行每完成该公司一份保单业务,即向"利安人寿一元公益基金"捐献1元钱的承诺。与临泽镇瓦港村开展结对帮扶,全年累计向该村困难户捐赠扶贫资金8000元。(徐宏昌)

【中国人寿保险股份有限公司高邮支公司】 2016年,人寿保险高邮支公司内设综合部、个险销售部、团体业务部、银行保险部、客户服务中心,下辖13个个险营销职场、2个团体险拓展部、2个银保规划师团队和1个银保客户经理团队,有在职员工67人、营销员1442人。全年实现保费收入4.91亿元,增长4.6%;处理理赔案件5744件;支付理赔款2199.28万元。是年,该公司被市公安局评为安保先进单位,被市司法局评为2011～2015年高邮市法治宣传教育工作先进集体。

是年,该公司重视客户专业营销,积极与市民政、人社、卫生、教育等部门合作,维护并扩大客户规模,努力开拓新型合作项目。注重推广电子化服务,通过微信、手机App等便捷方式为客户提供贴身保险服务。利用网络平台开展网络销售,以驾乘险等易销险种销售为突破口,快速抢占市场。创新保险销售渠道和服务模式,强化与客户的线上线下互动行为,努力增强对客户的影响力。(徐凡)

其他金融机构

【新设立商业保险公司直属分支机构2家】 2016年,经市市场监督管理局核准登记,全市新设立商业保险公司直属分支机构2家,即江苏板桥保险代理有限公司高邮分公司、宝诚保险销售有限公司扬州营业部。至年底,全市累计有注册商业保险公司直属分支机构69家。(李瑶)

【融资性担保机构】 2016年,全市共有融资性担保机构3家,分别是江苏亿邦担保有限公司、高邮市东方邮都担保有限公司、高邮市信诚工业企业贷款担保有限公司。至年底,全市融资性担保公司实现在保责任额5.38亿元,比年初减少2.17亿元,下降28.7%。(李瑶)

【农村小贷公司】 2016年,市市场监管局未新增注册与注销农村小额贷款有限公司。至年底,全市累计有农村小额贷款有限公司15家,实现贷款余额13.11亿元,拥有贷款存量客户910户。(李瑶)

经济综合管理

General Management of Economy

计划调控

【概况】 市发改委(市服务业发展局),内设办公室、综合科、固定资产投资科、工业经济发展科、农村经济发展科、经济体制改革科、对外经济合作科、能源管理科、招投标管理科、行政服务科、综合服务科、行业管理科、项目管理科等13个职能科室,下辖市散装水泥办公室、市融资合作办公室、市工程咨询中心、市服务业发展中心等4个直属事业单位,共有各类工作人员49人。2016年,市发改委按照"对上全力争取、对下倾力服务、对外尽力合作、对内着力创新"的理念,主动作为,真抓实干,各项工作取得实效。是年,市发改委连续四年被评为全省发改系统先进单位;被评为扬州市发展改革综合考评先进单位;被高邮市委、市政府表彰为市级机关能力作风建设标兵单位。(朱堂林)

【2016年高邮市国民经济和社会发展指标实绩】 2016年高邮市国民经济和社会发展指标完成情况是:(1)完成地区生产总值537.5亿元,增长9.5%。(2)实现公共财政预算收入34.12亿元,增长2.6%。(3)完成全社会固定资产投资455.6亿元,增长15.4%。(4)实现工业开票销售498.35亿元,增长13.6%;工业入库税收18.9亿元,下降7%。(5)实现社会消费品零售总额170.1亿元,增长11.1%。(6)注册外资实际到账5055.3万美元,下降16%;实现出口总额4.33亿美元,增长6.4%。(7)实现农村居民人均可支配收入16952元,增长8.6%;城镇居民人均可支配收入31430元,增长8.3%。(陆璐)

【2017年高邮市国民经济和社会发展主要计划预期指标】 2017年高邮市国民经济和社会发展主要计划预期性指标是:(1)地区生产总值可比价增长9%以上。(2)公共财政预算收入增长5%。(3)全社会固定资产投资增长15%。(4)工业开票销售550亿元,增长11%。(5)社会消费品零售总额增长10%左右。(6)注册外资实际到账6000万美元以上;出口总额增长5%。(7)全体居民人均可支配收入增幅力争与地区生产总值增幅同步。(8)年末城镇登记失业率控制在2.2%以内。(陆璐)

【"十三五"规划纲要正式印发实施】 2016年,《高邮市国民经济和社会发展第十三个五年规划纲要》(以下简称"规划纲要")经市十四届人大第五次会议审议批准后,由市政府正式印发实施。该《规划纲要》阐明"十三五"时期全市的发展目标、发展任务、发展重点和政策取向,引导全市上下按照创新、协调、绿色、开放、共享的发展理念,实施创新驱动战略、加快经济转型升级、推进新型城镇化和城乡发展一体化、推进美丽高邮建设、全面深化改革和打造开放高邮、加强基本公共服务体系建设、建设文化高邮等经济社会发展重点任务。同时,市发改委牵头组织各相关部门依据该《规划纲要》,分别编制工业经济和信息化、科技进步和创新、服务业、农业产业、农村经济、建筑业、城镇建设和城乡统筹以及社会事业和改善民生等重点专项规划30项,形成以该《规划纲要》为统领、专项规划为支撑的规划体系。(陆璐)

【重大项目建设】 2016年,全市实施投资额0.5亿元以上项目192项,计划总投资587.91亿元,当年完成投资154.04亿元,分别增长12.9%、6.1%、-14.7%。全年新开工投资额0.5亿元以上项目87项,其中投资额0.5亿元~1亿元项目27项、投资额1亿元~5亿元项目45项、投资额5亿元~10亿元项目6项、投资额10亿元及以上项目9

项,分别占年度目标任务的113%、108%、115.4%、120%、112.5%。全年竣工投资额0.5亿元以上项目74项,其中竣工投资额0.5亿元～1亿元项目24项、投资额1亿元～5亿元项目42项、投资额10亿元及以上项目8项,分别占全年目标任务的105%、100%、105%、133.3%。 (刘媛 姜涛)

【市经济发展总公司获准发行城投债券16亿元】 8月,经国家发改委核准,市经济发展总公司公开发行企业债券(城投债券)。此次获发债券的核定期限为7年;发行总额不超过16亿元,其中所筹资金10.5亿元用于扬州清水潭生态文化旅游度假区建设项目、3.5亿元用于高邮经济开发区2015～2017年安置小区工程建设项目、2亿元用于补充营运资金。

9月1日,该债券主承销商——兴业证券以3.65%的超低利率,在中央国债登记结算中心公开进行簿记建档,首期面向各机构投资者公开募集10亿元;9月中旬,兴业证券以5.26%的利率,第二期公开募集6亿元。 (杨扬 殷朝刚 刘军)

【举行企业股权融资暨项目路演专场对接会】 (详见《开放与开发》篇目《招商引资》分目)

【中介机构改革】 (详见《人力资源》篇目《机关事业单位改革》分目)

【企业上市】 (详见《工业》篇目《企业上市》分目)

【高邮市获评四项全国百强县市】 11月7日,全国中小城市经济发展委员会、中小城市发展战略研究院、中国中小城市科学发展指数研究课题组等单位,通过《人民日报》和《2016中国中小城市发展报告·绿皮书》联合发布2016年中国中小城市科学发展指数研究成果和"2016全国综合实力百强县市"等榜单,当中高邮市获评四项全国百强县市,即"2016年度中国中小城市综合实力百强县市""2016年度中国最具投资潜力中小城市百强县市"和"2016年度中国中小城市创新创业(双创)百强县市""2016年度中国中小城市新型城镇化质量百强县市"。其中,连续十年获评"中国中小城市综合实力百强县市""中国最具投资潜力中小城市百强县市",2016年分别位列该两个榜单的第64位(比上年晋升2位)和第46位(比上年晋升1位);首次获评"2016年度中国中小城市创新创业(双创)百强县市""2016年度中国中小城市新型城镇化质量百强县市",分别位列该两个榜单的第45位和第68位。 (陆璐)

【新能源产业发展简况】 2016年,全市践行绿色发展理念,以推进可再生能源发电项目建设为抓手,继续推动新能源产业发展。至年底,全市累计建成可再生能源发电装机规模241.43兆瓦,其中太阳能光伏发电装机规模187.43兆瓦(集中式173兆瓦,分布式14.43兆瓦)、风力发电装机规模50兆瓦、生物质发电装机规模4兆瓦,年发电总量约2.8亿千瓦时。

太阳能光伏发电:全市共有集中式光伏发电企业10家、分布式光伏发电企业近30家,并网发电规模分别为173兆瓦、14.43兆瓦。2016年,全市获批集中式光伏发电指标10兆瓦,涉及在建的相关项目1项;完成分布式光伏发电企业备案120家,涉及发电规模63兆瓦。

风力发电:主要代表为高邮市协合风力发电有限公司投资建设的协合风电场第一期工程。该工程由25台单机容量2.0兆瓦风电机组组成,总装机规模50兆瓦,于1月14日实现并网发电,至年底累计发电量1.02亿千瓦时,取得良好的经济和社会效益。12月,市政府向省能源局编制申报2017年度风力发电项目3项,涉及总装机规模250兆瓦,其中深圳能源集团股份有限公司东部风场项目规模为100兆瓦、高邮市融保达风力发电有限公司周山风电项目规模为50兆瓦、华电集团公司临泽镇风电项目规模为100兆瓦。

生物质发电:主要代表为高邮市林源科技开发有限公司研发承建的秸秆气化发电示范工程第二期扩建项目。该项目发电装机规模6兆瓦,于5月13日下午通过专家评审,正在建设当中。(徐庆峰)

资料链接 近年来,全市在可再生能源发电项目的带动下,促进城乡能源消费结构进一步优化。2016年,全市能源消耗总量为145万吨标煤,其中煤炭消费总量47.84万吨、电力总消费37.77亿千瓦时、天然气消费3227.5万立方米。与上年比,煤炭消费总量进一步减少,清洁能源和可再生能源的消费比重得以逐渐提高。 (徐庆峰)

【成品油行业简况】 至2016年年底,全市共有加油站(点)65家,其中核准经营汽油、柴油、煤油的加油站42家,核准经营柴油、煤油的加油点23家;经营主体包括中国石油化工集团公司、中国石油天然气集团公司、中化道达尔燃油有限公司等31家企业。是年,全市成品油批发零售总量超过10万吨。 (徐庆峰)

国土资源管理

【概况】 市国土局(市不动产登记局)内设办公室、法规监察科 、规划利用科、耕地保护科、地籍管理科、土地利用管理科、地质矿产科、财务科、行政服务科等9个职能科室,下辖市土地开发储备中心、市不动产登记中心(均为副科级建制)、市国土测绘队、市地价管理所、市征地管理中心、市土地执法监察大队、市土地交易管理中心、市土地开发整理中心等8个直属事业单位和高邮经济开发区国土资源分局、湖西国土资源分局(与送桥所合署办公)、驻乡镇11个国土所,共有各类工作人员190人。2016年,该局以深入推进节地水平和产出效益“双提升”为目标,尽职尽责保护资源,节约集约利用资源,各项工作取得新的成效。是年,高邮市被扬州市政府表彰为国土资源目标管理一等奖、耕地占补平衡贡献一等奖;市国土局被省国土厅表彰为省级耕地保护激励单位、全省矿产资源补偿费征管工作先进单位、首批全省国土资源系统依法行政示范点,被高邮市委、市政府表彰为市级机关能力作风建设标兵单位。 (胡小飞)

【耕地保护工作】 2016年,市国土局坚持建设与管理并重,加大耕地管护力度,加强土地综合整治,全市耕地总量继续保持动态平衡,耕地质量稳步提升。是年,全市7.18万公顷永久基本农田划定方案上报省政府审核,高标准基本农田建设方案上报省国土厅备案,完成扬州市下达的3700公顷高标准基本农田建设任务。 (胡小飞)

【土地复垦整理工作】 2016年,全市申报获批临泽镇、甘垛镇、周山镇土地整治项目3项,整治规模1820公顷,争取项目资金7670万元。实施完成三垛镇和八桥集镇、汉留集镇土地整治项目3项,整治规模1750.22公顷,投入资金4564.30万元,经验收确认新增耕地55.22公顷。申报实施耕地占补平衡项目库项目29项,建设规模167.04公顷,投入资金2621.64万元,经验收确认新增耕地164.50公顷。实施城乡建设用地增减挂钩项目20项,拆旧复垦面积59.67公顷,投入资金2617.03万元,新增耕地57.28公顷,促进城乡统筹发展。 (胡小飞)

【全市土地利用总体规划管控工作】 2016年,市国土局按照“保护优先、节约集约、充分衔接、优化布局”的原则,及时启动土地利用总体规划调整完善工作,核减耕地任务保有量253.3公顷、基本农田保护面积5926公顷,减幅居扬州市前列;争取规划流量指标800公顷,全市建设用地实际可用空间达1200公顷,保证城乡发展对规划空间的合理需求。全面完成送桥镇区域范围内村庄建设用地布局调整试点项目(第二期),复垦农村居民点27.2公顷,新增耕地25.8公顷,实现建设用地有减少、村庄布局更优化的目标。 (胡小飞)

【土地利用管理】 2016年,全市获省国土厅批准土地征收报件27件、土地征收总面积554.33公顷,其中农用地468.65公顷、建设用地69.13公顷、未利用地16.55公顷;兑付征地补偿安置费3.09亿元,其中土地补偿费9701.21万元、社会保障资金(含安置补助费)2.05亿元、青苗及附着物补助费647.24万元,核定安置农业人口3092人。全年共发布土地挂牌出让公告29期,办理项目供地233宗、475.16公顷。其中,挂牌出让工业用地78宗、129公顷,合同金额2.84亿元;挂牌出让经营性用地28宗、42.57公顷,合同金额10.88亿元;协议出让国有建设用地90宗、0.25公顷,合同金额335.77万元;融资用地21宗、55.39公顷, 合同金额15.94亿元;划拨用地16宗、247.95公顷。严格执行《土地出让履约保证金管理办法》,强化建设用地跟踪监管,全年处置闲置、低效利用土地24宗、46.73公顷。 (胡小飞)

【经营性用地招标、拍卖、挂牌出让】 2016年,市国土局加强土地市场分析研究,科学制定年度经营性用地上市计划,合理控制土地上市的规模和节奏,促进全市经营性用地出让市场平稳健康发展。全年共发布经营性用地招标、拍卖、挂牌出让公告14期,出让成交经营性用地28宗、面积42.57公顷,合同金额10.88亿元。其中,高邮经济开发区2宗、面积1.93公顷,合同金额700万元;城区13宗、面积34.72公顷,合同金额10.37亿元;乡镇13宗、面积5.92公顷,合同金额4400万元。严格项目履约管理,及时督促土地竞得人缴纳陈欠土地出让金9300万元。 (胡小飞)

【地籍管理】 2016年,市国土局按照全流程优化审批、全区域便民服务、全业务网上办理、全节点效能监察的模式,设立乡镇不动产登记站13家,实现区域全覆盖;划转工作人员26人,不动产职责、机构整合全部到位。12月中旬,通过设在市政务服务中心的林权登记窗口,发出全市首本《林权不动产权证》。是年,全市发放《不动产权证书》1.53万本,办理《不动产权证明》9030本;办理抵押登记9030宗、面积741.22万平方米,抵押金额127.96亿元;全市首次地理国情普查工作通过国家验收;《数字高邮地理空间框架建设项目技术设计书》通过省级评审,并签订三方共建协议。 (胡小飞)

【地质矿产资源管理】 2016年,市国土局进一步规范矿产资源开采交易行为,全年依法办理砖瓦企业采矿权登记手续16家,挂牌出让黏土资源34.5万立方米,征收采矿权使用费、矿产资源补偿费和采矿权价款等各类规费90.55万元。同时,编制完成《高邮市地热资源开发利用建设发展规划》,推进完成神居山地质环境整治工程。是年,全市地质环境勘查评价工作被省国土厅评为优秀等级。 (胡小飞)

【土地执法监察工作】 2016年,市国土局以土地卫片执法检查为抓手,着力规范用地秩序,维护群众土地权益。全年开展动态巡查36次、执法互查1次,立案查处违法用地9宗、面积6.26公顷,退还土地6.26公顷,没收建筑物2.6万平方米,拆除建筑物0.86万平方米,罚没款入库96.43万元,实现土地卫片执法检查“零约谈、零问责”。全年编制完成121项国土资源行政权力事项清单、127项行政权力事项办事指南;应诉行政诉讼案件2件,全部胜诉;办结各类来信、来访、来电事项161件。

(胡小飞)

工商行政管理

【概况】 市市场监管局内设办公室、人事科、法制科、稽查科、财务科、信息科、行政审批服务科(注册登记科)、食品药品安全综合协调科、食品安全监管科、药品医疗器械监管科、市场规范监管科(商标广告监管科)、质量管理与监督科、标准计量科、特种设备安全监察科、消费者权益保护科(举报投诉中心)等15个职能科室,下辖市产品质量综合检验检测中心、市市场综合执法大队2个事业单位及东城、西城、城北、城南、临泽、三垛、汤庄、卸甲、送桥、甘垛、界首等11个基层分局;挂靠单位有市消费者协会。2016年,全市市场监督管理系统围绕全市工作中心,开拓创新,拼搏实干,狠抓落实,各项工作取得新进展。是年,该局被省文明委授予“2013—2015年度江苏省文明单位”称号,被省工商局表彰为2016年网络市场监管专项行动成绩突出单位。

(郑玉林)

【新发展私营企业3929家】 2016年,全市新注册登记开业私营企业3929家,投资者4385人,雇工1.33万人,注册资本(金)143.27亿元。其中,新注册登记开业工业(制造业)私营企业2110家,投资者2288人,雇工8230人,注册资本(金)74.62亿元;新注册登记开业商业(批发和零售业)私营企业797家,投资者861人,雇工1623人,注册资本(金)12.25亿元;新注册登记开业农业(含农、林、牧、渔业)私营企业280家,投资者307人,雇工652人,注册资本(金)4.65亿元。至年底,全市累计注册登记私营企业1.75万家,投资者2.20万人,雇工20.37万人,注册资本(金)922.09亿元。其中,累计注册登记工业私营企业9944家,投资者1.27万人,雇工13.67万人,注册资本(金)558.5亿元;累计注册登记商业私营企业3414家,投资者3698人,雇工1.29万人,注册资本(金)62.49亿元;累计注册登记农业私营企业1032家,投资者1181人,雇工4373人,注册资本(金)19.22亿元。(李桂丽)

【新增注册资本(金)100万元以上私营企业1415家】 2016年,全市新增注册资本(金)100万元以上私营企业1415家,累计拥有注册资本(金)100万元以上私营企业6360家。其中,注册资本(金)在100万元～500万元的私营企业有2724家,占比为42.8%;注册资本(金)在500万元～1000万元的私营企业有1156家,占比为18.2%;注册资本(金)在1000万元～1亿元的私营企业有2305家,占比为36.2%;注册资本(金)1亿元以上的私营企业有175家,占比为2.8%。

(李桂丽)

【办理变更各类工商企业登记2079家】 2016年,市市场监管局继续做好各类工商企业登记工作,共办理变更各类工商企业登记2079家,其中非公司制内资企业49家、有限公司1847家、个人独资(合伙)企业193家。

(李桂丽)

表41

2016年高邮市分行业私营企业基本情况表

行业分类	至2016年年底累计数									2016年新发展数			
	合计					其中:城镇							
	户数(户)	分支机构(家)	投资者人数(人)	雇工人数(人)	注册资本(金)(亿元)	户数(户)	投资者人数(人)	雇工人数(人)	注册资本(金)(亿元)	户数(户)	投资者人数(人)	雇工人数(人)	注册资本(金)(亿元)
合计	17482	801	21957	203687	922.09	7983	10256	86579	475.45	3929	4385	13282	143.27
农、林、牧、渔业	1032	18	1181	4373	19.22	517	570	1654	8.14	280	307	652	4.65
农、林、牧、渔服务业	55	16	42	212	0.67	22	12	69	0.10	25	25	47	0.04
采矿业	2	—	2	19	0.01	—	—	—	—	—	—	—	—
开采辅助活动	—	—	—	—	—	—	—	—	—	—	—	—	—
制造业	9944	86	12704	136691	558.5	2959	4062	49875	237.92	2110	2288	8230	74.62
金属制品、机械和设备修理业	10	—	15	70	0.06	6	10	39	0.03	1	1	2	—
电力、热力、燃气及水生产和供应业	16	—	25	118	4.06	12	14	91	1.94	8	9	23	1.10
建筑业	918	72	1297	29944	111.44	658	907	12844	65.52	236	253	928	18.34

续表41

行业分类	至2016年年底累计数									2016年新发展数			
	合计					其中:城镇							
	户数(户)	分支机构(家)	投资者人数(人)	雇工人数(人)	注册资本(金)(亿元)	户数(户)	投资者人数(人)	雇工人数(人)	注册资本(金)(亿元)	户数(户)	投资者人数(人)	雇工人数(人)	注册资本(金)(亿元)
批发和零售业	3414	423	3698	12874	62.49	2163	2366	8724	47.20	797	861	1623	12.25
交通运输、仓储和邮政业	197	13	287	2139	8.34	153	231	1564	7.20	28	34	69	0.63
住宿和餐饮业	64	13	73	980	0.90	54	63	896	0.64	15	21	65	0.26
信息传输、软件和信息技术服务业	132	5	189	856	5.66	98	151	633	4.27	33	41	73	1.52
金融业	67	45	71	672	15.35	57	27	547	3.94	7	4	50	0.03
房地产业	211	14	327	3758	33.11	153	226	2098	26.31	23	27	63	3.68
租赁和商务服务业	660	67	890	4243	29.46	533	727	3140	19.68	166	219	511	5.23
科学研究和技术服务业	472	10	788	4722	67.26	347	587	2852	48.40	165	241	751	19.16
水利、环境和公共设施管理业	18	3	39	262	2.23	13	27	182	1.00	6	6	24	0.44
居民服务、修理和其他服务业	230	31	260	1458	2.78	175	187	985	2.14	33	39	136	0.80
教育	15	—	29	243	0.70	12	25	182	0.60	6	17	47	0.36
卫生和社会工作	4	—	4	32	0.05	4	4	32	0.05	2	2	6	0.01
文化、体育和娱乐业	86	1	93	303	0.52	75	82	280	0.49	14	16	31	0.18
其他	—	—	—	—	—	—	—	—	—	—	—	—	—

（李桂丽）

【新登记农民专业合作社54家】 2016年，市市场监管局继续做好农民专业合作社发展工作，全年新登记农民专业合作社54家，累计登记农民专业合作社1237家。（李桂丽）

【新发展个体工商户7300家】 2016年，全市新注册登记开业个体工商户7300家，新增从业人员1.36万人、注册资金8.22亿元，分别增长16.1%、8.8%、5.4%。其中，新注册登记和开业商业(批发和零售)个体经营户4457家，新增从业人员6264人、注册资金3.9亿元，均居全市各行业之首；新注册登记和开业服务业个体经营户1854家，新增从业人员4118人、注册资金2.56亿元；新注册登记和开业工业(制造业)个体经营户467家，新增从业人员1941人、注册资金0.77亿元。至年底，累计有注册登记个体工商户3.83万家，从业人员7.24万人，注册资金36.47亿元，分别增长15.4%、14.6%、21.2%。其中，累计有注册登记商业(批发和零售)个体经营户2.59万家，从业人员3.82万人，注册资金20.06亿元；累计有注册登记服务业个体经营户7159家，从业人员1.6万人，注册资金8.12亿元；累计有注册登记工业个体经营户有3591家，从业人员1.43万人，注册资金4.68亿元。（李桂丽）

【注销个体工商户营业执照2285家】 2016年，市市场监管局共办理注销个体工商户营业执照2285家，其中驻城镇个体工商户892家、驻乡镇个体工商户1393家。（李桂丽）

表42 **2016年高邮市分行业个体工商户基本情况表**

行业分类	至2016年年底累计数						2016年新发展数			2016年注销数	
	合计			其中:城镇							
	户数(户)	从业人员(人)	注册资本(金)(亿元)	户数(户)	从业人员(人)	注册资本(金)(亿元)	户数(户)	从业人员(人)	注册资本(金)(亿元)	合计(户)	其中:城镇(户)
合计	38264	72398	36.47	25734	49618	25.27	7300	13633	8.22	2285	892
农、林、牧、渔业	1412	3492	3.49	723	1748	1.06	495	1214	0.95	132	112

续表42

行业分类	至2016年年底累计数						2016年新发展数			2016年注销数	
	合 计			其中:城 镇							
	户数（户）	从业人员（人）	注册资本(金)（亿元）	户数（户）	从业人员（人）	注册资本(金)（亿元）	户数（户）	从业人员（人）	注册资本(金)（亿元）	合计（户）	其中:城镇（户）
农、林、牧、渔服务业	220	372	0.28	66	81	0.04	14	40	0.07	7	2
采矿业	1	12	—	—	—	—	—	—	—	—	—
开采辅助活动	—	—	—	—	—	—	—	—	—	—	—
制造业	3591	14301	4.68	1791	6891	2.40	467	1941	0.77	253	91
金属制品、机械和设备修理业	91	106	0.08	11	16	0.01	7	9	—	—	—
电力、热力、燃气及水生产和供应业	3	6	—	2	5	—	—	—	—	1	—
建筑业	39	170	0.06	30	136	0.04	13	72	0.04	2	2
批发和零售业	25921	38209	20.06	17446	27653	15.11	4457	6264	3.90	1682	542
交通运输、仓储和邮政业	338	459	0.40	187	265	0.24	290	370	0.35	1	0
住宿和餐饮业	3025	7768	3.83	2564	6767	3.36	815	2094	1.25	80	70
信息传输、软件和信息技术服务业	114	207	0.10	80	156	0.08	26	53	0.03	1	1
金融业	10	20	0.02	9	18	0.02	1	4	—	—	—
房地产业	138	208	0.07	132	199	0.06	14	24	0.01	—	—
租赁和商务服务业	205	437	0.31	140	286	0.17	35	86	0.04	14	5
科学研究和技术服务业	176	292	0.12	157	264	0.11	82	95	0.04	3	3
水利、环境和公共设施管理业	2	10	—	1	4	—	—	—	—	—	—
居民服务、修理和其他服务业	3146	6373	3.08	2343	4825	2.40	588	1341	0.79	111	61
教育	12	30	0.01	12	30	0.01	1	3	—	—	—
卫生和社会工作	11	39	0.04	11	39	0.04	4	17	0.02	1	1
文化、体育和娱乐业	120	365	0.22	106	332	0.20	12	55	0.03	4	4
其他	—	—	—	—	—	—	—	—	—	—	—

（李桂丽）

【"红盾护农"专项行动】 2016年，市市场监管局规范农资经营主体资格、落实农资经营主体信用监管，开展"红盾护农"专项行动，重点查处农资经营主体销售不合格肥料、无标签小麦种子和虚假宣传农资商品行为，全年立案查处农资案件4件，罚没款入库20.56万元，没收不合格肥料1.35吨。通过开展春、秋两季农资商品质量监测活动，抽样检测16户农资经营主体销售的肥料20批次，对3批次检测不合格的肥料作移交相关分局处理；按照"宽进严管"的要求，检查28户农资经营主体的"企业公示信息和农资商品销售者资格、责任落实及经营商品情况"，并将未按规定公示年报的8户农资经营主体列入经营异常名录管理。（王林）

【网络商品交易监管】 2016年，市市场监管局按照"依法管网、以网管网、信用管网、协同管网"的思路，强化网络商品交易监管工作。全年网上巡查、比对建库企业网站1458家及挂靠交易平台企业网店177家，查处利用网络销售侵权商品、虚假宣传案件4起，罚没款入库19.6万元。提请国家工商总局关闭涉嫌盗用高邮市企业名称的非法网站6个。完成企业网站亮标审核421户，实现企业网站"工商网监"亮标113户，企业网站亮标率位列扬州各县(市、区)第一名。（王林）

【商品交易市场监管】 2016年，市市场监管局注重联合市农业、公安等部门及市场主办单位，通过开展市场信用数据采集、平安市场及农村文明集市创建、禽流感防控及野生动物保护专项执法等活动，切实加强对商品交易市场的监管，营造“放心、安全、稳定、有序”的交易环境。全年完成商品市场54家的信用数据采集工作，查处农贸市场野生动物违法案件2起。同时，根据省工商局双随机抽查工作要求，对高邮市东联商贸市场和扬州市秦邮旧机动车交易市场服务有限公司开展“企业公示信息和市场开办者管理责任落实、场内经营者经营行为”的“定向抽查”工作。（王林）

【城区农贸市场监管】 （详见《商业·服务业》篇目《市场管理与培育》分目）

【获评“盘羊二号行动”先进集体】 6月15日～9月15日，市市场监管局随同市农委、市公安局和市海事处等部门共同参与以打击非法猎捕、经营利用和走私野生动植物等违法行为为重点的“盘羊二号行动”。其间，该局出动专项执法人员150多人次，检查高邮湖区周边5个乡镇的重点农贸市场6个、餐馆34家及城区古玩店3家；对经营性网站进行一次全面网上巡查；在相关市场和经营场所张贴“打击非法贸易保护濒危物种”宣传海报100多张，散发《中华人民共和国野生动物保护法》和《江苏省野生动物保护条例》等法律法规宣传资料200多份；责令1家农贸市场关闭场内违法销售野生动物的经营户2家，野外放飞收缴无合法来源证明的活鸟150只。年底，该局被苏浙沪三省市部门间CITES执法工作协调小组表彰为“盘羊二号行动”先进集体。（王林）

【立案查处各类案件186起】 2016年，市市场监管局开展冷冻肉制品市场、农资市场、“双打”、公用企业不正当竞争、“春风行动”、“质检利剑”等专项整治行动为，严厉打击制售假冒伪劣商品、虚假宣传、违法广告、商标侵权、不正当竞争等违法经营行为。全年共立案查处各类案件186件，其中商标侵权案件34件、产品质量案件44件、食品案件46件、药品案件24件、广告案件9件、不正当竞争案件8件、特种设备案件8件、其他类型案件13件，罚没款入库368万元。（邓忠良）

【动产抵押登记】 2016年，市市场监管局共办理动产抵押登记82件，抵押物总价值49.77亿元，主债权数额30.74亿元，有助于全市相关中小企业开展多渠道融资工作。（任建中）

【13家企业被认定为国家级“守合同重信用”企业】 6月，经各地组织申报、初审、函询、推荐和信用测评等，国家工商总局对外公布2014—2015年度国家级“守合同重信用”企业名单，当中列有高邮市的企业13家，即高邮声光器材有限公司、扬州曙光电缆股份有限公司、江苏科凌医疗器械有限公司、扬州金源灯饰有限公司、龙腾照明集团有限公司、高邮市卫星卷烟材料有限公司、江苏伏特照明集团有限公司、扬州燎原电气工程有限公司、神州交通工程集团有限公司、江苏迪生建设集团有限公司、江苏承煦电气集团有限公司、江苏润华电缆股份有限公司、江苏华能电缆股份有限公司。至此，全市累计获批国家级“守合同重信用”企业13家。（任建中）

【商标申请注册工作】 2016年，市市场监管局继续在全市范围内开展商标品牌战略服务，指导企业规范商标行为，推进开展商标申请注册，引导企业做大做强。全年共办理各类商标申请注册826件，其中农副产品商标202件、马德里国际注册商标5件、其他商标619件；新申报“高邮湖大闸蟹”地理标志证明商标2件。至年底，全市共有有效注册商标5462件。（吴春红）

【1件商标获“中国驰名商标”称号】 2016年，全市有1件产品商标获“中国驰名商标”称号，即扬州曙光电缆股份有限公司的“强菱”商标。至此，全市累计有中国驰名商标8件。（吴春红）

【16件商标获“江苏省著名商标”称号】 2016年，全市有16件产品商标获“江苏省著名商标”称号，即扬州明晟新能源科技有限公司的“明晟”商标、江苏传艺科技股份有限公司的“传艺图形”商标、扬州宏远电子有限公司的“宏远”商标、高邮湖大闸蟹行业协会的“高邮湖大闸蟹及图”商标、龙腾照明集团有限公司的“LONGT”商标、扬州润源灯有限公司的“孟星及图”商标、江苏海潮科技股份有限公司的“海潮及图形”商标、江苏月华照明科技有限公司的“明远及图”商标、扬州市宝典景观照明有限公司的“宇宝”商标、扬州光明电缆有限公司的“图形”商标、星慧照明工程集团有限公司的“星慧智”商标、扬州十二粉黛生物工程有限公司的“千纤草”商标、江苏赛鸥电气集团有限公司“SAIOU”商标、江苏飞腾光电科技有限公司的“飞图形”商标、江苏博思维光电集团有限公司的“博思维”商标、隆昌照明集团有限公司的“隆祥”商标。至此，全市累计有江苏省著名商标69件。（吴春红）

【21件商标获“扬州市知名商标”称号】 2016年，全市有21件产品商标获“扬州市知名商标”称号，即扬州海潮水产有限公司的“徐邮”商标、扬州通宇肥料有限公司的“邮泰”商标、扬州振扬米业有限公司的“振粮”商标、扬州朝晖农业产业发展有限公司的“朝晖”商标、扬州迅祥电缆有限公司的“迅祥”商标、江苏丰祺电气有限公司的“丰祺及拼音”商标、江苏美滋滋食品有限公司的“图形”商

标、扬州三元动力机械有限公司的"特力瑞"商标、奔亚科技集团有限公司的"昊友及图形"商标、江苏科德照明电气有限公司的"KDDQ"商标、扬州宝中宝营养保健品有限公司的"活宝及图"商标、扬州鑫晶光伏科技有限公司的"图形"商标、扬州市盛韬市政配套设施有限公司的"韬昱及拼音"商标、江苏菲利特照明电器有限公司的"星照及图形"商标、江苏昊天龙集团有限公司的"JSHTL"商标、隆昌照明集团有限公司的"隆祥"商标、扬州市星科光电照明科技有限公司的"金源"商标、扬州重电太阳能科技发展有限公司的"苏驰"商标、扬州市方圆机电制造有限公司的"图形"商标、江苏安锦橡胶有限公司的"安锦"商标、扬州市华翔有色金属有限公司的"SEENVIRO"商标。至此，全市累计有扬州市知名商标107件。 (吴春红)

质量技术监督

【质量信用评价工作】 2016年，市市场监管局按照全市质量强市工作会议的部署，加强企业质量信用监管，推进企业质量信用评价工作的开展。注重对全市86家工业产品生产许可证获证企业的年度监督和分等级管理，按照产品类别、风险等级按比例现场抽查相关企业，并督促企业按期整改出现的问题。将未申请质量信用评价的企业，纳入一类管理的范畴，切实开展好宣传动员、登记及相关证明材料的采集和录入工作。至年底，经扬州市质监局确认，江苏同科蓄电池股份有限公司、江苏松山照明集团有限公司、奔亚科技集团有限公司、扬州中泰能源发展有限公司、扬州诺尔照明科技有限公司、高邮市金国电缆材料厂有限公司、江苏富威能源有限公司、高邮市亚星塑料制品有限公司、江苏鑫东方户外用品有限公司、江苏舜邦照明电器有限公司、江苏海德森能源有限公司、扬州奥泰钢杆照明科发展有限公司、江苏凯能机械设备有限公司等13家企业被认定为江苏省工业企业质量信用A级企业。至此，全市累计获省工业信用评价A级以上(含A级)的等级企业108家，其中A级企业107家、AA级企业1家。 (房崇琴)

【品牌战略工作】 2016年，市市场监管局继续推进品牌战略工作，在企业申报、各乡镇推荐的基础上，从计量、标准、质量等方面入手，筛选一批基础较好的企业，着力加大申报辅导和培育服务力度，推动企业进一步健全完善质量管理体系。至年底，经江苏省、扬州市名牌战略推进委员会确认，全市新获批江苏省名牌产品4种、扬州市名牌产品13种。至此，全市累计获批江苏省名牌产品49种、扬州市名牌产品133种。 (房崇琴)

表43 2016年高邮市获江苏名牌产品(企业)名单

企业名称	商　标	产品名称
江苏传艺科技股份有限公司	传艺	带背光的柔性线路板集成模组
江苏创新包装科技有限公司	创新未来	自动定量包装机及生产线
江苏承煦电气集团有限公司	"承煦"图形	道路与街道照明灯具
江苏赛德电气有限公司	赛德	电子计算机控制电缆

(房崇琴)

表44 2016年高邮市获扬州名牌产品(企业)名单

企业名称	商标	产品名称
高邮市亚星塑料制品有限公司	郵源	高密度聚乙烯硅芯塑料管
江苏赛特电气有限公司	金赛特	电力电缆
江苏凯能机械设备有限公司	凯能机械	螺旋输送机
江苏海德森能源有限公司	海德森	固定型阀控密封式铅酸蓄电池
江苏富威能源有限公司	富威	太阳能储能蓄电池
扬州凯普电子有限公司	KRR	高压大功率薄膜电容器
扬州市高升机械有限公司	高升牌	农用车、工程机械和汽车座椅
扬州诺尔照明科技有限公司	诺尔兰浦	户外照明道路灯
扬州奥泰钢杆照明科技发展有限公司	图形	路灯
江苏松山照明集团有限公司	SH及图形	灯具
江苏同科蓄电池股份有限公司	同科	动力铅酸蓄电池
扬州市肯乐食品有限公司	肯乐	凤爪
扬州市丰园菌业有限公司	玉茸葶	金针菇

(房崇琴)

【高邮市获批筹建全国道路照明灯具产业知名品牌创建示范区】 12月28日，国家质检总局根据"全国知名品牌创建示范区"建设规划安排，经文审论证、专家考核，并下发专函，同意高邮市在现有区域的基础上，筹建"全国道路照明灯具产品知名品牌创建示范区"。 (房崇琴)

【标准化管理】 2016年，市市场监管局推进实施标准化战略，鼓励企业采用国际标准及国外先进标准。全年共完成企业标准备案284家，采标4个；组织起草的国家级行业标准《液压传动 电液推杆》获准立项；国家级行业标准《灯杆》完成所有评审，进入最后公示批准阶段；获批国家AAAA级标准化良好行为企业试点单位1家(扬州日兴生物科技股份有限公司);《高邮罗氏沼虾产业综合标准化示范区》获批国家级综合标准化示范区项目;《高邮湖大闸蟹》地理标志保护产品获国家质检总局批准;《罗氏沼虾幼虾增温培育和食用虾养殖技术规程》获批省农业地方标准。是年,扬州华裕光伏材料有限公司主持制定的GB/T 31469-2015《半导体材料切削液》,从1月1日起发布实施;扬州高标机械有限公司参与制定的国家标准GB/T 50588《水泥工厂余热发电设计规范》等待发布;高邮高和光电器材有限公司制定的国家标准《无极荧光灯,性能要求》正在评审中。 (杨舒雅)

【计量和条、代码工作】 2016年,市市场监管局强化法制计量等工作,有效维护消费者合法权益。联合相关部门和单位组织开展“5•20”世界计量日系列活动,在南苑社区设置宣传及咨询服务台,就血压计检测、眼镜检测和配置等方面开展免费咨询和服务活动。举办计量确认内审员培训班1期,培训人员近100人。组织开展诚信计量单位申报工作,全年申报省级诚信计量单位2家(加油站1家、眼镜店1家)、市级诚信计量单位6家(集贸市场1家、眼镜店1家、加油站1家、医院3家)。继续开展定量包装商品生产企业计量分类分级监督管理工作,全年实施生产企业分类定级73家,其中A类企业4家、B类企业68家、C类企业1家。全年通过AAA级测量管理体系监督评审企业1家(扬州曙光电缆股份有限公司),通过计量合格确认单位41家;发展商品条码新用户21家,续展65家,注销8家。 (杨舒雅)

【计量惠民工作】 2016年,市市场监管局按照集贸市场和农村医疗机构计量器具免费检定工作规范,继续开展“两免费”检定工作。全年先后深入11家乡镇卫计指导站、23家乡镇卫生院、174家村级卫生服务站及1家福利机构,共免费检定血压计819台、人体秤25台、婴儿秤4台以及数字心电图机29台,检定、修理32家农贸市场的各类计量器具980台,检定覆盖率、修理合格率均为100%。在农村大忙前,强制检定83家收粮单位的117台电子汽车衡,其中粮油经营公司30家49台、个体经营户42家53台、中央储备站扬州直属库1家2台、种子公司5家5台及社会租用库点5家8台。围绕集贸市场、加油站、A级餐饮饭店、连锁商店、超市、医院、眼镜店、出租车公司、超限监测站及供水、供电、供气、供热等重点部位,推进开展诚信计量自我承诺工作,共与140家单位签订承诺书,其中集贸市场23家、加油站34家、A级餐饮31家、超市10家、医院24家、眼镜店14家、出租汽车公司1家、供水1家、供气2家。 (吴蓓)

【计量检定工作】 2016年,市市场监管局检测中心共检定各类计量器具3.92万台(件),其中强检计量器具2.38万台(件)。在春节、元旦、端午、中秋、国庆等节日及春耕秋播时节,对市域范围内生产和流通领域的糕点、乳制品、熟肉制品、种子、农药、米、面、饮料、粽子、月饼等多个产品进行定量包装计量专项监督抽查,共检验349个批次,样品合格率100%。 (吴蓓)

【质量稽查打假工作】 2016年,市市场监管局围绕重点产品、重点环节、重点区域,通过适时开展行业性、区域性、季节性的专项执法行动,继续开展质量稽查打假工作。全年共出动执法人员220人次,检查企业85家,查处违法违规案件23起,查获涉案产品金额8.5万元。全年“12365”举报投诉中心共受理业务 4起,其中特种设备类2起、产品质量类 1起、计量类 1起。 (邓忠良)

【特种设备安全监管】 2016年,市市场监管局继续开展特种设备的分类分级监管工作。全年新增特种设备注册登记238件,累计805台(套);举办各类特种设备管理和作业人员培训班10期,培训考核人员505人次,其中有455人通过考核取得特种设备管理和作业人员证书。注重开展特种设备安全宣传活动,先后组织专题宣传、咨询活动3次,向市民普及特种设备安全知识。加强对公众聚集场所、特种设备安全管理薄弱领域和重点部位全面检查,全年共出动特种设备安全监察人员479人次,检查(含与其他部门联合检查)特种设备使用单位287家次、特种设备700多台(套),形成特种设备现场安全监察记录241份,下发特种设备安全监察指令书28份,排查出各类特种设备安全隐患117条,整改落实率100%。组织开展电梯安全监管攻坚战、化工单位安全专项整治、气瓶充装单位专项整治、叉车安全专项整治、主体责任专项行动等专项行动,帮助使用单位完善管理制度,提高管理水平,确保安全运行。 (李炜烨)

【产品质量检验工作】 2016年,市市场监管局认真开展产品质量检验工作,共出具各类检验报告共1428份。承担全市食品安全抽样检查任务,完成抽样检验340个批次。 (吴蓓)

【省道路照明产品质量监督检验中心】 2016年,该中心出具道路照明灯杆检测报告872份,其中高邮市级报告77份、省级报告795份;出具电线电缆报告3份;出具道路照明灯具报告299份,其中省级金属分析报告6份;出具高邮市级机电报告10份。11月,该中心通过资质认定证书到期复查考核,获发资质认定证书。是年,该中心还完成扬州市质监局下达的监督抽查任务,共涉及37个批次。 (吴蓓)

食品药品监督

【食品安全综合监管工作】 2016年,市委、市政府高度重视食品安全工作,将食品安全工作纳入当年市委常委会工作要点、政府工作报告和民生1号文件,提升市、乡两级政府和职能部门的重视程度,作为重要民生工程予以推进。结合全市实际,推进开展江苏省食品安全城市创建工作,动员全市所有乡镇(园区)开展扬州市食品安全乡镇创建工作。健全食品安全日常工作机制,全年召开食品安委主要成员会议10次,研究部署食品安全工作。牵头组织开展食用农产品"净源行动"、农村食品安全"扫雷行动"、肉及肉制品、小麦粉等专项行动,净化全市食品市场。推进肉制品、乳制品、白酒、食品添加剂、速冻包子等食品生产企业建立和完善电子追溯系统。推行餐饮食品安全量化分级管理和等级公示制度。加强农村集体聚餐食品安全工作指导。加大工作力度,强化督查推进,组织食品安全工作完成情况考核。继续督促乡镇调整充实食品安全委员会组成人员,不断完善基层监管网络,开展乡镇食品安全协管员培训工作,确保食品安全监管工作的正常开展。 (顾竹筠)

【食品安全生产监管】 2016年,市市场监管局根据三分监管工作要求,对全市135家食品获证企业进行动态监管计划调整,划分A类企业25家、B类42家、C类68家。全年新发证食品生产企业12家,注销因到期未申请换证等原因的企业8家,接受生产许可证申请企业54家;现场审查企业54家次,其中现场审查合格企业53家。根据节日特点和高邮实际,组织开展春节重点食品专项监督检查、乳制品专项检查、肉制品专项检查、过期鳌虾专项排查、速冻面米制品专项监督检查等各类专项监督检查活动7个批次,累计出动监管人员200多人次,巡查食品企业149家次,下发《责令整改通知书》123份,检验样品4批次,向稽查部门移送案件1起。同时,围绕乳制品、白酒、食品添加剂生产企业的质量安全,逐步推进电子追溯系统建设,先后推动企业完成电子台账7家。 (张友富)

【城乡食品市场监督管理】 2016年,市市场监管局注重加强对城乡食品市场的监督管理,通过组织开展元旦、春节等重大节日食品安全专项检查、乳制品、肉制品、散装白酒专项检查、中高考期间食品安全专项检查、过期食品专项整治、冷冻食品专项检查等,切实维护广大消费者的利益。全年共出动检查人员1316人次,下发无证经营单位提示通知102份,督促整改不规范经营行为215次,取缔不符合经营条件的经营户5户,抽检食品1800个批次、经营单位280家,查处涉食违法案件12起,没收并销毁过期食品350千克。 (张友富)

【"三品一械"安全监管工作】 2016年,市市场监管局注重履行职能,创新举措,狠抓落实,有效提升"三品一械"(药品、保健食品、化妆品和医疗器械)监管工作水平。以防控药品安全风险为主线,指导并督促企业推进GMP(药品生产质量管理规范)认证工作,有4家药品生产企业通过认证、获发证书。扬州日兴生物科技股份有限公司被表彰为省保健食品化妆品安全协会示范工厂,并获评扬州市保健食品生产企业分类分级管理A级企业、扬州市保健食品生产企业信用等级评定守信等级。完成相关企业90种非特殊用途化妆品(含委托)网上备案核查工作。开展春节期间保健食品化妆品市场专项检查、保健食品等三类食品非法添加非法声称问题专项治理、保健食品会议营销综合整治行动、美容美法单位化妆品专项检查,累计检查保健食品化妆品经营企业215家(次),保健食品化妆品生产企业9批次;检查保健食品生产企业监督抽样1批、经营企业19批;完成儿童化妆品专项抽检4批次、面膜类贴片式4批次;完成美容企业自主抽样3批次,查处化妆品案件1件。同时,还组织抽样检查31批次,快检保健食品6批、配制酒4批、玛珈食品2批,有力促进全市保健食品化妆品市场秩序的规范。此外,继续组织开展医疗器械监管工作,督促和推进相关企业提升医疗器械质量管理水平。 (于金国)

【食品药品安全宣传工作】 2016年,市市场监管局在"3·15"国际消费者权益保护日、食品安全宣传周、安全用药月、志愿者服务日期间,开展食品药品安全宣传活动,共向群众发放各种资料8000多份,接受群众咨询820人次。组织开展食品药品法律法规和安全知识进学校、进企业、进社区活动,增强公众安全饮食用药和依法维权意识,提升食品药品监管工作社会公信力和美誉度。

(顾竹筠)

【药品稽查】 2016年,市市场监管局继续保持打假治劣高压态势,统筹推进药品稽查工作,确保人民群众用药用械安全。全年出动执法人员185人次,组织开展专项整治行动5批次,受理举报投诉案件15件,完成药品监督抽验120批次、快检350批次,查处各类案件12起(含移送公安部门案件2起),罚没款入库32万元。 (邓忠良)

【药品安全信用体系建设】 2016年,市市场监管局继续推进药品安全信用体系建设。依据药品零售企业日常监管情况,开展信用等级评定工作,并以诚信脸谱方式公示评定结果,评出诚信企业69家、基本诚信企业142家、轻微失信企业11家。联合市药品流通行业协会组织开展“星级放心药店、诚信示范店”创建活动，全年评出年度星级放心药店43家（五星级4家、四星级24家、三星级15家）、诚信示范店3家。充分利用各类媒介，广泛开展《食品药品安全信用等级评定管理办法（试行）》等的宣传教育活动，营造守法诚信的社会氛围。（林 立）

安全生产监督

【概况】 2016年，全市认真贯彻落实《中华人民共和国安全生产法》，树立红线意识，坚持问题导向，强化源头治理，突出风险管控，创新监管举措，促进全市安全生产形势总体平稳，未发生较大以上或造成严重社会影响的安全生产责任事故。全年共发生各类安全事故135起，死亡81人。其中，道路交通事故126起，死亡71人；工矿商贸事故9起，死亡10人。（王越）

【完善安全生产工作体系】 2016年，市委、市政府高度重视安全生产工作，将安全生产工作纳入全市国民经济和社会发展“十三五”总体规划，并在年度社会经济发展综合考评中明确分值；贯彻落实“党政同责、一岗双责、失职追责”和“五级五覆盖”要求，出台《关于进一步落实企业安全生产主体责任的指导意见》，重点行业领域安全总监全部配备到位，指导和督促企业落实安全生产主体责任，并对主体责任不落实的企业进行问责和曝光。市委常委（扩大）会议、政府常务会议将安全生产工作列为重要议题进行讨论和研究，明确阶段目标任务。市安委会、市委政法委每月召开维稳形势分析例会，研判全市安全生产形势，提出工作重点和要求。制定《高邮市生产经营单位安全生产失信黑名单管理办法（试行）》，提高企业违法失信成本，全年通报失信企业1家、失信个人2人，促使企业履行安全生产主体责任。（王越）

【隐患排查动态治理】 2016年，市安监局依托省安全生产事故隐患排查治理自查自报信息系统，推进开展分级管理工作，实现安全生产事故隐患排查、登记、整治、监督、销号全过程在线闭环管理。全年新增隐患排查信息系统注册企业46家，累计达918家，月均排查隐患数占注册企业数的86%；通过该系统排查、整改各类隐患9574条，增长52.4%。同时，建立“双随机”抽查机制，将半年零隐患上报企业作为执法检查重点；实行重大隐患挂牌督办机制，完成“幸福老年公寓火灾隐患”整改挂牌督办工作。（王越）

【企业安全生产标准化创建工作】 2016年，市安监局注重突出争取项目、资质认证、非公有制经济人士评价、激励政策享受等方面，继续推进企业安全生产标准化创建工作。至年底，全市新增安全生产标准化企业（二级）8家，累计达14家；全市规模以上企业实现安全生产标准化企业（三级）全覆盖；累计完成规模以下企业安全生产标准化创建达标350家。（王越）

【职业卫生监管工作】 2016年，市安监系统各部门加大对职业病防治知识的宣传，推进职业病危害现状普查，加强对乡镇（园区）人员的培训，组织开展职业病危害申报和高危行业作业场所危害因素检测、评价及职工体检等工作，切实维护职工的健康权益，全市未发生职业病危害事故，职业病防治形势总体稳定。全年新创成职业卫生基础建设示范企业20家，累计创成79家；指导405家企业完成职业病危害项目网上申报工作，督促450家企业开展职业健康危险因素检测；完成职工职业健康体检5143人，增长118%。（王越）

【粉尘防爆专项整治】 8～9月，市安监局牵头成立粉尘防爆专项整治工作领导小组，召开专项会议，在全市部署开展粉尘企业暗查暗访、跨部门联合执法等行动。其间，共检查、抽查涉爆粉尘企业16家，邀请行业专家15人开展联合检查活动3批次，下达执法文书24份，排查整改各类安全隐患121处。10月，全市有2家企业通过国家安监总局开展的专项检查。（王越）

【危险化学品安全专项整治】 2016年，市安监局在全市范围内开展危险化学品安全专项整治工作。其间，通过排查，摸清辖区内269家涉及危险化学品生产、经营、储存、运输、使用单位的基本情况；对269家企业开展逐一检查，发现安全隐患问题237条，并分类分项列出整改进度表，全面推进整改工作。至年底，列入红表的8家企业全部完成关闭或搬迁；列入黄表的31家企业及列入蓝表的89家企业全部完成整改工作。（王越）

【规范烟花爆竹经营许可】 2016年，市安监局聘请安全评价机构，按照国家安监总局《烟花爆竹经营许可实施办法》和“两关闭、三严禁”要求，开展烟花爆竹零售点的安全条件现场勘查、评估工作。其间，完成烟花爆竹零售点现场勘查、评估381家，现场下达《整改指令书》200份，涉及存在各类问题的零售店200家，并对当中未按期完成整改工作的33家零售店依法注销经营资格。（王越）

【安全生产责任保险扩面工作】 2016年，市安监局通过制定方案、宣传动员、分解任务、注重落实等，继续推进安全生产责任保险扩面工作。至年底，全市累计有参保企业56家（当年新增参保企业24家）、参保人数3005人、保费款项119万元。（王越）

【“安全生产月”】 在全国第15个“安全生产月”期间，全市安监系统围绕“强化安全发展观念、提升全民安全素质”主题,在全市组织开展“心系千万家”安全生产广场文艺演出、“安全生产月”宣传咨询周、安全承诺万人签名、安全灯谜竞猜、“高邮安监”微信公众号文章推送、典型案例巡回警示教育等系列活动。活动中,累计举行安全咨询活动50多次,发放宣传资料近1万份,发送安全提示短信9万多条,制作并悬挂安全标语80多幅,设立展板30多块,微信推送安全生产、职业卫生类文章30多篇,引导和教育群众10万多人。(王越)

价格管理与服务

【概况】 2016年,市物价局围绕“价格监测及时准确、价格监管严格有力、价格服务精准高效”总体目标,完善城乡一体化、全覆盖的市场监管机制,强化“网定格、格定责、责定人”的工作举措,在健全市场价格监测预警网络及收费公示网络、推进诚信建设、明码标价及平价商店建设和优化行政指导、强化市场监管等方面取得新进展。是年,该局被评为2012—2015年度全省价格系统先进集体。(张新时)

【行政事业性收费改革】 2016年,市物价局按照省物价局“行政收费项目再减少一些,收费的额度再降低一些”要求,广泛征求意见,于8月底制定出台《2016年行政事业性收费目录清单》,涉及全市23个部门的收费项目59项。同时,强化各类收费目录清单的动态管理,做到清单之外无收费。

(张新时)

【2015年度全市行政事业性收费统计工作】 2016年,市物价局根据上级要求,完成2015年度全市行政事业性收费统计工作。此次统计,共涉及28个部门的收费项目381项,其中一级(国家级)收费项目164项、二级(省级)收费项目217项;2015年度全市行政事业性收费总额1.93亿元,其中行政性收费9595.71万元、事业性收费9740.27万元,分别下降10.4%、5.3%、15%。(张新时)

【《江苏省价格条例》宣传周活动】 从4月29日起,市物价局组织开展《江苏省价格条例》(以下简称“条例”)宣传周活动。其间,组织局机关全体中层以上干部开展街道、广场宣传咨询活动,现场共发放《条例》单行本、政策解读宣传册500多份,接受群众咨询20多人次;与相关大型商贸企业、银行、医院、学校、超市、居民小区等对接,利用其电子显示屏及橱窗栏开展《条例》相关内容宣传;在市内报刊、电台、电视台及高邮政务微信、市物价局网站开设专栏,对《条例》相关内容作深入宣传、解读;制作漫画宣传册1000多份,深入相关经营场所,重点就《条例》所规定的禁止行为内容作针对性宣传、解读。(张新时)

【价格调节基金】 2016年,市政府继续面向城区困难家庭学生群体,设立价格调节基金,并以300元/人的标准全部按时、足额发放到位,以降低猪肉、鱼、鸡蛋等副食品价格上涨对其造成的影响。全年发放价格调节基金20万元,共惠及城区11所学校困难学生645人。(张新时)

【出租汽车客运价格调整】 12月1日零时起,经市政府第39次常务会议讨论决定,全市调整出租汽车客运价格。具体为:出租汽车起步价从6元/2.5千米调整为8元/3千米;里程费不变,仍为1.6元/千米(3千米后加收50%空驶费);夜间23时(含23时)至次日6时(不含6时)用车,起步价在白天用车基础上加收1元,车千米运价(不含空驶费)加收20%夜间服务费。(张新时)

【住宅小区汽车停车位(库)租金标准出台】 2016年,市物价局出台住宅小区汽车停车位(库)租金标准,规定建设单位未出售或者未附赠的车位、车库及物业管理区域内依法配建的人民防空工程平时用作停车位的租金,每个最高限价为200元/月;每个室内机械式停车位租金最高限价为150元/月,且不再收取机械车位运行维护费。(张新时)

【价格诚信工作】 2016年,市物价局依托省级价格诚信单位评选活动,扎实推进价格诚信工作开展。全年安排专人深入企业30多次,对申报创建江苏省价格诚信单位的中国电信股份有限公司高邮市分公司、扬州欧亚置业发展有限公司华侨国际大酒店等6家企业进行“一对一”指导,助其完善相关制度、基础台帐和创建资料,以此示范带动全市价格诚信建设工作。同时,对申报创建“2014—2015年度高邮市价格诚信单位”的28家企业进行考核验收,并向通过验收的11家企业授予相应称号。(张新时)

【价格监测】 2016年,市物价局密切关注市场价格动态,做好重要主、副食品和工业生产资料价格监测与分析预警工作,并及时制作和发布相关监测表,更好地服务群众生产生活。全年累计制作主产地粮食购销价格、成品粮出厂价格监测表36期,劳动力价格市场监测表8期;制作鸡蛋价格监测表48期、生猪价格监测表48期、蔬菜集贸市场价格监测表96期、基本生活监测表24期、农副产品价格监测表48期、工业品价格监测表24期,累计采集数据9800条;发布民生价格公示24期。

(张新时)

【成本监审】 2016年,市物价局实施完成成本监审项目2项,为精准定价奠定基础。其中,审核市阳光双语初级中学教育收费上报成本227.52万元,核减48.87万元;审核市出租汽车营运成本,为

市出租汽车营运价格调整提供依据。（张新时）

【农业成本调查】 2016年，市物价局先后组织开展农业成本常规调查汇总、农户种植意向调查、农户存售粮调查、购买农资调查、粳稻小麦产值产量预测等多项常规和专项调查工作，并及时形成相应的调查报告，努力服务农业生产。（张新时）

【价格鉴证】 2016年，市物价局与市相关部门密切配合，继续开展价格鉴证工作。全年共开展各类价格鉴证事项228件，出具鉴证报告228份，鉴定标的额385.26万元。其中，刑事案件价格鉴证214件，鉴定标的额195.74万元；行政执法案件价格鉴证14件，鉴定标的额189.52万元。至年底，累计完成城乡88个住宅小区1829个楼栋3.28万住户的价格信息汇总，为防止房屋交易阴阳合同、偷漏税及促进公平税赋提供有效基础资料。

（张新时）

【价格检查】 2016年，市物价局继续组织开展价格专项检查活动，不断规范市场价格行为。6～8月，联合市粮食部门组织开展夏粮价格专项检查，重点检查粮食经营企业在粮食收购价格明码标价、主动公示收购价格和质量标准、执行指导价收购等方面存在的各类违规行为。1～12月，联合市优办组织开展涉企收费减免政策落实情况专项检查，涉及市民政局、市人防办、市旅游局、市气象局、市交通局、市国土局、市安监局等7家部门，重点检查不按规定取消、取缔、免征收费的项目和降低收费标准的行为，真正把减轻企业负担、优化经济发展环境落到实处。其间，共立案查处违法案件4起、涉案金额60万多元，罚没款入库57万多元。11～12月，按照省物价局统一部署，开展商品房价格专项检查（抽查），共涉及商品房开发企业3家，并根据违规情节轻重，实施经济处罚2家（罚款1万元）、警告1家。（张新时）

【价格咨询与投诉】 2016年，市物价局按照“便民、快捷、高效、满意”原则，完善各项工作制度，整合市价格举报中心、价格举报值班室和局长信访接待室职能，扎实开展价格咨询与投诉受理工作。全年共受理价格投诉案件12起、价格咨询事项44起，退还消费者2.3万元，咨询与投诉办结率和群众满意率均为100%。（张新时）

审计工作

【概况】 2016年，市审计局围绕全市中心工作，积极履行审计监督职能，较好地完成年度各项工作任务。全年组织实施审计项目29项，出具审计报告39份，查处及管理不规范项目资金近3亿元，核减政府投资项目造价金额0.87亿元；审计报告获市领导批示5件次，所提审计意见、建议被采纳68条；审计信息被各种媒体采用150多篇（次）。是年，该局被省文明委表彰为2013—2015年度江苏省文明单位；被高邮市委、市政府表彰为市级机关能力作风建设先进单位。（刘荣金）

【财政审计】 3～7月，市审计局围绕财政预算管理、政府投资、政府性基金、国有资本、重大政策情况贯彻落实等重点方面，针对市级部门及关联单位，组织开展2015年度财政预算执行情况和其他财政收支情况的审计工作（以下简称“同级审”）。7月26日，在市十四届人大常委会第三十一次会议上，市人大常委会对该同级审专题报告给予较高评价，并作出审议建议。11月29日，市政府就该同级审查出问题整改落实情况向市人大常委会作专题汇报。（刘荣金）

【政府投资审计】 2016年，市审计局落实《高邮市政府投资项目审计监督办法》，突出市城建“双十”重点工程等政府性投资项目重点，继续组织开展政府投资项目的审计工作，不断提升政府资金的使用效益。全年累计完成工程项目审计119项，其中完成工程竣工决算审计项目10项、工程跟踪审计项目3项、政府交办的拆迁复评项目4项、零星工程结算审核项目102项；累计报审价7.45亿元，核减工程造价0.87亿元，核减率11.7%。（刘荣金）

【经济责任审计】 2016年，市审计局贯彻落实《审计署关于印发2015年经济责任审计工作指导意见的通知》精神，发挥市“三责联审”领导小组组成部门的作用，加强与市组织、编办等部门的联系，继续统筹推进“三责联审”工作。全年组织实施“三责联审”项目9项，其中离任审计项目4项（市物价局、市农机局、市供销社及周山镇原主要负责人）、任中审计项目5项（市民政局、市旅游局、市城管局、市残联及临泽镇主要负责人）。审计中，重点检查领导干部贯彻执行党和国家经济工作路线方针政策的情况，落实反腐倡廉、改革、发展、稳定和财税、投资、产业、土地、环保、民生保障等政策的情况，并对审计发现的问题予以限时督促整改到位，增强审计效果和影响力。（刘荣金）

【专项资金审计及调查】 2016年，市审计局按照上级审计部门的部署，继续组织开展专项资金审计及审计调查工作。3～4月，完成全市2013～2014年“覆盖拉网式”农村环境综合整治工程专项资金审计，并就发现的问题提出审计建议。3～5月，完成全市2013～2015年扶贫资金审计调查，并就发现的问题提出审计建议。3～11月，根据上级部署，组织（参与）开展全市行政村村公务经费调查、城镇职工大病救助资金专项调查及稳增长等重大政策落实情况跟踪审计，并就发现的问题提出审计建议。7～8月，根据省审计厅部署，组织开展盐城龙卷风冰雹特别重大灾害救灾款物跟踪审计，重点审计高邮市委组织部、市红十字会、市慈善基金会等机构救灾款物的筹集、管理等情况。8～9月，根据扬州市审计局部署，组织开展全市2015年财政“一折通”专项资金审计工作，所提交的审计报告受到市长潘学元的批示。（刘荣金）

【域外重点民生工程项目跟踪审计】 1～4月，市审计局根据省审计厅统一部署，组织实施域外重点民生工程项目跟踪审计1项，即泰州市姜堰区2015年保障性安居工程建设项目。其间，该局组成审计组对该区2015年保障性安居工程的计划、投资、建设、分配、运营等情况进行审计，并延伸调查8个村的21户农村危房改造家庭。通过审计，摸清该区安居工程实施保障情况、目标任务完成情况、资金筹集使用情况等，并就审计中发现的问题向该区提出合理化审计建议，涉及制度完善、机制健全和管理规范等多个重点方面，有效提升该区保障性安居工程建设的质态。（刘荣金）

【服务中心工作】 2016年，市审计局围绕市委、市政府中心工作，认真开展各项服务。3～4月、10～11月，根据市委专项巡察工作部署，两次抽派审计业务人员参与专项巡察工作。5～10月，按照市政府要求，组织开展市交通产业投资有限公司2014年～2015年资产负债损益审计工作。8～9月，组织开展三垛镇2014年1月～2016年6月“三公经费”审计工作。（刘荣金）

统计工作

【概况】 市统计局内设办公室、法制科、农业统计科、工业能源统计科、投资统计科、服务业统计科、综合核算科等7个科室，下设综合调查队、普查中心、统计执法检查大队3个事业单位。2016年，市统计局按照“提高统计能力、提高统计数据质量、提高统计公信力”总体要求，有序开展第三次全国农业普查、百日百企“大走访、大调研、大服务”活动、5‰人口抽样调查、基层统计“315”、统计监测机制、“三新”统计试点等多项工作，取得明显成效。是年，该局被评为全省县级统计局规范化建设示范单位，获扬州统计系统综合考核第一名、扬州市2011～2015年普法工作先进单位，被高邮市委、市政府表彰为市级机关能力作风建设先进单位；该局施行的村（居）统计规范化建设“三员一平台五规范”模式被省统计局评为年度重大创新奖，编纂的《统计基层基础建设文件汇编》被评为省“基层优秀统计宣传作品示范项目”；高邮经济开发区统计分局入选全省“乡镇（街道、园区）统计规范化建设百佳单位”。（李月红）

【第三次全国农业普查】 2016年，全市按照上级要求，组织开展第三次全国农业普查工作。市政府率先在扬州市成立以常务副市长为组长的农业普查领导小组，制订并出台《高邮市第三次全国农业普查综合试点方案》，召开专项会议，对该项工作予以全面部署。其间，市统计局充分发挥牵头部门作用，积极推进工作开展。编制经费预算，保障普查工作开展；加大宣传力度，利用LED显示屏宣传车在全市所有乡镇、园区开展巡回宣传；建立成员单位工作职责、农普办工作岗位职责，确保各项工作任务分解到位、落实到位。同时，结合此次普查的189个村级单位，还组织开展综合试点、督查挂钩、小区划分、“两员选聘”、业务培训、清查摸底、质量抽查、入户登记等具体业务工作。工作中，共划分普查小区2000个，选聘指导员264人、普查员2072人，登记调查对象16.06万户（个），其中农户15.5万户、规模户4532户、农业经营单位1063个。（李月红）

【百日百企“大走访、大调研、大服务”活动】 4月1日～6月30日，市统计局围绕制订方案、了解实情、汇总情况、分析问题、提出措施五个步骤，组织全系统党员干部开展百日百企“大走访、大调研、大服务”活动。其间，形成各类汇总表6种、调研专辑1份、分析材料2篇和信息4篇，收集整理政策影响、产业发展、服务诉求等方面意见建议70多条，其中《关于高邮市规上工业企业走访调研情况汇报》受到市长潘学元的批示、《深入企业调研、做好精准服务》一文被《中国信息报》转载。（李月红）

【《高邮市统计代理（中介）管理暂行办法》出台】 2016年，市统计局提请市政府出台《高邮市统计代理（中介）管理暂行办法》。该办法围绕明确适用范围，统计代理行业的主管部门，设立统计代理（中介）机构以及变更、备案应当遵守的规定，规定政府统计部门或其他行政管理部门依法可以委托的统计业务，委托代理统计业务合同应包括的主要内容，对统计代理机构及其从业人员、市统计局和市有关职能部门的工作要求等方面，提出具体意见31条，是推进全市统计代理工作有序有效开展的政策保障。（李月红）

【“三员一平台五规范”模式】 2016年，市统计局结合第三次全国农业普查契机，以打造“三员一平台五规范”模式为核心，切实推进村（居）统计规范化建设。“三员”，即建立全面工作有统计员、常规工作有协理员、专项工作有代理员的工作制度；“一平台”，即打造一个网格化管理平台，规范有序推进统计网点和基本单位更新维护节点向村（居）延伸；“五规范”，即强化村（居）统计工作要有一套规范的统计工作制度、一套规范的综合统计台账、一本规范的统计工作记录簿、一套规范的统计档案资料、一套规范的考核办法。通过施行“三员一平台五规范”模式，努力实现统计工作“三有三化”（即有机构、有队伍、有阵地，统计业务制度化、统计管理法治化、数据处理信息化）的目标。至年底，该模式初步形成高邮镇、高邮镇新联社区等一批示范点和高邮镇统计协理员制度等一批实践成果。（李月红）

【5‰人口抽样调查工作】 2016年，市统计局按照上级要求，正式启动全市5‰人口抽样调查工作。此次调查，共涉及10个乡镇（园区）被抽中的样本调查小区16个，其中国家点1个（卸甲镇张余村第006小区）、省点15个。其间，召开全市抽样调查工作部署会，对该项工作进行部署；制定印发《高邮市关于认真做好2016年人口抽样调查工作的通知》《2016年高邮市5‰人口抽样调查工作计划》，细化调查各阶段的工作内容、进度安排，具体分解落实到每一个工作环节和时间节点；指导各有关乡镇（园区）开展工作，对抽样调查的人员、经费等保障工作进行督查，并就5‰人口抽样调查方案、各业务环节要求和特点、PDA模拟操作等业务知识作详细培训和指导，以此提高调查员能力和水平。同时，联合市公安局、市民政局、市卫计委等部门，开展户籍人口、流动人口、死亡人口和出生人口资料的收集及核对分析工作。（李月红）

【“三新”统计调查试点工作】 2016年，市统计局按照扬州市《关于组织开展“三新”统计调查试点工作的通知》要求，推进开展“三新”（新产业、新业态、新商业模式）统计调查试点工作。其间，组织开展养老服务业统计调查试点工作，拟定试点工作实施方案，成立养老服务业调查试点工作小组，设计调查表式，对全市3家养老机构、13家敬老院、2家社区老年服务中心助餐点进行走访调研。同时，建立“三新”统计调查试点工作基本单位名录库，与市委研究室联合开展“三新”统计数据的开发应用工作。是年，由该局撰写的《“三新”统计之高邮探索》一文被《中国信息报》全文刊载。

（李月红）

【统计专项调查】 2016年，市统计局以提高统计数据质量为中心，组织完成农业、工业、投资、消费、建筑、房地产、贸易、住宿、餐饮、能源等涉及全市经济社会各领域的常规统计调查，并完成统计年报和定期报表任务。同时，组织开展省级机关绩效管理社会公众满意度调查、创建卫生城满意度调查等多个社情民意调查，弥补常规统计调查的不足。（李月红）

【统计服务】 2016年，市统计局强化对重点领域、重要产业、重要指标的跟踪，突出抓好开局、半程、收官等关键节点的监测和预警，继续做好统计服务各项工作，满足各级领导及社会公众对统计信息的多种需求。全年定期编印《统计月度报告手册》《统计月度资料手册》《高邮市服务业统计资料》，编辑出版《2015年高邮统计年鉴》，编撰高邮市国民经济和社会发展统计公报（年度）1篇、《统计信息》51期、《经济运行分析》11期，撰写统计分析102篇（获市领导批示26篇）、统计信息332篇。

（李月红）

邮政管理

【概况】 4月1日，高邮邮政管理局正式挂牌成立。该局为正科级建制，核定中央行政编制2个，属扬州市邮政管理局派出机构，内设办公室、业务监管科、行政服务科等3个科室，共有在职员工10人。2016年，该局坚持“安全为基、发展为要、服务为上”理念，围绕“监管与服务”两手都要抓的工作思路，服务全市经济建设，履行行业管理职能，保持全市邮政行业平稳较快发展。全年完成邮政行业业务收入2.16亿元、快递业务量656.3万件、快递业务投递量1062.49万件，分别增长22.2%、33.3%、38.9%。至年底，全市累计在册登记快递企业9家，备案分支机构8家，拥有快递品牌16个，快递营业网点95个，快递从业人员410人，快递网络运输和揽投汽车139辆，揽投电动三轮车165辆，快件分拣设备10套，安检设备3台。是年，该局被市委、市政府表彰为服务地方发展先进单位。

（李炜安）

高邮邮政管理局成立揭牌仪式现场

（李炜安　摄）

【行业服务能力建设】 2016年，高邮邮政管理局围绕促进快递产业及其企业健康发展目标，注重从机制建设、政策扶持、融资服务等方面入手，不断强化行业服务能力建设。注重学习借鉴外地在快递服务中心建设、快递园区建设、电商产业园区建设等方面的先进做法，并据此形成《高邮市关于促进快递产业健康发展的实施意见(草案)》，获市政府主要领导批示。提请市政府出台《关于加快发展服务业的政策意见》，首次将快递企业纳入扶持政策奖励范畴，引导和扶持快递企业做大做强。搭建银企对接平台，联合市金融办争取到高邮农商行、邮储银行高邮市支行、射阳农商行高邮支行、扬州高邮兴福村镇银行等多家银行的支持，拓宽快递企业融资渠道，助力快递企业发展壮大。（李炜安）

【邮政基础设施建设】 2016年，高邮邮政管理局注重推进邮政基础设施建设。开展邮政基础设施专项调查，基本掌握辖区范围内邮政设施建设情况。推进村邮站建设，全年累计建成村邮站197家，建设覆盖率100%。推进实施新建小区信报箱建设工程及老旧小区信报箱改造工程。在新建小区信报箱建设方面，全年完成1个新建小区信报箱专项验收工作，涉及居民户960户；在老旧小区信报箱改造方面，通过开展调查摸底、制定建设方案、争取市级领导支持等，该改造工程已被市政府纳入2017年全市城建“双十”重点工程范畴，工程投资估算237万元，涉及居民户4676户。（李炜安）

【行业监管】 2016年，市政府成立以市委常委、常务副市长为组长的寄递渠道安全管理领导小组，定期召开全市邮政业寄递安全专项整治会议，印发工作方案，制定快递服务警示制度、安全情报员队伍制度、新设代办网点报备制度、快递员“黑名单”管理制度等相关管理制度，切实规范邮政、快递企业经营秩序，提升安全防范能力，保障邮政行业安全。同时，高邮邮政管理局规范公文寄递，明确要求快递企业不得出现违规寄递国家机关公文的行为；加强邮票发行和机要通信监管；配合扬州市局开展行业“扫黄打非”专项整治行动。（李炜安）

【安全生产监管】 2016年，高邮邮政管理局联合市公安局、市综治办、市国安办、市安监局等部门，全面启动高邮市寄递行业“清源”行动，对辖区内所有邮政、快递企业的营业场所、处理场所网点分布点的安全生产情况进行全面检查，建立动态信息台账。行动中，对发现的视频监控不运转、消防配备不到位、规章制度不健全、安全培训不记录、应急设备不齐全等违规问题，逐一约谈相关企业负责人，并将检查结果整理编印《专项整治通报》2期，力促各违规企业限期整改，并确保整改到位。同时，在杭州G20峰会、“双十一”等重大活动期间，还联合市公安部门组成3个检查小组，按照“全覆盖、重实效”原则，对辖区内所有寄递企业的营业网点进行全面安全生产大检查，坚决防范和遏制安全责任事故的发生。其间，约谈相关快递企业负责人3人，整改安全隐患17处，纠正违规行为5起。（李炜安）

财 政 · 税 务

Public Finance·Taxation Affairs

导读

财 政

【概况】 2016年,市财政局设13个科室、9个内设事业单位,辖12个乡镇财政所及高邮经济开发区财务审计局、高邮城南经济新区财政所、高邮湖西新区财政分局(与送桥镇财政所合署办公)。该局围绕“稳增长 促改革 调结构 惠民生 防风险”狠抓收入征管,加强支出控制,大力支持实体经济和社会事业发展,各项工作都取得一定成绩。是年,该局被省财政厅、省人社厅联合表彰为2010～2015年度全省财政系统先进集体,被高邮市委、市政府表彰为市级机关能力作风建设标兵单位。

是年,全市公共财政预算平衡情况:公共财政预算收入34.12亿元,税收返还收入0.73亿元,所得税基数返还补助收入0.1亿元,上级追加专项指标收入8.21亿元,上级补助收入15.2亿元,转贷财政部代理发行地方政府债券收入23.23亿元,调入资金3.35亿元,调入预算稳定调节基金0.55亿元,上年结转2.43亿元,合计全市公共财政预算可用资金87.9亿元;全市一般公共预算支出56.93亿元,上解支出6.13亿元,债务还本支出22.43亿元,安排预算稳定调节基金204万元,结转下年2.43亿元。 (周航)

表45 **2016年高邮市公共财政预算收支简表**

预 算 科 目	金额(万元)	预 算 科 目	金额(万元)
公共财政预算收入	341188	公共财政预算支出	569262
1增值税	81457	1一般公共服务支出	53990
2营业税	30410	2国防支出	1374
3企业所得税	20584	3公共安全支出	35881
4个人所得税	5540	4教育支出	127320
5资源税	2196	5科学技术支出	15092
6城市维护建设税	13619	6文化体育与传媒支出	5221
7房产税	6207	7社会保障和就业支出	68210
8印花税	2888	8医疗卫生与计划生育支出	62250
9城镇土地使用税	5944	9节能环保支出	17535
10土地增值税	88610	10城乡社区支出	33142
11车船税	1816	11农林水支出	82976
12耕地占用税	3948	12交通运输支出	9857
13契税	22172	13资源勘探信息等支出	18738
14专项收入	14786	14商业服务业等支出	4769
15行政事业性收费收入	11383	15金融支出	112
16罚没收入	11053	16援助其他地区支出	841

续表45

预 算 科 目	金额(万元)	预 算 科 目	金额(万元)
17国有资源(资产)有偿使用收入	16340	17国土海洋气象等支出	14684
18 其他收入	2235	18住房保障支出	8871
		19粮油物资储备支出	578
		20其他支出	28
		21债务付息支出	7584
		22债务发行费用支出	209

(成汝岗)

【组织收入工作】 2016年,市财政局发挥部门牵头作用,建立收入预测机制,加强部门沟通协作,主动解决企业难题,努力克服宏观经济复苏缓慢、结构性减税降费等不利因素的影响,全力做好组织收入各项工作。全年完成公共财政预算收入34.12亿元,其中税收收入28.54元,分别增长2.6%、4.3%;税收收入占公共财政预算收入比重为83.6%。 (周航)

【向上争取资金】 2016年,市财政局认真研究上级有关扶持政策,抢抓机遇,广开渠道,积极争取上级各种扶持资金。全年帮助企业及部门向上争取项目资金22亿元,争取省财政存量债务置换资金32.06亿元,新增债券资金2.4亿元,缓解全市偿还债务和资金平衡压力。 (周航)

【国有资产清查】 2016年,市财政局在出台《关于加强国有企业经营管理的意见》《高邮市市管国有企业负责人薪酬制度改革实施方案》的同时,认真组织开展国有资产清查工作,全面摸清家底,健全管理体系,为实现国有资产规范管理、保值增值铺平道路。此次清查,共涉及全市行政事业单位、社会团体及企业470家。 (周航)

【政府投资工程预算管理】 2016年,市财政局继续开展政府投资工程预算管理工作。全年累计审核政府投资工程30项,审核总额4.26亿元,审减额3072万元,审减率7.2%;审核地块拆迁项目15项,审核总额4.98亿元,审减额1161万元,审减率2.4%。 (周航)

【"一事一议"财政奖补】 2016年,市财政局从项目规划编制、奖补项目选定、农民筹资筹劳、项目建设监管、基础管理等方面入手,切实推进村级公益事业"一事一议"财政奖补工作规范化开展。全年累计投入奖补资金2308万元,实施"一事一议"财政奖补项目118项,惠及行政村95个,受益30多万人。是年,完成2017~2019年全市"一事一议"财政奖补项目库编制工作。 (周航)

【财政稽查】 2016年,市财政局根据年度工作安排,继续组织开展财政稽查工作,促进各家单位规范财务管理。全年继续开展市直预算单位就财政预算执行情况及会计信息质量情况的常规检查,涉及相关单位2家(市委农工办、市统计局);坚持实施乡镇"下查一级"机制,完成三垛镇财政稽查工作。全年开具行政指导意见书5份,追缴财政非税收入200.19万元。是年,按照省财政厅统一部署,组织开展市中医医院、三垛中西医结合医院、龙虬卫生院3家医疗机构2015年会计信息质量检查工作,并针对检查发现的问题依法依规予以分类处理。 (周航)

【PPP项目申报与应用】 2016年,市财政局继续强化省级PPP项目的申报与应用,切实缓解财政资金的使用压力。全年新获批省级PPP入库项目4项,累计项目投资总额72.66亿元。分别是:S333高邮东段改扩建工程,总投资15.46亿元;高邮港城东作业区建设项目,总投资5亿元;高邮市盐河两岸改造项目,总投资46亿元;高邮市环湖健康生态风光带建设项目,总投资6.2亿元。7月14日,经基层申报、省级推荐,S333高邮东段改扩建工程获批成为国家PPP示范入库项目。 (周航)

【国库集中支付】 2016年,市财政局国库支付中心健全凭证快速传递机制、定期交流机制、网络运行处置机制,在确保资金安全前提下,有效提高集中支付工作效能。全年累计办理支付业务7.7万笔,涉及金额74.62亿元。其中,办理直接支付业务0.6万笔,涉及金额51.73亿元;办理拨款支付业务3.85万笔,涉及金额9.43亿元;办理授权支付业务3.25万笔,涉及金额13.46亿元。此外,配合推进国库支付方式改革,全年办理个人公务卡2400多张。 (周航)

【政府采购】 2016年,市财政局从健全制度、规范行为、扩面增量、强化监管等方面入手,推进政府采购工作规范化、精细化、科学化发展。全年组织实施各类政府采购418批次,采购预算金额2.94亿元,实际采购标的额2.5亿元,其中货物类采购金额1.22亿元、服务类采购金额3290万元、工程类采购金额9495万元,与市场价格相比,资金平均节约率15%。 (周航)

【财政投资项目评审】 2016年,市财政局为加强财政支出管理,提高财政资金使用效益,组织开展财政投资项目评审试点工作。全年完成财政投资项目评审2项(新河南北路项目、纬八路项目),评审总额931万元(新河南北路项目501万元、纬八路项目430万元),出具投资评审报告2份。(周航)

【惠农补贴】 2016年,市财政局全面落实各项惠农补贴政策,健全并完善财政支农服务机制,继续组织开展全市涉农补贴资金发放和监管工作。全年共发放各项涉农政策性补贴资金1.45亿元,其中发放农业支持保护补贴(当年由原农作物良种补贴、种粮农民直接补贴和农资综合补贴改革合并而成)1.07亿元、农机具购置补贴3092万元、市级农机现代化补助246万元、农业机械化发展奖补223万元、病死生猪无害化处理补助143万元、森林生态效益补偿金53万元、棉花目标价格补贴2万元、水库移民补助13万元、农机获证奖补49万元、重大动物疫病防治补助50万元。(周航)

【扶持企业发展】 2016年,市财政局强化"高邮市科技型中小企业贷款风险补偿池"资金管理,放宽抵押条件,增大对科技型中小企业的贷款投放力度,全年新发放流动资金贷款7270万元,惠及相关企业18家。注重发挥"高邮市政府企业应急资金"作用,全年利用该平台帮助企业筹集应急周转资金19.8亿元、实现转贷24亿元。加强与市内7家银行机构合作,联合推出"高邮市政府金融实业贷"产品,全年向3家企业提供贷款1500万元。

(周航)

【乡镇财政往来资金清理】 2016年,市财政局开展乡镇财政往来资金清理工作,全年回收资金598.46万元,按规定调整账户资金5.48亿元,移交乡镇政府回收资金250.75万元、清收资金12.55亿元。(周航)

【乡镇财政资金监管】 2016年,市财政局出台《2016年乡镇财政资金监管考核办法》,进一步强化对乡镇财政资金的监管。全年纳入乡镇资金监管项目1070项,增长17.6%;资金监管总额18.54亿元,增长1.6%,其中基本支出11.41亿元,增长1.51%,补贴补助类支出3.64亿元,增长0.6%,建设类支出3.49亿元,增长3%。(周航)

国家税务

【概况】 2016年,市国税局内设办公室、政策法规科、收入核算科、征收管理科、人事教育科、监察室、财务科等7个科室,下辖稽查局、8个税务分局和信息中心。该局按照稳中求进、进中求好、好中求优工作要求,坚持党建引领,锐意改革创新,强化绩效管理,加快推进机关实体化、分局科室化管理,圆满完成全年各项目标任务。全年完成国税收入22.09亿元,增长2.9%;实现公共财政预算收入9.3亿元,增长2.1%。是年,高邮市被国家税务总局命名为全国百佳国地税合作县级示范区。该局被省国税局命名为全省国税系统税收管理改革综合示范点,连续第四年被扬州市国税局表彰为目标管理考核、绩效管理先进单位;被高邮市委、市政府表彰为市级机关能力作风建设标兵单位、服务业工作先进单位。该局刘正群被省国税局表彰为优秀共产党员。(姜振兴)

【税制改革】 2016年,市国税局按照上级要求,采取有效措施,积极主动作为,稳步推进"营改增"全面试点工作。全年共核实纳税人信息4229户,信息录入率、提交率均为100%,新推广增值税发票系统用户520户,新系统发行比例100%。同时,深入开展业务培训工作,全年举办业务培训活动11场次,培训相关人员3900人次。经培训,应申报纳税人纳税申报成功率、税款缴纳成功率均为100%。(姜振兴)

【金税三期税收征管系统启用】 10月1日起,市国税局新启用的金税三期税收征管系统正式上线运行。至此,该局全面完成征管系统升级工作。

(姜振兴)

资料链接 "金税工程"是国家税收管理信息系统的简称。该系统经历一期和二期建设阶段,已达三期阶段。2016年,市税务部门统筹做好硬件准备、软件测试、教育培训、模拟演练、双轨试运行、应急保障等各项准备工作,为金税三期征管系统上线奠定良好基础。其间,市国税局在软件测试和模拟演练方面,累计组织开展业务测试145类1.8万笔。该系统全面支持网上申报、涉税事项网上办理、征纳双方网上互动及远端纳税服务等功能,纳税人办理业务将更加便捷高效,依法诚信经营的纳税人将获得更多便利。(姜振兴)

【税收优惠政策落实】 2016年,市国税局依法落实各项税收优惠政策,扶持企业发展。至年底,全市累计办理出口退税 2.4亿元;办理提退税金1.6亿元;落实小微企业所得税减免482.77万元,惠及相关企业1182家。(姜振兴)

【税收风险管理】 2016年,市国税局实施税收风险管理"六规范"(规范任务分配、规范竞标管理、规范应对分析、规范预案编制、规范集体审议、规范文书制作)和"三强化"(强化跟踪质疑、强化执法监督、强化绩效考核),努力提高业务技能和应对质效,推进风险管理规范化、制度化、常态化、长效化发展。全年共应对风险任务339户,其中风险识别类任务295户、非风险识别类任务44户,实际完成应对风险任务281户,实现应对总成效4300.19万元,户均应对成效15.3万元。(姜振兴)

表46 2016年高邮市国家税务局分局名录

分局名称	负责人	电话	地址
稽查局	吴本林	84646449	市通湖路100号
第一税务分局	王永坚	85083100	市文化宫路49号
第二税务分局	黄　强	85088588	市文游北路66号
第三税务分局	冯宝奎	80959033	市文化宫路49号
第四税务分局	王士华	80958399	市北海路55号
第五税务分局	成顺明	84743753	市北海路55号
第六税务分局	伍长明	80959899	市北海路55号
第七税务分局	邵正山	80951566	市文化宫路49号
第八税务分局	佘国安	84687889	市北海路55号

(姜振兴)

地方税务

【概况】 2016年,高邮地税局内设办公室、税政法规科、规划财务科、征管和科技发展科、督察内审科、人事教育科、监察室、机关党总支、工会等9个科室,下辖1个稽查局和7个税务分局。该局以税收现代化建设为统领,深化征管改革,坚持依法治税,强化作风建设,推进绩效管理,各项工作均取得较好成绩。全年组织各项收入38.44亿元,其中税收收入22.44亿元、社会保险费收入14.66亿元、其他收入1.34亿元,分别增长-2.4%、8.5%、13.6%、-38.2%。完成公共财政预算收入19.66亿元,增长13.1%。是年,该局被国家税务总局确定为全国百佳国税地税合作县级示范区;被省委宣传部、省司法厅等单位联合表彰为2011~2015年全省普法工作先进单位,被省文明委表彰为省文明单位,被扬州地税局表彰为2016年度绩效考评先进单位,被高邮市委、市政府表彰为市级机关能力作风建设标兵单位;该局第一税务分局、第四税务分局、第七税务分局被省文明委表彰为省文明单位。 (魏峰 王林山)

【税收优惠政策】 2016年,高邮地税局落实各项税收优惠政策,让纳税人充分享受政策红利。至年底,全市共落实各类税收减免9128.35万元。其中,办理企业享受困难性土地使用税减免20户、436.99万元;办理企业安置残疾人就业减免土地使用税39户、149.62万元;办理企业享受加计扣除优惠企业所得税35户、1209.43万元;办理高新技术企业享受企业所得税优惠10户、1621.78万元;办理小微企业享受企业所得税优惠459户、786.95万元;减免高邮农村商业银行金融机构营业税625.13万元;办理房产交易税收优惠2474户、4298.45万元。 (魏峰 王林山)

【依法行政工作】 2016年,高邮地税局实施专项督察和重点督察共4次,按月开展风险应对质量检查,追究责任人16人次,执法行为得到进一步规范。持续推进法治共建,与市国税局联合开展税收专项整治行动2次、联合进户执法行动5次,查补入库税款868万元;联合市公安局、市国税局建立"发票110"联合打假机制,启动打击发票违法犯罪活动专项行动,查处涉案发票金额80万元。持续加强稽查力度,全年共立案稽查50户,查补入库税款4510万元。 (魏峰 王林山)

【"金税三期"征管系统上线运行】 2016年,高邮地税局积极落实扬州市局"金税三期"征管系统上线运行的相关要求,紧扣时间节点,开展系统初始化验证、数据迁移准确性验证、业务软件和特色软件测试等各类测试近100次,顺利完成"金税三期"征管系统与原征管系统的平稳切换和运行工作。 (魏峰 王林山)

【国税、地税联合共建】 11月16日,高邮地税局联合市国税局打造的"一厅一区一堂三中心"(联合办税服务厅、纳税人体验区、纳税人学堂和维权服务中心、数据共享中心、联合办案中心)共建服务点揭牌启用。同时,根据联合共建要求,市国税、地税部门加快整合办税服务窗口,合并基层办税服务点,促使全市由市国税、地税部门共管的2.2万纳税人全部实现"进一家门,办两家事",大幅度降低纳税人办税成本,提高办税效率。 (魏峰 王林山)

表47 2016年扬州市高邮地方税务局分局名录

分局名称	负责人	电话	地址
高邮地税局稽查局	韦　青	84618522	市秦邮路136号
高邮地税局第一税务分局	丁　亮	84686930	市秦邮路136号
高邮地税局第二税务分局	—	84686901	市秦邮路136号
高邮地税局第三税务分局	李才富	84680830	市文游中路171号
高邮地税局第四税务分局	王　琨	84610503	市文游中路171号
高邮地税局第五税务分局	徐祥丰	84818988	三垛镇少游路北端
高邮地税局第六税务分局	—	84212582	送桥镇中兴西路
高邮地税局第七税务分局	—	80959860	市秦邮路136号

(魏峰 王林山)

中共高邮市委员会

The CPC of Gaoyou Municipal Party Committee

导读

重要会议、活动

【市委十届第十二次全体会议】 4月8日下午举行。会议的主要任务是,专题讨论市第十一次党代表大会有关工作事项。市委委员30人出席会议;市纪委委员,市人大常委会、市政府、市政协不是市委委员的党员负责人列席会议。市委常委会主持会议。全会听取《中国共产党高邮市第十届委员会第十二次全体会议关于召开中国共产党高邮市第十一次代表大会的决议(草案)》的情况说明,明确市第十一次党代表大会召开的时间(7月下旬)、指导思想、代表名额和构成比例等有关事项。会议确定市第十一次党代表大会的主要议程为:听取和审查中共高邮市第十届委员会工作报告;听取和审查中共高邮市第十届纪律检查委员会工作报告;选举产生中共高邮市第十一届委员会;选举产生中共高邮市第十一届纪律检查委员会;选举产生出席中共扬州市第七次代表大会代表。全会指出,召开市第十一次党代表大会,是全市各级党组织和广大党员政治生活中的一件大事,是高邮协调推进“四个全面”战略布局,全面开启“十三五”新征程的一次重要会议。全会号召,各级党组织要充分认识开好这次党代表大会的重要意义,严格按照省委、扬州市委的统一要求,加强领导,超前谋划,周密部署,精心组织,认真做好市第十一次党代表大会各项筹备工作,确保会议顺利召开。全会审议通过《中国共产党高邮市第十届委员会第十二次全体会议关于召开中国共产党高邮市第十一次代表大会的决议(草案)》。(史志)

【市委十届第十三次全体会议】 7月25日上午举行。会议的主要任务是,传达学习省委十二届第十二次全会精神和扬州市委书记谢正义到高邮调研时的讲话精神;讨论修改并原则通过市委、市纪委向市第十一次党代表大会的报告;听取十一届市委委员、候补委员,市纪委委员和出席扬州市第七次党代表大会代表候选人预备人选安排建议方案的说明。市委委员31人出席会议;市纪委委员,市人大常委会、市政府、市政协不是市委委员的党员负责人及市人民法院院长、市人民检察院检察长列席会议。市委常委会主持会议。全会听取市第十一次党代表大会报告(草案)、市纪委报告(草案)起草情况的说明,原则同意市委、市纪委的工作报告,建议将两个报告提交市第十一次党代表大会审议。全会认为,在市委常委会的领导下,市第十一次党代表大会筹备领导小组和全市各级党组织,认真贯彻市委十届第十二次全会决议,圆满完成大会的各项筹备工作。全会决定于2016年7月28～30日召开中国共产党高邮市第十一次代表大会。全会号召,全市各级党组织和广大共产党员要以中共十八大和十八届三中、四中、五中全会精神为指引,深入贯彻习近平总书记系列重要讲话特别是视察江苏重要讲话精神,以召开市第十一次党代表大会为契机,协调推进“四个全面”战略,坚持“五大发展”理念,凝心聚力、埋头苦干,为迈上新台阶、建设新高邮,全面建成小康社会而努力奋斗。全会一致通过《中国共产党高邮市第十届委员会第十三次全体会议决议》。 (史志)

【中国共产党高邮市第十一次代表大会代表名单】 7月,经全市所有选举单位党组织推荐、选举、资格审查,共确认出席中国共产党高邮市第十一次代表大会代表364人。名单如下:

高邮经济开发区(19人):赵广华、苏延祥、刘国和、冯广东、张倩桦、刘　斌、陶桂春、吴长宝、

王　斌、张未祥、曹文娟、徐美春、董成军、吴　玲、王玉凤、何其新、马坤松、杨　超、张　剑

高邮城南经济新区(车逻镇)(18人):潘建奇、郭建新、王有泉、詹东周、杨慧梅、胡尔丰、张明艳、吴邦山、仇素明、汤永华、史春梅、柏玉升、马年元、师　明、张其椿、肖有明、吴朗武、庄　弘

高邮湖西新区(送桥镇)(27人):张新钢、王永海、顾吉林、韦恒林、丁兆年、夏永金、曹国忠、赵军、孙兆清、王　月、蔡龙安、周中喜、王丹丹、罗军、花莲琴、王云山、朱文明、徐恒忠、王巧云、赵进、陈义山、柏之艳、许宝昌、张安华、顾正荣、吴长明、王荣宏

高邮镇(27人):徐永宝、王庆东、李深红、冯国庆、张中斌、马德龙、徐有和、周德全、潘　忠、俞燕、童一彬、杨　未、李才富、李　迎、陆凤霞、孙定华、冯春娟、陈　新、党定龙、张贵南、王传祥、秦国柳、赵宏才、茆玉斌、陶　明、吴战宇、朱　萌

龙虬镇(12人):韩雪峰、姜国权、王海生、刘玲、黄海铭、董久山、管夕斌、邵广照、朱仁斌、梅德洋、谢　丹、陆金标

卸甲镇(23人):潘学元、夏瑞林、史美山、吕传祥、王方树、陈安全、居红英、江　钟、金以明、尤广清、姚永志、曹春宝、陈一明、范昌武、钱小强、徐美娟、尤爱君、王秀云、马广妹、刘顺兆、吴华生、卞一勇、邹主东

汤庄镇 (23人):张秋红、顾　勇、陆有林、毛礼良、姚义平、吴春芳、王荣山、张海军、李凤华、潘维才、吴亚兵、吴开峰、谭海琴、王正玉、吴有还、朱銮妹、刘春海、汤华国、郭宏照、徐朝松、赵　燕、刘荣生、李　婷

三垛镇(23人):徐　健、孙明如、杨朝友、孙定勇、吴冬云、左伍琴、杨芹芹、杨士亮、陈　飞、汤志斌、徐　媛、沈文清、王福照、陈永和、王福平、赵宝红、俞孝志、左华炜、张士勇、杨继勇、陈连英、蒋瑞祥、周　华

甘垛镇(19人):张贵龙、薛　斌、陈　刚、阮勇峰、沐国芳、罗　利、李小兵、周　智、陶安良、李长德、居怀国、蔡一广、葛修平、朱永康、王兴平、刘金治、姜小云、李有英、倪树新

临泽镇(23人):葛桂秋、潘玉华、汤高东、孙蕤、张爱方、姜晓刚、朱晓峰、陈春星、邹文勇、相彪、朱　洁、祁志芳、胡景秀、李明艳、韩　彬、王庆军、柏正祥、邹文新、谢　颖、邓忠良、陈　忠、任有毅、王正东

界首镇(12人):孙建年、高长明、张　澍、毛向前、赵春来、徐　刚、潘永宝、黄振凤、卜应宏、薛凤香、陈连平、王　欢

周山镇(10人):朱莉莉、居晓波、张　龙、李龙奎、李　程、晏　萍、张所兰、邵久才、晏道军、晏登芳

菱塘回族乡(11人):杨文喜、朱德辉、王怀忠、薛元金、林生军、张爱琴、乔元江、郑连元、薛海霞、吴志娟、杨志鸿

市级机关工委(71人):卞家祥、陈海新、陈军、陈满祥、陈　萍、陈玉华、仇家春、范协斌、冯国庆、高海林、高　健、葛志艳、顾　莉、顾卫东、郭玉梅、胡行球、黄恒权、黄　平、黄仁云、金晓云、居永平、孔祥希、李　生、李　涛、李月红、李悦蓉、林荣岩、凌高玉、刘　伟、刘　云、刘春龙、刘丹青、刘定明、刘正群、陆桂春、陆　炜、吕天龙、毛　勇、潘万宝、钱宝祥、孙德明、孙禹文、谭　旭、涂志成、万豪海、王安平、王冬梅、王亚玲、吴苏扬、夏　阳、熊伟、徐　志、徐临震、许　明、杨　欣、杨金萍、杨向东、杨向华、杨　颖、袁富新、张德宏、张方俊、张梅华、张所兰、张文彪、张学雷、张仲林、周　同、周建峰、朱耀洲、邹海峰

市政务服务管理办公室(1人):陈　勇

市教育局(7人):王学峰、朱国定、吴荣平、陆鹏海、金其宝、谢为芳、臧　芳

市卫计委(6人):勾凤诚、胡朝霞、沈　哲、陈苏娟、仓国强、韩素玲

市城建局(3人):朱艳曦、韦永培、王美英

市公安局(4人):杨　林、黄栋甫、戴蓉琴、樊新宇

市市场监督管理局(2人):周建伟、贡晓冬

市粮食局(2人):陈有春、王永刚

市工业总公司(2人):王兆宏、施　群

市供销合作总社(2人):孙海山、张长森

市供电公司(4人):杨　曙、姚　静、李仁安、王升波

高邮农商行(3人):詹　毅、张　斌、沈如萍

市邮政公司(1人):朱其庭

市电信公司(2人):窦启平、柏传昕

江苏有线高邮分公司(2人):张　斌、喻礼江

市人武部(2人):陈立柱、王淘淘

市公安消防大队(1人):李正斌

武警高邮市中队(1人):蔡　晶

江苏弘盛建设工程集团有限公司(1人):陈如华

(陈寨英)

【中国共产党高邮市第十一次代表大会】 7月28～30日举行。会议的主要任务是,以中共十八大和习近平总书记系列重要讲话特别是视察江苏重要讲话精神为指引,回顾总结市第十次党代会以来的工作,研究确定今后五年的奋斗目标和主要任务,选举产生中共高邮市第十一届委员会和中共高邮市第十一届纪律检查委员会,团结带领

全市各级党组织和广大党员干部群众，凝心聚力、埋头苦干，为迈上新台阶、建设新高邮，全面建成小康社会而努力奋斗。市第十一次党代会代表361人（实有代表364人）出席会议；不是代表的中共高邮市第十届委员会委员、候补委员和市纪委委员，市人大常委会、市政府、市政协非中共党员负责人，有关部门负责人，原市四套班子老领导、行政14级老干部及明确副处职级干部列席大会。

7月29日上午，在市行政中心会议中心举行中国共产党高邮市第十一次代表大会开幕式。开幕式由潘学元主持。张新钢代表中共高邮市第十届委员会致开幕词，勾凤诚代表中共高邮市第十届委员会向大会作《迈上新台阶，建设新高邮，为全面建成小康社会而努力奋斗》的报告，朱莉莉代表中共高邮市第十届纪律检查委员会向大会作纪委工作报告。代表们对这两个报告进行热烈的讨论。

勾凤诚的报告分为三个部分：一、过去五年的主要工作；二、今后五年的奋斗目标和主要任务；三、推动全面从严治党迈上新台阶。

7月30日下午，会议通过《中国共产党高邮市第十一次代表大会选举办法》和大会选举工作人员名单。勾凤诚就中共高邮市第十一届委员会委员、候补委员，市纪委委员和高邮市出席中共扬州市第七次代表大会代表候选人建议名单作说明。选举采取无记名投票和差额选举方式进行。会议选举产生中共高邮市第十一届委员会委员35人、候补委员7人，中共高邮市第十一届纪律检查委员会委员16人和高邮市出席中共扬州市第七次代表大会代表55人。

7月30日下午，大会还在市行政中心会议中心举行闭幕式。闭幕式由勾凤诚主持，潘学元致闭幕词。代表们采用举手表决的方式一致通过《中国共产党高邮市第十一次代表大会关于中共高邮市第十届委员会报告的决议》和《中国共产党高邮市第十一次代表大会关于中共高邮市纪律检查委员会工作报告的决议》。（史志）

【市委十一届第一次全体会议】 7月30日下午举行。会议的主要任务是，选举产生市委常委和书记、副书记，通过中国共产党高邮市第十一届纪律检查委员会第一次全体会议选举结果。市委委员35人、候补委员7人出席会议；新当选的市纪委委员列席会议。勾凤诚受中共高邮市第十一次代表大会主席团的委托主持会议。会议通过《中国共产党高邮市第十一届委员会第一次全体会议选举办法》，选举勾凤诚、潘学元、张新钢、孙建年、徐健、朱莉莉、王学峰、陈立柱、杨文喜、赵广华为中国共产党高邮市第十一届委员会常委，选举勾凤诚为书记，潘学元、张新钢为副书记，通过中国共产党高邮市第十一届纪律检查委员会第一次全体会议选举结果。会上，新当选的中国共产党高邮市第十一届委员会书记勾凤诚作讲话。（史志）

【市委十一届第二次全体会议】 12月30日下午举行。会议的主要任务是，全面落实中共十八届六中全会和中央经济工作会议精神，按照省第十三次党代会、全省经济工作会议，扬州市第七次党代会、扬州市委七届二次全会，高邮市第十一次党代会决策部署，动员全市上下紧扣“两聚一高”，创新、实干、服务、担当，加快高水平全面建成小康社会。

市委委员34人、候补委员6人出席会议；市纪委委员，不是市委委员的市人大常委会、市政府、市政协负责人，市人民法院、市人民检察院主要负责人，各乡镇党委书记、乡镇长，各园区（街道）党工委书记、副书记，管委会（办事处）主任、副主任，市各部委办局（公司）、市人大常委会和市政协各委办、市各人民团体、驻高邮各单位主要负责人和市级机关全体副局级干部，市第十一次党代会部分党代表，部分亿元以上工业企业、服务业企业负责人列席会议。

市委常委会主持会议。市委书记勾凤诚代表市委常委会作题为《创新、实干、服务、担当，加快高水平全面建成小康社会》的工作报告。报告共分三个部分：一、2016年工作回顾；二、2017年总体要求和重点工作；三、推进全面从严治党。与会人员进行分组讨论。全会同意勾凤诚代表市委常委会所作的工作报告，审议通过《中国共产党高邮市第十一届委员会第二次全体会议决议》。（史志）

【市委常委扩大会议】 2016年，为加强月度工作的计划性、指导性和针对性，统筹推进全市各项工作有序开展，市委主要负责人主持召开市委常委扩大会议12次（1～5月由韩方主持、7～12月由勾凤诚主持），研究确定月度工作重点，提出具体的工作要求和推进措施。全年就贯彻落实中共十八大和十八届六中全会精神，习近平总书记系列重要讲话特别是在中央政治局“三严三实”专题民主生活会上的重要讲话、关于“两学一做”学习教育重要指示精神，中央经济工作会议和省委全会、全省经济工作会议、扬州市委全会精神，谋划、部署全市招商引资、项目建设、园区建设、城乡建设、交通建设、生态建设及党的建设，“四城同创”，工业、现代服务业、建筑业和现代高效农业发展，平安法治建设、文化建设、和谐社区建设和民生建设、安全生产、维护稳定等具体工作事项850多项。

（余刚）

【市委常委（扩大）专题会议】 2016年，市委主要负责人主持召开市委常委(扩大)专题会议27次(十届市委常委会12次、十一届市委常委会15次),其中1～5月的市委常委会由韩方主持、7～12月的市委常委会由勾凤诚主持。

2月5日,市委常委扩大会议,传达学习《中共江苏省委关于学习贯彻习近平总书记在中央政治局"三严三实"专题民主生活会上的重要讲话的通知》精神、《中纪委、中组部关于加强换届风气监督的通知》精神、全省宣传部长会议精神以及中央、省、扬州市纪委全会精神,听取全市党风廉政建设和反腐败工作汇报及市纪委十一届第二次全会筹备情况汇报,听取2015年度考核工作情况汇报,研究春节前后市委、市政府重要会议安排和《2016年高邮市民生幸福工程实施意见》(讨论稿)。

2月23日,市委常委会议,专题研究讨论市政府与波司登国际控股有限公司战略合作问题。

3月1日,市委常委扩大会议,学习毛泽东所著的《党委会的工作方法》,传达学习全国、全省及扬州市组织部长会议精神,全省及扬州市政法工作会议精神,全省及扬州市信访工作会议精神和全省统战部长会议精神,研究全市乡镇领导班子换届工作、全市五个"迈上新台阶"的实施意见,听取2016年全市绿化工作情况和扬州国家农业科技园区高邮核心区规划建设情况汇报。

3月25日,市委常委会议,听取高邮市光明化工厂事件调查情况及相关整改措施的汇报,研究全市武装工作先进单位及个人表彰工作,听取市党风廉政建设责任落实情况汇报,研究江苏有线高邮分公司党组织建设工作,研究市委十届第十二次全会筹备工作。

4月5日,市委常委扩大会议,传达学习中组部《关于"三严三实"专题教育总结报告》精神,听取市委组织部关于全市"三严三实"专题教育总结报告,传达学习中共中央《关于郭伯雄严重违纪违法案及其教训的通报》、中共江苏省委办公厅关于印发《王岐山同志在参加十二届全国人大四次会议江苏代表团审议时的讲话》的通知等文件精神,听取第十二届中国双黄鸭蛋节和扬州"烟花三月"国际经贸旅游节筹备情况、上级巡视反馈意见整改落实"回头看"和自查自纠情况汇报。

4月29日,市委常委会议,研究讨论《关于开展脱贫致富奔小康工程的实施意见》《关于落实全面从严治党责任综合运用监督执纪"四种形态"的实施意见》等两个文件(讨论稿),研究市第十一次党代会相关筹备工作,传达贯彻扬州市关于省委督查组反馈巡视整改意见落实情况通报会精神。

5月3日,市委常委扩大会议,传达学习习近平总书记关于"两学一做"学习教育重要指示精神和中央、省委"两学一做"学习教育工作座谈会精神,安排部署全市开展"两学一做"学习教育工作,传达学习《中共中央办公厅关于部分党员领导干部在谈话函询中不如实向组织说明情况典型案件及其教训的通报》,研究2016年度考评工作,听取市劳动模范候选人推荐评选情况、党内规范性文件清理工作情况汇报。

5月16日,市委常委会议,研究市委、市纪委领导班子换届推荐初步人选。

5月19日,市委常委会议,研究市委、市纪委换届拟新进班子人选考察对象。

5月30日,市委常委扩大会议,认真学习习近平总书记《认真学习党章 严格遵守党章》的讲话精神以及《党章》总纲等,并就进一步落实上级相关指示精神进行部署,组织"两学一做"学习教育第一次专题研讨,传达学习扬州市委书记谢正义在扬州市委常委会研究部署省委第六巡视组对高邮市开展巡视"回头看"工作时的讲话精神,研究全市6月份主要工作安排,听取关于省委巡视组巡视扬州、高邮反馈意见整改落实情况汇报。

7月7日,市委常委扩大会议,传达学习习近平总书记在庆祝中国共产党成立95周年大会上的重要讲话及扬州市委六届第十一次全会、全省党校工作会议精神,研究部署全市防汛工作,听取相关部门单位党委(党组)履行党风廉政建设主体责任情况的汇报。

7月19日,市委常委会议,研究讨论市第十一次党代会工作报告、市纪委工作报告,听取会议筹备工作情况和党代会代表选举产生情况、代表资格初步审查情况的报告。

8月2日,市委常委扩大会议,传达学习扬州市委常委会关于学习贯彻全省科技创新大会的精神。

8月24日,市委常委议军会,听取全市人武工作情况汇报及高邮经济开发区、高邮城南新区、高邮湖西新区、三垛镇、汤庄镇、龙虬镇党(工)委书记党管武装口头述职,审阅其他乡镇党委书记党管武装书面述职报告,讲评各乡镇(园区)党管武装工作情况,并就全市国防后备力量建设和市人武部提请研究的议题进行讨论。

9月5日,市委常委扩大会议,传达学习《中共中央关于辽宁拉票贿选案查处情况及其教训警示的通报》以及省委书记李强的批示,研究讨论《关于进一步加强民生诉求问题办理工作的实施意见》《关于进一步加强和改进项目审批代办帮办工作的实施意见》《高邮市党员干部改革创新、干事担当容错免责实施办法》等三个文件(讨论稿),部署推进全市"两学一做"学习教育工作，研究通过第九批科技镇长团成员任职方案，听取村（社区）党组织和党组织书记星级评审情况的汇报。

9月19日，市委常委会议，传达学习国家、省、市科技创新大会，扬州市"两创示范"工作推进会和全省深入推进法治江苏建设暨政法队伍建设工作会议精神，研究市委、市政府"四城同创"总指挥部调整、"三服务"工作领导小组及相关会议方案，研究市委常委工作分工，全市市、乡两级人大换届选举工作相关事项以及市人大常委会、市政府、市政协换届工作组织机构。

10月13日，市委常委扩大会议，传达学习扬州市委常委会精神，研究讨论《关于加快临泽等东部6乡镇经济社会发展的扶持政策（讨论稿）》、全市国有企业改革发展工作，听取市经信委、市房管局、市商务局、市人防办、市气象局、市体育局等部门履行党风廉政建设情况的汇报。

11月2日，市委常委扩大会议，传达学习党的十八届六中全会精神、扬州市委常委会精神，学习《中国共产党江苏省地方委员会工作规则》《江苏省委关于贯彻〈中国共产党党组工作条例（试行）〉的实施细则》，传达全省宗教工作会议精神，听取全国文明城市创建迎检工作情况汇报以及城建"双十"重点工程相关情况汇报。

11月8日，市委常委会议，研究拟留任扬州市人大代表建议名单。

11月14日，市委常委会议，传达学习省委十二届第十三次全会精神，听取全市"三服务"工作开展情况、全市信访稳定工作情况、全市重大项目建设情况及全市城建"双十"重点工程建设情况汇报，研究省委第六巡视组《对扬州市巡视"回头看"的反馈意见》高邮市整改落实分工方案。

11月15日，市委常委会议，研究加快高邮高新区发展工作。

12月1日，市委常委扩大会议，传达学习《关于新形势下党内政治生活的若干准则》《中国共产党党内监督条例》，研究讨论《中共高邮市委常委会议事决策规则》和《党委（党组）意识形态工作责任制实施方案》两个文件（讨论稿）。

12月6日，市委常委扩大会议，专题讨论相关人事安排。

12月8日，市委常委扩大会议，专题讨论相关人事安排。

12月9日，市委常委扩大会议，贯彻落实全省"两减六治三提升"专项行动动员会和扬州市委常委会精神以及扬州市委、市政府主要领导指示要求，对"地条钢"生产企业整治和钢铁违法违规产能清理工作进行再部署、再推进。

12月9日晚，市委常委扩大会议，专题讨论相关人事安排。

12月27日，市委常委扩大会议，听取市委十一届第二次全会、市十五届人民代表大会第一次会议、市政协第十三届委员会第一次会议、全市企业家发展大会以及市工商联换届等筹备工作情况汇报，研究《关于高邮市企业家培育三年行动计划》《关于缓解企业融资难问题的意见》和《关于进一步加强我市市乡镇人大工作和建设的意见》等三个文件（讨论稿），研究海润资本大厦项目合作事宜。（余刚）

【全市经济工作暨机关作风建设大会】 2月14日下午举行。会议的主要任务是，总结全市2015年经济工作和机关能力作风建设所取得的成绩，部署2016年经济工作和机关能力作风建设工作任务，号召全市上下提振精神、凝心聚力推进当年各项工作，推动高邮各项事业不断迈上新台阶。市委、市人大常委会、市政府、市政协全体负责人，市人民法院院长、市人民检察院检察长，各乡镇（园区、街道）党（工）委、政府（管委会、办事处）主要负责人和分管负责人，市级机关各部门、驻高邮各单位全体副局职以上干部，部分重点工业企业主要负责人，全体受表彰人员等出席会议。

会议由市委副书记张新钢主持，市委书记韩方作讲话，市委副书记、市长潘学元部署2016年经济工作，市委常委、市纪委书记朱莉莉部署全市机关作风建设工作任务。会上，张新钢等宣读《中共高邮市委　高邮市人民政府关于表彰2015年度全市经济社会发展先进单位的决定》《市政府关于给予城建局等单位记集体三等功、陆炜等同志记个人三等功的决定》《市政府关于给予城管局等单位"突出贡献奖"表彰的决定》；全体与会人员还观看机关作风建设明查暗访录像片。

附：2015年度全市经济社会发展先进单位名单

乡镇、园区经济发展综合考评一等奖：高邮经济开发区、菱塘回族乡、高邮湖西新区、高邮镇

乡镇、园区经济发展综合考评二等奖：卸甲镇、高邮城南经济新区、临泽镇、三垛镇

乡镇、园区经济发展综合考评三等奖：汤庄镇、界首镇、甘垛镇、龙虬镇、周山镇

市级机关能力作风建设标兵单位：市发改委、市财政局、市经信委、市政务服务管理办、市统计局、市人社局、市教育局、市级机关工委、市残联、市国税局、高邮地税局、市国土局

市级机关能力作风建设先进单位：市农委、市卫计委、市城建局、市公安局、市交通局、市水利局、市人民检察院、市信访局、市委农工办、市供电

公司、市气象局、扬州市住房公积金中心高邮分中心、国家统计局高邮调查队

(其他奖项受表彰名单略)　　(史志)

【全市建筑业工作会议】 2月15日举行。会议的主要任务是,总结2015年全市建筑业工作情况,部署安排2016年工作任务,动员全市上下重视发展建筑业,立足新起点、适应新常态,激发新动能、抢抓新机遇,解放思想、创新有为,团结拼搏、再创辉煌,奋力推动全市建筑业发展迈上新台阶。市领导韩方、潘学元、薛晓寒、潘建奇、肖伯群,各乡镇(园区)及有关部门主要负责人、分管负责人和建筑企业代表等参加会议。

会议由潘建奇主持,韩方作讲话,潘学元作建筑业工作报告。会上,韩方指出,建筑业企业要迎难而上、抢抓机遇,大力推进多元经营和兼并重组,做优建筑业质量和效益;要采取BT、BOT、PPP等模式,加快拓展外埠市场,做活市场和要素;要做强品牌和科技,在争创"鲁班奖"、人才引进培养等方面实现新的突破。韩方要求,各地各部门要继续重视建筑业发展,进一步强化对建筑业的组织领导;真评严考,进一步落实扶持政策;规范管理,进一步防范化解风险;创新服务,进一步改善企业环境,全面促进建筑业加快发展。韩方强调,全市上下要紧紧围绕转型升级、提质增效,全面落实市委、市政府各项决策部署,奋发有为,大气包容,履职尽责,为推动建筑业发展迈上新台阶,建设"强富美高"新高邮作出新的更大的贡献。潘学元强调,要培植龙头,提升运营质态;要加大力度,优化产业结构;要抢抓机遇,加强市场开拓;要铆足全力,抓好提质增效;要着力推动,引领人才创新;要深化服务,助推行业发展。会上,还表彰2015年度全市建筑业先进集体和先进个人;各乡镇、园区和建筑企业代表向市政府递交2016年度建筑业发展目标责任书;市金融办等4家单位作交流发言。

(史志)

【全市党建工作会议】 3月3日上午举行。会议的主要任务是,深入贯彻中共十八大,十八届三中、四中、五中全会和习近平总书记系列重要讲话精神,全面落实中央和省委、扬州市委党建工作会议要求,总结2015年工作,部署2016年任务,进一步动员各级党组织和全市广大党员干部突出"两学一做",抓基础促规范,全面从严从实从紧加强党的思想、组织、作风、反腐倡廉和制度建设,切实提高各级党组织的创造力、凝聚力和战斗力,为"迈上新台阶、建设新高邮"提供坚强政治保障。市四套班子党员领导,各乡镇(街道办事处、园区)党(工)委书记、分管党务工作负责人,纪(工)委书记、副书记,监察室主任,组织委员(科长),宣传委员(科长),统战委员(科长);市级机关各部门(驻高邮单位)党组(党委、支部)书记、分管党务工作负责人,纪委书记(纪检组长),党办主任,监察室主任,组织、宣传、统战科长;市纪委全体委员;市纪委特邀党风廉政监察员;市人大常委会、市政协相关工委负责人等参加会议。

市委副书记、市长潘学元主持会议。会上,市委书记韩方作讲话。他指出,2016年是实施"十三五"规划的开局之年。市委十届十一次全会对高邮"十三五"发展特别是2016年工作进行谋划部署。各项工作的顺利开展,离不开党建工作的坚强保障。他要求,全市各级党组织和党员干部要充分认清2016年是市乡领导班子换届之年,充分把握今年党建工作大事多、要事多的实际,始终站在政治和全局的高度,围绕中心、服务大局,突出重点、真抓实干,全力抓好8项重点工作,具体是突出"两学一做",培养"四讲四有"合格党员;突出风清气正,抓好市乡领导班子换届;突出思想引领,坚定共产党人理想信念;突出从严从实,建设担当有为干部队伍;突出基层基础,实施"双覆盖双提升"工程;突出规矩规范,提升党风廉政建设水平;突出同心同力,汇聚统一战线智慧力量;突出责任落实,推动从严治党迈上新台阶。他强调,各地各部门要充分认识开展"两学一做"学习教育的重大意义,将此作为一项重大政治任务,尽好责、抓到位、见实效,推动全体党员做"讲政治、有信念,讲规矩、有纪律,讲道德、有品行,讲奉献、有作为"的合格党员。会上,市委副书记张新钢宣读《中共高邮市委关于表彰2015年度全市党建工作先进集体的决定》;各乡镇、园区党(工)委书记递交2016年抓基层党建工作责任书;与会人员观看《2014～2015年典型案例警示教育片》。　　(史志)

【全市庆祝"五一"国际劳动节暨劳动模范表彰大会】 4月29日举行。会议的主要任务是,表彰全市各条战线上涌现出来的成绩显著、贡献突出、富有时代特色的50名劳动模范,动员全市广大劳动者积极投身"强富美高"新高邮建设。市四套班子有关领导,受表彰对象,各级劳模代表,各乡镇(园区)及系统、直属单位有关负责人、工会干部和职工代表等400多人参加。

会议由市委副书记、市长潘学元主持,韩方作讲话。韩方首先代表市委、市人大常委会、市政府、市政协,向受到表彰的劳动模范表示热烈的祝贺和崇高的敬意,向奋战在全市各条战线上的广大工人、农民、知识分子和其他劳动者,致以节日的问候和良好的祝愿。他之后指出,劳动模范是广大劳动者的杰出代表,各地各部门要大力弘扬劳模精神,引领社会风尚、促进经济发展、推动社

会进步。他强调，市委十届十一次全会和年初召开的市“两会”，对“十三五”时期的发展，特别是2016年经济发展、现代农业建设、文化建设、民生建设和从严治党迈上新台阶的各项工作，进行全面动员和周密部署。全市广大职工群众要按照市委、市政府的决策部署，以劳模精神为引领，以共建共享为要求，争创一流业绩、争做“高邮工匠”、争树文明形象，为实现“十三五”开局之年开门红、推动“强富美高”新高邮建设作出应有的努力和贡献。他指出，维护职工合法权益是工会的基本职责。全市各级工会组织要坚持以人为本，充分认识肩负的责任，做维护职工合法权益的第一知情人、第一帮扶人，做职工群众最可信赖的“贴心人”，着力提升广大职工的幸福感、满意度。工会组织作为党联系广大职工群众的桥梁和纽带，具有不可比拟的组织和政治优势，要紧紧围绕改革发展要务，把握正确方向、强化协调配合、注重自身建设，务实创新地做好经济发展新常态下的工会工作。会上，市委副书记张新钢宣读《市委、市政府关于授予马年元等50名同志高邮市劳动模范称号的决定》；作省劳模吴战宇、市劳模薛凤香的先进事迹宣讲，劳模代表吴国元宣读高邮市劳动模范致全市各行各业劳动者的倡议书。 （史志）

【全市“双十”工程表彰、“四城同创”暨生态文明建设推进会】 6月8日上午举行。会议的主要任务是，动员全市上下坚定信心、提振精神、真抓实干、攻坚克难，积极投身“双十”工程、“四城同创”、生态文明建设，为建设“强富美高”新高邮作出新的更大贡献。韩方、潘学元、张秋红、张新钢等市四套班子领导，各乡镇、园区（街道）及有关部门主要负责人、分管负责人和全体受表彰人员等参加会议。

会议由市委副书记张新钢主持，市委书记韩方作讲话，市委副书记、市长潘学元作报告。会上，市委常委、宣传部部长汤学仁通报全国文明城市创建工作情况；市委常委、常务副市长孙建年宣读2015年度城建“双十”重点工程表彰决定，副市长钱富强通报省爱卫会对高邮市创卫第二轮暗访反馈意见；表彰2015年度城建“双十”重点工程先进单位和先进个人，市环保局、市卫计委、市水利局、高邮镇主要负责人作表态发言。 （史志）

【全市科技创新大会暨高邮高新区建设推进会】 12月15日上午举行。会议的主要任务是，动员全市上下深入实施创新驱动发展战略，强力推进高新区建设，不断增强区域经济核心竞争力，努力为“迈上新台阶、建设新高邮”增添强大发展动力。市委、市人大常委会、市政府、市政协全体领导，市人民法院院长、市人民检察院检察长，各乡镇、园区党政主要负责人、分管负责人、科技助理、人才办主任，市委各部委办局、市各委办局（公司）、市各人民团体主要负责人，市人大常委会、市政协相关委室主要负责人，高新技术企业、部分科技型企业、科技服务机构负责人代表，科技产业综合体、科技企业孵化器、众创空间负责人代表及高层次创新创业人才代表、科技镇长团全体成员和全体受表彰人员参加会议；省科技厅副厅长蒋洪、省科技厅区域创新处处长张少华、扬州市科技局局长杨蓉应邀出席会议。

会议由市委副书记、市长潘学元主持，市委书记勾凤诚作讲话。他要求，要强化创新理念，把科技创新作为核心抓实抓好；要强化科技引领，以务实的举措提供科技战略支撑；要强化创建抓手，全力打造省级高新技术产业开发区；要强化责任落实，苦干实干为科技创新提供坚强保障。会上，蒋洪传达全国和省科技创新大会精神，肯定高邮市科技创新工作取得的成绩，并对高邮如何加快创新发展进行专业指导；张少华宣读省政府同意筹建高邮高新区的批复；蒋洪、勾凤诚共同为高邮高新区揭牌；市委常委、常务副市长孙建年宣读省政府、扬州市政府和高邮市政府2015年度科学技术奖表彰决定；高邮高新区、扬州宏远电子有限公司、扬州市华翔有色金属有限公司分别作交流发言，扬州（高邮）国家农业科技园区、大连理工大学高邮研究院、南京工业大学高邮健康产业研究院三家单位作书面交流。 （史志）

表48 **2016年市委、市政府召开的有关工作会议一览表**

时间	会议名称	主要内容
2月19日	全市文化体育工作会议	总结2015年文化体育工作，部署2016年各项任务
2月23日	全市农村工作会议	总结2015年农业农村工作，部署2016年各项重点任务
3月2日	全市政法暨信访工作会议	总结2015年全市政法暨信访工作，部署2016年工作任务
3月3日	全市组织工作会议	总结2015年全市组织工作，部署2016年各项任务
3月3日	全市宣传思想工作会议	总结2015年全市宣传思想工作，部署2016年工作任务
3月3日	全市统一战线工作会议	总结2015年全市统战工作，部署2016年各项任务

续表48

时　间	会 议 名 称	主 要 内 容
3月3日	全市卫生计生工作暨分级诊疗制度建设推进会议	总结2015年全市卫生计生工作，部署2016年各项目标任务
3月4日	全市招商引资工作推进大会	总结2015年全市招商引资工作，部署2016年工作任务
3月16日	全市乡镇领导班子换届工作会议	贯彻落实中央和省委、扬州市委要求，安排部署乡镇领导班子换届各项任务
3月19日	全市民政工作会议	总结2015年全市民政工作，部署2016年各项任务
4月5日	全市武装工作暨国防动员工作会议	总结2015年全市武装工作暨国防动员工作，部署2016年工作任务。
5月16日	全市防汛防旱暨夏季秸秆禁烧禁抛、还田及综合利用工作会议	贯彻落实上级有关会议及文件精神，部署全市防汛防旱和夏季秸秆禁烧禁抛、还田及综合利用工作任务
5月17日	全市农村扶贫工作会议	总结“十二五”时期全市农村扶贫工作，部署2016年及“十三五”时期工作任务
5月25日	全市综治基层基础工作现场推进会	贯彻落实中央和省、扬州市关于加强综治建设的有关要求，部署全市推进综治平安基层基础工作任务
5月26日	全市服务业工作会议	总结2015年全市服务业发展工作，部署2016年各项工作任务
7月20日	全市信访维稳工作会议	分析研究全市信访维稳工作形势，部署当前及今后一段时期工作任务
7月27日	全市2016年度征兵工作大会	传达上级征兵工作会议精神，总结2015年度全市征兵工作，部署2016年度工作任务
9月5日	全市“两学一做”学习教育工作推进会	贯彻落实全省“两学一做”学习教育工作推进会等会议精神，总结交流前一阶段工作，研究部署下一阶段任务
9月7日	全市“四城同创”工作推进会	听取“四城同创”工作情况汇报，部署当前及下一阶段工作任务
9月27日	全市秋季秸秆禁烧、还田及综合利用工作会议	贯彻上级有关会议精神，部署秋季秸秆禁烧、禁抛、还田及综合利用工作任务
10月17日	全市市、乡镇人大换届选举工作会议	贯彻落实中央、省委以及扬州市委相关要求，部署全市市、乡镇人大换届选举工作任务
11月22日	全市“平安家庭”创建工作推进会	研究部署“平安家庭”建设工作任务，进一步深化“平安高邮”建设
12月1日	全市“六五”普法总结暨“七五”普法动员大会	总结全市“六五”普法工作，研究部署“七五”普法工作任务
12月23日	创建全国文明城市工作会议	总结交流全市创建全国文明城市各项工作，研究部署下一阶段工作任务

（史志）

重要决策

【市委常委工作分工】 9月19日，市委根据《中国共产党章程》的有关规定和民主集中制的原则，按照市委常委分工负责制的要求，经市委常委会研究决定，发出《关于市委常委工作分工的通知》，对全体市委常委的工作分工明确如下：

勾凤诚主持市委全面工作，分管干部工作和党风廉政建设工作，分管市人大常委会、市政协、市人武部党的工作。

潘学元主持市政府全面工作，分管经济工作、对外开放、机构编制、财税、审计、监察、规划、人力资源和社会保障、人民武装委员会、高邮经济开发区和园区建设等方面工作。

方桂林不参与市委分工(援藏)。

张新钢负责市委日常工作，代管市委宣传部工作，协助分管市人大常委会、市政协、市人武部党的工作，协助分管经济工作，分管农业农村、服务业发展、重大项目建设，分管市委办、市级机关工委、党校、老干部、扶贫帮困工作，代管意识形态、新闻、文化、精神文明建设和社会事业发展工作。

孙建年负责市政府常务工作，分管发展计划、经济体制改革、重大项目、国土管理、服务业、金融、统计、应急管理、政府法制、外事侨务、电子政务、民政、工业经济、外向型经济、民营经济、环保、科技、人才、知识产权、市场监督管理、物价、信息化等方面工作，协助分管财税、监察、机构编制、人力资源和社会保障工作。

徐健负责市委政法委工作，分管社会治安综合治理、平安创建、法制高邮建设以及信访和维护稳定工作。

朱莉莉负责市纪律检查委员会工作，分管纪检、监察、反腐倡廉、优化发展环境、纠正不正之风、机关作风建设工作。

王学峰负责市委组织部工作，分管市委督查工作以及工会、共青团、妇联、科协、党史、档案、关工委工作，协助分管老干部工作、经济体制改革和非公经济发展工作。

陈立柱负责市人武部工作，协助分管地方人民武装建设工作。

杨文喜负责市委统战部和扬州国家农业科技园区（核心区）工作，分管侨联、对台和民族宗教工作。

赵广华负责高邮经济开发区工作。（史志）

【从严治党】 2016年，为认真贯彻落实全面从严治党要求，坚持把纪律和规矩挺在前面，落实管党治党责任，做好管党治党的日常工作，在日常管理监督中体现对党员干部的严管厚爱，以严明的纪律推进全面从严治党迈上新台阶，市委结合高邮实际，出台《关于落实全面从严治党责任 综合运用监督执纪“四种形态”的实施意见》。该意见坚持“挺纪在前、抓早抓小、动辄则咎、标本兼治”四项原则，从“经常开展谈话提醒、善于进行谈话函询、严肃进行批评教育、规范使用组织处理、坚决惩治腐败行为”五个方面，制定工作措施15项，就综合运用监督执纪“四种形态”（批评和自我批评要经常开展，让咬耳扯袖、红脸出汗成为常态；党纪轻处分和组织处理要成为大多数；对严重违纪的重处分、作出重大职务调整应当是少数；严重违纪涉嫌违法立案审查的只能是极极少数），作出全面部署，提出明确要求，是全市推动全面从严治党的又一个前瞻性、指导性文件。（史志）

【巡察工作】 2016年，为深入贯彻落实中共十八大和十八届三中、四中、五中、六中全会精神，强化各级党组织党要管党的政治责任，推动全面从严治党向基层延伸，市委根据《中国共产党章程》《中国共产党党内监督条例》《中国共产党巡视工作条例》和《中共江苏省委关于加强市县党委巡察工作的意见（试行）》等文件精神，制定出台《中共高邮市委巡察工作实施办法（试行）》。该办法从总则、巡察机构和人员、巡察范围和内容、巡察工作方式和权限、巡察工作程序、巡察协调机制、巡察纪律和责任、附则8个方面，制定具体意见35项，就全市的巡察工作作出制度性安排。（史志）

【书记信箱办理工作】 2016年，全市共办理省、市、县三级书记信箱来信268件，其中办理省委书记信箱来信21件、扬州市委书记信箱来信41件、高邮市委书记信箱来信206件。市委办公室、市信访局坚持“分级负责、归口办理，谁主管、谁负责”的原则，按照书记信箱来信办理工作的规则，进一步健全完善来信接收、阅批、交办、办理、答复、回访等工作机制，对每封来信都明确主办部门和协办部门，明确办理要求、办理时限，牵头做好来信办理工作。各地、各部门认真处理群众来信，深入了解情况，对照相关政策法规，及时妥善地解决一批群众反映的热点难点问题，做到件件有着落，事事有回音。对一些重点来信，市委、市政府主要领导亲自下访，现场办公，解决问题，确保各项政策、措施落实到位，有效提升广大群众的满意率。

（戴小斌　邛宏伟）

组织工作

【领导班子和干部队伍建设】 2016年，市委组织部围绕市委、市政府工作大局和事业发展，切实加强领导班子和干部队伍建设。全年10次提请市委常委会研究干部工作，提拔任用乡科级领导干部71人、非领导职务干部14人，其中正科职级干部17人、副科职级干部68人；推进干部跨部门交流44人，调整、配备市级机关部门主要负责人9人。同时，继续开展领导班子述职和民主测评活动。

（周航）

【乡镇党委换届选举工作】 3～5月，市委按照中央和省委、扬州市委文件精神，集中部署开展乡镇党委换届选举工作。3月16日下午，市委召开全市乡镇领导班子换届工作会议，确定全市乡镇党委换届选举工作原则上要在5月中旬结束，并就换届工作的相关要求、步骤、政策和重点问题作详细说明。5月19～25日，市委根据全市乡镇党委换届选举工作方案安排，对12个乡镇党委集中进行换届。此次集中换届，共选举产生大专及以上学历的乡镇党委委员112人。其中，按性别分：男性96人、女性16人；按年龄分：35周岁以上97人、35周岁以下15人。换届后，全市乡镇党委班子基本形成以中青年干部为主体，并在结构、文化、性别等诸方面得以优化的党员团队。此次集中换届，还选举产生出席市第十一次党代会的乡镇代表228人。（周航）

资料链接 自2016年3月中旬全市全面启动乡镇党委换届工作后，市委高度重视，专门成立5个换届工作指导（考察）组，切实加强对换届选举工作的领导和指导。市委组织部作为牵头部门，精心组织，各相关单位密切配合，各乡镇党委切实抓好组织实施，有效保证乡镇党委换届工作有序推进。此外，采取“八个全覆盖”措施，切实加强换届纪律的教育宣传和监督检查，营造风清气正的换届环境。此次换届期间，全市未发现一例违反换届工作纪律的问题。通过换届选举，市委的人事安排和党代表的意愿均得到较好体现。（周航）

【国有企业干部人事制度改革】 2016年，市委组织部按照上级政策要求，进一步改进和规范全市国有企业干部人事工作，建立健全和现代企业制度要求相适应的选人用人新机制，在多方调研、广泛征求意见的基础上，制定出台《关于推进国有企业干部人事制度改革的意见》，进一步明确国有企业管理体制，完善国有企业法人治理结构，加强国有企业领导人员选配，规范国有企业内部用人制度。（周航）

【“三个如何”大讨论】 2016年，市委组织部围绕打造“正派、务实、创新、担当”的新时期高邮好干部队伍，在全市开展“三个如何”（如何发现好干部，如何使用好干部，如何培养选拔优秀年轻干部）大讨论活动。其间，通过专题讨论、座谈讨论、征文研讨等形式，收集意见和建议190多条、评论文章50多篇。同时，通过综合分析意见、建议和评论，促进对《关于进一步加强和改进干部工作的意见》《年轻干部培养选拔“151计划”的实施意见》等文件的研究制定工作。（周航）

【乡局级领导班子综合研判】 2016年，市委组织部根据《乡局级党政领导班子综合研判办法（试行）》要求，继续开展综合研判工作。对纳入年度综合研判的领导班子，按照“多维度设定研判内容、多层面开展研判活动、多方面运用研判结果”的递进方式，系统分析领导班子的整体结构、运行情况，综合分析领导干部的德行表现、工作作风、能力实绩等，并及时将研判意见向领导班子和领导干部反馈，同时对结构不合理、运行状态差或存在严重问题的领导班子，提出干部调配建议。全年综合研判乡局级领导班子27家（均为市级机关部门），共向领导班子及其所属的领导干部反馈意见74条，并要求落实整改措施。（周航）

【年轻干部第三批“墩苗计划”】 8月，市委分层次、类别遴选年轻干部60人实施第三批“墩苗计划”，安排其到相关综合部门、重点岗位及部位开展为期1～2年的实践锻炼。其间，市委组织部充分发挥牵头管理职能，通过制定《年轻干部墩苗计划第三批选派工作方案》，召开“墩苗计划”第二批总结暨第三批选派工作会议，出台《墩苗干部工作实绩考核细则》等，切实推进第三批“墩苗计划”各项工作的开展。同时，加强“墩苗”年轻干部的后续跟踪培养，强化实绩考核及结果运用。至年底，全市累计提拔“墩苗计划”年轻干部25人，其中正科职干部4人、副科职干部21人，纳入后备干部范畴跟踪培养78人。（周航）

【大学生村官“培优”工程】 2016年，市委组织部扎实推进大学生村官“培优”工程，从“选、培、管、用”四个方面全面提升大学生村官工作水平。注重择优选聘，提升村官队伍质量，全年通过驻村实践引进“985”高校毕业生 9人，其中被正式录用为大学生村官3人。落实培养责任，多次赴乡镇开展大学生村官工作督查，与其进行座谈交流，宣传解读“聘期政策”等热点问题，并了解他们的所思所想，帮助他们提升本领，增强服务能力。强化跟踪管理，实施村官岗位目标管理、公开承诺、年度述职、积分化聘期考核制度，督促村官履职尽责。注重发挥市大学生村官联合会作用，组织开展学习研讨、扶贫济困、文体比赛等系列活动，促进村官内增合力、外树形象。实施大学生村官分类培养，全年新提拔2人担任“两委”正职、1人担任乡镇党委班子成员，3人通过选拔成为省选调生，8人当选市党代表，12人作为“两委”正职纳入全市年轻干部培训班跟班学习。鼓励和扶持大学生村官投身创业实践，全年举办提升创业能力培训班1期，发放大学生村官创业引导扶持资金57万元，累计有大学生村官68人创办、合办、协办创业项目59项，带动就业1300多人。是年，卸甲镇大学生村官邹主东获全省大学生村官创业大赛第二名、扬州市大学生村官创业大赛第一名。（周航）

【领导干部个人有关事项报告工作】 2016年，市委组织部按照上级要求，组织开展领导干部个人有关事项报告工作。全年按照应报尽报要求，完成领导干部个人有关事项报告表填报993份，其中涉及处级干部32人、科级干部961人。结合乡镇领导班子换届考察，建立完善个人有关事项查核机制，组织市公安、房管、市场监管等部门对乡镇领导班子继续提名人选及新提名人选个人有关事项进行查核，共查核290多人，发放函询通知90多份。按照“凡提必核”的要求，做好新提拔干部85人的个人有关事项的查核工作。（周航）

【领导干部“三责联审”工作】 2016年，市委组织部会同市编制、审计等部门，同步联动实施党政领导干部选人用人责任审查、机构编制责任审核和任期经济责任审计工作。全年实施“三责联审”项目9项，涉及相关责任人9人，其中任中审核5人、离任审核4人。（周航）

【干部人事档案审核工作】 1～4月，市委组织部按照上级要求，组织实施干部人事档案的专项审核工作。其间，通过召开动员会议、印发工作方案、强化业务培训等，促进该项工作的有效开展。至年底，全市共完成市管干部和13个乡镇（园区）、65家市级机关部门的干部人事档案审核工作，涉及相关人员5669人，其中市管干部990人、公务员和

参照公务员管理人员1322人、事业单位人员2854人、企业及村(社区)三大员503 人。 (周航)

【党建精准扶贫】 2016年,市委组织部紧扣"富民党建"主题,大力推进开展精准扶贫、精准脱贫工作。全年将19名党员市领导的农村党建联系点全部安排在经济薄弱村或软弱后进村,安排434名副科级以上党员领导干部挂联村(社区)和重点企业,组织79个部门结对234名城区贫困户。是年,所有党员市领导所联系的村集体经济收入均实现40万元以上。继续组织实施"百企帮百村"活动,全年新增村集体领办专业合作社项目7项,13个纳入扬州市级帮扶的村当年新上物业项目17项。管理并使用好好社区党组织为民服务专项资金,全年助力全市52个社区申报实施项目367项。

(李志国)

【党建工作指导员派驻制度】 2016年,市委组织部深化派驻党建工作指导员制度,从市直机关事业单位选派综合素质高、党性观念强、富有创新思维的党员干部到相关党组织及其他组织担任党建指导员,负责指导开展党的工作,努力扩大党的工作覆盖面,增强党组织的影响力、凝聚力和战斗力。至年底,全市累计选派党建工作指导员1634人。 (李志国)

【"双覆盖双提升"工程】 2016年,市委组织部启动实施"双覆盖双提升"工程,明确以"党组织有效覆盖、党的工作有效覆盖,提升党组织政治和服务功能,提升基层党建科学化水平"为抓手,进一步加强基层党组织建设,推动其全面发展和进步。工作中,分类制定乡镇(园区)、部门、村、社区、非公企业和社会组织等6个领域党组织党建工作责任清单,实现党建项目签约全覆盖;继续执行党建工作单独考核制度,将其作为经济社会发展和机关能力作风建设考评的硬性门槛,对党建工作考核不合格的乡镇(园区)、部门单位实行"一票否决"制,切实压紧压实党建工作责任。 (李志国)

【"两新"组织党建】 2016年,市委组织部全面开展"两新"组织党组织"双亮双挂双服务双促进"(党组织挂红色标牌,党员挂红色标识;党组织和党员亮身份、亮承诺;党组织和党员服务广大群众,服务全市发展;促进经济社会发展,促进党建工作水平提升)活动,推动企业党组织和党员作用发挥。 (李志国)

【党群组织"组建月"活动】 6月,市委组织部联合相关部门开展党群组织"组建月"活动。其间,新建各类党支部72个,其中非公有制企业党支部46个、家庭农场党支部1个、合作社党支部5个、小区党支部20个。 (李志国)

【村(社区)党组织星级化创建工作】 2016年,市委组织部根据上级部署,继续组织开展新一轮村(社区)党组织和党组织书记星级化创建工作。经基层申报、综合审查、实地考评、部务会研究、党委口内部通报酝酿并报市委研究决定,确定高邮经济开发区文游台村党总支等19个村(社区)党组织为五星级村(社区)党组织,高邮经济开发区杨桥村党总支等25个村(社区)党组织为四星级村(社区)党组织,高邮城南经济新区太丰村党总支书记肖有明等5人为五星级村(社区)党组织书记,高邮城南经济新区车逻村党总支书记刘万敖等10人为四星级村(社区)党组织书记。 (周航)

【高邮市"五佳社区""五佳社区提名奖""十佳社区工作者"和"十佳社区社会组织"评选】 (详见《社会事务管理》篇目《基层自治组织建设》分目)

【"两新"党组织整顿工作】 2016年,市委组织部对照上级要求,开展"两新"党组织整顿工作。其间,共投入转化资金30多万元,新上项目20多项,完善相关制度10多项,撤销"空壳"非公有制企业党支部55个,配齐非公有制企业党支部书记28人。 (周航)

【建党95周年系列纪念活动】 2016年,市委以市委办公室文件形式印发《关于开展纪念建党95周年系列活动的通知》,要求全市上下与"两学一做"学习教育有机结合,本着隆重、热烈、节俭的原则,在"七一"前后组织开展系列活动,切实提升党组织的凝聚力、战斗力、向心力。其间,先后组织开展系列活动9项,即以"庆七一、强意识、展风采"为主题,召开全市纪念建党95周年大会暨先进典型事迹报告会,进一步强化党员理想信念,争做"四讲四有"合格党员;以"讴歌党的丰功伟绩,弘扬党的优良传统"为主题,组织"团队联谊 文艺走新"庆"七一"专场文艺演出;组织开展"双百双千"联系服务活动,走访慰问老党员、生活困难党员活动,把党的关怀和温暖送到人民群众尤其是生活困难党员、困难居民的心坎上;围绕"四学四讲",集中组织上党课("我是党课主讲人·微党课"),市委常委带头到所在党支部或联系点上党课,各部门单位党委(党组、工委)书记集中为党员上一次党课;开展学习宣传身边先进典型活动,并在本地区本系统选取1至2个重点对象进行推送;围绕抓牢"学"的基础,以党章党史、党纪党规、系列讲话等相关知识为竞赛内容,组织开展党的知识竞赛;开展廉政建设系列活动,包括"清风讲坛"教育活动、警示教育活动、上半年全市村干部勤廉"述询评"活动及勤廉事迹报告会;组织开展村(社区)党组织和党组织书记星级评定,择优命名一批四星、五星村(社区)党组织和党组织书记;立足社区、农村、企业、学校、机关等基层单位实际,开展职工文体系列活动、“传廉洁家风 建幸福家庭”主题活动、“我的青春 说给你听”巡回交流活动等各具特色的群团纪念活动。6月30日下午，在全市庆祝建党95周年暨先进典型事迹报告会上，市委书记勾凤诚发表讲话。他说，中国共产党诞生至今，已经走过95年的光辉历程。他指出，伴随着我们党95年的前进步伐，高邮也走过一条与时代同发展、共命运的奋进之路。特别是“十二五”以来，全市综合实力显著增强，城乡面貌焕然一新，社会事业长足进步，人民生活逐年攀升，党的建设全面加强。成绩的取得，关键在于中国共产党坚强的领导，关键在于充分发挥各级党委的领导核心、基层党组织的战斗堡垒和广大党员的先锋模范作用。在推进经济社会又好又快发展的过程中，涌现出一大批先进基层党组织、优秀共产党员、优秀党务工作者。他希望，各级党员干部要以身边先进为榜样、以身边先进为标杆，对照“讲政治有信念、讲规矩有纪律、讲道德有品行、讲奉献有作为”的“四讲四有”标准，从合格做起，向先进看齐，学在深处、改在细处、做在实处，争做信仰坚定、对党忠诚的先锋，争做严于律已、清正廉洁的先锋，争做道德高尚、品行端正的先锋，争做敢于担当、甘于奉献的先锋。全市各级党组织要把党建工作，包括“两学一做”学习教育放到重要位置，按照“三严三实”的要求，抓深入、抓具体、抓到位，为决战决胜全面小康提供坚强政治保证。会上，还安排宣讲菱塘派出所支部书记、所长刘玉山，扬州高标机械有限公司党支部书记、董事长吴有还，琵琶社区群众眼里的“小巷总理”陆凤霞，市市场监管局送桥分局局长王荣宏，高邮镇司法所所长陈士坡，市中医医院护理部主任陈苏娟等6位优秀共产党员以及市环卫处党支部的先进事迹。（李志国）

【党员组织关系管理】 2016年，市委组织部按照上级相关要求，继续抓好党员组织关系管理工作。注重党员组织关系源头接转工作，实施转进党员本人接转制、转进党员信息登记制、挂靠党员承诺制、党员双证制(“党员证”“流动党员证”)等制度，持续开展“组织找党员、党员找党员、党员找组织”活动。结合党费收缴工作专项检查，建立流动、失联、空挂党员信息库，涉及流动党员1215人、失联党员468人、空挂党员420人，并核减在册病故党员116人。同时，按照基层支部核实、初排处置对象、审核反馈、党员大会决议、上级审批、公布决议、材料归档等7个规范步骤，分类、分批做好失联党员的处置工作。（龙晖）

【发展党员工作】 2016年，市委组织部以《中国共产党章程》和《中国共产党发展党员工作细则(试行)》为指导，按照“坚持标准、保证质量、改善结构、慎重发展”的工作方针，落实党员发展培养制、票决制、考察制、公示制和责任追究制等制度，按照向一线工人、青年农民和返乡创业大学生倾斜的重点，有领导、有组织、有计划地推进党员发展工作。至年底，全市共发展党员450人。（龙晖）

【干部教育培训工作】 2016年，市委组织部以党性教育和能力建设为抓手，以建强建优师资库为依托，通过“领导干部+专家教授+党校培养”模式，持续推进干部教育培训工作。全年完成各级干部上级调训92人次，其中处级干部20人次、正科级干部65人次、其他干部7人次，调训率100%；举办各类培训班16期，培训干部1400人次；指导基层办班15期，培训干部2000多人次；完成江苏省在线学习中心、扬州党政干部网上学习城、扬州市公务员学习网等网络学习任务，培训干部1500人次。同时，全年分三批安排干部200人，分别赴古田干部学院、恩来干部学院、省内党性教育基地南京教学点进行党性教育；在各级干部中开展“两学一做”系列培训，通过专题培训、领导干部上党课等形式培训干部800多人次。（周航）

【党员远程教育】 2016年，市委组织部结合开展“两学一做”学习教育，不断夯实党员远程教育工作。利用每月“远教固定学习日”、两学一做学习教育QQ群和秦邮组工微信平台，精心收集并发布《中国共产党章程》《关于新形势下党内政治生活的若干准则》《中国共产党问责条例》《中国共产党纪律处分条例》《五大发展理念》等动漫课件、《榜样》《永远在路上》系列微视频和《中央党校专家谈“两学一做”学习教育》《致未来书》《长征》等多套主题教学课件近100部，丰富相关党员网络学习内容。制作并播出《党建风景线》栏目12期，集中宣传全市组织工作成效和服务型基层党组织建设的成果。开展先进典型宣传，在高邮电视台《高邮新闻》栏目开辟《为党争光辉》专栏，集中宣传一批先进基层党组织、优秀党员、优秀村支书等先进典型和优秀事迹。注重加强理想信念、党章党规党史、五大发展理念等方面的专题培训，组织举办“远程教育专题培训周”3期，提升基层党员干部思想政治素质和业务工作能力。推进远程教育共建共享，与市妇联联合举办“梦享成长”专题家教讲座2期。是年，全市各基层站点共组织集中学习1600多场次，培训党员干部6万多人次。（周航）

【党员情况】 至2016年年底，全市党员45854人，比2015年年底增加291人，其中预备党员646人。全年增加党员1079人，其中新发展427人(女党员166人，35岁及以下219人)、党组织关系转入652人。全年减少党员788人，其中死亡372人、出党54人、党组织关系转出362人。（龙晖）

表49 **2016年度高邮市共产党员情况统计表**

类别	项目		人数（人）
党员总数	合计		45854
	其中	男	37664
		女	8190
		正式党员	45208
		预备党员	646
年龄	35岁及以下		7022
	36岁～45岁		6722
	46岁～59岁		14465
	60岁及以上		17645
学历	初中及以下		19325
	高中		9522
	中专		3738
	大学本、专科		12960
	研究生		309
职业分布	公务员（含参照公务员法管理的机关工作人员）		3089
	事业单位管理人员、专业技术人员（含参照公务员法管理的事业单位工作人员）		4509
	工人（营业员、服务员）		3374
	企业单位管理人员、专业技术人员		4749
	民办非公企业单位管理人员、专业技术人员		531
职业分布	农牧渔民		16536
	在读学生		—
	离退休人员		7760
	其他职业人员（含社区居委会居民、未就业的退伍军人、大中专毕业生）		5306

（龙晖）

【全市党组织设置】 2016年，全市共有党组37个、工委7个；党的基层组织2803个，其中基层党委36个（乡镇党委12个、企业党委10个、事业单位党委2个、部门党委6个、政府直属经济实体党委2个、机关党委1个、其他党委3个）、党总支273个（含村党总支175个、社区党总支29个）、党支部2501个（含村辖党支部649个）。（龙晖）

老干部工作

【概况】 2016年，市委老干部局以学习贯彻中办、国办《关于进一步加强和改进离退休干部工作的意见》精神为主线，靠实举措，积极作为，努力推动全市老干部工作科学发展。是年，市委老干部局被表彰为扬州市老干部工作先进集体，市老年大学被表彰为省老年大学教材建设先进单位。（陈维祥）

【老干部情况通报会】 1月26日、8月8日，市委两次召开老干部情况通报会。会上，市委、市政府主要负责人向市委、市人大常委会、市政府、市政协的原领导班子成员通报市第十一次党代会精神和全市经济社会发展情况，并征求老干部对市委、市政府工作的意见和建议。（陈维祥）

【走访慰问老干部】 2016年春节期间，市委、市政府主要负责人等走访慰问原市四套班子老领导；市委组织部、市委老干部局、市人社局受市委、市政府委托，慰问全市离退休干部、生病住院老干部及部分老干部遗属。夏季高温期间，市委老干部局分别慰问原市四套班子老领导和生病住院离退休干部。重阳节前夕，市委老干部局受市委、市政府委托慰问原市四套班子老领导。（陈维祥）

【5个老干部党支部和7名退休干部获扬州市表彰】 6月27日，在扬州市委组织部、市委老干部局联合印发《关于表彰全市离退休干部增添正能量先进党支部和优秀党员的决定》中，高邮市人社局老干部党支部、城建局老干部党支部、菱塘回族乡老干部党支部、临泽镇老干部第一党支部、高邮镇水部楼社区离退休干部党支部等5个党支部被表彰为先进党支部，史善成、王志强、胡正元、陈广山、杨春淋、沈正宏、郑朝伟等7人被表彰为先进个人。（陈维祥）

【落实离休干部生活待遇】 6月13日，市委老干部局组织全市离休干部进行健康体检。12月28日，全市统一部署启动离休干部基本离休费提标工作，具体标准为厅局级副职、县处级正职、县处级副职、乡科级及以下离休干部每人每月分别提高750元、600元、500元、400元。（陈维祥）

【老干部文体活动】 2016年，市委老干部局组织离退休干部开展或参加多样化的文体活动，着力丰富老干部的文化生活。2月23日、6月26日，联合市老干部书画研究会分别举办老干部迎春书画展和“永远的纪念”书画作品展。4月12日，组织离退休干部参加扬州市老干部门球赛，并获一等奖；8月，组织离退休干部开展“立家规、正家风、严家教”“我为‘十二五’点赞”主题征文活动及“我为‘十三五’献一策”金点子征集等活动；10月，联合市人社局等举办离退休干部麻将掼蛋门球比赛；10月21日，组织老干部参加扬州市老干部中国象棋赛。（陈维祥）

【市老年大学】 2016年，市老年大学积极发挥“文化养老”的主阵地作用，紧扣“注重课堂效率、强化校园管理”的办学理念，精心组织开展各类活动，有效满足广大学员的精神生活需求。6月26日，举办第三届校园文化艺术节；重阳节前夕，在高邮镇高谢社区举办《情暖重阳 幸福高谢》演出活动；

12月9日,排演的“江山永清廉”节目入选市纪委“12·9”廉政专场文艺晚会。 (郑朝伟)

【省委老干部局领导到高邮市调研工作】 6月14日,省委老干部局副巡视员赵梦良一行3人,在扬州市委老干部局副局长沈兆琼陪同下,到高邮开展领导干部下基层“三解三促”活动并结合老干部工作进行调研,重点就“我看从严治党新气象”听取老同志的意见和建议。其间,赵梦良一行还走访慰问部分离休干部,将省委、省政府的关心问候落到实处。 (陈维祥)

纪检监察工作

【市纪委十一届第一次全体会议】 7月30日下午举行。会议的主要任务是,选举产生市纪委常委和书记、副书记。新当选的市纪委委员16人出席会议。朱莉莉受中共高邮市第十一次代表大会主席团的委托主持会议。会议通过《中共高邮市第十一届纪律检查委员会第一次全体会议选举办法》和选举工作人员名单,采用无记名投票方式,选举朱莉莉、陈军、高日平、王存山、陈军、沈国俊、居方祥为中共高邮市第十一届纪律检查委员会常委,选举朱莉莉为书记,陈军、高日平为副书记。会上,新当选的中共高邮市第十一届纪律检查委员会书记朱莉莉作讲话。她要求,要认清形势,在推进全面从严治党中找准定位,认真履行党章赋予的职责,把纪律和规矩挺在前面,严格落实“三个区分开来”;要突出重点,在聚焦监督执纪问责中主动作为,坚决强化“两个责任”落实,强化“八项规定”精神扎根,强化惩防体系建设;要以身作则,加强政治修养,提高综合素质,恪守清正廉洁,在践行忠诚干净担当中树好形象。(王存山 陈磊)

【违纪案件查处】 2016年,市纪委、市监察局扎实推进违纪案件查处工作。3月11日,印发《2016年全市纪检监察组织执纪审查工作意见》;3月20日,印发《2016年全市纪检监察信访举报工作要点》;9月,组织开展2014—2015年度全市乡镇、园区案件质量专项检查工作,对全市13个乡镇、园区已办结的232件案件展开拉网式检查。至年底,全市纪检监察组织共立案查处各类违纪违法案件327件,挽回直接经济损失316.5万元。在立案查处的案件中,涉及乡科级干部23人,其中向司法机关移送7人。 (王存山 陈磊)

【党风廉政“两个责任”监管系统建设】 2016年,市纪委、市监察局通过打造网上监管系统,进一步推进落实党风廉政建设“两个责任”。1月15日,市纪委、市监察局印发《关于进一步强化党风廉政建设“两个责任”的实施方案》,明确制定党组织主体责任清单、领导班子主要负责人“第一责任人”清单、领导班子其他成员“一岗双责”清单、纪检监察组织监督责任清单等“4张清单”。2月,根据“4张清单”工作要求,研发党风廉政建设“两个责任”监管系统。3月中旬,分7批次对各责任单位系统操作员进行培训。3月31日,以市委办公室文件形式印发《高邮市落实党风廉政建设责任清单网上监督管理暂行办法》,实行“一月一考核一通报”制度。至年底,全市制定完成主体责任清单事项1.8万项、监督责任清单事项2000项,责任清单工作事项完成率98%以上。 (王存山 陈磊)

【监督执纪“四种形态”综合运用工作】 2016年,全市高度重视监督执纪“四种形态”综合运用工作。所谓“四种形态”,即:第一种形态为党内关系要正常化,批评和自我批评要经常开展,让咬耳扯袖、红脸出汗成为常态;第二种形态为党纪轻处分和组织处理成为大多数;第三种形态为对严重违纪的重处分、作出重大职务调整是少数;第四种形态为严重违纪涉嫌违法立案审查的是极极少数。3月14日,市纪委、市监察局印发《关于综合运用监督执纪“四种形态”的实施意见》《关于对全市纪检监察组织运用监督执纪“四种形态”情况进行月度通报的通知》;5月3日,提请市委以文件形式印发《关于落实全面从严治党责任综合运用监督执纪“四种形态”的实施意见》;6月22日,以市委办公室文件形式印发《关于落实全面从严治党责任综合运用监督执纪“四种形态”的实施细则(试行)》。至年底,全市共运用“四种形态”1808人次,其中运用第一种形态1456人、运用第二种形态264人、运用第三种形态81人、运用第四种形态7人,占比分别为80.5%、14.6%、4.5%、0.4%。是年,全市监督执纪“四种形态”综合运用工作受到《人民日报》《中国纪检监察报》等媒体的关注。

(王存山 陈磊)

【落实中央八项规定精神】 2016年,市纪委、市监察局继续加强元旦、春节、中秋、国庆等重要节点的作风建设情况专项督查,努力把中央八项规定精神落到实处。2月14日,在全市经济工作表彰暨机关能力作风建设大会上播放《作风建设永远在路上》明查暗访专题片,公开曝光典型案例15件;3月30日,印发《关于严明清明节期间有关纪律的通知》;4月27日,印发《关于加强“五一”、端午期间作风建设监督执纪问责的通知》;9月7日,印发《关于加强中秋国庆期间作风建设的通知》;12月29日,印发《关于切实加强2017年元旦春节期间作风建设监督执纪问责的通知》。全年累计向党员干部发送廉政提醒短信7100条,开展明查暗访17轮次、商业预付卡专项检查3次,查处违反工作纪律的机关干部19人，通报典型案例9起。

（王存山 陈磊）

【市委巡察工作】 2016年，经市委批准，市委巡察办牵头组织十届市委第三轮巡察和十一届市委第一轮巡察。

十届市委第三轮巡察：于3月22日召开巡察工作部署会议，启动开展对市商务局、市农委和市民政局的常规巡察，对市人防办、市房管局和市体育局的专项巡察。此轮巡察，共发现问题线索40个，其中移交问题线索21个，立案审查16人，其中被司法机关立案侦查4人、向司法机关移送6人。针对在市农委巡察过程中发现的“设立账外账，套取项目资金，原现金会计涉嫌利用职务便利贪污”等严重问题，在全市范围内组织开展银行账户、财务印鉴管理专项检查。

十一届市委第一轮巡察：于10月14日召开巡察工作动员会议，通报十届市委第三轮巡察情况，部署开展对高邮城南经济新区、临泽镇、市城管局和市工业总公司的常规巡察，对市农机局、市残联的专项巡察，对市建管局、市广电台和市国资管理中心的公有房屋出租管理情况的“回头看”工作。此轮巡察，共发现各类问题140个，其中移交问题线索37个。（王存山 陈磊）

【党风廉政宣传教育】 2016年，市纪委、市监察局注重加强党风廉政宣传教育工作，于5月、12月分别组织开展“5•10”党风廉政教育日活动、“12•9”国际反腐败日宣传教育活动，取得明显成效。其间，先后组织开展《廉洁自律准则》《纪律处分条例》有奖竞答、十八届六中全会精神集中宣讲、《关于新形势下党内政治生活的若干准则》《党内监督条例》专题学习等系列活动，并邀请中国人民大学清史研究所博士、《百家讲坛》主讲人唐博等知名专家学者到高邮作党风廉政建设专题讲座，对广大党员干部起到积极地教育引导作用。

（王存山 陈磊）

【扬州市廉政文艺精品创作座谈会】 10月24日在高邮市召开。扬州市纪委相关领导，高邮市委常委、市纪委书记朱莉莉，扬州各县（市、区）纪委及文广新局分管负责人等参加。会上，与会人员观看在中央纪委网站推出的《集训诂大成 立百年家声》专题片和相关小视频；扬州廉政文艺精品部分作者及相关专家围绕各自创作过程及感受作交流；扬州各县（市、区）纪委及文广新局分管负责人围绕本地区廉政文艺精品创作成果、经验与下一步的创作规划作座谈交流。会议要求，各县（市、区）要深刻领会习近平总书记在全国文艺工作座谈会上的重要讲话精神，切实担负起廉政文化建设的重任和廉政文艺精品创作的主体责任；要结合本地区的工作特点，努力创作出更多优秀的、有影响的廉政文艺精品，推动扬州廉政文化建设迈上新台阶；要积极营造有利于廉政文艺精品创作的氛围，为加快扬州廉政文化建设作出应有的贡献。（王存山 陈磊）

【“珠湖清风杯”全国清廉家风故事征文大赛】 9月12日，由高邮市纪委发起，中国散文学会、江苏省作家协会散文工作委员会、《文学报》报社、《雨花》杂志社联合主办，高邮市教育局、高邮市纪检监察学会承办的“珠湖清风杯”全国清廉家风故事征文大赛在南京拉开帷幕。至11月12日（征文活动截止日），共征集到全国各地选手参赛稿件1306篇，其中符合征文要求的稿件966篇。经过初审、复审、三审、终审等环节，在12月23日的举行征文大赛网络颁奖仪式上，《一亩三分地》《胆小者的小幸福》《外婆的尺》《新鞋》等4篇作品获一等奖，《“称”出来的家风》等8篇作品获二等奖，《父亲这个“老铁”》等16篇作品获三等奖，《亮家底》等32篇作品获优秀奖；扬州市国税局、邗江区纪委、宝应县纪委、高邮市市监局、高邮市国税局、高邮地税局获优秀组织奖。（王存山 陈磊）

【“清风讲坛”】 2016年，市纪委、市监察局建立“清风讲坛”学习交流制度，推进全市纪检监察干部学习制度化、规范化和常态化。4月15日，举办首期“清风讲坛”，邀请扬州市人社局纪委书记刘玉鑫为全市纪检监察干部作《履行纪律监督职责的一些认识体会》专题讲座。5月14日，举办第二期“清风讲坛”，特邀周恩来邓颖超研究中心顾问、周总理生前秘书、武警指挥学院原副院长纪东（少将），为全市广大党员干部作《弘扬周总理精神风范，争做新时期合格党员》主题报告。6月27日，举办“珠湖清风”勤廉事迹报告会暨第三期“清风讲坛”，组织开展吴登云、张椿年、姜兰芳、郭才荣、金玉波勤廉事迹宣讲，邀请扬州大学马克思主义学院副教授、扬州市委讲师团兼职教授吴林斌作题为《立家规、正家风，做勤廉共产党员》的专题讲座。9月2日，举办第四期“清风讲坛”暨“为担当者担当”研讨交流会，组织高邮经济开发区、周山镇、菱塘回族乡、市政务服务管理办公室、市人民法院、市房管局、市教育局、市国税局的8名纪检监察干部，结合纪检监察工作职能定位和本单位实际，分别作“为担当者担当”研讨发言。12月23日，举办第五期“清风讲坛”，特邀扬州市委党校副校长贾同跃为全市纪检监察干部作《党的十八届六中全会精神》专题辅导讲座。（王存山 陈磊）

【“名家高邮行”勤廉文学创作采风活动】 4月19～20日，“名家高邮行”勤廉文学创作采风活动在高邮市举行。江苏省作家协会主席范小青、江苏省作家协会副主席叶兆言、储福金等率省作协部分作家到高邮，开展勤廉文学创作采风活动。活动期间，采风团一行先后走进“廉政文化教育基地”——华中雪枫大学旧址、反腐倡廉教育中心——儆醒馆，并参观体现高邮本土文化特色和巨大成就的盂城驿、王氏纪念馆、抗日战争最后一役纪念馆等处。高邮市委常委、市纪委书记朱莉莉参加相关活动。（王存山　陈磊）

资料链接　2014年5月10日，在高邮召开的“珠湖清风杯”全国勤廉微散文大赛推进会上，高邮市反腐倡廉教育中心被省作家协会设为全省首家“江苏省勤廉文学创作基地”。此次采风活动是“江苏省勤廉文学创作基地”设立后的延续活动，以进一步与高邮共建勤廉文学创作基地，弘扬勤政廉洁价值理念，用“廉文化”汇聚“正能量”，营造风清气正的社会氛围。（王存山　陈磊）

【《高邮王氏家训》专题片受中央纪委监察部网站关注】　7月26日，由高邮市纪委、市监察局联合相关单位摄制而成的《高邮王氏家训》专题片，被中央纪委监察部网站“中国传统中的家规”栏目第五十五期推出。该期栏目以《江苏高邮王念孙、王引之父子:集训诂大成　立百年家声》为题，重点讲述王氏父子生平十分重视“立品节操”，注重优良门风的传承延续。王氏家族虽然没有系统的如《颜氏家训》《朱子治家格言》那样的家训文本，但在他们的著作和书信中却处处包含着修身为官等方面的训诫之言，并通过言传身教代代相传。该期栏目推出后，王氏父子的传统家风教育在全国范围内引起较大的反响。（王存山　陈磊）

资料链接　近年来，高邮市纪委、市监察局注重挖掘整理本地传统家风精华，以此进一步增强对党员干部的教育引导和示范作用。本次被中央纪委监察部网站“中国传统中的家规”栏目所推出的《高邮王氏家训》专题片，便是其以优良家风引导和教育广大党员干部的有力例证之一。在中央纪委监察部网站“中国传统中的家规”栏目推出本期内容后的当日，高邮市纪委又组织召开《高邮王氏家训》专题片集中收看学习座谈会，以期更好地发挥其对全市党员干部的教育和引导作用。

（王存山　陈磊）

【《廉政散文》入选“读廉经典系列丛书”】　4月，由市纪委选编的《廉政散文》正式出版，面向全国公开发行，并作为“读廉经典系列丛书”之一，被中国方正出版社列入2016年开年新书单。该书邀请原中共中央委员、全国政协常委、文化部部长、中国作家协会副主席王蒙作序，节选相关文章96篇，总字数18万字。（王存山　陈磊）

【7件作品获扬州市第四届廉政书画展奖项】　7月6日，扬州市第四届廉政书画展评奖结果揭晓，在高邮市纪委、市监察局报送入展的51件书画篆刻作品中，共有7件作品分获一、二、三等奖项。其中，秦磊的国画作品《唱支山歌给党听》、袁登喜的书法作品《况钟〈拒礼诗〉》获一等奖；陈景国的国画作品《廉内助系列》、徐闻骏的书法作品《王安石〈咏竹〉》获二等奖；王桂泉的书法作品《古代反腐诗》、宋佳林的篆刻作品《修身养性系列》、曹在花的国画作品《答季翊书》获三等奖。（王存山　陈磊）

【“2011—2016扬州市反腐倡廉成果展”及“珠湖清风”廉政书画展】　10月27日，“2011—2016扬州市反腐倡廉成果展”及“珠湖清风”廉政书画展在高邮市文广新局展厅开展。此次展览历时3天，共展出书法、绘画、篆刻等作品70幅，其中扬州市第四届廉政书画展获奖作品42幅、高邮市优秀廉政书画作品28幅。（王存山　陈磊）

【廉政专场文艺晚会】　12月9日，由市纪委、市委宣传部、市文广新局主办，市文化馆承办的“不忘初心永清廉”廉政专场文艺晚会在高邮中学体育馆举行。此场晚会共演出舞蹈、诗朗诵、小品、歌伴舞、情景剧等节目14个，使现场的党员干部受到强烈的视觉冲击和良好的感性教育。扬州市委常委、市纪委书记李航，高邮市四套班子全体负责人及各乡镇、园区、部门主要负责人等出席晚会。

（王存山　陈磊）

【纪检监察干部教育培训】　2016年，市纪委、市监察局继续加强全市纪检监察干部的教育培训工作，着力提升他们的综合能力。1月29日，召开市纪委机关工作总结交流会，传达学习中纪委十八届六次全会精神，总结2015年工作，谋划2016年思路；2月25日，印发《2016年全市纪检监察干部培训工作计划》，部署全市纪检监察干部年度培训工作；3月3～4日，在市委党校举办全市新任纪检监察干部专题培训班，有75人参加；7月7～8日，在市反腐倡廉教育中心举行全市乡镇(园区)纪检监察干部培训班，有50多人参加；11月6～12日，与中山大学联合举办纪检监察干部综合能力提升班，有50多人参加培训。（王存山　陈磊）

【纪检监察队伍监督管理】　2016年，市纪委、市监察局认真贯彻落实习近平总书记“打铁还需自身硬”要求，加大对纪检监察队伍的监督管理力度。1月19～20日，组织召开年度乡镇(园区)纪检监察组织及市级机关部门纪检监察组织工作述职交流评议会，并现场对纪检组织、纪检干部进行民主测评；3月14日，印发《2016年全市纪检监察信息工作考核办法》《2016年度纪检监察工作调研参考选题》及调研、宣传、信息报送等工作完成情况通报表；3月21日，印发《2016年度高邮市纪检监察系统考核办法》;8月16日,印发《关于重申纪检监察干部相关管理规定的通知》《关于填报纪检监察干部个人有关情况的通知》,并着手研发纪检监察干部监督管理系统;8月18日,印发《关于市纪委常委会季度听取乡镇(园区)、部门单位纪(工)委(纪检组)履行党风廉政建设监督责任情况汇报的通知》;10月18日,印发《关于进一步发挥市镇两级纪委委员作用的意见(试行)》;12月底,高邮市纪检监察干部管理信息系统建成并开始试运行。

(王存山 陈磊)

【重点课题研究】 6月,在扬州市第十次哲学社会科学优秀成果评比中,由高邮市纪委、市纪检监察学会申报的《县级党委巡察工作的实践性研究》一文,获评扬州市人民政府决策咨询特别奖。11月,由高邮市纪委课题组历时2年编著的《纪检监察公共关系研究》一书,由国家行政学院出版社正式出版。12月27日,在扬州市纪委组织召开的2016年度全市纪检监察重点调研成果汇报会上,由高邮市纪委选送的《把握运用监督执纪“四种形态”的实践性思考》一文经现场评审,获县(市、区)唯一一等奖。此外,高邮市纪委、市监察局、市纪检监察学会还组织开展“监督执纪·学思践悟”主题征文活动,对获奖作品进行表彰,并将39篇优秀作品以《珠湖清风》期刊的形式汇编成册。是年,在由省民政厅组织开展的“江苏省示范性社会组织”创建活动中,市纪检监察学会获“江苏省示范性社会组织”称号。

(王存山 陈磊)

【“清风德善”助学活动】 2月23日,市纪委举行“清风德善”助学金发放仪式。仪式上,共向全市50名小学、初中学生发放助学金10万元。此为该助学金的首期发放仪式。

(王存山 陈磊)

资料链接 “清风德善”助学金由高邮籍在外成功人士、北京鼎汉技术股份有限公司董事长顾庆伟设立,从2016年起,每年出资10万元,用于资助市内品学兼优、家庭困难的小学、初中学生。

(王存山 陈磊)

【张跃进到高邮调研工作】 8月9日,扬州市委常委、市纪委书记张跃进到高邮调研高邮市纪委换届工作情况。在调研座谈会上,张跃进要求,新班子要有新气象,努力开创高邮纪检监察工作新的局面;新岗位要有新作为,切实承担起监督执纪问责的职责;新常态要有新提升,清正廉洁做表率,树立纪检监察干部的良好形象。(王存山 陈磊)

【李航到高邮调研工作】 10月25日,扬州市委常委、市纪委书记李航率队到高邮调研党风廉政建设和反腐败工作。在听取相关情况汇报后,李航充分肯定高邮市经济社会发展及党风廉政建设和纪检监察工作所取得的成绩,并强调要一以贯之抓牢抓实主体责任,深入推进全面从严治党;要动真碰硬履行好监督责任,准确把握运行“四种形态”;要切实加强自身建设,努力建设一支忠诚干净担当的纪检监察干部队伍。其间,李航等一行还到扬州市纪委“三下三联三交”联系点临泽镇开展走访慰问活动。

(王存山 陈磊)

【兰州市城关区到高邮调研党风廉政建设工作】 4月21日,甘肃省兰州市城关区监察局副局长吴雪梅率考察组一行12人到高邮调研党风廉政建设工作。其间,该调研组主要围绕高邮市纪委、市监察局自主研发的党风廉政建设“两个责任”网上监督管理系统运行情况及党风政风监督工作进行调研。市委常委、市纪委书记朱莉莉,市纪委常务副书记、监察局局长郭建新参加有关活动。

(王存山 陈磊)

宣传思想工作

【全市宣传思想工作会议】 3月3日上午召开。会议的主要任务是,总结2015年度全市宣传思想工作,部署2016年度工作任务。会议还通报全市宣传文化系统受扬州市级以上表彰情况,表彰2015年全市宣传思想文化工作创新项目和先进集体、先进个人。受表彰的8家单位的创新项目为:市广电台的《打造国家历史文化名城电视专题片〈东方邮都 运河名城〉》、市民政局的《以“抗日战争最后一役纪念馆”为平台 构筑红色高邮教育新高地》、市新闻信息中心的《寻找抗战老兵 编印〈红色记忆〉》、市市场监管局的《以兴趣活动小组为载体 激发文化机关建设新动力》、高邮经济开发区的《讲园区故事 聚发展合力》、界首镇的《传播红色文化 弘扬雪枫精神》、高邮镇的《探索资源整合新路径 共建社区文化大舞台》、周山镇的《以孝文化践行社会主义核心价值观》;受表彰的12家先进集体为:高邮经济开发区、卸甲镇、临泽镇、菱塘回族乡、高邮镇、三垛镇、市卫计委、市文广新局、市城管局、市民政局、市教育局、市市场监管局;受表彰的21名先进个人为:张才良、李久强、阚有生、徐维华、张爱萍、刘军、姚红兰、张兆珍、乔根美、张维峰、居晓芳、胡金雁、曹海英、周忠祥、周欢、王瑞卿、袁红星、颜义俊、马建勇、桂正宝、李晓莉。(葛玉琴)

【市委理论学习中心组学习活动】 2016年,市委宣传部参与组织市委理论学习中心组开展学习活动17次。3月1日,学习毛泽东所著的《党委会的工作方法》;3月22日,组织“中国航天与航天精神”报告会;4月9日,举办“电子商务与县域经济”专题讲座;5月14日,组织“弘扬周总理精神风范、争做新时期合格党员”报告会;6月18日,举办“大众创业、万众创新”专题讲座;7月7日,传达学习习近平总书记在庆祝中国共产党成立95周年大会上的重要讲话精神;7月9日,举办“投融资改革下政府融资模式创新”专题讲座;8月6日,组织举办“目前战略形势与我军使命任务”专题讲座;9月1日,举办“贯彻五大发展理念 推动‘十三五’良好开局”专题讲座;9月5日,学习江苏省委书记李强在全省“两学一做”学习教育工作推进会上的讲话精神;9月19日,组织举行“两学一做”第三次专题研讨会;9月24日,组织举办宗教文化专题讲座;10月21日,组织举办创建全国文明城市专题讲座;11月2日,传达学习党的十八届六中全会精神;11月3日,组织扬州市第七次党代会精神宣讲活动;11月23日,组织开展党的十八届六中全会和省第十三次党代会精神宣讲。 (葛玉琴)

【“周末课堂”专题讲座】 2016年,市委宣传部继续牵头组织相关部门单位办好“周末课堂”,先后邀请省内外外领导、专家、学者和市内相关部门负责人,作《追忆伟人风范 弘扬时代精神》《大众创业、万众创新》《目前战略形势与我军使命任务》等专题讲座13期。至年底,全市累计举办“周末课堂”专题讲座166期。 (葛玉琴)

【“周末大舞台”广场文艺演出活动】 2016年,市委宣传部先后会同市文广新局、市文联、市城管局等多家单位在蝶园市民广场继续举办“周末大舞台”广场文艺演出活动,着力提升群众文化活动的品牌效应。全年先后举办“金猴贺新春 开心过大年”春节文艺专场、法治宣传、安全生产、双拥等主题的各类文艺演出活动近30场,观众近10万人次。 (葛玉琴)

【全国文明城市创建工作】 2016年,市委、市政府继续大力推进全国文明城市创建工作,着力推进社会文明程度高的新高邮建设。4月22日上午,召开市文明委全体成员会议,总结回顾2015年精神文明建设工作,部署和推进全国文明城市创建工作的各项任务。9月23日晚,召开创建工作督查推进会,安排“一镇两区”及有关部门负责人就创建工作中出现的重点难点问题作汇报交流。10月21日,召开全国文明城市创建督查推进会,要求各级各部门严格对照测评操作手册要求,强化责任,落实整改,完善机制,以落细落小落实的工作作风,全面推进创建工作开展。21日下午,邀请省委宣传部副部长、省文明办主任杨志纯走进“周末课堂”作创建全国文明城市专题指导。11月27日下午,市委、市政府召开全国文明城市创建工作督查推进会,对全国文明城市创建工作进行再动员、再部署、再推进,要求全市上下齐心协力、众志成城、全力推进,坚决打赢创建全国文明城市攻坚战。12月23日上午,召开创建全国文明城市工作会议,要求各级各部门围绕各项薄弱环节,认真学习借鉴外地县市先进做法,继续扎实推进创建工作深入开展,为迎接“国检”打好坚实基础。 (葛玉琴)

【高邮文化研究院成立】 6月17日下午,市委、市政府召开高邮文化研究院成立大会。成立该研究院,旨在进一步挖掘、研究高邮优秀传统文化和当今文化资源,进一步弘扬优秀的高邮文化,建设高邮人共有的精神家园,进而有效支撑高邮文化发展迈上新台阶,推动经济社会发展。在该研究院成立大会之前的预备会议上,还审议通过高邮文化研究院章程,选举产生高邮文化研究院院务委员会及院长、副院长、秘书长,由原市政协主席倪文才担任该研究院首任院长。至年底,该研究院编辑出版《高邮文化研究》第一辑。 (葛玉琴)

【第十届读书节】 4月23日(此日为第21个世界读书日)下午,市委宣传部、市教育局等部门联合举办市第十届读书节开幕式暨第三届“十大学习之星”颁奖仪式。开幕式暨颁奖仪式上,先后开展为第三届“学习之星”获奖者颁奖,第三届“学习之星”获奖者代表发言,向各乡镇赠送图书,向市图书馆志愿者服务队授旗等5项活动,有效增强“读书节”的品牌辐射力和影响力,加快推进全市城乡形成人人读书、人人学习的氛围。此次颁奖仪式上,被评为第三届“十大学习之星”的分别是:吴磊、杨海虹、朱玲、祝丽、王玉清、卢登祥、薛勇、陶兴赋、李知海、韩永平。 (葛玉琴)

资料链接 为持续培育市民阅读习惯,提高市民科学文化素质,高邮市从2007年开始,坚持每年举办一届主题不同、内容丰富的读书节活动,截至2016年,全市已连续举办十届“读书节”。其间,重视利用秦邮文化讲坛、百姓学堂、家长学校等市民学习教育平台,广泛开展全民读书活动。通过举办“读书节”,不仅提高市民的文化素养,还促进广大市民、党员干部形成“以读书为乐、以好学为荣”的生活方式,有效加快“书香高邮”建设进程。

(葛玉琴)

【“秦邮文化讲坛”】 2016年,市委宣传部会同多家单位,继续面向全市宣传文化系统的党员干部办好“秦邮文化讲坛”。全年先后举办《唐诗宋词与现代人生》《古典诗歌与人文精神》《雍正治贪》《义方既训传承久 清正家风育栋梁》《高邮王氏家风摭谈》等专题文化讲座10期,累计达95期。

(葛玉琴)

【《不屈的脊梁》系列研讨活动】 1月5日,由江苏省作家协会和高邮市委、市政府主办,市委宣传部、市文联承办的姚正安长篇报告文学《不屈的脊梁》研讨会在南京召开,与会的省委宣传部、省作协、省国资委及高邮市相关领导与部分省内外知名作家、文学批评家一起参加研讨。3月25日上午，市委宣传部在高邮经济开发区举行《不屈的脊梁》座谈会，与会的企业界和文艺界部分代表对该报告文学的思想内容、创作特点、文章风格、社会意义等展开热烈的讨论。4月29日，市委宣传部、市经信委、市企业联合会与市企业家协会联合举行姚正安长篇报告文学《不屈的脊梁》工匠精神——企业家沙龙活动，与会的知名文学评论家及企业家代表在展开讨论后，还以“做当下 展未来”为主题，就如何发扬新时期“工匠精神”、进一步做大做强企业作深入交流与探讨。 （葛玉琴）

资料链接 《不屈的脊梁》是高邮籍中国作家协会会员姚正安的第一部报告文学作品。该报告文学取材于高邮，主人公是高邮市已故优秀企业家、江苏升达集团的董事长张椿年。该部作品用文学的语言如实地记录张椿年的成长和创业历程，展现一位普通企业家的崇高品质和人格魅力。

（葛玉琴）

【“我的家乡在高邮”文艺联欢会】 2月10日下午在高邮书场举行。文艺联欢会上，众多省内外艺术院校和知名影视单位的多位高邮籍文艺工作者先后登台表演女生独唱《梦圆》、二胡独奏《查尔达斯》以及葫芦丝独奏《竹林深处》等精彩曲目。

（葛玉琴）

【《夜行者——毛福轩烈士传》出版】 6月29日，由省委宣传部、省委党史工办和省作协等部门联合举办的“追寻革命先烈足迹 弘扬雨花英烈精神”——文献片《致未来书》《雨花台烈士传丛书》《雨花忠魂》纪实文学丛书发布仪式在省广电台举行。仪式上，作为《雨花忠魂》纪实文学丛书系列作品之一的《夜行者——毛福轩烈士传》与读者正式见面。该部作品主要记叙毛福轩早年追随毛泽东、毛泽民参加革命的经历，用深情的笔调抒写其短暂而波澜壮阔的一生。 （葛玉琴）

资料链接 《夜行者——毛福轩烈士传》，由中国作家协会会员、高邮市作家协会主席、江苏省作协签约作家周荣池所著。其间，为更好地展现毛福轩的革命家风采，周荣池查阅大量的历史资料，并采访毛福轩后人，最终历时1年时间完成这位中共早期领导人物的传记创作。此外，周荣池还著有长篇小说《李光荣当村官》《爱的断代史》，短篇小说集《大淖新事》，散文集《村庄的真相》《草木故园》《而立集》，评论集《一个人的批评》等。作品入选江苏省作协重点扶持项目，个人入列首批江苏省作协作家深入生活计划。 （葛玉琴）

【“我们的节日·清明”系列活动】 （详见《教育》篇目《中小学教育》分目）

【“我们的节日·七夕”系列活动】 8月9日晚，由市委宣传部、市文明办、市文广新局等单位联合主办的“我们的节日·七夕”——“鹊桥仙”文艺晚会暨《相思鸟》邮票首发式在市蝶园市民广场举行。整场晚会通过音、舞、歌等多种艺术表现手段，先后表演《青衣梦》《鹊桥仙》《我们相信爱》《梁祝》等13个节目，展现邮城“七夕”之夜唯美的意境，受到广大市民的热烈欢迎。活动现场，市邮政公司特别开发出一套蕴含高邮元素的“相思”系列邮品，包括一套“相思”剪影和“水乡情思”折印，有效扩大高邮“爱情之都”的影响力。 （葛玉琴）

【“春和景明”迎新书画展】 2月23日，由市委宣传部、市委老干部局、市文联主办，市老干部书画研究会承办的“春和景明”迎新书画展，在盂城驿艺术走廊展出。此次书画展，共展出书画作品63幅。

（葛玉琴）

【文艺采风活动】 4月11～12日，市委宣传部、市文联组织市作家协会、市美术协会、市摄影家协会、市音乐家协会等部分成员，赴全市各乡镇、园区开展“烟花三月赏春景 古城新韵添异彩”主题采风活动。采风团一行先后到界首镇、三垛镇、高邮经济开发区、甘垛镇、高邮湖西新区、高邮城南经济新区的相关项目建设现场及市人民公园、市河、盂城驿、市邮政主题公园、市新民滩郊野公园等地进行采风，通过感受各处的火热场面，累积创作素材，激发创作灵感。 （葛玉琴）

【里下河文学流派研讨会与会专家、学者到高邮采风】 10月14日下午，参加第四届全国里下河文学流派研讨会的40多位专家、学者到高邮采风。其间，采风团一行通过先后参观汪曾祺文学馆、盂城驿和镇国寺等地，盛赞高邮是古代文明与现代文化相互交融的好地方，认为高邮文化底蕴深厚，盛名在外，文人辈出，尤其是当代著名作家汪曾祺，更是“里下河文学流派”的领军人物。参与采风活动的专家、学者纷纷表示，将以更多有效的方式，为宣传和推介汪老家乡——高邮贡献各自的力量。

（葛玉琴）

【党员干部冬训工作】 12月初，市委宣传部制定《“结对共训、城乡同学”党员干部冬训活动方案》。该方案规定，此轮冬训工作将围绕“结对共训、城乡同学”主题，紧扣学习宣传贯彻中共十八届六中全会和省第十三次党代会精神以及市第十一次党代会精神，继续深入开展“五讲四行三结对”活动（“五讲”指重大理论专家讲、挂钩帮带领导讲、城乡结对交叉讲、分类组团对口讲和微信互动大家讲；“四行”指领导干部基层行、结对帮扶惠民行、文化下乡欢乐行、社科团队志愿行；“三结对”指组织与“五大发展”关联度高的机关部门有针对性地分别与乡镇(园区)结对冬训,即机关部门党组织与乡镇(园区)党(工)委结对,班子成员与行政村、企业党组织结对,党员干部与贫困户党员结对)。同时,还规定没有参加结对共训的市级机关单位党组织也要制定党员干部冬训活动方案和实施意见,在规定时间内同步开展冬季学习活动。12月13日上午,全市党员干部冬训试点暨动员部署会议在三垛镇召开,市委副书记张新钢对全市党员干部冬训工作作全面部署。会上,安排省委党校廉政教育研究中心主任时伟(教授)作题为《关于学习贯彻十八届六中全会及省十三次党代会精神》的首场宣讲。此次会议结束后,全市党员干部冬训工作在全市范围内全面展开。　（葛玉琴）

【新闻通讯员培训班】　12月22日,市委宣传部在市委党校举行全市新闻通讯员培训班开班仪式。市委副书记张新钢出席开班仪式并作培训动员讲话。他指出,全体参训人员要高度重视,提高认识,增强做好新形势下新闻宣传工作的紧迫感;要服务大局,与时俱进,不断提升自己的技能和水平。此次培训时间一天,特邀新华日报社、扬州日报社等资深媒体人担任授课讲师,有通讯员80多人参加。　（葛玉琴）

【一批集体、个人和作品受表彰】　2016年,在全市宣传文化系统广大干部职工的努力下,全市有一批集体、个人和作品受到扬州市级以上表彰。受省级以上表彰为:市委宣传部《“五讲四行三结对”拓展冬训新路径》获江苏省基层党员冬训工作创新项目,市文联被省文联表彰为基层文联工作先进单位,市社科联获省社科联社科普及创新奖,市文广新局被评为省文化系统先进集体,高邮经济开发区、卸甲镇被评为省基层党员冬训工作示范乡镇,三垛镇被评为省“双服务”先进单位,团市委《在风中飞》获省社会主义核心价值观微视频征集评选一等奖。受扬州市级表彰为:高邮城南经济新区、临泽镇被评为扬州市冬训工作先进集体,邵德军、吴正军、张爱萍、姚红兰被评为扬州市冬训工作先进个人,周荣池获扬州市政府社会科学奖,刘军被表彰为扬州市宣传思想文化工作先进个人,赵吉哲、冯春娟分获扬州市“我与新发展理念”百姓名嘴风采展示活动一等奖、三等奖,界首镇获扬州市“书香之乡镇”称号;市文物局获扬州市文物保护突出贡献奖、被评为扬州市世界遗产保护管理工作先进集体。　（葛玉琴）

统战工作

【全市统一战线工作会议】　3月3日上午举行。会议的主要任务是,总结2015年全市统战工作,部署2016年工作任务。市领导张新钢、张贵龙,各乡镇、园区及市级机关各部门分管负责人、统战委员(科长)等参加。

会议由市委统战部常务副部长居永平主持,市委副书记张新钢作讲话,市政协副主席、市委统战部部长张贵龙作报告。张新钢在讲话中要求,全市上下要进一步统一思想,切实增强统战意识,做好统战工作;要围绕工作大局,切实提高统战工作成效;各乡镇(园区)、市级机关各部门要从战略高度重视和抓好统战工作,各尽所能、各负其责,全力推动统一战线事业不断向前发展。会上,还表彰一批先进单位和个人。　（张顺香）

【党外代表人士工作】　1月、7月,市委先后召开党外人士民主协商会、情况通报会各1次,分别就市“两会”有关人事方案和市第十一次党代会工作报告等进行通报、协商,听取意见和建议。市委统战部将党外人士提出的意见和建议,进行及时整理并上报市委、市政府,供决策参考。　（张顺香）

【中国农工民主党高邮市总支委员会成立】　7月8日下午,中国农工民主党高邮市总支委员会成立大会在市环保局会议室举行。会议选举产生新一届中国农工民主党高邮市总支委员会委员和领导班子成员,召开总支委员会第一届第一次会议,并选举徐尔山为中国农工民主党高邮市总支委员会主任委员,选举盛伟武、明昌岗为副主任委员。中国农工民主党扬州市副主任委员颜安民,高邮市政协副主席、市委统战部部长张贵龙等出席成立大会。　（张顺香）

【统战基层基础建设】　2016年,市委高度重视统战基层基础建设,有效推动全市统战工作的深入开展。5月,在乡镇党委换届中,市委按副科职级为12个乡镇党委配备统战委员,配备率100%;9月22日,市委改变原由市政协副主席兼任市委统战部部长的惯例,安排一名市委常委担任该职位;12月2日,市委研究制定《高邮市基层统战工作规范化建设实施方案》,并以市委办公室文件予以印发,推动基层统战工作“九有五上墙”,实现基层统战工作有人做事、有章理事、有钱办事、有处议事;12月6日,市委根据人事变动情况,及时调整全市统一战线工作领导小组,由市委书记勾凤诚任组长,市委副书记张新钢、市委常委杨文喜任副组长,负责研究协调解决全市统战工作中的重大问题。　（张顺香）

【党外干部队伍建设】　2016年,市委注重加强党外干部队伍建设。组织党外人士和统战干部共52人赴省社会主义学院、延安干部教育学院参加专题培训,接受红色教育。继续推进党外人士实职安排,新提拔副科职党外干部2人,累计有副科职以上党外干部45人，其中副处职5人、正科职7、副科职33人。继续落实党外人士的政治待遇，首次将非公有制经济人士综合评价作为政治安排的前置条件，累计推荐、安排党外人士担任市政协委员168人、市人大代表75人，全市人大代表和政协委员中党外人士比例均达结构性要求。（张顺香）

【非公有制经济领域统战工作】 2016年，市委统战部注重加强非公有制经济领域的统战工作。引导与推动党委政府部门与企业、商会建立沟通协作机制，举办“非公有制经济人士大讲堂”；成立北京、深圳、上海等6个异地商会和服装、灯具等8个行业商会；开展民营企业家“光彩行”“百企帮百村联千户”“海尔集团公益献爱心”等精准扶贫行动；充分发挥光彩事业促进会作用，帮助贫困区域、贫困群众修桥铺路、整治环境、捐助上学等；开展少数民族精准扶贫，在医疗、就业、产业、智力等7个扶贫行动上取得实效。（张顺香）

【对港澳台地区及海外统战工作】 2016年，市委统战部注重加强对港澳台地区及海外的统战工作。加大高邮、台湾两地的基层交流力度，接待台湾23位里长到高邮参观交流；开展为台服务月活动，加强台资企业管理，维护台商合法利益，为台胞、台属兴办一批实事、好事、难事。在扬州市率先成立侨联机构，配备工作人员，组织开展“讲述海外高邮人精彩故事”“侨界看高邮”“九九暖侨心”等活动，激发广大侨胞侨属爱国爱家乡的热情，促成新上一批产业发展、金融合作的项目。

（张顺香）

【民族宗教工作】 2016年，市委统战部注重加强民族宗教工作。传达学习中央民族工作会议和全国宗教工作会议精神，邀请省民委、省宗教局巡视员顾传勇到高邮“周末课堂”作民族宗教工作专题讲座；深入开展民族团结进步创建活动和“民族团结进步教育实践基地”创建工作，大力培植民族团结进步示范典型，积极服务来邮务工少数民族群众；扶持少数民族乡村经济社会发展，菱塘回族乡再次获“全国民族团结模范集体”称号；牵头做好反映菱塘回族乡“美丽乡村”建设的微电影《爱驻回回湾》拍摄工作，在更大的层面反映该乡的民情风貌；加强宗教事务和宗教团体管理，“和谐寺观教堂规范年”创建和“宗教慈善周”活动取得成效。至年底，全市民族宗教领域没有发生大的矛盾纠纷和群体性事件，32个民族和睦相处，“五大宗教”和顺共生。（张顺香）

【党外人士联谊交友工作】 2016年，市委从市领导、乡镇（园区）和市级机关各部门主要负责人等多个层面加强与党外代表人士联谊交友工作，并将市党政领导与党外人士联系交友制度纳入市委对市级领导挂钩联系工作考核系统，通过年初调整联谊交友方案、年中发函对交友活动进行提醒督促、年底听取党外代表人士意见反馈并对联谊交友的党员市领导进行考核等，促进全市联谊交友工作取得实效。（张顺香）

【获省级以上集体表彰奖项两项】 2016年，因市委统战部创新举措、积极工作，该部获省级以上集体表彰奖项两项，即江苏省统战信息工作先进集体、《中国统一战线》杂志学习宣传先进单位。

（张顺香）

党校工作

【概况】 2016年，市委党校深入学习贯彻党的十八届五中、六中全会和习近平总书记系列重要讲话精神，围绕市委、市政府中心工作，不断提升办学和教科研水平，充分发挥干部教育培训的主阵地作用。全年共举办各类培训班46期，培训党员干部5000多人次；组织人员到乡镇、部门、社区、学校、企业上党课和作讲座40多场次；完成省委党校专项重点课题、省社科联重点立项课题各1项，扬州市社科联重点课题4项；申报省委党校重点立项课题、省社科联立项课题各1项，在省级以上载体发表理论文章12篇。至年底，专科、本科、研究生层次国民教育在校学员300多人，毕业学员100多人。（陈庆）

【师资队伍建设和教学管理】 2016年，市委党校继续推进师资队伍建设和教学管理工作。加强校内教研工作，每月举行专题评课会，组织教师集中学习、集中备课、集中讲课、集中评课，形成学、讲、评为一体的教科研体系；开展“一帮一”传、帮、带活动，提升青年教师的业务水平；选派教师去南京大学、浙江大学、上海复旦大学等高校及省委党校参加前沿理论学习培训，促进他们汲取新知识、开拓新视野；加强师资库建设，引进硕士研究生2人充实到专职教师队伍，使在库专兼职教师稳定在50人以上。（陈庆）

【教育培训工作】 2016年，市委党校认真贯彻落实党和国家的干部教育培训方针政策，坚持“党校姓党”，围绕市委、市政府中心工作开展党员干部教育培训，着力提升他们的能力水平和综合素质。全年与市委组织部及其他部门联合举办各类培训班46期，培训党员干部5000多人次，受到包括副乡科级领导干部、中青年干部、村社区党组织书记、大学生村官、机关事业单位新进人员等在内的受训者的好评。（陈庆）

【教科研工作】 2016年，市委党校围绕全市经济社会发展大局，继续开展教科研工作，并取得新成果。全年完成省委党校专项重点课题、省社科联重点立项课题各1项,分别是《党校在全面推进依法治国进程中的作用机理研究》《连淮扬镇高铁对高邮市的影响及对策》;完成扬州市社科联重点课题4项,即《自媒体时代舆情管理与意识形态建设研究》《建立健全县级政府向社会力量购买公共服务机制研究——以高邮为例》;申报完成省委党校重点立项课题、省社科联立项课题各1项,分别是《思想和制度:全面从严治党的根本抓手》《县域科技创新体系研究》;在省级以上载体发表理论文章12篇。 (陈庆)

【特色工作】 2016年,市委党校按照江苏省、扬州市党校工作会议要求,把进一步强化党的理论和党性教育列为特色工作范畴,注重对马克思主义经典原著、中国特色社会主义理论最新成果和习近平总书记系列重要讲话精神的学习宣传,广泛开展理想信念教育、党的宗旨教育、党史国史教育、革命传统教育、道德品行教育、法治思维教育、反腐倡廉教育、党章党规党纪教育等活动,并继续选派骨干教师深入乡镇、部门、社区、学校开展送理论送政策上门活动,努力提升主攻主业主课的实效性。 (陈庆)

党史工作

【助力高邮革命斗争史纪念馆、高邮烈士纪念馆建设】 2016年,市委党史办按照市委、市政府要求,参与高邮革命斗争史纪念馆、高邮烈士纪念馆建设,重点是开展两馆布展文案的撰写工作。其间,采取行政手段和市场手段相结合的方法,充实工作班子人员,广泛征集相关史料,并在规定的时间内完成两馆布展文案撰写等工作,有效推进两馆建设进程。 (史志)

【《中国共产党高邮地方史(1978—1996)》(三卷本)编纂工作】 2016年,市委党史办继续推进开展《中国共产党高邮地方史(1978—1996)》(三卷本)编纂工作。其间,提请市政府落实专项工作经费;继续开展三卷本编纂人员物色工作;组织人员外出学习党史三卷本编纂工作做法;安排人员参加省、市专题培训学习;推进完善三卷本编纂纲目及专题资料征集编写纲目。 (史志)

【"相聚高邮老区、寻找父辈足迹"活动】 3月9～10日,参加邵伯、高邮及陇海线东段战役的部分新四军老战士的后代到高邮市开展"相聚高邮老区、寻找父辈足迹"活动。其间,以粟裕之子粟寒生、叶飞之女叶葳葳、韩念龙之女王恒为代表的寻访团一行30多人先后参观高邮人民英雄纪念碑、抗战胜利广场、抗日战争最后一役纪念馆、高邮战役五个进攻点等他们父辈、祖辈曾经战斗、生活的地方。每到一处,他们都仔细听、认真看,感受父辈、祖辈曾经的一点一滴,还不时拍照合影留念。参观结束后,还组织召开座谈会,寻访团成员纷纷畅所欲言,说想法、话感受。座谈会上,市委党史办与市新闻信息中心还向寻访团全体成员赠送光盘及书籍等史料。 (史志)

【"抗日战争最后一役纪念馆"资料完善工作】 2016年,市委党史办主动与居住在南京、北京、上海等地曾经参加高邮战役的新四军老战士及其后代联系对接,不断强化相关档案资料和实物征集及研究工作,着力丰富"抗日战争最后一役纪念馆"馆藏资料,提升该馆的接待水平。 (史志)

市级机关工委工作

【概况】 2016年,市级机关工委围绕"服务中心、建设队伍"两大任务,以推进机关党建基础工作规范化建设为抓手,突出做好"两学一做"学习教育等各项工作,在打造学习型、服务型、创新型机关党组织建设方面取得新的成绩。是年,市级机关工委被扬州市建设学习型党组织工作协调小组等联合表彰为"我是党课主讲人"活动先进单位,被市委、市政府表彰为市级机关能力作风建设标兵单位,被市委表彰为全市党建工作二等奖;市级机关关工委被扬州市关工委、市文明办表彰为关心下一代工作先进集体,市级机关工会被高邮市总工会表彰为标兵工会。至年底,市级机关工委辖党委3个、党总支17个、党支部108个,共有党员2779人(年报内)。 (袁红星)

【"两学一做"学习教育】 2016年,市级机关工委按照市委工作要求,通过召开专题会议、强化专题培训、赠送专题资料、举办专题展览等,扎实推进开展市级机关党组织"两学一做"学习教育工作。5月17日,召开市级机关"两学一做"学习教育部署会,对该项工作进行全面动员和部署。7月,联合市新闻信息中心开展庆祝建党95周年暨"两学一做"学习教育党的知识竞赛活动,共产生优秀答题奖32人、优秀组织奖9个。8月,举办市级机关基层党组织书记"两学一做"学习教育专题培训班。该培训班历时3天,共有机关基层党组织书记和党务干部150多人参加,培训内容包括《切实增强四种意识、着力提高四种能力》《深刻把握"四个全面"战略布局的思想内涵》两个专题报告及党章、党规、党史、家风建设的专题辅导,参训人员闭卷考试平均成绩达95.6分。8月下旬,组织开展专题学习资料及书籍赠送工作,共向各市级机关基层党组织赠送《"两学一做"学习教育读本》《习近平总书记系列重要讲话精神学习辅导读本》《责任的担当》《中国经济新常态：内涵与对策》等书籍共200套、1000册，并将编辑的《弘扬新时期党员先锋精神，争做“四讲四有”合格党员》文集刻录成光盘下发各基层党组织。同时，组织举办优秀党员事迹图片展览，涉及市级机关的党员38人。此外，还强化示范引导，通过《机关党建》及时转发10家市级机关基层党组织“两学一做”学习教育的经验做法。 （袁红星）

【市党代表及市、镇人大代表选举工作】 2016年，市级机关工委围绕市级党委换届及市镇两级人大换届，认真组织开展市党代表及市、镇人大代表选举工作。5月，按照党员代表会议的程序和要求，严格政治标准、身份认定、推荐提名、组织考察、选举等各项程序，选举产生市级机关出席市党代会的代表71人。10～12月，牵头组织全市党群政法系统选区的市、镇两级人大代表选举工作，通过建立工作网络、把握序时进度、严格各项程序等，组织3325名选民选举产生高邮市人大代表2人、高邮镇人大代表1人。 （袁红星）

【“我是党课主讲人·微党课”活动】 2016年，市级机关工委围绕“两学一做”学习教育，要求市级机关基层党组织每月开展一次微党课，每名党员全年至少上一次微党课，让普通党员用朴实的语言讲自己的感受、讲身边的故事，实现人人上讲台、个个讲党课。5月，组织开展以做“四讲四有”合格党员为主题的微党课竞赛活动，市级机关基层党组织共有35名党员报名参加，其中有13名党员被表彰为优秀微党课主讲人。在市级机关纪念建党95周年暨“两学一做”学习教育推进会上，安排6位普通党员作做“四讲四有”合格党员微党课现场展示。8月3日下午，配合市委组织部、市委宣传部召开全市“我是党课主讲人”活动推进会，进一步推广“我是党课主讲人·微党课”的做法、经验，大力推动“两学一做”学习教育在基层党组织中深入开展。是年，有市级机关3名微党课主讲人获扬州市比赛一等奖，其中有1名主讲人以扬州市第一名的成绩参加省终评。 （袁红星）

【“机关讲堂”】 2016年，市级机关工委按照每季度举办1期的频次，继续组织开展“机关讲堂”活动，邀请专家学者、部门领导为机关党员干部讲授政治、法治、经济、科技、文化、党建、养生等方面的知识，以此提升机关党员干部的综合素质。全年围绕“从人身需要、谈健康保健”“爱党爱国、美我家乡”“学习党的历史、汲取政治智慧”“普及急救知识、呵护生命健康”4个专题，举办“机关讲堂”4期，培训机关党员干部2000多人次。 （袁红星）

【市级机关党课讲师团】 2016年，市级机关工委围绕增强党课教育的针对性和实效性，推进整合市级机关党课教育优质资源，组建由25人组成的市级机关党课讲师团，并按照定专题、定专人、定党课菜单方式，组织开展各类宣讲活动150多场次。同时，针对党员人数在20人以下的党支部，采取多个党支部集中办班形式，每季度组织一次大党课，切实提高机关党课教育质量。 （袁红星）

【党员干部培训】 2016年，市级机关工委结合年度工作安排，继续组织开展全体党员轮训、机关基层党组织书记培训以及入党积极分子培训三个层次的培训工作。年初，举办市级机关党员轮训班2期，培训内容包括党章、党规、党纪和经济形势任务等，共有党员干部1200多人参加；8月，结合“两学一做”学习教育，举办为期三天的市级机关基层党组织书记专题培训班，共有150多人参加；9月，围绕坚定理想信念、端正入党动机、发挥带头作用主题，举办市级机关入党积极分子培训班1期，共有180多人参加。 （袁红星）

【为党增光辉主题实践活动】 2016年，市级机关工委组织开展“把握新常态主动作为、服务上台阶争作贡献”为党增光辉主题实践活动。年初，印发该主题实践活动实施意见，进一步明确工作要求。举行该主题实践活动启动仪式，要求机关各基层党组织将群众的满意度作为检验主题实践活动的成效，围绕市委、市政府“三服务”等中心工作，确定活动主题，设计活动载体，丰富活动内容，提升活动效果。年底，举行该主题实践活动成果展示会，安排有关市级机关作会议工作交流，并要求近30家机关部门党组织以图片等形式集中展示活动成果。 （袁红星）

【助力“四城同创”】 2016年，市级机关工委继续积极工作，助力“四城同创”。继续督促检查机关部门单位的“门前四包”工作，推动实行长效管理；组织机关党员志愿者开展文明交通劝导志愿服务活动11批次，覆盖市区交通岗亭及主要交通道口28个，有党员志愿者近1000人次参与；推进开展“无烟机关”“健康机关”创建活动，创成“无烟机关”“健康机关”35个；继续牵头组织6家部门单位开展结对高邮镇月塘社区的网格化管理工作。

（袁红星）

【机关作风建设和党风廉政建设】 2016年，市级机关工委继续强化市级机关各部门的作风建设和党风廉政建设。组织市级机关各基层党组织和广大党员干部认真学习《中国共产党廉洁自律准则》《中国共产党纪律处分条例》《中国共产党问责条例》《中国共产党党内监督条例》及《关于新形势下党内政治生活的若干准则》等党内法规，推荐观看微电影《红色气质》、记录片《永远在路上》《高邮王氏父子家训》等，引导机关党员干部明规矩、守纪律、拒腐蚀、永不沾，营造纪律严明、风清气正的机关工作氛围。进一步充实调整市级机关作风监督员队伍，扎实开展全市机关作风明察暗访工作，全年共拍摄各类有效视频近100个，其中认定党员干部违反各项规定精神视频35个；综合运用监督执纪“四种形态”，全年谈话提醒相关违纪人员30多人。继续配合市纪委查处违纪党员28人，其中警告17人、严重警告3人、留党察看1人、开除党籍7人。（袁红星）

【“三亮三比三评”活动】 2016年，市级机关工委继续推进开展“三亮三比三评”(亮标准、亮身份、亮承诺，比技能、比作风、比业绩，领导点评、党员互评、群众评议)活动。其间，通过组织开展向先进单位学习等一系列活动，有效促进市级机关各部门的依法行政、高效服务。是年，全市评选表彰“党员示范岗”20个、“党员示范窗口”10个。（袁红星）

【机关党建基础工作规范化建设】 年初，市级机关工委按照《市级机关党建基础工作规范化建设实施意见》精神，与所属82家机关基层党组织签订机关党建责任书，明确全年的工作目标任务；年中，分条块召开市级机关各基层党组织书记专题座谈会，了解掌握基层党组织建设情况；12月，组织开展各基层党组织书记集中述职评议，邀请对应部门单位党委(党组)书记参与点评，并将各基层党组织书记述职报告汇编成册。（袁红星）

【组织工作】 2016年，市级机关工委继续做好市级机关各基层党组织的新设和改选工作。全年共改选到期党总支、党支部25个，新建党总支4个、党支部7个。坚持发展党员培训、公示、票决制度，遵循控制数量、改善结构的原则，认真组织开展发展党员工作。全年新发展党员44人，转正预备党员42人。全年收缴党费90万元。（袁红星）

【市级机关群团工作】 2016年，市级机关工委认真做好群团各项工作，取得较好成绩。在市级机关组织开展“5·19慈善一日捐”活动，累计完成捐款150多万元。认真做好市级机关因重大疾病或天灾人祸造成困难家庭的慈善救助工作及职工互济会补助工作，全年共向符合条件的机关人员70人，发放各类救助金、补助金35万多元。继续组织开展机关与社区结对共建工作和帮扶贫困村(户、生)工作，累计提供结对共建和帮扶资金近6万元。围绕全市工作安排，先后组织机关党员干部参加庆“元旦”长跑、植树造林、清明祭扫、烈士公祭等多项活动，并在党群选区组织推荐高邮市劳模3人。积极支持机关下辖工会、共青团、妇联、人武部及关工委组织按照各自职能开展工作，并先后组织开展市级机关争创“活力基层工会”“模范职工之家”“职工书屋”“五一巾帼标兵岗”“青年文明号”“巾帼示范岗”“五有五好”关工委等多种活动。组织开展“爱党爱国 激扬青春”征文活动，引导机关青年加强思想交流，提升自身能力，不断成长进步。（袁红星）

信访工作

【概况】 2016年，全市信访工作按照市委、市政府决策部署，突出畅通渠道、完善制度、创新机制，重源头、强治理，抓落实、重实效，在打造“阳光信访、责任信访、法治信访”方面取得新的成效，促使全市信访维稳工作继续保持总体平稳可控的态势。至年底，全市共受理群众来信来访5361件次，下降35.3%。其中，受理群众来信818件，下降22.6%；接待群众来访887批、4543人次，批次、人次分别下降25.4%、37.3%(含群众到市集访180批、3412人次，批次、人次分别下降18.6%、38.1%)。全年进京正常访13批、13人次(非正常上访零登记)；赴省上访34批、149人次；去扬州市上访19批、73人次。在北戴河暑期、杭州G20峰会等重要敏感时期，全市未发生一起赴北戴河、杭州上访事件，受到扬州市通报表扬。是年，高邮市被扬州市委、市政府表彰为信访工作先进县(市、区)；市信访局被省人社厅和省信访局联合表彰为全省信访系统先进集体。（王冬梅）

【“预警信访”体系建设】 2016年，市信访工作联席会议办公室(以下简称“市联席办”)坚持及早排查，推进“预警信访”体系建设。注重定期滚动排查。健全完善矛盾纠纷排查“124”工作制度，将排查情况逐级上报汇总；健全完善条块结合排查机制，要求各乡镇、园区及部门排查本地区、本部门不安定因素和隐患，做到条块结合、应排尽排、不留盲点；健全完善专项排查机制，针对重大活动和全国“两会”、杭州G20峰会、十八届六中全会及省、扬州市和高邮市党代会等重要敏感时段，开展超前排查工作，密切关注土地征用、房屋拆迁、涉法涉诉、劳动社保、环境保护、教育卫生等矛盾纠纷比较突出的重点领域和特殊群体，努力超前排查并化解相关涉访问题。注重及时通报信息。对各地各部门排查出的情况，组织人员及时分析汇总，并通过编发《信访动态专报》《信访快报》《要访请示》《信访情况专报》，对重大信息予以随时报送，做到急事急报、特事特报、要事快报。重大活动和各类敏感时段一律实行“零报告”制度和“一日两报”制度，确保排查的相关信息上通下达。注重落实交办稳控。按照一件信访事项、一名包案领导、一个工作班子、一套化解措施、一个解决时限、一套稳控方案的“六个一”要求，对排查出的信访突出问题及重点人员及时进行交办，并逐案建档，逐案落实“五包三到位”(包掌握情况、包思想转化、包问题化解、包停诉息访、包稳控，做到工作责任到位、化解措施到位、工作落实到位)责任制。全年共开展矛盾纠纷集中排查化解行动3次，交办各类矛盾纠纷232件。 (王冬梅)

【“民生信访”工作】 2016年，市信访局(市联席办)协同各乡镇、园区全面落实市委、市政府就“三服务”工作所提出的要求，根据市委办、市政府办联合下发的《关于加强民生诉求事项办理工作的实施意见》精神，围绕城建城管、农业农村、环保、社保等涉及群众民生诉求的事项，从重视程度、人员安排、办理时限、办理流程等方面入手，努力提升人民来信、来访等信访事项的办结率。其间，全市累计受理涉及群众民生诉求的信访事项2269件次，及时办结率90.2%。 (王冬梅)

【“责任信访”体系建设】 2016年，市信访局(市联席办)推进“责任信访”体系建设，提升各类信访事项的办理效果。严格落实信访问题属地管理责任，建立健全主要领导负总责、分管领导具体负责、其他领导一岗双责，一级抓一级、层层抓落实的领导包案机制，为解决和化解信访突出问题提供组织保障。健全完善基层组织网络，结合村(社区)党组织换届、村(居)委会换届和村(居)组织“四有一责”建设，建立健全解决问题、化解矛盾的村(居)综合服务管理平台，常态化推进党务公开、村务公开、居务公开等工作，确保把问题解决在基层，把矛盾化解在一线。加大信访事项办理工作的督查和问责力度，实行包案领导责任追究制，定期或不定期组织专项督查，对损害群众利益、造成信访突出问题的，对群众反映的问题推诿扯皮、不认真解决造成不良影响的，严肃追究责任。

(王冬梅)

【信访积案化解工作】 2016年，市联席办根据《关于在全市深入开展“信访积案专项治理”行动的实施方案》要求，在全市范围内继续推进信访积案化解工作。注重协调会办重点积案，每季度召开联席会议，听取各乡镇(园区)信访工作进展情况，研判全市信访形势，专题化解信访事项。注重信访救助特殊积案，落实专项资金45.3万元，对按政策难以解决、但上访人生活确有特殊困难的信访积案，在确保不引起其他纠纷的前提下，通过加大信访救助力度，促其停诉息访。注重备案管理终结积案，对依法终结的信访事项及“终而不结”的积案，在加强对信访当事人教育管理，引导其知法、懂法、守法的同时，按照《中央联席会议关于依法做好信访事项终结工作的意见(试行)》精神，申报中央联席会议办公室纳入备案管理。注重化解涉法涉诉积案，对涉法涉诉类信访案件，根据中办、国办联合出台的《关于依法处理涉法涉诉信访问题的意见》，推行诉讼与信访分离制度，把涉及民商事、行政、刑事等诉讼权利的信访事项从普通信访体制中分离出来，引导其到相关政法机关依法处理。至年底，全市累计化解各类信访积案30件，其中扬州市级以上交办积案9件。 (王冬梅)

【依法分类处理信访诉求工作】 2016年，市信访局(市联席办)根据国家信访局及省、扬州市相关会议和文件精神，启动开展依法分类处理信访诉求工作。该项工作突出对信访工作制度的重大改革部署，意在厘清行政体系内部信访途径与行政复议、仲裁等其他法定途径界限，是行政机关落实涉法涉诉信访工作改革、实现信访工作法治化的关键环节。5月8日，全市召开专题部署会，对该项工作作总体的部署安排。5月中旬至8月中旬，组织专人全程指导37个部门制定《依法分类处理信访诉求责任清单》，重点突出梳理信访诉求、准确划分类别、厘清权力清单、明确法定途径四个方面，并逐条列出和修正分类不规范、法定途径导入不准确、与权力库职责清单不符等相关问题。8月底，37个部门的责任清单全部制定完成，并经扬州市及高邮市两级政府法制部门审核通过。9月，37个部门均通过报纸、电视、部门网站等平台，及时地向社会公布各自的责任清单；市信访局通过高邮电视台开设专栏，对依法分类处理信访诉求工作作专题宣传，使广大群众尽可能熟悉开展该项工作的意义、法律依据、责任主体及操作规程等。至年底，该项工作圆满完成，并得到扬州市信访局的充分肯定。 (王冬梅)

【群众依法逐级走访权益保障卡制度施行】 5月8日，市信访局(市联席办)根据全省统一部署，牵头召开由各乡镇(园区)、各部门负责人参加的动员会，全面部署群众依法逐级走访权益保障卡制度在全市的施行工作。该制度旨在进一步规范信访秩序，依法及时就地解决群众的合理诉求，把问题解决在基层，避免矛盾上行。并且规定，凡在法定信访渠道内的信访事项基本按照“初次走访领卡、逐级走访凭卡、处理结果记卡、保障权益用卡”的流程解决。同时要求实现“卡网”同步，卡为网据，网为卡证，卡网同一。至年底，该制度在全市范围内施行实现全覆盖，发放群众依法逐级走访权益保障卡100张，初访领卡率、按期办结率均达90%以上。 (王冬梅)

资料链接 按照《信访条例》和中央部署要求，从2016年5月1日起，江苏在全省全面推行群众依法逐级走访权益保障卡制度。推行该制度的总体目标是:从2016年起到2018年,争取利用3年的时间,经过持续努力,实现群众自觉凭卡逐级走访,责任主体依卡办访,逐级走访成为常态,信访事项及时就地解决,信访秩序根本好转。在进程安排上,2016年为制度推行年,2017年为巩固完善年,2018年为深化提高年。推行该制度的工作原则是:坚持责任主体担主责的原则,基础责任层级在接待、答复、录入等环节必须担负起主体责任;坚持及时就地化解矛盾的原则,落实属地负责要求,把群众的合理合法诉求解决在基础层级,把矛盾化解在萌芽状态,保证矛盾发现在早、消除在小;坚持"三个结合"原则,与阳光信息系统相结合、与法定途径分类处理信访问题相结合、与规范信访工作业务相结合;坚持"上下同步"原则,基础层级依法办访,上级层级依规支持,属于责任层级问题上级层级只告知不受理。推行该制度的重点环节是:发卡、用卡、录卡、督卡四个环节。其中,发卡以县为主、以信访部门为主,乡镇(街道)及其他有权处理的职能部门作为补充。（王冬梅）

【干部队伍建设】 2016年,市信访局(市联席办)注重加强基层信访干部队伍建设,着力提升信访工作成效。继续针对村干部、新任领导干部、新进公务员、大学生村官等群体,认真组织相关专题的信访工作业务培训,努力营造依法信访、依法办事、依法行政的良好氛围。围绕通过法定途径分类处理信访投诉请求暨推行群众依法逐级走访权益保障卡工作,专门举办全市信访干部专题业务培训班1期,就相关业务知识要点和工作开展重点作精准辅导,有效推动工作顺利开展。（王冬梅）

【信访宣传工作】 2016年,市信访局继续加强信访宣传工作,营造关心、支持信访工作的氛围。利用《信访快报》《要访请示》《信访通报》及《高邮日报》等载体,及时、准确地反映社情民意、信访动态、群众呼声和典型案例,传递信访信息,为领导决策提供服务,为基层开展工作提供指导;组织编印《高邮市信访工作指南手册》《信访条例》等资料,在《信访条例》颁布纪念日、法制宣传日认真开展宣传活动;在信访接待场所张贴公告栏、须知牌,将信访电话、来访须知、领导接待日须知、依法信访程序等内容予以公示;利用市信访联合接待大厅电子显示屏,滚动播放《信访条例》等依法信访的宣传内容;要求各乡镇、园区也参考市级信访宣传模式开展信访宣传工作,将依法信访理念宣传到基层,形成上下联动的良好氛围。（王冬梅）

【信访信息化建设】 2016年,市信访局(市联席办)注重用好现代信息技术,以此提升信访事项的办理质态。充分运用现代科技手段,搭建联系群众、体察民情、回应民意的新平台,提高互联网时代做好群众信访工作的能力和水平。健全和完善各类网络平台信访事项办理机制,引导群众借助书信、电话、传真、视频、电子邮件等形式表达诉求。逐步推行信访事项办理群众满意度网上评价机制,扩大群众的知情权、监督权、评判权,不断提高信访部门的公信力。（王冬梅）

高邮市人民代表大会及其常务委员会

Gaoyou Municipal People's Congress and its Standing Committee

导读

重要会议

【市十四届人民代表大会第五次会议】 1月10～13日举行。应到会代表291人，实到会代表281人。会议听取市政府代市长潘学元所作的《政府工作报告》、市人大常委会副主任葛桂秋所作的《市人大常委会工作报告》、市人民法院院长韩雪峰所作的《高邮市人民法院工作报告》和市人民检察院检察长顾勇所作的《高邮市人民检察院工作报告》；市发改委、市财政局受市政府委托，分别向大会书面提交《关于高邮市2015年国民经济和社会发展计划执行情况和2016年计划草案的报告》和《关于高邮市2015年财政预算执行情况和2016年财政预算草案的报告》。会议通过相应的决议，讨论并批准各项工作报告。会议通过《高邮市人民代表大会关于同意接受韩方同志辞去高邮市第十四届人民代表大会常务委员会主任职务请求的决定》，补选张秋红为高邮市第十四届人大常委会主任，补选潘学元为高邮市人民政府市长。

会议收到市人大代表10人联名提出的议案4件(道路交通方面3件、区域供水方面1件)，代表建议、批评和意见177件，均由市人大常委会于会后交由市政府及有关单位办理。 (施海明 谭济秦)

【市十四届人大常委会会议】 2016年，市十四届人大常委会共召开常委会会议8次。

第二十九次会议，1月26日举行。会议听取并审议通过市人大常委会办公室主任吕天龙受市人大常委会主任会议委托所作的《高邮市人大常委会2016年度工作要点和议题安排计划》。会议审议通过有关辞职及人事任职事项。

第三十次会议，3月29日举行。会议听取市人民法院院长韩雪峰所作的《市法院关于近年来环境资源审判工作的情况汇报》和市人大常委会调查组的调查报告。会议经过审议，作出审议意见。会议听取4名市人民法院审判员述职报告，并进行满意度测评。会议听取市卫计委主任胡朝霞受市政府委托所作的《市政府落实<市人大常委会关于全国卫生城市创建工作审议意见及进展情况>的汇报》。听取市发改委主任杨向东受市政府委托所作的《市政府关于2016年房屋征收(拆迁)项目计划的议案说明》。会议经过审议，作出决议。会议还审议通过有关人事任免事项。

第三十一次会议，5月26～27日举行。会议听取市文广新局局长魏道智受市政府委托所作的《市政府关于我市公共文化服务体系建设情况的工作汇报》和市人大常委会调查组的调查报告。会议经过审议，作出审议意见。会议听取市人民检察院检察长顾勇所作的《市检察院关于预防职务犯罪工作情况汇报》和市人大常委会调查组的调查报告。会议经过审议，作出审议意见。会议听取4名市人民检察院检察员述职报告并进行满意度测评。会议还听取部分扬州市人大代表履职报告并进行民主测评。

第三十二次会议，7月26～27日举行。会议听取市发改委主任杨向东受市政府委托所作的《关于上半年全市国民经济和社会发展计划执行情况的汇报》。会议经过审议，作出审议意见。会议听取市人大常委会执法检查组《关于全市贯彻实施〈中华人民共和国农产品质量安全法〉情况的执法检查报告》。会议经过审议,作出审议意见。会议听取市财政局局长许明受市政府委托所作的《关于2015年财政决算的报告》。会议经过审议,作出决议。会议听取市财政局局长许明受市政府委托所作的《关于2016年上半年财政预算执行情况的汇报》。会议经过审议,作出审议意见。会议听取市审计局局长詹惜文受市政府委托所作的《关于2015年度市级预算执行和其他财政收支审计结果的情况汇报》。会议经过审议,作出审议意见。会议还审议通过有关人事任免事项。

第三十三次会议,9月23～24日举行。会议听取市经信委主任陆炜受市政府委托所作的《关于工业经济转型升级“356”行动计划实施情况的汇报》和市人大常委会调查组的调查报告。会议经过审议,作出审议意见。会议听取市发改委主任杨向东受市政府委托所作的《关于2016年房屋征收(拆迁)新增项目计划的议案》。会议经过审议,作出决议。会议听取市环保局局长张学雷受市政府委托所作的《〈关于大力推进生态文明建设的议案的决议〉实施情况的汇报》。会议经过审议,作出审议意见。会议听取市司法局局长张国平受市政府委托所作的《关于全市“七五”普法规划情况的汇报》。会议经过审议,作出决议。会议听取市政府办主任李生受市政府委托所作的《关于十四届人大五次会议代表建议办理情况的汇报》和市人大常委会调查组的调查报告。会议经过审议,作出审议意见。会议分别表决通过《市人大常委会关于高邮市市、乡镇人大换届选举问题的决定》《市人大常委会关于重新确定车逻镇新一届镇人大代表名额的决定》《市人大常委会关于高邮市十五届人大代表名额分配的方案》《市人大常委会关于提请任命高邮市选举委员会、各乡镇选举委员会组成人员的议案》。书面听取《市政府贯彻落实〈市人大常委会关于对全市公共文化服务体系建设情况汇报的审议意见〉情况的汇报》《市人民法院贯彻落实〈市人大常委会关于对环境资源审判工作情况汇报的审议意见〉情况的汇报》《市人民检察院贯彻落实〈市人大常委会关于对预防职务犯罪工作情况的审议意见〉情况的汇报》。会议还审议通过有关辞职及人事任免事项。

第三十四次会议,11月29日举行。会议听取市委农工办副主任孔祥明受市政府委托所作的《关于全市农村扶贫工作情况的汇报》和市人大常委会调查组的调查报告。会议经过审议,作出审议意见。会议听取市政府办副主任、市政府督查室主任何飞受市政府委托所作的《关于审计查出问题整改情况的汇报》。会议经过审议,作出审议意见。会议分别审议通过《关于增加市开发区、城南经济新区发展空间的议案》《关于市人大常委会讨论决定重大事项的规定》《关于召开市十五届人大一次会议的决定》。书面听取市政府贯彻落实《市人大常委会对全市贯彻实施〈中华人民共和国农产品质量安全法〉情况的执法检查审议意见》情况的汇报。会议还通过有关人事任免事项。

第三十五次会议,12月8日举行。会议审议通过有关人事任免事项。

第三十六次会议,12月30日举行。会议听取市发改委主任杨向东受市政府委托所作的《关于提请调整2016年度城乡居民收入和注册外资实际到账指标的议案》。会议经过审议,作出决议。会议听取市财政局局长许明受市政府委托所作的《关于2016年财政收支预算调整方案的议案》。会议经过审议,作出决议。会议听取市财政局局长许明受市政府委托所作的《2016年预算执行情况和2017年预算草案初步方案的汇报》。会议经过审议,作出审议意见。会议听取市人大常委会副主任、代表资格审查委员会主任孙明如所作的《关于市十五届人民代表大会代表资格的审查报告》。会议经过审议,作出相关决定。会议审议通过市十五届人大一次会议有关事项。书面听取《市政府贯彻落实〈市人大常委会关于工业经济转型升级“356”行动计划实施情况汇报的审议意见〉的情况汇报》《市政府贯彻落实〈市人大常委会关于大力推进生态文明建设议案的决议的审议意见〉实施情况的汇报》。会议还审议通过有关人事任免事项。

(施海明　谭济秦)

【市十四届人大常委会主任会议】 2016年,市十四届人大常委会共召开主任会议7次。

第31次会议,4月21日举行。专题审议全市学前教育工作,市人大常委会副主任薛晓寒主持会议。会议听取并审议市教育局局长陆鹏海受市政府委托所作的《关于全市学前教育发展情况的汇报》。建议:要加强基础建设,统筹优化学前教育发展环境;要着力破解难题,增强学前教育发展后劲;要创新办园模式,提升学前教育质态水平;要严格规范管理,保证学前教育健康发展。市人大常委会主任张秋红及副主任葛桂秋、孙明如、王永海参加会议。副市长钱富强列席会议。

第32次会议,6月27日举行。专题审议全市建筑产业现代化推进工作,市人大常委会副主任薛晓寒主持会议。会议听取并审议市建管局局长张仲林受市政府委托所作的《关于全市建筑产业现代化推进情况的工作汇报》。建议:思想高度重视,宣传建筑产业发展新理念;加强招商引资,推进建筑产业基地项目;深化行业监管,促进建筑产业健康发展。市人大常委会主任张秋红及副主任葛桂秋、孙明如、王永海参加会议。副市长潘建奇列席会议。

第33次会议,6月30日举行。专题审议水利工程依法管理工作,市人大常委会副主任孙明如主持会议。会议听取并审议市水利局局长周建峰受市政府委托所作的《关于全面推进水利工程依法管理情况的汇报》。建议:强化法律宣传,进一步增强社会法治观念;切实履行职能,进一步加大依法管理力度;积极创新举措,进一步提升依法管理水平;加大管理投入,进一步加强管理队伍建设。市人大常委会主任张秋红及副主任葛桂秋、薛晓寒参加会议。副市长潘建奇列席会议。

第34次会议,8月11日举行。专题审议高邮市创建国家环保模范城市工作,市人大常委会副主任薛晓寒主持会议。会议听取并审议市环保局局长张学雷受市政府委托所作的《关于我市创建国家环保模范城市工作情况的汇报》。建议:统一认识、精心组织,确保创模工作有序推进;细化任务、攻坚克难,力争各项指标早日实现;统筹协调、整体推进,科学整合创模资源力量;强化宣传、注重引导,营造创模工作浓厚氛围。市人大常委会主任张秋红及副主任葛桂秋、王永海参加会议。市委常委、常务副市长孙建年列席会议。

第35次会议,8月25日举行。专题审议全市社保基金运行工作,市人大常委会副主任孙明如主持会议。会议听取并审议市人社局局长高健受市政府委托所作的《关于全市社会保险基金运行情况的汇报》。建议:高度重视,依法征管,确保社保基金各项工作落到实处;加大力度,部门联动,做好社保基金运行各个环节工作;聚焦问题,逐步解决,为社保基金管理工作提供有效保障。市人大常委会主任张秋红及副主任葛桂秋、薛晓寒、王永海参加会议。市委常委、常务副市长孙建年列席会议。

第36次会议,10月11日举行。专题审议全市交通重点工程建设工作,市人大常委会副主任孙明如主持会议。会议听取并审议市交通局局长张德宏受市政府委托所作的《关于全市交通重点工程建设情况的汇报》。建议:要统一思想认识,不断加快交通基础设施建设;要加强组织协调,努力形成交通建设强大合力;要加大争取力度,着力推进交通重点工程建设;要强化工程监管,积极完善交通工程后续管理。市人大常委会主任张秋红及副主任葛桂秋、薛晓寒、王永海参加会议。市委常委、副市长杨文喜列席会议。

第37次会议,10月28日举行。专题审议高邮市申报国家历史文化名城工作,市人大常委会副主任薛晓寒主持会议。会议听取并审议市城建局局长吴惠山受市政府委托所作的《关于我市申报国家历史文化名城成果情况的汇报》。建议:密切关注、加强配合,做好申报最后冲刺工作;精心规划、合理利用,切实提升名城保护水平;抢抓机遇、多措并举,以文化软实力推动经济发展。市人大常委会主任张秋红及副主任葛桂秋、孙明如参加会议。副市长潘建奇列席会议。(施海明　谭济秦)

重大活动

【专题视察活动】 2016年,市人大常委会先后组织市人大常委会组成人员及有关市人大代表就全市经济建设、社会事业、民生工作等方面,开展专题视察活动8次。

4月11日,专题视察全市农村电商发展情况。实地察看"三馆合一"电商线下销售展示中心、农村淘宝市级运营中心、高邮城南经济新区浩芝村农村淘宝服务站、通邮电商园现场,听取全市农村电商发展情况的汇报。建议:高度重视,顺势发展;彰显特色,加快发展;破解瓶颈,服务发展;规范管理,健康发展。

4月27日,专题视察城市管理基础设施建设情况。实地察看市环卫综合作业服务中心、外环路垃圾中转站以及朱家生活垃圾焚烧发电厂、北海商圈摊点疏导区等项目建设现场,听取城市管理基础设施建设情况的汇报。建议:重视城市基础设施规划,做到与城市总体规划同步;加大项目建设推进力度,确保顺利建成使用;强化城市基础设施的运行管理,不断提升服务效能。

5月23日,专题视察市场监督管理工作。实地察看高邮经济开发区食品检测中心、市市场监管局服务大厅,听取市市场监督管理局就市场监督管理的基本情况汇报。建议:围绕改革,加快融合发展;围绕中心,充分履职尽责;围绕民生,确保安全稳定;围绕提质,培养人才队伍。

6月16日,专题视察全市社会面巡防工作暨合成作战指挥室建设。实地察看市公安局巡特警大队、珠湖派出所、蝶园派出所等相关工作现场,听取有关工作情况汇报。建议:提高认识,进一步加大社会治安巡防体系建设的宣传;强化责任,进一步提高社会治安巡防体系建设的水平;群策群力,进一步完善社会治安巡防体系建设的网络;保障投入,进一步夯实社会治安巡防体系建设的基础。

8月29日,专题视察清水潭旅游度假区建设情况。实地察看清水潭旅游度假区内相关项目施工现场,听取清水潭旅游度假区建设情况汇报。建议:要按照规划要求持之以恒抓推进;要聚焦重点项目坚持不懈抓推进;要围绕5A级景区标准完善功能抓推进;要加强统筹协调齐心合力抓推进。

10月21日,专题视察全市宗教事务规范化管理工作。实地察看高邮镇基督教福音堂、三垛镇护国龙王寺等场所,听取全市宗教事务规范化管理工作情况的汇报。建议:要坚持宣传引导,不断提高宗教事务管理工作的重视程度;要坚持完善制度,不断提升宗教事务管理工作的水平质态;要坚持创新方法,不断深化宗教事务管理工作的协作配合;要坚持加大投入,不断强化宗教事务管理工作的保障支持。

10月28日,专题视察全市重大项目建设情况。实地察看高邮经济开发区道爵新能源非公路用乘用车公司和高邮湖西新区中航百慕新材料技术工程股份有限公司、江苏昊天龙集团有限公司,听取全市重大项目建设情况汇报。建议:要围绕既定目标,持续有力推进;要围绕讲求实效,注重招大引强;要围绕破解难题,不断优化服务;要围绕提升质态,建立绩效机制。

11月22日,专题视察全市城建“双十”重点工程进展情况。实地察看市文体中心、高邮经济开发区滨河体育休闲公园、北门城墙遗址公园、高邮州署复建等项目建设现场,听取相关工作汇报。建议:攻坚克难、协调配合,按时按质完成年度目标任务;创新模式、搭建平台,吸引多方力量推进工程建设;以人为本、民生优先,抓好竣工工程后期运营管理;规划先行、超前谋划,稳步推进下年“双十”工程建设。(施海明 谭济秦)

【专题询问活动】 9月23日,按照《高邮市人民代表大会常务委员会专题询问暂行办法》,市人大常委会对市政府《关于大力推进生态文明建设议案的决议》实施情况开展专题询问活动。活动由市人大常委会副主任王永海主持。询问活动中,部分市人大常委会委员围绕乡镇污水区域集中处理、小型燃煤锅炉整治、农村环境综合整治、农业面源污染防控等社会普遍关注的热点问题进行详细询问。市环保局、市发改委、市城建局、市建管局、市城管局、市农委、市水利局、市经信委、市公安局等相关部门负责人现场逐一进行答复。市人大常委会主任张秋红及副主任葛桂秋、薛晓寒、孙明如参加活动,市委常委、常务副市长孙建年,市人民法院副院长周启泉、市人民检察院检察长顾勇应邀参加活动。各乡镇人大主席、部分市人大代表及市人大常委会相关委室负责人应邀观摩活动。(施海明 谭济秦)

重点建议办理

【6件重点建议办理情况】 2016年,由市人大常委会确定为当年重点督办的6件代表建议,在市人大常委会跟踪督办下,经市政府及相关职能部门的共同努力,所有重点建议的办理均取得较好进展。办理情况综述如下:

1.《关于加快推进高邮社会信用体系建设的建议》。为办好建议,市政府所采取的措施为:强化公共信用信息服务网站(“诚信高邮”网)建设,对公众提供基础信息、资质信息等企业一般信息的查询,定期公布企业失信情况;推进落实“双公示”工作,逐步实现行政许可和行政处罚信息的全面公示;组织开展各个层次的诚信企业申报活动,当年有6家企业获扬州市首届“依法诚信示范企业”称号;推进“三库一网”建设,加快完善公共信用平台,逐步建成企业公共信用基础数据库;创造条件启动和推进公共信用GIS平台建设,并于年底形成初步建设方案。

2.《关于加大环境执法力度,呵护百姓健康的建议》。为办好建议,市政府所采取的措施为:推进网格化环境监管体系建设,共建成市级网格1个、乡镇(园区)二级网格13个、村(社区)三级网格171个;充实执法队伍,在全市所有乡镇(园区)落实专职巡查人员58人;每季度开展“双随机”抽查,成立4个检查组,对被抽取的企业进行体检式检查;开展化工行业专项整治,对存在问题的企业进行严厉查处;大力推进“数字环保”系统建设,以此有效提高环境监测、污染源监控和环境执法水平。

3.《关于实施乡镇污水处理区域化管理的建议》。为办好建议,市政府在广泛调研的基础上,召开市政府常务会议对启动镇级污水处理厂提升改造工作进行研究,并明确市环保局为镇级污水处理厂提升改造工作牵头部门,各乡镇(园区)为本辖区污水处理厂和管网建设、运营的责任主体。围绕提高处理效率、节约运营成本重点,会议明确将依托中心镇建设4-5个区域污水处理厂,其他乡镇建设污水管网,逐步将现有小型污水处理厂改造为提升泵站,将污水转送到区域污水厂集中处理;同时明确将依法履行招投标程序,确定合作方。至年底,乡镇污水处理区域化管理工作处于有序推进之中。

4.《关于加快推进S333东段建设的建议》。为办好建议,市政府将S333东段建设写入《政府工作报告》,作为民生幸福工程和城建“双十”重点工程予以推进实施。为将全线36千米的整体一次性实施到位,市政府先后两次召开政府常务会研究有关事宜,数十次召集相关部门、乡镇及园区协调推进相关工作,并多次向省、扬州市交通部门汇报进展情况、对接相关方案、争取上级支持。其间,为保障该工程加快推进实施,项目建设指挥部排定前期工作事项39项，当中包括征求省交通厅行业意见、省发改委立项批复、项目PPP初步实施方案制定及核心条款确定、与高铁和高速的交汇方案制定、与沿线各乡镇(园区)路线走向的确定、选址意见书拟定、征地拆迁方案(初稿)拟定、拆迁让地工作开展等，并逐一落实到相关乡镇、园区及职能部门和责任人员。至年底，该39项前期工作事项均取得明显进展，其中完成前期工作事项24项、有序推进工作事项15项。

资料链接 S333高邮东段建设工程东起高邮市与兴化市交界处，向西经甘垛镇北侧跨越北澄子河向南、经汤庄镇跨三阳河、经卸甲镇跨京沪高速并下穿连淮扬镇铁路至S237与S333交叉口，全长约36千米。工程项目按一级公路标准实施，双向四车道，沥青混凝土路面，路基宽26米，沿线配置交通安全设施、路灯照明设施以及绿化工程，并配置养护工区、服务区。工程估算总投资15.46亿元。预计2019年年底实现全线竣工通车。

5.《关于尽快实施校车安全工程，解决学生上下学接送问题的建议》。为办好建议，市政府在一直高度重视学生接送车辆安全管理的同时，还采取以下措施：要求各相关学校加强接送车的安全监管和乘车学生的安全教育；强化接送车辆、接送车驾驶员的综合监管、业务培训，并定期开展联合整治活动；责成相关职能部门组织人员对乡镇乘车学生基数、接送学生家庭分布、农村道路交通条件进行统计调研，及时掌控相关情况；成立工作联席会议制度，定期召开由教育、交通、交警、安监、财政等部门参加的工作联席会议，商议校车安全工程实施过程中的各项事务，协调解决遇到的困难和问题。

6.《关于东北片供水实施水源调整和制水工艺改造的建议》。为办好建议，市政府针对东北片区3座水厂的运营状况，于4月中下旬专门聘请河海大学的专家参与其中，力求拿出最好的建设方案。经实地调研，且综合考虑现有水厂的供水规模、建设用地及供电量等因素，专家组提出“停用临泽、界首水厂，将司徒水厂扩建至6万吨/日(远期扩建至9万吨/日)，并增设预处理和深度处理设施，负责司徒、临泽、界首片区供水”的提标升级构想。该构想还提出，在京杭大运河马横公路北侧新建取水口，沿马横公路建设23千米浑水管道，输送大运河原水至司徒水厂；保留三阳河现有取水设施，作为应急备用取水口，实现“双水源”供水格局，进一步增强东北片区供水安全的可靠性。根据这一构想，市政府责成相关部门抓紧编制工程建设方案，并于7月10日完成《高邮市东北片区域供水提标升级工程方案》编制工作。根据该方案测算，该工程建设项目需要投资2.06亿元。7月14日，市政府组织专家组就该方案进行评审论证。8月22日，市政府第37次常务会议讨论通过该方案，并明确市水投公司实体化运作后与市润邮公司资产重组，作为区域供水业务投融资、运营平台。9月，市水利局组织开展项目投资主体和投资方式论证工作，并推进做好《实施东北片区域供水提标升级工程的请示》的报批、申请立项工作。同时，按照项目实施要求开展工程可研、环评、洪评、节能评估、水资源论证等项目前期工作。至年底，该工程建设的各项工作均处于实施推进之中。 (施海明　谭济秦)

重点工作

【执法检查】 7月，市人大常委会成立5个执法检查组，对全市贯彻实施《中华人民共和国农产品质量安全法》的情况开展执法检查。其间，检查组深入园区、乡镇，通过听取汇报、召开座谈会、实地察看等方法，重点检查农产品质量安全指导和服务、监测和监管以及农产品质量安全行政执法等方面工作，深入了解全市贯彻实施《中华人民共和国农产品质量安全法》的情况。7月26～27日召开的市十四届人大常委会第三十二次会议，听取市人大常委会执法检查组关于《中华人民共和国农产品质量安全法》在全市贯彻实施情况的执法检查报告，并且经过审议作出四个方面的审议意见：加大宣传力度，进一步提高农产品质量安全法律意识；注重基础建设，进一步增强农产品质量安全监管能力；加强分工协作，进一步完善农产品质量安全监管体系；强化全程控制，进一步构筑农产品质量安全监管屏障。 (施海明　谭济秦)

【市、乡镇两级人大换届选举工作】 10月中旬，根据中央、省委及扬州市委有关文件精神及省人大常委会、扬州市人大常委会有关决定，高邮市正式启动市、乡镇两级人大换届选举工作。10月17日，市委召开全市市、乡镇人大换届选举工作会议，对市、乡镇两级人大换届选举工作作动员部署。会上，市委书记勾凤诚就认清换届选举工作的意义时强调，搞好换届选举工作有利于人民代表大会制度的坚持和完善，有利于党执政地位巩固和地方国家政权建设，有利于良好地方政治生态的营造，有利于高水平全面建成小康社会目标的实现。在谈到换届选举工作原则要求时他指出，要始终坚持党的领导，要做好代表候选人提名推荐工作，要选优配强地方政权机关领导班子，要严明换届选举工作纪律，实现“三个到位(纪律教育要到位、工作监督要到位、问责查处要到位)”，要为换届选举营造良好舆论氛围和社会环境。在谈到换届选举工作的组织领导时他要求,党委要承担主体责任,人大要承担组织责任,相关部门要齐心协力。市委副书记张新钢分别就换届选举的组织工作、宣传工作提出要求。关于组织工作,他要求,要严格标准,确保市乡人大代表质量;要着眼大局,选优配强各级领导班子;要精心组织,确保大会选举顺利进行;要严明纪律,营造风清气正换届环境。关于宣传工作,他强调,要深化认识,高度重视,增强责任感使命感;要突出重点,加强策划,提高针对性有效性;要把牢导向,严肃纪律,提升引导力影响力。市人大常委会主任张秋红从关于换届选举时间问题、关于选举步骤问题及对市、乡镇两级人大代表的素质和结构要求三个方面,对换届选举工作作具体部署。会议明确本次换届选举的总体时间安排是,全市于10月中旬全面启动市、乡镇两级人大代表同步直接选举工作,12月15日为全市市、乡镇两级人大代表选举日,12月20日前选出新一届市、乡镇两级人大代表;2017年1月15日前召开乡镇新一届人大一次会议,选举产生乡镇国家机关领导人员;2017年1月25日前,召开市十五届人民代表大会第一次会议,选举产生市级国家机关领导人员和出席扬州市第八届人大代表。会议明确本次换届选举的步骤为六个阶段,即准备阶段、宣传发动和选民登记阶段、推荐和确定代表候选人阶段、宣传介绍代表候选人情况阶段、投票选举代表阶段、召开新一届人大一次会议阶段。会议对市、乡镇两级人大代表的素质和结构提出的要求是,要提升代表素质,要注重优化代表结构,要正确处理代表素质与代表结构的关系,要提高常委会组成人员专职比例。10月19日,市选举委员会在市级主要媒体发布《致选民的一封信》,就此次换届选举的目的意义、时间、步骤、要求及与选民相关的重要事项,逐一作出说明。10月19日上午,举办全市市、乡镇人大换届选举业务培训班,就相关业务作系统全面的培训,并对本次换届选举作“九严禁”的纪律要求。10月19日下午,举办市换届选举工作信息系统操作培训会,就相关业务作进一步培训和指导。 10月20日～12月31日,市选举委员会召开工作推进会议4次,每次均对全市换届选举各阶段的重点工作提要求、作部署,并及时协调解决工作中出现的矛盾和问题,确保全市市、乡镇人大换届选举工作的顺利开展。12月15日(全市市、乡镇两级人大代表选举日),经对选举结果统计,全市选举产生县(市)级人大代表294人、乡(镇)人大代表995人。至年底,全市市、乡镇两级人大换届选举工作处于有序推进当中。 (施海明　谭济秦)

资料链接　2017年1月,根据《全市市、乡镇两级人大换届选举工作计划》,全市的市、乡镇两级人大换届选举工作继续推进开展。2017年1月8日～11日,全市所有乡镇均召开新一届人大一次会议,累计选举产生乡镇国家机关领导人员80人;2017年1月10～13日,召开市十五届人民代表大会第一次会议,选举产生市级国家机关领导人员14人和出席扬州市第八届人民代表大会代表70人。至此,全市市、乡镇两级人大换届选举工作圆满完成。 (施海明　谭济秦)

【全市乡镇人大工作会议】　2月26日下午召开。会议的主要任务是,总结2015年全市乡镇人大工作,研究部署2016年乡镇人大工作各项任务。市人大常委会主任张秋红及副主任葛桂秋、薛晓寒、孙明如、王永海,各乡镇人大主席、部分市人大代表及市人大常委会机关各委室负责人等参加会议。

会议由葛桂秋主持,张秋红作讲话。她要求,全市各乡镇人大要进一步抓好中央、省和扬州市有关新规定新要求的贯彻落实,保质保量开好人大会议,认真履行好闭会期间主席团工作职责,突出监督工作重点,力争在行权履职上有新作为;要不断完善工作机制,积极主动探索新方法和新路径,使代表活动真正体现“新意”、联系选民真正实现常态化、建议督办真正取得实效,确保代表作用的发挥有新进展;要精心谋划和周密部署,以严谨认真的态度做好换届选举工作,确保乡镇人大选举工作有新气象;要着力抓好自身建设,摆正工作位置,全面提升依法履职的能力和水平,不断推进全市乡镇人大工作与时俱进、创新发展。会上,表彰2015年度乡镇人大工作先进单位和先进个人、2014—2015年度市人大代表活动先进小组、2015年度优秀市人大代表及优秀代表议案建议。

(施海明　谭济秦)

【人大代表建议办理工作】　9月底,在市十四届人大五次会议期间由市人大代表所提的177件建议,已经全部办复。在办理过程中,市人大常委会高度重视,市政府协调推进,各承办单位认真负责,各位代表积极配合,通过采取及时交办、对口督办和发函催办等方式,努力提高办理实效,特别是有些代表连续多年提、涉及范围广、办理难度大的建议得以较好解决,更是深受代表们的好评,代表们对建议办理的满意和基本满意率100%。

(施海明　谭济秦)

高邮市人民政府

Gaoyou Municipal People's Government

导读

重要会议

【市政府全体(扩大)会议】 2016年,市政府召开全体(扩大)会议两次。

第一次市政府全体(扩大)会议,2月29日下午举行。会议的主要任务是,动员政府系统各级干部要大力弘扬和践行"崇文尚德、求实创新"高邮精神,围绕"迈上新台阶、建设新高邮",准确把握新常态、主动适应新常态、努力引领新常态,以改革的姿态、创新的思维、团结的氛围、实干的作风,努力开创政府工作新局面。副市长孙建年、钱富强、杨文喜、潘建奇、赵平,市政府各部门、市各直属单位主要负责人和各乡镇乡镇长、各园区(街道)管委会(办事处)主任,市委办、市人大常委会办、市政协办、市人民法院、市人民检察院以及有关人民团体负责人参加会议。

会上,市长潘学元作讲话。他指出,围绕完成经济新常态下"解决遗留问题、寻找新的增长引擎"两大任务,政府系统各级干部要正确认识经济发展新常态的特征和要求,准确把握新常态,正确把握高邮经济发展的现状与趋势,从经济新常态这一大逻辑出发,把准高邮发展的转型方向,以更大力度推进量质并举发展、整体协调发展和特色发展;从最新的宏观形势和部署要求出发,抢抓"一带一路""长江经济带"和"京津冀一体化"国家三大发展战略机遇、江苏发展战略机遇、供给侧结构性改革机遇;从区域竞争的新态势出发,提升产业竞争力、科技创新力、要素集聚力、文化软实力,最终提升高邮发展的综合竞争力。他强调,适应新常态、实现新开局,政府系统全体同志必须崇尚创新、注重协调、倡导绿色、厚植开放、推进共享,以新的发展理念引领实践。要坚定不移推进创新发展,使创新真正成为引领高邮发展的第一动力;更大力度推进协调发展,促进高邮经济社会行稳致远;坚持不懈推进绿色发展,着力建设美丽宜居的新家园;更高水平推进开放发展,厚植高邮开放型经济新优势;持之以恒推进共享发展,更好地践行以人民为中心的发展思想。他要求,新常态需要新状态,新使命呼唤新作为。政府系统的同志特别是领导干部要进一步解放思想、创新思维、增强本领,以奋发有为的精神状态、夙夜在公的责任担当、求真务实的工作作风,提高引领新常态的本领,以领导方式的转变引领经济发展方式的转变,以领导能力的提升引领经济发展质量的提升,以领导作风的改进引领经济发展取得实效,实现高邮"十三五"开门红。常务副市长孙建年主持会议,并就贯彻落实此次会议精神提出要求。会上,还解读2016年市政府"1号文件",表彰2015年度政府工作先进单位;市城建局、高邮经济开发区、高邮镇、三垛镇作表态发言。

第二次市政府全体(扩大)会议,8月8日上午举行。会议的主要任务是,认真贯彻落实市第十一次党代会精神,专题研究推进供给侧结构性改革工作,动员政府系统全体人员要同心同德、励精图治,以实干实绩打赢供给侧结构性改革这场硬仗,为推进"十三五"发展、建设"强富美高"新高邮注入强大动能。副市长孙建年、杨文喜、钱富强、高长明、潘建奇、赵平,市政府各部门、市各直属单位主要负责人和各乡镇乡镇长、各园区(街道)管委会(办事处)主任,市委办、市人大常委会办、市政协办、市人民法院、市人民检察院以及有关人民团体负责人参加会议。

会上,市长潘学元作讲话。他指出,推进供给侧结构性改革,是经济保持中高速、产业迈向中高端的必由之路，是完善宏观调控的重要举措，是解决高邮突出问题的关键环节。要深刻认识供给侧结构性改革的重大意义，以积极主动、率先作为的姿态推进供给侧结构性改革，不能因为包袱重而等待、因为困难多而不作为、因为有风险而躲避、因为有阵痛而不前。他强调，推进供给侧结构性改革，是“十三五”时期的发展主线。要进一步明确全市供给侧结构性改革的目标任务，坚持分类指导、分步实施、统筹推进，经过3年努力，以市场为导向的有效供给得到明显提升，落实“五大任务”取得明显成效，新技术、新产业、新业态、新模式不断成长，企业生产经营环境明显改善，生产经营成本和盈利水平回归合理，要素资源配置效率明显提升。再经过2年的努力，到“十三五”期末，供给侧结构性改革取得实质性进展，供给结构对需求变化的适应性灵活性显著提高，全社会创新能力显著提高，新的发展动能持续壮大，形成多层次、高质量的供给体系。他要求，要有力、有度、有效地落实好供给侧结构性改革重点举措。去产能，要主动去、去到位，坚决淘汰落后产能，在调整中化解过剩产能，分类施策清除“僵尸企业”；去库存，要控供给、促需求，增加有效住房需求，发力需求端调整，关注供给端调整，推进房地产行业转型升级；去杠杆，增活力、减负担，加大直接融资力度，推动政府资产变为资本，发挥财政资金支持实体经济作用；降成本，要动真格、见实效，一方面努力降低显性成本，另一方面切实降低隐性成本；补短板，要补弱项、促平衡，补总量不足的短板、民生幸福的短板、地区差异的短板和公共服务的短板。同时，他还就政府自身建设提出明确要求。常务副市长孙建年主持会议，并就贯彻落实此次会议精神提出要求。会上，市发改委、市经信委、市房管局等部门主要负责人分别解读“三去一降一补”实施意见；高邮经济开发区、高邮湖西新区、卸甲镇、城建局作交流发言。（史志）

【市政府常务会议】 2016年，市政府召开政府常务会议7次。

第三十二次常务会议，1月6日下午举行，由代市长潘学元主持。会议听取市政府办公室主任李生所作的《关于〈政府工作报告〉起草情况的汇报》、市发改委主任杨向东所作的《关于〈高邮市国民经济和社会发展第十三个五年规划纲要（草案）〉起草相关情况的汇报》，并分别提出处理意见。

第三十三次常务会议，2月1日下午举行，由市长潘学元主持。会议听取市政府办主任李生所作的《关于2016年高邮市民生幸福工程实施意见起草情况及主要内容的汇报》、市政府研究室副主任龙在祥所作的《关于2015年高邮市记功奖励和“突出贡献奖”评审的相关情况汇报》，并分别提出处理意见。原则同意市建管提交的《关于进一步促进和扶持建筑业又好又快发展的实施意见》、市民政局提交的《〈高邮市重点优抚对象医疗实施办法〉补充规定》。

第三十四次常务会议，2月 19日上午举行，由市长潘学元主持。会议先后听取市相关部门负责人所作的《高邮市2016年度交通运输投资项目情况的汇报》《高邮市2016年度房屋征收（拆迁）计划情况及高邮市人民政府与波司登有限公司签订战略合作投资协议等工作的情况汇报》，并分别提出处理意见。原则同意市委农工办提交的《关于落实发展新理念，推动现代农业建设迈上新台阶，建设“强富美高”新农村的意见》、市商务局提交的《高邮市招商引资考核办法》。

第三十五次常务会议，4月19日上午举行，由市长潘学元主持。会议学习毛泽东所著《党委会的工作方法》、传达学习李克强总理的《政府工作报告》，并分别提出处理意见。听取市政府督查室副主任冯元所作的《关于进一步做好全市电子政务工作的情况汇报》，并提出处理意见。原则同意市法制办提交的《高邮市人民政府重大行政决策程序规定》《建立政府法律顾问制度实施方案》、市委农工办提交的《实施脱贫致富奔小康工程的意见》。

第三十六次常务会议，6月 11日下午举行，由市长潘学元主持。会议学习《中华人民共和国安全生产法》，并提出处理意见。听取市发改委主任杨向东所作的《关于设立苏中循环经济产业园的相关情况汇报》、市城建局局长吴惠山所作的《关于市文体中心项目推进的相关情况汇报》，并分别提出处理意见。原则同意市服务业发展局提交的《关于加快发展我市服务业的政策意见》、市旅游局提交的《关于进一步推动旅游业发展的政策扶持意见》、市农机局提交的《关于加快推进粮食生产全程机械化的意见》。

第三十七次常务会议，8月21日上午举行，由市长潘学元主持。会议听取市政协副主席、市房管局局长张拥军所作的《关于2016年房屋征收（拆迁）计划新增项目的相关情况汇报》、市水利局局长周建峰所作的《关于城区水厂自来水深度处理及配套工程项目的相关情况汇报》《关于实施东北片区供水提标升级工程项目的相关情况汇报》、市建管局局长张仲林所作的《关于清理规范全市工程建设领域保证金的情况汇报》、市市场监管局局长卞荣中所作的《关于食品安全快检实验室建设及运营问题的情况汇报》、市交通局局长张德宏所作的《关于交通工程建设的相关情况汇报》、市文广新局局长魏道智所作的《关于盂城驿景区管委会与南京美力三采公司合作的相关情况汇报》《关于解决高邮市文化产业中心拆迁后遗留问题的相关情况汇报》、市民政局局长张立中所作的《关于修订全市重点优抚对象医疗办法的相关情况汇报》,并分别提出处理意见。原则同意市房管局提交的《关于进一步提升市区住宅物业管理水平的工作意见》和《高邮市市区住宅物业管理工作考核办法(暂行)》、市金融办提交的《关于加快资本市场建设的实施办法》。

第三十八次常务会议,9月 19日下午举行,由市长潘学元主持。会议听取市财政局局长许明所作的《关于高邮市投融资平台划转国有资产的相关情况汇报》,并提出处理意见。原则同意市政府办公室提交的《关于加快临泽等东部6乡镇经济社会发展的扶持政策》。

(史志)

表50

2016年市政府召开的有关工作会议一览表

时　间	会议名称	主要内容
1月29日	全市重大动物疫病防控工作会议	总结2015年全市重大动物疫病防控工作,部署2016年工作任务
1月30日	全市交通运输工作会议	总结2015年全市交通工作,部署2016年工作任务
2月1日	全市城建工作会议	总结2015年全市城建工作,部署2016年工作任务
2月18日	全市公安工作会议	总结2015年全市公安工作,部署2016年工作任务
2月19日	全市教育工作总结表彰暨2016年能力作风建设大会	总结2015年全市教育工作,部署2016年工作任务
2月22日	全市安全生产暨消防工作会议	总结2015年全市安全生产暨消防工作,部署2015年重点工作任务
2月25日	全市城建"双十"重点工程推进会	总结2015年全市城建工作,部署新一轮城建"双十"重点工程目标任务
2月26日	全市农业工作会议	总结2015年及"十二五"全市农业工作,研究部署"十三五"和2016年农业工作任务
2月26日	全市农机化工作会议	总结"十二五"和2015年全市农机化工作,部署"十三五"和2016年工作任务
3月5日	全市农村环境长效管护工作会议	总结全市农村环境长效管护工作,部署当前及下一阶段各项工作任务
3月8日	全市统计工作会议	总结2015年全市统计工作,研究部署2016年各项目标任务
3月10日	全市城区绿化工作会议	总结2015年城区绿化工作,部署2016年工作任务
3月15日	全市农产品质量安全监管工作会议	总结2015年全市农产品质量安全监管工作,部署2016年工作任务
3月15日	全市住房公积金扩面缴存工作会议	总结2015年全市住房公积金扩面缴存工作,部署2016年工作任务
3月17日	全市食品药品安全工作会议	总结2015年全市食品药品安全工作,部署2016年工作任务
3月25日	全市民族宗教工作会议	总结2015年全市民族宗教工作,部署2016年工作任务
3月26日	全市残疾人工作会议	总结2015年全市残疾人工作,部署2016年工作任务
3月30日	全市建筑施工安全生产与扬尘治理工作会议	总结2015年全市建筑施工安全生产与扬尘治理工作,部署2016年工作任务
3月30日	全市人力资源和社会保障工作会议	总结2015年全市人力资源和社会保障工作,部署2016年工作任务
4月6日	全市爱国卫生工作会议	总结2015年全市爱国卫生工作,部署2016年工作任务
4月11日	全市廉政工作会议	总结2015年全市政府系统廉政建设和反腐败工作,部署2016年工作任务
4月18日	全市粮食生产全程机械化创建工作推进会	贯彻落实上级有关工作要求,部署全市力争在"十三五"期间创成粮食生产全程机械化示范市工作任务
5月25日	全市国土资源工作会议	总结2015年全市国土资源工作,部署2016年工作任务
6月17日	全市粮食生产全程机械化暨农业农村重点工作推进会	传达学习习近平总书记在农村改革座谈会上的重要讲话精神,研究部署全市推进粮食生产全程机械化和当前农业农村重点工作
8月11日	全市建筑施工安全生产暨扬尘治理会议	贯彻落实中央、省、市相关工作要求,部署全市建筑施工安全生产和扬尘治理工作任务
9月22日	全市文化产业统计网上直报工作推进暨业务培训会	贯彻上级相关会议精神,部署全市文化产业统计网上直报工作任务,并就相关业务进行培训
9月27日	全市农业保险工作推进会	贯彻落实扬州市农业保险工作会议精神,研究部署全市农业保险工作任务
10月31日	全市物业管理工作会议	通报全市物业管理工作情况,研究部署物业管理工作任务

(史志)

重要决策、决定

【供给侧结构性改革】 2016年,根据中央决策部署以及省、扬州市相关要求,市政府注重抓好去产能、去库存、去杠杆、降成本、补短板五项工作任务,切实推进供给侧结构性改革。其间,根据全市关于推进供给侧结构性改革的意见,市政府于7月下旬和8月上旬,先后密集出台《关于供给侧结构性改革去产能的实施意见》《关于供给侧结构性改革去库存的实施意见》《关于供给侧结构性改革去杠杆的实施意见》《关于供给侧结构性改革降成本的实施意见》《关于供给侧结构性改革补短板的实施意见》,有效保证全市供给侧结构性改革的顺利开展。 (史志)

【关于给予市城管局等单位"突出贡献奖"表彰的决定】 2月5日,市政府就市城管局、市国土局、市商务局、农发行高邮市支行、市文广新局、市旅游局等6家单位在城市管理、向上争取、招商引资、名城保护、旅游开发等方面取得的突出贡献,根据《高邮市"突出贡献奖"评选办法(试行)》规定,作出《关于给予市城管局等单位"突出贡献奖"表彰的决定》。该决定希望受表彰的单位要珍惜荣誉,戒骄戒躁,再创佳绩,再立新功;全市各乡镇(园区)、部门和单位要以先进为榜样,进一步解放思想、开拓创新,坚定信心、扎实工作,为加快建设经济强、百姓富、环境美、社会文明程度高的新高邮而努力奋斗。 (史志)

【关于表彰2015年度政府工作先进单位的决定】 2月14日,市政府就相关乡镇、园区及部门单位在狠抓稳增长、促改革、调结构、惠民生、防风险各项工作中取得的突出成绩,作出《关于表彰2015年度政府工作先进单位的决定》。该决定分"综合奖、单项奖"两大类、10小项,共表彰相关乡镇、园区及部门单位100家(含重复表彰)。(史志)

政务活动

【督促检查工作】 2016年,市政府督查室按照年度督查工作意见要求,围绕市委全委会、市政府工作报告确定的重要工作目标任务和市政府全体会议、市政府常务会议、市长办公会议等确定的工作事项,以及全市经济建设、城镇化建设、生态建设、民生幸福工程等重点工作,组织开展决策督察和专项查办。重点加强对政府工作目标的季度督促检查,对民生幸福工程的月度督促检查,并对存在问题进行梳理分析,及时将落实情况向市领导反馈,确保各项目标任务落实到位。全年共下发督促检查通知(单)97份(项),组织召开督查推进会、过堂会8次,开展调研督查、专项实地督查14次,编发《高邮政务督查》专报33期;办理扬州市交办的督查事项(督查通知单)44项。 (陈旭清)

【民生幸福工程建设】 年初,市委、市政府出台《2016年高邮市民生幸福工程实施意见》,就七大类20项的180件年度具体民生工程建设任务作出部署。至年底,在有关乡镇、园区及部门的合力推进下,民生幸福工程项目建设进展顺利,取得明显成效。在180件具体民生工程建设项目中,完成的有153件,占比为85%;未达序时、年内不能完成需结转下年继续推进实施的有22件,占比为12.2%;因上级政策调整及其他因素导致不能完成的有5件,占比为2.8%。 (陈旭清)

表51　**2016年高邮市民生幸福工程项目建设一览表**

工程项目	责任单位	年度进展
(1)迁建城南经济新区小学	高邮城南经济新区	完成
(2)迁建汤庄镇沙堰幼儿园	汤庄镇	完成
(3)建设湖西新区初中	高邮湖西新区	结转下年
(4)建设武安初中综合楼	高邮镇　市教育局	完成
(5)建设临泽镇临泽幼儿园	临泽镇	完成
(6)改建甘垛镇平胜小学危房	甘垛镇	完成
(7)扩建菱塘回族乡回民实验小学	菱塘回族乡	完成
(8)全年完成中小学校校舍安全改造1.5万平方米	市教育局	完成
(9)提供校车安全服务	市教育局　市交通局 市公安局　市财政局	完成
(10)开展城乡劳动者职业技能培训3000人,其中农村劳动力职业技能培训1000人以上	市人社局	完成
(11)1所江苏省高水平现代化职业学校接受省网评或现场考察	市教育局	完成

续表51

工程项目	责任单位	年度进展
(12)1个省级高水平示范性实训基地接受省视导评估	市教育局	完成
(13)创成省级标准化乡镇社区教育中心1个、省级居民学校8个	市教育局	完成
(14)新建老年大学多功能报告厅和室外教学场地	市委老干部局	不能完成
(15)将低收入农户作为重点纳入教育资助范围,逐步加大就学救助力度	市委农工办	完成
(16)对低收入农户的就学子女,凡考入大专、本科的,由市财政分别给予3000元和4000元的助学金	市委农工办	完成
(17)对考入高中以上的残疾学生和贫困残疾人子女,发放教育专项补贴和考学奖励	市残联	完成
(18)开展城乡"双零"家庭就业帮扶行动,保持动态清零	市人社局	完成
(19)新增城镇就业6000人,推荐失业人员再就业2300人,就业困难人员再就业300人	市人社局	完成
(20)新增农村劳动力转移3000人	市人社局	完成
(21)期末城镇登记失业率控制在2.5%以内	市人社局	完成
(22)对就业困难的未就业高校毕业生实施"一人一策"援助,确保有就业意愿的高邮籍高校毕业生推荐就业服务率100%	市人社局	完成
(23)创业培训500人次以上,实现成功创业300人,创业带动就业800人	市人社局	完成
(24)推介创业项目30个以上	市人社局	完成
(25)扶持建设创业孵化基地1个以上	市人社局	完成
(26)小贷公司当年累计发放涉农贷款10亿元	市金融办	完成
(27)全市城镇职工基本医疗保险、城镇居民基本医疗保险参保率98%以上	市人社局	完成
(28)城镇居民医疗保险各级财政投入人均不低于425元	市人社局	完成
(29)将职工基本医疗保险上限由20万元提高至30万元	市人社局	完成
(30)全面实施职工大病补充保险,大病补充保险实际支付比例不低于55%	市人社局	完成
(31)城镇职工医疗保险新增参保2000人	市人社局	完成
(32)失业保险新增参保1000人	市人社局	完成
(33)工伤保险新增参保8000人	市人社局	完成
(34)生育保险新增参保2000人	市人社局	完成
(35)深化工资集体协商,50人以上建会企业工资协议签订率95%	市人社局	完成
(36)认真落实社会救助和保障标准与物价上涨挂钩联动机制,及时启动并按月发放物价补贴,确保低收入群体生活水平不受影响	市物价局 市民政局	完成
(37)规范平价商店运营,发挥其稳价惠民作用,稳定"菜篮子"价格	市物价局	完成
(38)落实城乡低保、农村五保自然增长机制,城市(农村)居民最低生活保障标准不低于当地上年度城镇(农村)居民人均可支配收入的20%	市民政局	完成
(39)巩固孤儿养育标准自然增长机制,孤儿集中供养、社会散居养育标准分别提高至每人每月1771元、1065元	市民政局	完成
(40)农村五保、城市"三无"老人供养标准分别提高至每人每年7260元、1.35万元	市民政局	完成

续表51

工程项目	责任单位	年度进展
(41)落实未成人救助保护政策,构建早发现、早介入、早救助保护机制	市民政局	完成
(42)继续推进文明、生态安葬方式,逐步引导各级公墓向生态节地型转变	市民政局	完成
(43)对全市建档的特困职工实施生活救助、大病救助、助学救助,发放特困职工各项救助金80万元	市总工会	完成
(44)扶持社会组织建设辅助性就业机构和残疾人农疗基地各1个	市残联	完成
(45)新建村(社区)康复室5个	市残联	完成
(46)新建残疾人扶贫基地5个、创业基地3个	市残联	完成
(47)建成2个残疾人"自强健身示范点"	市残联	完成
(48)开展残疾人技能培训250人	市残联	完成
(49)为60周岁以下持证残疾人免费办理意外伤害保险	市残联	完成
(50)完成全市贫困白内障患者免费复明手术200例	市残联	完成
(51)发放轮椅300辆	市残联	完成
(52)为700名精神残疾人免费提供基本用药	市残联	完成
(53)完成500户贫困残疾人辅助器具适配和家庭无障碍环境改造项目	市残联	完成
(54)实施0～6岁残疾儿童抢救性康复训练及7～14岁残疾儿童(脑瘫、孤独症)继续康复项目	市残联	完成
(55)继续推进经济薄弱村"亿千百"脱贫攻坚工程,重点扶持100个经济薄弱村,确保以乡镇为单位村级集体经营性收入同比增长10%以上,低收入人群稳定增收,村级债权回收10%以上、债务下降10%以上	市委农工办	完成
(56)落实低收入农户在用水、用电和数字电视收视费方面的扶持政策	市委农工办	完成
(57)对低收入农户中的扶贫户新农合保险费进行减免	市委农工办	完成
(58)加快推进基层首诊、双向转诊、急慢分治、上下联动的分级诊疗制度建设	市卫计委	完成
(59)三垛区域性医疗卫生中心建成并投入使用	三垛镇　市卫计委	完成
(60)卸甲区域性医疗卫生中心建成并投入使用	卸甲镇　市卫计委	完成
(61)临泽区域性医疗卫生中心完成主体建设工程	临泽镇　市卫计委	完成
(62)送桥区域性医疗卫生中心完成主体建设工程	高邮湖西新区　市卫计委	完成
(63)迁建高邮城南经济新区社区卫生服务中心	高邮城南经济新区 市卫计委	结转下年
(64)大力实施"三个一"工程,做实做优做强家庭医生工程、健康档案工程和居民健康卡工程	市卫计委	完成
(65)提高新农合参合群众医疗保障水平,人均筹资标准不低于570元,其中各级财政投入不低于425元	市卫计委	完成
(66)完善新农合支付方式改革,在市、乡医疗机构推出35个病种实行按病种付费,提升基金使用效益,降低群众就医负担	市卫计委	完成
(67)继续开展"十大主题健康促进行动",创建健康机关20个、健康社区(村)12个、健康家庭200个、健康厨房(餐厅)200个、健康广场(公园)10个、健康步道10个、健康企业4个	市卫计委	完成
(68)完成全市农村无害化卫生户厕任务5000座	市卫计委	完成
(69)创建省和扬州市卫生村10个	市卫计委	完成

续表51

工程项目	责任单位	年度进展
(70)提升妇幼健康服务水平，实施免费婚检和免费孕前检查一体化服务	市卫计委	完成
(71)龙虬镇积极争创国家卫生镇	龙虬镇 市卫计委	完成
(72)组织开展种植产品的农药残留超标，畜禽、水产品违法使用添加剂和滥用添加剂等专项整治行动，全市农产品抽检合格率达98%以上	市农委	完成
(73)实施生产加工、流通、餐饮服务环节食品抽样检测3200批，综合检测合格率95%以上	市市场监管局	完成
(74)药品监督抽样检测，全市抽检药品150批、快检300批，基本药物检测合格率达98%以上	市市场监管局	完成
(75)以公租房建设为重点，筹集公共租赁住房150套	市房管局	完成
(76)发放公共租赁住房(廉租住房)租赁补贴60户	市房管局	完成
(77)基本建成碧水新城南苑三期264套经济适用住房	市房管局	完成
(78)全面推进老旧小区实施基本物业服务	市房管局	完成
(79)龙虬镇安置区(龙兴小区)一期完成建设	龙虬镇	结转下年
(80)实施怡水、飞达小区完善提升工程	高邮城南经济新区	结转下年
(81)新增住房公积金扩面4000人，发放住房公积金贷款1.8亿元	扬州住房公积金中心高邮分中心	完成
(82)植树造林400公顷，其中成片造林333公顷，四旁植树30万株	市农委	完成
(83)新创建省级绿化示范村8个	市农委	完成
(84)森林抚育经营面积1000公顷	市农委	完成
(85)新增城市绿地30万平方米	市城建局	完成
(86)建设东部新城文体公园	市城建局	结转下年
(87)建设盐河运动休闲公园	市城建局	结转下年
(88)建设运河西堤沿湖生态公园	市水利局	结转下年
(89)建成老横泾河滨河公园	高邮经济开发区	完成
(90)建成南澄子河城市公园	市水利局	不能完成
(91)建成香沟河风光带公园	高邮镇 市水利局	完成
(92)加大噪音扰民治理力度，坚决取缔噪音扰民现象，净化城市环境	市城管局 市环保局 市公安局	完成
(93)建设环境监测站高邮经济开发区分站，新建1座空气自动监测站	市环保局	不能完成
(94)对100家燃煤锅炉进行整治，实施煤改天然气、电、生物质燃料等清洁能源或集中供热供水	市环保局 市市场监管局	完成
(95)实施饮用水水源地保护工程，清理6个水源地保护区内的违规建设项目和船舶，实施城区自来水深度处理工程，确保出厂水质100%达标	市水利局 市交通局 市城建局	结转下年
(96)建成水源地在线监测站4座	市水利局 市环保局	完成
(97)企业职工养老保险新增参保1万人，参保覆盖率98%以上	市人社局	完成
(98)城乡居民养老保险参保人数达21.35万人，发放基础养老金人数16.8万人，参保覆盖率99.8%以上，基础养老金发放率达100%	市人社局	完成
(99)启动实施个人账户养老金调整机制	市人社局	完成

续表51

工程项目	责任单位	年度进展
(100)适时调整企业退休人员、城乡居民养老保险待遇水平和城乡居民基础养老金标准	市人社局	完成
(101)建立完善城乡居保数据信息系统，启动全民参保登记工作	市人社局	完成
(102)推进服装企业全员参保工作，逐步带动其他行业参保覆盖工作	市人社局	完成
(103)做好计生特殊困难家庭扶助工作，年满60周岁的独生子女伤残、死亡特别扶助对象扶助金分别从每人每月400元、500元提高到600元、700元	市卫计委	完成
(104)提高60周岁以上特扶对象居家养老补贴标准，对特扶对象城乡居民基本养老保险、城镇居民基本医疗保险以及农村居民新农合个人付费给予补贴	市卫计委	完成
(105)引导扶持社会力量兴办养老服务机构，做好农村居家养老政府购买服务工作，开展居家养老服务示范点建设	市民政局	完成
(106)创建标准化居家养老服务中心5个以上，示范性居家养老服务中心2个以上	市民政局	完成
(107)新建5家以上社区日间照料中心，完善配餐送餐服务功能	市民政局	完成
(108)加大对养老服务事业的投入，60岁以上户籍老年人口数提取养老服务事业费不少于24元/人	市民政局	完成
(109)加强敬老院规范化建设，年底全市机构养老床位数每千名老人达34张，护理型床位占养老机构床位比率50%	市民政局	完成
(110)对全市乡镇敬老院养老护理员给予一次性补贴和每月补贴	市民政局	完成
(111)实施高邮经济开发区敬老院扩容工程	高邮经济开发区　市民政局	完成
(112)实施送桥敬老院天山分院扩容工程	高邮湖西新区　市民政局	完成
(113)高邮城南经济新区敬老院竣工	高邮城南经济新区 市民政局	完成
(114)菱塘回族乡民族敬老院竣工	菱塘回族乡　市民政局	完成
(115)实施长生大沟、承志河整治工程	市水利局　市城管局	完成
(116)实施玉带河、蝶园大沟、月塘河、东营大沟、支农河、大寨河等黑臭河整治工程	市水利局	结转下年
(117)实施马饮塘河南延活水和人民公园活水除涝工程	市水利局	结转下年
(118)全市老城区后街后巷改造基本完成	市城建局	完成
(119)基本完成城中村改造	高邮经济开发区 高邮城南经济新区　高邮镇	完成
(120)修缮出新部分老旧小区	市城建局	完成
(121)新建南门农贸市场	高邮镇	结转下年
(122)改造北市口农贸市场	市工业总公司	结转下年
(123)规范统一设置早餐车、熟食车，建立便民服务点，合理划分位置，统一规范经营	市城管局	完成
(124)规划建设1座建筑垃圾消纳场	市城管局	结转下年
(125)实施生活垃圾焚烧发电PPP项目	市城管局　龙虬镇	结转下年
(126)加强道路、建筑施工扬尘管理	市城管局　市建管局	完成
(127)各乡镇、园区开展街巷改造整治工作	高邮经济开发区	完成
	高邮城南经济新区	完成
	高邮湖西新区	完成
	高邮镇	完成

续表51

工程项目	责任单位	年度进展
(127)各乡镇、园区开展街巷改造整治工作	卸甲镇	完成
	汤庄镇	完成
	三垛镇	完成
	甘垛镇	完成
	临泽镇	完成
	周山镇	完成
	菱塘回族乡	完成
	界首镇	完成
	龙虬镇	完成
(128)加快龙虬庄国家考古遗址公园建设	龙虬镇	完成
(129)加大农村环境整治力度，安排3630万元用于农村环境长效管护工作	市委农工办	完成
(130)实施省“美丽乡村”建设行动，打造2个省级美丽乡村	市委农工办	完成
(131)在全市12个行政村中开展覆盖拉网式农村环境统合整治	市环保局	完成
(132)抓好稻麦秸秆机械化还田工作，确保机械化还田6.67万公顷以上	市农机局	完成
(133)新改建农村小型机电灌排泵站50座	市农机局	完成
(134)改建三垛粮库粮食仓储设施	市粮食局	完成
(135)完成农村供水支管网更新48.38千米	市水利局	完成
(136)实施农村河道轮浚工程，中小河流重点县综合整治和水系连通试点项目，综合整治县乡骨干河道27条(段)，清淤疏浚河道118.58千米，堤防加固47.55千米，河道护岸18.42千米	市水利局	完成
(137)实施乡镇污水处理厂提标改造工程，在中心镇建立5000吨级以上污水处理厂，其余乡镇建立提升泵站，配套建设污水收集管网	市环保局	不能完成
	卸甲镇	完成
	汤庄镇	完成
	三垛镇	不能完成
	甘垛镇	完成
	临泽镇	完成
	周山镇	完成
	菱塘回族乡	完成
	界首镇	完成
	龙虬镇	完成
(138)高邮经济开发区建设污水管网5千米	高邮经济开发区 市环保局	完成
(139)实施湖西污水处理厂第二期工程	高邮湖西新区	完成
(140)改造湖西新区状元沟周边环境	高邮湖西新区	完成
(141)实施京杭运河“三改二”城区段后续综合整治工程	市水利局 市交通局	结转下年
(142)规划建设城市东部港口码头	市交通局 市水利局 卸甲镇	完成
(143)推进连淮扬镇高铁建设	市交通局	完成
(144)完成运东船闸扩容工程配套	市交通局	完成
(145)建成S611高邮段	市交通局	完成
(146)建设S333高邮东段先导段	市交通局 高邮城南经济新区 卸甲镇	结转下年

续表51

工程项目	责任单位	年度进展
(147)规划建设湖西新城至S611、S244连接线	高邮湖西新区　市交通局	完成
(148)规划建设周八路南延	市交通局	完成
(149)规划建设X301连接线	市交通局	完成
(150)推进建设界首运河大桥	市交通局	结转下年
(151)实施S333三垛集镇段拓宽改造工程	市交通局	完成
(152)完成提档升级农村公路60千米	市交通局	完成
(153)完成县道安保工程三级公路40千米	市交通局	完成
(154)县道养护完成二级公路8千米大中修	市交通局	完成
(155)建设公交站台120个、出租车临时停靠点120个	市交通局	不能完成
(156)规划建设菱塘民族大道神居山环山段工程	高邮湖西新区	完成
(157)实施县道菱塘民族大道第二期工程	菱塘回族乡	完成
(158)开展服务领域消费维权工作,查处假冒伪劣商品,依法打击扰乱市场价格秩序的行为	市物价局	完成
(159)完善价格异动应急预案,及时防范和应对市场价格异动	市物价局	完成
(160)规划建设气象监测预报预警服务中心	市气象局	结转下年
(161)实施未成年人救助保护中心改造工程	市民政局	完成
(162)实施社会组织公益创投项目,安排50万元资助公益创投项目、培育社会组织发展	市民政局	完成
(163)实现城乡社区办公服务用房达标全覆盖	市民政局	完成
(164)每个城区社区登记或备案的社会组织不低于6个,其中公益慈善类、社区服务类、互助类社会组织不低于30%	市民政局	完成
(165)大力培植琵琶社区、御码社区作为社区社会组织典型培植点,以点带面,加快社会组织培育发展	市民政局	完成
(166)办好环高邮湖自行车越野赛、高邮大运河半程马拉松赛	市体育局	完成
(167)组织好周末大舞台、秦邮文化讲坛、新年音乐会、珠湖之波赛歌会等品牌群众文化活动	市文广新局	完成
(168)市图书馆新增图书8000种、2万册	市文广新局	完成
(169)送电影下乡1980场,进广场252场	市文广新局	完成
(170)送戏下乡,组织剧目演出全年80场	市文广新局	完成
(171)实施王氏纪念馆提升工程	市文广新局	结转下年
(172)完成市博物馆和当铺博物馆展陈工作	市文广新局	结转下年
(173)修缮五处古民居	市文广新局	完成
(174)对抗日战争最后一役纪念馆、革命斗争史陈列馆、烈士纪念馆等三馆展品进行更新、维护及布展	市民政局	结转下年
(175)实施数字电视无线覆盖工程	市广电台	完成
(176)改造周山镇革命烈士纪念馆	周山镇　市民政局	结转下年
(177)建设高邮城南经济新区车逻文体公园	高邮城南经济新区	完成
(178)新建菱塘回族乡民族休闲公园	菱塘回族乡	完成
(179)建设卸甲镇文体中心及农民健身公园	卸甲镇	完成
(180)新建三垛镇笼式足球场一处	三垛镇	完成

(陈旭清)

【人大代表建议办理工作】 2016年,市政府共承办市人大代表建议174件,其中涉及农业水利方面25件,工交财贸方面62件,城建环保方面39件,科教文卫方面33件,其他方面15件。至9月,经43个政府职能部门和乡镇、园区的共同努力,办复所有代表建议,办复率100%。在办复的人大代表建议中,代表建议被采纳、所提问题已经解决或基本解决的68件,占比为39.1%;建议被采纳、所提问题正在解决或列入计划逐步解决的39件,占比为22.4%;建议中所提问题因受财力、政策所限,或其他条件尚不具备,需创造条件逐步解决的46件,占比为26.4%;因受条件限制或其他原因,留作参考的21件,占比12.1%。代表们对各承办单位的办理方案、办理态度、办理措施以及办理结果表示满意和基本满意率100%。 (陈旭清)

【政协委员提案办理情况】 2016年,市政府共承办市政协委员提案176件,其中涉及农业水利方面16件,工交财贸方面55件,城建环保方面44件,科教文卫方面32件,其他方面29件。至10月,经43个政府职能部门和乡镇、园区的共同努力,办复所有政协提案,办复率100%。在办复的政协提案中,提案被采纳、所提问题已经解决或基本解决的116件,占比为65.9%;提案被采纳、所提问题正在解决或列入计划逐步解决的50件,占比为28.4%;提案中所提问题因受财力、政策所限,或其他条件尚不具备,需创造条件逐步解决的10件,占比为5.7%。市政协委员们对各承办单位的办理方案、办理态度、办理措施以及办理结果表示满意和基本满意率100%。 (陈旭清)

【市政府常务会议决定事项完成情况】 2016年,高邮市政府共召开常务会议9次,讨论决定事项67项。至年底,经过有关部门和乡镇、园区的共同努力,所有事项已按政府常务会议的要求得到落实和解决。 (陈旭清)

【"12345"政府公共服务热线】 2016年,市政府办公室抓好"12345"政府公共服务热线平台运行和管理工作。至年底,"12345"政府服务热线直接接听受理群众来电2.14万件,交各网络成员单位办理4489件,办结率100%。 (徐燕)

【《市长信箱》意见办理情况】 2016年,中国高邮网站《市长信箱》栏目,共收到群众来帖5246件,回复率100%。群众反映的问题主要集中在环境污染、城建城管、拆迁补偿、教育收费、供水供电等5个方面,群众的建议主要集中在医疗卫生、市容环境、城市建设等3个方面。 (徐燕)

政务服务

【概况】 2016年,市政务服务管理办公室(市政务服务中心)落实上级党委、政府关于深化行政审批制度改革、加强政务服务体系建设的相关要求,以服务企业、服务群众、服务基层为重点,大胆实践,不断创新,各项工作取得新的成效。全市共有26个部门进驻该办(中心)集中办公;下设分中心11个;该办(中心)及分中心可受理各职能部门224项行政许可审批事项中的218项,进驻率97.3%。全年累计受理各类事项33.29万件,办结33.25万件,办结率99.9%;收取各类税费3.01亿元,增长14.2%。是年,该办(中心)获扬州市政务服务工作二等奖,被高邮市委、市政府表彰为全市市级机关能力作风建设标兵单位、被市委表彰为党建工作先进集体。 (王玲)

【办结行政许可事项33.25万件】 2016年,市政务服务中心及分中心共受理各类事项33.29万件,办结33.25万件,办结率99.9%。共收取行政事业性收费和政府基金等各项规费11277万元,征收土地及房产交易契税11277万元、车辆购置税7559万元。 (王玲)

【不予行政许可报备制度实施】 2016年,按照扬州市委、市政府2号文件要求,市政务服务管理办公室(市政务服务中心)协同市编办完成《高邮市不予行政许可报备制度》调研起草工作,并以市政府办文件印发,要求全市进驻中心的窗口部门在依法依规履职的基础上,对不需要、不符合或不予行政许可的6大类情形,一旦做出不予行政许可决定后,需在7个工作日内按照规定程序向市政府报送备案登记表用于合法性审查,切实杜绝在行政许可工作中不作为、乱作为、慢作为等问题的发生。 (王玲)

【投资项目在线审批监管平台正式上线运行】 1月1日,市投资项目在线审批监管平台正式上线运行。该平台将多个与项目审批相关的部门纳入平台应用体系,对全市所有投资项目实行网上申报、网上取码、网上审批,做到全透明、可核查,让信息多跑路、群众少跑腿。至年底,该平台累计在线处理各类投资项目行政审批事项2222件,基本做到"平台下无审批"。 (王玲)

【项目联合审图、联合验收机制实施】 2016年,市政务服务管理办公室(市政务服务中心)履行市建设项目联合审图领导小组赋予的职能,在项目建设单位在取得发改、国土审批手续后,要求其统一报送相关施工图纸和材料,由该中心"联合审图窗口"统一受理发证并扎口收费;履行建设工程竣工联合验收小组赋予的职能,通过"一站受理、审核告知、现场验收、统一发证"的方式,在承诺时限内对全市建设工程进行竣工联合验收,彻底转变先前"企业分项申请、部门独立验收"的工作模式。 (王玲)

【重大项目网格化管理】 2016年,市政务服务管理办公室(市政务服务中心)对全市重大项目以及市委、市政府确定的重点项目,继续实行重大项目网格化管理。对全市重大项目名录及时进行动态跟踪,在全面推行"主任+科室+窗口"三挂工作模式的基础上,再行推出"一线工作法",以小分队形式积极深入企业一线,主动跟踪对接服务;通过"项目碰头会""联审会办会"和"现场办公会"等多种形式,对项目审批进行集中"会诊",切实推动相关矛盾和问题的快速解决;深入高邮经济开发区、高邮城南经济新区、汤庄镇等乡镇、园区开展"零距离"服务企业活动,全面做好"4·17""4·18"双黄鸭蛋节以及上海、深圳、北京等招商活动集中签约及开竣工重大项目跟踪服务,力促各类项目早落地、早建成、早投产。 (王玲)

【公共资源交易中心建设】 2016年,市委、市政府及相关职能部门继续推进"一办两中心"(政务服务管理办公室、政务服务中心、公共资源交易中心)建设。11月初,按照市委主要负责人专题调研"加快建设公共资源交易中心"的要求,市政务服务管理办公室(市政务服务中心)会同市编制、城建、财政、国土等部门的相关负责人先后赴扬州、海门、江都三地的公共资源交易中心调研学习,并对全市的公共资源交易中心现状进行调查摸底;为加快建设公共资源交易中心,全市成立以市委常委、常务副市长为组长、相关单位主要负责人为成员的领导小组,具体负责协调推进市公共资源交易中心建设,并于12月初召开领导小组成员第一次会议,重点讨论研究公共资源交易中心整合工作方案和实施意见。至此,市公共资源交易中心建设取得实质性进展,"一办两中心"格局加速形成。 (王玲)

【项目审批代办帮办制推行】 2016年,根据市第十一次党代会精神,围绕"围墙外的事政府办"工作要求,市政务服务管理办公室(市政务服务中心)协同各乡镇、园区及有关部门,大力推行项目审批代办帮办制度,并取得明显成效。牵头起草并提请市委、市政府以文件形式出台《关于进一步加强和改进项目审批代办帮办工作的实施意见(试行)》;以《致全市广大企业主的一封信》的形式,在高邮电视台、高邮日报、中心大厅以及办事窗口进行密集宣传,让企业和群众广泛知晓项目审批代办帮办制度的核心内容;针对全市13个乡镇(园区)配备的37名项目代办员、各职能部门配备的41名项目帮办员,组织举办全市项目审批代办帮办人员培训班1期,安排代办员到服务窗口跟班学习,以此提高项目帮办代办的业务水平;建立全市项目审批代办帮办工作QQ群和微信群,及时发布最新政策动态、反映企业诉求,强化在线业务咨询和工作对接,确保代办帮办信息互联互通,实施准确;建立代办帮办考评通报机制,对正反案例定期予以通报。 (王玲)

【"多评合一"制度试行】 2016年,市政务服务管理办公室(市政务服务中心)在学习借鉴周边县(市、区)做法的基础上,结合全市实际情况,牵头起草高邮市企业投资项目各类评估评价"多评合一"实施意见及操作细则,并提请市委、市政府在全市范围内予以实施。该"多评合一"制度,将项目投资过程中涉及到的各项评估评价方式由串联调整为并联,通过实行"统一受理、统一评估、统一评审、统一审批"的服务新模式,大幅度缩短项目评估及手续办理周期,加快项目实施进程。(王玲)

【"网上涉审中介服务超市"】 2016年,市政务服务管理办公室(市政务服务中心)根据市政府办公室印发的《关于公布涉审中介服务"四项清单"的通知》要求,依托市政务服务信息平台,建成"网上涉审中介服务超市",将办理发改、环保、国土、房管等部门行政审批事项所涉及的中介服务事项、收费标准、承诺时限、机构目录等在网上动态公布,方便各服务对象按需选择、择优合作。开展中介机构服务星级评定,倒逼涉审中介机构恪守执业规则、诚信经营,全面推动和引导中介机构规范、公开、高效服务。 (王玲)

【制定公布"4张清单"】 2016年,市政务服务管理办公室(市政务服务中心)配合市编办会同多个涉审部门制定职责清单、权力清单、收费清单和服务清单"4张清单",并将该"4张清单"在中国·高邮门户网站上予以公布,切实做到权力清、职责清、收费清。 (王玲)

【便民服务】 2016年,市政务服务管理办公室(市政务服务中心)为提高便民服务实效,在学习借鉴周边县(市、区)做法的基础上,结合高邮实际情况,牵头起草《高邮市审批服务套餐式办事指南》和《审批服务100问》,并同步上传至政务服务网站予以公布。 (王玲)

法治政府建设

【概况】 2016年,全市以建设法治政府为目标,以规范行政执法为重点,不断加大依法行政推进力度,为全市经济社会发展提供法治保障。至年底,市法制办共受理行政复议案件26件,实施听证9次,被申请机关负责人出席率100%;受理以市政府为被告的行政诉讼案件20件、以市属部门为被告的行政诉讼案件56件,行政首长出庭应诉率95%;受理行政调解申请5026件,结案率

96.9%。审核把关政府规范性文件5件，评估政府规范性文件2件，清理规范性文件189件，其中确定保留140件、宣布失效或废止28件、修改5件、重新公布16件。（陈丽君）

【依法行政工作会议】 3月29日下午举行。会议的主要任务是，总结2015年全市依法行政工作，研究部署2016年各项工作任务。有关市领导，各乡镇政府（街道办事处）、园区管委会主要负责人，市各行政执法部门主要负责人等参加会议。会上，市委常委、常务副市长、组织部部长孙建年作讲话。他要求，各地各部门要强化认识，不断增强依法行政的使命感、责任感和紧迫感；要强化学习，把大力提升各级领导和广大干部依法行政能力作为一项基础性工作常抓不懈；要强化规矩，规范行政行为，切实维护群众的根本利益，提高政府的公信力；要强化制约，加强监督问责，做到哪里有执法、哪里就有监督，执法到哪里、监督就到哪里，不断推进法治政府建设迈上新台阶，为建设"强富美高"新高邮营造良好的法治环境。会议还表彰2015年度依法行政工作先进单位。（陈丽君）

【行政执法监督】 2016年，市政府法制办按照严格、规范、公正、文明执法要求，强化行政执法监督，解决市属重点部门、重点领域存在的突出问题。对市环保局、市农委、市市场监管局、市交通局等4个部门开展重大行政处罚专项执法检查。组织对行政执法部门行政处罚、许可、确认等卷宗的评查，共查处相关问题3个，并全部整改到位。全面开展政府部门行政权力清单的清理和公布工作，清理行政权力3077项，其中市级机关权力事项2816项（行政许可204项、行政处罚2148项、行政强制123项、行政确认111项、行政给付27项、行政征收46项、行政裁决4项、行政奖励14项、其他权力139项）、事业单位权力事项261项（行政许可22项、行政处罚226项、行政强制10项、行政确认3项）。全年执行落实"首违不罚"362次，"容期整改"1.04万次，报备审查涉企重大行政处罚案件75件，一般行政执法检查1312次，大规模执法检查15次。（陈丽君）

【制度规范化建设】 2016年，市政府法制办继续加强制度规范化建设。在调研论证的基础上，推动《高邮市人民政府重大行政决策程序规定》的制定和出台；加强对规范性文件的监督管理，完成《高邮市关于加快发展服务业的政策意见》等5件政府规范性文件的合法性审查工作，并出具书面审查意见书；完成《高邮市城市管理相对集中行政处罚权实施办法》《高邮市水利工程管理办法》实施后的评估工作；开展规范性文件清理工作，确定保留140件，宣布失效、废止28件，修改5件，重新公布16件。（陈丽君）

【法律顾问制度建设】 2016年，市政府法制办基于深入推进法治高邮建设的考虑，进一步推动和完善政府及部门的法律顾问制度建设。牵头制定《关于建立政府法律顾问制度的实施方案》，并提请市政府以文件形式予以下发；提请市政府设立市政府法律顾问委员会，增设市政府法律顾问办公室，公开选聘7名执业律师担任政府法律顾问，负责政府涉法事务；引导和推动所有乡镇（园区）和绝大多数行政部门设立法律顾问制度。（陈丽君）

【行政争议化解】 2016年，市政府法制办扎实做好政争议化解工作。完善行政复议委员会制度，设立行政复议受理审理中心，规范由市政府统一受理、统一审理的案件办理流程，行政复议规范化建设通过省级验收。至年底，全市共受理行政复议案件26件，实施听证9次。采取半年通报的方式，进一步加强和改进行政案件应诉工作，全年受理各类行政诉讼案件76件，行政首长出庭应诉率95%。完善行政调解工作机制，全年受理行政调解申请5026件，办结4873件，结案率96.9%。（陈丽君）

应急管理

【印发《2016年高邮市应急管理工作要点》】 4月1日，市政府办发出《关于印发2016年高邮市应急管理工作要点的通知》，要求全市围绕"迈上新台阶，建设新高邮"总体目标，进一步健全应急管理体系，着力加强指挥协同、风险防控、救援保障、值守应急、宣教培训、救助评估等方面的工作，努力提高全市科学预防和有效应对突发事件的水平。（史志）

【《高邮市突发公共事件信息报送工作规范（试行）》印行】 10月8日，市政府办以文件形式印发《高邮市突发公共事件信息报送工作规范（试行）》。该规范分总则、市应急办接收突发事件信息的主要范围、突发事件信息报送工作要求、组织领导、附则五个方面，就突发公共事件信息报送工作作详细规定，可进一步提高信息报送的时效性、准确性和主动性，切实增强全市应对突发公共事件的预测预警、风险防范、应急处置及善后工作能力。（史志）

【应急值守工作】 2016年，全市着力完善市、乡（镇）值守应急网络，充实值班力量，严格落实24小时值班和领导带班制度，推动值班工作制度化、规范化建设；推进视频会议系统建设，加强值守应急情况督查；加强信息报告工作，贯彻落实省政府提出的"重特大突发事件发生后，15分钟内电话报告,30分钟内书面报告”的要求,进一步规范信息报告流程,强化工作考核,杜绝突发事件信息迟报、漏报、谎报、瞒报现象;推动市应急信息网上报送工作。全年市政府值班室共接报突发公共事件及预警信息80多条,信息及时处置率100%。 (史志)

【应急预案体系建设】 2016年,全市继续加强对部门、乡镇(街道)、园区、企(事)业单位预案编制工作的督促和指导,开展市专项应急预案和简便、实用的预案操作手册编制修订工作,不断提高基层应急预案管理的科学化、规范化水平。是年,全市编制出台应急预案4个,即《2016年高邮市有序用电方案和电力供应应急预案》《高邮市防御洪涝灾害预案(2016年度)》《高邮市城市防御洪涝灾害应急预案(2016年度)》《高邮市食品安全事故应急预案》;13个乡镇(园区)、32个防震减灾联席会议成员单位全部完成地震应急预案的修订。(史志)

【应急演练活动】 2016年,全市继续组织开展跨部门、跨区域的应急演练活动,促进各地、各部门密切配合和协同应对,着力提高应急联动水平。2～11月,在市卫生系统开展突发性公共卫生事件处置演练活动3次;5月12日,在高邮市经济开发区开展地震应急综合外置演练;6月12～14日,在市国防训练基地组织开展抗洪抢险应急训练;8月10日,在康华社区开展应急疏散演练;9月18日,在市人防疏散基地开展区域支援保障演练;11月9日,组织开展2016高邮市住宅小区火灾事故应急处置演练;11月30日,举办“平安高邮湖——2016高邮湖应急搜救实战演习”;12月9日,在扬州市普林斯化工有限公司举办突发环境事件应急演练。 (史志)

【高邮湖应急搜救实战演习】 11月30日,由高邮市政府、扬州市交通运输局、省高宝邵伯湖渔业管委会主办,扬州市地方海事局、省高宝邵伯湖渔政监督支队、高邮市交通局联合承办,以“安全至上、关爱生命,护航江淮生态大走廊”为主题的“平安高邮湖——2016高邮湖应急搜救实战演习”在高邮湖邮天线1号标南300米水域举行。此次应急搜救实战演习,共出动救助船艇27艘,无人机1架,人员近100人;实战演习时长30分钟,共设置6个科目,并取得预期效果。参加此次演习的还有高邮市应急办、市安监局、市人武部、市环保局、市公安局及高邮镇等20个单位和部门。

(杨其标　李在国)

【应急避难场所建设】 2016年,全市注重强化应急避难场所与各类工程项目同步规划、同步建设、同步验收,推动城区及乡镇、园区应急避难场所建设。至年底,全市累计建成市蝶园广场应急避难场所、市海潮市民广场中心应急避难场所、市净土寺广场应急避难场、市城市客厅广场应急避难场所等4个地震应急避难场所,总面积27.8万平方米,可容纳震后避难人员15.4万人。 (史志　赵海峰)

外　事

【概况】 2016年,全市共审核申报因公出国(境)团组22批42人次,其中高邮市组团4批14人次,非高邮市18批28人次,拒批出访团组2批7人次。外国人来华范围涉及澳大利亚、韩国、印度、埃及、尼日利亚、巴基斯坦、孟加拉等多国。全年接待到高邮市开展贸易交流、商务洽谈、友好访问、从事务工等活动的外籍人士近200人次。

(左爱群)

【举办筑梦“一带一路”系列讲座】 2016年,市委、市政府为更好地动员和引导企业积极参与“一带一路”建设,先后邀请相关国家驻上海总领事到高邮,举办筑梦“一带一路”系列讲座2次。

4月19日,举办“筑梦一带一路”系列讲座之一——乌兹别克斯坦经济形势讲座。此次讲座邀请乌兹别克斯坦驻上海总领事阿戈扎姆赫德热耶夫·萨伊达卡摩勒到高邮,就乌兹别克斯坦经济形势、总体投资环境、投资政策、产业投资机会以及签证办理等相关问题作详细介绍;市委常委、常务副市长孙建年和全市工业、招商战线上的负责人以及服装、灯具、电线电缆、储能电池等优势产能行业的企业负责人近200人参加。其间,市委副书记、市长潘学元会见访问团一行。

12月16日,举办“筑梦一带一路”系列讲座之二——中国(高邮)印度商务投资推介会。此次推介会邀请印度驻上海总领事古光明到高邮,就印度5年发展规划、劳动力规模、极其优惠的投资政策等作重点推介;市委常委、常务副市长孙建年及全市优势产能企业负责人100多人参加。其间,市委书记勾凤诚会见古光明一行。 (左爱群)

【意大利政府考察团到高邮访问】 10月21～22日,意大利民主党(执政党)拉斯佩齐亚省主席兼萨尔扎纳市市长阿莱西奥·卡瓦拉率政府考察团到高邮访问。其间,高邮市外侨办主任张龙香和萨尔扎纳市市长助理、市外事办主任卡西尼分别代表高邮市、萨尔扎纳市,签订缔结友好城市意向书。市委常委、常务副市长孙建年会见该代表团一行并见证签约活动。签约仪式后,该考察团还参观江苏欧力特能源科技有限公司。 (左爱群)

资料链接 萨尔扎纳市位于意大利西海岸,毗邻意大利著名的世界文化遗产“五渔村”,城市历史悠久,文化底蕴丰厚,交通发达便利,历史上政治地位和文化地位非同寻常。现是意大利利古里亚大区和托斯卡纳大区交汇处的商业中心和金融中心，有着丰富的旅游资源和农业资源。

（左爱群）

【中国空军指挥学院外国军官团到高邮市访问】 11月2日，中国人民解放军空军指挥学院训练部副部长刘海洋率领在该院学习的亚洲、非洲等国家的军官及中方人员146人组成的军官团，到高邮市参观访问。其间，该军官团一行重点参观菱塘回族乡，在设在该乡的“空军指挥学院教学实践基地”进行主体教学活动，并向菱塘乡回民小学赠送学习、文体用品。市委常委、常务副市长孙建年参加接待。此为该院连续第四年组织外国军官团到高邮市参观访问。（左爱群）

【高邮中学与澳大利亚亚历山德拉学院师生交流互访】 3月23日～4月5日，澳大利亚南格兰平郡亚历山德拉学院师生代表团一行58人（教师7人、学生51人），到高邮中学开展交流访问。8月1～14日，高邮中学师生代表团一行24人（教师5人、学生19人）赴澳大利亚亚历山德拉学院访问学习。此为两校师生代表第17轮次的交流互访。

（左爱群）

【高邮市第一中学与韩国居昌大成高等学校师生交流互访】 7月11～16日，高邮市第一中学师生代表团一行9人（教师4人、学生9人），赴韩国居昌大成高等学校游学访问。12月19～24日，韩国居昌大成高等学校师生代表团一行36人（教师6人、学生30人），到高邮市第一中学开展研修活动。此为两校师生代表第8轮次的教育交流。（左爱群）

【高邮市第二中学师生赴韩国、新加坡游学】 1月28日～2月3日，高邮市第二中学为扩大学校开放度、提高学校国际化水平，推进省级四星级高中创建工作，组织该校高一级部师生296人（教师26人、学生270人），到韩国、新加坡游学。此为该校首次组织师生代表团出国游学。（左爱群）

侨务

【概况】 2016年，市外侨办共接待到高邮市参观考察、经贸洽谈的华侨华人、港澳同胞及海外客商25人次，拜访重要侨商15人次；向海外发送招商资料、贺卡、信函、电子邮件等60多份；走访慰问归侨、侨眷、回乡探亲侨港胞和侨资企业负责人15户（人），接待并妥善处理来信来访10件（次），办理“三侨生”中、高考加分审批各1人。（厉小平）

【“聚侨心、送温暖”扶贫帮困活动】 春节前夕，市外侨办开展“聚侨心、送温暖”扶贫帮困活动，共走访慰问归侨2人、困难侨眷家庭10户，发放慰问品及慰问金计1.3万元。开展结对帮扶工作，全年结对帮扶贫困归侨家庭5户，发放帮扶资金5000元。（厉小平）

【开展“侨界看高邮”活动】 4月20日，市外侨办组织开展第一届“侨界看高邮”活动，全市归侨侨眷代表40多人参加。其间，通过组织归侨侨眷代表参观扬州一洋制药有限公司（外资企业）、江苏传艺科技有限公司（侨资企业）和市城市规划展览馆、抗日战争最后一役纪念馆，让各位代表亲身感受到高邮经济社会的发展硕果，更加坚定建设“强富美高”新高邮的信心。（厉小平）

【高邮市政府驻美国洛杉矶代表处成立】 9月26日，高邮市政府驻美国洛杉矶代表处成立签约仪式在扬州香格里拉大酒店举行。仪式上，聘请美国华商会副会长、美国女企业家商会会长陈丽洁为该代表处首席代表，并由市外侨办主任张龙香代表高邮市政府与其签订协议，双方重点就经贸、人才和技术引进、文化和教育交流等开展合作。市委常委、常务副市长孙建年主持签约仪式。

（厉小平）

【开展“暖侨敬老”活动】 2016年，市外侨办依托社区平台，以老年归侨侨眷中的“空巢家庭”、生活特殊困难的老年归侨侨眷、独自回国长期居留养老的华侨和外籍华人为主要服务对象，组织开展“暖侨敬老”活动，重点提供慰问救助、生活服务、亲情陪伴、医疗义诊等一系列关爱帮扶服务。其间，建立侨界空巢老人电子档案9份，围绕“一对一帮扶”招募志愿者9人，组织开展各类慰问、联欢联谊活动3次，发放慰问金（含慰问品）2000元。

（厉小平）

【高邮中学颁发“丁辅臣升学奖助金”“王汝功奖学金”】 9月17日下午，高邮中学举行奖助学金集中颁奖仪式，其中有2项奖学（助）金由华人华侨捐助，分别是“丁辅臣升学奖助金”和“王汝功奖学金”。此次颁奖，该校分别有学生16人获“丁辅臣升学奖助金”1.6万元、学生15人获“王汝功奖学金”1.5万元。（吕所勇）

【市第一中学颁发“沈母王太夫人奖学助教金”】 11月22日，市第一中学在学校报告厅举行“沈母王太夫人奖学助教金”颁发仪式。仪式上，共向获此奖项的师生46人（教师2人、学生44人），发放奖学助教金0.98万元。此次颁奖为该奖项第25次颁奖。（缪真义）

涉台事务

【概况】 2016年，市台办秉持为台商、台胞、台属服务宗旨，加强涉台事务管理，强化对台经贸、文化交流，推进台资招引工作。全年接待台商7批

13人次、台湾交流团组1批23人次；办理公务、商务团组赴台审批手续6批9人次，走访调研台资企业10多家，协助台商、台胞、台属办理实事6件。全年到高邮市探亲、旅游、开展经贸活动的台胞有180人次；高邮市居民因私或旅游观光赴台人数约1300人次。（王勇）

【调整市对台经济工作协调小组组成人员】 4月19日，市委、市政府根据人事变动和工作需要，调整市对台经济工作协调小组组成人员，由市委副书记张新钢任组长、副市长钱富强任副组长，协调小组下设办公室，由市台办主任万豪海兼任办公室主任。（王勇）

【《台商服务联系卡》发放】 4月，为加强与台商的密切联系，及时掌握台商、台企发展状况，强化涉台矛盾调解，增强服务实效，市台办组织开展《台商服务联系卡》发放工作。其间，市台办组织工作人员以逐家走访的方式，向台资企业发放《台商服务联系卡》50份，实现全覆盖。（王勇）

【新成立社区涉台工作站4家】 2016年，市台办注重发挥社区涉台工作站的作用，在台胞、台属及涉台婚姻相对较多的高邮经济开发区高沙园社区、高邮城南经济新区南苑社区、高邮镇水部楼社区和琵琶社区，新成立社区涉台工作站4家，并借助该工作站平台重点宣传党的对台工作方针、政策和涉台法律法规，开展涉台知识咨询，让更多居民知晓涉台知识。至年底，全市包括高邮镇水部楼社区涉台工作站在内，累计成立社区涉台工作站5家。（王勇）

【新北市里长代表团访问高邮】 7月21日，台湾省新北市汐止区由里长及社区干部组成的代表团一行23人，到高邮开展交流访问。其间，市台办安排该代表团先后赴文游台景区、盂城驿景区、清水潭旅游度假区、高邮经济开发区马棚街道参观考察。考察中，该代表团对高邮的风土人情、市容市貌赞赏有加，认为高邮在城市建设快速发展的同时能够保持良好的生态环境实属难得，值得借鉴。市台办还安排代表团与高邮部分街道、社区负责人进行座谈，重点就提升社区管理水平问题展开交流，促进工作思路与管理经验的相互学习和借鉴。（王勇）

【3家合作社参展“海峡两岸(江苏)名优农产品展销会”】 10月21～23日，为期3天的2016海峡两岸(江苏)名优农产品展销会在镇江市体育会展中心会展馆举行。其间，市供销合作总社组织市兴旺鸭业产销专业合作社、汇金杂粮专业合作社和珠湖生态农产品合作社携带20多种产品参加。展销会上，高邮双黄蛋、咸鸭蛋、扬州菱塘鹅、高邮大米、高邮杂粮等优质特色农产品深受消费者青睐，现场销售额超过1万元。（王勇）

【周吾轩一行访问高邮】 11月16日，台湾省桃园市个人投资理财代理人职业工会理事长、台湾新观念保险代理人股份有限公司董事长周吾轩一行8人到高邮参观访问。江苏省总工会副主席曹海，高邮市委常委、组织部部长王学峰陪同考察。其间，安排周吾轩一行参观盂城驿等名胜古迹。参观中，周吾轩对高邮市深厚的历史人文底蕴深感兴趣，并对高邮市秀美繁华的城市面貌频频称道。（王勇）

政协高邮市委员会

Gaoyou Committee of the People's Political Consultative

导读

重要会议

【市政协第十二届委员会第五次会议】 1月10～12日举行。应到会政协委员280人，实到会政协委员268人。市委、市人大常委会、市政府领导干部以及市人民法院、市人民检察院的主要负责人应邀参加会议，往届市政协负责人，高邮经济开发区、高邮城南经济新区、高邮湖西新区主要负责人，各乡镇党委书记，市各部委办局（公司）主要负责人，省、扬州市政协在高邮的委员，市政协各委办负责人、政协社团负责人以及市政协机关、市委统战部离退休人员应邀列席会议。会议期间，与会人员听取市委书记韩方在开幕式上所作的题为《把握新常态、建设新高邮》讲话，听取并审议市政协主席倪文才所作的《政协高邮市第十二届委员会常务委员会工作报告》、市政协副主席李春青所作的《政协高邮市第十二届委员会常务委员会关于提案工作情况的报告》；列席市第十四届人大第五次会议，听取并讨论代市长潘学元所作的《政府工作报告》和其他有关报告，提出许多积极的意见和建议；举行大会发言。会议通过市政协常务委员会工作报告和提案工作情况报告；同意倪文才因年龄原因辞去市政协主席职务、李春青因年龄原因辞去市政协副主席职务；选举徐永宝为政协高邮市第十二届委员会主席、居晓波为政协高邮市第十二届委员会副主席；通过《中国人民政治协商会议江苏省高邮市第十二届委员会第五次会议决议》；新当选的市政协主席徐永宝作闭幕讲话。

会议收到委员提案204件，经审查立案190件，由市政协提案委员会会后交由市政府及相关单位办理。 （陈岑）

【市政协第十二届常委会议】 2016年，市政协第十二届常委会共召开常委会议6次。

第二十次会议，1月11日举行。会议协商补选市政协主席、副主席人选名单，审议《市政协十二届五次会议选举办法（草案）》，讨论并通过2016年市政协常委会议协商议题、主席会议协商议题和视察专题。市委组织部有关负责人列席会议。

第二十一次会议，1月12日举行。会议听取各组讨论情况及酝酿候选人情况汇报，协商确定候选人名单，通过《市政协十二届五次会议选举办法（草案）》，讨论并通过市政协十二届五次会议选举工作人员名单及《市政协十二届五次会议决议（草案）》。市政府有关分管负责人列席会议。

第二十二次会议，3月29日举行。会议听取市交通局关于《推进现代综合交通体系建设》的情况通报和市政协专题调研组《城乡统筹，推进现代综合交通体系建设》的专题调研报告，并分组进行讨论。会议建议：进一步树立科学理念，确保交通事业发展可持续；进一步完善交通运输规划，确保发展少走弯路；进一步补齐交通短板，强化对经济的支撑作用；进一步拓宽融资渠道，增添交通建设后劲；进一步优化城乡公交，满足城乡居民出行需求；进一步坚持建管并重，加大对公路的监管、养护力度。副市长杨文喜应邀参加会议并讲话。市政协主席徐永宝在会议结束前讲话。市政府办、市交通局、市发改委、市财政局、市国土局、市房管局、市供电公司、市农委、市公安局交巡警大队负责人，市政协各委办负责人及各乡镇政协工作召集人列席会议。

第二十三次会议，6月23日举行。与会人员视察高邮大连理工研究院、扬州日兴生物科技股份有限公司、扬州宏远电子有限公司、南工大高邮健康产业研究院、市产业技术研究院等现场，听取市科技局《聚力打造“3+5”科技平台载体努力催生创新创业新动能》的情况通报和市政协专题调研组《聚焦产业转型、聚力实施“三集”，进一步提升科技载体平台及项目水平》的专题调研报告，并分组进行讨论。会议建议：市政府要科学规划、合理布局，推进科技载体平台及项目建设；加大宣传、完善政策，加快实用型科技人才培养与引进；创新方法、加大投入，形成多元化科技投融资新机制；上下联动、集成支持，营造有利于科技创新和大众创业的发展环境。市委常委、常务副市长孙建年应邀参加会议并讲话。市政协主席徐永宝在会议结束前讲话。市委人才办、市科技局主要负责人，市发改委、市经信委、市财政局、市人社局及高邮镇、高邮经济开发区、高邮城南经济新区、高邮湖西新区、菱塘回族乡分管负责人，市政协各委办负责人，各乡镇政协工作召集人及科技镇长团成员代表列席会议。

第二十四次会议，9月26日举行。会议听取市龙虬庄遗址管委会《关于龙虬庄遗址公园建设情况的通报》、市清水潭旅游度假区管委会《关于清水潭旅游度假区建设发展情况的通报》、市政府办公室《关于提案办理情况的通报》和市政协专题调研组《全力推进龙虬庄遗址公园与清水潭旅游度假区建设》的专题调研报告，并分组进行讨论。关于推进龙虬庄遗址公园与清水潭旅游度假区建设，会议建议：进一步强化协调统筹，以旅游管理的体制创新推动旅游业跨越式发展；进一步强化项目策划，充分发掘旅游资源的旅游价值和市场价值；进一步强化要素保障，加快推进两大项目的建设进度；进一步强化招商引资，吸引各类资本参与两大园区的开发与管理；进一步强化超前促销，整体推介扩大两大景区的知名度和美誉度；进一步强化精品意识，努力构建精品旅游的大格局。关于提案办理工作，会议建议：要进一步加强提案办理的督查工作，明确责任，针对牵头督办的重点提案意见、结果，签字审核，并且通过督办、回头看，推动提案办理的质量和水平再上新台阶，促进服务质量再提高，使委员提案建议得到有效落实。副市长钱富强应邀参加会议。市政协主席徐永宝在会议结束前讲话。市政府办、市发改委、市文广新局、市旅游局、市财政局、市国土局及龙虬镇、高邮经济开发区、市龙虬庄遗址管委会、市清水潭旅游度假区管委会负责人，市政协各委办负责人及各乡镇政协工作召集人列席会议。

第二十五次会议，12月30日举行。会议听取市纪委《关于党风廉政建设工作情况的通报》、市文广新局《关于接受市政协民主评议的工作汇报》、市政协《关于民主评议市文广新局的工作报告》、市政府办公室《关于政府工作报告起草情况的说明》、市委统战部《关于市政协第十三届一次会议委员确定情况的说明》、市政协办公室《关于市政协常委会工作报告、提案工作报告起草情况的说明》、《关于市政协十三届一次会议方案(草案)的说明》和《关于市政协常委会议2017年协商议题的说明》，并进行分组讨论。市委书记勾凤诚应邀参加会议并讲话，副市长钱富强应邀参加会议。市政协主席徐永宝在会议结束前讲话。市政府办、市纪委、市委统战部、市文广新局负责人，市政协各委办负责人及各乡镇政协工作召集人列席会议。
(陈岑)

【市政协第十二届委员会主席会议】 2016年，市政协第十二届委员会共召开主席会议6次。

第二十七次会议，4月19日下午举行。专题协商全市工业企业非核心业务分离工作。与会人员视察高邮市迅达工程机械集团有限公司、江苏弘盛建设工程集团有限公司、扬州市秦邮钢铁有限公司、江苏波司登制衣有限公司等现场，听取市服务业发展局《关于我市工业企业非核心业务分离工作情况的通报》和市政协经科委关于《加快工业企业非核心业务分离步伐，进一步推动经济转型升级》的专题调研报告。会议建议：尽快制定和出台全市工业企业非核心业务分离的工作方案，对重点工业企业实行一企一策，根据工业企业分离非核心业务的实际需求，研究、调整和出台综合性配套政策，为企业提供更好的服务；尽快成立工业企业非核心业务分离工作领导小组，建立部门联席会议制度，定期召开例会，形成常态化的推进机制。副市长赵平应邀参加会议。市政协主席徐永宝在会议结束前讲话。市政府办、市服务业发展局、市经信委、市国税局、市市场监督管理局、市统计局、市科技局负责人及市政协各委办负责人列席会议。

第二十八次会议，5月24日下午举行。专题协商全市教育现代化建设工作。与会人员视察龙虬镇实验小学、高邮外国语学校和市城北初级中学，听取市教育局《关于我市教育现代化建设工作情况的通报》和市政协教卫文史委《关于强基固本谋求新跨越，加快建设教育现代化》的调研报告。会议建议：全社会都要进一步重视支持教育现代化建设；教育优先，进一步加大教育投入力度；优化资源，进一步加快教育布局调整；理直气壮，进一步抓好教学质量的提高，打响高邮教育的品牌；更新理念，进一步提升教育管理水平；进一步改善城区校园环境和校园周边环境。副市长钱富强应邀参加会议。市政协主席徐永宝在会议结束前讲话。市政府办分管负责人，市教育局主要负责人、分管负责人，市编办、市人社局、市财政局、高邮地税局分管负责人及市政协各委办负责人列席会议。

第二十九次会议，7月14日举行。专题协商全市企业破产、重组工作。与会人员观看市人民法院制作的有关专题片，听取市人民法院《关于我市破产案件审判工作情况的通报》和市政协专题调研组关于《更新理念抓破产，做好重整促发展》的调研报告。会议建议：要高度重视，协调配合，助力“僵尸”企业退出市场；要多措并举，加大对企业破产重组的法制宣传力度；要设立破产费用专项资金，保障破产有序推进；要进一步规范管理，重视破产管理人作用的发挥；要完善审判机制，提高审判质效，积极探索企业破产案件简易化审理；要依法维护职工权益，做好职工安置工作。市政协主席徐永宝在会议结束前讲话。市人民法院主要负责人、分管负责人，市经信委、高邮经济开发区分管负责人及市政协各委办负责人列席会议。

第三十次会议，9月13日上午举行。专题协商国家环保模范城市创建工作。与会人员视察枕水湾广场、扬州市华翔有色金属制品有限公司，听取市环保局《关于创建国家环保模范城市工作情况的通报》和市政协人口资源环境委关于《加强部门联动，全力推进“创模”》的调研报告。会议建议：要健全统筹机制，科学整合力量；要细化阶段任务，逐项攻克难关；要加大经费投入，保障创模推进；要加强宣传教育，营造创模氛围；要提升环保能力，夯实创模基础。市委常委、常务副市长孙建年应邀参加会议并讲话。市政协主席徐永宝在会议结束前讲话。市政府办分管负责人，市环保局主要负责人、分管负责人，市经信委、市发改委、市卫计委、市农委、市公安局、市城建局、市城管局、市建管局、市市场监督管理局、市水利局、市财政局、高邮经济开发区、高邮城南经济新区、高邮镇分管负责人及市政协各委办负责人列席会议。

第三十一次会议，11月4日下午举行。专题督查6件重点提案办理工作。与会人员视察扬州汇强工具有限公司、扬州易事特能源科技有限公司、扬州市秦邮特种金属材料有限公司、通湖大桥运动休闲公园等重点提案办理的相关现场，先后听取扬州高邮国家农业科技园管委会《关于一号重点提案办理情况的通报》、高邮经济开发区《关于二号重点提案办理情况的通报》、市城建局《关于三号重点提案办理情况的通报》、高邮经济开发区《关于四号重点提案办理情况的通报》、市环保局《关于五号重点提案办理情况的通报》、市金融办《关于六号重点提案办理情况的通报》和市政协提案委《关于2016年提案工作情况介绍》，协商讨论通过《市政协民主评议市文广新局工作方案》。市政协主席徐永宝在会议结束前讲话。市政协各委办负责人列席会议。

第三十二次会议，11月30日上午举行。专题协商全市农村“三资”管理工作。与会人员视察高邮经济开发区农村集体“三资”管理工作情况，听取市农工办《关于农村“三资”管理工作情况的通报》和市政协调研组关于《强化农村“三资”管理，促进农村经济发展》的调研报告。会议建议：要充实队伍力量，加大培训力度，多渠道引进专业人才；要规范合同文本，实行统一管理，增加公开程度和透明度；要加强财务管理，搞好村务公开；要重视化解村组分田矛盾，合理公正分配农田；要明确镇代管村小组集体资金制度，规范村小组集体资金管理，统一由镇农经部门代管账目和资金。市委常委、副市长、市委统战部部长杨文喜应邀参加会议。市政协主席徐永宝在会议结束前讲话。市政协副主席张贵龙、王薇、张拥军及秘书长林荣岩出席会议，市政府办、市纪委、市民政局、市农工办负责人及市政协各委办负责人列席会议。（陈岑）

重大活动

【政协委员视察活动】 2016年，市政协按界别和视察主题，组织相关政协委员开展专题视察活动8次。

2月25日下午，视察全市农村淘宝建设工作。参加活动人员视察农村淘宝高邮市级运营中心、苏中特色农产品电商体验馆、菜鸟物流基地、农村淘宝村级服务站等现场，听取市农委《关于农村淘宝建设工作情况的通报》，并进行协商讨论。建议：要广泛宣传，让人了解农村淘宝，力求使农村淘宝家喻户晓，做到户户都是销售员，人人都是消费者；要政策扶持，发展壮大农村淘宝，为农村淘宝项目实施营造宽松优越的发展环境；要制定规划，稳步实施农村淘宝；要典型示范，从而实现双向流通、双向共赢；要加强管理，规范运营农村淘宝。

4月21日下午，专题视察全市公益诉讼工作。参加活动人员视察市人民检察院为民服务中心、市人民检察院办案工作区、院史陈列室，听取市人民检察院《关于全市公益诉讼工作情况的汇报》和市政协专题调研组《关于公益诉讼工作的调研报告》，并进行协商讨论。建议：检察机关要积极主动作为，提高法律监督的力度；要提前准备，提前加强对现有行政检察工作人员的培训，提高其调查核实、搜集证据材料、撰写起诉书、参与庭审等提起公益诉讼所必需的能力和水平；要加强对公益诉讼线索的摸排；要提高对公共领域的犯罪预防，加大对专项领域和特定人群的预防，防止违法犯罪行为的发生；要增强群众的公民意识、权利意识，努力维护自身的合法权益。

8月9日下午，专题视察全市国土资源工作。参加活动人员视察市龙虬镇兴北等村的土地整治项目，听取市国土局《关于国土资源工作情况的通报》和市政协人资环委《关于国土资源工作调研情况的汇报》，并进行协商讨论。建议：要加大宣传力度，提高全社会节约集约用地意识；要积极盘活闲置和低效利用的土地，严格处置闲置土地，妥善处置"僵尸企业"；要切实维护群众涉土合法权益，确保补偿公开、透明；要加大土地整治力度，提升乡镇、园区开展土地整治的积极性；进一步加强对国土资源利用的宏观规划，有效开发国土资源，节约集约用地，为全市重大项目建设提供强有力的土地要素保障。会议还就湖西新区规划空间、道路用地指标、设施农用地监督管理、盘活企业闲置土地、高邮镇湖滨老大圩、耕地占补平衡和挂钩项目、涉土信访、基层站所建设等一系列问题提出建议。

8月16日下午，专题视察全市安监工作，并对市政协民主评议安监工作开展回头看。参加活动人员视察高邮经济开发区安监局、江苏华富储能新技术股份有限公司、江苏航天水力设备有限公司等现场，听取市安监局《关于市政协民主评议安监工作落实整改情况的通报》和市政协经科委《关于安监工作调研情况的汇报》，并进行协商讨论。建议：要进一步加大宣传，增强全民安全防范意识，营造人人"关注安全、关爱生命"的良好氛围；要进一步加大隐患排查治理，增强综合监管能力，有效地消除安全隐患，更好地做到防患于未然；要进一步加大投入，夯实安监基层基础，切实提高安全监管工作保障能力；要进一步加大考核，落实好安全生产责任，切实保障人民群众生命和财产安全，促进经济社会稳健发展。

9月23日下午，专题视察全市城建"双十"重点工程建设工作。参加活动人员实地察看高邮城南经济新区中心大道东延工程、市文体中心建设工程、老横泾河滨河体育休闲公园建设工程、北门城墙遗址建设工程、人民公园及周边环境整治工程等现场。听取市"十大办"《关于城建"双十"重点工程情况的汇报》和市政协专题调研组《关于城建"双十"重点工程建设的调研报告》，并进行协商讨论。建议：要进一步强化领导责任，加大工作调度力度；要进一步强化规划引领，依法依规项目建设；要进一步规范操作流程，精益求精抓工程质量；要进一步强化协作意识，加强单位之间的协调配合；要进一步强化超前意识，积极谋划下一年度的城建"双十"工程。

10月20日，专题视察全市财税工作。参加活动人员视察市国地税联合办税服务厅，分别听取市财政局、市国税局和高邮地税局关于财税工作情况的通报和市政协经科委《关于财税工作调研情况的汇报》，并进行协商讨论。建议：全力以赴、知难而进，确保全年财政收入目标任务的完成；加快转型、加大扶持，进一步壮大全市财源经济；高度重视、多方配合，建立以政府为主导的综合治税网络体系；强化管理、厉行节约，努力提高财政资金的使用效率；抓住机遇、积极探索，进一步加快社会诚信体系建设；全面推进、统筹兼顾，进一步加大综合治税信息共享平台建设。

11月15日下午，视察全市民办教育工作。参加活动人员实地视察市蓓蕾幼稚园和市赞化学校新校区，听取市教育局《关于我市民办教育工作情况的通报》和市政协专题调研组《关于民办教育工作调研的情况汇报》，并进行协商讨论。建议：统筹规划，积极鼓励社会力量参与办学；将民办教育纳入经济社会发展规划和教育事业发展规划，统筹民办教育和公办教育的协调发展；营造良好的发展环境，加强对民办学校的领导，要做民办教育发展的关心者、支持者、促进者；继续加大政策扶持力度，加强教师队伍建设，完善民办学校教师待遇保障制度；加强办学规范化管理，推进民办学校开展兼并重组，鼓励民办学校强强联合或强弱联合，做优做强。

12月9日，视察全市残疾人辅助性就业工作。参加活动人员视察市残联在高邮经济开发区九园社区双龙花苑建立的残疾人辅助性就业机构——馨邮残疾人之家。听取市残联《关于开展残疾人辅助性就业工作情况的汇报》和市政协社会与法制委员会《关于残疾人辅助性就业工作调研情况的汇报》，并协商讨论。建议：各职能部门要根据省残联出台的相关政策，适时出台相应的措施，健全政策补贴制度，加大扶持力度，推动残疾人辅助性就业工作顺利进行；要进一步建立健全残疾人托养服务机构运营机制，稳步建立科学合理的规范管理和服务标准，加强队伍建设，提高工作人员专业化水平；要积极培育和孵化助残服务社会组织，大力推行由社会力量筹办残疾人辅助性就业的模式，积极探索智力和精神残疾人辅助性就业发展的新思路。（陈岑）

【委员活动周】 5月4～10日，市政协开展第10个政协委员联系群众"委员活动周"活动。此次活动以"'迈上新台阶，建设新高邮'的实践"为主题，围绕推动全市经济建设、文化建设、民生建设和党的建设迈上新台阶的目标任务，充分发挥委员联系群众的纽带作用，组织和发动广大政协委员深入群众、深入农村、深入基层，认真开展调查研究，广泛征询意见建议，集思广益，建言献策，助推经济社会又好又快发展，为“迈上新台阶，建设新高邮”作出积极贡献。其间，广大政协委员通过走访、座谈、调研等多种形式，累计收集相关意见和建议200多条。市政协办公室从中筛选极具价值的意见和建议42条，并按照经济建设、城建城管、民生和社会事业、新农村建设4个方面，摘编成《社情民意》专刊，供市委、市政府及有关部门决策参考。

（陈岑）

重点提案办理

【6件重点提案办理情况】 3～11月，由市政协主席办公会议确定6件重点提案，在市政协主席、分管副主席和专委会督办下，经扬州高邮国家农业科技园、高邮经济开发区、市城建局、市环保局和市金融办5家主办单位的重点推动和市国土局、卸甲镇、市科技局、市农委、市财政局、市商务局、市城管局、市水利局、市文广新局、市体育局、高邮镇、高邮城南经济新区、市安监局、市经信委、市发改委、市规划局、人行高邮市支行、市建设投资发展集团有限公司、市交通产业投资集团有限公司、市水务产业投资集团有限公司等协办单位的协力推进下，该6件重点提案全部办结。办理情况综述如下：

1.《关于推进扬州国家级农业园核心区规划建设的建议》（周文龙）。市委、市政府成立扬州高邮国家农业科技园领导小组，建立扬州高邮国家农业科技园党工委、管委会，并在管委会下设“一办四局”，具体负责该农业科技园的规划、建设等工作。强化对该农业科技园总体规划的编制，并重点突出编制八桥核心区的详细规划。借鉴苏中有关地区经验，多次召开部门和客商座谈会，进一步谋划该农业科技园发展思路、发展重点等。根据市委、市政府《关于加快扬州高邮国家农业科技园区建设工作的实施意见（试行）》精神，该农业科技园出台贯彻落实该实施意见的具体细则。同时，多方筹措资金，切实加快园区基础设施建设，加大园区项目建设力度。

2.《借力产业资源，提升“三大”园区招商实效》（范建华）。高邮经济开发区围绕龙头企业发展，大力开展补链、延链、强链招商，招引高端制造业项目，打造先进制造业集聚高地。进一步深化与上海市徐泾镇西郊工业园合作，倾力打造“电子产业园”。加大招引电池材料、电池外壳等配套产业以及周边物流服务、质押产业项目，力争建立完整的高性能电池产业链条。充分利用国家的扶持政策，开展新能源汽车整车制造及配套产业招商。推进医药产业做精做优，加大招引生物制药、保健药、药品快检企业及耗材生产等项目，打造生命健康产业集聚区。加大清水潭旅游度假区招商推介力度，重点推进扬州大马戏、温泉酒店以及大运来系列旅游项目。大力开展二次招商，推进规模以上企业产品链延伸、补链招商，对具有优势资源资产的企业重新包装推向市场，引进投资者重组嫁接，推动一批“僵尸企业”实现重生。

3.《关于加快推进城市公园体系建设的建议》（魏道智）。市委、市政府成立以市主要领导为组长的城市公园体系建设领导小组，统筹协调推进城市公园体系建设。注重依据新一轮城市总体规划，修编完善城市公园体系规划，科学配置各类公园绿地。根据扬州市相关工作要求，优先安排城市公园体系建设项目，出台城市公园管理的办法。坚持以城建“双十”工程为抓手，逐年安排城市公园建设项目，对照扬州指标和年度建设任务，将公园体系建设工作纳入各责任主体考核目标体系，切实加快推进城市公园体系建设。

4.《关于大力推进电池工业园升级发展的建议》（陈正荣）。市委、市政府专门成立电池工业园管理领导小组，全力协调和推进电池工业园升级发展。加大资金投入，逐步完善园区基础设施，实现园区道路、供电、供水、天然气管网建设基本到位。高标准执行铅蓄电池项目准入门槛，严格按照要求招引入园项目。监督和指导企业规范建设、规范管理，每月现场督查不少于2次。加强内部管理，规范操作流程，制定岗位责任制，落实职业病防治措施。加强对园区的监督测试和监控，保障环境质量。

5.《关于整治工业废气废水排放，改善生态环境的建议》（叶芸）。市政府及相关职能部门按照“标本兼治、点面结合、控源截污、活水扩容”的综合治理方案，推进重点治污工程项目建设，全面开展水环境综合整治。完成“十二五”淮河流域水污染防治重点工程及三垛西大桥断面达标工程项目。开展重点行业专项整治，坚决关闭和取缔“十小”企业。编制《全市水污染防治工作方案》和《高邮湖生态环境保护规划》，开展高邮湖水质较好湖泊保护。以“治企、管车、限煤、禁燃、抑尘”为重点，推进实施“五气同治”联防联控工作，并取得一定成效。

6.《关于创新投融资体系建设的建议》（林学斌）。市政府及其相关部门注重充分利用地方政府债券、企业债券、公司债券、资产证券化融资、融资租赁、金融租赁等方式进行融资,推进政府和社会资本合作,并继续争取银行机构的信贷支持,以此进一步拓宽融资渠道。推进融资平台公司实体化运作,健全“协调运转、有效制衡、决策高效”的公司治理结构,建立重大投融资决策终身追究制度,使融资监督管理工作常态化。不断完善全市金融中介服务体系,鼓励实力强大的民间资本参与设立融资性担保公司,为各类企业提供更为贴心、便捷和有效的融资服务。 (陈岑)

重要工作

【民主评议工作】 11～12月,市政协根据年度工作安排,对市文广新局组织开展民主评议工作,以促进该局进一步凝心聚力,改进作风,全面提升工作实效。其间,市政协成立民主评议工作领导小组,制定工作方案,并本着“肯定成绩、指出不足、提出建议、促进工作”的指导思想,通过召开相关动员会、座谈会,开展走访调查,发放调查问卷等形式,对市文广新局近年来工作情况进行调查了解,同时广泛征集有关方面的意见和建议。12月30日,在市政协十二届第二十五次常委会议上,安排听取市政协民主评议工作调研组的《评议报告》、市文广新局接受市政协民主评议的工作报告和市政协民主评议市文广新局的工作报告,组织开展填表测评,测评的满意与基本满意率为98%(满意率96%、基本满意率2%)。 (陈岑)

【提案办理工作】 市政协十二届五次全会前后,市政协提案委共收到市政协委员的提案204件,经审查立案190件。经各部门、乡镇(园区)的共同努力,至12月底,所有提案全部办结。从办理情况看,提案所提已经解决或基本解决的125件,占65.9%;列入计划逐步解决的54件,占28.4%;因种种原因暂时难以解决的11件,占5.7%。从征询提案人意见情况看,委员对提案办理方案、态度满意的约占95%,基本满意的占5%;对提案办理效率、效果满意的占91%,基本满意的占9%。 (陈岑)

【市政协委员活动小组组长暨乡镇政协工作召集人座谈会】 9月22日举行。召开此次座谈会,旨在对相关人员开展一次有关政协工作和政协知识的集中培训,努力提升与会人员的履职能力和参政议政能力。市政协领导徐永宝、张贵龙、居晓波,市政协秘书长、办公室主任林荣岩,市政协委员活动小组组长及各乡镇政协工作召集人参加。座谈会上,市政协副主席张贵龙讲解政协的地位和作用;市政协提案委主任沈晓明讲解撰写提案的注意事项;市政协秘书长、办公室主任林荣岩介绍政协经常性工作。座谈会还听取与会人员对推进政协工作的意见和建议等。 (陈岑)

【“委员企业沙龙”座谈会】 8月24日下午,为庆祝高邮政协成立60周年,市政协首次举办以“创新金融服务,促进企业发展”为主题的“委员企业沙龙”座谈会。市领导徐永宝、孙建年、王薇、居晓波及部分市政协委员参加。会上,邀请中投证券负责人讲解证券市场基本知识;参会的部分委员代表围绕主题,谈情况、说诉求、提建议;市各有关部门和银行负责人积极回应,为委员企业释疑解惑、支招解难;有关市领导提要求、作指示。与会政协委员表示,市政协举办这次活动主题鲜明,针对性强,他们将全面消化吸收学到的知识,采纳各方所提的建议,接纳相关的政策扶持,努力把企业发展的更好,为地方经济社会发展作出应有的贡献。 (陈岑)

【高邮政协成立60周年纪念大会暨文艺演出活动】 10月13日下午举行。扬州市政协副主席杨明荣;高邮市委书记勾凤诚、市长潘学元、市人大常委会主任张秋红、市政协主席徐永宝、市委副书记张新钢;往届市政协主席、副主席,部分政协委员;市人民法院、市人民检察院负责人;市政协十二届全体委员,在高邮的省、扬州市政协委员等出席大会并观看文艺演出。

会上,勾凤诚作致辞。他要求,要政治坚定,在涉及中国特色社会主义道路、理论、制度等重大原则问题上,必须立场坚定、态度坚决;要找准定位、履职尽责、求真务实。徐永宝在回顾总结60年来高邮政协的辉煌历史后,就做好下一步政协工作提出具体要求。大会结束后,与会人员还一同观看由高邮政协人自编、自导、自演的文艺演出《共铸辉煌》。 (陈岑)

法治·国防

Rule of Law·National Defense

导读

政法工作

【概况】 2016年,全市政法工作坚持以法治为引领,坚守维稳第一责任,扎实推进平安高邮建设、法治高邮建设和干部队伍建设,各项工作取得新的成效。是年,高邮市创成“全省法治建设示范市”“全省社会治安安全市”;经省年底测评,全市公众安全感为94.5%、法治建设满意度为96%、政法队伍满意度为90.3%,均位于扬州各县(市、区)前列。 (詹明)

【市平安志愿者队伍建设】 7月,市综治办联合市文明办、市公安局出台《关于加强平安志愿者队伍建设的实施意见》,健全完善市平安志愿者招募、培训、管理、激励机制,推动平安志愿者队伍建设规范有序发展。8月3日,市综治委举行市平安志愿者协会挂牌暨平安志愿服务启动仪式,各乡镇、有关部门及红星、阳光等5家城区注册志愿者协会代表参加活动。至年底,全市累计注册平安志愿者2.4万多人,成立志愿者分会13个,开展平安志愿服务活动12次。 (詹明)

【市综治信息系统实战化应用】 2016年,市委、市政府及其职能部门将市综治信息系统平台建设作为建设平安中国示范区、打造升级版平安高邮的攻坚项目予以推进,努力提升平安高邮建设的现代化水平。市综治办在全面开通村级终端帐户、丰富完善信息数据基础上,协同各乡镇、部门依托三级平台,开展矛盾纠纷和事件流转、实有人口和特殊人群服务管理、信息数据分析研判工作,不断提升综治信息系统实战化应用水平。至年底,全市借助该系统累计收集各类事件信息2318条,办结2093条,办结率90.2%,形成以信息系统为支撑、三级平台为载体、社区网格化为保障的基层社会治理工作新格局。 (詹明)

【夜间治安巡防工作常态化开展】 7～12月,市委政法委、市综治办针对全市基层夜间治安巡防率较低这一突出问题,积极从人力、物力和机制等方面入手,着力推进全市基层治安巡防工作常态化开展。遴选人员800多人,组建起覆盖城乡的专职巡防队伍;强化投入,为全市所有专职巡防队员统一配备巡防服识,资助乡镇(园区)购置巡防电动车190辆;建立市政法委全体负责人夜间赴基层一线挂联督查巡防工作机制,切实推进全市基层夜间巡防工作实现常态化。 (詹明)

【乡局级领导班子和党政正职领导干部法治建设绩效考核机制建立】 6月,市委政法委提请市委出台《关于加强乡局级领导班子和党政正职领导干部法治建设绩效考核的实施意见》。该意见明确从法治建设组织领导、依法执政、规范执法(司法)和办事行为、法治宣传教育、社会治理法治化、公众评价六个方面对领导干部进行法治考核,并将考核结果与领导班子评先评优和党政正职领导干部表彰奖励、晋职晋级、提拔使用相挂钩。至年底,全市建立乡局级正职干部个人法治档案129人,覆盖率100%。是年,该项工作做法被省依法治省领导小组办公室在全省予以推介。 (詹明)

【蝶园市民法治文化广场提档建设】 6月,市依法治市领导小组办公室联合相关部门,争取市财政支持资金200万元,对市蝶园市民法治文化广场予以提档升级建设,打造地标性法治阵地。该广场位于蝶园市民广场内,占地4万平方米,所采用的法治文化造型设计将法治元素与邮城独具特色的邮文化、水文化融于一体,采用滚动式宣传栏、LED显示屏和法治文化雕塑等形式宣传法律法规,使

群众在潜移默化中培育法治精神和法治信仰。（詹明）

【"法治宣讲走基层"活动】 5月，市法学会组建"普法志愿者服务队"，赴全市各乡镇(园区)、社区和有关行业分批开展"法学会法治宣讲走基层"活动。其间，宣讲团分别围绕反邪教、禁毒防毒、预防基层职务犯罪等主题开展专题宣讲，并印发宣传资料300多份，以此不断强化基层干部群众学法、用法和守法的意识，在全市营造浓烈的普法氛围和良好的法治环境。（詹明）

【全市政法系统"学身边典型 做政法先锋"先进事迹报告会】 8月3日，市委政法委举办"学身边典型 做政法先锋"先进事迹报告会，旨在着力打造廉洁过硬的政法队伍，全力维护社会和谐稳定，全面加快推进"强富美高"新高邮建设。市领导勾凤诚、徐健、薛晓寒、高长明、居晓波及政法系统干部、职工等180多人参加。报告会上，播放"忠诚与担当——高邮市政法队伍建设纪实"电视专题片，集中宣讲高邮政法系统涌现出的全国模范司法所所长、全国政法英模榜入选者——高邮镇司法所所长陈士坡，全国法院系统办案标兵——三垛镇法庭副庭长吴磊，全省先进工作者、省人民满意政法干警——菱塘回族乡派出所所长刘玉山，恢复重建38年无干警违法违纪被查处——市人民检察院等一批先进个人和集体的典型事迹，全面展示新时期全市政法干警"可亲、可敬、可爱、可信"的形象。（詹明）

公　安

【概况】 2016年，全市公安机关以推进平安高邮建设为主题，以深化改革为主线，以推进"四项建设"和完善立体化、现代化社会治安防控体系为重点，扎实推进各项工作开展，为"强富美高"新高邮建设营造安全稳定的社会环境、公平正义的法治环境和优质高效的服务环境。全年共发生刑事案件2614起，下降4.7%；当年破获762起，破获率29.2%。其中发生"八类"案件33起，破获30起，破获率90.1%。全年共受理治安案件3915起，查处3915起；发生各类上报交通事故51起，死亡43人，分别下降27.1%和6.5%；发生火灾事故197起，下降20.9%；未发生群死群伤的重特大事故。全年出国出境人数1.91万人，其中出国1.17万人、出境0.74万人，入境38人。（倪青青）

【打击侵财性犯罪】 2016年，市公安局以"保稳定、控发案、提绩效"为主线，坚持盯串案、打现行、攻难案、破积案，有的放矢地组织开展各类打击专项行动，全力打击群众反映强烈的"盗抢骗"多发性侵财犯罪，并取得明显成效。全年共破获侵财案件505起，破案率22.8%，位居扬州各县(市、区)前列。是年，市公安局被表彰为全省公安机关打击侵财犯罪质效提升年活动成绩突出集体。（倪青青）

【防范和打击网络电信诈骗犯罪工作】 6月20日～9月20日，市公安局根据上级部署，组织开展防范和打击网络电信诈骗犯罪工作。会同市综治办牵头召开全市防范打击电信网络诈骗犯罪工作会议，全面部署开展遏制压降电信网络诈骗案件防范宣传专项行动；采取"四个挂钩"(与乡镇年度平安综治考核、社区民警积分考核、派出所控案绩效、业务大队与派出所捆绑考核挂钩)等措施，强势推进防范宣传、压案控案工作，并广泛张贴、发放宣传资料20万余份；成立由市政府办、市综治办、市金融办、市公安局等部门组成的联合督查组，深入乡镇村组、商业网点、学校小区等重点部位开展实地检查，层层压实责任，推动防范措施真正落实到位。至年底，全市侦破公安部及省公安厅挂牌督办的系列"手机木马病毒"、美团诈骗案等电信诈骗案件51起。是年，全市电信网络诈骗案件发案数比上年下降9.5%。（倪青青）

【打击娱乐服务场所黄赌娼违法犯罪"百日行动"】 1～4月，市公安局根据上级部署，精心组织开展打击娱乐服务场所黄赌娼违法犯罪"百日行动"行动，有效净化全市的社会环境。其间，全市共出动警力2015人次，检查相关场所298家，其中查出有问题场所15家；查处治安案件33起，治安处罚65人；刑事立案8起，其中公安部挂牌督办案件1起，刑事拘留6人。（倪青青）

【打击毒品犯罪】 2016年，市公安局通过坚决打击源头、积极作为、主动出击的方式，严厉打击涉毒违法犯罪。全年共破获毒品案件84起，其中包含"1·26""3·13""11·28"省级毒品目标案件3起("11·28"案件为扬州史上最大贩毒案，切断贩毒通道10多条，缴获冰毒2.64千克)，抓获涉毒犯罪嫌疑人65人，查处吸毒人员269人。是年，高邮市禁毒绩效位列扬州各县(市、区)第二名，全市社区戒毒(康复)工作位列扬州各县(市、区)第一名；市公安局被表彰为全国社区戒毒(康复)工作示范单位，市公安局禁毒大队被江苏省公安厅记"集体二等功"。（倪青青）

【打黑除恶专项行动】 1～9月，市公安局针对全市特别是湖西地区涉及借贷、逼债等经济纠纷警情多发的实际，加强涉黑涉恶警情的动态研判和各类线索的搜集汇总，坚持打早打小、露头就打原则，专题部署开展打黑除恶专项行动，严厉打击犯罪分子的嚣张气焰，有力维护全市社会治安稳定大局。其间，先后摧毁涉嫌暴力讨债、寻衅滋事、非法拘禁、敲诈勒索的黑恶势力团伙5个，抓获团伙成员126人，破获各类刑事案件93起。

（倪青青）

【执法规范化建设】 2016年，市公安局按照执法规范化要求，深入推进“两项改革”（受立案制度和刑事案件统一审核、统一出口机制改革），全面启动局案管中心和派出所案管室建设，通过每日“四查”（接处警检查、办案区巡查、涉案财物核查、案件卷宗审查），实现对基层所队受案监督、立案审查、流程登记、卷宗保管等执法环节的全过程、实时化监督，有效解决执法办案中存在的突出问题，促进执法水平不断提升。是年，该执法规范化建设工作受到公安部及省公安厅等相关领导的认可，并引起省内外同行的关注，福建省、辽宁省、山东省、陕西省及省内兄弟县（市、区）同行先后组织近40批次人员到高邮市学习交流。 （倪青青）

【警营“最美”典型选树活动】 2016年，市公安局按照身边有典型、岗位有标兵的思路，以评选各级“最美家庭”“最美警嫂”“最美警察”“最美辅警”为契机，在不同警种、不同岗位分别开展“最美”典型选树活动。是年，菱塘回族乡派出所所长刘玉山获“江苏最美警察”提名奖，珠湖派出所所长沈后芳妻子孙咏梅被评为“江苏最美警嫂”，市公安局督察大队教导员戚华春家庭获选“江苏最美家庭”，市公安局巡特警大队民警陶明智入选第四届“江苏最美警察”评选，市公安局交警大队辅警翁连兵、王选松分别获评“扬州最美辅警”及“扬州最美辅警”提名奖。

（倪青青）

【速破“1·22”持枪抢劫金店案】 1月22日晚6时许，市区周大生金店发生持枪抢劫案，案值100多万元。接报后，市公安局快速反应，迅速出击，仅用2分钟就将抢劫得逞并欲逃跑的犯罪嫌疑人蒋某军（男，40岁，高邮市人）当场抓获，并缴获仿真枪1支、匕首1把及金器147件。经审查，该犯罪嫌疑人对当晚窜至市区周大生金店内，采用言语胁迫、恐吓的手段，持枪抢劫金器的犯罪事实供认不讳。

（倪青青）

【破获“手机木马病毒盗刷银行卡”电信诈骗案】 2月24日，高邮市民陈某通过手机收到其私家车辆的交通违章信息，待其点击信息链接后，发现个人银行卡被取现或刷卡消费的信息，共有3.2万元不翼而飞。市公安局接报后，迅速展开案件侦查工作，并初步串并同类型案件30多起，涉案价值100万元。经市公安局专案组对银行卡的资金流向及涉案手机号、QQ号的侦控分析，发现该案牵涉到江苏省、河南省、广西壮族自治区等多个地区。鉴于该案案情重大，牵涉区域范围广，条块合作的难度高等因素，该案在7月5日被公安部列为挂牌督办案件。8～10月，市公安局按照上级部署，先后赴相关地区抓获犯罪嫌疑人14人，进而带动各相关省、市破获“手机木马病毒盗刷银行卡”电信诈骗案件400多起，涉案价值400多万元。 （倪青青）

【速破系列持刀拦路抢劫案件】 7月22日晚9时40分，市海潮东路发生一起持刀拦路抢劫案件，受害人被劫现金、手机等物，案值7000元。接报后，市公安局立即调集警力，连夜展开侦查工作，于7月25日上午锁定犯罪嫌疑人，并于当日下午6时许在邳州市抓获该犯罪嫌疑人刘某国（男，33岁，山东省蒙阴县人）。经审查，该犯罪嫌疑人交待其于7月22日晚，驾驶摩托车窜至高邮市海潮东路市法院新办公楼附近实施持刀拦路抢劫案1起，并查明其分别于7月20日、21日在江都区抢劫作案2起的犯罪事实。

（倪青青）

【速破系列跨省流窜飞车抢夺案】 8月2～3日，市菱塘回族乡境内接连发生两起飞车抢夺案件。接报后，市公安局主要负责人和分管负责人立即组织刑警、技侦、巡特警大队及辖区派出所警力开展视频研判、案件串并、设卡堵控等工作。经研判，串并安徽省天长市及江苏省金湖县、仪征市等三地近期发生的6起飞车抢夺案件系同一伙犯罪嫌疑人所为。8月5日凌晨，在相关县市警方的协助下，市公安局在天长市抓获犯罪嫌疑人胡某记（男，29岁，河南省淮阳县人，系抢夺前科人员）、王某（男，36岁，安徽省滁州市人）。经审查，两名犯罪嫌疑人交代，自8月2日起，先后驾驶跨骑式摩托车流窜至天长市、金湖县、仪征市、高邮市等地，通过尾随行人，伺机实施抢夺金器案件8起，涉案价值3万多元。

（倪青青）

【破获“美团点评网被诈骗案”】 8月11日，市公安局接到北京三快在线科技有限公司（简称美团）安全监察部报案称：高邮市有人与美团点评用户串通恶意骗取该公司结算款。接报后，市公安局高度重视，立即抽调刑侦、网安、技侦等部门精干警力成立专案组，通过循线追踪抓获犯罪嫌疑人周某（男，22岁，高邮市人）。鉴于案情重大，该案于12月8日被省公安厅列为挂牌督办案件。与此同时，市公安局专案组经过深入研判，以周某为突破口，强化审讯深挖，围绕线索进行串并研判、循线追踪，先后辗转北京、浙江、广东、江西、山西、福建及江苏等14个省30个地区展开抓捕，累计抓获涉案商家、中间商、出资人、刷单人、美团点评内部员工等犯罪嫌疑人45人，追回涉案赃款100多万元。

（倪青青）

【速破一起放火杀人案】 9月13日21时30分许，菱塘回族乡通山路旁一民宅发生火灾。接报后，市公安局迅速指令市消防大队、菱塘回族乡派出所派员赶赴现场开展灭火求援工作,并在火灾现场发现房主黄某某(男,71岁)死在厨房内。同时,市公安局主要负责人及分管负责人在第一时间组织刑侦人员赶赴现场开展勘查调查。经细致侦查,发现同村的智障女子盛某凤(女,27岁)有重大作案嫌疑。经审讯,该犯罪嫌疑人交待,当日下午因琐事与黄某某发生冲突并跌倒,遂怀恨在心,于当晚21时许用黄某某家门口的垃圾及黄豆秸秆引燃其房屋,致使在家睡觉的黄某某窒息死亡。

(倪青青)

表52 **2016年高邮市外地流入人口情况一览表** 单位:人

项目	合计	性别		暂住时间				来自地区				居住处所						
		男	女	半年以下	半年至一年	一年至五年	五年以上	省内		省外		租赁房屋	单位内部	工地现场	旅店	居民家中	自购房屋	其他
								乡村	城镇	乡村	城镇							
合计	19205	12236	6969	4130	2530	12217	328	5401	3201	7208	3395	262	7935	1813	438	3907	—	4850
务工	7935	5056	2879	2145	1826	3771	193	2221	1349	2936	1429	79	3253	714	158	1580	—	2151
录(聘)用	—	—	—	—	—	—	—	—	—	—	—	—	—	—	—	—	—	—
经商	1813	1142	671	28	101	1669	15	508	308	671	326	18	743	163	36	360	—	493
务农	3896	2501	1395	780	388	2712	16	1091	662	1442	701	39	1597	351	78	778	—	1053
服务	806	541	265	402	81	320	3	226	137	298	145	8	330	73	16	159	—	220
就读	1104	696	408	—	—	1104	—	309	188	408	199	11	453	99	22	221	—	298
随迁学龄前子女	—	—	—	—	—	—	—	—	—	—	—	—	—	—	—	—	—	—
治病疗养	—	—	—	—	—	—	—	—	—	—	—	—	—	—	—	—	—	—
投靠亲属	—	—	—	—	—	—	—	—	—	—	—	—	—	—	—	—	—	—
探亲访友	151	95	56	151	—	—	—	42	26	56	27	2	62	13	4	30	—	40
其他	3500	2205	1295	624	134	2641	101	1004	531	1397	568	105	1497	400	124	779	—	595

(倪青青)

【道路交通治安管理】 2016年,市公安局交警大队围绕“安全、规范、服务、发展”工作重心,务实创新,开拓进取,各项工作取得明显成效,促使全市道路交通治安管理形势保持总体安全稳定。全年全市机动车减少1354辆,其中汽车新增1.92万辆、小马力摩托车减少1.4万辆;净增机动车驾驶人1472人,其中汽车驾驶人增加1495人、小马力车辆驾驶人减少1754人。至年底,全市累计拥有机动车11.64万辆(其中汽车7.54万辆),驾驶人15.34万人(其中汽车驾驶人12.70万人)。全年发生上报事故51起,死亡43人,伤18人,分别下降27.1%、6.5%、55%,直接经济损失4.82亿元,下降99%。是年,市公安局交警大队被省文明委评为江苏省文明单位,被扬州市公安局记集体三等功一次;该大队事故处理综合服务中心被省司法厅表彰为江苏省人民调解委员会规范化建设示范点;该大队车管所被扬州市公安局表彰为全市公安机关窗口单位作风建设“红旗单位”;该大队王钢等17人分别受到扬州市公安局等上级单位的表彰。 (刘晓琳)

【交通执法规范化建设】 2016年,市公安局交警大队继续推进交通执法规范化建设。加大投入,不断完善交警案件管理、执法办案、涉案财物管理“三个中心(室)”建设;全面实行执勤执法记录仪使用制度,加强对接处警全过程的监督;注重强化执法培训,严格受案、立案审查制度,出台相关文件,着力提升执法规范化水平。全年累计查处各类交通违法行为46.2万起,接交通事故类警情1.65万起,其中立案受理7533起;受理交通管理类一般程序行政案件529起,刑事案件204件,行政案件4113件;未发生行政复议、诉讼败诉案例。 (刘晓琳)

【交通事故立体化防控】 2016年,市公安局交警大队继续推进交通事故立体化防控工作。强化与市交通、农机、城建等部门的无缝对接,统筹做好重点车辆源头监管、交通秩序管理、安全隐患整治等重点工作;加强干线公路科技投入,累计建成“平安走廊”150千米(当年建成25千米),提高路面科技防控水平;改进路面执法方式,依托勤务指挥室构建起“空中与地面、现场与后台”想结合的体系,全面实行民警责任区工作制度;立足农村道路交通管理现状,推进全市176个行政村“两站”和“两员”(即乡镇交通安全管理站和专职交通管理员、村级交通安全劝导站和交通安全劝导员)建

设，促进交通事故防控水平的稳定提升。（刘晓琳）

【事故处理综合服务中心建设】 2016年，市公安局交警大队继续完善市事故处理综合服务中心建设，并在其内部新建快速理赔业务大厅，增设人伤调解工作室，完善轻微交通事故短信告知、引导快速处理服务，促使城区轻微交通事故处理效率大幅提升，全年以免于处罚方式受理各类轻微违法案件7万多起。是年，该大队创新实行的轻微交通违法查处方式和执法服务告知举措，受到扬州市、高邮市两级党委、政府领导的批示肯定，并由扬州市委办公室将《关于当前高邮道路交通安全工作情况报告》全文转发扬州各县（市、区）学习借鉴。（刘晓琳）

【市区交通秩序管理】 2016年，市公安局交警大队围绕全市“四城同创”工作中心，继续加强与市安监局、市交通局等部门的联管联动、紧密协作，投入200万元推进完善城区交通安全设施，参与秦邮路等道路的建设、规划、改造工作，加大对城市乱点、堵点以及交通违法行为的整治力度，改善城区车辆拥堵、停车难问题，有效提升市区道路交通安全综合治理水平。（刘晓琳）

检　察

【概况】 2016年，市检察院围绕“社会满意、系统一流”工作要求，以创建“全市先进基层检察院”为目标，认真履行职能，推动各项工作取得新进展。是年，该院关于队伍管理的做法，在“深入推进法治江苏建设暨政法队伍建设工作会议”上作书面交流；连续13年获“江苏省文明单位”称号；连续39年保持无干警违法违纪记录。（陈宏明）

【打击刑事犯罪】 2016年，市检察院加强与市公安、法院等部门的配合，依法严厉打击危害公共安全、严重暴力、破坏生态环境资源等犯罪，增强对违法犯罪分子的震慑力。全年依法提起公诉案件621件853人，批准逮捕案件208件259人。是年，该院办理最高检、公安部挂牌督办重大刑事案件5件，其中办理的“大江化工污染环境、单位行贿案”“刘炳君等人涉嫌走私武器和制贩枪弹案”，受到多家媒体关注，引发较大的社会反响。（陈宏明）

【职务犯罪查办与预防】 2016年，市检察院坚持有案必查、有贪必肃，依法查办一批具有较大社会影响的职务犯罪案件，推动全市反腐败斗争的深入开展。全年查处职务犯罪案件21件23人，其中贪污贿赂案件17件18人、渎职侵权案件4件5人，涉及副科级以上干部2人，共挽回经济损失5000多万元。其间，围绕省检察院就医疗、“新网工程”两个领域所统一部署开展的专项行动，共立案查处贪污贿赂案件17件18人、渎职侵权案件4件5人，涉及副科级以上干部2人，其中查出的市农委原现金会计柏玲涉嫌贪污案涉案金额超1000万元、市医疗系统“4·11”系列贿赂大案涉案金额超3000万元，分别为全市历史上查办贪污、贿赂案件的最高案值。同时，坚持惩防并举，注重从源头上预防和遏制腐败。深化医疗系统案件办理效应，组织多部门深刻分析行业“潜规则”，探究案发根源，撰写调查报告，就更高层次预防医疗系统腐败和解决群众反映强烈的“看病难”问题，供各级党委、政府作决策参考；适时举办与涉案部门相关联的职务犯罪案例现场剖析会，以身边事教育身边人；围绕案发部门内控失控实际，推动建立一批相关规章制度。（陈宏明）

【未成年人保护工作】 2016年，市检察院继续加强未成年人保护工作。成立未检关护站，组建社会化和专业化相结合的关护队伍，为不同案件的未成年被害人制定个性帮教方案；开展检察信箱进校园工作，全年在有关学校设置信箱5个，搜集各类涉案线索20个，推动查办相关案件4件（含强奸案件1件）；突出庭审观摩、法治电影等重点内容，免费为全市中小学生定制一套法治课间餐，得到广大师生的欢迎，受到《法制日报》的关注。同时，注重通过新媒体推进以案释法工作，用生动活泼的语言，与广大群众开展良性互动，提升未成年人保护工作的成效。是年，该院以案释法的工作做法，位列全省各县（市）基层检察机关排行榜前5名。（陈宏明）

【诉讼活动监督】 2016年，市检察院坚持以促进司法公正为己任，依法监督法律实施，努力让人民群众在每一个司法案件中都感受到公平正义。在刑事诉讼监督领域，全年以事实不清、证据不足决定不批准逮捕案件38件66人、不起诉案件22件43人，依法提起抗诉刑事案件（一审）1件，纠正侦查违法行为案件10件（次），排除非法证据案件2件（次）。在民事行政审判监督领域，全年依法发出督促行政机关履行职责建议书11份，帮助11名下岗老年职工追回欠薪17万元。在刑罚执行和监管活动监督领域，全年建议办案部门为在押人员变更强制措施26人，其中收监执行8人、监外执行18人。（陈宏明）

【服务中心工作】 2016年，市检察院牢固树立大局意识，全力做好各项服务中心工作。注重服务非公有制经济发展，在刑事案件办理过程中，除涉及企业的案件优先办理之外，还探索“先民后刑”工作机制，全年累计帮助相关企业挽回财产损失800万元。扎实开展挂钩联系服务点工作，选派优秀检察人员担任企业法治指导员，定期开展互动，全年累计帮助企业解决涉法涉诉问题50个。推动"互联网+检察"服务模式，全年累计提供行贿档案查询服务7961次，涉及相关企业7901家、职工1.51万人，查询量位居扬州市基层检察机关前列。推进涉法涉诉信访机制改革，创新发展"劳模工作室"和"劳模接待窗口"工作机制，妥善办理群众控告申诉案件178件(次)，引导群众依法依程序正确行使举报权利。加强刑事被害人司法救助工作，向4名因受刑事犯罪影响而陷入生活困境的被害人或家属提供救济，发放救济金8万元，努力体现司法温暖，推动社会和谐稳定。 (陈宏明)

审 判

【概况】 2016年，市法院围绕"让人民群众在每一个司法案件中都能感受到公平正义"目标，把握"司法为民公正司法"工作主线，忠实履行宪法和法律赋予的职责，各项工作取得新进展。全年受理各类案件1.17万件(含上年旧存1530件)，审执结1.07万件，涉诉标的额18.8亿元，分别增长9.3%、7.5%、-45.7%。 (周曙)

【刑事审判】 2016年，市人民法院共受理刑事案件669件913人，审结652件855人。依法严惩严重刑事犯罪，审结抢劫、贩卖毒品等案件50件52人；贯彻宽严相济刑事政策，坚持实事求是、区别对待，依法对354人适用缓刑，免于刑事处罚7人；依法惩治多发性侵财犯罪，审结盗窃案件192件240人；依法惩治危害人民群众人身安全犯罪，审结危险驾驶案件103件103人；依法惩治职务犯罪，审结贪污、贿赂案件12件15人。加大未成年人司法保护力度，为11名未成年犯封存犯罪记录，到学校举办公开开庭及讲座活动14场次，受教育学生5000余人。 (周曙)

【民事审判】 2016年，市人民法院共受理各类民事案件7957件，审结7356件。加强对涉诉民生利益的司法保护，共审结医疗损害纠纷8件、物业服务纠纷662件、交通事故纠纷1029件；妥善处置因房地产市场波动引发的纠纷，共审结房屋买卖租赁和工程施工纠纷103件；应对借贷纠纷增长态势，共审结民间借贷纠纷1833件；依法保护妇女儿童、老年人和农民工的合法权益，共审结婚姻案件1005件，审结赡养、扶养、抚育纠纷案件53件。注重发挥调解作用，民事案件调解撤诉率70.5%。 (周曙)

【商事审判】 2016年，市人民法院共受理商事案件1149件，审结1011件。为市场主体提供指引，维护公平竞争的市场环境，审结买卖、承揽等合同纠纷922件；运用司法手段帮助困难企业，引导和推动扬州市华龙塑业有限公司等企业实施重整，依法协助扬州万华置业有限公司与其他企业达成破产和解协议，推动其正常经营、恢复生机。 (周曙)

【行政审判】 2016年，市人民法院共受理行政诉讼案件158件，审结148件，非诉行政审查和执行案件61件，审执结61件。保障当事人起诉权利，强化对被诉行政行为的合法性审查，行政诉讼案件收、结案数同比倍增，以撤销方式判决行政机关败诉26件。 (周曙)

【知识产权审判】 2016年，市人民法院共受理知识产权案件97件，审结95件，其中涉及商标权和著作权侵权纠纷案件55件、注册商标犯罪案件15件、其他案件25件。加强特色产业知识产权司法保护，对通过电子商务平台销售假冒伪劣商品案件中侵权人作出有罪判决，维护江苏华富能源有限公司、江苏波司登制衣有限公司等重点企业的合法权益。 (周曙)

【执行工作】 2016年，市人民法院共受理执行案件2835件，执结2468件，执行到位金额9.1亿元。开展涉党政机关执行积案和涉民生执行积案清理活动，加大对恶意逃避债务履行行为的制裁力度，新增录入"黑名单"(全国失信被执行人名单库)1060人、企业255家，并通过适当方式向社会公开曝光。推进执行指挥中心建设，设立"执行110"举报电话，实行24小时接听当事人申报执行线索、接受上级法院执行指挥中心命令，快速处置执行程序中的突发事件。强化网上司法拍卖，所有拍卖均通过淘宝网进行，以"零佣金"方式拍卖变卖被执行财产5978万元。 (周曙)

【司法创新】 2016年，市人民法院强化司法创新工作，不断提升司法公信。试点推进审判权运行机制改革，新审判团队运行管理机制日趋成熟；探索非核心审判业务剥离机制，把送达、保全等非核心业务剥离出来，让主审法官集中精力专司庭审、裁判等核心司法业务，努力提升工作效率；主动邀请市人大代表、市政协委员和群众代表参与案件评查工作，不断提升案件办理质量。 (周曙)

【审判管理】 2016年，市人民法院着力推进案件审判管理工作的"转型升级"。在注重加快办案节奏、提高审判效率的同时，密切监控以审判质量为重点的质效指标，每月召开一次审判管理例会，研判影响案件质量的各种因素，并拿出有针对性的管理举措；针对超长期案件、改发案件等重点指标，召开专题质效评析会议56次，及时会商并解决相关问题；针对民间借贷、损害赔偿等司法实践中的难点问题，多次召开法官研讨会议，密集发布审判质效通报300多次，努力确保审判质量。(周曙)

【服务中心工作】 2016年，市人民法院以服务发展为己任，全力践行司法担当。全年妥善处置涉项目建设案件72件，标的额2.07亿元；审理破产、清算案件6件；协助乡镇、园区妥善解决群体性纠纷35个；为1116位农民工追回欠薪1125多万元，为困难群众提供救助资金100多万元；组织各类送法、法治讲座和庭审旁听等活动72场次，开展走访、调研活动48次；在主流媒体播出典型案例225个，召开专题新闻发布会9次。（周曙）

【司法服务】 2016年，市人民法院立足司法为民宗旨，推进打造"志愿者服务岗""公益律师岗""法律援助岗"等一批品牌，为广大群众提供诉讼咨询、指导和帮助等服务。全年累计提供相关咨询、查询、指导等服务2000人次，帮助群众解决相关难题300多件。（周曙）

【司法公开】 2016年，市人民法院继续加大司法公开力度。正常使用在所有法庭安装的"三同步"强制启动装置，确保所有庭审活动实现同步录音录像、同步显示庭审记录。在所有法庭安装互联网庭审直播系统，按照"以直播为原则，以不直播为例外"要求，平均每月实现庭审直播150次以上。全面落实人民陪审员参审制度，全年完成人民陪审员参审案件1986件，陪审率98%。同时，强化自媒体建设，全年推送原创司法信息及司法权威动态信息360条，获省高院表彰。（周曙）

【规范指引】 2016年，市法院以司法裁判为抓手，注重规范指引，制裁违约失信，保障交易安全，强化诚信建设，推进全民守法，在江苏城市频道、江苏新闻广播电台、扬州电视台等主流媒体播出典型案例200多个。围绕司法诚信，组织法官深入社区、街头、学校、企业、机关，举办各类专题法治讲座15场。针对有关企业恶意欠薪案件增多的状况，多次协同市有关部门策划召开专题新闻发布会，及时发布拒不支付劳动报酬罪案件查办情况，并邀请江苏省、扬州市和高邮市的8家媒体参与其中，密集刊载、播放每次新闻发布会的详情。（周曙）

【法官入额遴选工作】 2016年，市法院按照上级法院关于推进司法体制改革的要求，部署开展法官入额遴选工作。其间，经召开动员大会、组织民主测评、开展综合业绩考核等举措，该院首批确定43人为遴选入额法官。此批入额法官平均年龄42岁，均为大专及以上学历，人均办案年限超过15年，均具有丰富的审判经验和较好的法律素养，可最大限度地确保将审判资源向办案一线倾斜。（周曙）

司法行政

【概况】 2016年，市司法局认真履行法律保障、法制宣传、法律服务职能，着力推进各项工作开展，努力为推动全市经济社会发展创造良好的法治环境。至年底，全市共有律师事务所8家、基层法律服务所26家、各类人民调解组织360家。是年，市司法局被江苏省司法厅表彰为法治宣传先进单位，被扬州市政府表彰为"六五"普法先进单位，被扬州司法局表彰为司法行政工作先进单位；高邮镇司法所所长陈士坡被江苏省司法厅授予个人一等功，入选全国政法英模榜。（吕媛媛）

【人民调解工作】 2016年，市司法局协同相关部门继续加强专业性调委会建设、基层调解组织网格化和调解队伍建设，有效推进调解工作的开展。至年底，全市各级调解组织累计受理矛盾纠纷1103起，调处成功1094起，调处成功率99.2%。是年，在扬州地区率先实现道路交通、医疗、劳资、征地、环保、涉农六个专业性调委会的全覆盖；基层调解组织网格化和调解队伍建设达到省级规范化标准。（吕媛媛）

【法律援助工作】 2016年，市司法局依托市乡两级14家公共法律服务中心及21个法律援助工作站、法律援助联系点，并借助全天候开通的"12348"法律服务专线，认真推进法律援助工作的开展，重点为残疾人维权、企业职工讨薪、老年人赡养、少数民族贫困家庭维权等方面提供帮助。至年底，全市累计办理各类援助案件914件，接待群众来电来访1462人次，为当事人挽回经济损失600万元。（吕媛媛）

【"12348"法律服务专线开通】 10月，市司法局落实司法惠民服务的举措，正式开通"12348"法律服务专线，全市居民在市内任何点位用座机拨打12348，即可享受24小时全天候的公益法律咨询服务。该专线除解答法律咨询外，还与相关部门协作，实现法律援助、司法救助的有效衔接，确保法律服务工作取得实效。该专线实行首问、首办责任制和一次性告知制度，让当事人的合理需求及时得到满意的答复，让符合条件的对象都得到法律援助。至年底，该"12348"法律服务专线共接听群众来电咨询、求援事项995件次，求援事项办结率83%。（吕媛媛）

【法制宣传教育】 2016年，市司法局扎实推进法制宣传教育工作。牵头制定《高邮市"七五"普法规划》，并报市人大常委会审议通过。根据人事变动，及时调整市法治宣传教育领导小组成员单位。出台《高邮市"谁执法谁普法"工作意见》，明确普法主体责任和工作机制，形成部门分工负责、各司其职、齐抓共管的工作格局。注重宣教方式创新，先后组织开展"法润秦邮春风行动""法律六进"等主题活动，有群众2万人参加。建成市法治文化主题公园，强化对群众的法治熏陶和影响。

继续开展省民主法治示范村(社区)、法治文化建设示范点申报工作,新申报省民主法治示范村(社区)9家、省法治文化建设示范点1处。加强对领导干部等六类重点对象的学法用法工作,连续十年实行领导干部任前法律考试制度和领导干部述法制度。在全市各中小学校配齐兼职法制副校长,在有条件的企业落实“五个一”(有一处法制教育阵地、有一本法律学习书籍、一次集中讲法制课、有一次法律知识理论考试、管理人员有一次集中法律知识培训)学法标准。是年,全市共举办各类法治讲座350多场、其他各类普法宣传活动近500场次,免费赠送普法资料8万份,教育和影响群众10万人。（吕媛媛）

【法律服务工作】 2016年,市司法局继续推进法律服务工作。根据上级要求,建成城市社区律师工作室16个,实现城市社区律师工作室全覆盖,其中南苑社区、高沙园社区、新联社区、南海社区等4个社区工作室被评为扬州示范点。至年底,全市累计安排律师、公证等法律服务人员到城市社区律师工作室值班“坐诊”400人次,接待群众咨询500人(次),发放各类法制宣传资料800多册、法律援助联系卡100多张,受理法律援助案件6起。继续开展“百家企业法律体检”行动,切实帮助市相关重点企业解决法律难题。其间,共走访企业258家,召开法律座谈会19次,举办各类法律知识讲座10场,出具《法律意见书》8件、风险提示函60多份,向企业提出相关整改意见51条。（吕媛媛）

【社区矫正工作和帮教安置工作】 2016年,市司法局继续协同相关部门和单位,认真做好社区矫正工作和帮教安置工作。根据省司法厅统一部署,开展社区矫正“严格执法、严格管理”集中整治活动,并严格对照管理规定,作出警告处分60人、收监执行7人的决定。继续做好“三无”(即无家可归、无亲可投、无业可就)刑释人员的安置工作,帮助13人落实低保政策。加强与市人社局等部门的配合,将42人纳入就业创业培训计划。至年底,全市累计有社区矫正对象在册人员474人,解矫355人;刑满释放安置帮教人员1730人(含当年接收回归人员165人),帮教率100%,安置率98%,无脱管、漏管现象发生。（吕媛媛）

【公证工作】 2016年,市公证处遵循“公平、公正、公开”服务宗旨,全面落实各项便民服务措施,健全完善公证服务窗口双休日值班制度、企业预约办证制度等各项制度,努力提升公证法律服务的规范化水平。全年办理公证4504件,其中涉外公证554件、涉港澳台公证52件、其他公证3898件。（吕媛媛）

【市人民调解协会成立】 10月17日,举行高邮市人民调解协会成立暨第一次会员大会。会上,选举李正亚为市人民调解协会第一届理事会会长。该协会是由50名人民调解工作者组成的非盈利社会团体,集中开展调解资源统筹、纠纷排查预警预防、调解经验总结、委托事项办理等业务。（吕媛媛）

人民武装

【概况】 2016年,市人武部贯彻落实中共中央、中央军委深化国防和军队体制改革的要求,切实强化“两学一做”学习教育、国防教育及爱国主义、革命英雄主义教育,着力抓好党委班子岗位练兵、军事斗争准备、安全管理、征兵、专武干部和民兵队伍建设、抗洪抢险训练、民兵整组、军民融合发展、双拥共建、“双百双建”等多项工作。是年,市人武部被省军区表彰为安全管理工作先进单位;由市人武部创作的微动漫《我的妈妈是女民兵》,获全军“改革强军”军营微课群众性创作展示活动一等奖。（周曰彪）

【市人武部领导关系转隶】 根据上级要求,从2月16日零时起,市人武部领导关系实现转隶,即由原隶属南京军区、江苏省军区领导管理,转隶为中央军委国防动员部、江苏省军区领导管理。关系转隶后,市人武部主要承担国防动员、兵役征集、国防教育、军事设施保护、双拥共建等工作,并承担拓展军民融合发展的协调及离退休干部的服务保障职能。（周曰彪）

【征兵工作】 7月27日,市委、市政府召开全市征兵工作会议,对征兵工作作出部署。6月下旬～9月上旬,市征兵办严格按照新兵征集有关要求,组织应征青年进行“一站式”体检,并经过各职能部门共同努力,顺利完成266人的新兵征集任务。在征兵工作中,市人武部注重加强对各单位开展征兵宣传和目测初检工作进行检查和指导,并通过召开座谈会、汇报会等形式,重点摸清适龄青年报名应征的热情、文化素质和政治面貌等情况。执行中央军委国防动员部《征兵工作量化考核暂行办法》明确的“五律”(报名率、上站率、合格率、择优率、退兵率)标准,从严抓好适龄青年兵役登记、网上预征报名、体格检查和政治考核。优先批准符合条件的高学历青年(大学生)参军入伍,入伍新兵大学生比例首次突破80%。强化征兵宣传工作,共印发宣传资料1000多册,制作宣传横幅230多条,并在市电视台开设栏目每天播放征兵宣传片。组织学习《征兵政治审查工作规定》,严把兵员政治素质。同时,成立纪检组,实行公示和挂牌家访制度,全程跟踪监督征兵工作,增加征兵工作透明度。（周曰彪）

【“一站式”征兵体检】 7月31日～8月6日,市人武部在位于市国防园内的市征兵体检中心组织开展全市征兵体检工作。此次征兵体检采用“一站式”服务方式，即物理检查、辅助检查、心理测试同步进行，并继续使用征兵体检信息化管理系统，体检结论直接由系统录入生成，实行谁检查、谁签字、谁负责的全程监督制度，确保征兵过程公平、公开；所需时间为一天半。体检流程为：每天上午10时左右应征青年到体检中心报到，进行拍照、登记；下午进行物理检查（含外科、血压、内科、五官科、眼科、听力等）和心电图和X光检查；晚上进行心理测试；次日早晨进行尿检、血检和B超检查；约9时左右全部检查结束，人员返回。该“一站式”体检优势在于便于人员集中管理，减少交通环节、防范安全事故发生，节约体检时间；体检站全部实行准军事化管理，让参加体检的应征青年在入伍前就先行体会到军营的管理模式，感受军营生活氛围。此次体检，共有应征青年910人参加。（周曰彪）

【预征入伍青年适应性训练】 9月9～11日、9月12～14日，市人武部分两个批次组织开展全市预征入伍青年适应性训练，旨在让广大新兵提前感受军营氛围，掌握基本军事知识和技能，全面提高政治素质、思想素质、身体素质、自我管理能力，为更好的适应部队生活打基础。此次训练内容为组织预征入伍青年开展条例法规学习、队列和体能训练、军营一日生活适应性训练等，还以组织收看《新闻联播》、观看录像片《抗战胜利90周年大阅兵》、参观现役部队和抗日战争最后一役纪念馆等具体方式，对其开展政治思想教育。共有260多人参加。（周曰彪）

【抗洪抢险训练】 6月12～14日，市人武部在市国防训练基地组织全市民兵骨干开展抗洪抢险训练。此次训练的内容主要包括冲锋舟驾驶操作、构建钢木土石组合坝、植桩机及照明器材操作使用、普及抗洪抢险常识等，共有各乡镇（园区）的专武干部和民兵骨干65人参加。（周曰彪）

【“菱塘回族乡女子水上救护民兵班”成立】 6月30日上午，“菱塘回族乡女子水上救护民兵班”成立仪式在菱塘回族乡举行。仪式上，扬州军分区司令员郦斌向“菱塘回族乡女子水上救护民兵班”授旗并作讲话，高邮市委常委、市人武部政委陈立柱宣读扬州军分区关于“同意成立菱塘回族乡女子水上救护民兵班”的命令。高邮市副市长、市公安局局长高长明，高邮市人武部各科室负责人、各乡镇（园区）分管领导、专武干部参加活动。（周曰彪）

资料链接 菱塘回族乡是江苏省唯一的少数民族乡，位于江苏省中部，历史文化名城扬州市北郊，高邮湖西畔。成立“菱塘回族乡女子水上救护民兵班”，旨在提高当地民兵非战争军事行动能力，进一步抓好组织建设，军事训练和政治教育，推进相关活动常态化开展。该救护民兵班由10名女青年组成（平均年龄26岁；回族7人、汉族3人；中共党员4人、团员6人；本科6人、大专2人、大专以下4人），主要担负全乡应急医疗救援、抗洪抢险医疗救援等任务，力争建成全省有特色、有影响的女子民兵班。（周曰彪）

【《高邮市学生军事训练工作实施意见》出台】 7月4日，市政府、市人武部联合下发《高邮市学生军事训练工作实施意见》。该意见从总则、组织领导、工作制度、军事技能训练与考核、军事理论教学与考核、师资队伍、政治工作、军训保障、军训安全、奖励和惩处及附则等11个方面，就进一步加强全市学生军训工作的规范化建设、制度化建设，提出具体实施意见36条。（周曰彪）

【市学生军事训练工作领导小组成立】 8月5日，为便于加强对全市中小学生军事训练、国防教育的组织领导，进一步规范中小学生的军事训练和国防教育的内容，市政府、市人武部联合下发《关于成立高邮市学生军事训练工作领导小组的通知》，明确市学生军事训练工作领导小组由市委常委、市人武部政委陈立柱和副市长钱富强任组长，市教育局局长任副组长，市人武部各科室负责人及相关单位负责人为组员，并下设学生军训工作办公室，以军地合署办公方式推进开展全市学生军事训练工作。至年底，全市组织开展学生军事训练30批次，参加学生8400人。（周曰彪）

【市委常委议军会议暨党管武装工作述职会议】 8月24日下午，市委常委议军会暨党管武装工作述职会议在市国防园召开。市委常委，市人大常委会、市政协主要负责人，市人武部主官，市国动委副主任，各乡镇（园区）党（工）委书记、人武部部长等参加会议。会议由市委书记、市人武部党委第一书记勾凤诚主持。会上，高邮经济开发区、高邮城南经济新区、高邮湖西新区、三垛镇、汤庄镇、龙虬镇党（工）委书记作党管武装工作口头述职，其他乡镇（园区）党（工）委书记作党管武装工作书面述职；市委常委、市人武部党委书记、政委陈立柱讲评各乡镇（园区）党管武装工作情况；勾凤诚作讲话。会前，与会人员参观市国防园及市征兵体检中心建设情况。（周曰彪）

【开展“双百双建”活动】 2016年，市人武部按照省军区要求，继续结对连云港市东海县清湖镇阚朱洲村，开展“双百双建”活动。是年，市人武部向该村提供帮扶资金10万元；该部4名现役干部向其所结对帮扶的该村4名困难家庭学生提供每人1500元的资助金。（周曰彪）

资料链接 2015年，省军区组织开展支持苏北革命老区“双百双建”(组织100多个人武部、预备役团与老区139个经济薄弱村签订帮建协议,共建党组织、共建学校)活动。根据省军区要求,高邮市人武部当年与连云港市东海县清湖镇阚朱洲村结成帮扶对子,开展“双百双建”活动,重点就解放思想、组织建设、项目帮扶三方面进行军民共建,努力推动阚朱洲村全面完成脱贫奔小康任务。(周曰彪)

【微动漫《我的妈妈是女民兵》获全军一等奖】 11月18日,由市人武部创作并代表省军区上报的微动漫作品《我的妈妈是女民兵》,在“改革强军”军营微课群众性创作展示活动中获全军一等奖,受到中央军委政治工作部表彰。此为市人武部成立至今获评的最高荣誉。(周曰彪)

资料链接 2016年6月,全军“改革强军”军营微课群众性创作展示活动在全国范围内展开后,各地共上报各类微课作品500多件。当中,高邮市人武部所上报的作品《我的妈妈是女民兵》,是以菱塘回族乡女子民兵班民兵夏玲玲为原型,从孩子的视角讲述民兵妈妈的故事。该动漫主题鲜明,画面简洁生动,充分诠释强军目标的科学内涵、精神实质和基本要求,受到广大部队青年官兵和民兵预备役人员的大力关注。(周曰彪)

【省军区司令员李大清到高邮市视察人民武装工作】 8月31日下午,省军区司令员李大清率工作组到高邮市视察人民武装工作。扬州军分区司令员郦斌、政治委员许建树,高邮市委书记勾凤诚,市委常委、市人武部政委陈立柱陪同视察。视察汇报会上,在听取高邮市基本情况汇报及市人民武装工作专题汇报后,李大清对该市经济社会发展及人民武装工作给予充分肯定。同时,他要求该市人武部要把征兵工作做好,严把兵员质量关,确保不退兵;抓好杭州G20峰会期间全市安全稳定工作,坚决把纪律和规矩挺在前面;严格抓好队伍建设,加强专武干部教育和训练工作,扎实有效地开展人武部基础性工作。(周曰彪)

人民防空

【概况】 2016年,市人防办弘扬和践行“对党忠诚、为民尽责、纪律严明、作风过硬”的新时期高邮人防精神,全面加强人防工程建设管理、行政许可、指挥通信建设和人防宣传教育工作,较好地完成全年各项目标任务。全年全市征收人防易地建设费1807万元。是年,市人防办被扬州市民防局表彰为2016年度民防工作先进单位。(倪建军)

【人防工程建设】 2016年,市人防办继续推进人防工程建设,全年新立项人防工程4项,开工建设人防工程3项,竣工人防工程8项,办结窗口行政许可服务事项57件,征收人防易地建设费1807万元。(倪建军)

【人防工程管理】 2016年,市人防办强化人防工程管理,对全市竣工的56个人防工程维护管理和开发利用情况进行普查,并对发现问题进行整改。(倪建军)

【指挥通信、警报及专业队伍建设】 2016年,全市人防系统添置中型人防指挥车和小型信息采集车各一辆,完成机动指挥通信平台建设;继续开展各类警报器的维修、更新和购置工作,全年新增电声警报器2台、多媒体警报器1台,城区警报音响覆盖率95%以上;坚持每周四与扬州市民防局开展视频测试,确保设备正常化运行;继续开展并完成人防专业队伍整组及集训工作。(倪建军)

【防空警报试鸣】 9月18日10时,随着省防空警报试鸣指挥部试鸣指令的下达,全市市区防空警报器同时鸣响,至10时13分结束。在防空警报试鸣前期准备阶段,市人防办通过电台、电视台、新闻信息中心发布公告,对各警报设置点管理人员和区域支援保障演练人员进行培训,保证警报试鸣和区域保障演练安全顺利进行。警报试鸣期间,全市生产、生活正常运行。结合防空警报试鸣,在市人防疏散基地开展区域支援保障演练。(倪建军)

【人防知识宣传工作】 2016年,市人防办结合“5·12”“9·18”等多个重要时间节点,利用报纸、电视、广播、宣传灯箱等,大力推进人防知识宣传普及工作。继续组织人防知识宣传“五进”(进机关、进学校、进社区、进企业、进网络)活动,全年举办各类宣传教育活动63场。注重联合市教育局、市妇联等相关部门单位,组织开展中小学教师人防微课比赛、“人防春蕾班”、社区暑假夏令营及社区居民应急疏散演练等特色活动,进一步提升宣传工作实效。是年,组织全系统参加扬州市民防局举办的《中华人民共和国人民防空法》颁布实施20周年有奖征文摄影大赛,并获征文类一等奖。(倪建军)

科 学 技 术

Science and Technology

导读

综 述

2016年，全市科技工作按照省、扬州市科技工作要求和部署，围绕市委、市政府工作中心，聚焦“深化科技体制改革、提升科技创新能力”，深入实施创新驱动战略，加快推进创新型城市建设，各项工作取得新的成绩。是年，市科技局被市委、市政府表彰为市级机关能力作风建设标兵单位。

科技载体创新平台体系逐步完善。围绕科技创新资源集聚，全市积极推进科技载体创新平台建设“339”计划。即：重点打造“扬州高邮国家农业科技园区、高邮高新区、市产业技术研究院”3个科技创新资源集聚平台，强化大连理工高邮研究院、南京工业大学高邮健康产业研究院、武汉理工大学高邮研究院3个联创载体借智助力效应，充分发挥高邮经济开发区国家级孵化器科技创业中心、高邮高新区省级孵化器红旗光电科技创业园及文游汇、星创天地、创客邦、通邮梦工厂、诚信创客营、豪纬光电众创园、创睿坊等9个平台的作用，加大科技型企业孵化力度，切实推动市域范围内的创新创业。是年，高邮湖西新区获省政府批准成立省级高新技术产业开发区；市科技创业中心获批国家级科技企业孵化器；高邮特色水禽“星创天地”获批国家级“星创天地”。

科技项目申报持续发力。围绕做大做强优势特色产业，加快产业转型升级步伐，全市在科技项目的包装、申报和培育等方面取得新的进展。全年获批扬州市级以上各类科技项目30项，其中获批省重大科技成果转化项目4项、省重点研发计划（产业前瞻与共性关键技术）项目3项、省科技支撑计划项目3项（现代农业2项、社会发展1项）、省级产学研前瞻性研究项目6项、省级国际合作项目1项，获批扬州市重大科技成果转化项目3项、扬州市产学研前瞻性研究项目3项、扬州市国际合作项目1项、扬州市科技发展计划农业科技攻关项目6项。

高新技术产业平稳发展。全年实现高新技术产业产值438.46亿元，增长6.1%，占规模以上工业产值的36.4%。新认定国家高新技术企业53家，获批扬州市级以上科学技术奖项目8项，获批省高新技术产品131种。完成科技服务业总收入7.43亿元，增长14.2%。继续落实省科技成果转化风险补偿专项资金政策，积极为全市科技型中小企业提供企业上市、风险投资、发展新兴产业等科技金融服务，全年帮助相关企业获批省“苏科贷I”扶持项目15项、专项贷款3120万元。

产学研合作成效明显。全年推进开展政产学研专场对接活动40场次，对接完成相关技术合作近100项。全年完成国家“千人计划”申报3人，引进高层次人才75人，其中创业创新领军人才25人、创业创新博士人才50人，柔性引进科技人才150人；建立华东理工大学社会实践基地、南京农业大学国家技术转移中心高邮分中心、高邮市高层次人才暨科技镇长团创业基地、市高层次人才协会、市科技金融服务中心、江苏省特种电缆产业产学研协同创新基地等。获批省级以上“三站三中心”15家（院士工作站1家、研究生工作站11家，工程技术研究中心3家），累计建成省级以上“三站三中心”116家（博士后工作站6家、院士工作站4家、研究生工作站42家，工程技术研究中心27家、工程中心4家、企业技术中心30家）。新建科技产业综合体2.8万平方米，新增科技孵化企业12家。

（王凯）

科技管理工作

【高邮湖西新区获批省级高新技术产业开发区】 5月17日,省政府发文批准高邮湖西新区筹建省级高新技术产业开发区。至此,全市累计拥有包括高邮经济开发区在内的省级开发区2家。（王凯）

资料链接 根据省政府所发文件显示,新获批筹建的高邮高新技术产业开发区区域范围包括送桥镇和菱塘回族乡,区域面积203平方千米,常驻人口10万人。该区域拥有市级以上"三站三中心"76家,先后获"中国路灯制造基地""江苏省绿色照明科技产业园""江苏省特种电缆科技产业园""江苏省首批产业集群品牌培育基地""江苏省特色产业集群""国家灯具生态原产地产品"等12张省级以上特色品牌名片。2016年12月15日,江苏省高邮高新技术产业开发区正式挂牌设立。

（王凯）

【市科技创业中心晋升"国字号"】 8月28日,位于高邮经济开发区的市科技创业中心经过层层考评,正式晋升为国家级科技企业"孵化器"并获发证书。此为全市首家获批的国家级科技创新载体。（王凯）

资料链接 科技企业孵化器是培育和扶植高新技术中小企业的服务机构。孵化器通过为新创办的科技型中小企业提供物理空间和基础设施,提供一系列服务支持,降低创业者的创业风险和创业成本,提高创业成功率,促进科技成果转化,帮助和支持科技型中小企业成长与发展,培养成功的企业和企业家。它对推动高新技术产业发展,完善国家和区域创新体系、繁荣经济,发挥着重要的作用,具有重大的社会经济意义。近年来,位于高邮经济开发区的高邮市科技创业中心积极帮助企业牵线搭桥,先后促成40多家企业与中科院、哈工大、四川大学、北京理工大学、大连理工大学等20多所高等院校及科研院所达成产学研合作项目50多项;累计"孵化"培植国家级高新技术企业14家,获批省级以上高新技术产品及重点新产品93种,累计获批科技人才项目资金近1亿元,真正起到温床孵化的作用。此外,该中心还成功入驻食品安全快速检测设备生产企业15家,有力促进该市食品安全产业聚集区建设。（王凯）

【"文游汇"获批国家级众创空间】 10月10日,科技部火炬中心发文公布第三批国家级众创空间名单,高邮市的"文游汇"榜上有名。此为全市首家获批的国家级众创空间。（王凯）

资料链接 "文游汇"位于高邮经济开发区科技创业中心创业大厦,由高邮市科技创业中心倾力打造,并由高邮经济开发区成立的经营实体——江苏振邮科技产业投资管理有公司具体运行。"文游汇"依托高邮市产业技术研究院、南工大高邮健康产业研究院所提供的技术支持,借助国家轻工业食品质量检测(高邮)中心、江苏省食品安全快速检测公共技术服务中心、重庆大学技术转移中心高邮分中心、大连理工大学技术转移中心高邮分中心、南京农业大学技术转移中心高邮分中心的技术优势,结合高邮市市场监督管理局、高邮市团市委、市妇联、市科技镇长团等创业基地共建项目入驻,重点扶持、培育食品安全类、"互联网+"、电子商务产业类中小型科技企业(项目),加快建立创业苗圃、项目孵化、创业加速的创新链条,服务地方战略性新兴产业发展,着力推进"秦邮双创驿站"服务业聚集区建设。（王凯）

【获批省级众创空间2家】 9月28日,根据省委办公厅、省政府办公厅《发展众创空间推进大众创新创业实施方案(2015—2020年)》精神和《江苏省推进众创空间建设工作方案》具体要求,经各地审核推荐,省科技局下发《关于公布第三批省级众创空间的通知》,当中列有高邮市的众创空间2家,即由高邮市通邮电子商务产业园发展有限公司负责运行的通邮梦工厂、高邮市众创孵化管理有限公司负责运行的高邮创客邦。至此,全市累计获批省级众创空间5家。（史志）

【申请专利3719件】 2016年,市科技局服务指导全市企业申请专利3719件,其中申请发明专利430件,获批授权专利2750件,其中发明专利授权60件,获省专利资助资金59.6万元。（王凯）

【获批省知识产权贯标创建企业11家】 2016年,全市获批江苏省知识产权贯标创建企业11家,即扬州日兴生物科技股份有限公司、扬州市德运塑业科技有限公司、江苏豪纬交通集团有限公司、首凯汽车零部件(江苏)有限公司、江苏富威能源有限公司、扬州康派尔机械科技有限公司、江苏奔亚科技有限公司、江苏海德森能源有限公司、高邮市助剂厂、高邮市迅达工程机械集团有限公司、扬州十二粉黛生物科技股份有限公司。（王凯）

【通过国家知识产权标准化认证企业5家】 2016年,全市通过国家知识产权标准化认证企业5家,即扬州市博瑞光电照明有限公司、江苏赛特电气有限公司、江苏月华照明科技有限公司、扬州华城电缆有限公司、扬州伟业创新科技有限公司。

（王凯）

【市产业技术研究院】 2016年,市产业技术研究院围绕发挥科技创新资源的集聚、辐射作用,积极推动各项工作开展。指导全市产业特色明显、具备一定条件的乡镇、园区加快推进科技产业综合体建设；引进大连理工大学、南京农业大学等6家高校院所在该院建立技术转移分中心，实现产学研一体的“优势叠加”；借助该院“科技讲堂”平台举办政策宣传与业务辅导培训活动20场，累计培训1900多人次；以合署办公、互相挂职方式，进一步深化该院与科技镇长团的联动机制，协助科技镇长团走访调研企业80多家，梳理汇总企业急需解决的技术需求事项近150项，跨专业、跨领域、跨院校开展校企合作20多项，签订校企人才共建引进协议10项，推动完成3项镇长团创业项目、5项高层次人才创业项目落户该院，支撑企业通过技术嫁接及创新推进实现转型升级。10月25日，市高层次人才协会在该院挂牌成立，有力推进全市人才招引、培养集聚区的打造。（王凯）

【产学研合作】 2016年，市科技局坚持将开展产学研合作作为科技创新的重要基础，围绕企业对技术、平台、人才等方面的需求，密切联系高校院所，寻求务实合作，组织产学研专场对接活动40场次，签订各类对接技术合作协议近100项。组织全市8家涉军企业16个展品参展扬州科技成果展示洽谈会“军民融合专场”，现场签订合作协议3项；组织4家企业赴西安交大开展产学研对接，促成扬州市华胜机电制造有限公司、江苏华能电缆股份有限公司与该校专家建立初步合作意向；组织4家电缆企业2家消防企业赴哈理工、哈工大、哈工程开展对接活动，促成4家电缆企业萌生合作意向；组织9家企业赴重庆大学开展产学研专场对接活动；组织6家企业赴沈阳理工大学、中科院金属研究所开展产学研对接活动，推动签订共建协议4项、企业合作意向2项。邀请中科院院士罗安到高邮市开展技术合作，并在江苏欧力特能源科技有限公司建成院士工作站。同时，经积极努力，还促成海南大学材料与化工学院与市科技局建立全面合作关系，推动建立华东理工大学社会实践基地、南京农业大学国家技术转移中心高邮分中心等。（王凯）

【获批高邮市级以上科学技术奖项目38项】 2016年，市科技局继续推进开展各类科技进步活动，全年获批高邮市级以上科学技术奖项目38项，其中获省级科学技术奖项目1项（二等奖）、扬州市级科学技术奖项目7项（二等奖项目2项、三等奖项目5项）、高邮市级科学技术奖项目30项（一等奖项目3项、二等奖项目7项、三等奖项目20项）。（王凯）

表53

2016年高邮市获科学技术奖项目表

项目名称	主要完成单位	主要完成人	表彰机关	奖励等级
基于荷电态深循环技术的新型高效铅碳储能电池关键技术开发与应用	江苏华富储能新技术股份有限公司、江苏华富能源有限公司	居春山、周寿斌、吴战宇	江苏省科技厅	二等奖
GENFO电动汽车云端智能控制器及应用	江苏金丰机电有限公司	陶加山、王　辉、袁小芳、姚宏昌、王玉德、柏兆来	扬州市科技局	二等奖
功能性壳寡糖精深加工关键技术研究与产品应用	扬州日兴生物科技股份有限公司	丁振中、孙达峰、张　超、柳志强、史劲松、冯小海、李　恒	扬州市科技局	二等奖
一种抗冻型平板太阳能热水器	扬州市喜来太阳能科技有限公司	徐泽山、陈　会、却玉国、李国兵、闵跃琴、朱志勇	扬州市科技局	三等奖
高耐扭耐寒风能发电设备用柔性控制电缆	扬州市金阳光电缆有限公司	薛　祥、高　斌、姚宏高、王寿权、姚学中、杨庆国、段小龙	扬州市科技局	三等奖
钢包全程自动加揭节能系统	江苏迪萨机械有限公司	戴汝山、戴宏彬、沈高江、周开升	扬州市科技局	三等奖
防水超薄笔记本一体式静音触摸板按键	江苏传艺科技股份有限公司	邹伟民、毛伍云、孟雨亭、李　侃、连恒培	扬州市科技局	三等奖
高标准农田建设装配式建筑物精细化研究与推广应用	高邮市水利技术推广服务中心	顾宏、李江安、胡锦辉、孙　勇、徐锡华、张有松、周克志、黎龙凤、李　勇	扬州市科技局	三等奖
基于柔性CIGS薄膜太阳能电池智能照明系统的研发及产业化	江苏承煦电气集团有限公司	左少华、石富文、江锦春、张　艳、纪　银、睢　鹏、郝文雯	高邮市科技局	一等奖

表续53

项目名称	主要完成单位	主要完成人	表彰机关	奖励等级
规模化高性能储能系统关键技术及其应用	江苏欧力特能源科技有限公司、国网供电公司泰州供电公司、东南大学、南京航空航天大学	袁朝勇、吴　争、蒋　玮、严学庆、张之梁、何　菲、洪芦诚	高邮市科技局	一等奖
基于自由基溶液聚合技术的新型树脂膜/TiO2溶胶复合改性油墨关键技术及其应用	高邮市卫星卷烟材料有限公司、山东大学	张爱刚、张爱斌、韩同铭、竺玉华、杜有武、钱　进、陈正宇、胡海清、王凤标	高邮市科技局	一等奖
带背光的柔性线路板集成化模组(TBM)研发及产业化	江苏传艺科技股份有限公司	邹伟民、毛伍云、孟雨亭、李　侃、管国志、徐晓丹	高邮市科技局	二等奖
第三代核电站核岛内电缆的研发及产业化	扬州曙光电缆股份有限公司	胡士来、高杰峰、齐宏文、曹阳开、蒋建忠、孙建生、何正寅	高邮市科技局	二等奖
废铅酸电池绿色回收冶炼再生铅关键技术的研发及产业化	扬州市华翔有色金属有限公司	宋　巍、李宏煦、程增强、余德胜、张深根、陈　骏、王成彦	高邮市科技局	二等奖
纳米增强拉曼光谱检测系统研发及产业化	江苏康正生物科技有限公司	林　琳、熊晓辉、田丽华、李　茜	高邮市科技局	二等奖
改性鳞片锌粉和新型缓释技术融合的锌-烯防腐材料研发及产业化	江苏中航百慕新材料技术有限公司	师　华、邹　铭、屈　帅、颜　超、杨振波	高邮市科技局	二等奖
急性心肌梗死的急诊PCI治疗	高邮市人民医院	沈　哲、李正章、薛豪平、程　石、刘宇坦、季　群、冯晓贺	高邮市科技局	二等奖
农村河道水质改善生态方案研究与应用	高邮市河道管理处	赵方庆、路怀灯、圣红琴、陆增来、缪强军、路庆鹏、叶　青	高邮市科技局	二等奖
铜芯低烟无卤绝缘低烟护套矿物柔性防火电缆	江苏润华股份电缆有限公司	茆成彦、周寿清、张艳艳、高春明、王维路	高邮市科技局	三等奖
低衰减高抗拉环保型光纤复合低压电缆	扬州市金鑫电缆有限公司	杜　鹃、朱有明、路永鸣、苗福庆、杨美丽	高邮市科技局	三等奖
1553B轻型高强度耐腐蚀现场总线系统用电缆及其制造方法	扬州亚光电缆有限公司	胡行兵、鲁永林、胡沛霖、邵冬梅、张建秋	高邮市科技局	三等奖
平板电脑风扇用柔性线路板的开发及产业化	扬州华盟电子有限公司	王家宏、王　军、张江惠	高邮市科技局	三等奖
智能型分布式发电系统大容量储能蓄电池	江苏富威能源有限公司	赵　平、李卫松、宋　波、韩德猛、吴古才	高邮市科技局	三等奖
交通信号灯自适应联动控制系统	扬州市鑫通交通器材集团有限公司	胡春良、姚兴桃、柏　杨、姚　炜、郑昌帅	高邮市科技局	三等奖
新型绿色智能低功耗LED植物工厂	江苏翊丰半导体照明工程应用技术有限公司	杨卫桥、王　峰、张　艳、郝文雯、吴书淦	高邮市科技局	三等奖
智能型长寿命储能用太阳能路灯锂电池	江苏恒通照明集团有限公司	王　俊、曹正群、郭永良、潘　婷、张珍明	高邮市科技局	三等奖
轮毂、键套一体式防泥沙浸入箱体动力头	高邮市恒辉机械有限公司	刘传斌、陆长春、郭继华、胡长胜、翁永健	高邮市科技局	三等奖
“晖H4型”高效多晶硅锭	江苏金晖光伏有限公司	陈永庆、孙桂良、孙　彬、陈为林、丁小燕	高邮市科技局	三等奖

续表53

项目名称	主要完成单位	主要完成人	表彰机关	奖励等级
市电风光互补式智能监测太阳能路灯	扬州市天祥路灯器材有限公司	王立祥、陈广兰、陈广阳、李　林、顾杏文	高邮市科技局	三等奖
防细颗粒物纳米结构纤维滤料	江苏纳佰成纳米科技有限公司	林永兴、邵才珠、刘学书	高邮市科技局	三等奖
高邮市农业供水计量与动态终端水价研究	高邮市水利局	李江安、顾　宏、孙　勇、孙龙祥、胡锦辉	高邮市科技局	三等奖
格构柱临时支撑全拆除梁柱节点加固施工与研究	江苏弘盛建设工程集团有限公司	陈如华、师永生、陈金鑫、管连战、杨扣军	高邮市科技局	三等奖
4-氨基-3-氟苯酚的制备方法	扬州市普林斯化工有限公司	瞿　军、陆文辉、章学兵、吴宏祥、沈润溥	高邮市科技局	三等奖
毛细支气管炎的中西医研究、治疗及护理方案	高邮市中医医院	许德军、杨若莹、瞿　慧、赵志勇、汤秋霞	高邮市科技局	三等奖
微创骨髓移植内固定+直流电针刺激治疗股骨颈骨折	高邮市中医医院	曹　飞、曹海军、朱桂芳、裴晓东、黄　强	高邮市科技局	三等奖
输尿管硬镜在输尿管结石治疗中的应用	高邮市人民医院	蒋建新、陈维开、王景群、陆　伟、葛增乐	高邮市科技局	三等奖
高压氧及依达拉奉在治疗脑出血中的临床疗效观察	高邮市人民医院	谢　兵、郑兴娟、祁瑞刚、刘海花、钱　迅	高邮市科技局	三等奖
股骨近端抗旋髓内钉系统(PFNA)在股骨粗隆间骨折的临床研究	高邮市人民医院	张　兴、周　兵、李永超、刘洪鹏	高邮市科技局	三等奖

（王凯）

工业科技

【3家企业项目获批省重点研发计划(产业前瞻与关键共性技术)项目】 2016年，省科技厅、省财政厅联合发文公布2016年江苏省重点研发计划(产业前瞻与共性关键技术)项目认定名单，全市有3家企业项目名列其中，即扬州光明电缆有限公司承担的舰船电缆轻量化用高导电铜导体制备关键技术研究项目、首凯汽车零部件(江苏)有限公司承担的微纳元件超高温汽车尾气温度传感器关键技术研发项目、龙腾照明集团有限公司承担的高效高显色性白光LED荧光粉配色调控及涂装应用技术研发项目，累计获批资助经费250万元。

（王凯）

【53家企业被认定为国家高新技术企业】 2016年，经全国高新技术企业认定管理工作领导小组审核、认定，高邮市有53家企业被认定为国家高新技术企业，即扬州升阳电子有限公司、扬州澳洋顺昌金属材料有限公司、江苏星浪光学仪器有限公司、扬州绿泉环保工程技术有限公司、高邮市卫星卷烟材料有限公司、高邮市鼎天高分子材料有限公司、高邮市恒辉机械有限公司、江苏欧力特能源科技有限公司、扬州瑞斯乐复合金属材料有限公司、江苏恒通照明集团有限公司、扬州市润源灯饰有限公司、江苏海潮科技股份有限公司、江苏新火种照明有限公司、江苏祺创灯饰制造有限公司、江苏菲利特照明电器有限公司、扬州市光宇照明有限公司、扬州市吉利太阳能照明集团有限公司、隆昌照明集团有限公司、扬州市立达树脂有限公司、星慧照明工程集团有限公司、江苏顺达机械设备有限公司、扬州明增生物科技有限公司、高邮环流泵业有限公司、扬州一洋制药有限公司、扬州市福兴铝业制造有限公司、高邮市盛鑫消防科技有限公司、扬州金辰不锈钢制造有限公司、江苏承煦电气集团有限公司、江苏迪生建设集团有限公司、江苏南洋铝业有限公司、江苏时新景观照明有限公司、扬州市宝典景观照明有限公司、江苏富莱士机械有限公司、扬州高标机械有限公司、扬州市恒通环保科技有限公司、扬州江峰机械制造有限公司、扬州市智多星科技有限公司、扬州市高升机械有限公司、江苏传艺科技股份有限公司、扬州和益电动工具有限公司、高邮市新浪爱拓化工机械设备有限公司、扬州东昇软件技术有限公司、高邮市助剂厂、江苏波司登供应链管理有限公司、江苏润华电缆股份有限公司、扬州市祥华新材料科技有限公司、江苏海德森能源有限公司、扬州戴卡轮毂制造有限公司、江苏泽高新能源建设有限公司、江苏

省飞花灯饰制造有限公司、江苏欣宝科技股份有限公司、扬州金源灯饰有限公司、扬州杰迪生物科技有限公司。至此,全市累计获批国家高新技术企业129家。（王凯）

【获批省科技成果转化风险补偿专项资金贷款项目15项】 2016年,高邮市共获批江苏省科技成果转化风险补偿专项资金贷款项目("苏科贷I")15项,即扬州市恒通环保科技有限公司的活性碳氮气脱附装置项目、江苏德皇文具有限公司的一种纳米信息标签防伪装置项目、扬州三元动力机械有限公司的新型集成液压启闭机及液压钢坝在水利工程中的推广项目、高邮市华宝颜料有限公司的高档有机颜料洋红PR185的研发与产业化项目、江苏富威能源有限公司的智能型大容量高能环保储能蓄电池项目、江苏赛特电气有限公司的新型阻水防腐智能型水下监测传感器电缆项目、扬州亚光电缆有限公司的耐磨抗碾压型充电桩用软电缆项目、扬州冠王机械有限公司的举重床研发及产业化项目、扬州市百思特机械设备有限公司的煤矿架空乘人装置运行安全与可靠性关键技术研发及应用项目、高邮市荣清机械电子有限公司的新型间冷器换热芯体研发及产业化项目、高邮市汉升高分子材料有限公司的关于一种医用热塑性弹性体TPE(SEBS)研发与生产及其制备方法的研发与产业化项目、扬州凯普电子有限公司的新能源汽车用大功率电子器件项目、扬州明增生物科技有限公司的精制氨基葡萄糖盐酸盐系列研发与产业化项目、扬州润明智能装备股份有限公司的全自动机器人玻璃瓶码垛机的研发和产业化项目、江苏金丰机电有限公司的GENFO电动汽车云端控制器项目,共获科技成果转化风险补偿专项资金贷款3120万元。（王凯）

【获批省重大科技成果转化项目4项】 2016年,省科技厅、省财政厅联合发文公布2016年江苏省重大科技成果转化项目认定名单,当中列有高邮市的项目4项,即江苏金飞达电动工具有限公司承担的新型变极变频笼型永磁转子直驱力矩电机伺服系统研发与产业化项目,扬州曙光电缆股份有限公司承担的超耐辐照第三代核电站核岛内电缆的研发及产业化项目,扬州宏远电子有限公司承担的长寿命高稳定固态电容器电极材料关键技术研发及产业化项目,江苏丰庆种业科技有限公司承担的优质高产抗赤国审新品种苏麦188、苏麦11研发及产业化项目,累计获批无偿资金资助3400万元。（王凯）

【获批省产学研前瞻性联合项目6项】 7月5日,省科技厅下发《关于下达2016年省产学研前瞻性联合研究项目的通知》,公布2016年省产学研前瞻性联合研究项目认定名单,全市有6项项目名列其中,即江苏瑞沃建设集团有限公司与大连理工高邮研究院有限公司合作的分布开裂式无缝伸缩缝新技术研究项目、江苏豪纬交通集团有限公司与扬州大学合作的基于矩阵变换器的永磁同步电机控制系统的研究项目、扬州日兴生物科技股份有限公司与江南大学合作的高性能壳聚糖酶基因筛选与表达及在几丁质资源开发中的应用研究项目、江苏华富储能新技术股份有限公司与南京航空航天大学合作的基于NASICON结构快离子导体的水系钠离子电池技术研发项目、扬州迪婕时装有限公司与南通大学合作的轻盈透气保暖系列服用材料关键技术研发项目、扬州市西凌照明器材有限公司与盐城工学院合作的电动汽车充电装置智能测试系统研发项目。（王凯）

【获批省级国际科技合作项目1项】 2016年,省科技厅、省财政厅联合下发批复认定高邮市获批省级国际科技合作项目1项,即江苏华能电缆股份有限公司与澳大利亚迪肯大学合作的油气勘探万米承荷探测电缆超高强韧铠装钢丝的合作研发项目,获省科技厅立项支持经费100万元。（王凯）

【建成省级院士工作站1家】 11月21日,省科技厅下发《关于下达2016年度省级企业院士工作站建设项目的通知》,当中认定江苏承煦电气集团有限公司与中国科学院院士褚君浩团队合作共建的院士工作站为省级院士工作站。至此,全市累计获批省级院士工作站4家。（王凯）

【建成省级工程技术研究中心3家】 11月21日,省科技厅下发《关于下达2016年度省工程技术研究中心建设项目的通知》,当中认定高邮市建成省级工程技术研究中心3家,即江苏华能电缆股份有限公司与武汉科技大学合作共建的江苏省承荷探测用电缆工程技术研究中心、江苏传艺科技股份有限公司与四川大学合作共建的江苏省柔性印制线路板工程技术研究中心、龙腾照明集团有限公司与中国计量大学合作共建的江苏省智能LED及应用工程技术研究中心。（王凯）

【建成省级企业研究生工作站11家】 7月19日,省教育厅下发《关于公布"江苏省研究生培养创新工程"2016年度入选项目的通知》,当中批准高邮市的扬州宏远电子有限公司、扬州大劲电机制造有限公司、扬州鑫晶光伏科技有限公司、星慧照明工程集团有限公司、扬州明增生物科技有限公司、扬州市丰园菌业有限公司建立2016年度江苏省企业研究生工作站;11月23日,省科技厅、教育厅联合下发《关于公布2016年第二批江苏省研究生工作站名单的通知》,当中批准高邮市的扬州明晟新能源科技有限公司、高邮市卫星卷烟材料有限公司、江苏金润龙科技有限公司、扬州市华胜机电制造有限公司、高邮市永发机械有限公司建立2016年第二批江苏省企业研究生工作站。至此，全市累计建成省级企业研究生工作站42家。（王凯）

【获批扬州市重大科技成果转化项目3项】 2016年，扬州市科技局发文公布2016年扬州市重大科技成果转化项目认定名单，当中列有高邮市的项目3项，即江苏金丰机电有限公司承担的电动汽车云端智能控制系统研发及产业化项目、扬州市华翔有色金属有限公司承担的废铅酸电池铅绿色冶炼回收成套新技术研发及产业化应用项目、江苏浩明光电科技股份有限公司承担的T8/T5型LED灯具柔性自动生产线研发及产业化项目，累计获批无偿资金资助60万元。（王凯）

【获批扬州市级国际科技合作项目1项】 2016年，经扬州市科技局发文认定，高邮市获批扬州市级国际科技合作项目1项，即龙腾照明集团有限公司与英国拉夫堡大学合作的独立型智慧太阳能路灯管理及监控云服务平台的合作开发项目，获批资助经费5万元。（王凯）

【获批扬州市级产学研前瞻性联合研究项目3项】 2016年，经扬州市科技局发文认定，高邮市获批扬州市级产学研前瞻性联合研究项目3项，即扬州曙光电缆股份有限公司与上海电缆研究所合作的第三代核电站核岛内电缆研发与产业化项目、扬州日兴生物科技股份有限公司与江南大学合作的高性能壳聚糖酶基因筛选与表达及在几丁质资源开发中的应用研究项目、江苏华富储能新技术股份有限公司与扬州大学合作的基于荷电态深循环技术的新型高效储能电池研发与产业化项目，分别获资助经费5万元。（王凯）

【建成扬州市级工程技术研究中心7家】 2016年，经扬州市科技局批准，高邮市建成扬州市级工程技术研究中心7家，即江苏瑞沃建设集团有限公司与大连理工大学高邮研究院共建的扬州市路桥隧智能建造及应用工程技术研究中心、高邮市高农机械配件有限公司与扬州工业职业技术学院共建的扬州市节能冷却水泵工程技术研究中心、扬州顺泰建设工程有限公司与金陵科技学院共建的扬州市智能LED交通信号灯工程技术研究中心、高邮市北方动力机械有限公司与大连理工大学高邮研究院共建的扬州市园林机械工程技术研究中心、扬州戴卡轮毂制造有限公司与北京科技大学共建的扬州市高强韧铝合金轮毂工程技术研究中心、江苏富威能源有限公司与常州大学共建的扬州市太阳能储能电池工程技术研究中心、江苏金晖光伏有限公司与大连理工大学共建的扬州市多晶铸锭工程技术研究中心。（王凯）

【获批扬州市科技服务业示范企业(机构)9家】 11月24日，扬州市科技局发出《关于对2016年市级科技服务业示范企业(机构)认定的通知》，当中列有高邮市的科技服务机构9家，即高邮市产业技术研究院、高邮市科技创业中心、大连理工高邮研究院有限公司、扬州永济医药新技术有限公司、扬州市睿诚科技有限公司、高邮市通邮电子商务产业园发展有限公司、江苏康正生物科技有限公司、扬州正恒科技信息咨询有限公司、江苏船企动力信息科技有限公司。（王凯）

【131种产品被认定为省高新技术产品】 2016年，经省科技厅审核批准，全市有69家企业的131种产品被认定为江苏省高新技术产品。至此，全市累计拥有省高新技术产品1413种。（王凯）

表54 **2016年高邮市被认定为江苏省高新技术产品表**

企业名称	产品名称
江苏朝阳液压机械集团有限公司	CYXC-80型新型墙体材料密封干湿两用鼠笼搅拌机、新型墙体材料用散状物料高效自动铺装机
扬州日兴生物科技股份有限公司	功能性壳聚糖、BRC(食品级)植物源氨基葡萄糖盐酸盐
扬州润明轻工机械有限公司	全自动高效理瓶检测一体机
江苏长城电缆有限公司	电动汽车充电用防爆抗拉柔性电缆、光伏发电用抗紫外线耐老化电缆
扬州曙光电缆股份有限公司	电气化铁路27.5kV单相交流交联聚乙烯绝缘环保型防鼠防蚁电力电缆、无卤阻燃耐辐射双芯可分离光伏电缆
江苏赛德电气有限公司	自润光伏发电系统用电缆、低应力防开裂光伏发电系统用电缆、新型阻水防腐智能型水下监测传感器电缆
扬州市金阳光电缆有限公司	风力发电设备用柔性控制电缆、新型陶瓷化硅橡胶绝缘耐火低压软电缆
扬州三川实业有限公司	电线电缆用防蚁防鼠啮聚氯乙烯塑料
江苏科凌医疗器械有限公司	KL-T.IIIAM型多功能医用麻醉吊塔、基于动定模组合可调式LED无影灯、新型AH510全自动五分类血液分析仪
江苏欧力特能源科技有限公司	基于去极化电容炭的超级储能电池

续表54

企业名称	产品名称
高邮市华宝颜料有限公司	5-氨基-6-甲基苯并咪唑酮颜料橙64
江苏航天水力设备有限公司	3150ZLKQ30-3.23立式开敞式机械全调节轴流泵 GZB4-WS-290竖井贯流液压全调节水轮机组
江苏华能电缆股份有限公司	石油勘探机器人用射频承荷探测电缆
江苏传艺科技股份有限公司	带背光的柔性线路板集成化模组(TBM)、精细线路超薄封装基板
高邮市迅达工程机械集团有限公司	TY330型浅地层耕耙推土机合金铲刀总成 TY80型推土机多路阀总成
江苏金飞达电动工具有限公司	G3212可调速手持式平切金属锯 MJ10250IXc-Ⅱ型智能激光校准台锯 MJ12325II型多功能数控翻转式复合锯 MJ2630N双斜角滑动铰链式斜断锯
扬州立达树脂有限公司	LD-124多功能高效涂料分散剂 LD-801提高涂料性能助剂乙酰丙酮钛
江苏华富储能新技术股份有限公司	基于荷电态深循环技术的新型高效储能电池 通信用高温型阀控式密封铅酸蓄电池 阀控式免维护绿色能源系统用储能电池
扬州市金鑫电缆有限公司	第三代核电站用特种仪表电缆
江苏菲利特照明电器有限公司	新型大功率高散热型LED太阳能灯
江苏迪萨机械有限公司	节能高效型电液动摆动吊钩升降型钢包加揭盖器 节能型自动取样胶带输送机 环保型螺旋式气体分布器
江苏海潮科技股份有限公司	多功能自吸喷灌机 新型节能环保无碳取水器 移动式动力能源水泵
扬州明增生物科技有限公司	基于母液回收纯化技术制备氨基葡萄糖盐酸盐
扬州金辰不锈钢制造有限公司	余热循环利用型醇基燃料固熔炉 JC-Ⅲ型智能化一体式多模高速水箱拉丝机
江苏金丰机电有限公司	新能源汽车线缆与PCB线路板连接的控制器 新能源汽车具有小体积散热快的功率器件控制器 新能源汽车具有相线连接装置的电机控制器
扬州荣光电缆材料有限公司	抗氧化高强韧微合金铜包铜金属丝
江苏德皇文具有限公司	DH-32环保型纳米汽车划痕快速修复笔 DH-FW-2纳米信息标签防伪装置
江苏金晖光伏有限公司	6N高纯多晶硅棒 JH-660型防溢流光伏多晶硅铸锭炉
高邮市北方动力机械有限公司	ED55R1型多层级式高效打草机 TL50A型防跟转车轮离合式微耕机
江苏顺达机械设备有限公司	YZB160D型炉顶密封用液压站 DYTP-Ⅰ型高耐磨液压传动抓斗机
江苏金润龙科技有限公司	GDPPAS 超静音环保发电机组
扬州龙鑫机械有限公司	一种带定位结构的油动分离式启闭机 DYPZ型矿用自报警安全防水闸门
江苏飞腾光电科技有限公司	FT-Ⅱ型防腐抗震太阳能路灯灯杆
高邮市迅达重型工程机械有限公司	TY型欧III排放标准油门操纵总成 智能化多功能悬浮式工程机械座椅 数控加工中心用电动回转固紧操纵工作台
江苏豪纬交通集团有限公司	智能闯红灯自动监测记录系统

续表54

企业名称	产品名称
江苏瑞扬线缆有限公司	抗干扰防水型计算机网络测控电缆
扬州绿泉环保工程技术有限公司	VOCs-XC型吸附催化一体化净化设备 VOCs-RCO型蓄热式催化净化设备
扬州耀华信息科技有限公司	智能冷链物流车全控装置 冷链物流溯源监控与信息服务云系统 基于云计算的信息检索系统
江苏迪生建设集团有限公司	DS太阳能电子控制器LED瓦片灯
高邮市精正机械制造有限公司	新型高性能电动车前制动器 带防盗装置的电动车涨刹总成锁
江苏龙源先锋电气有限公司	一种具有固体绝缘性能的环网柜 移开式金属铠装封闭开关设备
高邮市永发机械有限公司	DMA45数控铣床
扬州安利达铜业有限公司	海洋工程及石油管道用耐磨耐蚀环保型双导体加热电缆
扬州市德运塑业科技股份有限公司	防辐射户外专用多功能环保人造革 环保高去污性汽车专用皮革
扬州重电太阳能科技发展有限公司	可调式太阳能专用锂电池模组 家用可移动式3000w太阳能发电机
江苏金通交通器材有限公司	JT-16-Ⅱ感应式行人过街动态控制信号机 JT-ITS智能交通信号灯控制系统 便于色盲识别的可调视角信号灯
扬州岱发环保科技有限公司	工业VOCs低温高效节能蓄热式催化燃烧装置
扬州大劲电机制造有限公司	DJ-I型智能控制调速电机 高效DSP控制无刷直流电机
江苏普利德电气有限公司	户外高压真空分界负荷开关 基于卫星通信技术的户外真空断路器
扬州昇业机械有限公司	G302TA-高速钢半圆镀钛锯片 G102A-20mm 高碳钢精确齿直锯片 G201TA-34mm镀钛双金属直锯片
扬州旭宁数控设备有限公司	XN-1316S轻型数控龙门式雕铣加工中心
扬州悦恒机械科技有限公司	插板式全自动轴承测量合套仪 CNK全自动特微型轴承沟径分选机 G2全自动轴承内外径综合检测机
江苏开元太阳能照明有限公司	KY-DL-Ⅱ智能互联网太阳能无线监测控制路灯 室外智能控制绿色照明路灯 智能光感控制稳流锂电池太阳能路灯
江苏恒通照明集团有限公司	风光互补型太阳能路灯 高效散热节能型LED路灯 HT-TYN-028型高稳定性智能环保太阳能路灯
江苏祺创灯饰制造有限公司	储控一体化锂电池
江苏时新景观照明有限公司	基于智能远程监控系统的LED路灯
江苏鑫莲液压机电有限公司	XL-DY型自控可变槽角犁式卸料器 XL-II型缓冲式防寒型装车闸门 DPLC-O型超高硬度耐磨浆液阀
扬州市润源灯饰有限公司	高性能多功能新型通信通讯铁塔
江苏星浪光学仪器有限公司	高性能精密光学薄膜滤光片
江苏新火种照明有限公司	防水散热型节能LED路灯

续表54

企业名称	产品名称
扬州市鑫通智能信息技术有限公司	智能模块化网络交通信号机
江苏富威能源有限公司	电动道路车辆专用无镉高效动力电池 智能型大容量高能环保储能蓄电池
首凯汽车零部件(江苏)有限公司	超高温热敏电阻汽车尾气温度传感器 汽车霍尔式曲轴位置传感器 汽车ABS霍尔式轮速传感器
高邮环流泵业有限公司	350ZL-125型立式单基础轴流泵 QZ型双向立式轴流泵 ZLB型高速高效节能轴流泵
江苏星火照明集团有限公司	XH-II型双轴光电跟踪太阳能电池板 XH-SGY-01双光源多时段控制太阳能路灯
扬州升阳电子有限公司	导电高分子型固态铝电解电容器 高频超低阻抗固态铝电解电容器
高邮市新浪爱拓化工机械设备有限公司	全自动双级反渗透一体机 1000L智能微射流真空乳化机 SME-A-50L型升降式数显电控真空乳化锅
扬州戴卡轮毂制造有限公司	QDK08114C01型高理化性能铝合金汽车轮毂

(王凯)

农业科技

【获批省科技支撑(现代农业)计划项目2项】 2016年,经省科技厅、省财政厅联合发文认定,高邮市获批省科技支撑(现代农业)计划项目2项,即高邮市园区经济发展有限公司承担的特色水禽养殖加工关键技术集成创新与示范应用项目、高邮市日星药用辅料有限公司承担的高纯度玉米醇溶蛋白制备关键技术研究及缓释包衣材料开发项目,累计获批无偿资助经费375万元。(王凯)

【获批省科技支撑(社会发展)计划项目1项】 2016年,经省科技厅、省财政厅联合发文认定,高邮市获批省科技支撑(社会发展)计划项目1项,即江苏凯尔高分子材料有限公司承担的高枝化纳米颗粒的酶法合成关键技术与应用项目,获无偿资助经费40万元。(王凯)

【获批扬州市科技发展计划农业科技攻关项目6项】 2016年,经扬州市科技局、市财政局联合发文认定,高邮市获批扬州市科技发展计划农业科技攻关项目6项,即高邮市红心旺食品有限公司承担的扬州鹅健康养殖与精深加工关键技术研究与集成应用项目、江苏美滋滋食品有限公司承担的全谷物杂粮饼干的研究与产业化项目、江苏扬州惠万家农业科技实业有限公司承担的油用牡丹组织培养快繁技术及离体辐照诱变研究项目、扬州市立华畜禽有限公司承担的黄羽肉鸡舍智能环境控制技术研究与应用项目、扬州凯尔化工有限公司承担的淀粉基生物医用材料加工关键技术研究项目、扬州日兴生物科技股份有限公司承担的废弃虾蟹壳全质化利用及绿色加工技术研究与产品开发项目,累计获批无偿资助经费60万元。

(王凯)

【获批国家级“星创天地”1家】 2016年,科技部公布第一批“星创天地”备案名单,扬州高邮国家农业科技园区的“高邮特色水禽星创天地”名列其中。此为全市首家获批的国家级涉农类“星创天地”。(王凯)

资料链接 “星创天地”是科技部在全国布局建设的发展现代农业的众创空间,是新型农业创新创业一站式开放性综合服务平台,旨在通过市场化机制、专业化服务和资本化运作方式,利用线下孵化载体和线上网络平台,聚集创新资源和创业要素,促进农村创新创业低成本、专业化、便利化和信息化。“高邮特色水禽星创天地”是扬州国家农业科技园区的重要组成部分,主要围绕园区内高邮鸭和扬州鹅等优势产业,在特色水禽养殖与加工领域开展技术创新、产品创新、模式创新、体制创新,培育和壮大以高邮鸭、扬州鹅为主的特色水禽支柱产业,形成特色明显、具有自主知识产权的区域品牌。“高邮特色水禽星创天地”此次成功晋级“国字号”后,将被纳入国家级科技企业孵

化器的管理和服务体系，享受国家规定的各项优惠政策。（王凯）

【获批省农村科技服务超市分店、便利点3家】 12月，在全省2016年度农村科技服务超市工作考评中，经省科技厅和省科技服务超市总店专家组的现场考核，高邮市获批省农村科技服务超市分店、便利点3家，即高邮市阳光特种水产专业合作社承担的高邮特种水产产业分店、高邮市湖畔水产专业合作社承担的菱塘乡特种水产产业便利店、扬州市董氏特种水产承担的甘垛镇特种水产产业便利店。至此，全市累计拥有省级农村科技服务超市分店、便利店4家。（王凯）

【扬州高邮国家农业科技园区暨扬州大学现代农业科教示范园开工建设】 8月18日，开工建设。该扬州高邮国家农业科技园区于2015年年底由科技部批复创建，园区规划总面积38平方千米，主要发展种源产业、健康产业、观光产业、加工产业“四大产业”。在当日举行的奠基仪式上，共有扬州大学现代农业科教示范园、园区中心大道等5个子项目实现开工建设，工程投资估算10亿元。（王凯）

防震减灾

【概况】 2016年，市地震局围绕全年工作目标，创新思路，扎实工作，在机构保障、地震监测、震害防御、应急救援、防震减灾科普宣传等方面取得新的进展。是年，高邮市创成江苏省防震减灾示范县；市地震局被表彰为全国市县防震减灾工作考核(县级)先进单位、全省防震减灾工作(县级)先进单位，获2016年度省防震减灾优秀成果奖。

（赵海峰）

【法制工作】 2016年，市地震局结合“5·12”防灾减灾日、省科普宣传周、科技“三下乡”、唐山大地震40周年纪念日等时机，开展防震减灾知识宣传活动。是年，该局所有工作人员全部通过由市法制办组织的行政执法能力考试，并统一更换新的执法证。（赵海峰）

【地震监测预报】 2016年，市地震局进一步强化地震监测预报工作。全年高邮地震台、苏09井、车逻井观测正常，观测数据资料连续可靠。是年，高邮地震局获2016年度全省地震监测效能考核一等奖；高邮地震台的电磁学科、地电阻率、FHD观测均获全国观测资料评比第一名；电磁学科四分量磁力仪、地电阻率、前兆数据管理与系统维护均获全省观测资料评比第一名；资料质量分析报告获全省第一名；高邮地震台被表彰为2016年度全省先进地震台。（赵海峰）

【地震灾害防御】 6月1日起，市地震局结合第五代中国地震动参数区划图(GB18306-2015)在高邮全面实施的契机，依法推进开展建设工程抗震设防审批工作，并创新采用“一承诺、一说明”制度，切实保证审批后的抗震设防参数能运用到工程建设全过程。10月22日，市地震局被吸纳为高邮市建设工程竣工联合验收小组成员单位，推动抗震设防工作成为建设项目竣工验收的重要环节。

（赵海峰）

资料链接 “一承诺，一说明”是市地震局在建设工程抗震审批中创新提出的制度。该制度要求，工程建设单位承诺将抗震设防审批结果运用到建设工程抗震设计之中；同时还要求设计单位对建设工程抗震设计作出工程抗震计算说明。

（赵海峰）

【地震小区划】 2016年，为有效推进震害风险排查工作，市地震局提请市政府拨付专项资金509万元，组织开展城区地震小区划工作，涉及主城区44平方千米的范围。至年底，该地震小区划工作全部完成，并步入提请中国地震局评审环节。同时，市政府积极研究谋划具体方法，以期将该地震小区划成果运用于城市规划、建设工程等领域。

（赵海峰）

【应急救援】 2016年，全市13个乡镇(园区)、32个防震减灾联席会议成员单位全部完成地震应急预案的修订；市地震局在高邮市经济开发区组织开展地震应急综合处置演练，并要求全市所有乡镇(园区)安排人员观摩此次演练。12月，由省地震局出资50万元，建成高邮市地震应急指挥中心。（赵海峰）

【示范学校、示范社区、示范企业创建】 2016年，高邮市继续强化地震科普教育基地建设，推进开展防震减灾科普示范学校、地震安全示范社区、企业创建工作。是年，高邮镇琵琶社区创成国家地震安全示范社区，高邮镇高谢社区创成江苏省地震安全示范社区，市秦邮实验小学创成江苏省防震减灾科普示范学校，江苏传艺科技股份有限公司创成扬州市地震安全示范企业。（赵海峰）

【高邮市创成江苏省防震减灾示范县】 2016年，全市各责任部门对照《高邮市创建国家防震减灾示范县实施方案》和《江苏省防震减灾示范县认定标准》，同心协力开展江苏省防震减灾示范县创建工作，全面强化抗震设防、地震监测、地震应急指挥系统和防震减灾宣教体系建设，并按照抗震设防的要求，严格推进实施所有的新建、改建、扩建工程，促使全市防震减灾水平大幅提升，基本具备综合抵御6级左右地震的能力。至年底，该项创建工作通过省专家组组织的审查，高邮市正式创成江苏省防震减灾示范县。至此，高邮市成为江苏省首家防震减灾示范县。（赵海峰）

气象服务

【概况】 2016年,市气象局以气象监测预报预警服务中心建设和气象行政审批制度改革两项重点工作为抓手,全力推进气象现代化建设和气象事业改革,各项工作取得新的进展。全年气象观测综合质量为99.9%,稳定运行率为100%,到报率99.96%,数据可用率100%。是年,市气象局被被省文明委表彰为江苏省文明单位,被高邮市委、市政府表彰为市级机关能力作风建设标兵单位;获全国酸雨观测质量样品考核优秀等次;全慧被省总工会和省人社厅分别授予"五一创新能手""技术能手"称号。 (熊伟)

【气象监测预报预警服务中心建设】 该项目被列入2016年全市城建"双十"重点工程和民生幸福工程范畴,加以推进。其间,市气象局成立项目建设领导小组,认真组织开展各项工作,并按照序时进度完成项目建议书、土地预审意见、可研报告、选址意见书、环评等建设文件的编制及提交相关部门审批等事宜。至年底,该项目建设初步设计方案通过省气象局专家组的评审。 (熊伟)

【气象服务保障工作】 2016年,市气象局立足春运、高考等关键时段,中国高邮双黄鸭蛋节、环湖自行车赛、半程马拉松赛等重大活动,春耕春播、赤霉病防治、夏收夏种、秋收秋种等关键农时季节,春节、国庆节等重要节假日,借助电视台、传真、电话、手机短信、"96121"、电子显示屏、气象微博、微信等平台,开展全方位的气象服务保障工作。全年发布气象灾害预警信息43次、重要天气报告26期、决策服务材料31期、生态与农业气象服务专报46期、微博和微信专题信息600多条,预警信息覆盖30多万人次。 (熊伟)

【气象行政审批改革】 2016年,市气象局根据《中国气象局关于贯彻落实国务院第二批清理规范行政审批中介服务事项决定的通知》,对8项气象行政审批中介服务事项进行清理规范,并根据《国务院关于优化建设工程防雷许可的决定》《中国气象局党组关于防雷减灾体制的意见》等文件精神,制定《高邮市防雷减灾体制改革实施方案》,切实推进行政审批事项改革。 (熊伟)

【气象现代化建设】 2016年,市气象局主持编写《高邮市气象事业发展"十三五"规划》并提请市政府以文件印发各地、各部门。12月,组织建设新型自动站备份站并投入使用,促进全市气象监测自动化能力显著提升。 (熊伟)

【气象科普宣传】 2016年,市气象局充分利用"世界气象日""防灾减灾日""科普宣传周""三下乡""安全生产宣传月""法制宣传日"等契机,开展气象科普和防灾减灾宣传系列活动。全年累计组织开展气象科普进乡村、进社区、进校园、进企业各类活动16次,发放各类宣传材料3万多份,接受科普教育4000人次。 (熊伟)

【"世界气象日"系列纪念活动】 在2016年"世界气象日"前后, 市气象局围绕"直面更热、更旱、更涝的未来"主题,组织开展系列纪念活动。其间,开展气象防灾减灾科普进校园活动,并向广大师生发出科普倡议;举行气象科普进社区活动;举行气象日科普知识问答活动等。通过开展系列活动,向广大市民普及气象科普知识,增强全社会的防灾减灾意识。 (熊伟)

【气象技能竞赛】 2016年,市气象局组织人员参加扬州市2016年度气象行业职业技能竞赛。竞赛中,该局职工全慧获个人全能第三名的好成绩。此后,全慧代表扬州市气象局参加全省气象行业职业技能竞赛,获个人全能第五名、自动站技术保障单项第三名的好成绩,并由此获"江苏省五一创新能手""江苏省技术能手"及"气象综合业务标兵"等称号。 (熊伟)

【界首镇入选全国标准化气象灾害防御乡镇】 12月29日,在中国气象局公布的第四批全国标准化气象为农服务县(市、区)和乡(镇)名单中,高邮市界首镇入选第四批全国标准化气象灾害防御乡镇。 (熊伟)

资料链接 建设标准化气象灾害防御乡镇,旨在提高基层气象灾害防御能力和公众气象灾害防御意识,有效减轻气象灾害带来的影响,逐步建立政府主导、部门联动、自上而下的气象防灾减灾与乡镇自发、自下而上的气象防灾减灾相结合的防御体系建设。通过当地气象部门和地方应急管理部门认证,提高气象防灾减灾能力和意识,自动自发进行灾前、灾中、灾后各项灾害防御工作,降低气象灾害带来的损失。近年来,在高邮市气象局的技术指导下,界首镇逐步建立起"有领导机构、有信息员队伍、有信息服务站、有监测预警网络、有气象防灾减灾风险地图、有应急预案、有科普宣传计划、有气象防灾减灾融入式发展工作机制"的"八有"气象灾害防御体系,对全市其他乡镇开展气象灾害防御建设工作起到积极的引领示范作用。 (熊伟)

教　育

Education

综　述

2016年，全市教育工作坚持贯彻落实国家和省、市中长期教育改革和发展规划纲要，围绕《高邮市"十三五"教育事业发展规划(2016—2020)》，大力推进教育现代化建设，努力提升教育治理水平，年初预定的各项工作目标基本达成，全系统继续保持蓬勃向上的发展质态。

学前教育。实施《高邮市学前教育第二期五年(2016—2020年)行动计划》，从优化资源结构、健全制度保障、强化队伍建设、提高管理质量四个方面着手，着力提高学前教育现代化实施水平。以课程游戏化建设项目为抓手，推进幼儿园内涵建设，三组城乡幼儿园(秦邮—南艺、三垛—宝塔、郭集—菱塘)两两共建的课程游戏化项目获批扬州市课程游戏化建设项目。全面落实中心园独立法人地位，积极开展学前教育名师工程、学前教育宣传月活动，杜绝学前教育"小学化"倾向。继续实施公办幼儿园改薄工程建设，全年新建幼儿园2所(临泽幼儿园、沙堰幼儿园)，改扩建幼儿园3所(甸垛幼儿园、郭集幼儿园、秦邮幼儿园)，累计投入2440万元，获省综合奖补258万元。继续推进省优质幼儿园创建工作，全年新创成省优质幼儿园2所(实小附属幼儿园、川青幼儿园)；全市学前三年幼儿入园率98.6%，在省优质幼儿园接受教育的幼儿占比85%以上。争取乡级财政投入近1000万元，按不低于同类公办教师2/3标准，逐步提高全市自聘幼师工资待遇，使其年均收入达4.8万元左右。

义务教育。以"省小学特色文化建设工程""省薄弱初中质量提升工程"为引领，推动义务教育均衡发展，车逻小学"百树林文化"建设项目通过省级答辩，秦邮小学、卸甲初中特色课程建设项目复审获"优秀"等第，并获省奖补资金140万元。继续实施义务教育现代化学校创建工程，新创成省义务教育现代化学校9所(小学7所、初中2所)，累计创成51所，占比为79.7%。

高中教育。继续推进星级高中、课程基地创建活动，市第二中学通过省四星级高中评估验收，市第一中学"秦邮文化"获批省级课程基地，高邮中学、市第一中学成为南京财经大学优质生源基地。继续执行热点高中新生统招指标定向分配制度，将高邮中学统招计划的70%按报考人数比例定向分配到各初中学校，择优录取。先后4次召开高考备战会，强化对复习轮次的科学安排，努力提升教学质量。全市共有4006人参加高考，达本科分数线2825人，其中达二本以上分数线2020人(比上年增加438人、增长27.7%)，上线率70.5%。高邮中学考生张乐童夺得扬州市理科状元。全市高考大专以上录取率93.1%。至年底，全市累计有省三星级高中2所、省四星级高中3所。

职成教育。借助创建平台提高发展水平，高邮中等专业学校创建"江苏省高水平现代化职业学校"、高邮市菱塘民族中等专业学校创建省级电线电缆制造高水平示范性实训基地，均通过评审。高邮中等专业学校创成江苏联合职业技术学院五年制高职办学点，招收五年制计算机应用技术专业45人；该校在当年对口高考中有学生34人被普通高校本科录取，录取数和录取率再次位居扬州各县(市、区)职校之首。高邮市创成省社区教育示范区。全年创成国家级社区教育示范乡镇2个，创成省标准化社区教育中心3家，省标准化居民学校9所。全市职教和社教获批省级课题7项，完成省级课题结题6项。市教育局、车逻镇和菱塘回族乡社区教育中心被表彰为江苏省社会教育通讯报道先进集体。全年组织乡镇培训观摩活动13次,完成农村实用技术培训6.2万人次,培训农村劳动力2.4万人次,实现转移3000人,培训从业人员25.4万人次,从业人员培训率60%。

2016年,全市有成型幼儿园48所(另有办园点10个),其中省优质幼儿园40所(占比为83.3%);在园幼儿1.49万人,幼儿学前三年入园率98.6%;幼儿教育职工1663人,其中专任教师986人,专任教师中大专以上学历者占98.2%。有小学40所(含九年一贯制学校1所),其中省义务教育现代化学校29所,在校生2.68万人;小学适龄儿童入学率100%、巩固率100%;小学教职工2280人,其中专任教师1938人,专任教师中本科及以上学历者占85.24%。有初中24所(含民办初中2所),其中省示范初中21所,在校生1.6万人;初中入学率100%、巩固率100%,初中毕业生升学率99.8%;初中教职工2015人,其中专任教师1696人,专任教师中本科及以上学历者100%。有高中6所,其中省三星级以上高中5所,在校生1.05万人;高中教职工1261人,其中专任教师1105人,专任教师中研究生学历者占18.8%。职业学校2所,在校生6648人;职中教职工297人,其中专任教师256人,专任教师中研究生学历者占15.63%,职业中学“双师型”教师占75.6%。特殊教育学校1所,在校生79人,教职工23人,其中专任教师22人。　(韦玉新)

学前教育

【高邮市调整幼儿园自聘教师工资待遇做法受省、扬州市主管部门关注】　1月起,全市执行《高邮市幼儿园自聘教职工工资待遇指导意见》规定,按照不低于同类公办教师2/3的工资标准(年人均收入4.8万元),调整落实幼儿园自聘教师工资待遇。5月,省教育厅在《江苏省实施学前教育五年行动计划工作简报(第25期)》刊发高邮市调整幼儿园自聘教师工资待遇的具体做法;10月,扬州市教育局发文转发《高邮市幼儿园自聘教职工工资待遇指导意见》,)向扬州各县(市、区)推广。　(韦玉新)

【教育部、财政部调研组到高邮调研学前教育工作】　(详见《特载》篇目《视察与调研》分目)

【市人大常委会主任会议专题审议全市学前教育发展情况】　4月21日下午,市十四届人大常委会召开第31次主任会议,专题审议全市学前教育发展情况。会议认为,近年来,市政府及教育部门高度重视学前教育,采取积极措施,保障学前教育健康快速发展,幼儿园办园条件不断改善,优质资源逐步扩大,学前教育整体水平进一步提升,并先后获得省学前教育先进市和省学前教育示范区称号。会上,在听取市教育局局长陆鹏海所作的《全市学前教育发展情况汇报》后,针对学前教育发展不平衡、教师队伍建设比较滞后、资金投入仍显不足等问题,提出四点建议:加强基础建设,统筹优化学前教育发展环境;着力破解难题,增强学前教育发展后劲;创新办园模式,提升学前教育质态水平;严格规范管理,保证学前教育健康发展。　(韦玉新)

【全市庆祝“六一”国际儿童节大会】　5月31日,由高邮镇、市教育局主办,市城北实验小学承办的全市庆祝“六一”国际儿童节大会在市体育馆举行。市四套班子相关领导、高邮镇及相关部门负责人、全市小学(幼儿园)校长(园长)、小学生(幼儿)代表等参加。会上,在相关市领导致辞后,市城北实验小学学生通过舞蹈、情景表演、小合唱、队列表演、戏曲联唱等形式,向大会呈上一台以“多彩校园　快乐六一”为主题的文艺汇演,展示广大少年儿童活泼可爱、朝气蓬勃的精神风貌。

(韦玉新)

【幼儿园课程游戏化项目】　2016年,全市完成县级以上幼儿园课程游戏化建设项目32项,其中省级幼儿园课程游戏化建设项目2项、扬州市级幼儿园课程游戏化建设项目11项、高邮市级幼儿园课程游戏化建设项目19项。是年,全市获批扬州市课程游戏化建设项目3项。　(肖玲)

【公开招聘幼儿教师24人】　2016年,根据《高邮市学前教育五年(2016-2020年)行动计划》要求,按照扬州市委组织部、扬州市人社局有关事业单位招聘工作人员统一部署,经过报名、资格审查、笔试、资格复审、面试、体检、考察、公示和聘用等环节,高邮公开招聘幼儿园在编教师24人,其中录用应届师范类学前教育专科以上毕业生5人(含男性幼儿教师3人)、在岗幼儿教师19人。至年底,全市有在编幼儿教师133人。　(肖玲)

【三垛镇幼儿园园长管国勤获“感动江苏教育——最美幼儿教师”称号】　2月,省教育基金会和报刊总社联合开展“感动江苏教育人物——2016最美幼儿教师”评选表彰活动。开展此评选表彰活动,旨在展示、宣传全省广大幼儿教师爱岗敬业、教书育人的感人事迹,引导社会各界关注、关心、支持学前教育事业发展和幼儿教师队伍建设。此次评选活动,全省基层共推选幼儿教师246人参加。8月22日,经过综合评分、汇总和审议,最终评出“感动江苏教育人物——2016最美幼儿教师”特别奖1人、“感动江苏教育人物——2016最美幼儿教师”10人、“感动江苏教育人物——2016最美幼儿教

师"提名奖10人，其中高邮市三垛镇幼儿园园长管国勤被评为"感动江苏教育——最美幼儿教师"。（韦玉新）

资料链接　管国勤，女，1981年从事幼教工作，1984年担任原武宁乡中心幼儿园园长，2009年担任三垛镇中心幼儿园园长兼镇幼教辅导员至今。参加工作30多年来，她在平凡的幼教岗位上一直是兢兢业业，踏踏实实，默默奉献。2016年，她的事迹被高邮电视台"民生视线"栏目、《扬州日报》进行报道。由于工作突出，她曾先后获扬州市三八红旗手；市、镇先进工作者、优秀共产党员等称号。2012年，她被评为高邮市"首届感动高邮教育十大新闻人物"。2016年12月28日，她被评为扬州教育十大新闻人物。（韦玉新）

中小学教育

【市政协主席会议专题协商全市教育现代化建设工作】　（详见《政协高邮市委员会》篇目《重要会议》分目）

【市政协委员专题视察全市民办教育工作】　（详见《政协高邮市委员会》篇目《重大活动》分目）

【省义务教育现代化学校创建工作】　2016年，根据《江苏省义务教育学校现代化办学标准》，全市继续开展省义务教育现代化学校创建工作。至年底，全市新创成省义务教育现代化学校9所，其中小学7所（界首小学、平胜小学、高邮经济开发区树人小学、龙虬小学、马棚九年一贯制学校小学部、二沟小学、沙堰小学）、初中2所（高邮经济开发区初中、龙奔初中）。至此，全市累计创成省义务教育现代化学校51所，占比为79.7%。（韦玉新）

【高邮市第三届班主任专业能力大赛】　7月7～8日，高邮市第三届班主任专业能力大赛决赛在市第二中学举行。此次决赛，分小学组、初中组、高（职）中组进行，经各校初赛选拔推荐，共有选手87人参加决赛。经过一天半的角逐，19人分获小学组、初中组、高（职）中组一等奖，35人分获小学组、初中组、高（职）中组二等奖。（韦玉新）

【获扬州市第五届中小学班主任基本功竞赛奖项6项】　9月，在扬州市第五届中小学班主任基本功竞赛活动中，高邮市的参赛选手获奖项6项，其中高邮中学潘婷获高中组一等奖，实验小学潘佳佳、八桥小学杨美华获小学组二等奖，市南海中学陆寿华、郭集初中吴璇、市第一中学钱竹清获初中组三等奖。（韦玉新）

【省四星级高中创建工作】　2016年，全市以市第二中学为代表，继续推进省四星级高中创建工作。3月28～30日，省教育评估院专家组对市第二中学创建省四星级高中进行现场评估。其间，通过参加升旗仪式，实地查看校园，随机听课，查阅资料，组织个别访谈、专项剖析和学生满意度调查，考察主题班会、课外活动、学生自主发展活动、教育论坛等一系列活动，对该校创建工作进行全面考评，并在现场考察意见通报会上，对该校创建工作予以充分认可。12月30日，省教育厅发文公布普通高中星级评估结果，市第二中学通过省四星级高中评估。至此，全市创成省四星级高中3所，占比为50%。（韦玉新）

【高邮中学、市第一中学获南京财经大学"优质生源基地"授牌】　5月20日，南京财经大学分别与高邮中学、市第一中学举行"优质生源基地"签约授牌仪式。至此，该两所学校正式成为南京财经大学"优质生源基地"。（韦玉新）

【高邮代表队获第28届青少年金钥匙科技竞赛团体赛一等奖】　11月26日，在省教育厅、省科技厅、省科协、省文明办联合举办的第28届青少年金钥匙科技竞赛团体赛上，由高邮中学、市南海中学、市实验小学学生组成的高邮代表队，作为扬州各县（市、区）唯一的出线团体，在决赛中获省一等奖。（韦玉新）

【8名学生获扬州市中学生古诗文默写、汉字听写大赛奖项】　5月13日，扬州中学生古诗文默写、汉字听写大会总决赛在扬州市新华中学举行。此次决赛，高邮市由8名学生代表参加。经过角逐，市赞化学校杨志成获一等奖，市赞化学校陆云天、张卫鸣、陈金茗获二等奖，市赞化学校费臣禾、赵欣蕾及市南海中学陈好、党嘉成获三等奖。此外，高邮市教育局获该大赛"优秀组织奖"。（韦玉新）

【"凤凰杯"全市第二届中小学生书法现场比赛】　6月26日，市教育局、市老干部书画研究院和市人大书画会联合举办2016年"凤凰杯"全市第二届中小学生书法现场比赛。此次现场比赛，以讴歌"强富美高"新高邮为主题，并聘请扬州市书画院知名书法家作为评委；全市各中小学在初赛的基础上，共选拔选手317人参加。经现场命题、当场书写、封闭评审，共评出特等奖2人、一等奖8人、二等奖30人、三等奖80人及优秀奖若干人。（韦玉新）

【高邮市新队员入队仪式暨"鼓乐铿锵庆长征胜利80周年"展演活动】　10月14日，团市委、市教育局联合举办2016年高邮市新队员入队仪式暨"鼓乐铿锵庆长征胜利80周年"展演活动。仪式上，有650名新生代表参加入队宣誓仪式；市秦邮小学、市宝塔小学、市三垛小学三支鼓号队进行表演。（韦玉新）

【清明经典诵读会展示活动】　3月31日下午，由市委宣传部、市文明办、市教育局主办的"我们的节日"清明经典诵读展示活动，在市实验小学（东校区)致用堂举行。全市各中小学德育工作负责人及部分学生、家长代表近400人参加。此次展示活动,分“追忆历史、缅怀先烈、传承精神”三个篇章进行,师生们以朗诵、舞蹈、音诗画、专题视频播放、采访等多种形式,向观众展现抚今追昔、感念先贤的情怀。(韦玉新)

【第一届“最美邮中人”颁奖暨迎新年联欢晚会】 12月30日举行。市教育局局长陆鹏海及该校师生和各年级学生家长委员会成员参加。晚会上,共表彰第一届“最美邮中人”8人,其中学生4人(马成功、王旻宇、张劲萌、张乐童)、教师4人(王永昌、沈军、管定华、陈桂红)。当晚,该校师生还通过古典舞、啦啦操、诗朗诵、歌咏等节目传递新年祝愿。(韦玉新)

【三垛中学建校60周年座谈会】 10月3日,三垛中学建校60周年座谈会在该校修远堂举行,该校老教师及各届校友代表和全体校务委员参加。会上,该校86届校友筹集20万元设立奖学金(每学期发放1万元),并举行首批奖学金发放仪式,惠及该校10名学生(人均1000元)。(韦玉新)

【《回乡娃娃心向党》获2016北京民族健身秧歌、腰鼓网络视频大赛秧歌组第三名】 10月,“2016北京民族健身秧歌、腰鼓网络视频大赛”评审结果揭晓,菱塘回民小学“民族之韵”秧歌队参赛作品《回乡娃娃心向党》获秧歌组第三名。此为该大赛唯一获奖的小学作品。(韦玉新)

【中国空军指挥学院外籍军官团访问菱塘回民小学】 (详见《高邮市人民政府》篇目《外事》分目)

【高邮外国语学校UEI英语课程项目签约】 7月26日,高邮外国语学校与澳大利亚国际教育课程管理中心举行合作签约仪式,签约项目为UEI英语课程。(韦玉新)

资料链接 UEI模式英语,是在澳洲同等级课程的基础上结合中国教学计划,并由中、澳高级语言专家、学者编写的全系列应用教程,其在保留英语语言教学精髓的基础上,高度契合中国教学大纲、现行教材,内容涵盖听、说、读、写四个部分,并突出说、写的实际应用训练,是对中国现行教材的补充和提高。(韦玉新)

【市南海中学张子昂获全国“最美中学生”称号】 2017年2月9日,由团中央学校部、全国学联秘书处、中国青年报社共同举办的2016年度全国“最美中学生”“最美中职生”寻访活动结果揭晓,高邮市南海中学张子昂获2016年度全国“最美中学生”称号。(韦玉新)

资料链接 2016年6月,团中央学校部、全国学联秘书处、中国青年报社携手面向全国中学、中等职业学校在校学生,寻访一批在热爱祖国、勤奋学习、科技创新、技术技能、志愿服务、热心助人、见义勇为、诚信友善、孝老爱亲、自强自立等方面表现突出、自觉树立和践行社会主义核心价值观的“最美中学生”和“最美中职生”。经过校级、县级、市级和省级寻访,并经省级推荐、网络投票、专家评审和网络公示,全国最终共寻访出“最美中学生”标兵和“最美中职生”标兵各10人、最美中学生646人、最美中职生331人和特别奖获得者2人。作为全国646个最美中学生之一的张子昂,是市南海中学9(9)班班长,他在师生们印象中一直就是好学善思、积极上进、兴趣广泛、全面发展,曾先后在省、扬州市和高邮市多次英语演讲、书法、绘画等比赛中获得大奖,有多篇作文在各级各类报纸刊登,并曾在2015年获评“江苏好少年”“扬州市优秀学生干部”等称号。(韦玉新)

【6名中学生被吸收为高邮市作协会员】 10月,全市有6名中学生获批成为高邮市作家协会会员。这6名学生分别是高邮中学的谢可欣、黄欣荣,高邮经济开发区初中的沐奕、潘薇薇,市赞化学校的耿佳欣、朱韵涵。至此,该6名中学生成为高邮市作家协会吸收的首批小作家。(韦玉新)

【2名学生获省现场作文大赛特等奖】 11月26~27日、12月3~4日, 由省教育厅立项、省教育报刊总社主办的“苏教国际杯”江苏省第十六届中学生现场作文大赛初中组、高中组决赛分别在常州市、南京市举行。其间,市赞化学校学生姜舒扬的作文《手艺》、市第二中学学生吴怡的作文《存在感》,分获省现场作文大赛初中组特等奖(第8名)和高中组特等奖(第10名)。(韦玉新)

【高邮中学“校园心理剧”获省特等奖】 11月24日,由省文明办、省教育厅主办,江苏教育报刊总社承办的2016年(第七届)江苏省中小学“校园心理剧”优秀剧目评选结果揭晓,高邮中学选送的“校园心理剧”——《心若在,希望就在》获省特等奖。(韦玉新)

【获扬州市中小学师生才艺大赛特等奖16项】 10月上旬,扬州市教育局办公室发文公布扬州市第三届“中国梦·运河情”中小学师生才艺大赛评比结果,高邮市教育系统共获各类奖项近100项,其中获特等奖16项,即教师组摄影作品《砖厂上的童年》(薛树松)、《牧鹅图》(薛树松)、《高邮湖畔》(张艳、沈小敏),教师组绘画作品《山水》(薛树松)、《山水》(潘佳佳)、《新同事》(王国照),教师组器乐类作品《谐谑曲》(陈涛),学生组摄影作品《晒虾笼》(姜新玥),学生组绘画作品《玲珑小巧》(张卞静雯)、《飘香送艳》(谢雨瑄)、《百花争艳》(居心雨)、《古镇庙会》(董欣苗)、《青花瓷》(黄杰)、《农家乐》(孙熠灿),学生组器乐类作品《樱花》(华炜

洁)、《金蛇狂舞》(梅绽、王阳思灿等)。 (韦玉新)

【2016年全市高考获佳绩】 6月24日,江苏省高考成绩揭晓,高邮市普通类本二以上达线人数首次突破2000人大关,达到2020人,比上年增加438人,增长27.7%,占扬州市增加人数的50%以上,占全省增招人数的25%;本一、本二增幅均列扬州各县(市、区)之首。全市有考生成绩400分以上14人,比上年增加13人,其中高邮中学考生张乐童以424分的成绩位居扬州市理科第一名。 (韦玉新)

职业教育与成人教育

【高邮电大奥鹏学习中心被评为全国招生工作先进单位】 11月下旬,在江苏开放大学年度表彰会上,高邮电大奥鹏学习中心被中央电大表彰为全国招生工作先进单位。此为扬州市唯一受表彰的远程教育中心。 (韦玉新)

【高邮中等专业学校被认定为江苏省高水平现代化职业学校】 6月25日,根据省教育厅办公室、省财政厅办公室《关于开展第二批江苏省高水平现代化职业学校项目建设终期检查的通知》精神,经网络评审、专项审核和现场考察,省教育厅、省财政厅联合下发《关于认定第二批江苏省高水平现代化职业学校的通知》,认定南京金陵中等专业学校等39所学校为江苏省高水平现代化职业学校,高邮中等专业学校名列其中。 (韦玉新)

【高邮中专农机运用与维修、服装制作与营销实训基地被认定为省高水平示范性实训基地】 3月21日 ,根据省教育厅、财政厅《关于进一步加强职业学校高水平示范性实训基地建设的通知》《关于组织开展2015年职业学校实训基地建设专项视导的通知》等文件要求,经专家组材料评审和现场视导,并经省教育厅集中审议,省教育厅、省财政厅联合发文公布新认定的省职业教育高水平示范性实训基地、省职业教育实训基地名单,其中高邮中专农机运用与维修、服装制作与营销实训基地被认定为省高水平示范性实训基地。 (韦玉新)

【菱塘民族中专电线电缆制造专业被认定为省高水平示范性实训基地】 12月21日 ,根据省教育厅、省财政厅《关于进一步加强职业学校高水平示范性实训基地建设的通知》、《省教育厅办公室省财政厅办公室关于开展第三批江苏省高水平现代化职业学校和高水平示范性实训基地项目建设终期检查的通知》等文件要求,经专家组网络评审、现场视导,并经省教育厅集中审议,省教育厅、省财政厅联合发文公布新认定的省职业教育高水平示范性实训基地、省职业教育实训基地名单,其中菱塘中专电线电缆制造实训基地被认定为江苏省职业教育高水平示范性实训基地。 (韦玉新)

【高邮中专对口高考获佳绩】 2016年,高邮中等专业学校学生参加省高等院校普通高校单独招生考试共有262人。其中,在对口单招技能考试中,该校参试学生技能通过率为100%,建筑、农业、服装、美术专业平均分名列扬州各县(市、区)第一;实现对口高考本科达线34人,名列扬州各县(市、区)第一,超额完成年度目标,其中参考的计算机、市场营销、艺术设计、服务4个专业,本科录取率名列扬州各县(市、区)第一。 (周广春)

【江苏联合职业技术学院五年制高职办班点建设】 4月27日,以苏州建设交通高等职业技术学校校长杨建良为组长的江苏联合职业技术学院五年制高职办班点视察专家组一行,到高邮中等专业学校对该校申办机电一体化技术、计算机应用技术两专业五年制高职办学点进行综合评估。专家组通过听取汇报、查阅资料、现场查看等方式,对该校五年制高职办学点建设工作进行评估,并从办学优势、存在问题和工作建议三方面对评估情况予以反馈。5月16日,该校所申报的计算机应用技术专业获批江苏省联合职业技术学院五年制高职办班点,招收五年制计算机应用技术专业学生45人。 (韦玉新)

【社区教育】 2016年,高邮市创成省级社区教育示范区,界首镇、龙虬镇、送桥镇3家社区教育中心创成省标准化社区教育中心;车逻镇、高邮经济开发区创成国家级社区教育示范乡镇;龙虬镇一沟村居民学校、车逻镇管伙村居民学校、高邮经济开发区文游台村居民学校、卸甲镇伯勤村居民学校、汤庄镇跃进村居民学校、送桥镇送桥社区居民学校、临泽镇陈甸村居民学校、三垛镇光明社区居民学校、周山镇长宁村居民学校创成省标准化居民学校。是年,围绕乡镇支柱产业、特色农业、重点行业开展有效培训,全年举办乡镇培训观摩活动13次,完成农村实用技术培训6.2万人次,培训农村劳动力2.4万人次,实现转移3000人,培训从业人员25.4万人次,培训率达60%。 (韦玉新)

【职社教育系统获省级以上奖项8项】 2016年,全市职社教育系统积极参加各级各类比赛,并获省级以上奖项8项。即:高邮中等专业学校教师戴小慧、陈金狮分获省首届职业学校课堂教学大赛一等奖(加工类)、二等奖(农林牧渔类);高邮中等专业学校教师黄婷、徐蕾分获省职业学校教学大赛微课设计与应用比赛一等奖、二等奖;高邮中等专业学校学生周秋阳的“艺术插花”作品获第七届省中等职业学校“文明风采”大赛一等奖;高邮中等专业学校代表队获“新道杯”第十二届全国大学生创新创业暨沙盘模拟经营大赛江苏省决赛二等奖;临泽成校报送的作品《临泽高跷》获省乡土课程评比一等奖;车逻镇"雨润花朵"作品获批2016年省"终身学习品牌项目"。 (韦玉新)

【获社教宣传暨数字化应用推广省级奖项11项】 11月2日～3日,在南京市召开的全省社会教育宣传工作暨数字化学习研讨会上,高邮市获获省级奖项11项。其中,市教育局、车逻镇和菱塘回族乡社区教育中心被表彰为全省社会教育通讯报道先进集体;戴荣科、沈桂明、林恩龙、王金梅、陈庆宝被表彰为全省社会教育宣传报道年度先进个人;戴荣科获"全省社会教育宣传报道优秀稿件奖";赵厚祥被表彰为江苏学习在线应用推广先进个人,沈桂明被表彰为江苏学习在线项目联盟管理先进个人。 (韦玉新)

高等教育

【成人高考与非学历证书考试】 2016年,全市成人高考报名1013人,被各类院校录取898人,录取率88.6%。全市报考全国计算机等级考试、江苏省书法水平等级证书考试等非学历证书考试人数1.77万人,比上年减少2612人。 (郭贵潮)

【高等教育自学考试】 2016年,全市高等教育自学考试报名人数653人,涉及教育、医学、法律、经济等多个学科门类及数十个本、专科专业。至年底,全市有55人获发本、专科毕业证书。(郭贵潮)

【高邮开放大学】 2016年,高邮开放大学以服务地方经济发展为宗旨,结合办学转型契机,按照江苏开放大学、南京航空航天大学、大连理工大学、福建师范大学、东北大学等合作院校的要求,优化招生政策,强化招生宣传,努力提升招生工作成效。至年底,该校完成招生人数819人。(周广春)

【联合办学工作】 2016年,高邮中等专业学校与渤海大学共同举办教育硕士研究生班,推动本土人才的培养。是年,该校在读各专业研究生65人、毕业研究生34人。 (周广春)

教育改革与管理

【中小学素质教育督导工作】 2016年,市教育局新聘25人组建第二届责任督学队伍,以专兼职相结合的方式,在7个督学责任区推进开展素质教育督导工作。全年累计督导评估各类学校36所,完成责任督学到校随访1500人次、师生访谈800人次、家长电访(电话访谈)8000人次,并对随访发现的问题予以及时通报和整改落实。是年,高邮市被省政府教育督导委授予"江苏省中小学校责任督学挂牌督导创新县(市、区)"称号。 (韦玉新)

【全市第十一次中小学校(园)精致管理现场会】 11月17日举行。此次现场会分上午随机观摩与下午集中开会两段进行。上午,与会人员分幼儿园、小学、中学3个小组,随机观摩市宝塔幼儿园、三垛镇幼儿园、高邮外国语学校、市秦邮小学、市实验小学(西校区)、市武安初中、市南海中学等活动现场,并从校园环境、课堂教学、学生活动及校园文化建设等方面予以点评。下午在高邮中等专业学校集中开会。会上,播放2016年中小学精致管理百校行专题片;高邮中学、市城北中学、市实验小学、市南艺幼儿园作交流发言;宣读《关于表彰2015—2016学年度义务段教育教学质量先进单位的决定》《关于表彰2015—2016学年度幼儿园保教质量先进单位的决定》;市教育局主要负责人与分管负责人作讲话。 (韦玉新)

【课堂教学改革】 2016年,市教育局出台"高效课堂建设攻坚年"活动实施方案,组织第七届"珠湖星光大舞台"系列活动,推行主备人"说上课"制度,积极探索切合本市实际的优质、高效、轻负的教学模式和运行机制。定期召开全市教育教学工作会、分析会、推进会,全年开设示范课、研讨课142节,邀请各地知名专家指导和培训42次,组织赴教育先进地市观摩学习40次。各校在市"预—学导航"总课堂模式下,充分开展个性化的课堂实践,打造具有自身特色的课堂模式,推动高效课堂改革向纵深发展。 (韦玉新)

【省健康促进学校创建】 2016年,市教育局继续协调各校开展省健康促进学校 创建工作。是年,全市新认定省健康促进学校30所,其中金牌学校2所(市赞化学校、市城北小学)、银牌学校10所(市临泽中学、市实验小学 、甸垛初中、送桥初中、送桥小学、天山初中、天山小学、郭集初中、郭集小学、菱塘回民小学)、铜牌学校18所(市城北中学、市第一小学、武安初中、市秦邮小学、车逻初中、高邮经济开发区初中、高邮经济开发区小学、临泽初中、川青初中、界首初中、界首小学、三垛初中、三垛小学、卸甲初中、卸甲小学、菱塘民族初中、龙虬小学、甸垛小学)。 (韦玉新)

【扬州市校本教研四星级学校创建】 2016年,在扬州市第二轮校本教研星级学校创建活动中,高邮中学、市南海初中、菱塘民族初中和市第一小学被评为扬州市校本教研四星级学校,高邮市创成数占扬州市总数的三分之一。 (韦玉新)

资料链接 为深入开展教科研工作,提升教育质量,从2013年6月30日开始,扬州市教育局启动开展每三年为一轮的校本教研星级评估工作。至2016年6月底,完成扬州市首批校本教研星级学校创建和评定工作。该校本教研星级评估分为一星级、二星级、三星级、四星级、五星级五个等级，其中一星级为基础级、五星级为最高级(为确保创建质量，首轮创建评估不含五星级)。同时规定各星级学校的评估标准。学校接受某一星级标准的评估且获得通过后，即可获得相应的星级称号。一星级学校：校本教研制度初步建立，教研任务分工明确，教研活动有序开展；二星级学校：校本教研制度规范，教研活动管理有力，促进教育质量有效提升，各项教研活动的过程性档案完整；三星级学校：校本教研制度规范符合校情，教研活动形式丰富，管理规范，教研成效好，教师普遍认同学校教研文化；四星级学校：校本教研制度完善并体现学校文化特色，教研活动形式丰富、具有激励性，教研成效显著，教研教改经验在全市范围内推广；五星级学校：校本教研制度完善且具有示范性，教研活动形式丰富具有创新性，教研成效突出，基本建成学习型学校，教研教改经验在省内外推广。通过开展该校本教研星级评估工作，有力提升全市各中小学的教育质量。（韦玉新）

【第十五届“书香文游”研讨会】 4月28日，在菱塘回民小学举办。扬州市教科院教授陈萍、陈玲玲，高邮市新华书店经理周明华，高邮市教育局领导班子成员、相关科室负责人，全市各中小学校长、教师代表及菱塘回民小学部分家长代表共200多人参加本次活动。其间，与会代表参观菱塘回民小学具有民族文化特色与浓郁书香氛围的校园环境；察看各班级午间师生共读的活动现场；翻阅该校系列读书活动的资料图片；观摩该校教师徐承、李春艳执教的课外阅读指导课，丁国娟、张冬生执教的课外阅读交流课，高照组织的民族之梦诵读社团活动；观看菱塘回民实验小学“读中华文化经典、做民族风采少年”的读书汇报演出。会议还公布本届“书香文游”系列比赛活动评选结果，授予7所学校“书香校园”称号，表彰年度阅读工程推进工作优等学校和课外阅读专题研讨论文获奖教师及读书成果竞赛获奖学生，安排论文一等奖获得者教师代表杨丽、谢颖围绕“评价促发展，书香润校园”研讨主题作交流发言，该校校长张加庆作题为《书香润校园 阅读伴成长》的书香校园建设工作经验介绍，并安排高邮市教育局副局长陈生桃作《科学规划 有序推进 不断增强阅读工程建设的实效性》主题报告。（韦玉新）

链接资料 4月23日上午，扬州市第二届“朱自清读书节”启动仪式暨《全民阅读》邮票首发式在扬州市文化艺术中心广场举行。仪式上，对2015年度扬州市全民阅读“十佳阅读基地、十佳阅读品牌、十佳推广使者”进行表彰，其中高邮市“书香文游”读书活动获评“十佳阅读品牌”、市实验小学获评“十佳阅读基地”。（韦玉新）

【省级课程基地项目创建】 2016年，全市教育系统继续组织开展省级课程基地项目创建工作。4月，车逻小学“百树林文化”特色建设项目、市第一中学“秦邮文化”综合实践活动课程建设项目获批为省立项项目；市秦邮小学“承邮乡底蕴、扬国学传统”特色建设项目及卸甲初中“一体四维”体验式语文课程建设项目获复审优秀等第。（韦玉新）

【教育行风建设】 2016年，市教育系统通过构建“1+3”(建立1项信访工作规程，实行以查促防、以查促教、以查促改3种信访处置方式)信访办理机制，切实推进教育行风建设。全年共办理各级各类信访件69件，谈话提醒23人，函询13人，责成书面检查1人，下达《监察建议书》2份，提出整改意见15条；组织5所学校走进“政风行风热线”，办理省、市“政风热线”投诉事项9件；主动上门化解信访问题8人次；承办、协办人大代表建议、政协委员提案28件，其中有23件办理结果满意率为100%；办复各类网络寄语950多条。（韦玉新）

【信息宣传工作】 2016年，市教育系统认真抓好信息宣传工作。全年高邮教育信息网发布各类宣传信息2500多条，其中被省级以上媒体录用120多条，“高邮教育在线”官方微信、微博发布各类信息1500多条。（韦玉新）

【市实验小学家长学校工作在省级培训班作交流发言】 7月13～15日，省教育系统关工委在扬州江海学院举行省教育系统家长学校骨干教师培训班。会上，市实验小学校长戴兆飞作该校家长学校工作交流发言，受到全省教育系统的关注。（韦玉新）

【市教育局电教中心受省级表彰】 11月17日，在2016年度全省教育信息化资源发行暨宣传工作培训会上，市教育局电教中心被省电教馆表彰为2016年度江苏省教育信息化资源发行先进单位。此外，在该会议上，柏永志还被表彰为2016年度江苏省信息化宣传工作先进个人。（韦玉新）

【市教育学会被认定为省级先进教育学会】 3月22日，省教育学会发布《关于表彰江苏省先进教育学会的通知》，市教育学会经自主申报、大市初审、省级终评，被认定为“2013—2015年度江苏省先进教育学会”。（韦玉新）

【市教育工会获扬州市“示范工会”称号】 2016年，市教育工会紧紧围绕教育发展目标，用心抓队伍提升，用情为职工服务，用力抓民主管理，用实抓基层基础，各项工作取得新的进展。是年，在扬州市各县(市、区)教育工会考核中名列第一，获“示范工会”称号。（韦玉新）

【教育审计工作】 2016年，市教育局继续组织开展教育内部审计工作。开展2015年度经济责任审计,涉及乡镇教育中心校校长6人、市属学校校长8人;开展离任经济责任审计,涉及乡镇教育中心校校长3人、市属学校校长1人及高邮中学勤工办负责人;开展财务收支情况专项审计,涉及省级优质园10所、各相关学校食堂21家;开展工程项目结算审计,涉及相关学校的基建工程项目8项、修缮工程项目15项。(韦玉新)

【科教创建工作】 2016年,市教育局继续协调相关部门开展各类科教创建工作。至年底,市第二中学、武安初中被认定为全国青少年校园足球特色学校;三垛小学、武宁小学、营南小学、横泾小学、甘垛小学、市朝阳中学、市阳光双语初中创成扬州市依法治校示范校;高邮中学、市高邮中等专业学校、市赞化学校、市秦邮初中、市实验小学、高邮经济开发区小学创成扬州市平安校园示范校;市惠民教育服务中心被评为扬州市消费者满意单位。(韦玉新)

【助学帮困工作】 2016年,全市教育系统继续深入推进助学帮困工作。全年共发放困难学生生活补助费和国家助学金840.58万元,惠及学生1.2万人次;免除家庭困难学生学费12.94万元,惠及特困生154人;帮助办理生源地助学贷款80.95万元,惠及贫困大学生96人;募集助学资金224.79万元,惠及贫困生1200多人。(韦玉新)

【全市校园安全管理工作会议】 8月23日,在市南海中学举行。各乡镇(园区)教育中心校校长、中小学校校长参加。会上,印发《高邮市学校安全管理工作手册》;邀请市安监局、市消防大队、市交巡警大队相关负责人就学校安全管理与安全防范、学校消防安全以及学生接送车管理开展专题培训;安排高邮中等专业学校、市赞化学校、三垛镇教育中心校、卸甲小学作校园安全管理工作交流发言;市教育局法制科负责人对新学期学校安全工作和食品卫生工作作专题部署。(韦玉新)

教师队伍建设

【干部队伍建设】 2016年,市教育局制定和出台《中小学校领导班子和领导干部综合分析研判实施办法》《2016年综合研判工作计划》,着力抓好全系统领导班子和干部队伍建设的各项前瞻性、基础性工作;坚持将学校党组织书记职位选配与校长班子配备一同考虑,选齐配强各学校领导班子;按照动议、民主推荐、确定考察对象、座谈考察、讨论决定、公示、任免等规定程序,继续开展干部提任、交流和调整工作。全年全系统调整干部82人,其中提拔任用37人,岗位交流26人。(韦玉新)

【中小学校长培训】 2016年,市教育局继续组织全市中小学校长参加各级各类培训,着力提升各位校长的业务素质和能力水平。8月16～19日,组织全市中小学校长及局机关相关人员到南京师范大学,参加中小学校长暑期培训班,重点就校长魅力的修炼、校长专业标准与专业发展、学生核心素养、学校管理理念、提高执行力、师生心理教育、国际国内安全等方面接受培训。11月30日6～12月3日,组织全市中小学校长及局机关相关人员到浙江省湖州市,参加由国家教育行政学院主办的第八届中小学校长发展论坛,重点学习教育创新发展、深化课程改革、提升学校管理等方面的知识。论坛上,送桥镇教育中心校校长王家平作为江苏省中小学校长代表,作题为《如何提升校长教育领导力向上的思考》主题发言,受到400多名与会者的关注。(韦玉新)

【师德建设】 2016年,市教育局继续加强教师的师德师风建设。继续组织开展"百名机关干部下基层进学校、结对联系促发展""千名教师进社区访家长、家校联动助成长""万名教师立师德树师表、示范引领展形象"活动,全年局领导班子成员及相关科室负责人走进中小学校听评课1600多节,查看学校晚自习开展情况760多次,印发进校园通报8期、亮点工作10期;完成教师走访家庭1.47万户,新生家庭受访率100%,班主任参访人数100%,任课教师参访率91.9%。强化师德年度考评工作,加大对教师执行扬州市师德"八不准"及高邮市师德"十不准"情况的监督检查,认真查处教师的师德失范行为。根据省人社厅、省教育厅《关于做好乡村学校从教30年教师荣誉证书颁发工作的通知》精神,共推荐表彰长期在乡村学校工作的在职和退休教师3454人。(韦玉新)

【"杏坛榜样"事迹报告会】 9月10～11日,市教育局在高邮外国语学校举行"平凡中的坚守——高邮'杏坛榜样'事迹报告会"。其间,共举行报告会6场次,重点宣讲教育系统8名个人(薛素华、杨士清、吴有为、李云龙、杨世忠、周粲、管国勤、张素琴)、1个集体(市第一中学2016届高三年级组)的先进事迹,全市各中小学、幼儿园在职教职工等6000多人参加。(韦玉新)

【"颂歌献给党"朗诵大赛】 7月18日,由市教育系统主办的"颂歌献给党"——庆祝建党95周年全市教职工朗诵大赛现场决赛,在市实验小学东校区举行。全市教育系统党员干部、教职工代表200多人参加现场观摩。此次大赛设置自选作品朗诵、指定作品展示、自由辩论和才艺展示四个环节,共有教职工334人报名参加。经过预赛遴选,有选手13人进入决赛。经过角逐,高邮城南经济新区小学周祥兴获一等奖,临泽小学王雨、市化学

校郑欣获二等奖。 （韦玉新）

【师能建设】 2016年，市教育局围绕师能建设“百千万工程”，继续组织开展百名校长（园长）科研引领下“我的教学主张”课堂评价活动、千名骨干教师科研引领下“我的教学研究”课堂展示活动、万名青年教师科研引领下“我的教学改进”课堂基本功竞赛活动，累计有中小学校长（园长）58人、骨干教师142人、青年教师296人参加各类系列活动。组织1060人次参加各类基本功考核。全年选派教育干部及教师出国培训15人、参加国家级培训13人、省级培训249人次、扬州市级培训3005人次。组织开展县级培训项目116项，培训教师1.39万人次。组织新教师岗前培训195人，安排教师下乡支教和进城顶岗培训85人，推出“名师讲座”“名师评课”等活动120次；组织信息技术送培到校15场，惠及43所学校800多名教师；组织装备和信息化应用培训，培训教师近600人次。 （韦玉新）

【名师（学科）工作室建设】 2016年，市教育局注重发挥先期所设名师（学科）工作室作用，通过名师的示范教学、现场指导、专题研究、开课讲评、观摩考察等，加大对中青年教师的培养、培训力度。是年，全市新设立名师（学科）工作室1个（高邮体艺学科工作室），累计设立名师（学科）工作室20个；累计吸纳省市特级教师17人、骨干教师近360人参与，举办各学科教研活动260多次，培养辐射教师1.3万人次。 （韦玉新）

【小学数学乡村骨干教师培育站设立】 2016年，市教育局设立小学数学乡村骨干教师培育站，采取集中研修、网络研修等方式，组织开展研修活动。该培育站由天山小学副校长、省特级教师朱宇担任主持人，由市教育局教研室小学数学教研员蒋琴及车逻小学教导处主任柏正广担任导师，首期吸收学员30人。 （韦玉新）

【骨干教师培养工程】 2016年，市教育局继续开展骨干教师培养工程，着力打造师德高尚、教学优秀、教研突出、教改先进、有影响力的教师群体。是年，经基层学校申报，市局组织推荐，并报上级教育主管部门评审确定，界首镇幼儿园、龙奔小学、临泽中学、市第二中学被表彰为江苏省先进集体，高邮中学黄仁云被表彰江苏省优秀党务工作者，菱塘回民小学张加庆、市三垛中学杨世忠、车逻初中陆高平被表彰为江苏省优秀教育工作者，市南海中学臧芳被表彰为江苏省教学名师，邵龙霞入选“省333高层次人才”（第三层次）培训对象，郑春通过2016年省特级教师评审，姜明等23人被评为扬州市优秀教师、扬州市优秀教育工作者，陈权等166人被评为高邮市优秀教育工作者。全年新确认扬州市学科带头人43人、专业带头人3人、中青年教学骨干85人、教学能手147人、扬州专业教学能手4人，高邮市学科带头人70人、中青年教学骨干164人、教坛新秀200人。至年底，全市累计有在职“江苏省人民教育家培养工程”培养对象2人，正高级教师4人，省“333工程”培养对象3人，省、扬州市级特级教师14人，扬州市级及高邮市级中青年专家27人，扬州市学科带头人、中青年教学骨干、教学能手661人，高邮市级学科带头人、中青年教学骨干、教坛新秀854人。 （韦玉新）

【获评扬州市第二届教学成果奖6项】 10月，扬州市教育局公布全市第二届教学成果奖评选结果，高邮市共获奖项6项，即特等奖1项（高邮中学黄桂君项目组）、一等奖1项（市第一小学郑春项目组）、二等奖4项（高邮中学李恒林、凌志和市实验小学刘吉才、天山小学朱宇4个项目组）。该成果奖评选每4年举办一届；此次评选高邮共送评教学成果12项，送评数、获奖层次、获奖数均居扬州各县（市、区）前列。 （韦玉新）

【获扬州市级以上一等奖、二等奖奖项10项】 2016年，全市教育系统积极组织中青年教师参加扬州市级以上的各类比赛，累计获扬州市级以上一等奖、二等奖奖项10项。其中，获全省物理创新实验大赛一等奖奖项1项，即三垛初中王有新、送桥初中李桂兵；获全国物理创新实验大赛二等奖1项，即三垛初中王有新、送桥初中李桂兵；获扬州青年教师基本功大赛一等奖奖项4项，即高邮中学董金标（英语）、高邮中学杨艳（通用技术）、市赞化学校井立杰（生物）、市实验小学吴来飞（数学）；获全省青年教师基本功大赛一等奖奖项1项，即高邮中学董金标（英语）；获全省青年教师基本功大赛二等奖奖项3项，即高邮中学杨艳（通用技术）、市赞化学校井立杰（生物）、市实验小学吴来飞（数学）。 （韦玉新）

【志愿者服务】 2016年，市教育局依托“育心培根”党员教师志愿服务队和“梦之队”青年教师志愿服务队，推进开展“育心培根·阳光筑梦”志愿服务系列活动。全年新招募教师志愿者21人，累计达112人；开展互动活动近100场，走访家庭3200多户，帮助解决问题721个，惠及家长及学生7700多人，带动党员、团员教师1000多人。3～5月，该志愿者服务典型做法先后被《新华日报》《中国教育报》《江苏卫视教育频道》等多家媒体报道和转载。6月，该志愿服务项目被评为扬州市希望工程贡献奖。此外，该局还成立高邮市特殊教育康复指导中心，定期组织开展个性化教育与送教上门服务，受到家长及学生的好评。 （韦玉新）

【吴顺乐书法作品入展省“五星工程奖”】 11月，江苏省第十二届“五星工程奖”美术、书法展览类作品获奖名单揭晓，市城北中学青年教师吴顺乐创作的书法作品《古诗八首》入展第十二届江苏省“五星工程奖”，并成为扬州市唯一获评书法优秀奖的作品。（韦玉新）

链接资料 “五星工程奖”是江苏省群众文艺的政府最高奖，是江苏省群众文艺的重要品牌赛事活动，每两年举办一届。此届美术、书法展览类作品共收到书法作品195件、美术作品146件。经专家组认真、严格评选，共评出100件展览类作品，其中书法作品60件(含优秀作品20件)、美术作品40件(含优秀作品10件)。（韦玉新）

教育基础设施建设

【城乡学校改薄工程】 2016年，全市继续推进实施城乡学校改薄工程，累计完成新、改、扩建面积2.58万平方米。是年，市第二中学风雨操场及沙堰幼儿园、菱塘民族中等专业学校实训基地厂房新建工程完成，实施界首镇界首小学(迁建)、甘垛镇平胜小学(教学用房)、菱塘回族乡民族初中(综合楼)、卸甲镇龙奔小学(食堂)、高邮镇武安初中(综合楼)改造续建工程，继续推进高邮城南经济新区小学、送桥初中、市赞化学校跨年度工程项目，完成市界首中学、市新巷口小学、原马棚九年一贯制学校初中部撤并工程。（韦玉新）

【中小学校舍安全建设工程】 2016年，根据《高邮市中小学校舍安全工程实施方案》和《高邮市校安工程十年改造规划》，市教育局继续推进中小学校舍安全建设工程，涉及相关建设工程项目4项，总建筑面积1.51万平方米，总投资4300万元。至年底，全市实际建成校舍安全工程项目9项，竣工面积2.47万平方米，总投资7550万元，其中获省级奖补资金852万元。（韦玉新）

【学校运动场地塑胶化建设工程】 2016年，全市投入资金720万元，继续推进学校运动场地塑胶化建设工程。至年底，全市新增建有塑胶运动场地的学校1所，累计建有塑胶化运动场地的学校51所，覆盖率69.9%。（韦玉新）

【教育技术装备工作】 2016年，全市投入资金2300万元用于提升学校技术装备水平。全年新添置电子白板113套、台式计算机3876台、笔记本电脑1029台、图书11万册，更新投影机220台、视频展台198台，配套高邮外国语学校功能室装备、武安初中实验综合楼装备、车逻初中数学实验室设备、菱塘民族中等专业学校电线电缆实训基地设备、高邮中等专业学校虚拟仿真实训软件。巩固实施“数字化校园”提升工程和“城乡学校网上结对工作”，开展创设活动2167个，上传视频162个、文章919篇、其他信息资源5743个，居于扬州市首位。是年，高邮中学创成扬州市数字化学习应用示范校，市实验小学、郭集小学、送桥小学、三垛初中创成扬州市数字化校园示范校。（韦玉新）

【档案室建设】 12月，市教育局人事档案整理和档案室建设工程完工。新建成的档案室严格按照中组部、国家档案局相关要求和规定进行设计和建设，全部采用手摇式档案密集架，密集架面积近128立方米。该工程建设历时两年半，档案密集架投资8.6万元，由河北省邢台市平乡县春盛档案用品有限公司负责实施。（韦玉新）

资料链接 2016年年底，市教育局人事科结合人事档案室完工契机，抽调人手，认真组织实施教育系统干部人事档案的分类、整理、汇编、装订工作，并将个人档案材料全部换装最新规格的档案盒，完成各类个人档案资料整理、收纳1万多份。（韦玉新）

文 化·体 育

Culture · Sports

导读

市新闻信息中心

【概况】 2016年，市新闻信息中心围绕市委、市政府中心工作，坚持团结稳定鼓劲和正面宣传为主的报道方针，以《高邮日报》、今日高邮网站、《高邮报·数字报》和今日高邮微信平台为主阵地，紧贴改革发展稳定大局，聚焦社会热点难点，较好地完成各项工作任务。全年共出版《高邮日报》255期，刊发自采稿件6000多篇(幅)；"今日高邮"日均浏览量6000多人次；今日高邮微信平台推送信息223期、625条，相关信息最大点击量超5万人次；《高邮日报·手机报》推出专版215期。至年底，该中心初步形成"三报"(《高邮日报》《高邮日报·数字报》《高邮日报·手机报》)、一网("今日高邮"网站)、一平台("今日高邮"微信平台)的传媒构架。是年，该中心被市委、市政府表彰为市级机关能力作风建设先进单位；该中心主任唐以军获"2016年度全省县市新闻中心系统名总编"称号；获第三届"扬州新闻奖"作品2件。 (夏慧)

【《高邮市国民经济和社会发展第十三个五年规划纲要》报道】 1月20日，《高邮市国民经济和社会发展第十三个五年规划纲要》印行后，市新闻信息中心及时在《高邮日报》开辟"新蓝图 新起点 新动力——我市'十三五'规划纲要解读""迈上新台阶 建设新高邮"等专栏，报道全市上下以市委十届十一次全会精神为引领，"谋划十三五、干好开局年"的思路、举措和实绩，为打好"十三五"开局攻坚战奠定良好的舆论宣传基础。 (夏慧)

【市第十一次党代会宣传报道】 2016年，市新闻信息中心围绕市第十一次党代会的召开，精心组织开展系列宣传报道工作。会议前夕，开设"创造新业绩 迎接党代会""一线楷模 岗位先锋""党代表风采"等栏目，报道各地、各部门喜迎党代会的动态，并推出"向市第十一次党代会献礼"特稿，分别从经济发展、民生幸福、文化事业、现代农业、党的建设等五个方面集中反映市第十次党代会以来全市经济社会发展所取得的新业绩。会议期间，在做好会议报道的同时，还精心推出《风起扬帆正当时 凝心聚力开新篇》和《古城文化 焕发青春》《名城印象·舌尖上的菱塘清真美食》等特稿特刊。会后，开设"深入学习宣传贯彻市第十一次党代会精神"栏目，并连续推出本报特约评论员文章8篇。 (夏慧)

【市委全会报道】 12月30日，市委十一届二次全会召开后，市新闻信息中心认真组织开展系列宣传报道工作。其间，在做好全会动态报道的同时，还及时刊发市委书记勾凤诚在全会上的报告全文，推出一批本报特约评论员文章，并以板块式、拼盘式方式，及时做好全市上下学习宣传贯彻市委全会精神的动态报道，在第一时间将全会精神传达到各地、各部门。 (夏慧)

【市人大、市政协"两会"报道】 2016年，市人大、市政协"两会"召开期间，市新闻信息中心在做好"两会"宣传报道工作的同时，还开设《代表委员风采》《点击代表委员提案》《两会好声音》等专栏，并通过消息、图片、通讯、特稿、现场新闻等各种形式，对"两会"作多角度、多侧面的深度报道。 (夏慧)

【经济工作报道】 2016年，市新闻信息中心紧扣全市经济工作中心，围绕"转变发展方式""重大项目建设""优化发展环境""市领导挂钩重点企业"等主题，在《高邮日报》开设"开新局 开门红""指标达序时 冲刺双过半""奋战四季度 全力超目标"等专栏，集中报道全市上下抓经济、上项目、

强服务、促发展的好做法、好举措、好典型，对各地、各部门、各行业起到加油鼓劲的作用。（夏慧）

【供给侧结构性改革宣传报道受上级新闻媒体关注】 2016年，市新闻信息中心围绕全市供给侧结构性改革，在《高邮日报》开设专栏，推出一批稿件，认真组织开展宣传报道工作。当中所推出的《开发区二次招商让“僵尸企业”活起来》《“凤凰涅槃”需要践悟担当智慧》等一批重点稿件，引起《扬州日报》《新华日报》等上级新闻媒体的关注，对全市供给侧结构性改革起到较好的引导和指导作用。（夏慧）

【“四城同创”宣传报道】 2016年，市新闻信息中心继续围绕“四城同创”组织开展宣传报道工作。其间，通过开设“推进四城同创 建设运河名城”“创文明城 做文明人——除陋习 树新风”“曝光台”“文明城市创建红黑榜”“四城同创 你我同行”“征集市民文明公约大家谈”“曝光台”“新闻110”等栏目，对全市上下深入推进“四城同创”工作作全面的宣传报道，有力促进创建工作的深入、持久开展。（夏慧）

【“两学一做”学习教育报道】 2016年，市新闻信息中心认真贯彻落实中央和省委、扬州市委、高邮市委关于“两学一做”学习教育的决策部署，通过开设“认真开展‘两学一做’ 推进全面从严治党”“党建先锋 一线楷模”“立家规 正家风 严家教”“最美家庭 德润高邮”等栏目，切实做好宣传报道工作，在全市上下掀起“两学一做”学习教育宣传高潮。其间，所推出的《生命弥留之际——他缴纳了最后一笔党费》《一位九旬老党员的“特殊党费”》等一批稿件，受到社会各界的广泛关注。（夏慧）

【精准扶贫工作报道】 2016年，市新闻信息中心组织记者深入基层、深入社区、深入群众，全面挖掘全市实施精准扶贫的创新举措、经验动态和先进典型，并在《高邮日报》开辟“打赢脱贫攻坚战 全面建设新高邮”栏目，陆续刊发《西安村村组干部自掏腰包帮“穷亲戚”》等一批稿件，为全市上下全力聚焦、精准扶贫提供有益经验和成功典型。同时，为增强宣传报道效果，还与市扶贫“三会”等单位联办《走进老区》专版。（夏慧）

【第十二届中国双黄鸭蛋节宣传报道】 4月，市新闻信息中心根据市委、市政府统一部署，认真开展第十二届中国双黄鸭蛋节宣传报道工作。其间，为增强宣传报道效果，该中心在认真策划好开幕式暨产业合作商机说明会、重点项目集中开工竣工投产活动、烟花三月国际经贸旅游节等活动盛况宣传报道的同时，还开设专栏用以回顾历届中国双黄鸭节的概况，向中外嘉宾和全市上下全面展示高邮改革发展新业绩、节庆活动新成果、美丽高邮新形象。（夏慧）

【纪念建党95周年宣传】 2016年，市新闻信息中心在《高邮日报》开设“喜庆建党95周年 踏寻红色足迹”栏目，选取高邮党史、革命史上的重要人物、重要事件、重要地点，重走故地、重访故人，从历史的广度和深度上，向广大读者介绍在高邮发生的有较大影响的党史事件。此外，还于“七一”前夕联合市级机关工委组织开展“学党规党章、学系列讲话，做合格党员——纪念中国共产党建党95周年党的知识竞赛“活动。（夏慧）

【“三服务”工作宣传报道】 2016年，市新闻信息中心认真组织开展“三服务”(服务企业、服务群众、服务基层)宣传报道工作。其间，在《高邮日报》一版开设“服务企业 服务群众 服务基层”专栏，报道各地、各部门和有关企业贯彻落实全市“三服务”工作动员大会精神的动态，并推出4篇本报评论员文章。同时，还组织采编人员深入开展“走转改”活动，以百姓、基层和企业的视角感受“三服务”所带来的新变化，并先后推出《“店小二”刘定勇的情怀：“做服务企业的老‘牛’”》等一批有影响力的稿件，进一步提升该专题宣传报道工作的实效。（夏慧）

【关注民生报道】 2016年，市新闻信息中心围绕高邮老百姓普遍关注的新闻事件和社会热点问题，认真组织开展宣传报道工作。其间，积极策划一批新闻采访和社会公益活动，并通过开设“践行核心价值观 争做高邮好人”“送温暖献爱心”“关注中高考”“关注贫困大学生”“记者观察”“记者走基层”“新闻110”“我与奥运同行”“秸秆禁烧 保护环境”等栏目，连续推出一系列事关百姓民生、社会关注关切的新闻稿件，充分彰显主流媒体的社会责任和人文情怀。（夏慧）

【市、乡两级人大换届选举宣传】 2016年，市新闻信息中心认真开展市、乡两级人大换届选举宣传工作。其间，在《高邮日报》开设专栏，及时报道全市关于市、乡两级人大换届选举工作的重要部署、重要安排和重点工作；与市人大常委会联合推出市、乡两级人大换届选举专版，全面反映全市建设社会主义民主政治的显著成效和人民群众当家做主的生动实践；注重通过网站、微信、数字报、手机报等新媒体，开展多层次、立体式、全方位的宣传，为换届选举营造舆论氛围。（夏慧）

【市政协成立60周年宣传】 2016年，市新闻信息中心结合市政协成立60周年契机，认真开展系列宣传工作。其间，及时报道市政协成立60周年纪念大会暨文艺演出大会等系列纪念活动；与市政协联合开展纪念高邮政协成立60周年征文活动；在《高邮日报》推出《奋进与荣耀同光 梦想

与豪情相伴——纪念高邮政协成立60周年系列活动掠影》连版，集中报道市政协成立60周年系列活动。 （夏慧）

【高邮市获批国家历史文化名城宣传】 11月22日，国务院《关于同意将江苏省高邮市列为国家历史文化名城的批复》下发后，市新闻信息中心及时推出首期《高邮日报·号外》，并联合市红星志愿者协会的志愿者在全市散发，将高邮市获批国家历史文化名城这一喜讯传递给全市广大群众。此后，又通过微信公众号、特稿、专版等形式，开展密集宣传。 （夏慧）

【媒体融合发展】 2016年，市新闻信息中心推进开展媒体融合发展工作。在坚持办好《高邮日报》、“今日高邮”网站、《高邮日报·数字报》的同时，还创新新闻思维和宣传手段，加快与新媒体互融互通，建立今日高邮微信平台，并从3月起在该微信平台推出《高邮日报·手机报》。同时，强化与南京路特软件有限公司的合作，从10月起全面推广使用全媒体采编系统，实现传统媒体与互联网客户端的深度融合。 （夏慧）

【开通公益文化专车】 2016年，市新闻信息中心利用争取到“扬州讲坛”每期向高邮赠票30张的机会，联合市作协开通公益文化专车，免费接送市民赴扬州鉴真图书馆聆听蒋子龙、吴汝俊、郦波、李涛与李艳秋夫妇、莫砺锋、郑佩佩、唐国强、游本昌、姜昆等名师大家的讲座。至年底，共免费组织公益文化专车活动10次，惠及市民300人次。 （夏慧）

广播电视

【概况】 2016年，市广电台围绕市委、市政府工作中心，按照“新闻立台、专题兴台、经营壮台、科技强台、规范治台”工作思路，锐意进取，扎实工作，在节目创新、公共文化平台建设及台务规范管理等方面取得新的进展。全年市“两台”（高邮人民广播电台、高邮电视台）累计播发新闻稿（片）8000多篇（条），向上发稿200多篇，其中市电视新闻中心采制的多篇报道在《扬州新闻》播出，市广播节目中心的2篇录音报道被中央人民广播电台采用；全年播出安全无事故。至年底，该台在参加上级举办的各类评比中，共有35件（次）节目（作品、论文）获奖。其中，获江苏省广播电影电视政府奖 5件（广播新闻奖、广播电视彩虹奖、电视社教奖、电视文艺奖、广播电视播音与主持作品奖各1件）；获扬州市广播电视政府奖25件（一等奖9件、二等奖7件、三等奖8件、特别奖1件）；获扬州市第三届新闻奖2件提名奖；获扬州市广播电视节目技术质量奖（金鹿奖）2件（一等奖、二等奖各1件）；获扬州市广播电视科技论文奖 1件（二等奖）。是年，市广电台总工办被表彰为2016年度扬州市广播电视安全播出先进集体；徐生汇被表彰为扬州市第七届先进新闻工作者，刘军被表彰为2016年度扬州市宣传思想文化工作先进个人，王永被表彰为2016年度扬州市广播电视安全播出先进个人。 （詹斌 徐生汇）

【中心工作宣传报道】 2016年，市广电台以习近平总书记在新闻舆论工作座谈会上的重要讲话精神为指引，围绕市委、市政府中心工作，认真组织开展宣传报道工作。全年先后推出《稳增长、促发展》《四城同创在行动》《记者走基层·新年企业行》等10多个专栏，及时传达市委、市政府战略部署，深入报道各地、各部门的成功经验和先进典型；协助44家部门单位走进《政风行风热线》直播室，现场答复群众咨询投诉500多个。 （詹斌 徐生汇）

【社教专题宣传】 2016年，市广电台注重传承本土文脉，以《印象秦邮》《安瑶有约》栏目为平台，组织开展一系列特色鲜明的非遗、文化、文学、艺术等主题宣传活动。至年底，利用该平台拍摄《手艺》25部，并采访制作一批与文艺工作者、专家学者、社会名流等相关联的宣传节目。 （詹斌 徐生汇）

【城市形象片《高邮》宣传】 2016年，市广电台在其官方微信平台推出新版城市形象片《高邮》，被网民大量转发，并获诸多点赞，在较短时间内点击量突破10万人次。 （詹斌 徐生汇）

【无线覆盖工程】 该工程属2015年《政府工作报告》确定的重点工程。至2016年年底，市广电台共完成35频道、21频道和37频道的组网任务，并一次性试播成功。同时，完成发射塔大修工程任务。 （詹斌 徐生汇）

文化工作

【2016年新年音乐会】 2015年12月31日晚在高邮大剧院举行。音乐会上，扬州市歌舞剧院民族乐团的艺术家们先后演奏《春节序曲》《洪湖随想曲》《我为共产主义把青春奉献》《水乡行》《乡韵》《洗衣歌》《盂城风情》《秦邮小景》《金蛇狂舞》《花好月圆》等十多首曲目。此次音乐会继续向市民免费赠送门票。 （冯志荣）

【市第三届广场舞蹈大赛】 8月22日，由市委宣传部、市文明办、市文广新局主办，市文化馆承办的高邮市第三届广场舞蹈大赛在高邮中学体育馆举行。此次大赛历时近2个月，分规定舞蹈和自选舞蹈两类，共有28支代表队报名参加。通过初赛、复赛，有18支代表队进入总决赛。经过角逐，高邮城南经济新区代表队、菱塘回族乡代表队获一等奖，宝塔春天舞蹈队、汤庄镇代表队、高邮湖西新区代表一队、高邮湖西新区代表二队、龙虬镇代表队获二等奖，高邮经济开发区代表队、卸甲镇青春舞蹈队、周山镇代表队、高邮镇代表队、界首文联代表队、三垛镇代表一队、三垛镇代表二队、临泽镇代表队、界首幼儿园代表队、开心小分队、水部楼雪梅舞蹈队获三等奖。此外，三垛镇、界首镇、高邮湖西新区获优秀组织奖。（冯志荣）

【“逐梦前行”庆祝建党95周年专场文艺晚会】 7月1日晚在高邮大剧院举行。该专场文艺晚会分《路漫漫——峥嵘岁月》《踏征程——继往开来》二个篇章，融歌舞、音诗画、大合唱、器乐演奏等多种艺术表现形式于一体，并以情景表演的方式展现中国共产党成立95年来的光辉历程等内容。

（冯志荣）

【我们的节日·七夕——鹊桥仙文艺晚会】 8月9日晚在市蝶园市民广场举行。此次晚会通过舞蹈、歌伴舞、情景剧、器乐演奏等多种形式，向广大市民展现群众文化品牌的魅力。（冯志荣）

【高邮市“幸福和声”合唱比赛】 8月4日下午，由市委宣传部、市文明办、市文广新局主办，市文化馆承办，高邮中学协办的2016年高邮市“幸福和声”合唱比赛决赛在高邮中学体育馆隆重举行。此次比赛历时近2个月，共有20支代表队报名参加。通过初赛、复赛，有15支代表队进入决赛。经过角逐，秦邮之声合唱艺术团获一等奖，高邮镇代表队、汤庄镇代表队获二等奖，菱塘回族乡代表队、高邮城南经济新区代表队、高邮中等专业学校代表队获三等奖，市国税地税代表队、周山镇代表队、界首镇代表队、龙虬镇代表队、临泽镇代表队、高邮经济开发区代表队、送桥镇代表队、卸甲镇代表队、三垛镇代表队获优秀奖。（冯志荣）

【高邮市非遗文化展示活动】 6月10日上午在盂城驿景区馆驿巷举行。此次展示活动分静态展示和动态展演两类。其中，静态展示包括老行当、传统特统小吃等，先后展示前剪纸、老虎鞋、根雕、草编、花鸟字、手工做秤等项目30多个；动态展演包括临泽高跷、狮盘吼、甘垛舞龙、卸甲的挑花担、送亲奶奶、送麒麟、界首莲湘、周山云板舞等踩街巡演以及高邮民歌、扬剧、二胡、古筝等曲目表演。

（冯志荣）

【第33届珠湖之波赛歌会】 8月26日在皇华国际大酒店举行。此次赛歌会，分上午初赛、下午决赛两场，共有城乡近60名选手报名参加。经过初赛，有26名选手进入决赛。经过激烈角逐，周亮获一等奖，胡灯朝、徐威、周霞获二等奖，张雯、高红珠、葛飞、王菁菁、冯祥华、钱静获三等奖。（冯志荣）

【2016群众文艺新作调演】 11月14～23日，由市纪委、市委宣传部、市文广新局主办，市文化馆承办的高邮市2016年度群众文艺新作调演暨“珠湖清风”廉政文艺汇演分片调演分别在三垛镇少游文化中心、菱塘回族乡民族文化宫和高邮中学体育馆举行。组织此次调演活动，旨在集中展示全市群众文艺创作优秀成果和廉政建设成果，培养群众文艺优秀业余作者，丰富和活跃群众文化生活。此次调演活动共举行5场，其中乡镇2场、城区3场；调演内容包括由临泽、界首、汤庄、周山、三垛、甘垛、龙虬等7个乡镇编排的文艺新作18部。

（冯志荣）

【市文化馆】 2016年，市文化馆围绕法治宣传、安全教育、公民道德宣传及服务发展等主题，积极推进开展公共文化服务和全民艺术普及活动，先后举办“周末大舞台”专场文艺演出30多场，协办新年音乐会、第三届广场舞蹈大赛、“幸福和声”合唱比赛、“珠湖之波”赛歌会、“我们的节日·七夕”、2016年度群众文艺新作调演等专场文艺演出近100场次，观众近10万人次。场馆全年实行免费开放，每天开放时间不低于8小时，年接待群众近1万人次。继续开展对外文化交流活动，获“张江杯”长三角民歌展演最佳传承奖及“水韵乡情”扬州民歌民舞邀请赛金奖、银奖等。继续分期（春季、暑期、秋季）组织开展公益性免费培训活动，涉及成人及少儿器乐、声乐、美术、书法、舞蹈、小主持人、瑜珈等多个专业，全年共招收各类学员近600人。（冯志荣）

【市图书馆】 2016年，市图书馆依托总分馆制建设平台，在协助完成全市13家乡镇、园区分馆建设的基础上，推进开展与全市179家农家书屋分馆的一卡通用、通借通还，实现全市“一卡通”分馆全覆盖。启动流动图书馆建设，购置流动图书车一辆，开展“上门送书”活动。开展送书下乡及图书管理员培训活动，全年送书1.6万多册，指导乡镇、村农家书屋分馆图书管理员加工、编目图书15万多册。全年接待读者22.3万人次，书刊流通16.9万册次，新增图书1.04万种、2.1万册，征订报刊330种，新购报刊一体机1台。是年，市图书馆获省“金猴迎春·网络书香过大年”新春活动优秀组织奖、川苏冀桂吉五省（区）图书馆学会学术研讨会征文活动优秀组织奖、2016年度红领巾读书征文活动江苏省组织奖、扬州市优秀组织奖；专业学术论文获五省区奖项2项、扬州市级奖项5项。围绕“4·23”世界读书日、高邮市第十届读书节、七彩的夏日等活动主题，组织开展新书推介、“你选书、我买单”、“秦邮文化讲坛”、邮图展览、邮图放映室、亲子经典诵读、“镜头里的书香”摄影大赛、“小小图书管理员”志愿服务等系列活动。同时，还组织开

展2016年度红领巾读书征文活动，遴选提交参与省、市评奖优秀征文作品65篇，其中获省、市级奖项的作品9篇。（袁正兰）

【市博物馆】 2016年，市博物馆继续推进开展高邮市第一次全国不可移动文物普查工作，并于年底全面完成该项工作；市博物馆副馆长金晖被表彰为省第一次全国可移动文物普查先进个人。组织开展“5·18”国际博物馆日系列宣传活动，向市民免费开放文游台景区1天。充分发挥盂城驿、文游台等“爱国主义教育基地”的作用，全年免费接待青少年参观学习3.8万多人次。结合市博物馆新馆工程进入施工阶段时机，强化与设计单位施工单位的配合，认真做好博物馆新馆布展的各项准备工作。（金晖）

【市扬剧团】 2016年，市扬剧团共演出290场，观众达14万人次，演出市场覆盖高邮及周边的江都、邗江、天长等县(市、区)。（李华俊）

【农家书屋】 2016年，市文广新局继续开展县级图书馆与农家书屋资源共享、通借通还工作，并于年底实现全覆盖。开展农家书屋数字设备更新和图书更新工作，为全市125家农家书屋更新电脑、高清摄像头、麦克风、无线路由器等设备，为全市80家农家书屋更新适合当地农民阅读需求的出版物。是年，高邮市被省表彰为2016年度江苏省实施农家书屋提升工程试点工作示范县。界首镇被表彰为扬州市“书香之乡镇”。（周敏）

【文化市场管理】 2016年，市文广新局通过推进互联网上网服务行业转型升级，强化艺术品经营单位普查和备案等，不断提升文化市场监管水平。全年新增新型模式互联网上网服务营业场所6家，新增歌舞娱乐场所2家、文化类民办非企业2家、文艺表演团体1家，备案艺术品经营单位2家。（周敏）

【印刷业】 2016年，全市新增包装装潢、其他印刷企业1家；完成印刷企业年度核验86家，核验覆盖率、通过率均为100%。至年底，全市共有出版物印刷企业1家、包装装潢印刷企业66家、其他印刷企业20家、复印影印企业46家；实现工业总产值7.74亿元、利润5100万元，分别增长6.0%、72.5%；有年产值超过5000万的印刷企业3家。（周敏）

【文化行政执法】 2017年，市文化行政综合执法大队以查处政治类非法出版物、盗版教辅材料等为重点，先后开展“清源”“净网”“秋风”和“护苗”四个专项整治行动，切实规范出版物市场的经营行为。全年共检查书店100多家次，收缴非法出版物1000多册。按照“立足节假日重点查、接待举报立即查、发现问题突击查”要求，加大对全市文化市场经营单位的执法检查力度，全年共办理网吧违规经营案件30件、无证经营游戏厅案件4件、非法出版物案件7件。与乡镇文化站建立联动机制，加强对演出市场尤其是露天搭台临时演出的监管，全年取缔露天搭台的违规演出活动3起。（朱亚）

【文艺创作】 2016年，市文广新局紧扣时代主旋律，继续推进文艺精品创作活动。是年，完成新编大型古装反贪剧《扳倒饮》剧本修改完善工作，并于10月进入延聘导演、作曲配器，商谈接洽形象设计、服装、舞美、灯光设计阶段。吴顺乐创作的书法作品《古诗八首》入展第十二届江苏省“五星工程奖”并被表彰为优秀作品。全年在《文艺家》《北京文学》《雨花》等期刊杂志上发表由高邮作家创作的《古风中的小木匠》《入殓师的爱情》等作品10多篇；诗二首入编《2015中国新诗选》。推荐报送51件书画篆刻作品参加扬州市第四届廉政书画展，获评一等奖作品2件、二等奖作品2件、三等奖作品3件、优秀奖作品4件；音诗画剧《芦花》和小扬剧《王氏风骨》获“清风扬州”廉政文艺节目评选三等奖。（王玉清）

【“三送”下乡活动】 2016年，市文广新局继续组织开展“三送”(送图书、送电影、送戏剧)活动，提升服务改革、服务基层、服务农民、服务新农村建设成效。全年组织送电影到行政村2100场、到乡镇文化广场及学校300场，观众24万人次；送戏剧下乡82场，观众1.64万人次；送图书到乡镇1.6万多册，内容涉及农村实用技术、法律知识、医药保健、文学等多个领域，折合款项38.7万元。（顾明）

【出版物经营管理】 2016年，全市新增民营书店4家，其中网络书店1家。至年底，累计有在册登记出版物经营单位88家，其中民营书店52家、新华书店直营门店7家、邮政报亭25个、音像制品发行单位4家。全年全市出版物发行单位实现资产总额872.97万元、销售额1392.41万元、利润额164.92万元，从业人员152人。（周敏）

文物保护

【慎昌南货店修缮工程】 该工程于3月17日开工建设，7月10日竣工。该店面位于南门大街42号，为传统沿街商铺，房屋坐东朝西，一排三间，占地面积100平方米。该修缮工程按原有形制恢复木门窗和砖细，瓦屋面恢复小瓦。工程总投资40多万元，由江苏江都古典园林建设有限公司负责施工。（吕志伟）

【高邮市民居门楼修缮工程】 该工程于2015年12月12日启动建设，2016年3月15日竣工。开展此项修缮工程，旨在进一步加强对全市比较有特色且保存状况较差的民居门楼的保护。工程内容包括对李顺兴蛋行、郑泰昌家宅门楼、孙氏宅门楼、民居砖雕门楼(新建路11号)、民居砖雕门楼(新建路21号)、民居砖雕门楼(准堤庵巷8号)、关家大院、大同医院8处古民居的砖细门楼进行恢复修缮。工程总投资30多万元,由江苏弘盛建设工程集团有限公司负责施工。 (吕志伟)

【高邮市北门民居修缮工程】 该工程于5月8日开工建设,7月10日竣工。该工程修缮对象为市人民路和北门大街交汇处的两处民居(市人民路2号、北门大街118号),内容是按照传统门面恢复铺搭门、青砖小瓦。工程总投资34万多元,由江苏江都古典园林建设有限公司负责施工。 (吕志伟)

【州署吏舍旧址、侵华日军投降处旧址修缮工程】 该工程于6月18日开工建设,11月4日竣工。该修缮工程位于市区熙和巷内,包括州署吏舍旧址、侵华日军投降处旧址两处,施工面积1150平方米,涉及侵华日军兵营旧址房屋22间、州署吏舍旧址房屋40间。工程总投资300多万元,由江苏古宸环境建设有限公司负责施工。 (吕志伟)

【界首革委会旧址修缮工程】 该工程于4月12日开工建设,9月29日竣工。该革委会旧址位于界首镇太平街21号,建筑面积约400平方米。该工程分文物修缮和装饰布展两部分。其中,文物修缮工程投入专项资金142万多元,由江苏古宸有限公司负责实施;装饰布展工程分为历史记忆馆、技艺传承馆两个部分,总投资248万元,由高邮市德荣装饰有限公司负责实施。 (吕志伟)

档案工作

【概况】 2016年,市档案局(馆)弘扬"艰苦创业、自强奋进、创新实干、团结和谐"的高邮档案人精神,创新服务方式,优化服务平台,在服务中心、服务社会、服务群众等方面取得新的成绩。全年接待查档利用人员463人次,提供利用档案745卷;新接收17家单位(含3家乡镇)的19个全宗到期档案7940卷、6477件,全市2005年以前到期档案进馆率达67%;推进完成全市农村土地承包经营确权登记档案接收工作,涉及档案13.5万件,覆盖12个乡镇、153个村、13.5万农户;规范整理全市农村土地确权综合类档案2890卷,录入条目2.18万条;完成全市婚姻档案接收工作,涉及档案4460卷、5.35万件。至年底,全市累计馆藏各类档案121个全宗,近10.15万卷、23.52万件 ;图书资料8401册。 (张运运)

【档案规范化建设】 2016年,市档案局(馆)积极履行职能,围绕省星级档案室、村(社区)规范化档案室创建,推进全市基层档案规范化建设。全年新创成省五星级档案室2 家、省三星级档案室3家、省二星级档案室1家、省一星级档案室3家,创成村(社区)规范化档案室25 家,通过省四星级及三星级档案室复查验收3家。继续组织开展年度档案规范化管理工作督查,提升各单位对档案收集、整理、归档和保管的水平。 (张运运)

【档案征集和编研】 2016年,市档案局(馆)立足丰富馆藏档案资源,突出抢救性保护重点,创新开展各类特色档案征集工作。全年征集家谱11套34册(含老家谱7套)、各类书籍20册、体育馆建设借资券1张(实物)、私房改造档案872卷(1949年前后)、破产企业照片及底片1500多张和水利、城建工程图纸99张(绘制)。继续强化档案编研,完成《2015年高邮大事记合订本》编辑和发放工作,按月开展并完成《2016年高邮大事记》编撰工作。同时,进一步加大对市姓氏文化研究会的工作指导和业务指导力度,协助其征集和研究各种反映高邮姓氏发展、演变的珍贵家谱史料。加强档案网络宣传工作,全年借助高邮档案信息网、高邮市政府门户网站、扬州市档案信息网等平台,向社会公开发布档案工作动态信息50条、《高邮大事记》12期、编研成果2个、利用实例11例、老照片12张。 (张运运)

【档案利用工作】 2016年,市档案局(馆)按照《高邮市档案馆开放档案实施细则》要求,继续优化查档接待服务,努力为党政机关及市民提供馆藏档案资料查询服务。全年就婚姻、住房、退休工龄办理、企业改制、重大工程项目建设、重大纪念活动(市政协成立60周年)等方面,接待查借档利用人员463人次,提供档案资料利用745卷(册),继续保持该项服务"零收费""零距离""零障碍""零投诉"。 (张运运)

【档案数字化建设】 2016年,市档案局(馆)以建设档案业务机房、开通馆室一体化软件平台为重点,积极推进档案局域网建设,加快档案信息化建设步伐。全年投入53万元专项资金,完成档案业务机房建设及馆室一体化软件平台开通工作。扎实推进馆藏档案数字化工作,全年完成各类档案扫描500万页、条目录入32万条。 (张运运)

【1931年里下河特大水灾老报展】 8月25~26日,市档案局(馆)联合市纪委、市委宣传部、市水利局等部门在该局(馆)一楼大厅举办《勿忘历史,兴我水利》——1931年里下河特大水灾老报展。此次老报展,得到苏中红色报刊博物馆创办人朱军华的大力支持,所展出的140多份有关里下河特大水灾的老报纸均由其提供,均是当年的原版报纸,当中包含《申报图画特刊》《益世报》《北平晨

报》《天津商报特刊》等。其间，先后有市民200多人观展。此次老报展，还受到省和扬州市多家媒体和档案交流平台的关注。（张运运）

地方志

【2016年版《高邮年鉴》出版】 12月，由市委、市政府主办，市方志办编纂，方志出版社出版的2016年版《高邮年鉴》出版发行。该版年鉴为逐年连续编纂出版的第28卷县级综合年鉴，是扬州市编纂出版卷本数量最多的大型地方综合年鉴。该版年鉴遵循地方综合年鉴编纂的指导思想和规范体例，并按照科学、合理分类和便览、实用的要求，对部分篇目设置进行调整，新设《大事纪要》《市情概览》《开放与开发》《人力资源》《社会保障》《社会事务管理》《乡镇》《附录》等。全书共设篇目32个、分目220个、条目2019个、表格83幅、彩照100页、文中黑白照片44幅，体现反映全貌、突出典型、精心编纂、如实记述、图文并茂、方便适用的基本原则。正文共422页、88.8万字。（高志中）

【《高邮市志(1986～2005)》(验收稿)通过验收】 12月16日，扬州市志办在高邮市举行《高邮市志(1986～2005)》(验收稿)验收会。参加会议的有验收小组的8名方志专家和扬州市各县(市、区)方志办负责人。会议由扬州市志办主任、验收组组长殷元松主持，高邮市副市长钱富强到会并讲话。会上，高邮市志办主任刘春龙作相关工作情况汇报；验收该志稿的专家逐一作验收发言；殷元松宣读《〈高邮市志(1986～2005)〉(验收稿)验收意见》。该意见指出，该志稿(验收稿)全面、系统地记载高邮市1986～2005年间自然地理、经济建设、政治制度、历史文化、社会生活的状况，分类合理，内容全面，记述完整，叙事清晰，文风朴实，语言流畅，行文规范，编校认真，是一部高质量、高水平的志稿。意见评价该志稿具有四个方面的优点：创新创优，注重二轮志书的品质保证；围绕中心，突出改革开放的时代特征；着力特色，彰显历史文化名城丰采；拾遗补缺，完整展现邮都的历史风貌。该意见结论为“同意《高邮市志(1986～2005)》(验收稿)通过验收”。（高志中）

【《古韵临泽》付梓】 12月，由潘玉华主编的《古韵临泽》付梓。全书设有古镇、古街、古物、古闻、古艺、古俗、古诗、附录等8个篇目，全方位记述临泽古镇厚重的历史文化。（高志中）

【《江淮方言趣事》出版】 8月21日，由中国散文学会理事、江苏省作家协会会员、江苏省语言协会常务理事、高邮著名文化学者朱延庆(原高邮市政协副主席)所著的《江淮方言趣事》一书出版。该书对江淮一带人们经常说到但写不出来或者写错、用错的一些词语，以讲故事的方式呈现给读者，故事内容既有趣又力求传播正能量；共收录江淮方言词语120个，当中含有寻找几十年的方言词语，是作者继《江淮方言趣谈》《江淮方言趣话》后又一篇研究江淮方言的地情书。（郭玉梅）

体育

【2016年全民健身体育节】 4月14日上午，由市政府主办，市级机关工委、市总工会、市教育局、市体育局联合承办的2016年全民健身体育节在市体育场举行启动仪式。此届全民健身体育节历时2个多月，先后开展各类群众性体育竞赛系列活动20多项，培训社会体育指导员300多人，开展国民体质测试3000多人次。启动仪式上，全市有体育爱好者数百人作太极拳、太极柔力球、抖空竹、健身球操等健身项目的展示。（张婕）

【第七届环高邮湖国际自行车越野赛】 5月8日，由扬州市体育局、高邮市政府主办，高邮市体育局、市旅游局、市自行车运动协会承办的“中国梦·梦之蓝杯”第七届环高邮湖国际自行车越野赛在高邮市举行，共有来自美国、法国、日本以及江苏、安徽、浙江、上海等省市的809名自行车运动爱好者参加。此届比赛起点、终点分别设在市行政中心广场和运河二桥，赛道途经高邮市、天长市、金湖县、宝应县四县市，赛程全长200千米；分男子公路组、男子山地组、女子组3个组别进行。经过角逐，淮安市选手陆岩以4小时51分52秒的成绩获男子公路组冠军，南京市选手李长春以4小时58分45秒的成绩获男子山地组第一名，扬州市选手邹霞以5小时20分13秒的成绩获女子组第一名。（张洪庆）

【江苏省青少年武术(套路)锦标赛】 7月27～29日，2016年江苏省青少年武术(套路)锦标赛在高邮中学体育馆举行。此次锦标赛由江苏省体育局、江苏省教育厅主办，高邮市政府承办，是全省青少年武术比赛的顶级赛事；全省13支地级市代表队共组织150多名运动员参加；比赛分11岁～12岁组、13岁～15岁组、16岁～17岁组3个组别进行，涉及长拳、南拳、太极拳、刀、棍、枪、剑等多个项目；竞赛办法根据组别分别采用国家体育总局最新审定的《武术竞赛规则》及《江苏省青少年武术(套路)年龄组规则》。经过角逐，徐州市代表队获冠军(获金牌12枚)、无锡市代表队获亚军(获金牌10枚)、南京市代表队获季军(获金牌8枚)。（张洪庆）

【第五届高邮大运河半程马拉松赛】 11月20日

上午，由市政府主办，市体育局、市旅游局和市跑步协会联合承办的“奔泰体育杯”2016高邮大运河越野半程马拉松赛在在大运河畔举行，共有来自国内外的2720名选手报名参加。此次半程马拉松赛突出“野趣、环保、生态、亲水”理念；赛道途经盂城驿、运河二桥、镇国寺、平津堰遗址等处，全程约21.0975千米；分男子组、女子组两个组别进行。经过角逐，安徽省马鞍山市选手张勇彬以1小时14分36秒的成绩获男子组冠军，江苏省连云港市选手陈红以1小时31分35秒的成绩获女子组冠军。此为第三次列入全国马拉松赛事年度计划的赛事。

（张洪庆）

【体育彩票销售1.05亿元】 2016年，市体育局继续组织做好体育彩票销售工作，超额完成上级下达的年度销售任务。全年累计完成体育彩票销售1.05亿元，其中电脑型彩票销售4516万元、11选5销售4098万元、即开型彩票销售939万元、竞猜销售933万元。

（张婕）

表55　**2016年高邮市运动员获江苏省以上体育竞赛前八名成绩一览表**

运动员姓名	比赛名称	比赛项目	取得成绩
赵登煌	江苏省青少年武术(套路)锦标赛	16岁～17岁组男子太极剑、太极拳、第三套规定太极拳全能	第七名
郭钰媛	江苏省青少年武术(套路)锦标赛	16岁～17岁组女子太极剑、太极拳、第三套规定太极拳全能	第五名
高杨修琪	江苏省青少年武术(套路)锦标赛	16岁～17岁组女子太极剑、太极拳、第三套规定太极拳全能	第六名
郭钰媛&高杨修琪	江苏省青少年武术(套路)锦标赛	16岁～17岁组女子对练	第七名
李润羽	江苏省青少年武术(套路)锦标赛	13岁～15岁组男子太极拳	第八名
李润羽	江苏省青少年武术(套路)锦标赛	13岁～16岁组男子太极剑	第七名
李润羽	江苏省青少年武术(套路)锦标赛	13岁～15岁组男子太极拳、太极剑全能	第七名
朱梦涵	江苏省青少年武术(套路)锦标赛	11岁～12岁组男子剑术、枪术全能	第五名
赵　钱	江苏省青少年田径锦标赛暨县组田径比赛	男子甲组400米	第四名
赵　钱	江苏省青少年田径锦标赛暨县组田径比赛	男子甲组800米	第七名
周成熠	江苏省青少年田径锦标赛暨县组田径比赛	男子丙组100米	第六名
金　晨	江苏省青少年田径锦标赛暨县组田径比赛	男子丙组400米	第六名
金　晨	江苏省青少年田径锦标赛暨县组田径比赛	男子丙组800米	第七名
王　亮	江苏省青少年田径锦标赛暨县组田径比赛	男子乙组3000米	第八名
刘星辰	江苏省青少年田径锦标赛暨县组田径比赛	男子乙组跳远	第二名
刘星辰	江苏省青少年田径锦标赛暨县组田径比赛	男子乙组三级跳远	第二名
赵袁欣	江苏省青少年田径锦标赛暨县组田径比赛	女子丙组800米	第七名
尹斯雯	江苏省青少年田径锦标赛暨县组田径比赛	女子丙组跳高	第一名
尹斯雯	江苏省青少年田径锦标赛暨县组田径比赛	女子丙组跳远	第二名
吴明静	江苏省青少年田径锦标赛暨县组田径比赛	女子甲组100米	第二名
吴金鑫	江苏省青少年田径锦标赛暨县组田径比赛	女子甲组400米	第三名
吴金鑫	江苏省青少年田径锦标赛暨县组田径比赛	女子甲组800米	第五名
许若彤	江苏省青少年田径锦标赛暨县组田径比赛	女子乙组100米	第七名
沐　颖	江苏省青少年田径锦标赛暨县组田径比赛	女子乙组200米	第五名
刘心雨	江苏省青少年田径锦标赛暨县组田径比赛	女子乙组跳高	第二名
沐　颖	江苏省青少年田径锦标赛暨县组田径比赛	女子乙组跳远	第二名
刘心雨	江苏省青少年田径锦标赛暨县组田径比赛	女子乙组跳远	第五名
王麒皓	江苏省青少年乒乓球锦标赛	男子单打	第三名
王麒皓	江苏省少儿乒乓球冠军赛总决赛	男子单打	第五名

（张婕）

医 疗 卫 生

Medical and Health

导读

综 述

2016年，全市卫生系统以深化医药卫生体制改革为中心，加快县级公立医院改革步伐，继续坚持新型农村合作医疗制度，推进开展爱国卫生运动，强化疾病预防控制，加大卫生监督力度，加强医政管理与中医工作，努力提高公共卫生服务水平，为全市人民身体健康提供保障。是年，高邮市创成“2016年国家级妇幼健康优质服务示范县(市、区)”；被省政府表彰为省人口协调发展先进县(市、区)，被省卫计委表彰为省妇幼健康优质服务示范市，被省爱卫会表彰为省农村改厕工作示范市；被省爱卫会重新命名为江苏省灭鼠、灭蚊、灭蝇、灭蟑先进城市。汤庄镇卫生院、界首镇卫生院和菱塘回族乡卫生院创成“2015—2016年度全国群众满意的乡镇卫生院”；高邮经济开发区社区卫生服务中心创成全国百强优秀社区卫生服务中心和江苏省首批优秀社区卫生服务中心；甘垛镇卫生院和横泾卫生院创成江苏省示范乡镇卫生院，实现省示范乡镇卫生院在高邮市全覆盖；三垛镇少游村卫生室、高邮经济开发区清水潭村卫生室及东湖村卫生室、汤庄镇潘季村卫生室、高邮镇武安社区卫生室、界首镇永安村卫生室、临泽镇朱堆村卫生室及董潭村卫生室创成江苏省示范村卫生室。

至年底，全市累计有各级各类卫生机构250家，其中市直医疗卫生机构9家、社区卫生服务中心5家、乡镇卫生院12家、社区卫生服务站16家、村卫生室173家、厂(校)医务室及民营医疗机构35家。全市累计有在职卫生人员3794，其中乡村医生756人、编外用工960人、卫生技术人员2042人、管理人员36人。在2042名卫生技术人员中，按学历分：博士研究生1人、硕士研究生78人、本科1226人、大专及以下737人；按职称分：具有高级职称资格467人(其中正高级职称68人)、中级职称资格及以下1575人。全市卫生机构累计有医疗用房22万多平方米，固定资产总值9.58亿元，病床床位2502张(每千常住人口拥有床位数约4.1张)。是年，全市医疗机构实现门诊、急诊量322万人次，住院83万床日。（黄斌）

县级公立医院改革

【概况】 年初，因人事变动，市政府及时调整充实市医院管理委员会(以下简称“市医管委”)相关成员，并由市委副书记、市长潘学元担任市医管委主任。4月21日，市医管委组织相关成员开展医改调研工作，提出全年工作要求。8月4～5日和12月29日，市医管委组织相关成员单位，对市人民医院、市中医医院开展年中调研和全年目标任务完成情况督查，对查找出来的问题当场进行反馈。同时，定期对市人民医院、市中医医院、市第二人民医院3家县级公立医院门诊平均费用、出院平均费用、每人次检查费用等相关指标进行常态化监测和动态考核，以便掌握情况，发现问题，及时修正。10月31日，市医管委组织相关成员先后赴启东市、建湖县考察调研医药卫生体制改革工作，并就全市医改工作指出相关要求。11月4日，市医管委主要负责人与市政府分管负责人专题调研全市基层医疗卫生机构运行情况，积极谋划全市医改工作新思路。11月16日，市政府召开市公立医院管理委员会全体成员会议，专题研究城区医疗卫生机构布局和建设规划、完善公立医院运行机制和基层绩效考核方案及加快卫生信息化建设等重点工作。（黄斌）

【加大财政投入】 2016年,全市继续加大财政投入,推进公立医院改革和建设。全年各级财政投入资金1943.03万元,其中用于公立医院综合改革770万元、用于市中医医院专科建设30万元、用于市人民医院基本建设债务利息支出500万元。 (黄斌)

【人员编制管理改革】 2016年,全市按照上级要求,探索推行公立医院人员编制管理模式由"单一审批制"向"审批制与备案制相结合"转变,以市政府办文件形式出台《创新我市公立医院人员编制管理的实施意见》,明确今后高层次、紧缺人才等实行事业编制招聘录用,招聘其他一般专业技术人员实行备案制,备案制人员由各医院自主公开招聘、自主管理,实行合同用人。是年,市中医医院作为扬州市公立医院人员编制管理工作试点单位,制定出台人员编制备案制管理工作方案,并按床位与人员1:1.6比例重新核定人员编制800人(审批制人员编制320人、备案制人员编制480人)。 (黄斌)

【收入分配制度改革】 2016年,市卫计委以鼓励加大奖励性绩效力度为重点,推进公立医院收入分配制度改革。其间,要求市人民医院、市中医医院、市第二人民医院3家县级公立医院在处理好医疗成本投入、医院工作数量与质量等综合指标与成本的关系基础上,对收入分配制度进行大胆改革,做到医务人员收入不与医院的药品、材料、检查、化验等收入挂钩,初步建立起重贡献、重实绩,向临床一线科室、骨干医务人员倾斜,自主灵活的新的工资分配机制,使医院的管理行为更加科学、规范,取得较好效果。 (黄斌)

【县级公立医院监管】 2016年,市卫计委继续强化对市人民医院、市中医医院、市第二人民医院3家县级公立医院医疗服务质量的监管工作。监管的主要举措有:坚持实施病历处方点评、不良行为记分制度;每半年开展一次县级公立医院巡查;加强对临床路径、日间手术、单病种管理,落实"三合理"规范;每季度对医疗费用增长、门诊病人次均医药费用、药占比等14个核心指标进行动态监测。同时,按照《关于印发扬州市控制公立医院医疗费用不合理增长实施方案的通知》要求,推进开展临床路径应用工作,以此控制医疗费用不合理增长。至年底,全市三级医院平均临床路径管理率3.5%(比扬州市下达目标少31.5个百分点)、二级医院平均临床路径管理率55%(比扬州市下达目标少45个百分点)。 (黄斌)

【县级公立医院改革接受国家复评】 4月25日上午,国家2015年度公立医院综合改革效果复评组到高邮市,对该市2015年度县级公立医院综合改革效果进行复评。其间,复评组成员仔细查看该市县级公立医院综合改革工作的台账资料,并对市人民医院、市中医医院两家县级公立医院相关医务人员及患者开展网上问卷调查。在复评反馈会上,该市县级公立医院综合改革工作获国家考评组的较高评价。 (黄斌)

【县级公立医院改革接受省级复评】 12月22日,省级公立医院综合改革效果评价专家组到高邮市,对该市2016年度公立医院改革效果进行复评。其间,专家组采取听取汇报、查阅资料、核对数据、实地调查等方法,重点抽查改革试点任务的完成情况和医院运行情况,对高邮市公立医院改革效果给予充分肯定。7月20日,《新华日报》对高邮市施行分级诊疗制度等医改重点工作作专题报道。 (黄斌)

新型农村合作医疗

【2016年新型农村合作医疗基金补偿方案修订】 2016年,全市共有60.38万人参加新型农村合作医疗(含集镇居民),基本实现农村居民参合全覆盖。继续推行"三定筹资"模式,人均筹资标准从上年的485元提高到570元,其中农民个人缴费145元(含大病保险保费25元)、各级财政配套425元(省、扬州市、高邮市及各乡镇财政配套资金分别为255元、2元、155元、13元)。该方案规定的门诊补偿标准为:不设起付线,乡、村补偿比例分别为35%、40%,日补偿限额分别为25元、20元,年补偿封顶线均为200元。住院补偿标准为:乡镇卫生院(Ⅰ类)、市中西医结合医院(Ⅱ类)、县级医疗机构(Ⅲ类)起付线分别为200元、400元、600元,补偿比例分别85%、75%、65%;扬州市公立性医疗机构(Ⅳ)起付线为1000元,2万元以下部分(含2万元,下同)补偿比例为45%,2万元～6万元补偿比例为50%,6万元以上部分补偿比例为55%;扬州市外三级公立医疗机构(Ⅴ)起付线为1500元,补偿比例较Ⅳ类各段补偿标准下降5个百分点;当年内累计起付线为1500元,累计封顶线为20万元。对按规定实行逐级转诊的参合患者,其住院费用在原补偿标准的基础上提高5个百分点进行报销;对家庭医生签约服务项目中的医疗服务费用,按照不同的签约服务包给予20元～65元不等的基金补助。同时,该方案还对门诊慢性病、重大疾病、中医中药费用、基层医疗机构及农村"五保"和城镇低保对象、计生特困家庭、传染病患者以及参合产妇继续实行"八项倾斜"优惠政策。 (黄斌)

【发放2016年新型农村合作医疗补助金2.93亿元】 2016年,市、乡合作医疗管理办公室及各定点医疗机构(含村卫生室)共向参加新型农村合作医疗的268.23万人次，发放合作医疗补助金2.93亿元。其中，住院补助7.15万人次，发放补助金2.5亿元；门诊补助261.08万人次，发放补助金4335.75万元。在住院补助的人中，获10万元以上的31人、5万元～10万元的312人、1万元～5万元的4923人、1万元以下的3.96万人。参合人员在乡级卫生院、县级医院及市外医疗机构住院治疗的补偿比分别为74.8%、56.4%、44.8%，平均实际补偿比55.5%，统筹地区政策内费用补偿比为75.2%。（黄斌）

资料链接 2016年，市合作医疗管理办公室从“一费一率一比”（即住院次均费用、住院率、药占比）考核制度入手，规范医疗服务行为，加强基金监管，每月通过网络监控各医疗机构的“一费一率一比”运行数据，对达到控制性警戒线的单位，及时约谈该单位负责人，确保在第一时间内纠正相关违规行为。坚持将控制性指标结果直接运用于新农合基金拨付，并按月实行考核。其中，对于低于控制性指标的，按月据实结算；对于高于控制性指标的，当月暂缓结算，并于年底进行总决算。（黄斌）

【新型农村合作医疗支付方式改革】 2016年，市新型农村合作医疗继续推行“按病种付费”的支付方式改革，病种数量由上年度的22种扩大到55种，并推动实现全市所有医疗机构全覆盖。至年底，全市各医疗机构以“按病种付费”方式累计收治病例3699例，其中县级医疗机构收治病例1384例、乡镇医疗机构收治病例2315例。经比较，实施“按病种付费”的方式后，县级医疗机构（市人民医院、市中医院）、乡镇医疗机构收治病例的次均费用分别为7322元、3724元，较先前“按项目付费”分别减少1447元、1613元，分别下降16.5%、30.2%；县级医疗机构、乡镇医疗机构“按病种付费”的实际补偿比分别为67.7%、86.5%。（黄斌）

资料链接 2016年，为切实调动广大农村居民参加新型农村合作医疗的积极性，市委、市政府及相关职能部门继续大力度推行“按病种付费”的支付方式改革，且将“按病种付费”的病种范围扩大到55种，受到参合群众的欢迎。在此次“按病种付费”的支付方式改革中，所涉及的病种重点为胆囊结石胆囊炎、急性阑尾炎、下肢静脉曲张（单、双）、腹股沟疝（单、双）、卵巢肿瘤（囊肿）（单、双）、子宫腺肌病、子宫平滑肌瘤、白内障、胆囊息肉、单纯性肛瘘、包皮过长（包茎）、混合痔、乳房良性肿瘤（单、双）、输卵管妊娠（宫外孕）、坐骨结节囊肿、交通性睾丸鞘膜积液（交通性膜鞘突管积液）、鞘膜积液（非交通性）、腘窝囊肿、甲状腺良性肿瘤（单侧）、胃癌、食管癌、乳腺癌、结肠癌、贲门癌、病态窦性综合征（单腔起搏器植入）等。（黄斌）

【农村居民大病保险制度】 2016年，市、乡合作医疗管理机构委托人保财险高邮支公司，继续推行农村居民大病保险制度，对新农合基础补偿后由个人负担的合规医疗费用给予再次补偿，切实减轻参合居民的负担。该险种保费标准为每人30元/年，补偿起付线为1.5万元，个人负担的合规医疗费用为1.5万元～5万元的报销50%、5万元～10万元的报销55%、10万元～15万元的报销60%、15万元以上报销65%，并对转诊至统筹区外非定点医疗机构住院及外出务工等就医认定为享受转外住院政策的，按照上述分段报销比例的50%计算；年度最高理赔金额为20万元。至年底，全市累计办理大病保险理赔5119人次，累计支付理赔款748.11万元，次均受益1461.44元，在新农合普惠性补偿比例的基础上再次提高7.32个百分点。同时，继续完善重大疾病保障机制，规定儿童先天性心脏病、白血病等重大疾病的参合人员，在省级定点联网医院就医时可实行当场报销，报销最高比例为70%。（黄斌）

【新农合意外伤害医疗保险工作】 2016年，市新型农村合作医疗管理委员会、新型农村合作医疗管理监督委员会与商业性保险机构达成协议，委托人保健康公司按照参保人员人均保费22.8元/年的标准，继续开展新农合意外伤害医疗保险的调查核实及理赔服务工作，并在市人民医院、市中医医院设立新农合意外伤害保险理赔驻院调查代表，将调查关口前移，变“事后集中勘查”为“事中跟踪勘查”，以进一步规范意外伤害的调查和理赔工作。至年底，该公司完成意外伤害案件调查1326起，经勘查确定理赔案件1063起、拒赔案件263起，节约新农合基金支出141.98万元。（黄斌）

【异地就医联网结报】 2016年，市新型农村合作医疗管理委员会办公室继续拓展异地就医联网结报工作，推动新农合参合群众享受更多医院提供的住院费用实时结报服务，努力减少广大群众因异地就医而导致的垫资压力和往返报销的麻烦。至年底，全市新增异地就医联网结报医院1家（苏北人民医院），累计达5家，异地就医实时联网结报住院费用647.5万元。（黄斌）

妇幼保健

【卫生计生服务资源整合】 年初，市卫计委出台《关于加强基层卫生计生工作融合发展的暂行办法》，全市乡镇计生站不再从事计划生育技术服务，全部由医疗卫生机构承担。市政府成立以分管市长为组长，相关部门和乡镇（园区、街道）分管负责人为成员的工作领导小组，具体负责此项工作。10月25日，市政府办公室印发《高邮市妇幼保健和计划生育技术服务资源整合工作实施意见》，按照有关规定核定乡级计划生育服务人员的编制数，并对空缺编制数单位按相关程序进行招聘，配足人员。12月，市编办完成相关人员的编制划转，市人社局根据人员变化及时调整职称岗位，市财政安排专项经费65万元用于乡镇卫生院(社区卫生服务中心)妇幼健康门诊规范化建设。至年底，全市完成部分卫生计生服务资源整合工作，涉及乡镇6家和行政村112个。 (黄斌)

【儿童保健】 2016年，市妇幼保健计划生育服务中心继续开展儿童保健工作，着力保障儿童身体健康。至年底，全市活产婴5334人，婴儿死亡10人，婴儿死亡率1.87‰，5岁以下儿童死亡17人，死亡率3.19‰。0～6岁儿童3.28万人，接受系统保健管理3.17万人，年度系统管理率96.5%；0～2岁儿童1.55万人，接受系统保健管理1.47万人，年度系统管理率94.36%。出生缺陷12人，出生缺陷率2.15‰。托幼机构卫生保健合格率100%。 (黄斌)

【婚检、孕前保健和计生服务】 2016年，市妇幼保健计划生育服务中心继续组织开展婚检、孕前保健等服务。全年完成婚检8100人，婚检率94.6%；完成夫妇孕前优生健康检查2389对、4778人，覆盖率 85%，其中评估为高风险561人。全年完成计生服务1328例，其中上环311例、取环893例、人流124例，未发生一例差错和责任事故。 (黄斌)

【孕产妇保健】 2016年，市妇幼保健计划生育服务中心继续开展孕产妇保健工作，切实保障妇女身体健康。全年服务孕妇住院分娩5286人，未发生1起孕产妇死亡病例；这也是全市连续第8年未发生孕产妇死亡病例。孕产妇接受系统保健管理5283人，年度系统管理率99%。围产儿死亡14人，死亡率2.51‰。孕妇产前筛查4886人，筛查率92.4%。妇女病普查率96%。 (黄斌)

【新生儿疾病和听力筛查】 2016年，市妇幼保健计划生育服务中心完成新生儿疾病筛查5334人，筛查率100%；查出肾上腺皮质增生症1例，帮助新生儿家庭落实医院进行治疗。完成新生儿听力筛查5334人，筛查率100%。 (黄斌)

【妇幼重大卫生项目】 2016年，市妇幼保健计划生育服务中心继续开展妇幼重大卫生项目，保障广大妇女身体健康。全年按人均500元标准，完成农村孕产妇住院分娩补助4237人，补助完成率123.2%；按人均128元标准，完成农村妇女“两癌”检查2.5万人，完成率100%，查出乳腺癌病例5例、宫颈癌病例6例、高危病变病例131例；免费为农村妇女孕前增补叶酸4938人，完成率132.3%；实施艾滋病、梅毒和乙肝母婴传播预防工作免费检测5651人，预防艾滋病母婴传播检测率、梅毒母婴传播检测率、乙肝母婴传播检测率均为100%，乙肝表面抗原阳性孕产妇新生儿免费注射乙肝免疫球蛋白74例。 (黄斌)

【妇幼健康规范化门诊创建】 2016年，市卫计委根据《江苏省基层医疗卫生机构妇幼健康规范化门诊评审标准(试行)》，在全市开展医疗卫生机构妇幼健康规范化门诊创建工作，并申报高邮经济开发区卫生院、三垛镇中心卫生院等8家医院为创建单位。同时，采取提前介入、分类指导、优化流程等方法，协调推进新建的农村区域性医疗卫生中心及现有基础条件较好的单位开展妇幼健康门诊规范化设置工作。11月5日，在高邮经济开发区社区卫生服务中心召开全市妇幼健康规范化门诊创建工作现场推进会议，对该项工作予以推进。至年底，全市新创成妇幼健康规范化门诊8个，新增加产科床位25张。 (黄斌)

【妇幼保健业务培训】 2016年，全市围绕妇幼重大卫生项目(宫颈癌、乳腺癌检查)专题、基本公共卫生服务项目妇幼健康专题及妊娠期梅毒诊治专题等，先后举办基层妇幼保健业务培训班9期，培训相关医务人员800多人次。 (黄斌)

【高邮市获评“2016年度国家级妇幼健康优质服务示范市”】 11月28日，国家卫计委办公厅发文公布2016年度“国家级妇幼健康优质服务示范县(市、区)”名单，高邮市名列其中。 (黄斌)

资料链接 2014年，国家卫计委在全国范围内启动实施妇幼健康优质服务示范工程，旨在通过典型示范、先进引导和经验推广，推动各级政府更加重视妇幼健康工作，健全服务体系，增强服务能力，提高妇女儿童健康水平。根据国家卫计委实施妇幼健康优质服务示范工程相关要求，高邮市于2016年启动开展妇幼健康优质服务示范工程创建工作。在创建工作中，市委、市政府高度重视，将创建工作纳入年度工作计划，成立由分管市长任组长，相关部门负责人为成员的创建领导小组，多次召开专题工作会议，重点解决经费投入、设施配套、人员配备等问题，切实推动创建工作开展。研究制定《2016年高邮市妇幼健康优质服务示范工程实施方案》，进一步明确创建的工作步骤、时间安排和工作要求。市卫计委将创建作为一项重点工作，狠抓关键措施的落实，通过组织赴外参观、业务培训、定期督查等，推动创建工作稳步开展。市妇幼保健计划生育服务中心通过改善就诊条件、开展便民优质服务、提升医疗保健质量等措施，不断提高服务妇女儿童的能力和水平。10月9日，经全市上下努力推动，高邮市被省卫计委评审确认为“2016年度江苏省妇幼健康优质服务示范市”，并被推荐为“2016年度国家级妇幼健康优质服务示范市”。（黄斌）

【国家级百姓生殖健康促进工程试点】 2016年，高邮市被国家卫计委确定为百姓生殖健康促进工程试点市。是年，市卫计委按照试点工作要求，积极部署开展各项工作。至年底，全市完成该试点工程的基线调查工作；举办百姓生殖健康咨询技能专项培训班2期，有196人接受培训；组织人员国家4级生殖健康咨询师考试，有169人报名参加。（黄斌）

【国家级避孕药具不良反应监测项目】 2016年，市卫计委协同市妇幼保健计划生育服务中心继续实施国家级避孕药具不良反应监测项目。4月8日，举办全市避孕药具首诊登记项目业务、避孕药具首诊排查和药具管理工作培训班1期，有210人接受培训。6月27～28日，举办国家避孕药具不良反应监测系统业务培训班1期，全市各医疗卫生单位、各乡镇(园区、街道)计生站相关人员175人参加培训。是年，高邮市作为江苏省唯一县(市、区)级测试单位，各相关医疗卫生单位和乡镇计生站在1个月时间内分别完成器械、药品、健康和季度报告录入各50份、20份、20份、8份的任务；全市国家级避孕药具不良反应监测点百万人口报告率居全国前列。（黄斌）

【省级课题立项与研究】 2016年，市妇幼保健院投入27.76万元，添置盆底康复仪2台、产后康复仪1台，专供省级立项课题《高邮市孕产妇盆底功能障碍性疾病调查及康复干预措施研究》作科研之用。申报的科研项目《高邮市幼儿园儿童睡眠障碍现况调查及干预模式研究》，获批为2016年度省妇幼保健协会科研资助立项课题。（黄斌）

【“关爱女职工——健康直通车”活动】 4月，市卫计委联合市总工会在江苏航天水力设备有限公司开展“关爱女职工——健康直通车”活动，为该公司女职工提供乳腺彩超、阴超和35岁以上“两癌”筛查等服务。其间，组织女职工免费体检服务120多人，发放《女职工劳动保护特别规定》120多份、《心系女性——家庭药箱进万家养生保健读本》《乳腺健康知识问答》等200多本。（黄斌）

【妇幼健康保健知识宣传】 2016年，市卫计委协同市妇幼保健计划生育服务中心组织开展妇幼健康保健知识宣传系列活动。9月10日，在南海社区举办“妇幼健康进社区”活动，向群众宣传妇女儿童健康知识，为群众免费提供专家义诊、咨询和测量血压等服务，并发放涉及妇幼健康、预防艾滋病、梅毒、乙肝母婴传播等知识的宣传材料150多份，赠送价值1000多元的避孕药具。9月26日上午，组织开展以“知性智行 爱要有一套”为主题的世界避孕日义诊宣传活动，现场共为40多名群众提供专业的医疗保健建议，为30多名市民测量血压，免费发放宣传资料200多份、避孕药具200多盒(价值7000多元)。此外，还组织举办“孕妇健康知识大讲堂”传授育婴技巧，组织专家进学校、幼儿园、社区、机关开展妇幼健康知识讲座6场次。（黄斌）

医疗卫生服务体系建设

【农村区域医疗卫生中心建设】 2016年，全市继续推进三垛、送桥、临泽、卸甲等4家农村区域性医疗卫生中心建设，并取得明显进展。至年底，在硬件设施方面，三垛中心卫生院、卸甲镇卫生院改扩建工程完工并投入使用，临泽中心卫生院、送桥中心卫生院新建工程进入内部装潢扫尾阶段；在床位设置方面，4家区域医疗卫生中心拥有床位570张，占基层医疗机构总床位数的近50%；在人员配备方面，4家区域医疗卫生中心拥有基层医疗机构近一半的人员编制，且当年又为4家区域医疗卫生中心引进医技人员19人，占基层医疗机构招聘人员总数的61%；在发展规划方面，4家区域医疗卫生中心均完成五年发展规划的制定；在科室品牌建设方面，通过借助苏北人民医院、高邮市人民医院、高邮市中医医院等相关医联体的技术帮扶，打造腹腔镜外科、消化内科、妇产科、儿科、口腔科等一批专科品牌，并创成扬州市特色科室7个。（黄斌）

资料链接 2015年7月，市政府出台《关于建设农村区域性医疗卫生中心的实施意见》，从目标任务、布点规划、建设标准、序时进度、保障措施等五个方面，就启动建设三垛、送桥、临泽、卸甲等4家农村区域性医疗卫生中心提出具体要求，并从功能定位、建设规模、床位设置、人员配备等四个方面，对4家农村区域性医疗卫生中心的建设标准作进一步的深化和细化，努力推动构建“市级三级医院、乡镇区域医疗中心、一般乡镇卫生院、村卫生室”分级诊疗的“金字塔”型现代医疗卫生服务体系。根据该意见要求，全市从当年12月启动4家农村区域性医疗卫生中心建设。（黄斌）

【“医疗联合体”建设】 2016年，市政府出台《关于印发高邮市县乡村一体化区域医疗联合体建设实施方案》。4月中旬，在全市医改重点工作推进会上，组建由市人民医院、市中医医院与全市21家基层医疗卫生单位为成员单位的县域内两大医疗联合体，并签订合作协议。建立长期稳定的县、乡、村三级医疗卫生机构分工协作机制，县级医院长期向基层派驻管理人员和高年资骨干医生，进一步强化技术帮扶、绿色转诊、利益共享。是年，市人民医院与临泽镇政府协作共建临泽中心卫生院，由市人民医院派出管理人员出任临泽中心卫生院主要负责人；高邮市中医院结对帮扶龙虬镇卫生院选派一名优秀医生担任该院业务副院长，开展合作方式多样化的医疗联合体。（黄斌）

【专病“医疗联合体”建设】 2016年，市卫计委按照“资源共享、优势互补、分级诊疗、分工协作”的原则，以高血压病、糖尿病等慢性病为突破口，重点开展以高血压、糖尿病为主的专病“医疗联合体”协作诊疗模式。组建由县级专科医师、乡级全科医师和乡村医师参与的健康团队，推进开展县级医院与基层医疗机构协作，提供便捷双向转诊路径，以此实现上下联动、急慢分治模式。引导“医疗联合体”成员单位开展科室共建，加大定点帮扶力度，并根据高血压病、糖尿病双向转诊的临床标准，结合专家会诊意见进行分工协作，逐步开展分级诊疗，实施“首诊在基层”的双向转诊制度。同时完善专病用药需求，在“医疗联合体”成员单位内实现接轨，为下转到基层医疗机构的患者提供必要的药品供应保障。根据各基层单位需求，采取病人集中预约形式，派驻“医疗联合体”专家在高邮经济开发区、卸甲镇、界首镇、汤庄镇、龙虬镇等单位开设专病联合门诊，现场帮助指导，开展疑难病例讨论、查房和讲座等形式，提升基层医务人员服务能力和水平。是年，全市通过“专病医疗联合体”渠道，诊疗各类患者500多人。（黄斌）

【家庭医生签约服务工作】 2016年，市政府按照《国务院医改办关于印发推进家庭医生签约服务指导意见的通知》《扬州市家庭医生签约服务工作指导意见》等文件精神，立足全市实施乡村医生签约服务所形成的良好基础，出台《高邮市家庭医生签约服务工作指导意见》，在市域范围内全面部署实施家庭医生签约服务工作，重点向所签约的城乡居民提供基本医疗、基本公共卫生、个性化项目及规范的转诊等服务。是年，全市农村居民完成签约16.73万户，签约率82.7%，其中签订个性化服务3.62万户、4.45万人，签约率19.4%；城区重点人群完成签约1.81万户2.37万人，重点人群签约率75.9%。同时，还向计生特困家庭416户、698人提供免费服务，以“先服务后付费”方式服务空巢老人4113人次。（黄斌）

资料链接 家庭医生签约服务是国家卫计委顶层设计的医政重点工作之一。高邮市所推进实施的家庭医生签约服务，是以城乡基层医疗卫生机构为平台，由市级公立医院提供技术支援，通过城区的社区卫生服务中心全科医师及其服务团队，或者通过农村的乡镇卫生院组建健康团队以及乡村医生服务团队，以契约方式，与城乡居民及家庭建立长期、稳定的服务关系，按确定的服务内容规范为签约对象提供相应的基本医疗、公共卫生及健康管理服务。通过开展家庭医生签约服务，引导基层医疗卫生机构创新服务模式，转变服务理念，充分发挥家庭医生的优势和特点，进一步强化基本公共卫生服务项目的落实，建立家庭医生与城乡居民契约式的服务关系，切实为城乡居民提供方便、价廉的基本医疗卫生服务，促进分级诊疗制度逐步建立，不断提升基层医疗机构人员服务能力，提升健康守门人水平。工作中，市、乡两级政府及其职能部门通过召开会议、下发意见、增大投入、创新机制、强化考核和激励等措施，促进该项工作得以顺利实施并取得明显效果。（黄斌）

【改善医疗服务行动计划】 2016年，市卫计委在市人民医院、市中医医院推行改善医疗服务行动计划，受到群众的欢迎。其间，两家医院均推进优化门诊服务流程，改善群众就诊环境，提供门诊“一站式”服务和导医服务，并通过省集约式预约平台、微信、窗口、电话等多种方式进行预约；设定专门双向转诊接待处，落实专职人员，按照“急慢分治”管理原则，利用信息化手段提高预约诊疗服务管理水平，实现上下转诊医疗服务无缝衔接；探索并建立多学科协作诊疗模式，为患有心脑血管疾病、肿瘤疾病的群众提供优质便捷服务。（黄斌）

疾病预防控制

【基本公共卫生服务年度目标体系】 2016年，市政府编印《高邮市十二大类45项基本公共卫生服务项目工作操作手册》，统一项目管理、资料收集等操作规范。建立项目负责人制度，负责全市该项目的业务指导、指标解读、参加上级培训等工作。组织县乡村三级网络人员进行3次系统的业务培训。各专业公共卫生单位又按照项目，分门别类开展多种形式的培训。加强基本公共卫生服务项目宣传，根据项目服务人群分类，分别编印《致全高邮居民的公开信》和高血压、糖尿病、孕产妇、0-6岁儿童等重点人群分类宣传单，共印发22.5万份，由全科医师、公共卫生医师和乡村医生在服务过程中，条目式介绍基本公共卫生服务项目。各市直专业公共卫生服务单位结合日常工作安排，对由其牵头的项目内容做到每月进行一次面对面的指导。市基本公共卫生服务项目办，每个季度开展一次集中式项目指导考核，年底开展项目绩效考核，重点指出项目实施中的不足和下一步工作建议。上半年召开3次动员会、7次培训会专题布置“迎国考”工作，并进行3轮次“迎国考”实地检查与指导。强化项目资金管理，市卫计委与市财政局联合出台《关于设立村级基本公共卫生服务补助资金池的通知》，对资金的收集、村级账户的设立、资金池资金的下拨以及资金池的管理等都作明确要求。及时下拨资金到村级账户，有效保障乡村医生的合理收入，资金池实行封闭管理，全部用于村卫生室基本公共卫生服务绩效考核后的相关人员服务补助。（黄斌）

【计划免疫】 2016年，全市13家乡镇（园区）的22个计划免疫门诊共完成接种20.11万人次，其中接种一类疫苗13.33万人次、二类疫苗6.78万人次；全市1～12月龄儿童卡介苗、乙肝疫苗、脊髓灰质炎糖丸疫苗、无细胞百白破疫苗、麻风疫苗、乙脑疫苗等一类疫苗接种率均在99%以上。开展新生儿乙肝疫苗首针接种工作，应接种6326人，实接种6326人，接种率100%。开展2015—2016年度脊灰疫苗补充免疫服苗工作，应服692人，实服683人，服苗率98.7%。全年报告疑似预防接种异常反应84例，发现48小时内报告率100%，需要调查处置的疑似预防接种异常反应在报告后48小时内调查率为100%。开展AFP主动监测和报告工作，全年发现并报告1例，达到报告发病率1/10万的要求，并按规范要求进行调查、采样、送检、随访和报告。是年，完成甘垛镇、送桥镇、临泽镇周巷社区、卸甲镇及其八桥社区、武安社区和龙虬镇等7家医院的计划免疫数字化门诊新建、改造工程。（黄斌）

【突发性公共卫生事件处置】 2016年，市卫计委继续强化突发性公共卫生事件预案的搜集和修订，加强卫生应急处置机动队伍建设，组织开展卫生应急演练，密切注视相关疫情的动态，每月及时做好突发公共卫生事件监测数据分析和风险评估，及时处置传染病自动预警信息。全年设立市级卫生应急处置机动队伍2支，组织相关应急处置演练3次；全年发生由一般食物中毒引起的突发公共卫生事件5起，均得到及时报告和规范处置，没有出现疫情扩散现象，未发生人员死亡病例。（黄斌）

【急性传染病防治】 2016年，全市共发生法定甲、乙类传染病10种，计834例（比上年减少112例），发病率102.23/10万，死亡2例。其中，发病数上升的疾病有出血热（上年无此病例）、布病（上年无此病例）、痢疾、猩红热、梅毒、艾滋病等；下降的疾病有麻疹（当年无此病例）、狂犬病（当年无此病例）、伤寒、淋病、肺结、肝炎等。开展传染病个案调查279例，传染病总流调率100%，法定报告传染病报告率、报告及时率均为100%，传染病纸质报告卡填写完整率100%，填写准确率100%，报告卡信息与网络一致率100%。加强肠道传染病控制，制定防治预案，全年共登记上报腹泻病人9929例，占全年目标的102.2%，其中采样送检2169例，送检率21.85%，未检出霍乱病例。开展禽流感生态学监测，开展禽类样品采集5次，全年生态学监测计完成禽类咽拭子采样115份，禽类肛拭子采样115份，禽类粪便标本115份，禽类外环境标本50份，完成禽类职业暴露人群血清和咽拭子采样各150人份。完成猪标本采样120份，猪职业暴露人群血清和咽拭子采样各129人份。强化H7N9禽流感等疫情防控工作，完成120份外环境样品及145份禽流感暴露人群的血清样品采样工作；调查处置疑似麻疹、手足口病聚集性病例、水痘等疫情事件39起，并落实综合性防治措施。（黄斌）

【结核病防治】 2016年，市卫计委健全结核病防治工作体系，通过狠抓痰检质量关，着力提高病人发现率。全年非结防机构网络报告疑似肺结核患者426例，转诊426例，转诊率100%（426/426），转诊到位403例，应追踪23例，追踪到位21例，追踪到位率91.3%（21/23），总体到位率99.5%（424/426）。全年全市活动性肺结核病人发现数为282例，其中涂阳患者111例，占比为39.36%（111/282），达到25%的规定要求。涂阳密切接触者登记人数333例，筛查人数333例，密切接触者筛查率100%。按照村医推荐率0.3%、乡镇卫生院免费胸透率0.3%的工作要求，全市乡镇肺结核可疑症状者免费透视登记人数2317例，占全市人口数的3.31‰。上年活动性肺结核病人系统管理率100%（360/360），上年活动性肺结核病人新发涂阳治愈率89.8%（88/98）。开展耐多药肺结核病人筛查工作，获阳性菌株89株，痰培养阳性率88.8%。（黄斌）

【性病与艾滋病防治】 2016年，市卫计委按照相关要求，落实市人民医院作为性病与艾滋病防治定点医院的工作职能，继续组织开展病例报告、健康教育、高危人群行为干预、自愿咨询检测等多项工作，努力提升防控水平。加强防治工作宣传，全年共组织人员26.9万人次，发放宣传资料26.9万份，入户宣传26.9万户，入户率100%。强化艾滋病的监测，全年4个vct门诊共完成相关咨询检测949人，占全年目标的112.9%。分12批次完成被监管人员458人的艾滋病检测任务，未发现阳性病例。1～11月，全市各医疗机构（含检测点）艾滋病抗体检测总份数6.21万份，全人群检测率8.3%。全年对市域内艾滋病感染者进行7轮次CD4检测，共检测167人次，并将检测结果及时予以反馈。同时，帮助艾滋病患者76人（艾滋病感染者28人、病人48人）申领免费抗病毒药物，未出现药物不良反应。加强市域内高危人群行为干预工作,全年干预相关场所43家、199场次,提供免费咨询服务4867人次、免费HIV抗体检查693人,免费发放安全套4867个、宣传材料4867份。(黄斌)

【慢性疾病综合防治】 2016年,市卫计委以实施基本公共卫生服务项目为契机,以创建国家慢性病综合防控示范区为突破口,推动全市慢性病综合防治工作取得明显成效。全年共上报5种慢性病病例18614例,其中恶性肿瘤3315例、高血压4408例、脑卒中7006例、糖尿病1719例、冠心病2166例。网络直报5种慢性病死亡病例6610例,报告粗死亡率8.10‰。以家庭为单位,继续开展居民家庭健康档案以及慢性病病人档案、65岁以上老人等重点人群档案的建设和随访管理工作,全年累计为60岁以上老人20.85万人建档;累计为高血压患者6.73万人建档,规范管理病人6.65万人,规范管理率98.8%,管理达标5.68万人,达标率84.3%;累计为糖尿病患者2.08万人建档,规范管理病人2.04万人,规范管理率98%,管理达标1.58万人,达标率76%。继续开展慢性病综合防治工作,各医疗机构严格实行35岁以上病人首诊测血压制度,全年测量登记88.36万人次。(黄斌)

【血吸虫防治】 2016年,全市共投入查螺工日4102个,完成查螺面积3624万平方米(涉及13个乡镇、85个村),完成率100%,其中重点环境查螺1886万平方米,完成率100%。查出有螺乡镇3个、有螺村3个、有螺条块数51个,并对重点有螺环境进行全覆盖灭螺,药物灭螺面积321万平方米,完成率107%。继续将淮河入水道整治新民滩切滩工程施工人员以及高邮湖区渔(船)民列为重点,开展人群查病1.23万人,未发现血吸虫病人。其中,粪检查病3067人次,完成率102.2%;血清学查病1.13万人次,查出DDIT阳性63人,阳性率0.6%,并全部落实追踪调查及粪便检查,未发现血吸虫病人。开展晚期血吸虫病患者救助治疗,共向符合条件的患者50人发放救助金15.6万元。按要求在血吸虫易感地带设立禁示牌2块。至年底,全市连续42年未发现当地感染血吸虫病急性病例。(黄斌)

【寄生虫防治】 2016年,市卫生部门继续巩固消除疟疾防治成果,完成疟疾血检2497人,完成率101.5%,未检出阳性血片。至年底,全市连续9年未发现当地感染疟疾病例。同时,完成土源性线虫病监测调查 1033人,查出蛔虫感染病例1例,感染率0.1%。(黄斌)

【碘缺乏病防治】 2016年,市卫生部门检测市盐业公司生产批发层次的碘盐样本54 份,批质量合格率100%。居民户碘盐监测调查300户,涉及5个镇、20个村,未查出非碘盐,碘盐覆盖率、碘盐合格率和合格碘盐食用率均达100%。按《江苏省农村水碘监测工作方案》的要求,完成13个农村集中式供水监测点出厂水和末梢水的采样与碘含量检测,共采样114份。开展碘营养状况抽样调查,围绕育龄妇女和8～10岁儿童两类重点人群,在5个乡镇完成抽样调查300人。开展孕妇、哺乳期妇女等特需人群碘营养监测工作,全年完成监测6000多人。(黄斌)

【卫生监测及检验】 2016年,市卫生部门完成各类样品检验检测4.76万份,项次数31.73万项,检验检测量比去年上升17.1%。食品安全监测共监测食品16类,采集样品144份。同时,按要求开展食源性疾病监测,监测样品数280份,未发现疑似食源性疾病病例。水质监测全年共采集水样128份,合格125份,样品合格率97.7%,检测4444项次,合格4439项次,项次合格率99.8%,监测覆盖率及任务完成率均为100%。公共场所卫生监测共监测单位242家,所检项目完全合格227家,单位合格率94.2%;检测样品3.87万份,样品合格率97.6%;检测38.16万项次,项次合格率98.7%。医院污水监测共监测36家医疗机构排放的污水,单位覆盖率100%,采集样品41份,合格41份,样品合格率100%。(黄斌)

【放射卫生监测】 2016年,市卫生部门对全市33家放射医疗机构均开展放射防护监测、放射工作人员个人剂量监测及放射工作人员健康体检监测,放射卫生工作三项监测覆盖率均为100%。放射防护监测结果:单位合格率100%,放射装置合格率100%,监测点合格率100%。组织放射工作人员157人开展培训、体检活动,培训体检覆盖率100%。(黄斌)

【学校卫生监测】 2016年,市卫生部门对73家中、小学校食堂的从业人员进行健康体检,体检人数310人,体检合格率100%。按要求开展学生因病缺课监测,网报率78.4%。对全市18所市属中、小学校开展健康检查,共体检学生2.24万人,并建立学生健康档案。同时,在该18所学校开展学生因病缺课监测,网报覆盖率100%,上报率86.5%,非空上报率17.0%。(黄斌)

【职业卫生监测与健康监护、从业人员体检】 2016年,市卫生部门对全市11家企业开展职业危害因素监测。其间,监测职业危害因素种类9种,共设置有害作业监测点122个,取得样品366份,监测点合格率100%;监测后及时向企业发放监测报告和卫生学评价报告61份。全年职业健康体检企业从业人员3718人,通过健康监护发现职业禁忌症对象2人，发放体检报告和评价报告2份；从业人员健康体检发证1.64万人（城区1.11万人、乡镇0.53万人），并对相关人员全部落实驱铅实验治疗。至年底，全市新增确诊职业病病例2例，其中慢性苯中毒1例、慢性铅中毒1例。（黄斌）

【实验室质量管理】 2016年，市卫生部门注重强化实验室质量管理工作。完成《质量手册》编写工作；参加省级质量管理知识培训班3期6人次；推进中心质量管理体系建设，于12月通过省质监局组织的检验检测机构资质认定现场评审；规范样品流转工作，推动实现样品交接的程序化、正规化。（黄斌）

【健康教育系列活动】 2016年，市卫生部门继续组织开展健康教育系列活动。全年结合"计划免疫宣传日""世界无烟日""肿瘤防治宣传周""疟疾日""防治碘缺乏病日"和"'三下乡'暨科普宣传周"等时间节点，组织医务人员到相关学校、社区开展常见病、多发病的知识宣传、义诊活动60场次，发放相关资料近20万份，惠及师生及社区群众10万多人。（黄斌）

【信息工作】 2016年，市疾控中心为及时报道各项工作动态和强化健康知识宣传，在扬州市级以上业务主管部门的网站和内刊上刊载相关信息70条，其中省级8条（江苏疾控信息3条、江苏省疾控网站5条）、扬州市级62条（扬州市总工会11条、扬州市疾控中心网51条）。（黄斌）

爱国卫生

【组织体系建设】 3月，全市落实"一把手"负责制要求，对市、乡两级爱国卫生运动委员会（健康促进委员会）组成人员进行升格调整，由市、乡两级政府主要负责人担任主任，分管负责人担任执行主任，市政府办主要负责人、分管负责人及市职能部门主要负责人任副主任，各相关部门主要负责人为成员，以此形成市、乡两级政府一把手亲自抓、分管领导具体抓，上下联动、齐抓共管的组织领导体系，从根本上保证全市爱国卫生领域各项工作的有效开展。（黄斌）

【爱国卫生年度目标】 2016年，市委、市政府把爱国卫生工作纳入各级党委、政府重要议事日程，列入国民经济和社会发展规划，纳入年度民生幸福工程1号文件，予以统筹协调推进。 年初，市政府及市爱卫会先后出台《关于进一步加强新时期爱国卫生工作的实施意见》《关于印发〈2016年全市爱国卫生工作要点和目标任务分解表〉的通知》《关于印发〈"十三五"期间全市城乡环境卫生整洁行动实施方案〉的通知》《关于进一步加强全市农村改厕工作的通知》《关于印发〈创建国家卫生城市病媒生物防制工作方案〉的通知》及《"十三五"期间全市城乡环境卫生整洁行动督查考核办法》《高邮市灭鼠、灭蚊、灭蝇、灭蟑技术方案》等文件，规范性指导全市2016年度及"十三五"期间爱国卫生各项工作的开展。3月3日，在全市卫生计生工作会议上，市委、市政府对全市爱国卫生工作予以总结部署。4月6日，市政府又专题召开全市爱国卫生工作会议，总结2015年全市爱国卫生工作情况，部署"十三五"及2016年爱国卫生工作任务，并与各乡镇（街道、园区）和市爱卫会成员单位签订2016年度爱国卫生工作目标管理责任书。4月11日，市爱卫会印发《关于开展爱国卫生月和健康教育宣传月活动的通知》，部署开展群众性爱国卫生运动。年底，检查考核各乡镇（园区）和部门的工作完成情况。（黄斌）

【国家卫生城市创建】 2016年，市委、市政府继续推进国家卫生城市创建工作。对照《国家卫生城市标准（2014版）》，落实创卫每项工程均由一名分管市领导牵头抓总、各相关职能部门具体负责实施的工作推动机制，继续组织实施"市民素养提升、基础卫生设施建设、集贸市场规范、城中村和城乡结合部改造、六小行业等重点场所卫生达标、城市河道沟渠整治和环境保护、老旧小区和背街后巷治理、市容市貌美化和城市管理提升、社区和单位卫生创建、公共卫生、医疗服务和病媒生物防制"等创卫"十大工程"，并取得明显成效，推动实现群众对全市卫生状况满意率为92.8%。继续常态化组织开展"啄木鸟"找问题行动，全年下发创卫督办单434份，查找并交办问题4206个，办结率、群众满意率均达100%。至年底，累计在建成区建成健康主题广场16个，在城市广场及主要道路出入口设置创卫大型公益宣传牌103块，制作创卫墙体宣传栏6585处、10万多平方米，在主次干道两侧设立创卫宣传灯杆旗（灯箱）公益广告1000多面。6月14～15日，高邮市创建国家卫生城市工作通过省级考核，并由省爱卫会向全国爱卫会推荐申报。7月底，高邮市创建国家卫生城市申报资料通过全国爱卫会审核。10月9～11日，高邮市创建国家卫生城市工作接受全国爱卫办暗访组组织的暗访。11月2日，省爱卫办转发《全国爱卫办关于反馈江苏省高邮市创建国家卫生城市暗访结果的函》，高邮市创建国家卫生城市工作以825.3分一次性通过全国爱卫办国家专家组暗访评估。至此，高邮市创建国家卫生城市工作取得阶段性进展。（黄斌）

资料链接 近年来，市委、市政府集中财力，投入重金，组织实施创卫"十大工程"。其间，投入

1580万元高标准完成城区道路改造;投入1亿元,新建蝶园南路、屏淮路南延、馆驿路、纬八路等12条道路;投入3000多万元,完成国雄路环境提质工程和新河北路、南路、馆驿路改造工程、通湖路与文游路交叉口改造工程;投入14.8亿元,完成市河、东门大沟、北澄子河、南海子河、南澄子河、香沟河、腰圩河、月塘河等19条、总长16.5千米的城市河道生态综合整治,建成马饮塘河、南海子河、大寨河、北澄子河、老横泾河、南澄子河、水曲溪园等10多个生态体育休闲公园;投资3680万元,建成日集中处理能力100吨的粪便处理场、日转运能力300吨的环卫综合作业中心;投资3.55亿元,开工建设生活垃圾焚烧发电项目;更换垃圾桶6685只,对背街后巷、老旧小区、城中村、城乡结合部681座垃圾箱房密闭加门,所有垃圾桶加盖密闭;投资3800多万元,累计铺设城市污水管网138千米,日处理生活污水达6.25万吨,城区生活污水集中处理率达85.5%;投入近500万元,对城区64座公厕进行改造升级,实现城区所有旱厕公厕改造全覆盖;投资1400多万元对城区11个农贸市场进行升级改造;投入3000多万元,新建珠湖、东部新区农贸市场;规范设置临时便民市场、临时疏导点23处,协调农贸市场的110个摊位作为自产自销区,全面取缔多年形成的中山南路、珠湖路、傅公桥路、薇风大道等路口“马路市场”;对城中村和城乡结合部进行拉网式排查和清理整治,累计投入850万元,共整治旱厕和露天粪坑2431座,拆除猪圈805张;治理“毁绿种菜”,补植绿化6.8万平方米、硬质化路面4.8万平方米;投入7850万元,对城中村和城乡结合部的92个闲置地块进行整治,配套落实硬化、绿化、美化措施,建成社区公园、休闲小广场和停车场;在城区因地制宜设置早餐便民疏导点5处,定制统一式样古色古香流动小餐车30辆;对城区52个废品收购站进行集中整治,下发《限期整改通知书》36份,集中清除店外乱堆乱放38处;投入5000多万元对城区196条后街后巷进行维修改造,新增生态停车场8个,泊车位2601个;综合整治改造南海、烟雨小区、富达新村等9个老旧小区;印发健康教育读本、宣传画、禁烟控烟、病媒生物防制、农村改厕、健康素养66条等宣传折页60万多份,居民健康素养水平达22%;投入50多万元,在城区住宅小区、背街后巷、公园、公厕、垃圾中转站等公共场所安装毒饵站2万多个、落地式诱蝇笼2000多个,落实日常投药及管理维护。(黄斌)

【卫生镇、卫生村创建】 2016年,市爱卫会继续开展扬州市级以上卫生镇、卫生村创建工作。年初,制定下发《关于组织开展2016年卫生镇、村创建和复审检查工作的通知》,明确年度工作目标、工作要求、保障措施等。此后,通过召开会议、强化宣传及实地开展调研、培训、指导、督查等,努力提高创建工作的成效。至年底,龙虬镇创成国家卫生镇;龙虬镇东角村、汤庄镇富南村、卸甲镇周邶墩村、三垛镇官垛村、甘垛镇带程村、周山镇吴堡村、临泽镇川东村、送桥镇送驾桥村、高邮经济开发区灯塔村和阳沟村、车逻镇闸河村、高邮镇湖滨村创成江苏省卫生村;高邮镇新华村、汤庄镇南屏村、卸甲镇卸甲村、三垛镇春生村、临泽镇周巷村、高邮经济开发区昌农村、车逻镇车逻村创成扬州市卫生村。至此,全市累计创成国家卫生镇2家、江苏省卫生镇5家、扬州市卫生镇4家,累计创成江苏省卫生村63个、扬州市卫生村37个。 (黄斌)

【农村改厕】 2016年,市爱卫办坚持“标准、职责、管理、督导”四到位,继续在全市81个村推进实施农村改厕项目。4月5日,以市政府办公室文件形式印发《关于进一步加强全市农村改厕工作的通知》,明确“十三五”时期全市农村改厕工作的目标任务和具体要求。4月6日,召开全市农村改厕技术专题培训会议,对改厕项目的运作、质量要求、验收办法、经费拨付等作出规定。4～5月和6月中下旬,市爱卫办分两批督查全市农村改厕工作的进展情况,查进度、查质量,面对面指出问题、指导整改,并将相关情况按月在全市通报。7月13日、10月17日,市爱卫办先后两次召开农村改厕质量管理工作会议,对改厕项目的质量标准作进一步的要求,确保全市农村改厕工作的顺利推进。至年底,全市新建成无害化卫生户厕5000座(含生态式卫生户厕500座),占年度目标100%;无害化卫生户厕普及率93.8%。是年,高邮市被省爱卫会表彰为江苏省农村改厕工作示范市;菱塘回族乡、龙虬镇被扬州市爱卫会表彰为扬州市农村改厕工作先进乡镇。 (黄斌)

【高邮市通过省级灭鼠灭蝇灭蟑灭蚊先进城市复审确认】 5月24～25日,扬州市爱卫办受省爱卫办委托,会同省疾控中心抽调专门人员组成考核组,由扬州市卫计委副调研员盛富山带队,对高邮市巩固江苏省“灭鼠灭蚊灭蟑灭蝇”先进城市工作进行复查验收。经检查考评,考核组专家一致认为高邮市各项指标全部符合复评考核标准,建议省爱卫会重新确认高邮市为江苏省灭鼠灭蝇灭蟑灭蚊先进城市。 (黄斌)

资料链接 灭鼠、灭蟑、灭蚊、灭蝇”工作是创建国家卫生城市必备条件之一。近年来,市委、市政府一贯高度重视病媒生物防制工作,将其作为创建国家卫生城市工作的重要内容和提高城市卫生面貌、改善投资环境的重要举措,纳入城市长效综合管理考核体系,并制定出台《高邮市除四害管理办法》，进一步健全全市病媒生物防制组织网络，不断加大防制经费投入，始终坚持“标本兼治、立足治本”的原则，从提高市民文明素质和卫生意识入手，广泛开展宣传教育，狠抓环境综合整治，不断完善城市基础设施和环卫设施，彻底清除四害孳生场所。同时，市爱卫会每年组织开展城区统一除害活动，有效控制鼠、蝇、蚊、蟑螂的密度。高邮市曾于1995年创建成为省级灭鼠灭蝇灭蟑灭蚊先进城市。此次通过省级灭鼠灭蝇灭蟑灭蚊先进城市复审确认，是高邮市巩固病媒生物防制工作成效的最好展示。（黄斌）

【病媒生物预防与控制】 4月29日，市爱卫办（市创卫办）召开全市创卫病媒生物防制工作会议，动员部署各乡镇（街道、园区）、各部门单位广泛开展城乡环境卫生整洁行动，彻底清除“四害”孳生地，全面推进病媒生物防制工作的开展。会上，市政府办公室、市爱卫办还分别印发《创建国家卫生城市病媒生物防制工作方案》和《高邮市病媒生物防制工作技术方案》，就该项工作的实施要求及技术要求作具体的规定。同时，要求全市上下做到组织、药物、宣传、责任四到位，建立用药领取、发放登记制度，要求投药做到“五个不漏”（不漏单位、不漏死角、不漏房间、不漏外环境、不漏户），确保药物覆盖率和到位率均为100%，巩固全市“灭鼠灭蚊灭蟑灭蝇先进市”成果。此外，在城区住宅小区、背街后巷、公园、公厕、垃圾中转站、垃圾箱等公共场所，安装毒饵站2万多个、落地式的诱蝇笼2000多个，并落实日常投药及管理维护措施。除“四害”工作期间，全市城乡累计免费发放灭鼠药物18万包、灭蟑药物9万包。同时，市疾控中心相关人员在6个社区随机走访居民户300多户，组织开展病媒生物密度监测和耐药性监测工作。（黄斌）

【饮用水卫生监测】 2016年，市爱卫办协同市疾控中心、市卫生监督所继续开展城乡饮用水卫生监测工作。4月8日，专题召开全市供水单位卫生安全管理工作培训会议，全市6家集中式供水单位、7家二次供水单位的负责人和卫生管理员、市卫生监督所中层以上干部共30多人参加会议。会上，进行相关法律法规及知识培训，并要求各供水单位严格落实“三统一”措施，即统一张贴“供水单位卫生监督信息公示牌”，统一规范“卫生安全管理台账目录”，统一信息报送频次和方式，做到思想上高度重视、工作上严格规范、信息上相互沟通、监管上长期跟进，确保全市人民饮用卫生安全合格水、放心水。入汛后，为了解汛期对水厂取水口水质的影响，市卫生监督所组织力量对全市水厂进行巡查，要求各水厂加大水质实时监控，做好突发性水污染事件应急准备，保障广大人民群众饮用水安全。至年底，全市共有自来水厂6座（下设增压站7座），其中农村水厂4座（下设增压站2座）、城区水厂2座（下设增压站5座），均为地面水。是年，全市共设置监测点56个，其中农村设置监测点48个、城区设置监测点8个。农村饮用水监测方面：按照乡镇和水样1:4比例进行采样监测，于枯水期监测1次。9月底，对48个监测点进行全覆盖监测，共采集水样96份，检测项目为常规指标42项+氨氮。经检测，农村水质合格率为96.9%。城区饮用水监测方面：兼顾出厂水、末梢水和二次供水3种类型8份样品进行采样监测，每季度监测1次，共采集水样32份，检测项目为常规指标42项+氨氮。经检测，城市水质合格率100%。并将所有检测结果在市卫计委网站予以公示。（黄斌）

【控烟、禁烟工作】 2016年，全市继续组织开展控烟、禁烟工作。5月下旬，市爱卫会以市政府办公室文件形式印发《关于组织开展第29个世界无烟日活动暨2016年公共场所控制吸烟专项监督检查工作的通知》，并召开控烟工作领导小组成员单位会议，研究部署控烟及专项监督检查工作。5月31日（第29个世界无烟日），市爱卫办在秦邮茗都小区启动开展世界无烟日主题宣传系列活动。5月底及6月上旬，市爱卫办组织人员在全市机关事业单位、企业、学校、商场、药店、医院等公共场所，张贴和发放“无烟生活、健康高邮”主题公益海报、宣传折页3000多份；在电视台、电台、报纸、微博（信）上开设专栏，制作并播出（刊载）健康与控烟公益宣传广告5期；组织专家深入机关、企事业单位和社区，开展以控烟为主题的健康巡讲活动24次，惠及市民群众近1000人。全市各部门单位、各乡镇（街道、园区）和各医疗卫生单位围绕“拒绝烟草危害”主题，先后组织开展健康巡讲、控烟专项检查和无烟环境倡导等系列活动138场次，宣传吸烟危害健康知识，推进公共场所控烟，倡导无烟生活方式，保护和促进人民群众身体健康。推进开展全市医疗卫生单位全面控烟禁烟工作，新创成卫生系统无烟单位35家。至年底，全市机关、企事业单位和公共场所控烟工作得到全面加强。是年，市卫生监督所开展的课题项目《医疗卫生机构控烟执法实践与探索》，在全省公共场所控烟试点工作会上作交流发言。（黄斌）

【十大主题健康促进行动】 2016年，市卫计委通过召开专题会议（全市健康教育工作会议）、印发相关文件（《全市健康教育与健康促进工作意见》《关于开展健康机关创建的通知》等）、细化考核目录（“十大主题健康促进行动”创建考核评分表和资料目录）、强化业务培训（全市中小学校健康教育工作业务知识培训班)、实行部门联动、加大督导力度、加强目标考核(与各乡镇、部门单位签订目标责任书)等措施,认真组织开展年度十大主题健康(健康医院、健康学校、健康机关、健康企业、健康社区、健康家庭、健康厨房、健康公园或广场、健康步道、健康学堂)促进行动。至年底,全市新创成健康学校30所、健康机关35家、健康企业10家、健康社区(村)15家、健康家庭380户、健康厨房380个、健康公园(广场)8座、健康步道10条、健康学堂1所;累计创成健康医院30家(实现全覆盖)、健康学校78所(实现全覆盖)、健康机关71家、健康企业22家、健康社区40家、健康家庭540户、健康厨房540个、健康公园(广场)29座、健康步道26条、健康学堂3所。（黄斌）

【“健康江苏社区行”活动】 在3月24日、9月1日、12月1日等重大卫生节日,市卫计委组织市人民医院、市中医医院、市城区防保所等单位,继续开展“健康江苏社区行”活动,并通过健康知识宣传、义诊咨询服务、资料编印发放等方式,提升活动成效。全年共开展“健康江苏社区行”系列活动261场次,举办《健康讲堂》12期,印制并发放健康教育彩色处方20种、20万份,发放相关宣传资料24类、10.5万份,印制并发放《中学生健康素养33条》《小学生健康素养33条》健康手册7万多册(中小学校在校学生人手一册),自制并发放一批健康支持性工具,其中控油壶2000个、茶杯600个、围裙1000套。是年,《中学生健康素养33条》《小学生健康素养33条》健康手册,在2016年江苏省健康教育宣传作品设计竞赛中,获一等奖。（黄斌）

【《健康讲堂》】 2016年,市卫计委联合市广电台在高邮电视台开设《健康讲堂》专题节目,特邀市人民医院、市中医医院、市第二人民医院、市城北医院等相关医院的专家担任主讲嘉宾,以每月举办1期的频率,进社区、进机关、进学校开设《健康讲堂》,现场讲解疾病防治知识,提供卫生咨询服务,并对讲解和咨询全程进行摄录,制成专题片,每月在高邮电视台安排17个时段予以复播。至年底,在高邮镇的宝塔、御马、南海、高沙园等10个社区举办《健康讲堂》10期。此外,还于3月25日、10月26日,分别在市委、市政府会议中心和市城北小学举办《健康讲堂》各1期,讲授的内容分别是“机关人员创卫健康知识”和“口腔、视力保健和急救防护知识”。（黄斌）

【健康教育信息化平台建设】 1月14日,市卫计委举办全市健康教育工作体系信息化平台运用专题培训班,邀请扬州市健康教育所专家授课,全市有80人参加培训。5月18日,扬州市疾控中心在高邮市举办扬州市健教信息和省信息化平台使用业务骨干培训班,就国家、省健康教育网健教信息撰写方法和信息化平台操作等进行培训。培训班上,省、扬州市卫计系统专家对高邮市健康教育信息报道工作和平台使用情况给予充分肯定。要求各乡镇卫生院按照《江苏省健康教育工作信息化平台填报规范要求》,明确专人负责填报和更新机构信息、日常工作计划、工作开展情况、能力建设和荣誉成就等平台信息内容,推动实现平台使用率100%。强化健康教育类信息报送和刊载工作,全年在各级各类媒体刊载信息94条,其中国家卫生信息网站9条、省卫生信息网站55条、《扬州卫生报》4条、《高邮日报》2条、高邮卫生信息网站24条。此外,还开辟“健康高邮”微信平台,并在该微信平台发布相关信息8条,努力提升健康教育知识宣传的效果。（黄斌）

【“爱国卫生月”“健康教育宣传月”活动】 4月,全市组织开展全国第28个爱国卫生月和江苏省第20个健康教育宣传月系列活动。其间,以市政府办公室文件形式印发《关于开展2016年全市爱国卫生月和健康教育宣传月活动的通知》,部署开展以“创建国家卫生城市、携手共建健康高邮”为主题的爱国卫生月和健康教育宣传月活动。围绕该活动主题,各乡镇(街道、园区)、各部门单位先后组织开展一系列相关活动,动员全社会力量广泛参与,引导全民共建国家卫生城市,共享爱国卫生工作成果。这些相关活动包括:由市爱卫办在市河广场组织医疗卫生单位志愿者所开展的“爱国卫生月暨世界卫生日”主题广场宣传咨询和义诊活动;由市爱卫办在市公共卫生中心一楼大厅所开展的爱国卫生月宣传戗牌设立活动;由市中医医院在奎楼社区、市南海艺术幼儿园、甘垛镇横泾敬老院所开展的中医药文化和中医预防保健知识讲座活动;由市健康教育所组织专家在西塔社区所开展的爱国卫生月暨世界卫生日宣传活动;由三垛镇政府组织开展的爱国卫生月、健康教育宣传月暨改厕技术培训活动;由甘垛镇横泾卫生院在宁康药店门口所开展的“第28个爱国卫生月和第20个健康教育宣传月”暨“肿瘤防治周宣传活动”;由高邮经济开发区社区卫生服务中心在秦邮茗都小区所开展的第28个爱国卫生月和第20个健康教育宣传月广场咨询及现场宣传活动;由龙虬镇政府在该镇健康主题公园所开展的爱国卫生月宣传活动。活动中,累计组织相关医务工作者、医疗专家、志愿者600多人,发放相关宣传折页、宣传手册、宣传资料1万多份,布展相关宣传戗牌20多面,提供义诊及相关咨询服务1000多人次,现场教育和影响群众2万多人。此外,市卫计委利用高邮卫生信息网站及“健康高邮”微信平台,团市委

利用“青春高邮”微信公众平台，累计发布所开展系列活动的相关信息6条，努力放大主题活动的影响力。（黄斌）

【“服务百姓健康行动”大型义诊活动周】 9月6～11日，市卫计委按照国家卫计委的统一部署，组织开展“服务百姓健康行动”大型义诊活动周系列活动，方便群众在家门口看病就医，拉近医患之间的关系。此次活动周主要内容包括：健康服务进社区、心理辅导进学校、应急救护进军营、为抗战老战士义诊、院内免挂号费活动等。其间，市人民医院、市中医医院、市第二人民医院共派出副主任医师以上专家16人，义诊受益741人，参加《健康讲堂》活动326人，健康体检220多人，发放宣传材料3900份。（黄斌）

【居民健康卡工程】 2016年，全市按照全国居民健康卡试点市和全国第二批居民健康卡建设试点地区的要求，根据《高邮市居民健康卡管理办法》，继续推进开展居民健康卡工程。至年底，全市发放居民健康卡12万张。（黄斌）

卫生监督与无偿献血

【卫生行政许可】 2016年，市卫生监督所注重加强执法行为规范化建设，强化权力运行公开透明，推行行政许可和行政处罚等信用信息“双公示”，加大执法全过程监督制约力度，努力提升行政许可管理与服务水平。至年底，累计办结各类卫生许可审批事项1100多项（含临时证）。是年，该所选送的许可案卷《某有限公司公共场所卫生行政许可》和处罚案卷《某加盟店未取得公共场所卫生许可证擅自营业案》，均获“扬州市卫生计生行政执法案卷评查活动”一等奖；在2016年度省和扬州市卫生计生综合监督行政执法微课大赛中，该所选送的《生活美容场所非法行医查处体会》和《医疗机构控烟执法体会》分获省二等奖、三等奖，选送的《某卫生院使用未取得处方权的人员开具处方案》获扬州市三等奖。获“高邮市2016-2018年度行政执法规范示范点”称号。（黄斌）

【公共卫生安全专项整治】 2016年，市卫生监督所继续开展公共卫生领域安全专项整治活动。2月下旬，启动集中消毒餐饮具专项治理，经本底调查和业务培训，引导全市40多家相关单位积极投入整改。3月中旬，开展供水卫生专项检查，实地检查供水单位13家，其中监督约谈和行政处罚相关单位各1家，确保6家集中供水和7家二次供水单位实现“三统一”（统一张贴卫生监督信息公示牌，统一卫生安全管理台账内容，统一信息报送频次和方式）。4月下旬，启动生活美容场所专项执法，监督检查相关单位28家，立案查处存在相关问题的单位12家。6月上旬，加强对考生住宿点卫生安全事前检查和事中巡查，为广大高考学子“保驾护航”。6月中旬，贯彻《学校卫生工作条例》，完成学校饮用水卫生监督抽检采样任务。6月下旬，组织力量对全市水厂进行巡查，确保汛期饮用水卫生安全。9月下旬，联合市疾控机构，对市区的住宿、沐浴、理发、美容等场所开展督查和抽检专项行动。（黄斌）

【医疗市场监管】 2016年，市卫生监督所根据相关规定，围绕医疗机构的执业资质、医务人员的从业资质和医疗废物处置、第二类疫苗预防接种、放射卫生技术服务机构管理、职业健康检查、传染病防治、非法行医等重点情形，开展医疗服务市场专项整治活动，努力规范医疗执业行为。至年底，累计督查各类医疗机构240多家，查处各类违法案件19起，其中向公安部门移送涉嫌刑事案件2起，医疗机构因不良执业被“记分”1家。（黄斌）

【控烟专项整治】 2016年，市卫生监督所认真贯彻《江苏省爱国卫生条例》和《高邮市政府办公室关于组织开展公共场所控制吸烟专项监督检查工作的通知》要求，加大对医疗卫生机构等公共场所控烟的执法力度。全年出动执法人员1240余人次，检查公共场所830余家，查处公共场所控烟案件22起，行政处罚吸烟当事人22人，下发涉事单位限期整改意见书7份。7月中旬，该所在全省公共场所控烟试点工作经验交流会议上作经验交流。（黄斌）

【综合监督执法】 2016年，市卫生监督所突出公共场所、生活饮用水、职业放射、学校、医疗及传染病防治等重点行业领域，推进综合监督执法工作。全年累计监督检查各类单位1233家，其中公共场所834家、生活饮用水单位14家、职业放射单位37家、学校卫生单位75家、医疗卫生单位269家、传染病防治单位4家。累计抽检监测样品1282份，样品合格1273份。其中，公共场所1034份，样品合格1031份；饮用水单位248份，样品合格242份。累计受理社会举报案件22起，查处违法案件59起（公共场所16起、医疗19起、传防2起、控烟22起），其中向公安机关移送涉嫌刑事案件2起、申请法院强制执行案件1起，罚没款24.5万元。（黄斌）

【重大活动保障】 2016年，市卫生监督所围绕春节、国庆和市人大、市政协“两会”以及全市中考、高考等重大活动，累计提供卫生监督保障6次，其间未发生一起突发公共卫生事件，连续14年实现重大活动保障领域“零事件”。同时，加强“一案三制”建设，提高卫生应急保障能力和水平。（黄斌）

【卫生监督协管】 2016年,市卫生监督所根据《高邮市卫生监督协管服务工作职责细则》,协同各乡镇卫生监督协管站,组织开展针对协管服务的人员培训、季度督导、资料会签和业务考核工作,有效维护农村公共卫生和医疗服务安全。全年累计出动协管人员780多人次,巡查学校、饮用水、医疗机构及公共场所等1390多户次,上报巡查信息390多条,其中发现有关问题线索63条。 (黄斌)

【助力“四城同创”】 2016年,市卫生监督所根据全市“四城同创”工作部署,按照《国家卫生城市标准(2014版)》《高邮市城区“五小”行业卫生管理暂行办法》《关于创建国家卫生城市期间简化卫生行政许可审批程序的通知》相关要求,落实网格化监管分工机制,督促相关单位认真落实对外亮证经营、人员健康体检、宣传资料上手、信息公示上墙、管理台账上档、公共场所禁烟等软硬件方面的要求。全年开展现场督查8轮次,督查地处市区主次干道、后街后巷、集贸市场、居民小区的相关单位1150多家,分发、张贴相关宣传材料3万多份,促使公共场所经营单位的卫生许可证持有率、从业人员健康证持有率分别达到100%和95%以上,卫生监督信息公示牌和量化分级管理“脸谱”“皮肤病性病禁止入池”及禁烟、消毒等标志标识全部张贴上墙并实现全覆盖,卫生管理台账簿、皮肤病专用工具箱、公共用品用具消毒柜等基本配备到位。继续组织开展示范街区、示范单位创建活动,创成示范街区8个、示范单位50多家。(黄斌)

【无偿献血】 2016年,全市依照《中华人民共和国献血法》《临床输血技术规范》《医疗机构临床用血管理办法》等法律、法规,通过加强对采供血和用血机构的监督、指导和管理,对全民无偿献血知识的宣传普及,对无偿献血志愿者的宣传和褒奖等,继续推进无偿献血工作的开展。至年底,全市累计有临床用血机构30家;当年完成采血 9782人次,采血量195.57万毫升,用血量159.32万毫升,平均采供比123%。是年,全市有305人获“全国无偿献血奉献奖”称号;有212人被表彰为扬州市无偿献血先进个人,有10家乡镇、机关单位被表彰为扬州市无偿献血先进集体,25家单位被表彰为扬州市无偿献血先进单位。 (黄斌)

医政管理

【分级诊疗制度试点工作】 2016年,市政府按照扬州市实施分级诊疗制度试点工作要求,出台《关于建立分级诊疗制度的实施办法》,自当年5月1日起,在全市推动逐步建立“基层首诊、双向转诊、急慢分治、上下联动”的分级诊疗模式和就医秩序,引导群众有序合理就医,努力缓解群众“看病难、看病贵”的问题。至此,高邮市成为在扬州地区率先试点实施分级诊疗制度的地区。 (黄斌)

资料链接 高邮市是扬州市实施分级诊疗制度试点地区之一。近年来,随着市民健康意识的强化,不管大病小痛,都喜欢往市区大医院跑,这不仅给大医院带来接诊压力,还造成乡镇小医院医疗资源的大量闲置。此次逐步推行的分级诊疗制度,旨在引导全体市民既要结合自身病情,又要根据各级医疗机构的功能定位、服务范围,来确定自身的就诊去向,并逐步构建起“小病到小医院、大病到大医院”的就诊秩序。此次出台的《关于建立分级诊疗制度的实施办法》,对全市各级医疗机构的功能定位和服务范围作了明确。其中规定:基层医疗机构(县级以下)主要提供常见病、多发病的基层首诊服务、现场基本应急救护,并承担基本公共卫生服务项目任务主体职责,同时为需要向上级医院逐级转诊的疑难重症患者提供就诊指导,并做好预约服务;为上级医院诊断明确病情稳定的术后康复患者、慢性病患者、老年病患者、晚期癌症患者等提供治疗、康复、护理等接续服务。县级医院主要提供区域内常见病、多发病诊疗,急危重症患者抢救、部分疑难复杂疾病的诊治及其他疑难复杂疾病向上转诊等服务。同时规定,基层医疗机构接诊时,对超出基层医疗卫生机构诊疗科目和诊治能力的疾病,要遵从患者自愿以及本地县级医院专科建设情况,为患者办理预约转诊服务,转至县级医院;县级医院则为基层预约转诊患者开辟绿色通道,提供高效便捷服务。超出县级医院诊治能力的,应及时转至上级医院,并帮助患者提供预约转诊服务,确保群众就医过程全程无缝、方便快捷。对于是危急重症患者,可就近直接到二级及以上医院就诊。此外,为鼓励群众首诊在基层,全市制定实施差别化医保报销政策。除急危重症患者外,新农合参保人员按照转诊程序就医的,报销比例同比上浮5%;未按照转诊程序就医的,按原报销比例报销。城镇职工(居民)基本医疗保险参保对象按照转诊程序就医的,按原报销比例报销;未按照转诊程序就医的,报销比例同比降低10%至20%。至2016年年底,通过实施差别化医保报销政策,全市实际享受新农合优惠补偿政策结算的参合患者为943人次,实际补偿金额在原有补偿基础上再增加享受补偿金47.44万元。 (黄斌)

【医疗机构资质和技术准入管理】 2016年,市卫计委根据医疗机构设置区划趋势和医疗机构实际能力,核发一级医疗机构执业许可证33份,并重新核定各机构科室设置及床位数。组织开展二级以

上医疗机构二类技术申报、审批工作，全年新增扬州市重点专科7个。（黄斌）

【医疗质量管理】 2016年，市卫计委以明察和暗访相结合的方式，围绕一级医疗机构执行医疗核心制度、质量指标、药政管理、医院感染管理及医疗“三合理”等制度方面，继续组织实施季度督查工作，逐家检查其推进病历处方点评制度、医师和医疗机构不良执业行为记录制度等相关制度的落实情况。全年检查相关医疗机构病历272例、处方0.92万份，显示医疗机构的住院病历合格率96%、门诊处方合格率97%、门诊静脉输液率18%、两联抗菌素使用率22%；记分处理存在不良执业行为的医师14人。继续组织开展专项检查工作，全年先后开展抗菌药物临床应用、特殊药品管理、高值医用耗材临床应用、肿瘤治疗药和肿瘤辅助治疗药临床应用等专项检查2批次，查出相关问题1个，整改落实率100%。制定印发《高邮市进一步规范临床用血管理的通知》《高邮市社区卫生服务站(村卫生室)处方质量点评实施方案》，就医疗服务相关领域工作作进一步的规范。加强临床检验质量控制与督查，全市一级以上医疗机构参加室间质控率100%。是年，按照上级规定，完成全市二级以上医院全面停止门诊患者静脉输注抗菌药物和全面停止门诊患者静脉输液工作。（黄斌）

【医护人员资质管理】 2016年，市卫计委依照《医疗机构管理条例》《执业医师法》《护士管理办法》等法律、法规，继续加强医护人员从业资质管理。全年完成当年执业医师考试资格审核117人；受理执业医师注册237人次，执业护士注册226人次；调整资质不符合岗位要求的医护人员1人。（黄斌）

【药事管理】 2016年，市卫计委落实《关于印发扬州市控制公立医院医疗费用不合理增长实施方案的通知》要求，通过组织开展季度督查及现场点评、交流活动等方式，继续强化对各级医疗机构的药事管理工作。至年底，全市督查相关医疗机构3家，查出突出问题3个，问题整改落实率90%。是年，全市二级以上医疗机构药品收入占业务总收入比例(不含中药饮片)下降到35%左右，其中市人民医院、市中医医院、市中西医结合医院占比分别为43%、45%、45%。（黄斌）

【科教管理】 2016年，市卫计委按照卫生部《临床住院医师规范化培训试行办法》及省卫生厅相关实施意见的要求，继续开展住院(全科)医师规范化培训工作，有26人参加，培训覆盖率100%。继续推进基层医务人员“务实进修”及其他专业进修，有23人参加。规范化推进卫技人员继续教育工作，完成卫技人员继续教育(医学)学分登记验证2200多人次。加大科研项目申报力度，全年申报省、扬州市医学新技术进步奖4项，获批扬州市医学新技术进步奖2项(一等奖、二等奖各1项)。（黄斌）

【院感管理】 9月，市卫计委按照《基层医疗机构医院感染管理基本要求》和《江苏省医疗机构感染管理基本要求》，成立市院感质控小组中心，协调组织各医疗机构全面开展有关医院感染预防与控制的相关工作，认真排查安全隐患，切实推进整改落实，努力保证院感安全。至年底，该中心下发整改通知4份。是年，全市未有医疗机构发生重大院内感染事件。（黄斌）

【护理管理】 2016年，市卫计委协同有关医疗机构加强对护理工作的季度督查及问题通报、限期整改工作，强化治疗室及换药室等临床高危科室日常护理工作规范的制定，推进与病区床单元、抢救室等相关的管理制度的落实，定期组织开展护理人员的业务培训，不断规范患者入院、住院、出院的全过程护理服务。至年底，全市累计督查医疗机构26家，查出问题12个，问题整改落实率90%；举办培训班2期，培训护理人员200人次；二级以上医疗机构建成优质护理服务病房41个(含A类病房12个)，实现全覆盖。是年，继续组织开展护理系统相关评选活动，获评扬州市优秀护士长4人、扬州市优秀护士4人。（黄斌）

【急救管理】 2016年，全市继续保持120急救站与省、扬州市急救系统视频联网，实现120急救系统与扬州市急救中心联网管理、救护车辆调度单网络填报一体化，信息完整率100%。组织“一站四点”(市人民医院急救站，市中医医院、三垛中心卫生院、临泽中心卫生院、菱塘回族乡卫生院急救点)医护人员急救知识培训和技能比武，提升急救服务水平。至年底，全市120急救系统累计出动人员2.36万人次，提供急救服务7866件次，受助群众满意率98%以上。（黄斌）

【重性精神疾病患者管理】 2016年，市卫计委协助相关部门继续推进重性精神疾病患者规范化管理工作。全年举办专题业务培训活动1期，培训人员30多人次；排查及评估“肇事肇祸精神病人”200多人次；建立并完善重性精神疾病患者个人档案3150份，完成重性精神疾病患者随访1.26万多人次。（黄斌）

【医疗纠纷调处机制建设】 2016年，市卫计委继续完善医疗纠纷调处机制建设，形成防范、处置、评析、追溯等一系列医疗安全管理制度。落实医疗责任保险和法律顾问制度，实现公立医院全覆盖；理顺各医疗机构和委机关受理医疗投诉和医疗纠纷协调处置流程，并在网络上及时公布该处置流程及相关投诉信息，以方便群众维权；发挥第三方调解机构(市医疗纠纷人民调解委员会)的平台作用,落实分析制度和责任追究制度,做好保险赔付对接工作,第三方调解机构当年医疗纠纷调处成功率60%以上;开展调保结合、诉调对接工作,完善院内调解、人民调解、司法调解、医疗风险分担("三调解一保险")有效衔接的医疗纠纷调解长效机制,提高处置效果;控制超范围手术,出台《高邮市医疗服务重点环节沟通指南》,加强医务人员医患沟通能力;发挥医疗纠纷防范信息交流平台功能,每季度发布2篇医疗纠纷案例评析,共同防范医疗纠纷。至年底,全市累计受理医疗纠纷投诉案件49件,其中市卫计委受理29件、市医调委受理20件。 (黄斌)

中医工作

【概况】 2016年,全市中医工作立足市中医医院、市中西医结合医院2家重点载体,以实施基层中医药服务能力提升工程为抓手,协调推进专业人才队伍建设、"互联网+中医药"平台建设、基层中医馆建设和重点专科建设等重点工作,在加快中医药适宜技术培训、推广运用和管理等方面取得新的成果。 (黄斌)

【基层中医药服务能力提升工程】 2016年,全市进一步强化中医药特色医院、特色科室、示范科室建设,着力巩固实施基层中医药服务能力提升工程的成果。重点推进市中医医院的特色化建设,促使其顺利通过省级大型中医医院的巡查工作。继续推进实施基层医疗机构内设中医科的提档升级工程,城北社区卫生服务中心、临泽中心卫生院、汤庄卫生院、送桥中心卫生院、郭集卫生院、菱塘回族乡卫生院、界首卫生院、汉留卫生院、高邮经济开发区社区卫生服务中心等9家单位的中医诊疗区(中医馆)建设项目通过验收。至年底,全市累计建成乡镇卫生院示范中医科13个、中医药特色社区卫生服务中心4个,其中扬州市级以上乡镇卫生院示范中医科13个(省级5个、扬州市级8个)、扬州市级以上中医药特色社区卫生服务中心4个(省级2个、扬州市级2个)。 (黄斌)

【服务能力建设】 2016年,市卫计委继续推进中医药服务能力建设。围绕加快中医药适宜技术培训和推广运用,先后举办全市中医护理人员培训班、首期中西医结合康复新进展学习班、第四期"西学中"函授班,培训人员113人;开展"扬州市名中医"师承结对带教工作,全市有中医药工作者9人加入该师承结对带教行列;围绕优化中医药人才结构,推进中医药的传承和发展,完成江苏省优秀青年中医人才和第二批江苏省农村优秀中医临床人才培养项目的考核工作;以第一批"扬州市中医药名师工作室"建设为契机,选派优秀青年中医工作者与市内3名扬州市名中医签订工作任务书,并依托该工作室建设提升个人的工作能力。是年,全市组织开展各类中医药专题活动28场,受益人数3000多人。 (黄斌)

【"互联网+中医药"平台建设】 2016年,市卫计委加快拓展全市中医药发展新的领域,探索建立以中医院为核心的医联体服务平台,鼓励社区卫生服务中心(乡镇卫生院)加入该平台,推进实现资源共享。以"云大物移"(云平台、大数据、物联网、移动互联网)等信息技术为手段,将医院信息系统与中医药医疗健康服务深度融合,以"邮城医驿APP"为枢纽,构建医驿健康云平台,推进其在分级诊疗与发挥中医药特色服务中,与区域医疗卫生信息系统互联互通,实现医疗服务机构与区域医疗卫生体系的信息共享与业务协同,让群众就医问诊更方便快捷,以"零排队"的实际效果改善患者的就医感受,提升中医药的影响力和服务范围。 (黄斌)

【中医诊疗区(中医馆)建设】 2016年,市卫计委继续推进基层医疗机构中医诊疗区(中医馆)建设,完成9家医疗机构中医诊疗区(中医馆)建设任务。同时,注重深化所有中医诊疗区(中医馆)的服务内涵,不定期指导基层落实中医优势病种的诊疗,开展中医特色诊疗及护理服务,提高基层中医药服务的影响力。12月18日,组织举办膏方健康养生节活动,聘请省中医院专家到高邮市坐堂问诊,受到群众的欢迎。 (黄斌)

【重点专科建设】 2016年,市卫计委协调相关医疗机构继续推进中医药重点专科建设,取得成效。是年,市中医医院创成扬州市级中医重点专科3个(脾胃病科、心病科、脑病科)。 (黄斌)

【中药饮片质量管理】 2016年,市卫计委注重加强中药饮片质量管理工作,明确相关医疗机构主要负责人是承担该项管理工作的第一责任人,并督促各医疗单位尽快建立健全中药饮片管理工作制度和监督制度,明确职责分工,开展定期和不定期的检查抽查,努力提高各类中药饮片临床使用的质量。 (黄斌)

【中医工作示范村创建】 2016年,市卫计委继续在全市范围开展中医工作示范村创建工作。经组织申报、评审验收等程序,全市有4个村创建成扬州市中医药特色村卫生室(站),有40个村创建成高邮市中医工作示范村。 (黄斌)

人力资源

Human Resources

导读

劳动就业

【概况】 2016年，市人社局围绕市委、市政府民生1号文件精神和上级主管部门的工作目标，把握供给侧结构性改革的新形势，不断强化目标意识、责任意识、服务意识，推动各项工作取得新的成绩。是年，该局被市委、市政府表彰为市级机关能力作风建设先进单位、维护社会稳定工作先进单位，获全市党建工作先进单位二等奖。 （吴杨）

【就业再就业】 2016年，市人社局举办大型特色招聘洽谈会43场，采集就业岗位2.68万个，现场达成就业意向7645人。全年新增城镇就业1.15万人，占全年目标164%；实现失业人员再就业8944人，占全年目标398%；就业困难人员再就业712人，占全年目标的237%；新增农村劳动力转移5100人，占全年目标170%，年底城镇登记失业率1.9%。 （吴杨）

高邮市2016年春季人力资源招聘洽谈会现场
（市人社局供稿）

【再就业援助】 2016年，市人社局继续加大对就业困难群体的帮扶力度，帮助城镇“零就业家庭”、农村“零转移家庭”等困难弱势群体实现就业，城镇“零就业家庭”、农村“零转移家庭”保持动态为零。实施积极扶持就业政策，对吸纳“4050”等就业困难人员，签订1年以上劳动合同并为职工缴纳社会保险的企业，给予全额社保补贴。全年共兑付社保补贴143.92万元，惠及就业困难人员262人。 （吴杨）

【充分就业转移乡镇、社区创建】 2016年，市人社局继续巩固省级充分就业社区和充分转移乡镇创建成果，努力提升促进就业的工作水平。是年，省级充分转移就业乡镇实现全覆盖；通过省级充分就业创建验收的社区12个，其中创成省级充分就业示范社区5个、扬州市级充分就业示范社区2个。 （吴杨）

【创业带动就业】 2016年，市人社局开展创业培训958人，推荐创业项目40项，其中被评为扬州优秀创业项目14项、省大学生优秀创业项目8项；发放创业担保贷款1395万元，为自主创业209人提供小额担保贷款贴息123.16万元；扶持农村劳动力自主创业791人，帮助城镇失业人员实现创业883人，引导大学生创业361人，实现创业带动就业2210人。是年，由该局推荐的生态锦鲤养殖孵化创业项目获“中国创翼”创业创新大赛“银翼奖”。 （吴杨）

【大学生农业创业园建设】 2016年，市人社局继续落实入园创业的各项优惠政策，加快推动大学生农业创业园建设。11月，该创业园被评为省级创业孵化基地，获发创业扶持资金100万元。至年底，该创业园基本形成猕猴桃、药材、蔬菜及花木四个种植区，孵化基地面积达22公顷，吸纳大学

生、退役军人及下岗扶持创业等相关创业人员33人,带动当地农民就业近200人。（吴杨）

【新建成创业孵化基地2家】 2016年,市人社局继续推进创业孵化基地建设,新建成创业孵化基地2家。分别是:位于高邮城南经济新区的高邮市通邮电子商务孵化基地,以网络电商为主,实现创业者入园进驻86户,带动就业230人;位于卸甲镇的高邮市农业创业孵化基地,主要以农业种植为主。（吴杨）

高邮市通邮电子商务创业孵化基地揭牌仪式现场
（市人社局供稿）

【创业担保贷款基金扩容】 2016年,市人社局注重发挥市创业担保贷款基金作用,联合市相关部门新增担保基金250万元,使该担保基金扩容到1035万元,实现可放贷规模5000多万元(含妇女创业),更好地服务"大众创业、万众创新"。至年底,全市利用该担保基金平台,新发放各类贷款1395万元,惠及相关创业项目137项。（吴杨）

【劳务合作】 2016年,市人社局响应市委、市政府全力服务企业发展号召,在开展传统招工的同时,还与劳动力资源丰富的甘肃省临夏回族自治州(全国重点劳务输出地)深度开展劳务合作,以"随缺随招"方式引进该地劳动力4000人次,切实帮助企业解决用工难、用工荒问题,确保全市用工形势总体平稳。（吴杨）

资料链接 近年来,市人社局围绕解决企业用工难题,一直在内部挖潜、外部招引上做文章。特别是在外部招引上,还通过设立引进外来劳动力专项奖励基金,加强与民营招工中介机构合作,与外省市联合建设劳务合作基地等,有效推进外地劳动力招引工作的开展。2016年3月,高邮市与甘肃省临夏回族自治州签署《临夏·高邮劳务合作协议》并举行转移就业工作服务站挂牌仪式;2016年5月,甘肃省临夏回族自治州转移就业工作高邮服务站挂牌成立。至2016年年底,全市累计发放劳动力引进专项奖励基金8.68万元,引进民营招工中介机构5家,新建外省、市劳务合作基地20个,累计招引市外务工人员3.27万人。（吴杨）

【就业再就业培训】 2016年,市人社局组织城乡劳动者职业技能培训5191人,其中基本产业培训2166人,分别占全年目标的129%、108%;开展城乡新成长劳动力培训1767人,占全年目标的107%。（吴杨）

【职业技能培训】 2016年,市人社局组织各类职业技能培训班203期,培训人数9860人,核发初、中级资格证书7980本,占全年目标123%;培养高技能人才1439人,其中技师94人。（吴杨）

【劳动合同签订】 2016年,全市有2445家企业与14.17万名职工签订劳动合同,签订率99.9%;有1379家建立工会企业与职工签订集体合同和工资协议,签订率99.9%。此外,签订女职工特殊保护专项集体合同136份、签订区域性集体合同28份、行业性集体合同17份,涉及职工4.89万人。至年底,市人社局累计完成劳动合同备案人数6.06万人,审查集体合同617份。（吴杨）

【劳动保障书面审查】 2月20日～4月27日,市人社局采取网络媒体与现场宣传相结合、现场审查与预约上门相结合、登记审查与整改评选相结合、书面审查与普法宣传相结合的方式,开展全市2015年度劳动保障书面审查工作,涉及用人单位2028家。其间,举办培训讲座13场,发放相关知识汇编2000余册,惠及劳动者12.55万人;查处整改有违法违规行为的用人单位46家。（吴杨）

【和谐劳动关系企业申报工作】 2016年,市人社局根据《高邮市和谐劳动关系企业考核办法》,从建立健全评入、退出和激励机制等方面入手,继续开展和谐劳动关系企业申报工作。全年新推荐申报各级和谐劳动关系企业15家,即江苏富威能源有限公司、扬州瑞斯乐复合金属材料有限公司、江苏金晖光伏有限公司、江苏南洋铝业有限公司、扬州鑫晶光伏科技有限公司、江苏润华电缆股份有限公司、高邮市永发机械有限公司、高邮市道路客运有限公司、扬州市邮星消防器材有限公司、扬州龙鑫机械有限公司、扬州市电塑厂、扬州市永达电源有限公司、扬州市丽邮人造板有限公司、扬州市神奇高邮湖旅游投资开发有限公司、扬州中大电缆有限公司。（吴杨）

【劳动保障专项执法检查】 2016年,市人社局继续开展农民工工资支付、清理整顿人力资源市场秩序、企业劳动用工风险评估监督行动等三次专项执法检查活动。其间,累计检查用人单位895家次,涉及职工3.8万人,督查企业补签劳动合同1700份,督促28家用人单位为370名职工办理社会保险登记手续、23家用人单位为240名职工补缴社会保险费160多万元，帮助职工1023人追讨工资706万元，受理群众投诉案件295起，其中群体性集访事件19起。（吴杨）

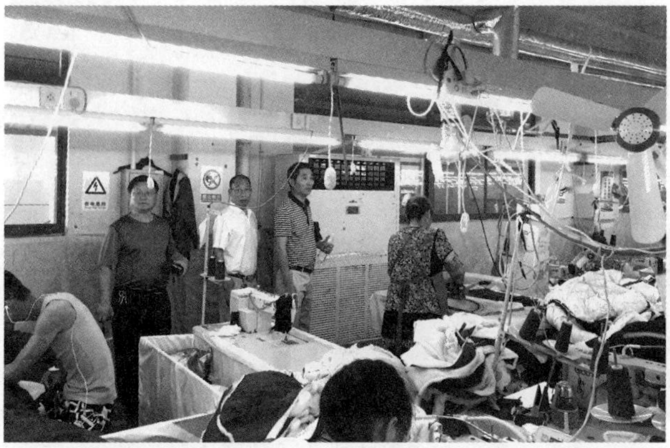

开展夏季高温执法检查活动现场 （市人社局供稿）

【劳动争议仲裁】 2016年，市人社局依法处理劳动争议案件152起，其中调解结案121起、裁决结案31起，调解结案率79%以上，按期结案率100%。立案受理集体劳动争议案件8起，帮助职工491人讨回拖欠工资3271万元。（吴杨）

【12333服务热线】 2016年，市人力资源和社会保障公益咨询服务平台—12333服务热线共接人电话总量1.51万个，其中人工服务6676个，人工接通率87.2%。从统计情况看，群众咨询热点问题主要是养老保险转移和基数调整以及养老保险相关政策、医疗保险相关政策、生育保险相关政策、劳动保障监察、数据查询、五险征缴等内容。（吴杨）

【建议、提案和信息、信访工作】 2016年，市人社局共办理人大代表建议9件和政协委员提案11件，各方满意率均为100%。全年向各类媒体报送宣传、信息类稿件146篇，其中被国家级媒体采用5篇、省级媒体采用12篇、扬州市级媒体采用62篇。全年共受理各类信访事项638件，其中各类人民来信71件、上级交办3件、市委书记信箱7件、市长信箱330件，12345公开电话92件，12333服务热线135件，及时结案率100%。（吴杨）

人才管理

【概况】 2016年，市委人才办围绕“人才强市”和“科教兴市”战略，落实各项人才奖励政策，强化人才工作机制建设，深入组织实施“秦邮人才集聚计划”“秦邮英才培育计划”，努力吸引高层次人才到高邮创新创业，有效助力全市经济社会创新发展。10月25日，市高层次人才协会成立。是年，顺利促成武汉理工大学高邮研究院落户高邮高新区；推动市产业技术研究院逐步成为连接全市产业、技术创新的动力源。至年底，全市共引进高层次人才75人，其中创业创新领军人才25人、创业创新博士人才50人，柔性引进科技人才近150人。（刘峰）

【《高邮市“十三五”人才发展规划》印行】 3月中旬，《高邮市“十三五”人才发展规划》印行。该人才发展规划从加大政府引导投入，拓宽人才创业金融支持渠道，明确人才队伍建设重点任务，实施“秦邮人才集聚计划”“秦邮英才培育计划”“科技企业家培育工程”等举措方面，对全市构建人才发展新高地作出总体部署和安排，是全市做好“十三五”人才发展工作的指导性文件。（刘峰）

【“秦邮英才培育计划”】 2016年，市委人才办牵头组织相关乡镇、园区及部门，完成全市第二期“秦邮英才培育计划”遴选申报工作。经申报、审查、评审、公示等程序，遴选产生第二期“秦邮英才培育计划” 培育对象28人，并签订双向目标责任书，由市财政按1万元/人标准发放专项培育经费，通过加强跟踪培养管理，努力提升培育实效。

（刘峰）

【高层次人才申报】 2016年，全市继续组织推进高层次人才申报国家“千人计划”、省“高层次创新创业人才引进计划”、省“333高层次人才培养工程”和 扬州市“绿扬金凤计划”、扬州英才培育计划。全年完成申报国家“千人计划”3人，入选省“高层次创新创业人才引进计划”30人，入选省第五期“333工程”第三层次培养对象5人，入选扬州“绿扬金凤计划”各类人才27人；争取人才专项资助资金1352万元。是年，扬州市华翔有色金属有限公司董事长宋巍（博士）入围科技部创新人才推进计划答辩环节。（刘峰）

【宋巍入围国家创新人才推进计划】 11月，科技部发文公布2016年国家创新人才推进计划答辩环节名单，高邮市的扬州市华翔有色金属有限公司董事长宋巍（博士）名列其中，正式入围科技创新创业人才答辩环节。（刘峰）

资料链接 科技部推进实施的创新人才推进计划是《国家中长期人才发展规划纲要(2010—2020年)》确定的一项重大人才工程。该计划以培养和造就高层次科技创新创业人才为核心任务，通过造就中青年科技创新领军人才、扶持科技创新创业人才、支持重点领域创新团队和建设创新人才培养示范基地等，引领和带动各类科技人才的发展，为提高自主创新能力、建设创新型国家提供有力的人才支撑。（刘峰）

【兑现人才培养资助经费1800多万元】 2016年，市委人才办协同相关乡镇、园区及市有关部门，按照各级人才培养资助政策要求，经项目监管和考

核,及时拨付兑现各类政策激励资助资金1800多万元。（刘峰）

【第八批科技镇长团】 2016年,市委人才办立足科技镇长团成员的桥梁纽带作用,积极配合第八批科技镇长团开展"走进后方——科技镇长团后方高校行"系列招才引智活动。其间,累计组织120多家企业负责人,先后集中走访武汉、沈阳、上海、南昌、福州、无锡等地近20所高校院所,对接专家人才160多人,通过开展"走、请、访"活动,签订校地、校企合作协议及合同41份,涉及合作经费投入917万元,帮助企业解决技术难题98个。同时,全市由科技镇长团协助申报省级人才科技项目42项,其中获批33项,获批项目经费1076万元,引进"千人计划"专家4人。此外,科技镇长团成员自主创业2人,实际到账创业资金264.3万元。（刘峰）

【获批扬州市"名师工作室"5家】 11月,扬州市人才办印发《关于确定扬州市"名师工作室"第一批名单的通知》,高邮市由5名专家领衔的工作室被确定为扬州市"名师工作室",其中教育名师工作室1个(由高邮中学教师陈兆森领衔)、中医药名师工作室3个(分别由高邮市中医医院医师李大卓、陆家武、闫勤领衔)、技能大师工作室1个(由扬州宏远电子有限公司技师钟志良领衔)。此次获批的"名师工作室"建设周期为3年,建设期内每个工作室获发4万元/年的工作经费。（刘峰）

【博士后工作平台申报】 2016年,市人社局帮助企业申报国家、省博士后工作平台,解决建站博士后入驻问题,促进企业具有自主知识产权的重大科技成果转化和产业化。全年申报江苏省博士后创新实践基地2家(江苏金飞达电动工具有限公司、高邮市卫星卷烟材料有限公司),帮助落实博士后进站工作手续2家(扬州日兴生物科技股份有限公司、江苏华能电缆股份有限公司),解决长期空站运行1家(扬州曙光电缆股份有限公司),推动全市6家博士后工作站保持良好的运行质态。（吴杨）

【创业基地建设】 2016年,市委人才办注重推进高邮镇"众创空间"、高邮经济开发区"科技镇长团暨高层次人才创业基地"建设。至年底,实现签约入驻"众创空间"项目8项,入驻"科技镇长团暨高层次人才创业基地"创业的高层次人才6人。（刘峰）

【校地合作】 2016年,全市继续推进校(院)地合作工作。至年底,全市新签署校(院)地合作协议4份,其中全面科技合作协议1份(中国农业大学与市政府)、全面合作协议3份(哈尔滨理工大学与菱塘回族乡、暨南大学与汤庄镇、武汉大学与高邮城南经济新区)。同时,积极协调推进武汉理工高邮研究院建设工作,并于10月18日挂牌设立武汉理工大学高邮研究院。（刘峰）

武汉理工大学高邮研究院揭牌仪式现场

（市委人才办供稿）

【企事业单位人才引进】 2016年,市委人才办、市人社局注重发挥企业引进人才的主体作用,从打破年龄、职称、户口和人员身份限制入手,深入实施全市系列人才计划,积极吸收、引进各类紧缺人才。全年共在省、市外举办高层次及紧缺人才专场招聘会22场次,动员参加招聘会企业185家,引进各类人才 4365人,其中高层次人才13人、急缺专业技术人才332人、储备型人才4020人。（刘峰　吴杨）

【专业技术人才培养】 2016年,市人社局围绕机械机电、电池化工等相关产业发展,继续实行"一企一评、快速便捷"的服务模式,分别在扬州日兴生物科技股份有限公司、江苏华富储能新技术股份有限公司等多家企业,举办机电工程、化工工程专业技术中级职称培训班,加大对专业技术人才的培养力度。至年底,全市新增专业技术人员2376人;留学回国人数12人。（吴杨）

【高技能人才培养】 2016年,市人社局聚焦乡土人才重点,加大高技能人才培育力度。至年底,全市获"全国玉雕工艺美术大师"称号1人,申报扬州市英才培育计划2人、高邮市秦邮英才培育计划2人,获发电焊工高级技师国家职业资格证书1人。（吴杨）

【人才奖励】 2016年,市委人才办、市人社局根据市政府《关于加强企业人才引进和培养工作的意见(试行)》文件精神,对上年度符合奖励条件的人才进行奖励和补助,共发放各类奖励资金368.21万元,其中优秀人才津贴197.21万元、高技能人才奖励150万元、专业技术人员奖励21万元,涉及相关企业68家、人员459人。（刘峰　吴杨）

【职业技能比赛】 2016年,市人社局采取以赛代培方式,提升相关人才的能力水平。联合市总工会举办"金尚杯"电焊工等5项职业技能大赛,组织选手230多人参加，共获各类奖项10项；遴选人员68人，参加扬州市第四届职业技能状元大赛，共获各类奖项12项；组织人员参加江苏省第三届职业技能状元大赛，参赛选手邱红星获三等奖。（吴杨）

电焊工职业技能比赛现场 （市人社局供稿）

【高校毕业生见习就业实践】 2016年，市人社局打造高校毕业生见习就业实践基地，组织高校毕业生开展见习就业实践活动，为全市人才集聚、大学生就业提供"孵化器"。至年底，全市新建成高校毕业生见习就业实践基地8家，累计建成见习基地48家（含省级见习基地3家）；吸纳见习就业实践大学生150人，其中硕士研究生28人；岗位涉及电子、化工、机械、生物工程等多个专业。（吴杨）

人事管理

【公务员录用】 2016年，市人社局在省、扬州市人社部门统一组织下，经过网上报名、笔试、资格审查、面试、体检、考察等程序，为市公安局等16个单位录用公务员和参照公务员管理单位工作人员53人。（吴杨）

【事业单位人员招聘】 2016年，市人社局根据扬州市委组织部、市人社局"四统一"及"四规范"要求，组织开展各类事业单位工作人员公开招聘工作。全年招聘事业单位工作人员355人，其中教育系统194人、卫生系统83人、其他系统78人。（吴杨）

【机关、事业单位人员年度考核】 1～3月，市人社局按照年度考核工作要求，完成2015年度机关公务员（参公管理事业单位人员）2303人和事业单位工作人员11227人的年度考核结果的审核工作。参加考核的公务员（参照管理事业单位人员）中，被确定为优秀等次389人，占16.9%；称职等次1844人，占80.1%；基本称职等次4人；不定等次66人。在事业单位工作人员考核中，被确定为优秀等次1485人，占13.2%；合格等次9367人，占83.4%；基本合格等次11人，不合格等次10人；不定等次354人。（吴杨）

【干部任免】 2016年，市人社局严格按照新的"三定"方案职位要求，对全市行政机关拟调整任用的中层干部，组织任前资格预审和竞争上岗，帮助部门把好用人关、预审关，有效控制机关人员的混编混岗现象。根据市委决定，完成由市政府任免的副科级以上干部117人的报批手续。（吴杨）

【事业单位岗位管理工作】 2016年，市人社局按照省人社厅《关于进一步做好全省事业单位岗位管理实施工作的通知》及高邮聘后管理意见相关要求，进一步规范全市事业单位岗位设置和岗位聘用工作。全年办理核准岗位设置变更单位7家、岗位设置变更70个，新进人员定岗348人、岗位等级变动2241人、工勤人员转岗9人。（吴杨）

【参照公务员法管理事业单位工作人员登记】 4月，市人社局根据省、市《参照公务员法管理事业单位工作人员登记工作方案》，制定《高邮市参照公务员法管理事业单位工作人员登记工作方案》，认真组织开展此项登记工作。此次登记，涉及相关单位7家（市农业执法大队、市动物卫生监督所、市农机安全监理所、市卫生监督所、市防汛防旱指挥部办公室、市救助管理站、市统计调查队）、工作人员39人。（吴杨）

【工资审批】 2016年，市人社局完成全市行政机关工作人员2432人次的滚动升级工资审批，完成全市事业单位工作人员1.01万人次的正常晋升工资和薪级工资审批；完成大专以上毕业生、新录用公务员和事业单位工作人员382人的试用、定级和工资套改审批，完成军转干部、转业士官16人的工资套改审批。（吴杨）

【人事代理】 2016年，市人社局共办理高校毕业生及各类人才档案5100份，其中转入4308份、转出772份，办理人事代理114人；办理聘用或引进人才鉴证手续105人、外籍人才落户手续6人。（吴杨）

【公务员、事业单位人员培训】 2016年，按照《公务员培训规定（试行）》和《关于开展公务员网络培训工作的通知》要求，市人社局协助市委组织部开展由全市科级及以下公务员和参照管理工作人员参加的网络培训工作。此次培训内容涉及法律法规、政治经济、基本能力、综合知识、文化修养等方面，要求各人培训时间不低于 80学时，所有学习培训课程均需在11月30日前完成，并将此培训结果作为年度考核的依据；全市累计有2126人参加。7月7日,在市大剧院组织举办全市公务员、参公人员五大发展理念培训班,共有1000多人参加。9月20日,市人社局组织举办为期10天的新进机关、事业单位人员初任培训班,共有141人参加。另外,还按照省公务员局《2016年苏南苏北公务员对口培训计划》和扬州市局名额分配安排,组织相关人员参加在南京、苏州举办的苏南苏北对口培训班。 (吴杨)

高邮市公务员五大发展理念培训班现场 (吴杨 摄)

【高校毕业生服务工作】 2016年,市人社局共服务各类高校大学毕业生4820人次。通过举办毕业生专场招聘会16场、赴高校招聘活动19次,提供就业岗位近5750个;通过网络发布就业岗位信息532个,完成求职登记450人;新建高校毕业生见习基地8家(累计48家),接收见习毕业生150人;接收"三支一扶"(支农、支教、支医和扶贫)毕业生6人、省选聘新大学生村官9人;接待清华大学硕士研究生1人、浙江大学硕士研究生2人到高邮开展暑期社会实践调研。 (吴杨)

【退休干部管理服务】 2016年,市人社局严格执行"到龄即退"政策,共为机关事业单位工作人员办理退休手续599人,其中公务员133(含副局级以上干部62人)、事业单位工作人员466人。6月,市人社局组织开展健康体检活动,涉及副科职以上退休干部120人;10月21日,市人社局组织举办重阳节联谊活动,共有副科级以上离退休老干部267人参加;春节前,慰问全市副局级以上退休干部919人、原机关工作人员遗属594人和住院治疗的干部78人。全年审核、办理机关事业单位死亡职工抚恤金手续199人次、遗属生活困难补助手续70人次。 (吴杨)

【军转干部安置管理工作】 2016年,市人社局继续实行考试考核相结合、择优选岗的安置办法,安置军队营职以下转业干部4人。根据相关政策,全年为企业军队转业干部326人(在职17人、下岗1人、退休308人)调整生活困难补贴;登门走访慰问企业军转干部特困家庭35户、死亡人员家庭10户。全年为6名自主择业的军队转业干部核算医疗补贴经费和申报、代缴医疗保险。 (吴杨)

【机关事业单位编外用人情况调查】 2016年,市委组织部、市人社局为掌握各机关事业单位执行落实《关于印发<高邮市机关事业单位工作人员管理办法>的通知》的相关情况,联合开展全市机关事业单位编外用人情况调查。经调查统计,全市各机关事业单位共有编外人员5147人。其中,从单位属性划分,机关单位编外人员1589人,事业单位编外人员3558人;从所属层级划分,市属单位编外人员3992人,乡镇(园区)编外人员为1155人。 (吴杨)

机关事业单位改革

【房屋权属登记交易改革】 9月,市房管局按照上级相关要求,在经过充分细致工作的基础上,将房屋权属登记职能划转到市不动产登记中心,将相关工作人员一并划转,并出台《高邮市房屋交易和产权管理工作规程(试行)》,指导不动产权证办理工作。同时,调整乡镇站所职能和人员。 (周欢)

【国库支付方式改革】 2017年,市财政局适应财政预算制度管理要求,配合推进国库支付方式改革,组织开展个人公务卡推广工作,努力提高工作效率和财务管理水平。至年底,全市新办理个人公务卡2400多张,累计办理个人公务卡3964张。 (周航)

【监管执法体制改革】 2016年,市编办根据上级要求,稳步推进全市监管执法体制改革。1～6月,与市发改、经信、环保、安监、市监等部门对接,督促其出台相应事中事后监管办法,完善"一主五辅"事中事后监管机制,着力强化食品药品安全、生态环境安全及生产安全等领域的事中事后监管。推动市信用办、市法制办在"中国 高邮"门户网站设立"双公示"专栏,43个行政权力部门将行政许可和行政处罚一般程序信用信息全部补录上网公示,并明确"双公示"工作为常态、不公开为例外。6月,制定出台《高邮市建立双随机抽查机制强化事中事后监管实施方案》《关于建立双随机抽查机制有关具体工作的通知》,推行以"一表两清单、两库一平台"为主要内容的随机检查机制,经过收集清理,共明确20个部门的随机抽查事项388项,并经"中国 高邮"门户网站进行公示;同时组织召开全市专项推进会议,对该项工作作进一步的部署和推动。 (徐瑞芝)

【中介机构改革】 10月,市政府办公室印发《关于公布涉审中介服务"四项清单"的通知》,正式向社会公布全市涉审中介服务事项、收费标准、服务时限、中介机构目录等"四项清单",当中涉及行政审批部门12家、服务事项27项、中介机构94家。同时,全市依托市政务办网络平台,筹建高邮市涉审中介机构网上超市网站,为企业和项目建设单位提供一个"门类齐全、信息公开、服务优质、便捷高效"的涉审中介服务,实现中介机构市场化、规范化运作,提高中介服务效率。（杨杨）

编制工作

【概况】 2016年,市编办紧扣市委、市政府工作中心,围绕简政放权放管结合优化服务改革目标任务,有序推进政府机构改革、行政审批制度改革与事业单位改革,强化机构编制管理与考核,完善事业单位法人登记管理,按时完成机构编制月报年报统计工作。至年底,全市行政在编人员2206人,其中市级党政群机关在编人员901人、政法专项在编人员774人、乡镇行政在编人员531人,机关工勤岗位聘用人员192人;事业在编人员10676人,事业单位岗位聘用人员502人。（徐瑞芝）

【政府机构改革】 2016年,市编办根据上级部署和全市工作实际,继续稳妥推进政府机构改革工作。5～10月,围绕全市负责不动产登记工作职能部门的转换,先后开展并完成核增国土局副局长职数,不动产登记中心职责整合、编制核定,不动产登记工作人员交接及编制调整等多项工作,基本实现市不动产登记中心由办证窗口整合到职责、机构、编制和人员实质性整合。11月,印发《高邮市产品检验检测资源整合方案》,调整"市产品质量综合检验检测中心"主要职责、内设机构和人员编制规定,按照"资源共享、集约高效"原则,将市农委农产品市场流通领域的检验检测职能和市粮食局粮油质量监测所的相关检验检测职能整合到市市监局产品质量综合检验检测中心,并从市农委下属事业单位调整人员编制到该中心,进一步增强中心力量,全力保障食品安全。（徐瑞芝）

【行政审批制度改革】 2016年,市编办按照上级部署,在市行政审批制度改革领导小组和推进职能转变协调小组的指导下,以"5张清单、1个平台、8项相关改革"为主要内容,继续推进行政审批制度改革工作。"5张清单",即行政审批事项目录清单、行政权力清单、专项资金管理清单、行政事业性收费目录清单和政府部门权力事项责任清单;"1个平台",即依托市行政服务中心构建"线上线下、虚实一体"的政务服务平台;"8项相关改革",即强化事中事后监管改革、推进监管执法体制改革、推进工商登记制度改革、促进社会组织健康发展改革、推行政府购买服务制度改革、推行政府绩效管理制度改革、健全责任追究机制改革和深化政府机构改革。6月,在"中国 高邮"门户网站开辟专栏,集中公布"5张清单"内容,并发文督促相关部门及时调整。8月,对行政事业性收费目录清单予以调整,共减少收费项目10项。11月,对照省市县"三级四同一分一压缩"要求,推进全市部门行政权力标准化清单的编制工作。同时,联合市法制办、市政务办印发《高邮市不予行政许可报备制度》,根据该制度规定,全年共报备不予行政许可事项2件。联合市发改委、市政务办赴镇江等先进地区考察学习;在市政务服务中心网站建立"网上涉审中介超市",设立包括超市简介、机构预选库、政策法规和工作动态等栏目;印发《关于公布涉审中介服务"四项清单"的通知》,督促涉审中介机构恪守执业规则,切实提高整体服务水平。印发"多评合一"实施意见,实行企业投资项目"多评合一",审批周期包括统一受理、统一评估、统一评审、统一审批压缩到50个工作日以内,进一步优化全市投资发展环境,促进经济发展。（徐瑞芝）

【机构编制管理】 2016年,市编办继续完善机构编制管理的工作程序,推进机构编制管理规范化建设。严格执行《高邮市机构编制委员会议事规则》,提请召开市编委会议2次,累计研究讨论机构编制工作事项32件次,累计下达机构编制批复、通知30多件次,完成41家相关机构的挂牌、更名、升格及职能调整工作。制定出台《高邮市机构设置编制管理领导职数核定暂行办法》,进一步细化编制管理措施。推进巩固"吃空饷"专项治理工作,核减行政编制4个、事业编制70个。严格执行《高邮市机构编制控编减编工作方案》,根据体制改革、机构调整、职能变化,全年共核减股级职数9个、事业编制97个;增核副局级职数5个、股级职数24个,增核行政编制2个、事业编制64个,内调使用事业编制36个。配合市委组织部、市人社局和市财政局等部门共审核公务员招录编制110人次、各类事业人员招录编制399人次、部门财政预算人员19433人次以及行政执法人员1183人次。完善机构编制和实有人员的动态管理,及时为调动和新录用的各类人员办理调编手续108人次和入编手续430人次。按时完成全市机关、事业单位及政法专项的机构编制统计报表,为分析研判机构编制工作质态提供依据。（徐瑞芝）

【机构编制责任审核】 2016年,市编办继续协同市组织、审计部门开展"三责联审"工作。全年按照"三责联审"年度工作计划及实施方案,累计实施机构编制责任审核9人次,其中任中审核5人次、离任审核4人次,并对照《高邮市党政领导干部"三责联审"结果等级评定办法(试行)》,分优秀、

良好等级出具党政领导干部履行机构编制管理责任的审核报告,其中被评为优秀等级2人、良好等级7人。 (徐瑞芝)

【机构编制管理考核工作】 2016年,市编办按照上级绩效考评要求,继续将机构编制管理工作纳入全市能力作风建设考评体系,并下发专项考核文件,进一步明确考核的总体要求、对象、内容、分值、方法、细则和结果运用,促使全市的机构编制管理考核工作更具有针对性和可操作性。

(徐瑞芝)

【统一社会信用代码工作】 1～6月,市编办先后组织开展全市事业单位、党政群机关统一社会信用代码证更换工作,助力推进全市社会信用体系建设。3月底前,全市364家事业单位《事业单位法人证书》全部更换为赋有统一社会信用代码的新版证书;6月底前,全市党政群机关原有《组织机构代码证书》陆续更换为《统一社会信用代码证书》。 (徐瑞芝)

【事业单位登记管理】 2016年,市编办继续开展事业单位登记工作,全年累计办理事业单位法人设立登记42家、变更登记68家、注销登记38家。强化事业单位登记档案管理,确保归档文件齐全、摆放有序、检索方便,健全完善登记档案查阅机制,依法为有关单位提供登记档案查阅服务,累计出具证明15件次。 (徐瑞芝)

【网上名称和网站标识管理】 2016年,市编办联合市经信委,继续开展中文域名注册和网上挂标工作,加强全市党政群机关、事业单位网络安全管理。其间,通过召开会议动员、分批集中辅导、争取财政支持等,完成机关单位71家、事业单位398家的中文域名注册和网上挂标工作,再次实现上级主管部门提出的注册与挂标"两个全覆盖"目标。 (徐瑞芝)

【服务经济社会发展】 2016年,市编办围绕全市经济社会发展大局,认真开展各项服务工作。参与理顺园区体制,根据省级经济开发区长远发展的需要,重新核定并正式报批高邮经济开发区内设机构领导职数方案;围绕新设立的省级高新技术产业开发区实际情况,结合外出参观学习和实地调研,提出高邮高新技术产业开发区内设机构设置方案,逐步明晰该高新区和送桥镇、菱塘回族乡的隶属关系;围绕扬州高邮国家农业科技园发展建设,进一步完善其内设机构设置和职责方案。理顺国有资产监管体制,将在市财政局挂牌的"高邮市国有资产监督管理办公室"更名为"高邮市国有资产监督管理委员会"。参与国有企业改革,强化对市政府直属管理的4个国有企业集团等10个国有企业提供优质服务。促进科教文卫发展,整合成立市教师发展中心,组建"高邮市外国语学校";支持广播电视事业核增编制,成立"市新闻书画院";会同市卫计委制定下发《高邮市中医医院人员编制备案制管理试点工作方案》,以点带面推进公立医院备案制试点改革,完成市妇幼保健和计划生育技术服务资源、机构整合工作,强化基层卫生保健职能。同时,还成立菱塘、三垛、盂城二级政府专职消防队,在市政府办应急科增挂"公共安全科"牌子,核增市安全生产监察执法大队事业编制,进一步加强安全保障力量。(徐瑞芝)

社 会 组 织

Social Organizations

导读

工 会

【概况】 2016年,市总工会强化职工权益维护、基层组织建设,突出服务发展、服务基层、服务职工,发挥工会组织在推进供给侧结构性改革中的作用,为推进“迈上新台阶、建设新高邮”作出新贡献。是年,市总工会被省总工会表彰为全省“安康杯”竞赛组织工作优秀单位、工会财务会计工作竞赛评比一等奖,被扬州市总工会表彰为县(市、区)工会工作考核一等奖、工会财务会计工作一等奖、经审工作一等奖、工会工作创新奖、信息工作二等奖。 (戴顺阳)

【劳动和职业技能竞赛】 2016年,市总工会以“四比一创”(比效能、比创新、比安全、比环保,创优质精品工程)为主要内容,开展“建功‘十三五’,建设新高邮”主题劳动竞赛,联合市水利局在市腰圩河道改造工地举行全市重点工程、重大项目劳动竞赛现场推进会。各乡镇(园区)及相关系统工会开展劳动竞赛项目21项,提出重点工程项目施工优秀合理化建议和创新成果42项,节约工程成本1近千万元。组织开展电焊工、管道工等市级技能竞赛活动4项,有职工402人参赛;引导各乡镇(园区)、系统工会自办竞赛活动32场,有职工1332人参赛。牵头举办“2016扬州淮扬菜秋冬旅游套餐大赛”高邮赛区职业技能竞赛;选派华侨国际大酒店、皇华国际大酒店、京沪高速龙奔服务区职工15人,参加扬州市职业技能竞赛;承办扬州市级“秦邮杯”放射医师读片职业技能竞赛。 (戴顺阳)

扬州市“秦邮杯”放射医师读片职业技能竞赛现场
(戴顺阳 摄)

【基层班组建设】 2016年,市总工会以“工人先锋号”创建活动为载体,以技术创新、机制创新、管理创新、提高企业核心竞争力为重点,推进“六型班组”(学习型、技能型、创新型、节约型、安全型、和谐型)建设。全年组织班组长培训活动14场次,培训班组长400人次;在规模以上企业建立技协组织10个;培植班组示范点21个,推荐上报争创各类工人先锋号优秀班组53个。是年,全市新创成“扬州市工人先锋号”9个(扬州市高邮地方税务局第七税务分局、江苏华富储能新技术股份有限公司新产品研发班、高邮市疾控预防控制中心检验科、扬州神游羽绒制衣有限公司裁剪车间、扬州市金宏食品有限公司食品加工班组、扬州市住房公积金管理中心高邮分中心归集执法组、扬州金源灯饰有限公司焊接班组、江苏省高邮中等专业学校财经教研组、扬州晨光特种设备有限公司焊接班组)、“高邮市工人先锋号”34个;新获评扬州市“五一劳动奖状”2个(扬州天高旅游用品有限公司、江苏宝德照明器材有限公司)、扬州市“五一劳动奖章”9人(邹伟民、张金生、徐克祥、杨志鸿、徐茹萍、沈爱红、毛勇、宰素红、周汝宝)。 (戴顺阳)

资料链接 2016年,全市有34个先进班组被表彰为“高邮市工人先锋号”。这些先进班组分别为:江苏润华电缆股份有限公司成缆班组、高邮市精标齿轮制造有限公司金工一组、扬州佐仕科技有限公司T99车间丙班、扬州金陵减速机有限公司金工班组、扬州市德运塑业科技股份有限公司塑胶车间、高邮市金利达机械有限公司装配车间、扬州昇业机械有限公司合金车间、扬州智多星科技有限公司金工班、扬州金辰不锈钢有限公司电焊班组、扬州宇通服装有限公司锁钉班、江苏优信邦泰工贸有限公司总控室、高邮市精标齿轮制造有限公司金工一组、江苏鑫东方户外用品有限公司缝制组、扬州市伊兴机械有限公司JP车间生产工部、扬州鑫晶光伏科技有限公司C班丝网班组、龙腾照明集团有限公司钢杆车间、界首镇农业服务中心营创粮食专业合作社农药喷雾防治班组、市人民医院消化内科、汤庄镇卫生院护理组、三垛初中物理教研组、送桥小学六年级组、临泽镇供水经营部、市烈士陵园管理处宣教股、市交通工程质量监督中心试验室、高邮市畅达机动车检测有限公司服务大厅、市公安局交巡警大队车辆管理所、三垛财政所、市园林绿化工程公司文游路养护班组、市房管局房地产测绘队、苏邮农资连锁有限公司农药柜组、市供电公司车逻变电所运行维护班、邮储银行高邮市支行营业部、市烟草专买局专买监督管理科、张轩邮政支局。 (戴顺阳)

【“提合理化建议集中月”活动】 5～6月,市总工会动员全系统继续开展“提合理化建议集中月”活动,组织和引导全市广大职工发扬主人翁精神,为企业转型升级、节能减排、科技创新献计献策,全市共有600多家企业职工参加活动,提出合理化建议4000多条,合理化建议实施后可为企业创造价值或节约成本近千万元。同时,围绕职工所提建议,组织开展“高邮市十佳合理化建议”评选表彰活动,激发广大职工参与“提合理化建议集中月”活动的热情。 (戴顺阳)

【“蓝领成才工程”启动实施】 2016年,市总工会在全系统启动实施“蓝领成才工程”,以此培育一支适应全市产业发展需要、技艺精湛、结构合理、梯次发展的产业工人队伍。该工程以“师徒结对”为载体,在电线电缆、机械、服装、新能源等重点行业和产业领域中,选拔300名熟练掌握专门技术和专业知识,拥有专技特艺或优秀技法,能够在生产实践中有效解决较复杂技术、工艺等难题的优秀蓝领人才或优秀技术人员作为“名师 ”,与具有较好培养前途和强烈学艺愿望的一线操作工人结成师徒对子,紧密结合单位自主创新、革新攻关、节能降耗、提高效益等生产技术实际,扎实开展传、帮、带活动,促进专技特艺和优秀技法的有序传承。4月20日,在江苏润华电缆股份有限公司举行“蓝领成才工程”师徒结对活动启动仪式。仪式上,全市有200多名“名师”与336名徒弟结成对子。年底,基层工会推荐上报优秀师徒对子184对,市总工会命名表彰10对“模范师傅”和“优秀徒弟”。 (戴顺阳)

【“双十佳”评选】 2016年,市总工会结合开展岗位立功竞赛活动契机,联合市人社局在全市开展“双十佳”(“十佳金牌职工”“十佳服务标兵”)评选活动。此次评选活动历时15个月,重点面向全市生产车间一线、教学卫生科研等课题攻关小组、服务窗口广大职工。经基层工会推荐,乡镇(园区)及系统工会把关,市“双十佳”评委会综合评审,共确定朱子鹏、杨新、邱红星、范昌权、孙婷婷、吴广明、张国际、赵万家、柯航生等9人为高邮市“十佳金牌职工”,韦永培、朱晓波、杨士清、周桂琴、董昇、仲文欣、何清、张浩然、秦立、程洁等10人为高邮市“十佳服务标兵”。 (戴顺阳)

【庆祝“五一”国际劳动节暨劳模表彰大会】 4月29日举行。市委、市人大常委会、市政府、市政协有关领导,受表彰对象,各级劳模代表,各乡镇(园区)及系统、直属单位有关负责人、工会干部和职工代表400多人参加。会议由市委副书记、市长潘学元主持,市委书记韩方作讲话。会上,市委副书记张新钢宣读《中共高邮市委、高邮市人民政府关于授予马年元等50名同志高邮市劳动模范称号的决定》;播放市总工会工作专题片;举行颁奖仪式;宣讲省劳模吴战宇、扬州市劳模薛凤香等先进事迹;市劳模代表吴国元向全市劳动者发出《为“迈上新台阶、建设新高邮”再立新功》的倡议。 (戴顺阳)

【“劳模品牌”建设】 2016年,市总工会继续推进“劳模品牌”建设,营造学习劳模、宣传劳模、关注劳模的氛围。推进劳模创新工作室建设,申报扬州市级劳模创新工作室2家(市农委和市公安局),创成高邮市级劳模创新工作室1家(杨万明劳模创新工作室)。注重弘扬劳模精神,在庆祝“五一”国际劳动节暨劳模表彰大会上,宣讲省、市部分劳模的先进事迹。组织开展慰问、帮扶劳模活动,慰问各级劳模(不含全国劳模)和“五一劳动奖章”获得者454人,筹集并发放各类慰问金、补助金、帮扶金及劳模荣誉津贴等73.22万元。推进劳模疗休养等工作规范化开展,组织安排7名扬州市级以上劳模到疗养院疗休养,17名扬州市级以上劳模和21名高邮市级劳模外出考察、休养。继续组织开展各级劳模推荐、评选和表彰活动,全年组织推荐评选省劳模3人、省先进工作者1人。重视《劳模风采》编辑工作,联合市委组织部、市级机关工委召

开《劳模风采》赠书暨劳模精神座谈会。 （戴顺阳）

【劳动保护监督检查】 2016年，市总工会继续推进工会劳动保护监督检查机构建设，新建成工会劳动保护监督检查委员会173家。联合市安监局开展“安康杯”竞赛活动，组织生产型规模企业围绕“教育培训强基础、隐患排查保安康”竞赛主题，以推行“1+3”监控法为内容，在百人以上生产型规模企业中开展“安康杯”竞赛和创建“企业劳动保护工作合格示范工会”活动，全市共有440家企业参与推行“1+3”安全监控体系，48家企业申报创建“企业劳动保护工作合格示范工会”。按照《职业健康监管工作意见》，加大对职业危害监管和防护情况的督查力度，指导企业签订“劳动安全卫生专项集体合同”422份。开展“安全隐患随手拍”活动，征集“安全隐患随手拍”音像资料52份，通过及时曝光方式，增强职工安全生产意识，净化企业安全生产环境。 （戴顺阳）

【工会组织建设】 2016年，市总工会组织开展“工会组建百日推行动”“农民工入会集中行动”“党建带工建百日推行动”，并通过印发实施意见、召开相关会议、下发交办通知、组织现场观摩等推进措施，着力提升基层工会的组建率。全年新组建基层工会459家，其中独立工会173家、工会小组286家；新组建全市消防、房地产、物业行业工会联合会3家；新发展工会会员1.48万人，其中农民工会员1.36万人；工会到期换届改选448家；推行工会主席直选621家；新发放会员证9026本，其中农民工会员证1.12万本。至年底，全总数据库高邮市法人单位动态建会率、入会率均在95%以上。 （戴顺阳）

【“建家评家”工作】 2016年，市总工会制定下发《关于做好2016年度全市基层工会会员评家通知》，健全和完善市总工会、乡镇（园区）、基层工会三级“会员评家”制度。其间，指导13个乡镇（园区）总工会（工会）召开会员代表常任制大会，征集提案126件，各乡镇（园区）测评满意度均在90%以上。组织乡镇（园区）、系统（产业）组织所属基层工会开展建家评家活动，有1215家基层工会按规范程序召开会员代表大会，开展工作测评，建家评家率在95%以上。7月26日，扬州市乡镇（街道）、开发区工会会员代表常任制经验交流会在高邮市举行，全市有3家单位先后作工作交流，受到与会者的关注。 （戴顺阳）

【工会组织规范化建设】 2016年，市总工会继续推进工会组织规范化建设。印发《关于开展“基层工会建设服务年”活动的实施意见》，部署全系统开展“基层工会建设服务年”工作。在全市非公企业开展“结对共建、联手强家”活动，全市有112家基层单位结成共建对子。继续开展“先进职工之家”创建工作，全年创建达标42家。继续加大基层工会“六有”建设力度，强化“六有”工会示范点打造，建成“六有”达标基层工会465家，推进建设“六有”准达标基层工会627家。 （戴顺阳）

【干部队伍建设】 2016年，市总工会注重强化工会干部队伍建设。加强工会干部的业务培训，举办乡镇（园区）、系统专职工会干部业务培训班及“社职”工作者业务培训班各1期，分片举办“全市新任基层工会主席上岗资格培训班”5期，联合市委组织部在四川大学举办“全市非公企业党工共建指导员专题培训班”1期，并选送24名工会干部参加上级工会组织组织的调训。联合市委组织部印发《关于协助党委管理工会干部的意见》，切实加强乡镇（园区）、系统（产业）、直属基层工会干部队伍建设。是年，13个乡镇（园区）配备专（兼）职工会干部48人，其中专职工会副主席16人，聘用“社职”工会工作者13人。 （戴顺阳）

【民主管理工作】 2016年，市总工会继续推进民主管理工作。联合协调劳动关系三方委员会各成员单位开展“春季要约”行动，签订50人以上建会企业工资协议520份、行业（区域）工资协议12份；贯彻落实《扬州市企业工资集体协商工作标准》，制定印发工作指南，培植企业典型30家；联合市人社局等部门对20家创建高邮市和谐劳动关系企业进行验收考核，有15家企业通过验收考核。坚持市政府与市总工会联席会议制度，于年底召开联席会议1次，就落实全市建会企业特困职工优惠政策、开展劳动竞赛和职工职业技能竞赛工作等议题，进行研究和协商。注重完善非公有制企业职代会制度，制定印发《高邮市非公企业职工代表职责巡查制度》，培育先行示范点企业30家；开展扬州市“职工参与民主管理新形式”主题征文活动，征集并上报征文10篇。 （戴顺阳）

【法律服务】 2016年，市总工会配合政府部门赴乡镇开展农民工工资支付、劳动用工专项督查；开展送法到乡镇、进企业、进车间活动4次，发放各类

工会阳光法律服务志愿者“四季行”——春季规范用工业务培训现场 （戴顺阳 摄）

书籍1300多册;开展工会阳光法律服务志愿者“四季行”——春季规范用工业务培训活动。联合市人社局、工会阳光法律服务志愿者开展企业劳动用工风险评估监督行动,对照100个风险点重点排查企业100家;开展劳动争议纠纷案件倒查及原因分析活动3次;开展“‘五一’劳动法律宣传月”系列活动;联合市人社局举办劳动法律法规培训班1期;完成市“六五”普法考核验收,获扬州市“2011～2015年全市普法工作先进单位”称号;培育工会法治教育宣传阵地4家;制定“七五”法制宣传教育方案。（戴顺阳）

【帮扶服务工作】 2016年,市总工会筹措慰问金160多万元,开展春节“送温暖”系列活动,为特困职工家庭提供年夜饭大礼包114份,向300多名困难职工、劳模和农民工发放慰问金。发放市级机关事业单位职工互助互济会第一期大病补助金32万元,惠及患病会员41人;推动高邮经济开发区、高邮城南经济新区、高邮镇等相关乡镇、园区设立职工互助互济会,吸纳会员1万人。面向困难职工子女,创新搭建“助学+助工+助业+助志”帮扶服务平台。联合团市委举行大学生暑期见习和困难职工子女勤工俭学活动,动员74家部门单位参与其中,提供见习和勤工俭学岗位228个。发放“金秋助学”助学金9.1万元,惠及特困职工家庭子女48人。发放慈善救助金20万元,惠及特困职工100人。组建“职工贴心送”服务队,按季度开展进企服务活动。启动开展关爱户外劳动者·共建“工会爱心驿站”活动,首批设立“工会爱心驿站”5个。组织市镇企三级工会开展“高温慰问·情系一线职工”送清凉活动,累计发放物品及慰问金款项200多万元。组织7名一线职工赴省汤山工人疗养院疗休养。（戴顺阳）

【女职工工作】 2016年,市总工会开展庆“三八”节“五送”系列活动。联合市人社局等部门举办“架金桥、送岗位”女性专场招聘会,动员20多家用人单位进场招聘,提供就业岗位400多个;走访慰问单亲特困女职工家庭户3户,向市区单亲特困女职20人发放“三八”节补助金1万元。在水部楼社区专门设立女职工维权咨询台,发放《女职工劳动保护特别规定》等宣传资料300多份;联合市妇幼保健所开展“关爱女职工——健康直通车”活动,免费为江苏航天水力有限公司120多名女职工及市区100名女特困职工和特困职工家属提供妇检。举办全市女职工“学法、懂法、用法”权益保护法律法规知识竞赛。开展女职工“双争”活动,表彰“五一巾帼标兵岗”33个、“五一巾帼标兵”30人。新签、续签女职工专项集体合同75家。引导和推动企业建设“爱心母婴室”5间。（戴顺阳）

【职工思想道德建设】 2016年,市总工会在全系统深入开展“中国梦·劳动美·幸福路”主题教育活动,学习宣传习近平总书记系列重要讲话精神,党的十八届五中、六中全会精神,党的群团工作会议精神,省十三次党代会以及市十一次党代会和市委十一届二次全会精神,大力弘扬“崇文尚德、求实创新”高邮精神,引导全市广大职工积极投身“强富美高”新高邮建设。是年,评选表彰高邮市文明职工28人,推荐申报扬州市文明职工4人;陈超、蔡卉、徐月红获“扬州市文明职工”称号,史万全获“扬州市十佳文明职工”称号,并获扬州市“五一劳动奖章”。（戴顺阳）

【信息宣传工作】 2016年,市总工会通过召开全市信息宣传工作总结表彰暨信息发布会、工会信息宣传骨干队伍总结表彰会,举办信息宣传业务培训和“季度沙龙”等活动,采编一线优秀职工、劳模、企业家、工会工作者等先进人物事迹以及工会工作经验做法,并借助各类新闻媒体、报刊、杂志等平台,广为宣传,提升实效。全年拍摄工会宣传片1部;利用《高邮日报》制作“工会园地”宣传专栏5期;在扬州市级以上报刊刊载稿件120多篇,向扬州市级以上网站、微信推介稿件超1000篇(次)。（戴顺阳）

【工会工作改革创新】 2016年,市总工会注重强化工会工作改革创新。推动工会工作融入“互联网+”,改版市总工会网站,建立市总工会微信公众号;制定出台《工会干部联系职工制度》《工会工作联络员制度》等,首期聘任工会工作联络员20人;推行工会工作项目化,列出重要工作事项36项,排定“三个一”工程清单,实行以奖代补政策,创新实施“一镇一品”“一局一品”工程;加大工会经费以及重点权力监管力度,制定出台《工会经费使用管理监督办法》《工会经费使用规范化管理考核办法》《关于加强重点权力监督制约实施办法》等制度,加强基层工会独立建账和经费审计工作。（戴顺阳）

共青团

【概况】 2016年,团市委围绕“凝聚青年、服务大局、当好桥梁、从严治团”工作格局,以提升团组织的中心贡献度、社会认可度和青年满意度为努力方向,锐意进取,创新实干,各项工作取得新进展。至年底,全市共有基层团委42个、(团)青工委4个、团总支39个、团支部1093个,团员3.53万人。是年,市国税局团支部被表彰为江苏省五四红旗团支部,市城建局团委、市临泽中学团委、高邮经济开发区团工委、市邮政公司团委、送桥镇团委被表彰为扬州市五四红旗团委，市人民法院团支部、市菱塘民族初中团总支、市公路站团支部、市阳光志愿者协会团支部、市文广新局团总支被表彰为扬州市五四红旗团支部。（张雪莹）

【新媒体平台建设】 2016年，团市委制定“青春高邮”微信公众号推广使用制度，打造“专职团干+兼职专业人才+大学生志愿者”的工作队伍，推动该新媒体功效不断提升，使其跻身高邮政务微信前列。全年利用该平台推送各类新闻600多条，点击阅读量达26万人次，其中单条新闻阅读量在1000人次以上的新闻31篇，有效覆盖青少年8000多人。推进“青年之声”线上平台和线下驿站建设，动员团员青年注册“青年之声”网站账号，反映呼声、回应诉求、服务成长，被评为江苏“青年之声”创新创优二等奖。同时，积极引导各直属团组织成立青年微信群，及时发布和转发各类团的工作信息，促进各项工作顺利开展。（张雪莹）

【青年志愿者精准服务行动】 2016年，团市委协调组织广大青年志愿者，开展精准服务系列行动。组织机关青年志愿者与乡镇残疾青少年结对帮扶，开展志愿助残“阳光行动”；组织青少年志愿者参与“我是雷小锋”主题义卖活动，现场协助义卖各类书籍文具1000多份，筹集善款近2万元；支持各类社会志愿者组织开展活动，助其协调办公地点、志愿项目和资金申报等，为扩大志愿服务领域、增强志愿服务效果作有益探索。是年，公益项目“砖窑厂外地流动儿童关爱计划——‘变形记’”获评2016年江苏省优秀青年志愿服务项目；关爱留守儿童微电影《在风中飞》获省委宣传部微电影大赛一等奖。（张雪莹）

开展“我是雷小锋”主题爱心义卖活动现场

（团市委供稿）

【青年就业创业质效提升行动】 2016年，团市委创新举措，强化服务，推进开展青年就业创业质效提升行动。配合组织部门做好“创新创业大赛”项目选报和典型选树工作，青年企业家邱小川参赛项目获“扬州市第二届创新创业大赛”优胜奖，大学生村官邹主东参赛项目“涌泉蔬菜”分获省、扬州市村官创业大赛第二名和第一名。继续做好青年电商创业服务工作，与“通邮电商园”合作推荐青年入园发展，开展电商“青年创业示范岗”评比，获评“扬州市青年电商示范企业”8家。根据“扬州市青年企业家发展领航计划”，全面做好组织协调、推进落实等各项服务工作。继续与相关市级机关企事业单位合作开展“大学生暑期见习”活动，征集暑期带薪见习岗位228个，受到学生欢迎、社会关注。（张雪莹）

【“相约七夕·寻爱高邮”大型青年交友活动】 8月7日上午，团市委联合市委宣传部、市文明办、市妇联、市旅游局共同举办大型青年交友活动——“相约七夕，寻爱高邮”定向挑战赛。该活动作为“我们的节日·七夕”主题系列活动之一，在传播七夕文化的同时，让青年人触摸城市脉搏，感受城市的变化与发展。比赛设立“小巷记忆”“古城新貌”“青春体验”3条线路，覆盖文游台、盂城驿、汪曾祺故居、明清运河故道、净土寺广场等23处邮城特色点标，设置“登镇国寺塔”“抗战知识问答”“学制手工艺品”“体验消防生活”“骑行三轮车”等任务关卡，每条线路均长5千米。参赛者可在探索城市各个角落的过程中，体会到高邮城悠久的历史文化，感受到它令人惊喜的变化与发展。同时，这场比赛，更是给青年朋友们提供一种交流、交往、交友的新思路，通过徒步行走、穿越城市、协同合作、完成挑战的形式，鼓励青年朋友们相近相识相亲，用一种更自然的方式走进彼此的内心。此次活动，共吸引210名青年参加。（张雪莹）

【“青少年之家”建设】 2016年，团市委围绕“青少年之家”建设，注重丰富“青少年之家”服务项目，联合社会机构开展传统手工、演讲技巧、机器人制作、摄影培训等一系列课程，受到广大青少年的欢迎。是年，市“青少年之家”创成省示范县（市、区）“青少年之家”，高邮镇康华社区“青少年之家”创成省示范乡镇“青少年之家”。（张雪莹）

【“希望村塾”建设】 2016年，团市委以“希望工程”为依托，整合大学生村官和爱心志愿者资源，继续推进关爱留守儿童、传承国学经典的志愿服务阵地——“希望村塾”建设。全年新建成“希望村塾”1家，累计达16家，实现每个乡镇至少建有1家的目标；依托“希望村塾”开展志愿服务和专题授课活动120多场，覆盖留守儿童2000多人次，实现阵地建设与活动开展同步进行。是年，“希望村塾·三垛”被表彰为扬州市十佳希望村塾。（张雪莹）

【少先队工作】 2016年，团市委开展“红领巾寻访强富美高新江苏”活动，共征集基层少先大队寻访活动案例30多个，其中获扬州市二等奖案例2

个。引导少先队员助力“四城同创”,深入村舍、走上街头,开展小义工、小讲解员等“五小”服务活动。强化红领巾仪式养成教育,围绕成长节点,先后举行“7岁成长入队仪式”“10岁成长仪式”“14岁青春离队仪式”60多场。围绕纪念红军长征胜利80周年、中国少年先锋队建队67周年,市少工委在市实验小学东校区举办2016年高邮市新队员入队仪式暨“鼓乐铿锵庆长征胜利80周年”展演活动,相关市领导及相关部门负责人和全市小学校长、大队辅导员、新老师代表等1000多人参加。围绕全市中心工作、各学校工作重点及少先队自身建设,团市委、市少工委联合市教育局等单位在相关学校举办各类少先队观摩活动39场次,并产生一批精品活动、特色活动、品牌活动。是年,送桥实验小学红领巾小社团提交的案例被评为全国红领巾小社团活动优秀案例,高邮市宝塔小学集报剪报社团被评为江苏省“优秀红领巾小社团”,周山镇实验小学“周山中队”被评为江苏省“英雄中队”,市第一实验小学大队辅导员谢郁被评为扬州市“十佳少先队辅导员”,市第一实验小学六年级学生龙星言被评为扬州市“十佳少先队员”。

(张雪莹)

2016年高邮市新队员入队仪式暨“鼓乐铿锵庆长征胜利80周年”展演活动现场 (团市委供稿)

妇女联合会

【概况】 2016年,市妇联贯彻落实中央党的群团工作会议精神,创新思路,靠实举措,推进妇女维权、妇女发展、学法用法、关爱妇女儿童等各项工作取得新的成果。至年底,全市共有乡镇(园区)妇联13个、社区妇联48个、村妇联 175个、机关事业单位妇委会39个、非公有制经济组织妇代会238个。是年,市妇联被扬州市妇联表彰为扬州市实施“春蕾计划”先进集体、扬州市“困境儿童助学”工作先进集体。

(徐娟)

【妇女创业就业服务】 2016年,市妇联继续强化妇女创业就业的服务工作。落实上级妇联和市委、市政府关于推进妇女创业创新的工作要求,组织开展“秦邮巾帼电商行动”,带动全市广大妇女创业创新,培育秦邮巾帼电商20人。组织开展“巾帼电商”“农村妇女网上行”及缝纫工操作、育婴员等各类职业技能培训活动17批次,累计培训妇女1000多人,其中获发初级职业技能证书的660人。举办专场招聘会3场,动员30家用人单位进场招聘,提供适合女性的就业岗位4022个,初步达成就业意向1625人。联合市创业女性协会举办“巾帼创业沙龙”,帮助创业妇女解决相关难题5件。继续开展妇女创业就业小额担保贷款工作,全年发放贴息小额担保贷款903万元,争取江苏省、高邮市两级财政贴息39.93万元,分别惠及创业妇女102人、66人。

(徐娟)

【“秦邮巾帼电商行动”】 2016年,市妇联联响应国家“大众创业、万众创新”的号召,动员全系统扎实推进“秦邮巾帼电商行动”的开展。其间,在“新浪江苏”“高邮妇女网”“高邮女性”微信公众号等平台发布相关信息50多期,举办“巾帼电商大讲堂”“农村妇女网上行”等活动23场,广泛宣传电子商务的基本知识、电商创业的广阔前景、市政府推进“互联网+”发展的优惠政策等;依托专业电商服务机构的技术力量,适时开展公益性电商技能培训,先后举办“巾帼电商实战培训班”“巾帼电商实战提升班”等培训活动,培训妇女1000多人(次);推进巾帼电商服务总站及各级服务站建设,并先后建起“苏中农产品特色巾帼电商园”“通邮巾帼电商创业孵化基地”等,为全体创业者提供政策咨询、技能培训、示范引领、代办帮办等服务;联合市农商行推出“巾帼电商贷”项目,帮助创业电商解决融资难题。至年底,全市累计参与“秦邮巾帼电商行动”的妇女近1000人。

(徐娟)

【“巾帼建功”活动】 2016年,市妇联围绕提高城镇妇女综合素质、促进广大妇女发展,以争创“巾帼文明岗”“巾帼岗位明星”“巾帼建功标兵”等为载体,继续推进开展“巾帼建功”系列活动。全年新创成扬州市“巾帼文明岗”8个,即临泽镇计划生育服务站、五里坝国家粮食储备库、住房公积金高邮分中心服务大厅、市残联康复中心、高邮地税局第五税务分局风险应对股、市人民医院四病区护理组、车逻小学语文教研组、临泽镇川青幼儿园;新创成高邮市“巾帼文明岗”15个,即三垛镇社区服务中心、高邮农商行三垛支行、高邮七田阳光全脑潜能开发中心、高邮镇南海社区、市政务服务中心房管窗口、高邮地税局督察内审科、市文化馆文艺活动部、卸甲镇计生服务站、市润邮供水公司水质检验中心、高邮城南经济新区财政所、高邮城南经济新区劳保所、市公安局刑警大队信息中队、送桥镇德华社区工作站、高邮东方商厦投资发展有限公司财务部、甘垛镇劳保所；新增加高邮市级以上“巾帼文明岗”参创岗位58个。是年，史凤珍、陈惟珠、潘莉被评为扬州市“巾帼建功标兵”。（徐娟）

【“双学双比”活动】 2016年，市妇联以扶持妇女创办各类巾帼示范基地、专业合作社为契机，继续推进开展“双学双比”活动，帮助妇女能人实现创业，广大农村留守妇女、失地妇女、陪读妈妈等实现就地就近就业。全年新创办各类巾帼示范基地、专业合作社13个，吸纳广大妇女就地就近就业750人。是年，全市获评“省级巾帼示范基地”5家，即高邮湖畔水产养殖合作社、高邮市通邮电子商务产业园、高邮市苏中农贸城电商园（扬州邮驿电子商务有限公司）、高邮市梅子水产专业合作社、高邮市界首芦苇荡湿地公园；获评“扬州市级巾帼示范基地”5家，即君子兰畜禽养殖场、临泽镇陈甸村农村淘宝服务站、扬州宽裕粮食专业合作社、扬州市缤纷柳园生态发展有限公司、高邮市彩云生猪专业合作社；王友香、王媛媛、卞盛洁、吴政琴、张玉鸾、赵丽兰、郭美勤、曹芳、龚红琴、鲍美萍等10人被评为高邮市“十佳巾帼创业之星”，卢雪等10人被评为高邮市“巾帼创业之星”。（徐娟）

市“十佳”巾帼创业之星表彰仪式现场 （市妇联供稿）

【寻找“最美家庭”】 1～3月，市妇联开展寻找“最美家庭”活动。其间，通过组织开展寻找“最美家庭”活动启动仪式、寻找“最美家庭”活动宣传报道、“最美家庭讲好家风”巡讲、“火红春联传家训”、晒“最美家庭”故事等一系列活动，将一批倡导夫妻和睦、尊老爱幼、科学教子、勤俭节约、邻里互助等家庭美德的“最美家庭”，展示在公众面前。3月1日，经活动组委会确认，陈新、周进、傅学文、吴联荣、沐春兰、张永琴、翁国英、薛元阳、吴元华、罗良妹等10户家庭被评为高邮市“最美家庭”，周进等10户家庭获高邮市“最美家庭”人气奖，王兰等15户家庭获高邮市“最美家庭”提名奖。（徐娟）

【巾帼志愿服务】 2016年，市妇联组织全市巾帼志愿者积极投身“四城同创”、秸秆禁烧、绿化造林、助收助耕、扶贫帮困、抗洪排涝及阜宁风灾援助等多项志愿服务活动，受到社会各界的关注和认可。同时，结合巾帼志愿者的特点和受助群体的需求，创新运用项目化手段，开发和推广一批对巾帼志愿者有吸引力、对受助者有切实帮助的志愿服务项目。全年指导市“法之花”妇女儿童维权服务中心、市阳光志愿者协会、市红马甲志愿者协会、市创业女性协会等女性社会组织，申报由政府购买的公共服务项目4项，引导“暖爱风雨中的向日葵”等一批关爱妇女儿童的项目入选省妇儿工委公益创投项目，并争取项目资金23万元。是年，市红马甲志愿者协会被扬州市文明办、市教育局、市妇联联合表彰为服务儿童的优秀社会组织。（徐娟）

【村（社区）妇代会改建妇联工作完成】 从10月下旬起，市妇联以新一轮村级组织换届选举为契机，推进开展村（社区）妇代会改建妇联工作。至12月中旬，该项工作全面完成。其间，各村（社区）坚持在党组织的领导下，依照章程和有关工作条例，通过妇女群众联名推荐、党组织推荐、妇女自荐等方式，产生包括教育工作者、医护人员、女大学生村官、志愿者、最美家庭代表、致富能手等在内的村（社区）妇联执委候选人，并陆续召开妇女代表大会，总结妇代会近年的工作情况，以无记名投票的方式选举产生新一届执行委员会，并由执委会选举产生新一届妇联主席、副主席。据统计，此次妇代会改建妇联工作中，全市共选出新一届村妇联执委会委员1242人，执委会委员平均年龄为41周岁，选出妇联主席、副主席606人（主席222人，专、兼职副主席384人），妇联主席或副主席中大专及以上学历占比为38%，基层妇联组织力量得到充实和加强。（徐娟）

【关爱妇女儿童】 2016年，市妇联以实施“春蕾计划”“社会妈妈”“蒲公英行动”为抓手，继续开展关爱留守儿童工作。组织开展“爱心储蓄罐 传承好家风”“向阳花开 快乐成长——蓝小兔365罐爱接力”“爱德基金会农村孤儿救助计划”“慈善救助孤残儿童计划”等系列活动，为困境儿童营造良好的成长环境。全年发放爱心储蓄罐155只，新结对帮扶各类困难留守儿童191人，新增“爱心妈妈”66人，新设“春蕾班”2个，救助农村孤（残）儿101人；争取社会各界资助款项80.25万元，以助学金形式资助留守儿童453人。继续开展“农村妇女‘两癌’关爱行动”，全年帮助“两癌”贫困妇女24人落实救助金24万元。是年，在扬州市实施“春蕾计划”“蒲公英行动”中，吴慧、周红梅、乔俐、纪彦芬、徐志琴被表彰为先进个人，甘垛镇妇联、市城管局妇委会被表彰为先进集体。（徐娟）

"向阳花开 快乐成长"孤残儿童慈善资助金发放仪式现场 （市妇联供稿）

【"亲子大讲堂"】 2016年，市妇联继续组织开展"亲子大讲堂"活动，促进家庭教育与学校教育、社会教育紧密结合、有效衔接。定期组织家教志愿者赴各乡镇、社区家长学校开展专题活动，全年共举办各类讲座19场，受益人数1.5万人次。注重发挥各家长学校功能，全年组织开展各类亲子活动40多场次，参与者2000多人。联合市委组织部党员远程教育中心组织家长收看"梦享成长家教讲座"480场(次)，收看人数3.38万人。根据"守护童年·春蕾计划护蕾行动"要求，开展安全知识培训，惠及留守儿童400多人次。 （徐娟）

【维护妇女儿童合法权益】 2016年，市妇联联合市司法部门组织开展各项活动，努力维护妇女儿童合法权益。以反家暴法宣传为重点，紧扣"三八维权周"、"反家庭暴力日"等重要节点，通过"以案说法""情景剧""微信普法""模拟法庭"等多种形式，走进社区、乡村、机关、企业一线，开展普法宣传、咨询服务活动32场次，发放资料1万多份，接受群众咨询152人次，现场答疑调处率93.5%，现场参与群众3000多人次。落实相关奖励政策，指导开展调解卷宗整理工作，累计整理卷宗24本。邀请专家开展婚姻家庭纠纷调解及反家暴业务知识培训，提高160名基层维权干部的业务能力。发挥社会组织在维权方面的作用，引导市"法之花"妇女儿童服务中心开展坐班接访、公益普法讲堂等活动，受益群众近500人次。加强与市司法部门的联动协作，建立反家暴联席会议制度，明确各成员单位的职责，提升反家暴执法效果。全年发出《家庭暴力书面告诫书》5份，协调解决侵害妇女权益的典型案件8起。联合市司法局开展律师志愿者与"妇女儿童之家"结对共建活动，将专业的法律服务送到妇女群众身边。是年，全市妇联系统接访维权女性152人，答疑调处率93.5%。（徐娟）

【全省农村妇女创业创新行动现场推进会议】 12月7～8日在高邮市举行。会议的主要任务是，总结交流2016年全省农村妇女创业创新工作成效和经验，安排部署下一阶段"双学双比"工作任务。省委常委、副省长、省妇女"双学双比"竞赛活动领导小组组长杨岳，省委副秘书长胥爱贵，省政府副秘书长杨根平，省妇女"双学双比"竞赛活动领导小组副组长、省妇联主席缪志红以及省妇女"双学双比"竞赛活动领导小组相关成员单位分管领导、13个省辖市及涉农重点县(市、区)"双学双比"竞赛活动领导小组负责人、妇联主席等近100人参加。会议由杨根平主持，杨岳作讲话，缪志红总结部署全省农村妇女创业创新工作。会上，省农委、省教育厅以及徐州市、常州市、连云港市妇联和高邮市政府作经验交流。会议期间，与会代表还参观省级巾帼现代农业科技示范基地——江苏丰庆种业有限公司、省"双学双比"女能手企业——高邮巧妹子科技养殖园和省级巾帼电商服务示范基地——苏中特色农产品巾帼电商园等三个妇女创业创新工作现场。高邮市领导勾凤诚、潘学元、王学峰、杨文喜等参加活动。 （徐娟）

资料链接 近年来，高邮市响应国家"大众创业、万众创新"的号召，把巾帼创业创新作为促进农民增收的重要内容，深入开展农村妇女"双学双比""创业创新巾帼行动"等活动，先后举办各类专题培训、网上培训132期，受训1.27万人次；发放妇女创业小额担保资金1752万元、过桥资金2.48亿元，支出财政贴息近600万元，惠及创业妇女226人；培育和打造出一批创业创新的成功典型和示范样板，全市女性创办合作社29个、家庭农场53家，创成省级以上巾帼创业示范基地12个，获批省级以上巾帼创业创新、"双学双比"带头人10人。

（徐娟）

工商业联合会

【概况】 2016年，市工商联引导非公有制经济代表人士弘扬"崇文尚德、求实创新"高邮精神，注重强化思想引领、政治引导和调查研究等方面的工作，积极助力全市创新发展、协调发展、绿色发展、开放发展、共享发展。是年，市工商联被评为全国"五好"县级工商联、江苏省"五好"县级工商联，被扬州市工商联表彰为2016年度先进单位、外事联络工作先进单位、参政议政工作先进单位。 （杨军）

【市工商联十届八次执委会议】 3月25日下午举行。会议的主要任务是，总结2015年工商联工作，研究部署2016年工商联工作。市政协副主席、工商联主席王薇及全体执委90多人参加会议。会上，王薇作讲话；表彰2015年先进单位和先进个人；增补龙慧斌、潘朝霞为市工商联常委，王剑、叶靖、黄莉、窦宝林为市工商联执委；向全体执委赠送体检表，赠阅《野蛮生长》《疯狂经济学》等书籍；邀请北京市高朋(扬州)律师事务所企业服务中心主任、江苏省企业管理咨询协会高级咨询师田毅作涉企法律知识专题讲座。（杨军）

【高邮市广东商会成立】 4月28日，高邮市广东商会在广州成立。市政协副主席、工商联主席王薇出席成立大会并讲话。高邮市广东商会全体会员及社会各界嘉宾80多人参加成立大会。广州新邮化工机械有限公司董事长王国华当选为会长。高邮市北京商会秘书长张金定应邀到会并致贺词。7月5日，高邮市广东商会副会长吴登林专程从广东赴阜宁灾区慰问，把高邮广东商会会员企业募捐的3万元，送交遭受风灾的阜宁县吴滩街道15户重灾民手中。（杨军）

【上海高邮商会成立】 12月3日，上海高邮商会揭牌仪式在上海市举行。上海江苏商会秘书长陈伟代表上海江苏商会向上海高邮商会授牌，江苏省驻沪办副主任郑心怡、高邮市委副书记张新钢、上海扬州商会会长李永芬、上海高邮商会会长张金如共同为上海高邮商会揭牌。扬州市委统战部副部长、市工商联党组书记陈荣进，高邮市领导杨文喜、王薇，上海高邮商会全体会员及各界嘉宾260多人出席仪式。仪式上，上海高邮商会与高邮城南经济新区签订战略合作协议；举行邮商乡缘关爱专项基金启动仪式。（杨军）

资料链接 邮商乡缘关爱专项基金，由上海高邮商会、上海儒虹公益基金、上海焕皋公益基金共同出资设立，主要用于资助在校学习的高邮市特困家庭子女和商会企业内部的贫困职工家庭。（杨军）

上海高邮商会揭牌暨邮商乡缘关爱基金启动仪式现场

（市工商联供稿）

【非公有制经济代表人士学习培训班】 5月27日，市工商联在市委党校举办非公有制经济代表人士学习培训班，全市非公有制经济代表人士90多人参加。培训班上，邀请市级机关工委负责人、市委党校相关讲师及扬大商学院教授高步功，就新时期非公经济代表人士理想信念教育、新型政商关系、电子商务营销战略、企业投融资等方面知识，作专题授课。市政协副主席、工商联主席王薇出席开班仪式并讲话。（杨军）

【市家居建材装饰商会成立】 11月30日，市家居建材装饰商会成立。市委常委、副市长、市委统战部部长杨文喜，市政协副主席、市工商联主席王薇，市家居建材装饰商会全体会员及有关嘉宾160多人出席仪式。高邮市好百年家居连锁广场总经理丁小祥当选为会长。仪式上，杨文喜、王薇先后作讲话，扬州市家具协会会长贺新强致贺词。（杨军）

文学艺术界联合会

【概况】 2016年，市文联围绕全市经济发展大局，团结和带领各协会及广大文艺工作者组织开展一系列创作活动，各项工作取得新进展。至年底，全市在《北京文学》《青春》《文学报》《光明日报》等省级以上刊物和重点期刊发表文学作品近1000篇，在全国、全省各类展赛中入选获奖书画摄影作品328幅，出版专著13部，开展具有地方特色的音乐、舞蹈、戏曲创作与演出等文艺惠民活动近千场。是年，全市入选中国作家协会1人(周荣池)、江苏省作家协会2人(蒋成忠、濮颖加)、江苏省书法家协会4人(曹在花、王桂泉、张建宏、吴海燕)、江苏省美术家协会1人(庄启福)；获批省创作扶持项目2项、扬州市创作扶持项目3项；获省第十二届"五星工程奖"美术、书法展览类书法优秀奖1项(吴顺乐)。（胡金雁）

【书画影作品展览】 2016年，市文联注重发挥市文艺家活动中心、市文化馆的承展功能，先后举办书画影展览6场，累计展期150多天，集中展示一批全市书画、摄影创作成果。1月1日、2月4日和23日、3月8日、5月20日，在市文艺家活动中心先后举办2016年新年雨木(方家梅)书法绘画展暨美术理论集首发式、2016新春书画展、"春和景明"新春书画展、"春暖花开"女书画家作品展及张晓萌、张引父子摄影作品展，累计展出作品220幅；12月30日，在市文化馆举办执迷有悟——高邮四人(郭志、王山林、沈仁强、薛树松)山水画展，展出作品50多幅。（胡金雁）

【"驻云意境——龚定煜山水画作品展"】 8～10月，"驻云意境——龚定煜山水画作品展"在扬州市、淮安市、连云港市、高邮市、宜兴市、无锡市巡回展出。此次画展由江苏省美协及各承展地文联主办，高邮市政协书画会及各承展地书画院、美术馆承办，共展出作品85幅，受到观众的广泛好评。（胡金雁）

【“锦帆通波”相城·高邮书画联展】 10月15日，“锦帆通波”相城·高邮书画联展在苏州市御窑金砖博物馆开幕。该展览分别在苏州市相城区、高邮市两地举办，双方各选60幅书画作品参与联展。（胡金雁）

【市残疾人文联成立】（详见《社会事务管理》篇目《残疾人事业》分目）

【市女书画家协会成立】 8月28日，高邮市女书画家协会成立大会暨首届书画作品展在市文艺家活动中心举行。会上，邀请朱延庆、龚定煜、陈景国、周琳担任名誉顾问，周同、房林担任顾问，选举程红为主席，潘高云、卞春香、姚晓露、钱小萍为副主席，潘高云(兼)、孙晴晴为秘书长。该协会拥有会员52人。（胡金雁）

资料链接 近年来，全市涌现一批优秀的女性书画家，她们以女性特有的细腻情感，用手中的笔创作出许多令人称赞的书画精品。设立市女书画家协会，旨在挖掘女性美术人才资源，加强女书画家之间的艺术交流与沟通，围绕艺术创作、理论研究、教育培训等方面，务实开展系列活动，进一步推进全市书画事业繁荣发展。（胡金雁）

【市舞蹈家协会成立】 9月13日上午，高邮市舞蹈家协会第一次代表大会在市图书馆举行。会上，选举陈溪为主席，王少颖、梅松顺、钟思佳、卢雪、陈媛、丁亢、沈兵为副主席，王少颖为秘书长。（胡金雁）

【市音乐家协会成立】 9月27日上午，高邮市音乐家协会第一次代表大会在市图书馆举行。会上，选举杨旭娟为主席，赵金标、张士锋、华华、王卉君、吴挺为副主席，王仁霞为秘书长。（胡金雁）

【“弘升·熙园杯”第二十四届全市小学生书画现场比赛】 5月22日在市第一小学举行。此次比赛以“歌颂祖国·放飞梦想；美丽的家乡——高邮；爱在文明，美在礼仪”为主题，由市文明办、市文联、市教育局、市妇联、团市委、市新闻信息中心联合举办，分书法、绘画两组进行，共有小学生近700人参加。6月4日，经大赛评委会评定，产生一等奖12人(书法3人、绘画9人)、二等奖24人(书法6人、绘画18人)、三等奖45人(书法10人、绘画35人)。（胡金雁）

【市文学艺术奖表彰】 2016年，市文联团结带领全市文艺工作者深入群众、深入生活，创作出一批融思想性、艺术性和观赏性于一体、群众喜闻乐见的优秀作品。2017年2月15日晚，在高邮大剧院举办的“百花迎春”2017年高邮市文学艺术界联欢会上，市文联对2016年市文学艺术奖获得者进行表彰。其间，共表彰文艺工作者70人，其中一等奖8人、二等奖11人、三等奖28人、书香奖10人、新人奖2人、文艺工作先进个人11人，表彰优秀文艺团体8个。（胡金雁）

表56

2016年高邮市文学艺术奖部分获奖名单

奖项	获奖者	类别	出版、发表或获奖情况
一等奖	朱崇平	摄影	作品《青稞飘香入喀什》《华诞尖措孤儿学校》入选第11届中国艺术节摄影作品展览 作品《虎虎生威》获2016卡西欧杯“魅力中国”全国摄影大奖赛风光组三等奖 作品《百生书场》《湖荡养鹅》获第22届江苏省摄影艺术展览纪录类优秀奖
	王树兴	文学	中篇小说《断偏》在《雨花》2016年第3期发表 中篇小说《入殓师的爱情》在《北京文学》2016年第9期发表
	周仁忠	文学	50多篇作品在《光明日报》等省级以上报刊发表
	苏若兮	文学	《月亮火车》诗歌七首在《诗刊》发表 诗歌11首在《中国诗歌》发表 多篇诗歌作品在《诗潮》发表
	王玉清	文学	《代胡桑叹》《公棚夜晚》等多篇新诗在《北京文学》发表 《台面下的反角》入选《里下河文学丛书·诗歌卷》 撰写大型新编古装扬剧《扳和珅》
	陈景国	美术	作品《老包讨债》入选中国·桐乡廉政漫画大赛 作品《葫芦僧难断葫芦案》参加“子恺杯”第11届中国漫画大赛
	房　林	美术	作品《大山清音》入选荣宝斋中国画双年展、中国美术家协会主办的“逐梦·威海卫”全国中国画作品展
	吴顺乐	书法	作品《古诗数首》获省第十二届“五星工程奖”美术、书法展优秀奖

续表56

奖项	获奖者	类别	出版、发表或获奖情况
书香奖	朱延庆	文学	由吉林文史出版社出版的文化研究集《江淮方言趣事》
	王树兴	文学	由致公出版社出版的长篇小说《这就是我想过的生活》
	周荣池	文学	由江苏文艺出版社出版的人物传记集《夜行者》 由江苏文艺出版社出版的散文集《村庄的真相》 由黄河出版社出版的长篇小说集《爱的断代史》 由二十一世纪出版社出版的译著《左传》
	徐　霞	文学	由黄河出版社出版的散文集《藏在文字的宫殿里》
	濮　颖	文学	由河海大学出版社出版的散文集《棣棠一水间》
	薛　序	文学	由团结出版社出版的长篇小说集《不辍斋存稿》
	郭耀选	文学	由团结出版社出版的小说集《笑林篝火》
	钱　进	文学	由中国出版集团、现代出版社出版的文化随笔《发现扬州》
	朱军华	社科类	由团结出版社出版的收藏集《中共早期党报图录》(集报)
	薛玉林	文学	由团结出版社出版的散文集《弯弯的情歌》
新人奖	曹在花	书法	获江苏省首届中小学教师书法比赛一等奖等,书法作品参加省第十届新人新作书法篆刻展
	濮　颖	文学	短篇小说《见光》在《当代小说》发表,出版小说散文集《棣棠一水间》,散文《北市口》获江苏省第二十六届报纸副刊好作品三等奖

(胡金雁)

哲学社会科学界联合会

【概况】 2016年,市社科联依靠所属学会(研究会),团结带领全市广大社科工作者围绕中心、服务大局,组织开展理论研究、咨询服务、编辑刊物等多项工作,较好地发挥资政育人、服务社会、桥梁纽带等作用。是年,在江苏省社科联年度评优中,市社科联获评2016年度省社科普及创新奖;申报的《高邮市乡村旅游业发展路径》课题获江苏省社科联2016年度重点立项课题;撰写的论文《连淮扬镇高铁对高邮市的影响及对策》获江苏省2016年度社科论文评选二等奖。(邵兴华)

【年度应用课题研究】 2016年,市社科联继续围绕市委、市政府工作中心,联合有关部门,学会、研究会,精心策划选题,组织联合攻关,形成一批对全市经济社会发展有一定影响的分析报告和对策建议。是年,在扬州市第八届哲学社会科学学术年会上,高邮市社科联上报的论文累计获各类奖项19项,其中获一等奖2项、二等奖7项、三等奖10项,获奖论文数量、奖次位于扬州各县(市、区)前列。(邵兴华)

表57　**2016年高邮市社科联系统获奖论文汇总表**

作者	论文题目	获奖情况
朱莉莉	强化党内监督有效途径的实践性研究	一等奖
市政府办调研组	围绕“特色”谋转型　坚持“创新”求升级——对我市借鉴浙江特色小镇建设经验的思考与建议	一等奖
孙　勇　张有松　王　拓	河畅　水清　岸绿　景美——基于高邮市农村河道建设管护的实践与探索	二等奖
秦　立　张维亚	关于高邮车逻镇特色小镇开发的思考	二等奖
夏　敏	诚信达至公信:司法的伦理路径	二等奖
徐　霞	提高基层医疗服务能力　推进建立分级诊疗制度—— 关于我市推进分级诊疗制度建设的调研报告	二等奖

续表57

作者	论文题目	获奖情况
戴光耀 王增俊 龚晓斌	对高邮“互联网+”经济发展路径的建议	二等奖
朱品儒	论新时期税务廉政文化建设	二等奖
陆化明	欠税增多成因浅析及防治策略	二等奖
毛晋辰	互联网+形势下欠税征管工作研究	三等奖
郑 展 汤兰英	消费者个人信息泄露乱象原因分析及对策探讨	三等奖
施维峰 田 地	坚持文化自信 加强公共文化服务体系建设	三等奖
徐金鹏	高邮市房地产业运行分析及转型发展建议	三等奖
市人民法院课题组	供给侧结构性改革中企业破产案件的司法应对——以江苏振兴铝业破产案为视角	三等奖
盛 超	高邮市“住改商”登记改革存在的“堵点”及对策建议	三等奖
裴鸿翔 王启华 周 萍	以科技创新激活供给侧改革——关于我市“十三五”期间工业经济科技创新发展的几点思考	三等奖
薛树华 潘 斌	从“互联网+”看个人所得税征管机制的改革与完善	三等奖
蓝 茜	促进我国现代服务业发展的税收政策体系研究	三等奖
潘卫民 徐志勇 董 磊	当前基层国税落实“两个责任”过程中遇到的问题及对策研究	三等奖

(邵兴华)

【获批扬州市级以上重点立项课题7项】 2016年,全市社科系统继续组织开展2016年度“省社科应用研究精品工程”课题、扬州市2016年度社科研究重点课题申报工作。至年底,全市累计获批扬州市级以上立项课题7项,其中省级重点立项课题1项,即《高邮市乡村旅游业发展路径》(曹丰汉、邵兴华),扬州市级重点立项课题6项,即《强化党内监督有效途径探索性研究》(朱莉莉)、《思想和制度:全面从严治党的根本抓手》(曹丰汉、邵兴华)、《自媒体时代舆情管理与意识形态建设研究》(孙蕾)、《供给侧结构性改革中企业破产案件的司法应对》(夏敏)、《县域科技创新体系研究——以高邮市为例》(韩永平)、《建立健全县级政府向社会力量购买公共服务机制研究——以高邮市为例》(龚燕)。 (邵兴华)

【3篇论文受扬州市级以上表彰】 2016年,全市有3篇论文获扬州市级以上表彰。其中,市社科联撰写的论文《连淮扬镇高铁对高邮市的影响及对策》,获省2016年度社科论文评选二等奖;龚燕撰写的《建立健全县级政府向社会力量购买公共服务机制研究——以高邮市为例》,获扬州市2016年度市级重点课题优秀成果一等奖;曹丰汉、邵兴华撰写的《思想和制度:全面从严治党的根本抓手》,获扬州市2016年度市级重点课题优秀成果二等奖。 (邵兴华)

【社科普及示范基地建设】 2016年,市社科联积极配合江苏省、扬州市社科联完成社科普及示范基地的复评、申报与验收工作,建立健全社科普及示范基地的管理制度,使之更好地发挥承载功能、放大品牌效应。至年底,全市建立扬州市级以上社科普及示范基地6家,其中省级基地1家(盂城驿景区)、扬州市级基地5家(吴登云事迹展览馆、市城市规划展览馆、高邮镇琵琶社区、高邮镇康华社区、三垛镇幸福会堂)。 (邵兴华)

计划生育协会

【概况】 2016年,市计生协会贯彻落实《中共中央国务院关于实施全面两孩政策改革完善计划生育服务管理的决定》,围绕促进人口均衡发展和幸福家庭建设的目标,加强基层组织建设,强化政策宣传,打造服务品牌,各项工作取得新的成效。是年,市计生协会被江苏省计生协会表彰为全省计生系列保险工作先进单位,被扬州市计生协会表彰为扬州计生协会信息工作先进单位。(顾永华)

【计生特殊家庭帮扶服务】 2016年,市计生协会围绕解决计生特殊家庭“出行难、就医难、居住难、劳力难、联谊交流难”等问题,组织开展系列帮扶服务工作。为符合条件的人员免费办理公交爱心卡400张,凭卡可免费乘座扬州市范围内的城市公交。从相关医疗机构精挑细选481名医生作为计生特殊家庭的签约家庭医生,凭“暖心健康服务卡”为其提供“一对一”的健康咨询、诊疗、转诊等服务。协调相关部门为3户计生特殊家庭改造危房,完成改造面积230平方米。组织268人的“红围巾”志愿者农忙义务帮工队,帮助缺少劳力的计生特殊家庭119户，抢收抢种农作物16.87公顷。在春节、端午节、中秋节、父亲节、母亲节等重大节日期间，组织志愿者开展亲情陪护和联谊交流活动，惠及计生特殊家庭347户。 （顾永华）

【"生育关怀急救卡"免费发放】 9月，根据扬州市卫计委、市计生协统一部署，市计生协启动开展"生育关怀急救卡"免费发放工作。此次"生育关怀急救卡"发放对象为，全市城乡60周岁以上计生特殊家庭特别扶助对象；获发对象凭卡可免费获得"生育关怀住院护工险"（住院护工补贴100元/人·天，累计给付日60天），市"计划生育公益金"专项紧急救助或慰问金500～1000元，定额减免120急救车院前急救费用、免费享受中医康复医疗服务。至9月底，全市完成"生育关怀急救卡"免费发放工作，共惠及相关对象467人。 （顾永华）

【计生系列保险工作受省级表彰】 2016年，市计生协会针对不同类型的计生家庭及成员，继续开展免费赠送计生系列保险工作，提高计生家庭及成员的抗风险能力和幸福指数。全年免费赠送新怀孕家庭"母婴安康优生优育筛查保险"478份、独生子家庭"独生子家庭吉祥卡保险"1077份、计生特困家庭"计生特殊困难家庭人身意外伤害和住院补贴综合保险"952份，组织计生家庭妇女参保"关爱女性综合保险"2.85万份（人），累计投入保费金额180.89万元；群众因保险获益485人、获赔82.28万元，赔付率52.5%。是年，市计生协会因计生系列保险工作开展出色，被表彰为全省计生系列保险工作先进单位。 （顾永华）

老区经济开发促进会和扶贫开发协会、扶贫基金会

【产业化扶贫工作】 2016年，高邮市老区经济开发促进会和扶贫开发协会、扶贫基金会（以下简称市扶贫"三会"）协同各乡镇、园区协会组织，立足全系统所挂钩联系的14个贫困村，进一步强化农业和工业的产业化扶贫工作，促使14个贫困村在集体经济发展和村民脱贫致富奔小康上取得新进展。至年底，14个联系村的农民人均纯收入比上年增长9.3%，农业产业化扶贫的总产值比上年增长5.6%，通过农业产业化扶贫，拉动农民人均纯收入上升5.2个百分点；工业产业化扶贫的总产值比上年增长12.4%，通过工业产业化扶贫，拉动农民人均纯收入上升6.6个百分点；农业和工业产业化扶贫所形成的收入，在农民人均纯收入中所占份额比上年增长8.4%。同时，通过产业化扶贫，14个联系村平均实现村集体经济纯收入47.48万元，比上年净增6.03万元；14个联系村实现全民脱贫202户、399人，占比分别为31.5%、31%，完成市委、市政府下达的年度脱贫计划。 （陈庚林）

【市老区扶贫基金会】 2016年，市扶贫"三会"注重从建立健全管理体制和运行机制入手，推动各项工作开展，努力发挥市老区扶贫基金会的功能效应。至年底，该基金会实施扶贫项目5项，下拨基金38.7万元；结余专项基金8.3万元。（陈庚林）

【扶贫助学】 2016年，市扶贫"三会"协调组织资金、资源，继续开展扶贫助学工作。全年筹集资金47万元，资助学生15人，向扬州天海职业技术学校、扬州技师学院、广东国华纪念中学等学校联系输送就学的特困家庭子女（高、初中毕业生）65人。

（陈庚林）

资料链接 2003年以来，市扶贫"三会"一直关注特困家庭子女的就学问题，注重从协调资金、资源等多方面入手，坚持不懈地推动扶贫助学工作的开展，取得明显的成效。多方筹集善款3.5万元，跟踪资助市赞化中学品学兼优的贫困学生15人。动员高邮浙江商会会长王庆湘捐资60万元，连续多年跟踪资助高邮中学、临泽中学贫困学子各50人，直至他们考入高等院校。加强与扬州天海职业技术学校（省"两会"职教基地）、扬州技师学院、广东国华纪念中学（属纯慈善、全免费私立学校）等相关学校的对接联系，实现全市一批特困家庭子女的就学梦想。多年来，市扶贫"三会"共动员输送至扬州天海职业技术学校上学的特困家庭子女478人，且给予每人每年2000元的资助金。至2016年年底，在该校就学的478人中，已有374人走上工作岗位，摘掉戴在其家庭头上的贫困帽子。近年来，市扶贫"三会"累计动员26名品学兼优贫困学子报考广东国华纪念中学，被该校录取6人。目前，有2人已经毕业，另有4人受到该校资助进入大学读书。从2014年起，市扶贫"三会"还加强与扬州技师学院的对接联系，向其输送特困家庭子女98人。 （陈庚林）

科学技术协会

【概况】 2016年，市科协围绕全市中心工作，创新思路，强化服务，各项工作取得新进展。是年，市科协获江苏省科协工作创新奖、江苏省《全民科学素质行动计划纲要》"十二五"实施工作先进集体、2011—2015年度扬州市科协系统先进单位、2015—2016年度扬州市企会协作优秀组织单位、扬州市文化科技卫生"三下乡"活动先进集体、扬州市2016年青少年科技模型竞赛优秀组织单位等称号。苏进、孙刚、朴小燕、吴朝森、田耘、郑汉珠、曹勇、周寿斌

等8人被评为2010—2015年度扬州市科协系统先进工作者;江苏华能电缆股份有限公司乔文玮、江苏创新包装科技有限公司徐立敏、江苏华富控股集团有限公司周寿斌等3人被评为2013—2015年度扬州市企业科技人员“讲、比”活动先进个人;市科协徐明被评为2015—2016年度扬州市企会协作先进个人;市科协朴小燕被评为2014—2015年度扬州市金桥工程先进个人。 (朴小燕)

【举办科普宣传周、全国科普日活动】 5月14～21日,市科协组织开展以“创新引领、共享发展”为主题的2016年高邮市科技活动周暨第28届科普宣传周系列活动。其间,通过举办科普讲座、科技咨询、科技培训、科普图片展览等系列科普活动,不断提升广大市民的科学文化素质。

9月17日～23日,市科协组织开展以“创新放飞梦想、科技引领未来”为主题的全国科普日系列活动。其间,联合各乡镇科协、各学会(协会)、各企业科协开展防震减灾科普知识讲座、消防安全演练、农产品知识科普宣传、农技讲座、技能竞赛等一系列科普宣传活动,并通过公众微信号推送科普微信,广泛普及创新发展、生态环保、健康安全等科学知识。 (朴小燕)

【科技服务工作】 2016年,市科协帮助江苏华能电缆股份有限公司联系澳大利亚迪肯大学彼特·霍奇生院士,推动双方就海洋工程和油气勘探用万米承荷探测电缆研发与产业化达成技术合作协议,并指导该公司建成扬州市级企业院士工作站——Peter Damian Hodgson工作站;帮助江苏承煦电气集团有限公司联系中国科学院院士褚君浩就“CIGS柔性太阳能路灯”项目的研究与开发达成技术合作协议,并指导该公司建成扬州市级企业院士工作站——褚君浩工作站。全年组织实施“科技信息服务推广应用”活动,向全市46家企业赠送科技信息服务项目,并组织35名企业科技人员参加扬州市企业专利应用培训班。 (朴小燕)

【“基层科普行动计划”】 2016年,市科协以指导界首镇连标葡萄科普示范基地申报国家基层科普行动计划、水产学会马建社申报省基层科普行动计划为重点,继续推进实施“基层科普行动计划”创建工作。是年,界首镇连标葡萄科普示范基地被中国科协、财政部联合表彰为国家“基层科普行动计划”先进单位,马建社被省科协、财政厅联合表彰为省“基层科普行动计划”先进个人。(朴小燕)

【科普示范创建工作】 2016年,市科协继续指导相关单位开展省、扬州市科普示范创建工作。至年底,甘垛镇运东龟鳖养殖专业合作社创成江苏省科普惠农服务站,界首镇六安村、扬州市立华畜禽有限公司创成扬州市科普惠农服务站;高邮镇西塔社区创成江苏省科普示范社区、扬州市科普活动十佳社区、扬州市四星级科普示范村(社区);界首镇创成扬州市四星级科普示范乡镇;界首镇六安村、高邮镇奎楼社区创成扬州市四星级科普示范村(社区);汤庄镇汤庄村、周山镇双河村、送桥镇德华社区、临泽镇营南社区创成扬州市三星级科普示范村(社区)。 (朴小燕)

【中国科协领导到高邮市调研工作】 12月8日,中国科协调研组组长、原中科协企业创新服务中心主任盛小列一行5人到高邮市,实地检查调研企业科技信息库应用工作。其间,在实地查看相关现场、听取工作情况汇报后,调研组一行对市科协及龙腾照明集团有限公司在推进实施科技服务项目方面所取得的成效,给予充分肯定。 (朴小燕)

社会保障

Social Security

导读

社会保险

【概况】 2016年,全市参加社会保险77.02万人次,其中企业职工养老保险参保13.88万人、机关事业单位养老保险参保6888人、城乡居民社会养老保险参保20.36万人、城镇职工基本医疗保险参保13.28万人、城镇居民基本医疗保险参保4.96万人、工伤保险参保10.26万人、生育保险参保7.24万人、失业保险参保6.35万人。 (吴杨)

【企业职工基本养老保险】 2016年,全市企业职工养老保险建账人数17.81万人,比上年净增0.73万人。其中,在职职工参保13.88万人、离退休人员参保3.93万人,分别比上年增加0.45万人、0.29万人。是年,全市企业职工养老保险基金总收入10.74亿元,其中当期征缴收入8.80亿;总支出10.27亿元,其中养老金支出(含丧抚费)9.64亿。 (吴杨)

【企业退休人员养老金调整】 9月,市人社局和市财政局根据省、扬州市统一部署,经市政府批准,对全市参加企业职工养老保险且在2015年12月31日前办理退休(职)或领取定期生活费手续的人员从2016年1月1日起调整养老金发放标准,并对2016年1~6月期间办理退休手续的退休(职)人员从2016年7月起补发。此次养老金调整分固定额、本人缴费年限、本人此次调整前基本养老金三部分,具体还是采用普遍调整和适当倾斜相结合的办法。固定额部分,就是普遍调整,即每人每月增加45元;按本人缴费年限,每满1年每月增加2.4元,不足36元的按36元发放;与本人基本养老金挂钩部分,按本人此次调整前的月基本养老金的2.3%计算增加额。关于适当倾斜,即对2015年12月31日前年满70周岁不足75周岁、年满75周岁不足80周岁、年满80周岁及以上的三个年龄段退休人员,每人每月分别增发30元、40元、50元;对该三个年龄段的退职人员,每人每月分别增发20元、30元、40元。同时,从2016年7月起,对于2016年上半年正好70周岁的退休、退职人员,每人每月分别增发30元、20元;对于2016年上半年正好75、80周岁的退休(职)人员每人每月均增发10元。此次养老金调整后,全市企业退休人员月平均养老金为1972.18元,比上年月增166.3元,惠及全市企业离退休(职)人员3.83万人。 (吴杨)

【职工养老保险单位缴费费率下调】 8月,市人社局根据上级有关文件精神,启动开展职工养老保险单位缴费费率下调工作。此次费率下调执行期限为2年(2016~2018年),将单位缴费比例由20%降至19%,每月减少企业负担136万元,同时确保降低费率后参保人员的退休待遇不降低。 (吴杨)

【企业职工退休办理】 2016年,市人社局为企业参保人员办理退休(职)手续3117人,其中正常到龄办理退休2924人、按照特殊工种提前退休政策办理退休106人、因重病及伤残办理退休87人。 (吴杨)

【机关事业单位养老保险】 2016年,全市机关事业单位养老保险参保6888人,比上年增加118人。其中,在职职工参保4261人、离退休人员参保2627人,分别比上年增加32人、86人。是年,全市机关事业单位养老保险基金总收入7826万元、总支出11966万元,赤字4140万元。 (吴杨)

【社会养老保险缴费基数调整】 9月,经市政府批准,全市从10月1日起调整2016年度(2016年10月1日至2017年9月30日)社会养老保险缴费基数标准。在2016年10月1日～2017年9月30日期间,全市参保人员月缴费工资上限为2015年全省城镇非私营企业在岗职工月平均工资的300%(16800元),下限为2550元;全市各类用人单位以全部职工工资总额为基数缴费,私营企业、民营单位参保人员月缴费工资低于2550元的,按2550元确定。参保人员工资收入在基本养老保险费征缴上下限范围内的,按照实际工资收入确定缴费工资。同时,失业、医疗、工伤和生育保险的缴费基数与企业养老保险缴费基数同步调整。（吴杨）

【城乡居民社会养老保险】 2016年,全市参加城乡居民社会养老保险人数20.36万人,比上年同期减少1.29万人。是年,全市有领取基础养老金的城乡居民16.63万人,比上年增加0.67万人,领取率为100%;全市城乡居民社会养老保险基金总收入3.02亿元(基金收入0.6亿元、财政补助收入2.42亿元)、总支出2.58亿元(基础养老金支出2.26亿元、个人账户支出为0.30亿元、丧葬补助支出0.02亿元);基金当年结余0.43亿元,累计结余4.89亿元。（吴杨）

【城乡居民养老保险基础养老金标准调整】 1月1日起,市人社局和市财政局根据省、扬州市统一部署,经市政府批准,调整城乡居民社会养老保险基础养老金标准,由每人每月105元提高到每人每月115元,月增10元,惠及全市城乡居民16万人。这是自2010年国家实施新农保政策以来,全市第5次上调该基础养老金标准。（吴杨）

【城乡居民基本养老保险个人账户补贴标准调整】 1月起,市人社局和市财政局根据《市政府办公室关于进一步调整完善城乡居民基本养老保险制度的意见》要求,恢复个人账户养老金的调整机制并建立丧葬补助金机制,以此逐步提高参保人员的缴费补贴。是年,全市城乡居民基本养老保险个人账户养老金上调10%,发放个人账户增资补贴232.95万元,发放丧葬补贴240.9万元。（吴杨）

【城镇职工基本医疗保险】 2016年, 全市城镇职工基本医疗保险参保13.28万人,比上年增加4896人。其中,在职职工参保9.34万人、离退休人员参保3.93万人,分别比上年增加3068人、1828人。是年,全市城镇职工基本医疗保险基金总收入4.09亿元、总支出3.56亿元,其中统筹基金总收入2.42亿元、总支出2.36亿元,结余629万元。（吴杨）

【城镇职工大病补充保险】 1月1日起,市人社局、市财政局根据《关于印发扬州市区职工大病补充保险实施意见的通知》要求,在全市实施城镇职工基本医疗保险大病补充保险政策。该补充保险资金从统筹基金节余中暂按每人每年48元的标准筹集,个人不缴费;报销起付标准暂定为1.5万元,合规医疗费用为医保政策范围内费用;报销采取分段报销、累加补偿,不设最高支付限额,即1.5万元～6万元(含6万元)报销55%,6万元～10万元(含10万元)报销60%,10万元～15万元(含15万元)报销65%,15万元以上报销70%。是年,该补充保险累计支付赔偿金858.7万元,惠及城镇职工984人。（吴杨）

【城镇居民基本医疗保险】 2016年,全市城镇居民基本医疗保险参保4.96万人,比上年增加941人。是年,市区城镇居民基本医疗保险人均筹资标准615元,其中政府补助425元,有4.96万人享受该保险待遇;完成该保险基金总收入3050万元、总支出2489万元,结余561万元。（吴杨）

【新型农村合作医疗保险】 2016年,全市新型农村合作医疗保险(以下简称“新农合”)参保60.38万人(参保率100%),人均筹资标准570元,其中各级财政配套425元(省、扬州市、高邮市及各乡镇财政配套资金分别为255元、2元、155元、13元)、农民个人缴费145元(含大病保险保费25元)。全市新农合实际住院补偿比55.5%,统筹地区政策内费用补偿比为75.2%;完成住院补助7.15万人次,发放补助金2.5亿元,人(次)均住院补偿额3496.5元,比上年下降1.0%;最高支付限额为18万元。此外,继续实行农村居民大病保险制度,全年新农合大病保险理赔5119人(次),理赔总金额748.11万元,次均受益1461.44元,在新农合普惠性补偿比例的基础上再次提高7.32个百分点。（黄斌）

【失业保险】 2016年,全市失业保险参保6.35万人,比上年增加2000人。是年,全市失业保险基金总收入3342万元、总支出2412万元,结余930万元;领取失业保险金人数2152人。（吴杨）

【失业保险金最低标准调整】 6月,经市政府批准,全市从7月1日起调整失业保险金最低发放标准(发放标准以城市居民最低生活保障标准的1.3倍确定),每人每月由715元提高到728元,月增13元,惠及全市失业人员36人。（吴杨）

资料链接 根据《江苏省失业保险条列》规定,失业金发放标准主要依据单位和个人缴费情况而定。具体为:单位和个人缴费不满10年的,按照失业人员失业前12个月的月平均缴费基数的40%确定;缴费满10年不满20年的,按照失业人员失业前12个月的月平均缴费基数的45%确定;缴费20年以上,按照失业人员失业前12个月的月平均缴费基数的50%确定。（吴杨）

【失业保险缴费费率下调】 5月1日起,市人社局根据上级文件精神，将全市失业保险缴费比例从2%降至1.5%，其中用人单位缴费的比例为1%（由1.5%降为1%）、个人缴费的比例为0.5%。该费率下调执行期限为3年（2016～2019年），费率下调期间，失业保险的待遇计发标准不变。（吴杨）

【工伤保险】 2016年，全市工伤保险参保10.26万人，比上年增加1.13万人。是年，全市工伤保险基金总收入3793万元、总支出3750万元，结合43万元；有1127人享受该保险待遇。（吴杨）

【工伤鉴定审批和工伤康复】 2016年，市人社局组织劳动能力鉴定会4次，经扬州市劳动能力鉴定委员会作伤残等级鉴定251人，其中1级～4级伤残1人、5级～6级伤残8人、7级～10级伤残241人、未达等级1人。全年认定工伤事故1030起，工伤康复5人。（吴杨）

【生育保险】 2016年，全市生育保险参保7.24万人，比上年增加1.15万人。是年，全市生育保险基金总收入1664万元、总支出2134万元，赤字470万元；有2651人次享受该保险待遇。（吴杨）

【离休干部等人员基本养老金、工残护理费调整】 1月起，市人社局根据上级文件精神，启动离休干部等人员基本养老金、工残护理费调整工作。此次调整，各时期参加革命工作的离休干部的具体标准为：红军时期每人增发2.5个月基本养老金，抗日战争时期每人增发2个月基本养老金，解放战争时期每人增发1个月基本养老金；新中国成立前参加革命工作的老工人基本养老金调整按同期参加革命工作的离休干部标准执行；工残护理费每人每月由1200元调增至1700元。此次调整，涉及相关人员87人。（吴杨）

【社保助企政策出台】 2016年，市人社局积极争取上级政策支持，先后制定出台社保助企相关政策，努力减轻相关企业社保缴费负担。此类社保助企相关政策包括：阶段性下调失业保险缴费费率，由2%降至1.5%；出台《关于贯彻落实失业保险支持企业稳定岗位工作的实施意见》，确定按该企业及职工上年度实际缴纳失业保险费总额50%的标准给予补贴；阶段性将全省企业职工基本养老保险单位缴费比例由20%降至19%；落实省相关文件精神，缓缴相关困难企业6个月的社会保险费（基本医疗保险费除外），并免收缓缴期间的相关滞纳金；本年度不再提高医疗、工伤、生育三个保险的缴费基数。是年，该社保助企相关政策施行后，累计为各类企业节省社保缴费款项4400万元。（吴杨）

【企业退休人员社会化管理】 2016年，全市共有企业退休（职）人员3.94万人，其个人档案入库率100%。企业退休（职）人员居住在外地实行委托管理的1510人，在市内的退休人员全部实行社区管理，社区管理率100%。（吴杨）

【企业退休人员免费体检】 2016年，市人社局根据《江苏省劳动保障厅关于全面开展企业退休人员免费健康体检工作的通知》要求，以两年为一个周期，对全市2016年应参加健康体检的退休人员1.63万人，全部进行一次免费健康体检，周期免费健康体检率100%。（吴杨）

住房保障

【概况】 2016年，市政府及其职能部门健全完善住房保障政策，继续向上争取住房保障补助资金，多方筹措保障住房房源，认真开展廉租住房租赁补贴发放、各类保障房的申请审核和分配工作，努力提升住房保障能力。全年争取住房保障补助资金3239万元；筹措保障性住房房源3512套（户），其中新开工房源1132套（户）、基本建成房源2380套（户）；发放廉租住房租赁补贴57户、10.35万元；审核各类保障房申请118户、公示116户；通过“摇号定序、抽签选房”方式分配各类保障房109户。（周欢）

【保障房建设】 2016年，全市开工新建各类保障房1132套（均为棚户区改造安置住房），基本建成各类保障房2380套，其中公租房254套、棚户区改造安置住房2126套。是年，碧水新城南苑第三期经济适用房工程设计获江苏省二星级绿色建筑评价标识。（周欢）

【保障房分配】 2016年，全市申请住房保障家庭118户，通过申请审核公116户，其中公租房96户、经济适用房20户；先后发放廉租住房租赁补贴4批次、10.35万元，惠及相关住户57户；举行“摇号定序、抽签选房”仪式4次，分配各类保障房109户。（周欢）

高邮市2016年首批公租房“摇号定序、抽签选方”仪式现场

（市房管局供稿）

【住房保障政策】 2016年,全市先后制定出台《市政府办公室关于分解下达2016年保障性安居工程建设目标任务的通知》《调整住房保障相关政策的通知》《高邮市公共租赁住房保障实施细则》《高邮市经济适用住房管理实施细则》等住房保障政策文件,通过进一步完善住房保障相关政策,努力扩大住房保障范围、提升住房保障实效。 (周欢)

住房公积金管理

【概况】 2016年,扬州市住房公积金管理中心高邮分中心坚持以制度扩面为龙头,加大住房公积金政策宣传力度,推动各项工作取得良好进展。是年,该中心获"江苏省文明单位"称号,被高邮市委、市政府表彰为市级机关能力作风建设先进单位;该中心服务窗口获"扬州市巾帼文明岗""扬州市工人先锋号"称号。 (赵吉哲)

【住房公积金全年归集总量4.05亿元】 2016年,扬州市住房公积金管理中心高邮分中心按照上级要求,通过基数调整、行政执法、部门联动等方法相结合,有效促进公积金量的扩张、面的扩大。全年新增住房公积金归集单位62家,累计有归集单位2506家;新增归集人员4764人,累计有归集人员10.33万人。是年,全市新增归集住房公积金4.05亿元(不含结息),增长17%。至年底,全市累计归集住房公积金25.24亿,比上年增长19.1%;累计住房公积金归集余额11.33亿元,比上年增长16.3%。 (赵吉哲)

【住房公积金全年提取总量2.73亿元】 2016年,扬州市住房公积金管理中心高邮分中心坚持按照各项规定,认真开展住房公积金提取服务工作。全年办理住房公积金提取业务(含划扣还贷)7.69万笔、金额2.73亿元,分别增长20.6%、20.3%;笔均提取金额3549元,比上年减少11元。(赵吉哲)

【住房公积金贷款全年发放总量2.75亿元】 2016年,扬州市住房公积金管理中心高邮分中心在归集资金总量不断增大的基础上,注意发挥公积金改善职工住房条件的作用,对改善性住房和中小户型申贷户实施倾斜,使有限的资金发挥更广泛、更有效的保障支持功能。全年发放贷款1208户,贷款额2.75亿元,户均22.8万元;年终贷款余额10.4亿元,个贷比为91.7%。同时,为高邮市政府提供廉租房补充资金258.5万元。 (赵吉哲)

【住房公积金缴存基数调整】 2016年,扬州市住房公积金管理中心高邮分中心与市财政局联合下发《关于调整2016年住房公积金缴存基数的通知》,从2016年1月1日起,调整全市机关事业单位职工个人住房公积金月缴存基数,具体按职工本人2015年度月平均工资收入(工资总额)核定;各单位职工月工资缴存基数的下限不低于本市最低月工资标准(1600元),上限不超过1.44万元。 (赵吉哲)

社会救助与福利

【城市居民最低生活保障】 2016年,全市城市居民最低生活保障(以下简称"城市低保")标准实行自然增长机制。从7月1日起,城市低保标准由每人每月550元调整到560元,人均月差额补助323.63元。市民政局对申报城市低保的家庭实行动态管理,每月审核一次。全年新增城市低保户37户、81人,核减66户、166人,共保障583户、1186人,发放城市低保金480.04万元,由市财政局按月通过银行直接打卡发放到户。同时,市民政局还按照每户每月25元的标准,继续向城市低保家庭发放"实物券",全年共发放17.38万元。 (周麟)

【农村居民最低生活保障】 2016年,全市农村居民最低生活保障(以下简称"农村低保")标准实行自然增长机制。从7月1日起,农村低保标准由每人每月410元调整到450元,人均月差额补助238.84元,由市民政局对农村低保户每季度审核一次。全年新增农村低保户232户、687人,核减749户、1848人,共保障4379户10267人,发放农村低保资金2843.85万元,由市财政局通过银行直接打卡到低保农户"一折通"上。 (周麟)

【医疗救助】 2016年,市民政局全面落实医疗救助政策,实行城乡统一的医疗救助制度,医疗救助基金体量为1349万元,医疗救助封顶线为9万元,城乡低保对象个人自付救助比例为70%,农村"五保"对象、城市"三无"人员个人自付救助比例为85%。加大对城乡困难群众重特大病的救助力度,全年共救助困难群众895人,发放救助金302.36万元。保持医疗救助同步结算平台正常运转,向困难群众提供"一站式"即时结算服务14.7万人次,支付医疗救助金814.92万元,受助困难群众个人前期医疗费用压力减轻。资助低保、"五保"、城市"三无"等对象参合参保等费用242.4万元,惠及相关人员1.78万人。全年累计支出医疗救助金1117.28万元。 (周麟)

【临时生活救助】 2016年,市民政局按照临时生活困难救助实施办法,在市财政设立74万元的救助基金,继续对全市因病、因灾等特殊原因造成生活暂时困难的低保边缘家庭(家庭月收入在城乡低保标准的1倍～2倍之间),给予100元～1000元的临时生活救助。全年共救助困难家庭9493户,发放救助金360.36万元。 (周麟)

【急难家庭救助】 2016年，市民政局依据《高邮市急难家庭生活救助暂行办法》，按照“托底线、救急难、可持续”原则，建立工作机制，搭建救助平台，细化救助项目，落实保障资金，完善救助体系，继续开展急难家庭救助工作。全年落实年度专项基金500万元；共救助急难家庭484户，发放救助金360.36万元，其中即时救助114户110.91万元，医疗专项救助370户241.51万元。（周麟）

【灾害救助】 2016年，市民政局根据《高邮市自然灾害救助应急预案》要求，落实24小时救灾值班制度，确保灾后12小时内落实基本生活救助措施。5月12日前后，市民政局围绕“减少灾害风险、建设安全城市”主题，开组织开展全国第8个“防灾减灾日”系列活动。其间，邀请市地震局相关人员走进琵琶社区，举办地震安全科普知识讲座，增强社区居民的应急意识和责任意识；举办2016年防灾减灾知识竞赛；市民政局组织代表队参加2016年扬州市“人保杯”防灾减灾知识竞赛电视决赛，并获二等奖。加大综合救灾示范社区创建力度，高邮经济开发区九元社区被民政部评为全国综合减灾示范社区。继续全覆盖落实自然灾害民生保险制度，按照每户每人1元的标准，设立107万元自然灾害民生保险专项基金，全年发放理赔金74户、74.72万元。（周麟）

【市救助管理站】 2016年，市救助管理站坚持自愿受助、无偿救助、主动救助原则，依法做好流浪乞讨人员救助工作。加强全国救助管理信息系统及全国救助寻亲网建设，覆盖率达100%。继续组织实施“夏季送清凉”“寒冬送温暖”等活动，让受助者感受到党和政府的关心和温暖。建立巡查工作机制，完善24小时值班制度，实行拉网式检查，切实维护和保障受助人员的基本权益。全年共救助社会流浪、乞讨人员127人，其中包括神经病患者18人、未成年人14人，依法妥善安置滞留人员14人。5月，新改建的市救助管理站生活用房设施投入使用。（周麟）

【物价补贴】 2016年，市民政局继续执行全省规定，根据CPI(物价指数)涨幅与保障标准挂钩的要求，于1月、2月、4月、5月、6月、7月、10月启动困难群众价格补贴机制，城市低保对象按照每人每月46.6元的标准发放，农村低保、“五保”对象按照每人每月37.5元的标准发放，共发放物价补贴502.19万元。（周麟）

【春节扶贫济困送温暖专项活动】 2016年春节前夕，全市组织6个慰问小组，由市委、市人大常委会、市政府、市政协领导带队，慰问优抚对象、老党员、低保户、残困户、重病户、“五保户”、孤残儿童、麻风病人2万多人，发放慰问金85.54万元，并向城乡低保对象12492人发放节日补助124.92万元（人均100元）。（周麟）

【“五保”供养】 从7月1日起，市民政局按照“五保”供养标准自然增长机制要求，将供养标准由年人均6600元调整到7260元。至年底，全市“五保”供养对象共4420人(集中供养对象1276人、分散供养对象3144人)，发放供养金2852.48万元。其中，集中供养“五保”对象的供养金由财政直接打入乡镇敬老院账户。（周麟）

【城市“三无”老人保障】 从7月1日起，市民政局按照城市“三无”老人保障标准自然增长机制要求，将保障标准由每人每月1020元提高到1122元，所需资金全部由财政负担。至年底，全市共保障城市“三无”老人92人，发放保障金122.26万元。（周麟）

【市社会福利中心】 2016年，市社会福利中心按照生活、健身、娱乐、医疗四位一体养老服务宗旨，注重实行民主化管理，成立老人自治服务管理委员会，定期听取老人的意见与建议；丰富休养老人精神文化生活，制定休养老人周活动表，定期开展看电影、读新闻、举办健康知识讲座、组织老年人跳健身操等活动；积极开展志愿服务活动，逐步实现志愿服务活动的规范化、日常化、制度化。至年底，该福利中心拥有社会养老楼3幢，设有床位300张，入住社会养老人员90人。（周麟）

【养老机构建设】 2016年，市民政局按照有关文件规定，在所有乡镇(园区)敬老院增挂养老服务中心的牌子，面向社会老人开放；继续开展养老机构新建及改扩建项目资金争取工作，全年累计争取上级资金1357万元；继续免费开展养老护理员培训工作，全年培训人员74人，全市养老机构护理员持证上岗率80%以上。至年底，全市共有各类养老机构17家、床位6395张，每千名老人拥有床位数35张，养老机构入住率80%。（周麟）

【儿童福利】 2016年，全市共保障孤儿149人，其中社会散居135人、儿童福利院集中养育14人，孤儿信息全部录入全国儿童福利信息管理系统。落实孤儿养育标准自然增长机制，从7月1日起，社会散居的孤儿生活费由每人每月968元提高到1105元，集中养育的孤儿生活费由每人每月1610元提高到1865元。全年发放孤儿生活保障金210.34万元。继续落实困境儿童保障机制，重点开展困难家庭儿童、残疾儿童的学费资助等活动，全年资助困境儿童200人次，发放资助金40万元。（周麟）

【困境未成年人社会保护】 2016年，市民政局落实市政府《未成年人社会保护工作实施意见》，进一步健全完善“政府主导、民政牵头、部门协作”的未成年人社会保护体系,切实维护困境未成年人的合法权益。投入资金58万元,按照集接待、康复、矫治、住宿为一体的标准,新改建成市未成年人救助保护中心,并于5月27日正式投入使用。开展农村留守儿童摸排工作,共查清农村留守儿童1095人。组织开展农村留守儿童“合理监护、相伴成长”活动,依托乡镇(街道)、村(社区)建立儿童福利工作站(儿童之家)30家,在227个村(居)明确困境儿童救助保护督导员。（周麟）

【残疾人福利企业】 2016年,市民政局围绕企业规范化管理和残疾职工各项待遇落实情况,对全市福利企业组织开展年审工作,年审合格企业100家,变更福利企业信息3家。至年底,全市共有福利企业97家,职工总人数9486人,其中安置残疾职工2915人。从10月起,根据《民政部关于做好取消福利企业资格认定事项有关工作的通知》精神,市民政局不再开展福利企业资格认定工作,改由税务机关实行按纳税人安置残疾人的人数,限额即征即退增值税的办法。（周麟）

【福利彩票】 2016年,市民政局执行“阳光福彩”的各项规定和要求,通过完善管理制度、加大宣传力度、拓宽销售渠道、增设销售站点、拓展合作方式、打造品牌形象、严格考核奖惩等,推动福利彩票销售额实现稳步提升。至年底,全市97个站点共销售福利彩票7357万元,其中电脑票5989万元、即开票184万元、“中福在线”1184万元。（周麟）

优抚和安置

【抚恤优待】 从7月1日起,市民政局根据《军人抚恤优待条例》《江苏省实施〈军人抚恤优待条例〉办法》和扬州市民政局的统一规定,按照自然增长机制,调整残疾军人、“三属”等优抚对象2893人的抚恤定补优待标准,并从10月起调整60周岁农村籍退伍老兵、60周岁以上烈士子女等优抚对象3971人抚恤标准,全年共发放各类抚恤补助4935万元。按照上年城镇居民人均可支配收入45%的标准,兑现城乡义务兵家属优待金,每人每年发放1.48万元。全面做好在乡老复员军人遗属815人的定补发放工作。加强优抚对象医疗保障工作,提请市政府出台《高邮市重点优抚对象医疗保障实施办法补充规定》,全年为重点优抚对象2645人办理参保参合事宜,向重点优抚对象发放住院医疗补助金790人次、195.18万元。加快重点优抚对象信息数据库建设,对新增各类优抚对象信息及时导入数据库,并按要求完成抚恤补助对象数据核查2226人次。建立“八一”、春节等重大节日慰问制度,发放慰问金240万元;施行重点优抚对象短期疗养,落实每年一次的健康体检。10月19日,组织6位烈士亲属到广西壮族自治区防城港市及宁明县的烈士陵园开展祭扫活动。（周麟）

【退役士兵安置工作】 2016年,市民政局依据《退役士兵安置条例》规定,按照城乡退役士兵一次性补助金标准,继续做好一体化安置工作。全年接收2015年秋冬季退役士兵336人(城镇兵83人、农村兵253人),发放一次性经济补助金、生活补助费等1200万元。按照“档案考核、积分排名、按序选岗”原则,依法妥善安置符合就业条件的退役士兵11人;落实自主就业经济补助机制,加强退役士兵免费教育培训工作,共组织退役士兵参加教育培训281人次,参训率86%,结业率100%,推荐就业率98%。加强军休服务管理,全面落实“两个待遇”,并于3月完成军休服务管理中心机构用房建设项目。（周麟）

【市烈士陵园】 2016年,市民政局充分发挥市烈士陵园作为爱国主义教育阵地的作用,全年接待烈士家属和社会各界祭扫革命烈士墓近8万人次。4月1日,市委、市政府在该园举行烈士公祭仪式,市领导及市级机关部门、社会各界人士800多人参加。按照市委、市政府工作要求,积极推进高邮市烈士纪念馆、高邮市革命斗争史馆项目建设及陈展工作。（周麟）

社会事务管理

Social Affairs Management

基层自治组织建设

【和谐社区创建】 6月16日，市委、市政府召开全市城乡和谐社区建设工作会议，印发《关于表彰高邮市2015年度“五佳社区”“五佳社区提名奖”“十佳社区工作者”和“十佳社区社会组织”的决定》，并就开展省和谐社区示范创建和达标创建工作进行部署。至年底，全市新创成省和谐示范社区8家，累计创建成省和谐示范社区58家，城市、农村和谐社区达标率分别为92%、85%。 （周麟）

【高邮市“五佳社区”“五佳社区提名奖”“十佳社区工作者”和“十佳社区社会组织”评选】 2016年，全市继续组织开展高邮市“五佳社区”“五佳社区提名奖”“十佳社区工作者”和“十佳社区社会组织”评选工作。经基层申报、综合审查、实地考评等程序，评定琵琶社区、九园社区、南苑社区、南海社区、御码社区、德华社区、三阳社区（并列）为高邮市“五佳社区”，大淖社区、西塔社区、曙光社区、临泽社区、龙虬社区获高邮市“五佳社区提名奖”，康华社区冯春娟、大淖社区党定龙 、高谢社区陈新、月塘社区王丽娟、奎楼社区何萍、高沙园社区周梅楠、龙虬社区朱仁海、卸甲社区陈冬林、平胜社区戴万胜、甓湖社区丁国富为高邮市“十佳社区工作者”，大淖社区巾帼居家养老服务信息中心、琵琶社区未成年人成长指导中心、南海社区医路相伴健康加油站、康华社区青少年科普知识体验中心、御码社区京淮扬戏曲联谊会、奎楼社区邻里驿站、水部楼社区老年协会、月塘社区残疾人协会、临泽社区老年协会 、曙光社区扶贫开发协会为高邮市“十佳社区社会组织”。 （周麟）

【社区办公用房提档升级工作】 4月，市委、市政府召开办公会议，专题研究高邮镇康华、琵琶、奎楼、大淖、西塔、武安等6家社区的办公用房提档升级工作，并就6家社区的办公用房提档升级方案逐一落实完成时间。至年底，该6家社区的办公用房提档升级工作取得较好进展。 （周麟）

【兑现社区建设奖励资金50万元】 6月，市民政局根据市委、市政府就社区建设出台的相关考核细则，印发《关于下达高邮市2015年度“和谐示范社区建设单位”“五佳社区”“十佳社区工作者”和“十佳社区社会组织”奖励资金的通知》，对在2015年度全市社区建设中取得优异成绩的单位和个人予以表彰奖励，共兑现2015年度社区奖励资金50万元。 （周麟）

【“政社互动”工作】 2016年，市民政局推进城乡社区治理改革创新，开展“社区建设治理和服务创新示范点”建设，确定高邮街道、新联社区、琵琶社区、御码社区为试点单位，推进公共服务标准化、规范化建设，整合发挥社区公共资源效能，提高社区服务设施使用率，为居民提供更加快捷、高效、贴心的服务。全面启动农村社区建设试点工作，确定送桥镇盘塘村、庙家村为农村社区试点单位，分别开展村务公开规范化和村民监督委员会建设试点工作，着力打造文化社区品牌。同时，还利用高邮湖西新区所属送桥、天山、郭集三个片区的资源，探索建立综合性农村社区便民服务中心的新举措。 （周麟）

【社区减负增效工作】 8月，市民政局依据市委、市政府《关于深入推进“切实减轻社区负担，提升服务群众效能的六项规定”工作的实施意见》精神，就推进社区减负增效“六项规定”（厘清社区依法工作事项、规范社区印章使用、精简社区台账、清理各类创建达标评比活动、推进社区信息化建设)中的“规范社区印章使用”方面,专门印发《关于公布高邮市首批城乡社区证明类盖章项目目录的通知》。该通知公布首批城乡社区证明类盖章项目目录13项,重点包括应征入伍青年政审、退休人员生存认证、村民自建住宅(含险房翻建)情况证明等。通知还明确,今后市有关部门单位确因工作需要,要求城乡社区盖章的证明事项,应向市城乡和谐社区建设指导委员会提出书面申请,经其审核同意后方可进入;对未经审批的,一律不得要求城乡社区证明盖章。(周麟)

【“三社联动”服务】 2016年,全市继续推进以社区为平台、社会组织为载体、社会工作者为支撑的“三社联动”服务模式,服务于有养老服务需求的老年人。4月,在高邮镇新联社区开展全科社工示范社区试点工作,通过培训、工作考核、业务测试等相结合,使社区工作者具备“全科社工”基本条件;在新联社区、康华社区探索建立“全科受理”工作模式,设立“综合服务”窗口或接待式“全科社工”工作前台,逐步取代“一站式”服务大厅。至年底,全市新成立社区社会组织154家;专题培训社工人才597人,通过国家社会工作师和助理社会工作师资格考试135人。(周麟)

【村民自治】 2016年,市民政局继续强化村务公开和民主管理工作。5月,转发省委农工办、省民政厅、省财政厅、省农委《关于印发〈江苏省村务公开目录〉的通知》,进一步深化和细化村务公开目录有关内容,并对全市175个村的村务公开规范化情况进行拉网式抽查。从6月起,启动开展全市第十一届村民委员会选举。是年,通过专项督查,村民自治合格率、村务公开达标率均为98%以上。(周麟)

【村(居)民委员会换届选举】 2016年,是全市第十一届村民委员会和第六届社区居委会换届选举之年。6月,根据江苏省民政厅《关于加强新一轮村(居)民委员会换届选举工作情况调研的通知》,全市着手谋划新一届村(居)民委员会换届选举工作,并责成市民政局负责制订村委会换届选举工作调研方案和调研提纲,组织和指导各乡镇(街道、园区)开展村(居)民委员会换届选举工作。10月31日,市委、市政府召开全市第十一届村民委员会和第六届居民委员会换届选举工作会议,正式启动换届选举工作。会上,市委副书记张新钢指出,依法开展村(居)委会换届选举,是基层群众政治生活中的一件大事,事关改革、发展、稳定的大局;各地及有关部门一定要充分认识做好这次换届选举工作的重要意义,坚持把加强党的领导、充分发扬民主、严格依法办事贯穿换届工作始终,以高度的政治责任感和使命感,依法组织和开展好这项工作;要引导群众把那些政治素质高、文化水平高、工作能力强、群众威望高、热心为群众办事的人选进村(居)委员会;要严格按照有关法律法规和有关规定开展工作,坚持法定程序不变通、规定步骤不减少。市委常委、常务副市长孙建年要求,各乡镇园区要精心做好选举的准备工作,认真调查摸底,坚持先审计再换届,组织力量做好任期经济责任审计,开展宣传发动和教育培训工作;严格做好选举实施工作,依法成立选举委员会,依法进行选民登记、依法提名候选人、依法组织投票选举;强化责任,统筹推进,不断完善村居“两委”换届选举保障机制。会议确定12月25日是村(居)民委员会统一换届选举日,并要求所有村(居)民委员会在2017年1月底前全部完成换届选举工作任务。至年底,在全市175个行政村、50个社区中,共有65个行政村、30个社区完成换届选举工作任务;至2017年1月底,全市剩余的110个行政村、22个社区也全部完成换届选举工作任务。至此,全市新一届村(居)民委员会换届选举工作全面完成。(周麟)

民族和宗教

【概况】 2016年,全市民族宗教工作围绕市委、市政府发展大局,全面贯彻党的民族宗教政策,切实履行部门职能,扎实做好民族、宗教事务管理等各项工作,促进民族团结进步、宗教和睦和顺。是年,市民宗局被扬州市民宗局表彰为信息工作先进单位,被市委、市政府表彰为平安高邮建设先进单位,被市安全生产委员会表彰为年度安全生产工作先进单位。(郑成霞)

【全市民族宗教工作会议】 3月25日上午举行。会议的主要任务是,总结2015年全市民族宗教工作,部署2016年重点工作任务。市委常委杨文喜,市政协副主席、统战部部长张贵龙,市民族宗教工作领导小组成员单位分管负责人,各乡镇(园区)分管负责人和民宗助理,各宗教团体主要负责人出席会议。会上,杨文喜作讲话。他强调,各地各部门要着眼于“团结进步”,深入推进民族事业发展;着眼于“服务大局”,促进民族团结和宗教和谐;着眼于“依法管理”,不断规范宗教事务管理;着眼于“维护稳定”,全面推进基层基础工作;着眼于“一带一路”,促进民族地区经济社会发展。他要求,各地各部门要强化领导、健全机制,不断创新、提高能力,注重学习、增强本领,紧紧围绕市委、市政府中心工作,团结一切可以团结的力量,调动一切可以调动的积极因素,营造民族宗教领域团结稳定和谐的良好氛围,推动全市民族宗教

工作再上新台阶。（郑成霞）

【少数民族与人口】 2016年，据户籍资料显示，全市有少数民族32个，共4688户、9041人。其中，按分布地区分，居住于菱塘回族乡2876户、6230人，散居于其他乡镇(园区)1812户、2811人;按民族人口分，回族7198人(菱塘回族乡6212人、高邮镇575人、其他乡镇411人)、苗族373人、土家族312人、布依族207人、壮族184人、彝族163人、蒙古族111人、满族106人、侗族65人、白族50人、黎族35人、拉祜族35人、仡佬族31人、傣族24人、瑶族19人、傈僳族18人、朝鲜族16人、羌族12人、佤族12人、哈尼族11人、畲族11人、藏族11人、景颇族9人、水族9人、布朗族5人、土族5人、仫佬族3人、赫哲族2人、纳西族1人、京族1人、普米族1人、珞巴族1人;按居住性质分，常住人口7311人，流动人口1730人(办理居住证人口数据，系企业务工人员和拉面店从业人员)。（沈德才）

【宗教团体】 至2016年年底，全市有佛教协会、道教协会、伊斯兰教协会、天主教爱国会、基督教“两会”等宗教团体5个;经批准登记的宗教活动场所49处，其中佛教30处、道教2处、伊斯兰教3处、基督教13处、天主教1处。全市经备案的宗教教职人员123人，其中佛教教职人员64人、道教教职人员17人、伊斯兰教教职人员5人、天主教教职人员1人、基督教传道人员36人。全市信教群众近3万人。（陈伟）

【民族宗教政策宣传】 2016年，市民宗局继续强化民族宗教政策宣传工作。5月，组织开展第三个民族团结进步宣传月活动，重点宣传有关民族变更实施方法。6月，组织开展宗教政策法规学习月活动，推进宗教政策法规进场所(社区)，面对面地向教职人员、信教群众和不信教群众宣传和讲解宗教政策法规。同时，围绕“用法律和政治标准来区分宗教交往与渗透”“学习全国宗教工作会议精神”等，先后组织开展宗教界爱国爱教教育活动3期。（郑成霞）

【“构建和谐宗教”专题宣讲】 9月24日，市民宗局借助市周末课堂平台，邀请省民族事务委员会、省宗教事务局巡视员顾传勇到高邮，作“构建江苏和谐宗教”专题讲座。此次宣讲历时半天，主要围绕“如何正确认识宗教”“新时期我们应怎样做好宗教工作”两个方面展开，全市副科级以上领导干部及各乡镇(园区)民族宗教事务助理、市民宗局机关全体人员和市各宗教团体主要负责人、秘书长等600多人参加。（郑成霞）

【基督教“两会”同工培训班】 2月20日～3月6日，市基督教“两会”在福音堂举办同工培训班，有相关教职人员、同工、信徒共100多人参加培训。此次培训班，主要围绕圣经知识、教会内部管理、宗教政策和时事政治等方面进行培训，旨在进一步提升教会同工的宗教知识水平，培养他们的合作精神。（陈伟）

【宗教场所消防安全知识培训班】 6月23日，市民宗局、市消防大队在菱塘回族乡清真村举办宗教场所消防安全知识培训班。市伊协班子成员、菱塘清真寺寺管会成员、菱塘回族乡清真村村组干部及回汉群众代表近50人参加。培训班上，市消防大队专家从日常家庭电器线路老化、厨房液化气泄漏、炉灶周围杂物乱堆乱放等细微处入手，详细讲解“火灾隐患的防控”“灭火器材的使用”“火灾时的人员疏散及逃生技能”等相关消防安全知识。（陈伟）

【少数民族项目申报工作】 2016年，市民宗局向省民委申报少数民族扶持发展资金项目4项，获批省扶贫开发资金70万元;申报少数民族特色村镇项目1项，获批项目资金320万元;申报少数民族专项资金项目(清真网点建设类)1项，获批省级民族事业专项资金8万元。（沈德才）

【宗教慈善活动】 5月19日，市民宗局动员和组织全市宗教界人士主动参与“5·19慈善一日”捐活动。9月12～18日，市宗教界组织开展“宗教慈善周”活动。至年底，全市宗教界用于慈善公益事业的善款、物资折合人民币6万多元。（陈伟）

【市道协第四次代表会议】 1月15日举行。市委常委、副市长杨文喜，市政协副主席、市委统战部部长张贵龙出席及市民宗局和市民政局相关人员、市各乡镇民宗助理、市各宗教团体负责人和道士代表50多人参加。会上，杨文喜、张贵龙分别作讲话;审议通过《高邮市道协第三届理事会工作报告》《高邮市道教第四次代表会议选举办法》《高邮市道教协会章程(修正案)》;选举产生新一届道协领导集体。（陈伟）

【市佛协道风建设】 4月18日，市佛协在镇国寺召开理事扩大会，动员和部署全市佛教界道风建设等相关工作，市佛协21名理事和部分信众参加会议。会上，宣布成立市佛教道风建设领导小组;要求教职人员要严守法律法规、清规戒律和职业道德，坚持高标准、严要求，争做一名在宗教界、在全社会有正面影响力、有良好形象的合格好僧人。会议还通报全市星级宗教活动场所创建工作进展情况，并要求各宗教活动场所对照创建评分标准，安排专人收集整理各类文档资料，查漏补缺，于年底前实现创建工作全覆盖。（陈伟）

【民族成份变更新程序启动】 2016年，根据省民族事务委员会、省公安厅《关于贯彻落实<中国公民民族成份登记管理办法>的通知》，全市依规启动民族成份变更新程序工作。2月18日,市民宗局按照程序完成全市首批少数民族人员2人的《江苏省公民变更民族成份申请表》签批工作,并出具《江苏省高邮市民族宗教事务局关于变更公民民族成份证明信》。至年底,全市按照程序办理变更民族成份申请和证明信的少数民族人员23人。

(沈德才)

【省人大常委会调研组到菱塘回族乡调研】 12月7日,省人大常委会副主任刘永忠率省人大常委会调研组到菱塘回族乡,专题视察、调研《江苏省少数民族权益保障条例》和《江苏省民族乡行政工作条例》(以下简称两个"条例")贯彻落实情况。扬州市人大常委会副主任陈卫庆、扬州市人大常委会民宗侨台外委主任陈志宏、扬州市民宗局副局长朱建明等陪同调研。调研组一行视察该乡清真村、古清真寺、民族广场、民族文化宫和扬州曙光电缆股份有限公司,并深入到回民家中了解他们的生产生活情况。在随后召开的座谈会上,扬州市副市长、公安局局长宫文飞,高邮市委常委、市政府常务副市长孙建年,菱塘回族乡党委书记王怀忠分别代表扬州市政府、高邮市政府和菱塘回族乡政府作相关工作情况汇报。在听取相关工作情况汇报后,刘永忠充分肯定扬州市、高邮市和菱塘回族乡党委、政府在贯彻落实两个"条例"方面取得的成效。他表示,扬州市市、县、乡三级对贯彻两个"条例"高度重视,在落实上创新实干、举措有力、工作扎实,使菱塘回族乡实现经济繁荣、环境优美、宜居宜业、团结和谐的良好局面。他希望,菱塘回族乡要充分发挥民族团结进步优势、品牌优势、产业优势、生态优势和旅游特色优势,取得更多的成果,给回汉群众带来更大实惠。(郑成霞)

【省政协调研组到高邮调研宗教工作】 4月12日,省政协副主席范燕青率部分省政协委员到高邮市,专题调研宗教事务依法管理与宗教场所文物保护工作。扬州市政协副主席杨明荣,高邮市领导徐永宝、张新钢、杨文喜、居晓波等参加调研活动。在实地查看相关场所和听取相关工作情况汇报后,范燕青指出,高邮民族宗教工作在全省有地位、在全国有影响,其经验做法值得大家去借鉴、学习。他要求,高邮要进一步完善制度,保护修缮,促进全市宗教事务依法管理与宗教场所文物保护工作健康有序发展。(郑成霞)

省政协调研组到高邮调研宗教工作现场

(市民宗局供稿)

【市人大专题视察全市宗教事务规范化管理工作】 10月21日,市人大常委会在主任张秋红的率领下,组织相关人员专题视察全市宗教事务规范化管理工作。其间,视察组一行在实地察看高邮镇基督教福音堂、三垛镇护国龙王寺等场所,听取全市宗教事务规范化管理工作情况的汇报后,充分肯定全市宗教工作所取得的成绩,并就做好新形势下的宗教工作提出要求和意见。市委常委、副市长杨文喜,市人大常委会主任副主任薛晓寒、孙明如,市政协副主席、市委统战部部长张贵龙等参加视察活动。(郑成霞)

【杨文喜慰问斋月穆斯林同胞】 6月18日~7月17日,是伊斯兰教的斋月。6月20日晚,市委常委杨文喜率相关人员,赴高邮镇清真寺和菱塘回族乡清真寺看望斋月中的穆斯林同胞,向他们表示问候,并送去慰问品和慰问金。在慰问现场,杨文喜对广大穆斯林群众在维护高邮市社会稳定、促进民族团结和经济发展等方面做出的积极贡献表示感谢,并希望穆斯林群众继续继承和发扬优良传统,为全市的经济发展、民族团结和社会稳定继续做出贡献。(郑成霞)

人口和计划生育

【概况】 2016年,市卫计委贯彻落实中共中央、国务院《关于实施全面两孩政策改革完善计划生育服务管理的决定》精神,扎实推进各项工作开展,继续保持全市人口计生工作稳步发展态势。全年出生政策符合率99.9%,孕前优生健康检查覆盖率97.8%,出生人口性别比107.43,流动人口服务管理率98.5%,妇幼保健和计划生育服务达标率100%,人口信息化建设达标率99.6%,计划生育机构队伍建设达标率95.8%,计划生育奖励扶助政策兑现率100%。是年,高邮市获"全国计划生育优质服务先进单位"称号。(黄斌)

【高邮市获"全国计划生育优质服务先进单位"称号】 12月29日,根据《国家卫生计生委关于开展新一轮全国计划生育优质服务先进单位创建活动的通知》精神,经县级申报、市级推荐、省级评审,国家卫生计生委发出《关于命名2014—2016年全国计划生育优质服务先进单位的通知》,决定授予

全国560个县(市、区)为“2014—2016年全国计划生育优质服务先进单位”称号,高邮市名列其中。(黄斌)

资料链接 市委、市政府高度重视新一轮全国计划生育优质服务先进单位创建工作,旨在通过“新国优”的创建活动,积极适应计划生育政策调整后的工作新形式、实施好全面两孩政策、改革完善服务管理、提高计划生育工作能力和工作水平,提高出生人口素质,为全市经济社会发展创造良好人口环境。在《国家卫生计生委关于开展新一轮全国计划生育优质服务先进单位创建活动的通知》下发后,全市随即召开市人口和计划生育领导小组工作会议,对创建工作作专题部署。6月,由市卫计委牵头召开新一轮(2014～2016年)全国计划生育优质服务先进单位创建工作会议,并在会上印发《高邮市新一轮全国计划生育优质服务先进单位创建活动自查方案》,对各项创建工作任务作进一步的分解细化。7月,组织各乡镇(园区、街道)和部分领导小组成员单位对2014年以来人口计生优质服务工作的自查活动。通过进村、部门、企业,查资料、问卷调查等方式,重点检查包括党政责任、部门协作、宣传倡导、依法管理、生育服务、扶助保障、信息支撑、基层网络等十个方面的工作开展情况。9月,高邮市该项创建工作通过扬州市卫计委组织的评审,并完成由省卫计委向国家卫计委的推荐工作。(黄斌)

【全面两孩政策实施】 从1月1日起,市委、市政府按照上级统一部署,落实市卫计委管理和服务的责任,推进实施全面两孩政策。市卫计委编制和印发全面两孩工作方案,做好政策衔接,妥善处理好社会抚养费征收、有关奖励扶助政策落实等社会敏感问题。完善生育登记服务制度,由材料核准制改为登记备案制,由镇级办理改为村镇两级均可办理,并实行帮办、代办、个人承诺相结合的机制,简化办理程序。统一使用江苏省生育登记服务系统,共登记一、二孩生育信息5627条,其中一孩登记2814条、二孩登记2813条。开展生育目标人群情况调查,强化相关信息分析,为全面两孩政策实施提供支持。是年,全市共出生人口6727人,比上年增加1151人,其中二孩出生人数占全市出生人口总数的47.7%。(黄斌)

【人口计生奖励扶助对象信息核查】 2016年,市卫计委按照“四个清楚(人员实际年龄清楚、户口性质清楚、婚姻状况清楚、子女数目清楚)”要求,开展人口计生奖励扶助对象信息核查工作,确保各类奖励扶助对象信息不错报、不漏报,切实维护他们的合法权益。经核查,全市累计有各类奖励扶助对象3.46万人(含奖励特扶对象1539人),其中当年新增奖各类奖励扶助对象7740人(含奖励特扶对象338人)。(黄斌)

高邮市计划生育特殊家庭基本信息系统培训班现场

(市卫计委供稿)

【人口计生奖励政策】 2016年,全市继续落实人口计生各类奖励扶助政策。全年发放人口计生奖励扶助金5060万元,惠及相关对象3.46万元人;发放人口计生居家养老特别扶助金107.04万元(年人均1200元),惠及相关对象892人;发放人口计生一次性奖励补助金558.9万元,惠及相关对象1863人(企业退休职工1712人、城镇无固定职业人员151人);向参加城镇居民养老保险的计生特扶人员发放养老保险补贴2.64万元(年人均100元),惠及相关对象264人;向参加新农合、城镇居民医保的计生特扶人员发放医疗保险补贴9.9万元,惠及相关对象712人;为享受住院医疗二次补偿标准提高的计生特扶人员多报销医疗费用5.59万元,惠及相关对象32人;为相关计生特扶人员支付参加综合意外保险的全额保费19.04万元(年人均200元),惠及相关对象952人;免费向60周岁以上的失独老人提供生育关怀急救卡,惠及相关对象476人;免费向计生特扶对象提供可在扬州市范围内免费乘坐的城市公交卡,惠及相关对象525人。此外,继续发挥“市人口计生公益基金”作用,救助计生特殊困难家庭人员114人,发放救助金18.85万元;为免费享受家庭医生服务的常住在家特扶人员546人,代缴家庭医生签约费用5.46万元。(黄斌)

【出生人口性别比监管】 2016年,全市贯彻落实全国整治“两非”(非医学需要的胎儿性别鉴定、非法选择性别人工终止妊娠)工作电视电话会议精神,强化对出生人口性别比监管。市政府制定出台《关于进一步加强出生人口性别比综合治理工作的实施意见》,对出生人口性别比综合治理工作提出明确要求。市卫计委强化治理措施落实,从宣传教育、制度管理、责任考核、利益导向、生育全程服务管理等方面,加大综合治理工作力度。是年,全市出生人口男女性别比为107.43。(黄斌)

【人口和家庭公共服务】 2016年,市卫计委继续推进以“优质服务、助你健康”为主题的人口和家庭公共服务。开展新时期计划生育免费服务工作,落实免费计生技术服务专项经费89.03万元。根据《常用计划生育技术常规》所规定的项目内容,提供安全、便捷、优质的服务,惠及育龄群众1.2万多人次。强化避孕药具不良反应监测,举办避孕药具不良反应监测培训班、计划生育技术服务工作培训班各1期,开展计划生育随访服务33.4万人次,发现并及时审核处理上报避孕器械不良事件776例、避孕药品不良事件4例,相关健康问题上报108例,不良反应报告率100%。开展避孕药具首诊登记及随访数据录入工作,全年完成放置宫内节育器首诊登记人数1273人,完成随访数据录入3302人。增加避孕药具二代身份证发放机安装点4个,累计安置二代身份证发放机29台,确保育龄群众及时领取安全、放心的避孕药具。继续开展婚前医学检查和免费孕前优生健康检查项目,全年完成孕前优生健康检查5454人(2727对),覆盖率 98%,评估为高风险649人,开展早孕随访2779人,妊娠结局随访1430人;完成婚前检查人数3926对,检出疾病人数751人,有效降低出生缺陷发生率。 (黄斌)

【计划生育药具发放工作】 2016年,市卫计委安排专项资金6.31万元,用于计划生育药具运输、人员业务培训和二代身份证发放机维护工作;建立二代身份证避孕药具免费发放点22个,实现乡镇全覆盖。开通“江苏避孕药具公共服务”微信平台,适时发布相关服务信息,确保群众避孕安全、有效、便捷。安排资金近3万元,为各乡镇、园区计生站统一印制相关簿、表及账册等,进一步规范各类台账管理。 (黄斌)

【流动人口信息系统数据库建立】 7月1日,市卫计委在完成全市流动人口信息全部临时数据核查的基础上,建成流动人口信息系统数据库,推进开展信息录入、协查反馈、公共服务、数据变更等项内容的实时监管。至年底,全市接收协查信息3841条,反馈协查信息3817条,反馈率99.4%。全面推进流动人口婚育证明电子化登记服务,全年办理电子婚育证明406份,查验跨省流入育龄妇女婚育证明310份。 (黄斌)

【流动人口基本公共卫生计生服务均等化】 2016年,市政府印发《关于加快推进流动人口基本公共卫生计生服务均等化工作的意见》,统筹推进开展流动人口基本公共卫生计生服务均等化工作。是年,全市流动人口健康档案建档率63.3%,流动人口适龄儿童基础免疫接种率95%以上,流动人口孕产妇和流动人口儿童健康管理率分别为99.6%、98.3%,流动人口基本公共卫生计生服务均等化达标率、流动人口服务管理率均为95%以上;累计服务流动人口2.98万人(流入人口0.57万人、流出人口2.41万人),其中服务流动已婚育龄妇女0.99万人。 (黄斌)

【中、老年计生人群“生育关怀”项目】 2016年,市卫计委针对计生特殊家庭的经济差异和服务需求,印发《关注健康共建幸福家庭——中、老年人健康素养促进》宣传折页1.18万份,围绕解决计生特殊家庭“出行难、就医难、居住难、劳力难、联谊交流难”等“五大”难题,实行因人施策,落实“精准、精细、精实”化帮扶关爱措施。同时,向全市60周岁以上计生特殊家庭成员发放“生育关怀急救卡”,为计划生育特殊家庭患者急救提供免费、快捷和周到的服务。 (黄斌)

【“红围巾”志愿者结对制度】 2016年,市卫计委在实施计划生育特殊困难家庭养老帮扶“红围巾夕阳关怀暖心工程”中,继续推进“红围巾”志愿者行动的开展,并建立“红围巾”志愿者结对制度,动员全社会力量,突出生活照料、生产帮扶、精神慰藉、文化娱乐、脱贫解困、健康守护等六个方面,开展好每月一个主题的志愿服务活动,深受计划生育特殊困难家庭老人的欢迎,并受到社会各界的广泛赞誉。至年底,该“红围巾”志愿者分会累计吸纳志愿者1097人,与计生特殊困难家庭老人1129人结成对子,当年开展规范化、经常化、多样化、个性化的志愿服务活动2005件次。 (黄斌)

【“生育关怀”牵手致富妇女发展项目】 2016年,市卫计委继续推进“生育关怀”牵手致富妇女发展项目建设,引导广大育龄群众勤劳致富,着力造福计划生育家庭和育龄妇女。至年底,全市累计建成生育关怀项目基地121个,其中省级基地2个,累计实施牵手致富妇女发展项目120项,结对帮扶计生家庭758户,吸纳参与项目生产总人数1.54万人。 (黄斌)

【计生系列保险】 2016年,市卫计委继续在全市推行“母婴安康优生优育筛查保险”“独生子女家庭吉祥卡”“关爱女性综合保险”“计划生育特殊困难家庭人身意外伤害综合保险”等4项计生系列保险,让更多的计划生育群众得到关爱、感受温暖。是年,全市累计投入保费180多万元,涵盖计生家庭共3万多户;获理赔金82.28万元(赔付率52.5%),惠及患病及遇险的计生参保家庭500户。 (黄斌)

【计生系统获扬州市级以上奖项5项】 2016年,市计生系统获扬州市级以上奖项5项。分别为:送桥镇计生协会被中国计生协会表彰为全国计划生育协会工作先进单位(乡级),临泽镇计生协会副会长胡景秀被中国计生协会表彰为全国计划生育协会工作先进个人；市计生协会被省计生协会表彰为全省计生系列保险工作先进单位，被扬州市计生协会和中国人寿扬州市分公司授予“计生系列保险工作卓越贡献奖”称号，被扬州市计生协会表彰为扬州计生协会信息工作先进单位。（黄斌）

婚姻、收养登记工作

【婚姻登记】 2016年，市民政局婚姻登记处完成1951～2005年婚姻登记信息14万条的计算机录入工作，并实现全国联网。是年，全市办理结婚登记6515对、离婚登记1250对，登记率、合格率均为100%；补办婚姻登记证1328对，补办离婚登记证49对；免除登记费用16.8万元。办理收养登记34件。（周麟）

【收养登记】 2016年，市民政局规范收养行为，完善收养登记程序，防止不符合条件的家庭出现收养孩子的行为。全年办理收养登记34例。（周麟）

殡葬管理

【殡葬宣传工作】 3～4月，全市继续开展“文明祭扫、生态安葬”主题宣传月暨优质服务月活动，倡导文明低碳祭扫新风。其间，举行相关活动4场次，发放相关资料2300多份，有序接待清明祭扫群众10万多人次。（周麟）

【墓园（小公墓）建设】 2016年，全市继续加大投入，统筹推进市级墓园及乡镇、园区小公墓建设，更好地满足群众的殡葬需求。全年新建墓穴4000座，销售墓穴3500座。（周麟）

【“节地生态安葬”设施建设】 2016年，市民政局贯彻落实民政部等九部委联合下发的《关于推行节地生态安葬的指导意见》精神，以新开发的高邮墓园如意园为载体，加强规划，周密安排，合理布局，有序推进以矮墙葬、树葬、花坛葬等为特征的节地生态安葬设施建设，并取得一定成效。至年底，该园新建成节地生态安葬设施658穴，其中矮墙葬设施182穴、树葬设施60穴、花坛葬设施416穴。（周麟）

【惠民殡葬】 2016年，市民政局继续落实普惠制殡葬政策，受到群众的欢迎。全年共为5588名群众免除四项基本殡葬服务费774万元；共火化遗体6763具，火化率和骨灰规范化处理率均为100%。（周麟）

【《高邮市殡葬设施“十三五”规划》印行】 9月，由市民政局牵头组织编制的《高邮市殡葬设施“十三五”规划》印行。该规划根据中央、省委和扬州市委的有关要求而制定，就加强全市殡葬设施的规划建设管理工作，科学合理确定殡葬设施的布局及数量，进一步深化殡葬改革，规范殡葬市场秩序，节约土地资源，保护生态环境，推进和谐社会建设，促进全市经济建设和社会事业协调可持续发展，提出相关具体的指导性意见。（周麟）

【公益性公墓年检工作】 4月，市民政局依据《关于加强公益性公墓监管与实施公墓审批（年检）工作的办法》要求，对龙虬镇松鹤墓园、送桥镇神居山墓园、送桥镇柳青墓园和临泽镇韩夏村龙凤墓园4家公益性公墓组织开展年检工作。其间，重点检查公墓建设概况、年度安葬情况、收支管理情况、墓穴收费标准等四项基本信息，并对发现的问题要求相关单位予以限期整改，以此进一步推动乡镇公益性公墓规范化建设。（周麟）

地名和勘界工作

【地名命名和管理】 2016年，经市民政局上报、市政府批准，全市共命名居民住宅小区12个。加强城市地名标牌管理，全年维修路牌23块。2月22日，根据《江苏省地名管理条例》，印发《高邮市历史地名保护制度》，规范历史地名保护名录编制标准、范围、程序和成果应用。是月，选送《盂城驿》微视频参加由国务院第二次全国地名普查领导小组办公室主办、中国地名文化遗产保护促进会承办的“地名情中国梦”全国地名普查微视频（微电影）征集活动，获优秀奖。9月下旬，启动第一批历史地名保护名录征集活动。开展第二次全国地名普查督查工作，印发《关于做好第二次全国地名普查有关工作的通知》，举办普查业务知识培训班。（周麟）

表58 **2016年市政府命名商住小区一览表**

小区名称	起止位置	命名日期
和盛花苑	东邻飞翔路、西邻滨河东路、南邻卸甲村建中心和商业银行宿舍区、北邻潘阳村陈家组	1月26日
鸿泰悦府	东邻帝景龙庭住宅小区、西邻实验小学北校区、南邻泰北路、北邻居民楼	2月25日
新康家园	东邻横桥路、西邻龙虬镇幼儿园、南邻龙虬路、北邻龙虬三组	4月9日
润泽名居	东临江苏科凌医疗器械有限公司、西临原农业银行、南临河边、北临招贤路边	5月12日
龙御苑	东邻龙虬镇中心街、西邻河流、南邻低层住宅、北邻规划道路	7月1日

续表58

小区名称	起止位置	命名日期
东城锦苑	东临外环路、西临珠光路、南临健民路、北临众乐园路	7月13日
德才园	东邻新华村居民菜地、西邻文游南路、南邻新华东路、北邻马饮塘河	7月26日
湖西佳园	东邻东西大道、西邻新S333、南邻老S333、北邻新S333	7月26日
文曲苑	东邻蝶园南路、西邻运堤路、南邻大寨河路、北邻学士园居民小区	7月26日
雅美居花园	东邻珠光路、西邻瑞和北宸阳光小区、南邻扬州市鹏宇服饰有限公司、北邻秦邮路	8月9日
聚才苑	东邻星慧街南、西邻村民住宅区、南邻村民住宅区、北邻宝德东路	10月9日
兴翰小区	东临汉留邮政支局、西临安大公路、南临汉中路北侧、北临兴汉村三组	11月11日

(周麟)

【勘界工作】 2016年,市民政局与安徽省天长市民政局合作,联合开展苏皖线高邮天长段联检工作。根据《国务院第二次全国地名普查领导小组办公室关于报送行政区域界线及界桩数据的通知》要求,市民政局整理、归档全市1条省界线、2条州市界线、4条县界线勘界的批复、请示、附图、协议书等资料,并对界线界桩数据进行统计汇总。 (周麟)

拥军优属

【双拥与国防教育】 1月,市委、市政府印发双拥工作考核细则和双拥工作意见,明确全年双拥工作目标任务和要求。5月13日,市双拥和国防教育工作领导小组召开全体成员会议,市委副书记、市双拥和国防教育工作领导小组组长张新钢作工作报告,部署开展全市双拥和国防教育工作。在第25个"双拥月"、"八一"期间及第十六个"全民国防教育日"前后和春节期间,市领导走访慰问驻邮部队官兵和部分重点优抚对象,集中开展国防宣传教育活动;市双拥办等单位利用电视、报纸等方式,开展双拥和国防教育宣传,举办军民联欢文艺演出、专题国防讲座等活动。在全市范围内组织开展"情系国防好家庭"评比活动,王平祥等15个家庭被表彰为全市"情系国防好家庭"。 (周麟)

【"八一"节纪念活动】 "八一"前后,全市继续组织开展"八一"节纪念系列活动。其间,全市各级党政领导共走访慰问抗战老兵、烈士子女、在乡复员军人、残疾军人、"两参人员"等6829多人次,赠送慰问金225.41万元。 (周麟)

社会组织管理

【概况】 2016年,市民政局依据有关法规精神,坚持"培育发展"与"规范管理"并重方针,推进各类社会组织的自律机制和规范化建设。全年评估各类社会组织204个;年检社会组织331个,合格303个,参检率、合格率分别95%、96%。至年底,全市累计有各类社会组织832家,其中社会团体330家、501家、基金会1家。是年,市个体私营经济协会、市建筑业协会、市纪检监察学会、市农机安全互助协会等4家社会组织获"江苏省示范性社会组织"称号。 (周麟)

【社会组织登记工作】 2016年,市民政局根据《2016年全市社会组织管理工作要点》,强化社会组织分类登记工作,按照行业协会商会类、科技类、公益慈善类、城乡社区服务类,建立直接登记管理制度,对政治法律类、宗教类等其他社会组织,继续实行登记管理机关和业务主管单位双重负责的登记管理制度。全年新增登记社会组织487家,其中社会团体152家、民办非企业单位335家。 (周麟)

【社会组织评估工作】 2016年,市民政局继续注重第三方机构的参与,扎实推进社会组织评估工作。至年底,全市获评估等级的社会组织121个,其中AAAA级10个、AAA级55个、AA级56个,占比为59.3%。 (周麟)

【统一社会信用代码登记证书换发工作】 4月,市民政局根据国务院关于实施社会组织统一社会信用代码制度的有关要求,启动开展社会组织统一社会信用代码登记证书换发工作。至年底,全市完成换发统一社会信用代码登记证书的社会组织315家。 (周麟)

资料链接 根据民政部及省民政厅有关文件要求,此次换发证书的对象为市内注册登记的所有社会团体、民办非企业单位和基金会;工作重点为主要将原有民政部门核发的法人登记证书、质量技术监督部门核发的组织机构代码证、税务部门核发的税务登记证,统一改为由民政部门核发的加载18位统一代码的社会组织新法人登记证书;换证时间到2017年年底全部结束。 (周麟)

【社会公益创投品牌建设】 2016年,市民政局继续推进社会公益创投品牌建设。举办社区暨社会公益服务项目洽谈会和第二届公益创投大赛,评出一批公益创投项目立项项目,并安排资金50万元资助公益创投项目。组织开展2016年度省社区公益服务项目申报工作,市沐浴行业协会“为社区独居和空巢老人开展免费就浴和就浴陪护公益服务项目”入选,获省级资助金额10万元。引导建立全市首家枢纽型社区社会组织——市金色阳光社会工作服务中心。引导社会组织参加扬州市第四届社区公益创投大赛,遴选具有示范性的公益创投项目15项,并上报扬州市民政局审核。组织社会组织参加扬州市青少年公益服务项目招标,市青年书法家协会获资助经费10万元。(周麟)

【开展“送健康、送文艺”活动】 2016年,市民政局继续牵头组织各文艺类、公益类、服务类社会组织开展“送健康、送文艺”活动,努力打造社会组织优秀公益品牌。全年组织各类社会组织12家、200多人次,到乡镇敬老院、社区开展“送健康、送文艺”活动24批次,让“五保”老人及社区居民感受到党和政府的温暖。(周麟)

慈善事业

【概况】 2016年,市慈善总会及各乡镇、园区慈善分会共募集慈善资金894.84万元;使用救助资金670万元,惠及困难群众1.34万人次。(周麟)

【“5·19慈善一日捐”活动】 5月18日~6月30日,全市继续组织开展“5·19慈善一日捐”活动,动员全市上下热衷慈善、慷慨捐赠、奉献爱心。其间,全市各级慈善组织累计接收各类捐款814.52万元。(周麟)

【开展慈善救助8项活动】 2016年,市慈善总会积极履行慈善宗旨,继续组织开展慈善救助8项活动(助医、助孤、助学、助贫、助困、助老、助残、助公益事业),受到全市上下的关注及受助对象的好评。全年通过开展8项活动共救助困难群众1.34万人次,共支出慈善救助金670万元。(周麟)

【《中华人民共和国慈善法》学习宣传】 9月1~7日,全市各级慈善组织组织开展慈善法宣传周活动,将《中华人民共和国慈善法》文本、慈善法学习问答和慈善法宣传海报等相关宣传资料发至全市各村、社区张贴,广泛深入进行宣传,让城乡广大居民进一步了解慈善方面的相关法律知识,营造人人知法、守法、依法行善的良好氛围。(周麟)

红十字事业

【概况】 2016年,市红十字会弘扬红十字精神,推进救灾、救护、救助等各项工作,在改善民生、构建和谐方面取得新的成效。至年底,全市有基层红十字会组织41个、团体会员单位29个、社区红十字服务站1个,有红十字会员2616人、红十字志愿者471人。(王齐)

【韩素玲捐献造血干细胞】 1月25日,经过南京中大医院近5个小时的采集,市妇幼保健计划生育服务中心儿童保健医生韩素玲捐献富含造血干细胞的混悬液162毫升,用于救助1名中年白血病人。至此,韩素玲成为高邮市首例造血干细胞捐献者。(王齐)

【备灾救灾物资储备(高邮)区域中心迁建】 2016年,随着市红十字会搬入市公共卫生中心办公后,扬州市红十字会备灾救灾物资储备(高邮)区域中心随之迁建。5月,安排相关人员定制木质货架,采购不锈钢可拆卸货架,安装防盗窗、消防喷淋系统、漏电保护系统,购置仓库除湿设备。8~12月,通过两批采购,完成帐篷、棉被、折叠床、救生衣等备灾救灾物资的储备。迁建投入资金25万元,其中扬州市红十字会投入20万元、高邮市红十字会投入5万元;新迁建的仓库面积扩容到300平方米。(王齐)

老龄工作

【老龄协会建设】 2016年,市民政局与市老龄办继续推进全市、镇、村三级老龄工作网络建设,加快各级老龄协会的组建。至年底,全市乡镇实现老龄协会全覆盖。(周麟)

【敬老爱心工程】 2016年,市老龄办协同相关部门继续推进敬老爱心工程,营造尊老、敬老、爱老的良好氛围。落实《关于购买高龄老人免费就浴和免费陪护公益服务实施意见》精神,联合市沐浴协会,通过政府购买方式,向城区80周岁以上老人200多人提供免费就浴服务;继续落实党委、政府给予老人的优惠、照顾政策,全年办理老年优待证1500份。(周麟)

【“敬老月”活动】 2016年,全市认真组织开展“敬老月”活动。10月9日,市民政局下发《关于做好“敬老月”活动的通知》,要求各地、各部门组织开展尊老敬老活动。组织参加第二届扬州市“敬老文明号”评选工作,推荐市颐乐老年公寓、市巾帼居家养老服务信息中心两家参选。重阳节当天,市民政局、市老龄协会在净土寺塔广场举办法律政策咨询及义诊服务活动;在蝶园市民广场举办广场文艺晚会,由全市各涉老团体自编自演精彩节目10多个。同时,各相关部门也在重阳节前后组织开展老年门球赛等文体活动。(周麟)

【安康关爱行动】 2016年,市民政局印发《关于在我市开展安康关爱行动的通知》,继续开展安康关爱行动,为全市80周岁以上老人、60周岁以上“五保”老人和城市“三无”老人购买老年人意外伤害保险。市财政全年累出资61.9万元,为符合条件的对象3.09万人购买意外伤害保险。（周麟）

【敬老院建设】 2016年,市政府积极推进全市乡镇(园区)13家敬老院转型发展,在完成2家敬老院扩容工程(高邮经济开发区敬老院、送桥敬老院天山分院)、2家敬老院建设工程竣工(高邮城南经济新区敬老院、菱塘回族乡民族敬老院竣工)的基础上,对所有乡镇(园区)敬老院全部加挂养老服务中心的牌子,面向社会老人开放;全面建立并实施养老服务评估制度,完成所有入住机构和享受政府养老服务补贴和护理补贴老年人的评估工作;顺应全市公办养老机构经营管理体制机制改革的形势,年内高邮经济开发区等7家敬老院实现公办民营。至年底,全市乡镇(园区)敬老院共有床位6395张(当年新增床位695张),每千名老人拥有床位数35张,集中供养率60%。（周麟）

【居家养老服务】 2016年,市民政局大力推进居家养老服务网络建设,新建AAA级居家养老服务中心(站)28家、老年助餐点13个、日间照料中心10家,创建成省示范性居家养老服务中心(站)1家;继续推进政府购买居家养老服务,重点就生活照料、医疗保健、体育健身、应急救助等方面提供服务,服务对象扩展至900人。（周麟）

【“尊老金”发放】 2016年,全市继续实行向80周岁以上老年人发放“尊老金”制度。“尊老金”发放标准为:80周岁～89周岁每人每月50元,90周岁～94周岁每人每月230元,95周岁～99周岁每人每月260元,100周岁及以上每人每月500元。全年共向 80周岁～89周岁老年人2.33万人、90周岁～99周岁老年人3700人、100周岁及以上老年人29人,发放“尊老金”2211.6万元。（周麟）

表59 **2016年高邮市百岁老人名录**

姓名	性别	出生时间	家庭住址
徐秀英	女	1916.05.26	高邮镇新联社区
陈增英	女	1915.09.27	高邮镇武安社区
张其英	女	1917.01.10	高邮镇武安社区
许桂英	女	1914.11.16	高邮城南经济新区师伙村6组
李有香	女	1916.11.11	高邮城南经济新区新胜村10组
李　明	男	1915.01.01	高邮城南经济新区勤王村合兴组
张其深	男	1917.03.07	高邮城南经济新区特平村3组
茅连珍	女	1915.06.12	三垛镇武宁5组
朱存华	女	1914.12.03	三垛镇米仓村7组
沈小财	女	1917.02.06	三垛镇二沟村2组

续表59

姓名	性别	出生时间	家庭住址
陈　松	男	1916.08.24	甘垛镇新庄村5组
王大粉	女	1914.12.14	甘垛镇横泾村8组
吴桂华	女	1917.02.20	甘垛镇荷花村4组
沈金桂	男	1916.12.16	界首镇乡师街26号
胡杨氏	女	1913.12.24	临泽镇双沟村二组
张正林	女	1915.06.22	临泽镇川青社区
韦桃英	女	1915.08.13	临泽镇董潭村4组
柏基福	男	1915.08.19	临泽镇西安村2组
郤德标	男	1915.11.24	汤庄镇西屏村7组
宋达文	男	1916.02.02	汤庄镇缦阳村7组
许香子	女	1917.03.22	汤庄镇友谊村5组
徐巧元	女	1917.06.21	汤庄镇富南村4组
张所英	女	1916.12.26	卸甲镇在和村11组
张宏英	女	1916.02.26	卸甲镇一平村17组
杨秀英	女	1914.03.02	卸甲镇三新村13组
党秀英	女	1917.01.06	卸甲镇永富村8组
陈之英	女	1917.01.07	卸甲镇口河村9组
宰翠英	女	1915.11.11	送桥镇邵庄村丁桥组
范广华	女	1915.11.23	送桥镇德华社区
朱秀珍	女	1915.07.18	送桥镇北茶村刘庄组
朱文江	男	1917.02.02	送桥镇盘塘村王桥组
韩翠梅	女	1917.02.19	送桥镇送驾桥村李庄组
王元龙	女	1916.06.10	高邮经济开发区昌农村4组

（周麟）

关心下一代事业

【“五有五好”关工委创建活动】 2016年,市关工委继续开展“五有五好”(有班子、有队伍、有阵地、有经费、有制度;领导班子建设好,“五老”作用发挥好,制度健全执行好,积极探索创新好,活动经常效果好)基层关工委创建活动。是年,全市新创建“五有五好”基层关工委89个,其中村(社区)关工委54个、机关单位关工委11个、学校关工委10个、民营企业关工委14个,累计创成“五有五好”基层关工委306个。（洪兴里）

资料链接 近年来,在市关工委所组织开展的“五有五好”基层关工委创建活动中,各乡镇、园区及各部门单位高度重视,主动参与,积极作为,当中尤以菱塘回族乡的“四个舍得”更为引人关注。所谓“四个舍得”,即“舍得拿阵地”,该乡王姚村将村服务中心一个楼层四间房屋全部腾出来给村关工委使用;“舍得用人”,该乡菱塘村专门安排一名副村级干部具体负责村关工委工作,明确每年报酬不低于2000元；“舍得投入”，该乡各村对关工委日常活动所需经费实行实报实销；“舍得花时间”，各村党支部每年至少两次专门研究村关工委工作，凡遇关工委的重要活动，村“两委”负责人都亲自参加。 （洪兴里）

【青少年思想道德主题教育】 2016年，全市各级关工委组织根据市委统一安排，继续组织开展各类主题教育活动，进一步提升广大青少年思想道德建设的成效。3月3日，市关工委举办“学党史、学国史，听党话、跟党走，争做美德青少年”主题教育报告会，邀请扬州市关工委副主任、《扬州日报》原主编葛长益作辅导报告，重点讲解中共党史和国史，阐述没有共产党就没有新中国、没有改革开放就没有强大中国的道理，有青少年3.81万人参加。为拓展该报告会的成果，市关工委还安排人员对报告会进行全程摄像，并将音像内容制成光盘，分发至各乡镇和各中小学，供其组织学生收看。此外，全市各基层关工委也纷纷组织开展各类主题教育宣讲活动。是年，全市各级关工委组织共组织开展各种主题教育活动341场，受教育青少年8.12万人次。 （洪兴里）

【校外教育辅导站建设】 2016年，全市各级关工委组织协同各有关部门，继续推进校外教育辅导站（点）建设。至年底，全市累计建成各类校外教育辅导站142个（含校站结合教育辅导站103个、乡镇及园区中心辅导站21个）、校外教育辅导点133个；拥有专兼职辅导员1083人，其中“五老”志愿者170人、在职教师598人、退休老教师223人、大学生村官92人；建有电子阅览室105个，拥有图书40多万册、电脑922台。是年，全市实现在站登记中、小学生1.01万人，参加活动中、小学生4.47万人次。 （洪兴里）

【“五老”队伍建设情况调查】 6～8月，根据扬州市关工委统一要求，市关工委在全市开展“五老”（老党员、老专家、老教师、老战士、老模范）队伍建设情况调查。经调查统计，全市城乡共有“五老”人员9808人。其中，从性别划分，男性9025人、女性793人；从年龄划分，65周岁以下3947人、65周岁以上5861人；从工作层面划分，核心层938人、骨干层1645人、参与层7225人；从所开展的志愿服务内容划分，参与思想道德教育2096人、法制教育宣传1777人、校外教育辅导1175人、重点青少年帮教1719人、网吧义务监督230人、关爱帮扶2058人、帮助指导青年创业550人、其他203人。

（洪兴里）

【扶贫助学工作】 2016年，市关工委按照市委、市政府《关于继续做好特别困难家庭学生帮扶工作通知》，采取市级机关各部门挂钩结对帮扶、组织民营企业结对帮扶、市慈善总会拨款帮扶三结合的办法，继续推动开展扶贫助学工作。全年累计帮扶特困家庭学生2510人，筹集并发放扶贫助学资金413.16万元。其中，市级机关各部门帮扶120人，发放扶贫助学资金24万元；相关民营企业及社会各界帮扶2290人，发放扶贫助学资金369.16万元；市慈善总会帮扶100人，发放扶贫助学资金20万元。 （洪兴里）

【省关工委领导到高邮市调研】 4月14日，省关工委主任曹鸿鸣、省关工委副主任兼秘书长郭兴华一行4人，到高邮市调研关心下一代工作。扬州市关工委主任张厚宝、高邮市委书记韩方、副书记张新钢等参加调研活动。在参观高邮城南经济新区校外教育中心辅导站、听取市关工委工作汇报后，曹鸿鸣对高邮市关心下一代工作给予充分肯定，认为高邮市在教育青少年成长、帮助青年成才、预防青少年犯罪、资助贫困学生、加强班子建设等方面的工作极具特色，要求动员更多的老同志加入关心下一代工作的行列，把工作做得更加有声有色。同时，他还希望老同志要量力而行，主动作为，薪火相传，培养一代又一代社会主义事业接班人。 （洪兴里）

残疾人事业

【概况】 2016年，全市加强残疾人社会保障体系和服务体系建设，将残疾人就业、培训、康复、无障碍改造等13项项目列为民办实事工程，推进残疾人工作持续健康发展。至年底，全市共有残疾人4.99万人，其中持证残疾人1.71万人，占全市总人口的6.01%。是年，高邮市被省政府残疾人工作委员会表彰为“十二五”全省残疾人工作先进市。市残联被市委、市政府表彰为2016年度市级机关能力作风建设先进单位。 （李涛）

【落实扶残助残政策】 2016年，市残联继续落实各项惠残保障政策，提高残疾人保障水平。全年发放重残救助金5906人、3190.9万元，一户多残、依老养残家庭救助金212户390人、109.2万元，低保家庭重度残疾人补贴金134人、9.1万元，重度残疾人护理补贴金2155人、209.4万元，下肢残疾人燃油补贴2268人、58.97万元，残疾学生和残疾人家庭子女教育专项补贴与考学奖励金253人、58.5万元，残困儿童家庭“爱与我同行”志愿助残项目救助金30户、1.8万元，60周岁以下残疾人意外伤害保险补贴金1万人、20万元。同时，开展“幸福高邮 温暖相随”春节走访慰问贫困残疾人家庭活动等。 （吴古银 成雪枫 张德山）

【残疾人证核发与管理】 2016年，市残联依据《高邮市〈中华人民共和国残疾人证〉核发管理工作实施办法》《高邮市重度残疾残疾人证办理办法》,及时调整充实残疾评定专家库人员,注重引入相关单位的全程监督,以集中评定的方式,开展残疾人证核发工作。全年申请参加集中评定残疾人882人,经评定核发重度残疾残疾人证578本。同时,遵照省、扬州市规定,在全市开展“假、错、空”残疾人证清理工作,通过召开现场动员会、组织残评委专家现场复查等办法,共清理各类“假、错、空”残疾人证673本,并依照规定全部予以纠正到位。

(成雪枫)

【孤残儿童志愿服务“阳光行动”】 2016年,全市结合第26个“全国助残日”活动主题,组织开展孤残儿童志愿服务“阳光行动”。助残日前夕,市委常委、常务副市长孙建年率领市残联等相关部门负责人到市儿童福利院看望慰问孤残儿童,并向他们赠送书包、课本、水彩笔等学习用品;市卫计委、市公安局、市水利局等6家市级机关单位团委组织青年志愿者40多人,走进市残疾人康复中心,面向0～6岁残疾儿童开展互动交流、健康体检等服务活动。市残联联合团市委组织23个市级机关团组织和13个乡镇(街道、园区)团委,与102名孤残儿童和贫困残疾人家庭儿童结成帮扶对子,开展生活照料、心理疏导、送教上门、公益捐赠等服务活动,共捐赠3万多元的慰问金及慰问品。在“六一”儿童节期间,市残联联合市文广新局、团市委和市广电台,举办“你选书我买单”活动,向建档立卡低收入残疾人家庭中的未成年人发放书籍500多本,价值2万余元。 (李涛)

【“爱心助残 情满邮城”志愿助残主题活动】 在第25个国际残疾人日(12月3日)前夕,市“四叶草”助残志愿者协会与市残工委共同举办“爱心助残 情满邮城”志愿助残主题活动。市委常委、常务副市长孙建年及近百名志愿者和部分残疾人代表参加。其间,先后组织开展惠残政策宣传、健康咨询、残疾人作品展示、爱心义卖、“我买票、你观影”等系列活动。 (成雪枫)

资料链接 市“四叶草”助残志愿者协会是市残联于2015年4月成立的志愿者组织,至2015年年底,该协会拥有会员500多人。2016年,该协会全年在“志愿江苏”网络平台上发布活动招募41次,开展各类助残活动50多次,受到众多残疾人及残疾家庭的欢迎。2016年12月,该协会被省残联表彰为江苏省优秀助残志愿服务组织。 (成雪枫)

【市残疾人文联成立】 2月25日,全省首个县级残疾人文联——高邮市残疾人文联成立,并以团体会员身份加入高邮市文联,拥有会员41人,下设作家协会小组、书法协会小组、美术协会小组、摄影协会小组、民间文艺协会小组等活动兴趣小组5个。

(成雪枫)

资料链接 市残疾人文联成立后,下设各个活动兴趣小组积极组织开展各项活动,并取得较好成果。在助残日前后,该文联组织会员赴卸甲镇开展“喜迎‘十三五’、感受新变化”文艺摄影采风活动,并选送部分作品参加全国残障儿童和《平海报》江苏赛区作品征集活动,其中市荷花塘特殊学校曹欣羽的作品《我们爱和平》、娄坤作品《和平鸽》分别获二、三等奖。选拔、推荐卸甲镇残疾人邵升平加入省残疾人冰壶队参加集训,助力省残疾人冰壶队在全国残疾人冰壶锦标赛中获团体第六名。支持有体育特长的残疾人参加各类比赛活动,在省第七届全民健身运动会暨残疾人田径锦标赛(苏南片)上,市残联推荐的选手倪雪获肢残组400米第一名,并入选省残疾人羽毛球队;市残联推荐的选手薛学宇获视障组100米第一名、200米第二名,获残疾人游泳锦标赛男子组蛙泳100米第三名、50米第四名,并入选省残疾人足球队。市听障少年黄磊朗诵散文《中国正能量》获扬州市残联举办朗诵比赛一等奖,并获代表江苏省进入全国复赛资格;市残联推荐的选手许璐璐的散文《春光染绿了我们的双脚》获三等奖。市肢残人郭俊桂《戏曲联唱》在省第九届残疾人文艺汇演中获二等奖,并代表全省参加第九届全国残疾人艺术汇演。 (成雪枫)

【残疾人就业】 2016年,市残联联合市人社局举办“助残就业 同奔小康”残疾人专场招聘会,动员企业47家参加进场招聘,为残疾人提供工作岗位155个,现场达成就业意向残疾人33人、实际录用残疾人12人。联合市财政局出台《高邮市残疾人电商创业扶持办法》,与市通邮电商园合作建成残疾人电商创业孵化基地,帮助4名残疾人开设农村淘宝网站,临泽镇残疾人周莉获“‘高邮淘帮手’第一”称号。全年新建成残疾人扶贫基地8个、残疾人创业基地5个,辐射带动残疾人就业135人;申报扬州市级残疾人扶贫基地3家、扬州市级残疾人创业基地2家;建成残疾人托养中心、春晖残疾人服务中心、馨邮之家等残疾人辅助性就业机构6家,采集辅助性就业项目和产品10多项(种),安置残疾人102人;扶持建设盲人按摩点3家,安置从业盲人5人;新增在福利企业内部集中安置就业残疾人42人,新增按比例就业6人。是年,经市残联多方协调联系,全市共安置残疾人就业299人,完成年度就业安置任务数的149%。 (吴古银)

【残疾人职业技能培训】 2016年,市、乡两级残联组织采取与相关培训中心、劳动就业培训部门、社会保障部门和农业技术服务部门等联合办班的方式，先后举办以电子商务、职业技能、自主创业、农村实用技术为内容的职业技能和农村实用技术培训班10多期，免费培训残疾人288人，并助其获发相应的“职业资格证书”及相关职业技能等级证书。选送残疾人选手15人参加扬州市第九届残疾人职业技能竞赛，徐阳获桌面排版项目第一名、张义建获海报设计项目第二名、顾炳申获文本处理项目第三名。选送残疾人选手2人参加省残疾人职业技能竞赛，徐阳获全省桌面排版项目第二名。推选高邮市残疾青年徐伟程进入国家队（全队28人），参加“2016年全球残疾青少年IT挑战赛”。（吴古银）

【残疾人康复服务】 2016年，市残联继续实施以“三助一给”（助听、助明、助行，精神病患者免费给药）为主要内容的康复救助工程，不断提升残疾人康复服务水平。全年免费为贫困残疾人800人（户）实施辅助器具适配和家庭无障碍环境改造，免费为25名听力障碍残疾人验配助听器，免费为200名符合条件的贫困白内障患者实施复明手术，免费向300名下肢残疾人员捐赠轮椅，免费为25名符合条件的贫困残疾人安装假肢（或矫形器），免费向700名贫困精神障碍人员提供基本用药救助，免费为253名符合条件残疾儿童提供基本康复服务。至年底，全市累计投入使用村、社区康复室57个。（张德山）

【残疾人托养服务】 2016年，市、乡两级残疾人托养机构以托养服务与辅助性就业相结合，面向智力残、肢体残和病情稳定期精神残疾人群体，继续提供生活照料、康复、技能训练及工疗、文体娱乐等综合服务。全年市、乡两级残疾人托养机构共托养各类残疾人273人，其中全托222人、日托51人。（黄建中）

【0～6岁残疾儿童康复训练】 2016年，市残联联合市教育局、市卫计委等部门继续开展儿童残疾预防及抢救性康复训练。其间，通过制定筛查方案、成立领导小组、印发工作意见、落实保障措施、明确工作要求、开展逐一筛查等，共确定0～6岁疑似残疾儿童213人和7～14岁肢体（脑瘫）、孤独症残疾儿童40人，并将其信息及时准确地录入省残联数据库，统筹安排他们至相应机构接受康复训练。至年底，全市完成残疾儿童基本康复服务2.98万人（次）。（张德山）

【市残疾人文体艺展能中心建成】 5月13日，市残疾人文体艺展能中心建成并向全市残疾人免费开放。该中心位于水榭华庭内，面积近700平方米，内设图书阅览室、视听室、手工艺创作室、律动舞蹈室、体育健身室、棋牌活动室、培训室等，服务设施和功能可同时满足残疾人精神文化、体育健身需求。（成雪枫　吴古银　张德山）

资料链接　2016年，在全市建成残疾人文体艺展能中心的同时，市、乡两级残联组织还积极推进一批项目建设，尽可能满足残疾人对康复训练、健身、理疗及文体艺诸方面的需求。是年，高邮经济开发区、高邮镇、甘垛镇、卸甲镇、菱塘回族乡按照省残联“残疾人之家”建设的“七有”标准，在全市首批建成“残疾人之家”5家。菱塘回族乡开展创建“无障碍乡镇”试点工作，先后投入60多万元，完成道路、公共建筑设施、公共交通设施、福利及特殊服务建筑、集中居住小区、信息交流等方面的无障碍建设与改造。甘垛镇、菱塘回族乡推进社区“自强健身示范点”建设，投入3万元用于器材设备更新，方便残疾人开展各种健身文体活动。市残联协调高邮镇在该镇湖滨村筹建占地2公顷、规划建筑面积3500平方米的残疾人农疗基地，项目建成后可及时为市托养中心提供葡萄采摘、蔬菜种植等农疗服务。（成雪枫　吴古银　张德山　黄建中）

【全国残疾人数据动态更新调查试点工作】 2016年，根据中国残疾人联合会统一部署，高邮市开展全国残疾人数据动态更新调查试点工作。4月26～28日，高邮市承办全省残疾人基本服务状况和需求信息数据动态更新国家级试点工作会议。此次会议主要是为推动建立全国残疾人基本服务状况和需求信息数据动态更新机制，建立健全全国持证残疾人基本数据库，通过数据的动态更新，促进各级政府、残工委成员单位之间相关数据的资源共享。会议期间，与会人员接受残疾人登记表指标体系动态更新、入户采集技巧、数据采集系统使用等相关知识培训，并走进高邮镇奎楼社区、高邮城南经济新区部分残疾人家庭采集相关信息。5～8月，全市市、乡两级残联按照本次试点工作会议要求，稳步推进各项工作开展，并提前完成数据动态更新的全部工作。9月下旬，中国残疾人联合会组联部主任曹跃进、北京大学博士江海霞等一行，专程到高邮市对残疾人基本服务状况和需求信息数据动态更新工作进行调研，并对全市开展该项工作所取得的成效给予充分肯定。

（成雪枫）

资料链接　近年来，全市残疾人工作坚持以科学发展观为指导，扎实推进具有高邮特色的残疾人社会保障体系和服务体系建设，残疾人工作取得显著成效。2015年，全市组织开展并圆满完成全国残疾人基本服务状况和需求专项调查工作，不仅为全省乃至全国专项调查提供借鉴，也建立健全高邮市残疾人专项调查数据更新机制，为制定残疾人事业各项优惠政策提供真实、完整、准确、可靠的数据，对开展全国残疾人数据动态更新

调查试点工作起到良好的促进作用。（成雪枫）

【残疾人信访】 2016年，市残联在残疾人信访工作中，按照相关政策、法规要求，妥善处理好各种矛盾和问题。全年受理残疾人信访事项456件(人)次，其中包括来信12件、“12345”政府服务热线19件，均做到件件有着落、事事有回音。(成雪枫)

消费者权益保护

【概况】 2016年，全市消费者协会系统履行《中华人民共和国消费者权益保护法》赋予的八项公益性职责，恪守“一切为了消费者”的行为准则，切实维护消费者的合法权益，赢得广大消费者和社会各界的信赖和赞誉。全年发布消费警示(提示)12批次，举办消费教育讲座4场次，开展消费体察活动2次；撰写各类调查报告4篇；受理投诉事项104件，接待消费者到访咨询 3万多人次，为消费者挽回经济损失22.3万元；完成诉转案2件，接诉后24小时内主动与申诉人联系率100%、按期办结率100%、群众满意率95%以上。至年底，全市建有各级消费者协会组织23个(协会1个、分会22个)、消费者投诉站214个，设立企业维权监督站25个；聘任消费指导员10人，聘请联络员214人。(汤兰英)

【“3·15”系列活动】 3月15日前后，全市采取“政府主办、消协承办、各维权职能部门协办”方式，组织开展消费者权益保护系列活动。市领导发表纪念“3·15”消费者权益日电视讲话，进一步推动消费维权各项工作的落实。举办新版《中华人民共和国消费者权益保护法》培训暨消费维权工作座谈会，广泛宣传消费者权益保护相关法律法规，并听取消费者和社会各界的意见和建议。开展城乡互动的宣传咨询服务活动，在城区苏果超市、东方商厦和各乡镇设立专场咨询台，面对面地为广大消费者提供消费维权咨询服务，并以“真、假商品比较”的方式，帮助消费者提高识假、辨假、打假的能力。城乡互动活动当日，全市城乡组织咨询服务人员100多人，散发《“3·15”特刊》等各类宣传资料2000多份，现场接待消费者投诉、咨询200多人次。其间，市消协针对通信服务消费投诉热点，协调市内3家通信企业安排客服人员在市消协投诉大厅值守，现场解决相关纠纷；与《高邮日报》《扬州日报·区域新闻》联合举办《消费维权》专刊，及时报道协会动态新闻，发布消费警示，披露典型侵权案例等。（汤兰英）

【“备春耕、送农机、送科技、送服务”暨农机“3·15”维权活动】 3月15日，市农机局、市消协在车逻镇联合举办“备春耕、送农机、送科技、送服务”暨农机“3·15”维权活动。活动现场，市消协设立投诉咨询台，安排人员现场接受农民群众的咨询和投诉，并向广大农机手宣传农机购置补贴等强农惠农政策，受到大家的欢迎。（汤兰英）

【“新消费、我做主”有奖征文】 3月中旬，市消协根据全省统一部署，联合市文明办、市市场监管局、市教育局、市新闻信息中心等部门，在全市组织开展“新消费、我做主”征文活动。此次征文活动历时6个月，共收集征文209篇；经过评审，评出一等奖征文2篇、二等奖征文4篇、三等奖征文6篇、优秀奖征文10篇。（汤兰英）

【消费维权监督】 2016年，市消费者协会继续开展消费维权监督工作。协调组织供水服务消费体察评议活动；参加出租车运价调整听证会；参与督监检查节日市场，重点监督检查食品、保健品、手机、儿童用品等商品。强化消费提示、警示发布工作，针对消费领域里存在的投诉热点和难点问题，在《扬州日报》《高邮日报》等新闻媒体开辟专栏，定期不定期发布相关信息，及时提醒广大消费者有效防范。继续开展各类诚信单位、推荐商品评选活动，为消费者客观公正地提供商品服务信息。协同市市场监督管理局加大对假冒伪劣商品的曝光揭露力度，净化市场环境，维护社会稳定。（汤兰英）

【消费纠纷调解机制建设】 2016年，市消费者协会继续加强消费纠纷调解机制的建设，形成多元化调解机制。全年通过人民调解委员会解决投诉纠纷3起，为消费者挽回经济损失3万多元。在全市25家维权监督站建立消费争议和解制度，将消费纠纷和解在企业，化解在源头，营造和谐的消费环境。深化“诉调对接”工作，对经市消费者协会调解达成调解协议的，由市人民法院依法确认调解协议的效力，赋予其强制执行力，以此维护消费者的合法权益，提升消协组织的维权法律地位与社会影响力。（汤兰英）

乡　　镇

Township

高邮镇(街道)

【概况】　位于高邮湖东、京杭大运河畔，纵贯南北的淮江、京沪高速公路与横穿东西的高兴东公路、邮仪公路在此交汇，系全市政治、经济、文化中心。总面积43.13平方千米，其中耕地面积1888公顷。辖6个村、14个社区。总人口(户籍人口)14.76万人，其中男7.22万人、女7.54万人；非农业人口11.58万人，外来暂住人口1.2万人。是年，该镇实现地区生产总值103.86亿元、公共财政预算收入4.77亿元、农民人均纯收入2.6万元，分别增长16.1%、-3.9%、10%；获全市乡镇、园区经济社会发展综合考评一等奖。

农业。全年完成农业增加值3.15亿元，增长9%。培育新型农业经营主体，新增家庭农场1家、农民专业合作社示范社2家。完成土地流转面积33.3公顷，农村产权交易服务中心完成交易额256万元。种植油菜130公顷，打造新民滩郊野公园油菜花胜境。落实惠农政策，全年发放惠农资金300万元。组织新型农民技能培训、农产品电子商务培训1200人次。

工业。工业企业运行质态保持稳定，工业产业对经济支撑作用明显。全镇12家企业进入全市“356”行动培育计划。全年完成开票销售额52.5亿元、税收2.47亿元、设备抵扣税1809万元，实现出口总额4000万美元。江苏华能电缆股份有限公司获省科技小巨人称号；与武汉科技大学共建博士后创新实践基地，入选江苏省“外专百人计划”。扬州日兴生物科技股份有限公司全年引进创业创新领军人才7人。实施工业集中区西区道路提质工程，全年新入园企业5家，累计入园企业190家，入园企业完成工业产值220亿元。

建筑业和第三产业。建筑企业实现总产值136亿元、增长11.6%，承接施工面积460万平方米、竣工面积125万平方米。坚持服务业优先发展战略，推进服务业重大项目建设，全年新增限额以上服务业企业8家。全年完成限额以上法人企业商贸流通经营额23.63亿元、限额以上法人企业零售额11.22亿元。完成个转企36家，新增个体工商户1310户。波司登世贸国际购物广场年销售额10亿元，创客邦科技孵化园创成省级众创空间，入驻创业项目9项。服务业增加值占地区生产总值比重为50.8%。

招商引资。全年注册外资实际到账349.6万美元。开展重大项目攻坚年活动，全年包装项目7项，新签约投资额1亿元以上项目4项，新开工投资额1亿元项目3项、5000万元项目1项，新竣工投资额1亿元项目2项，实施重大技改项目6项。扬州日兴生物科技股份有限公司与浙江海翔药业股份有限公司合作，实现再融资3亿元。

城镇化建设。武安路东延工程竣工通车，完成建成区南部污水管网、屏淮路提质工程建设，推进市文体中心、香沟河风光带公园等工程建设，实施新华河、大寨河、腰圩河、新沟河、玉带河、月塘河以及北澄子河周边环境整治工程拆迁拆违工作，加快推动城中村环境整治和闲置地块改造，新整治地块30处，完成城区“八老”(老城区、老小区、老宿舍、老宅子、老街巷、老市场、老庄台、老厂区)改造调查摸底。开展城管专项整治活动50多次，查处违法建设行为45起、面积2250平方米。完成湖滨老圩区内生产河道疏浚工程，改建排涝泵站6座，改建、新建农桥7座。投入500多万元，推进社区服务活动阵地建设，实施康华、大淖、奎楼、北海、武安等社区办公服务用房提档升级工程。琵琶社区被评为扬州市“十佳社区”。

社会事业。全年申报国家高新技术企业2家、省高新技术产品16种,获发明专利授权8件,新签技术开发合同3份,建立校企联盟2个,新申报市级以上研发机构2家。完成城北小学整体改造第二期工程、武安中学教学楼改造工程和秦邮实验小学门前道路建设工程,撤销新巷口小学并入城北实验小学。举办镇第五届运动会和第七届社区艺术节,新建3个村“幸福会堂”和2个社区综合文化服务中心。加强基本公共卫生服务,启动家庭医生签约服务制度。全面落实两孩政策,建立计划生育特殊困难家庭长效帮扶机制,人口计划生育工作通过扬州人口协调发展终期评估验收。开展“5•19慈善一日捐”活动,募集善款60万元,全年发放临时救助资金300多万元。开展劳动力就业再就业培训,培训人数350人。实施精准扶贫,对全镇178户低收入农户全部建档立卡,逐一进行帮扶。坚持领导信访接待日、信访包案制度,全年排查重大矛盾纠纷321起,成功化解处理信访矛盾纠纷305起。开展未成年人“零犯罪村(社区)”创建和重点青少年群体“成长护航工程”。(蔡忠泽)

表60　**2016年高邮镇(街道)主要经济社会指标实绩表**

项　目	单位	2016年	2015年	比上年(±%)	项　目	单位	2016年	2015年	比上年(±%)
地区生产总值	万元	1038636	895000	16.1	建筑企业数	家	56	52	7.7
第一产业	万元	30011	28879	3.9	建筑业从业人数	人	13294	12687	4.8
第二产业	万元	467680	393363	18.9	固定资产投资完成额	万元	451202	451701	-0.1
第三产业	万元	540945	472758	14.4	第三产业从业人数	人	44236	44150	0.2
公共财政收入	万元	47739	49683	-3.9	社会消费品零售总额	万元	1275008	1205723	5.7
农作物播种面积	公顷	3516	3557	-1.2	集贸市场数	个	29	27	7.4
粮食总产量	吨	17646	19319	-8.7	集贸市场成交额	万元	213689	167349	27.7
棉花总产量	吨	—	—	—	50平方米以上超市数	个	79	70	12.9
油料总产量	吨	582	638	-8.8	实际到账注册外资	万美元	350	517	-32.3
肉类总产量	吨	2488	2478	0.4	出口总额	万美元	6242	7094	-12.0
水产品总产量	吨	10819	12554	-13.8	学校	所	19	19	—
全部工业总产值	万元	4056654	3116242	30.2	在校学生数	人	36325	37156	-2.2
工业企业数	家	542	487	11.3	外来从业人员	人	8863	8826	0.4
工业从业人数	人	25322	25059	1.0	医疗卫生机构床位数	张	1539	1539	—
规模以上工业产值	万元	2513632	2367070	6.2	公共文化体育设施面积	平方米	335993	324771	3.5
建筑业总产值	万元	1355915	1218600	11.3	农民人均纯收入	元	26020	23650	10.0

(市统计局　蔡忠泽)

龙虬镇

【概况】 位于高邮城区东北部,东邻三垛镇,南与卸甲镇隔北澄子河相望,西接高邮经济开发区,北连周山镇。总面积39.87平方千米,其中耕地面积2045公顷。辖11个村、2个社区。总人口(户籍人口)3.43万人,其中男1.71万人、女1.72万人;非农业人口102人,外来暂住人口292人。是年,该镇实现地区生产总值12.39亿元、公共财政预算收入3362万元、农民人均纯收入2.38万元,分别增长7.9%、25.8%、10.2%;获全市乡镇、园区经济社会发展综合考评三等奖。

农业。完善农业经营机制,新建农民合作联社1家,创成国家示范合作社2家、省示范合作社5家,新建家庭农场8家。加速土地流转,新增土地流转面积133公顷。发展高效农业,建成三益生猪养殖有限公司、乔家大院生态农业发展有限公司等高效农业项目。继续推进三荡河现代渔业产业园区建设,通过国家罗氏沼虾产业综合标准化示范区验收。发挥产业集聚优势,打造水产养殖物联网系统。探索生态养殖模式,研究养殖尾水处理方法,降低水产养殖对环境影响。加强各项惠农资金管理,全年发放惠农资金1062万元。提高农业机械化程度,新增各类农业机械近百台,机械化收割率100%。

工业。制订完善发展工业经济激励引导政策,帮助企业解决发展中遇到的困难,激发企业活力。全年完成全部工业产值35亿元,增长11%;全年完成规模以上工业企业产值15亿元,增长

1.2%；实现工业开票销售额5.9亿元，增长11%；实现固定资产投资5.4亿元，增长14.4%。

建筑业与第三产业。全年实现建安企业总产值25.8亿元，增长2%。龙虬庄遗址入选国家文物局《大遗址保护“十三五”专项规划》名单。充分挖掘龙虬庄遗址旅游资源，完成《龙虬庄遗址保护总体规划》《龙虬庄考古遗址公园规划》《龙虬庄遗址2015～2017年考古工作计划》《龙虬庄遗址保护与展示工程方案》，实施第五次考古发掘项目和龙虬庄遗址主体及周边环境综合整治项目。苏中农贸城拓展农村电商业务，龙虬社区名列“双十一”全国农村淘宝土豪村第8名；成立高邮市农产品电商协会、农村淘宝市级运营中心、高邮巾帼电商服务总站等电商平台；建设苏中农贸城占地6000平方米的特色农产品电子商务集聚区。

招商引资。搭建招商引资平台，组建招商小分队，采取定点招商、以企招商等多种手段，吸引客商到龙虬镇投资兴业。参加扬州“烟花三月”国际经贸旅游节、第十二届中国双黄鸭蛋节、上海招商周和京津冀招商周等专题招商活动。全年签约重大项目4项，新开工投资额1亿元项目2项，即扬州广源电杆有限公司电力设备项目、高邮康博环境资源有限公司工业固体废弃物处置项目。全年实现外资到账160万美元。新增个体工商户196户、私营企业128家、个转企12家。

镇村建设。创成国家级卫生镇。投入4600万元，完成龙虬路（赵倪段）道路建设及绿化亮化配套工程；投入400万元，完成龙庄河西侧沿街住户外立面出新工程；投入300万元，完成龙庄河截污整治工程；全面实施镇区主干道亮化工程；镇区新栽植绿化苗木3.3万多株，新增绿地面积1.5万平方米；推进占地面积100公顷的龙虬庄遗址田园聚落风景区建设，完成东、西区土地调整工作；新建居民健身广场2个；改建龙虬农贸市场；改建标准化公厕5座。实施高铁沿线和环保产业园周边村民搬迁安置工作，搬迁居民户600多户；实施土地整治项目面积733公顷；开展“千人大会战、万人清家园”农村环境整治活动，有效改善农村环境；改造户厕1.03万座，全镇无害化卫生厕所普及率92.5%；创成江苏省卫生村4个、扬州市卫生村1个；实施区域供水工程，实现全覆盖；实施于朱路提档升级工程，全面整治乡村道路23.6千米；投入110万元，实施财政小农桥改造项目8项；投入113万元，实施“一事一议”项目，建成通组灰色道路4.31千米。

精神文明建设和社会事业。开展扬州市文明镇、文明村、文明单位、文明新风户创建活动，开展“道德讲堂”“龙虬好人”“善行义举榜”“和谐村风家风”等主题活动，形成良好社会风尚。投入200万元，完善中小学及幼儿园基础设施配套建设。完善农村文体设施，建成村（社区）“幸福会堂” 5个。举办龙虬镇建镇20周年系列活动和龙虬镇文化艺术节暨农民运动会；出版《印象龙虬》《诗画龙虬》《故事龙虬》系列丛书；开展内容新颖、形式多样的送文艺下乡活动；坚持充实并开放农家书屋，新建电子阅览室6个。推进居民健康工作，按省示范卫生站标准建成友谊卫生站；为4341名65岁以上老人进行免费体检，为1000名育龄妇女进行免费“两癌”筛查；完成乡村医生签约服务8576人；累计建立居民健康档案2.72万份，建档率80%；新农合参合率100%。加强人口文化阵地建设。开展“红围巾”志愿者温馨服务。开展“5•19慈善一日”捐活动，募集善款27.82万元。全面核查低保户信息，发放最低生活保障金139.06万元。建立健全空巢老人帮扶服务网络，成立张轩社区养老服务站，实施敬老院标准化建设工程，龙虬镇敬老院创成省级“三星级”文明敬老院，累计发放尊老金86.6万元。发放优抚对象抚恤定补金142.2万元，为192名优抚对象及60周岁以上退伍老兵办理交通优抚卡，发放退役士兵一次性补助49.97万元、现役士兵优待金38.55万元。完善残疾人保障机制，为554名残疾人办理意外伤害保险，建成扬州市残疾人创业基地，发放救助补贴192万元。构建和谐劳动关系，规模以上企业劳动合同签定率100%。按辖区内常住人口3%比例组建平安志愿者队伍，成立龙虬镇平安志愿者分会，推进平安龙虬建设。成立“有理大家评”评议团，帮助调解各类矛盾纠纷。

（徐鑫臻）

表61　**2016年龙虬镇主要经济社会指标实绩表**

项　目	单位	2016年	2015年	比上年（±%）	项　目	单位	2016年	2015年	比上年（±%）
地区生产总值	万元	123869	114816	7.9	建筑企业数	家	3	3	—
第一产业	万元	49956	47567	5.0	建筑业从业人数	人	4205	1435	193.0
第二产业	万元	25263	24001	5.3	固定资产投资完成额	万元	53616	46851	14.4
第三产业	万元	48650	43248	12.5	第三产业从业人数	人	2655	2643	0.5
公共财政收入	万元	3362	2672	25.8	社会消费品零售总额	万元	18029	17825	1.1

续表61

项　目	单位	2016年	2015年	比上年(±%)	项　目	单位	2016年	2015年	比上年(±%)
农作物播种面积	公顷	6125	6129	-0.1	集贸市场数	个	2	2	—
粮食总产量	吨	36030	38019	-5.2	集贸市场成交额	万元	3508	3405	3.0
棉花总产量	吨	—	—	—	50平方米以上超市数	个	25	23	8.7
油料总产量	吨	1478	1528	-3.3	实际到账注册外资	万美元	100	70	42.9
肉类总产量	吨	2823	2533	11.4	出口总额	万美元	1521	685	122.0
水产品总产量	吨	17287	18187	-4.9	学校	所	3	3	—
全部工业总产值	万元	348500	314000	11.0	在校学生数	人	698	779	-10.4
工业企业数	家	109	108	0.9	外来从业人员	人	705	652	8.1
工业从业人数	人	7181	7128	0.7	医疗卫生机构床位数	张	20	26	-23.1
规模以上工业产值	万元	147631	145914	1.2	公共文化体育设施面积	平方米	2305	2215	4.1
建筑业总产值	万元	257500	252341	2.0	农民人均纯收入	元	23794	21592	10.2

（市统计局　徐鑫臻）

卸甲镇

【概况】 位于高邮城区东部，东与汤庄镇毗邻，南濒江都市真武镇，西与城南经济新区（车逻镇）、高邮镇接壤，北与三垛镇隔河相望。总面积170平方千米，其中耕地面积8003公顷，辖17个村，4个社区。总人口（户籍人口）7.87万人，其中男3.94万人、女3.93万人；非农业人口1.52万人，外来暂住人口2638人。是年，该镇实现地区生产总值36.07亿元、公共财政预算收入1.04亿元、农民人均纯收入2.53万元，分别增长39.8%、-15.5%、12%；该镇被评为全国科学发展千强镇（位列第548名），获全市乡镇、园区经济社会发展综合考评二等奖。

农业。推进农村产权制度改革，成立镇农村土地产权交易中心，完成农村土地承包经营权确权发证任务。八桥现代农业产业园被国家科技部命名为国家农业科技园区。实施农业基础设施项目17项，建成科技服务超市1家，引进科技项目5项，集聚现代农业项目42项。新培育省级以上农业龙头企业4家，累计有各类农民专业合作社110家、家庭农场52家，有规模化种植面积3000公顷，高效设施农业面积600公顷。新增农产品“三品”品牌65个。新建泵站5座、改建4座、维修保养100座，全镇泵站完好率95%以上。完成植树造林100公顷，其中成片林40公顷、10万株。农业废弃物综合利用率100%，秸秆综合利用率95%，夏、秋两季秸秆还田面积8467公顷。完成生猪免疫5.83万头，家禽免疫260.31万羽，创成省级畜牧生态健康养殖示范场1家。推广插秧机34台（含乘坐式3台）。

工业。出台《企业应急专项资金管理暂行办法》《鼓励企业做大做强、加快推进招商引资、项目建设、园区建设的实施意见》，助推企业转型升级。全年开票销售额超1千万元企业45家，纳税额超100万元企业18家。金飞达电动工具产业园成为扬州市优先发展型工业集中区和特色产业园，苏中循环经济产业园列入扬州市“十三五”发展规划，成为扬州市循环经济示范市重点支撑项目。扬州华翔有色金属制品有限公司总投资10亿元的技改项目竣工投产。扬州市德运塑业科技股份有限公司在“新三板”挂牌。组建扬州兴农高新产业投资开发有限公司和扬州圆梦建设工程有限公司等融资平台，扬州兴农高新产业投资开发有限公司与中国农业银行扬州市分行签订10亿元授信协议。创成省级以上高新技术企业7家，市级以上高新技术产品38种；全年获专利授权1560件，其中获发明专利授权22件；获批省科技创新重大成果转化项目2项、奖励资金1600万元；5人被评为江苏省科技副总；新发展商标286件；创成省著名商标、名牌产品8件，扬州知名商标、名牌产品15件。

建筑业。全年新增二级资质建筑企业1家，累计有资质建筑企业10家。完成建筑企业总产值84.5亿元、增长21.4%，建筑业总产值74亿元、增长13.1%。全年创省级文明工地1处、市级文明工地3处，获市级优质工程4项，获市级新技术应用示范工程1项，获批市级QC成果2项。新增一级建造师3人、二级建造师24人。

第三产业。全年完成服务业增加值14.08亿元，新增服务业固定资产投入7.42亿元。完成限额以上法人企业经营额3.31亿元，税收收入4330万元。实施服务业重大项目2项，其中投资额1亿元项目1项。新增服务业重点企业3家。阿里巴巴农村淘宝项目在全市率先启动。高邮市华丽商

贸有限公司、高邮市锦泉商贸有限公司等商贸、物流项目建成运营。周邶墩农庄创成省级三星级农村旅游示范点。

招商引资。组织招商小分队前往北京市、上海市、浙江省、广东省和苏南地区开展招商引资活动，拜访客商200多人，邀请150多名客商到卸甲镇参观考察。组织参加第十六届再生金属国际论坛，与中国有色金属工业协会再生金属分会签订再生资源产业技术创新战略联盟协议。与上海宝山城市工业园结对共建。全年新开工项目8项，其中投资额5亿元项目1项；竣工项目9项，其中投资额5亿元项目和10亿元以上项目各1项。扩大利用外资，全年引进投资额1亿元项目3项，实现外资到账334万美元。

镇村建设。开工建设镇文体中心、卸甲区域医疗卫生中心、八桥卫生院等一批重点工程，启动建设污水处理、农贸市场、区域供水、镇区供气、道路桥梁等基础设施工程。创成江苏省文明乡镇、江苏省卫生镇。周八路、孟西路、高汉路建成通车，东风街提升改造工程完成，邱墅阁大桥建设继续推进，改扩建农村道路17千米，新建村组硬质化道路66千米，完善全镇180千米道路桥梁交通安全设施。改造农村公路危桥52座、财政农桥71座。推进农村环境综合整治，实现农村环境管护全覆盖。启动新一轮特色村庄整治，建成三星级康居乡村2个、市级示范村6个。加大环境执法力度，拆除燃煤锅炉75台，生态环境持续改善。

精神文明建设和社会事业。开展文明村镇创建工作，广泛宣传社会主义核心价值观。编印“卸甲好人”宣传册，设立“善行义举榜”，弘扬善行义举。举办镇首届最美残疾人表彰活动，建成水岸阳光残疾人之家，为全市首家乡镇残疾之家，并顺利通过省残联评估验收。撤并伯勤初中，撤并金家小学、口河小学、潘阳小学等3所完小，回购卸甲幼儿园、龙奔幼儿园、伯勤幼儿园等3所幼儿园。教育布局进一步优化。新建龙奔小学、卸甲小学2所小学综合楼及食堂、塑胶操场等设施，卸甲初中、龙奔初中、八桥初中、卸甲小学、龙奔小学、伯勤小学、八桥小学等7所学校创成省义务教育现代化学校。龙奔小学获评江苏省教育教学先进集体，成为全市首家获此称号的农村小学。学前教育工作成效显著，获评扬州市学前教育先进乡镇。举办第三届农民运动会暨第三届农民艺术节，开展送文艺下乡活动，全面启动村（社区）“幸福会堂”建设，农家书屋“一卡通”在全市率先实现全覆盖，举办第六届江苏农民读书节启动仪式，获评扬州市书香之乡镇。加大医疗基础设施投入，异地新建大庵、金家卫生站。卸甲卫生院创成全国群众满意乡镇卫生院，成为苏北人民医院医疗集团成员单位之一。开展计划生育优质服务，建成生育健康广场4个，通过扬州市“十二五”人口计划生育终期评估复查。企业职工养老保险参保率逐年提高，农村低保实现应保尽保，新型农村合作医疗实现全覆盖。推进“平安卸甲”“法治卸甲”建设，社会治安总体形势良好。常态化排查整治安全隐患，推进安全生产标准化建设。　（姚国平）

表62　**2016年卸甲镇主要经济社会指标实绩表**

项　目	单位	2016年	2015年	比上年（±%）	项　目	单位	2016年	2015年	比上年（±%）
地区生产总值	万元	360749	272287	32.5	建筑企业数	家	11	10	10.0
第一产业	万元	74385	70778	5.1	建筑业从业人数	人	11150	8175	36.4
第二产业	万元	148083	79293	86.8	固定资产投资完成额	万元	241990	202710	19.4
第三产业	万元	138281	122216	13.1	第三产业从业人数	人	6703	6903	-2.9
公共财政收入	万元	10448	12367	-15.5	社会消费品零售总额	万元	158421	156357	1.3
农作物播种面积	公顷	18065	18059	—	集贸市场数	个	6	6	—
粮食总产量	吨	133176	135129	-1.4	集贸市场成交额	万元	20500	20138	1.8
棉花总产量	吨	—	—	—	50平方米以上超市数	个	45	45	—
油料总产量	吨	2150	2192	-1.9	实际到账注册外资	万美元	334	—	—
肉类总产量	吨	12355	12352	—	出口总额	万美元	10821	10172	6.4
水产品总产量	吨	17811	17811	—	学校	所	7	7	—
全部工业总产值	万元	1300000	1180000	10.2	在校学生数	人	2325	3643	-36.2
工业企业数	家	586	586	—	外来从业人员	人	1850	1850	—
工业从业人数	人	16785	16695	0.5	医疗卫生机构床位数	张	96	86	11.6
规模以上工业产值	万元	456584	480415	-5.0	公共文化体育设施面积	平方米	13800	13600	1.5
建筑业总产值	万元	845060	696148	21.4	农民人均纯收入	元	25331	22617	12.0

（市统计局　姚国平）

汤庄镇

【概况】 位于高邮市东部,东邻兴化市,南接江都区,西临卸甲镇,北连甘垛镇。总面积145.82平方千米,其中耕地面积7004公顷。辖17个村、4个社区、2个水产养殖场。总人口(户籍人口)6.06万人,其中男3.03万人、女3.03万人;非农业人口5005人,外来暂住人口8346人。是年,该镇实现地区生产总值27.92亿元、公共财政预算收入7224万元、农民人均纯收入2.54万元,分别增长7.6%、29.7%、8.1%;该镇被评为中国液压机械产业集群镇,获全市乡镇、园区经济社会发展综合考评二等奖。

农业。新增高效设施农业面积253.3公顷,建成高效农业园区3个。实施农业产业化经营,三阳河沿线农产品加工企业集聚区创成扬州市农产品加工集中区和高邮市十佳农业产业园。推进土地流转工作,规范收取土地流转服务费,为壮大村级集体经济开辟"绿色通道"。推进植树造林,完成成片造林面积114.7公顷、四旁植树72.1公顷,完成市"五个一"造林绿化工程,创成省级绿化示范村庄2个。农产品质量安全工作连续5年获市政府表彰。开展第三次全国农业普查工作。

工业。面对液压机械、钢铁、化工等行业企业效益下滑形势,该镇积极寻求应对措施,以液压机械行业为突破口,提振工业经济发展信心,加快工业转型升级步伐。委托中国机械工业企业管理协会编制《高邮市汤庄镇液压机械行业发展规划》《高邮市汤庄镇环保机械行业发展规划》,联合市经信委举办高邮液压机械产业发展高峰论坛,获"中国液压机械产业集群镇"称号。牵头召开《液压传动　电液推杆》标准制定工作组第一次会议,"国家中小企业公共服务示范平台——中机企协汤庄镇工作站"在该镇挂牌。全年新开工投资额5亿元项目1项、投资额1亿元项目6项;竣工投资额1亿元项目4项。

建筑业和第三产业。实现建筑业产值20.98亿元。新增规模以上建筑企业1家(高邮市兴汉建筑劳务公司)。实现第三产业增加值10.9亿元。注重培育现代物流、电子商务、信息服务等新兴产业,新增服务业规模以上企业1家(扬州市五鑫米业有限公司)。

招商引资。紧随全市组织开展的上海招商周、珠三角招商周、北京招商周等活动,开展"规划招商"、以企招商、凤还巢招商、产业链招商和产业转移招商活动,先后赴外地招商16批次,拜访各类企业28家,接待客商考察98人次。该镇与暨南大学建立全面合作关系,与湖南大学、江苏大学、西华大学等高校开展产学研合作项目11项,组织13家骨干企业与湖南大学材料科学与工程学院、江苏大学机械工程学院签订校企产学研全面合作协议。获批省"双创"人才项目8项、省级高新技术产品58种,获批专利授权576件,其中发明专利21件,新增扬州市级以上名牌产品10种、注册商标95件。全年注册外资到账240万美元,完成出口额1160万美元。

工业集中区建设。投入1360多万元,建成液压机械园区连新路、南邱河路、创业路;实施环保机械园区安大路道口连接、高低压线路改造等工程。全年新入园企业23家,扩建标准化厂房6.5万平方米。

镇村建设。按照"凸显区位、高点定位、科学规划、合理分区"总体要求,着力打造体现液压、环保机械产业特色、具有水乡风情的工贸新镇。加大镇容镇貌管理力度,建成中心集镇停车场,完成汤庄大道及居民公园绿化升级工程,建成17个村级农民休闲广场。投资1300万元,实施14.2千米道路"提档升级"工程,新添置道路交通标志牌,维修更换警示桩、百米桩500多根。投入700多万元,修建通泰路、高汉路、陵南北路、姚汉路和沙堰供销社大桥。做好"五位一体"长效管护、覆盖拉网式环境整治、河道疏浚整治等工作。联谊村创成江苏省美丽乡村。秸秆禁烧、禁抛、还田和综合利用工作全面推进。完成卫生户厕改造800座,其中三格式760座、生态式40座。

社会事业。实施教育优先发展战略,甸垛初中、沙堰初中、甸垛小学、沙堰小学被评为省现代化学校,汤庄小学被评为省节水型学校,汤庄镇被评为扬州市学前教育先进乡镇。首次采用PPP投资模式,投入1300万元,启动建设占地6645平方米的镇文体中心。举办"全民读书节"活动。举办首届镇体育运动会。投入120万元,新建省级标准村卫生室3个;投入500多万元,改造汤庄中心卫生院;投入1350万元,启动汉留卫生院新建工程。通过"扬州市卫生镇"复检。推进区域供水改制工作。兑现计划生育奖励资金261万元,发放计划生育特困救助金2.42万元。上报符合条件的农村低保家庭48户132人,为76名大病患者申报急病急难救助金48万元。拨付"五保"供养金250万元,新建敬老院用房296平方米。组织"5·19慈善一日捐"活动,募集慈善资金55万元。投入51万元在17个经济薄弱村开展帮扶活动,投入36万元与290个贫困户开展结对帮扶,全年完成贫困户脱贫234户。汤庄、沙堰两个村利用扬州市经济薄弱村帮扶资金400万元,联合新上粮食仓储项目1项。强化社会治安综合治理工作,全力构建立体化治安防控体系。组织开展法治宣传教育活动，“六五”普法工作被表彰为扬州市先进乡镇。加强安全责任管理，努力消除各种不稳定因素，全镇未发生一起重大安全责任事故。（周喻）

表63

2016年汤庄镇主要经济社会指标实绩表

项　目	单位	2016年	2015年	比上年(±%)	项　目	单位	2016年	2015年	比上年(±%)
地区生产总值	万元	279191	259387	7.6	建筑企业数	家	3	3	—
第一产业	万元	67000	63796	5.0	建筑业从业人数	人	1206	1192	1.2
第二产业	万元	103569	98890	4.7	固定资产投资完成额	万元	245344	212790	15.3
第三产业	万元	108622	96701	12.3	第三产业从业人数	人	11204	11275	-0.6
公共财政收入	万元	7224	5572	29.6	社会消费品零售总额	万元	200309	196382	2.0
农作物播种面积	公顷	14009	14518	-3.5	集贸市场数	个	5	5	—
粮食总产量	吨	102602	105855	-3.1	集贸市场成交额	万元	45190	43452	4.0
棉花总产量	吨	—	—	—	50平方米以上超市数	个	32	33	-3.0
油料总产量	吨	556	735	-24.4	实际到账注册外资	万美元	240	240	—
肉类总产量	吨	5856	5642	3.8	出口总额	万美元	1160	990	17.2
水产品总产量	吨	20389	19376	5.2	学校	所	6	6	—
全部工业总产值	万元	1048521	1005183	4.3	在校学生数	人	1696	1901	-10.8
工业企业数	家	378	366	3.3	外来从业人员	人	5692	5728	-0.6
工业从业人数	人	15205	15127	0.5	医疗卫生机构床位数	张	125	130	3.8
规模以上工业产值	万元	628000	604736	3.8	公共文化体育设施面积	平方米	13850	13850	—
建筑业总产值	万元	209805	202192	3.8	农民人均纯收入	元	25424	23530	8.0

（市统计局　周喻）

三垛镇

【概况】 位于高邮城东20千米，东临甘垛镇，南连汤庄镇，西接龙虬镇，北接临泽镇。高兴东路与安大路、三阳河、北澄子河穿越全境，并在镇区交汇，成“井”字形布局。总面积150.15平方千米，其中耕地面积6923公顷。辖21个村，4个社区。总人口（户籍人口）7.51万人，其中男3.75万人、女3.76万人；非农业人口2259人，外来暂住人口1682人。是年，该镇实现地区生产总值28.2亿元、公共财政预算收入5374万元、农民人均纯收入2.14万元，分别增长8.9%、17.1%、9.9%；该镇被评为全国科学发展千强镇（位列第976名）；获全市乡镇、园区经济社会发展综合考评三等奖。

农业。推进农业特色化发展，形成有机稻米种植，稻麦繁种，罗氏沼虾、生猪和肉禽养殖等特色产业。推动农业产业化发展，新增农业龙头企业9家，累计有各类农民专业合作社110家。实施“互联网+农业”项目，新增农村淘宝店10家。推进农业机械化、标准化建设，累计有大型农机具230台，建成粮食烘干点13家（烘干设备90台），日烘干能力1000吨；完成农田犁耕翻面积3466.7公顷；创成茆吴、柘垛两个省级稻麦高产示范方。实施全国农业水价综合改革试点项目、少游国家农业综合开发高标准农田项目、俞胡项目区优质稻米项目。柳南高效农业园、立华畜禽养殖园创成扬州示范农业园区。实施兴牧猪场沼气发电、欣业有机稻米沼气通户工程，建成病死畜禽无害化处理收集点1个。实施中小河流治理，新建、改建各类桥梁100多座；疏浚农村河道80千米，完成土方100万立方米；改建圩口闸20座、排涝泵站8座，增加流量17个立方米/秒。推进土地整理和土地复垦项目，积极盘活土地资源，全年净增耕地面积51.3公顷。

工业。坚持工业强镇战略，出台促进工业经济创新转型、加快发展的政策性意见，成立服装行业和消防器材行业协会。坚持打造支柱产业，积极培育消防器材、机械制造、纺织服装、新能源、农副产品加工等产业，并着力推动高邮市水花消防器材有限公司、高邮市盛鑫消防科技有限公司等10家企业做大做强。加强工业集中区建设，创成扬州市优化发展型工业园区。按照打造省级消防装备产业园的目标定位，邀请浙江大学专家重新修编工业集中区建设规划和产业规划。

建筑业。出台《促进建筑业又好又快发展的实施意见》；扬州市宏厦建筑安装工程有限公司晋升房屋总承包一级和钢构施工三级资质，扬州市建磊建设工程有限公司晋升房屋总承包二级资质;建安企业巩固和拓展北京市、山东省等域外市场,全年实现建筑业企业总产值44亿元;获省、市优质工程奖15项,获评省、市文明工地13处;扬州市宏厦建筑安装工程有限公司连续5年被市委、市政府授予"先进企业"称号。

第三产业。推进实施宏厦城镇商务综合体、龙王寺、大闸蟹交易市场等一批服务业项目;培植珠湖种业、安大路沿线水产品交易市场、安大路司徒服务区等一批三产服务业企业,引进苏果超市、华联超市。举办中华秦观宗亲祭祖和少游宗祠落成庆典活动。推动龙王寺、光福寺、少游村秦观宗祠、镇区二街古建筑、岳飞抗金纪念碑等一批历史文化景点融入全市旅游圈。

镇村建设。制定《2014～2030年三垛镇区总体发展规划》;坚持镇村一体、协调发展,实施镇中心卫生院、实验小学、少游文化中心、文化广场、污水处理厂等一批基础设施项目,新建三阳第一城、阳光小区、金河湾小区、书香园等一批商住小区,推进S333集镇段拓宽改造和一号河、二号河、三阳河两岸综合改造等工程。连续三年获全市城镇化建设一等奖。加强集镇管理,合理规划设置停车场和交通安全设施,有序开展环境集中整治,保持集镇环境"畅洁美"。完成《2014～2018年三垛镇生态文明建设规划》评审。开展绿化造林,全镇绿化覆盖率24.1%。完成11个村覆盖拉网式环境整治,铺设污水管道30千米、新建污水处理设施5座。全面实施农村环境"五位一体"长效保洁,柳南村、官垛村创成省级"美丽乡村"。实施"一事一议"财政奖补项目,推进任家路农村公路提档升级,完成路塘路田分离100千米、路庄分离18.5千米;实施镇村公交道路提档升级10.5千米,建成"美丽乡路"93千米。新建农电配电变压器150多台套,新改造10千伏输电线路65千米、低压线路43千米。

社会事业。累计创成省优质幼儿园2所、高邮示范社区教育服务站6所、省现代化学校4所,为全市通过国家义务教育发展基本均衡县验收提供现场。三垛中心幼儿园园长管国勤获"2016年江苏省最美幼儿教师"称号。举办首届全民健身运动会、戏曲票友大赛等具有影响力的文体活动,举办第五届"少游故里话七夕"专场文艺晚会。建成村级文化广场21个,建成高邮市图书馆三垛镇分馆、三垛镇笼式足球场,建成村"幸福会堂"15个。镇文化站被中宣部表彰为第六届全国服务农民、服务基层文化建设先进集体。三垛中心卫生院加盟苏北人民医院医疗集团,建成预防保健康复楼。新型农村合作医疗参合率100%。官垛村创成江苏省卫生村,柳南村创成江苏省健康村,春生村创成扬州市卫生村。为6600名育龄妇女免费进行"两癌"筛查,组织妇科病普查普治服务2.8万人次。开展幸福家庭创建,新增"十好"家庭154户。加强流动人口计划生育无缝化管理,建立流入人口电子健康档案,计划生育持证率、办证率100%。落实独生子女家庭扶助政策3120人。实现低保、"五保"、新农保等社会保障全覆盖,创成扬州市级残疾人扶贫基地1家。完成三垛敬老院改扩建工程,建成居家养老服务中心1个、居家养老服务站7个。铺设区域供水主管道57千米,改水率100%。改造农村危房28户,渔民上岸居住42户。完成土地产权交易额1870万元。强化各类安全生产隐患排查和日常监管,规上企业安全生产标准化达标率98%。开展"七五"普法工作,成立三垛镇少游法律服务工作室、法治宣传工作室。完善镇村"一站式"服务大厅建设,健全"为民服务全程代理制",实现村、社区社会管理服务中心综合平台常态化运行。健全社会矛盾排查化解、领导干部带班值班、包案化解制度,妥善化解群众反映热点、难点问题,维护稳定社会局面。　(戚建辉)

【举行秦氏宗祠落成暨少游后裔祭祖典礼】 4月17日,秦氏宗祠落成暨少游后裔祭祖典礼在三垛镇举行。来自北京市、上海市、广西省、湖南省等21个省、市的秦少游后裔、秦氏宗亲近300人参加典礼。典礼后,少游后裔与秦氏宗亲参观了少游文化广场、三垛镇文化中心、少游诗词碑廊。

(卢悦　思雨)

表64

2016年三垛镇主要经济社会指标实绩表

项　目	单位	2016年	2015年	比上年(±%)	项　目	单位	2016年	2015年	比上年(±%)
地区生产总值	万元	281969	259004	8.9	建筑企业数	家	5	4	25.0
第一产业	万元	97169	92493	5.1	建筑业从业人数	人	1783	1624	9.8
第二产业	万元	58269	54557	6.8	固定资产投资完成额	万元	278990	237620	17.4
第三产业	万元	126531	111954	13.0	第三产业从业人数	人	13155	12726	3.4
公共财政收入	万元	5374	4591	17.1	社会消费品零售总额	万元	36887	33694	9.5
农作物播种面积	公顷	13236	13236	—	集贸市场数	个	5	5	—

续表64

项　目	单位	2016年	2015年	比上年（±%）	项　目	单位	2016年	2015年	比上年（±%）
粮食总产量	吨	95296	94741	0.6	集贸市场成交额	万元	29358	28996	1.2
棉花总产量	吨	—	58	-100.0	50平方米以上超市数	个	69	69	—
油料总产量	吨	1923	1899	1.3	实际到账注册外资	万美元	20	230	-91.3
肉类总产量	吨	9878	9648	2.4	出口总额	万美元	4350	4120	5.6
水产品总产量	吨	41464	38931	6.5	学校	所	7	8	-12.5
全部工业总产值	万元	1186874	1246487	-4.8	在校学生数	人	3165	3468	-8.7
工业企业数	家	1012	1012	—	外来从业人员	人	1682	1572	7.0
工业从业人数	人	9427	9343	0.9	医疗卫生机构床位数	张	234	242	-3.3
规模以上工业产值	万元	48600	46687	4.1	公共文化体育设施面积	平方米	86140	85740	0.5
建筑业总产值	万元	441000	400000	10.3	农民人均纯收入	元	21425	19495	9.9

（市统计局　戚建辉）

甘垛镇

【概况】 位于高邮市东部，东与兴化市接壤，南临北澄子河，与汤庄镇隔河相望，西与三垛镇交界，北接临泽镇。高兴东公路穿镇而过。总面积149.7平方千米，其中耕地面积6865公顷。辖16个村、3个社区。总人口（户籍人口）5.89万人，其中男3.03万人、女2.86万人；非农业人口2467人，外来暂住人口1827人。是年，该镇实现地区生产总值20.32亿元、公共财政预算收入3671.76万元、农民人均纯收入2.37万元，分别增长9.6%、-49.2%、11.6%；获全市乡镇、园区经济社会发展综合考评二等奖。

农业。推进苏中大地等农业园区建设，新增设施渔业面积258.7公顷，董氏特种水产养殖园成功完成鳜鱼苗种反季节繁育试验。新建成家庭农场8家，金鸡园家庭农场创成农业部健康示范养殖场。申报国家级农民示范合作社1家、扬州市级以上示范合作社3家。强化农业生产全程社会化服务，统一育秧机插面积1133.3公顷，建设水稻、大豆核心方7个，申报无公害农产品2种。实现重大动物疫情防控全覆盖。新增农村淘宝站点6个。

工业。围绕光电新能源、机械制造、生物工程、纺织服装、农副产品加工等5类产业，实施挂联服务，全年完成规模以上工业产值18.26亿元，工业开票销售额11.89亿元，工业入库税收0.61亿元，新增规模以上企业1家。扬州润明智能装备股份有限公司在“新三板”上市，扬州市丰园菌业有限公司建成江苏省研究生工作站，扬州纳佰成纳米科技有限公司与中科院合肥研究所建立“校企联盟”，合作开展的无纺滤布项目进入研发调试阶段。

建筑业和第三产业。引导江苏同发建设工程有限公司拓展建筑市场，江苏康凯建设工程有限公司晋升建筑施工总承包二级资质；实现建筑企业总产值19.84亿元，增长3.1%。完善商业布局，建成平胜社区“好又多”综合大卖场。拓展“互联网+农产品”的广度和深度，新增农村淘宝站点6个。拓展生态旅游，实施农业园区“接二连三”（连接第二、第三产业）工程，举办四野农庄菜花节。

招商引资。务实开展精准招商活动，新签约项目7项，新开工项目4项，其中投资额1亿元项目2项，即通威惠金新能源有限公司渔光一体项目、中国电力投资集团公司渔光互补光伏发电项目第二期。注册外资到账200万美元。盘活扬州华尔光伏科技有限公司、高邮市雅迪制衣厂等闲置资产，新建设江苏东洋新能源科技有限公司多晶硅切片项目和江苏硕能新材料有限公司路面新材料项目。

镇村建设。完善“一镇三区”布局规划，平胜河生态走廊工程基本竣工，推进上海花苑等农民集中居住区建设。加强农村道路、水利等基础设施建设，公路沥青灌缝1.7千米，改造新建排涝泵站11座、闸站涵12座。开展集镇环境综合整治和农村环境长效管护，完成姚家村康居示范村建设项目申报。加强工业企业环境监管，推进节能减排。实施周罗后河、官林河等中小河流治理，加固圩堤9.44千米，完成土方90多万立方米。实施城乡增减挂钩项目面积3000平方米，完成省级土地占补平衡项目面积20.4公顷。完成秸秆还田面积5733公顷、植树造林面积73公顷、农村改厕208座、农村危房改造30户。

精神文明建设和社会事业。广泛开展甘垛好人、最美人物评选等活动，申报扬州市文明单位3家、高邮市文明单位4家、文明村3家。实施平胜小学改扩建工程,启动省义务教育现代化学校创建工作。开设甘垛学堂,举办民俗文化艺术节、河口文化庙会,重点打造舞龙之乡与原生态民歌文化品牌。建成带程村、荷花村等6家农村“幸福会堂”。启动横泾卫生院创建省示范乡镇卫生院工作。落实全面两孩政策。城乡居民医疗保险参保人数4.38万人,城乡居民养老保险参保人数2.8万人。对975户低收入农户实施精准结对帮扶,投入帮扶资金95万元。新建扬州市级残疾人创业基地1个。启动“七五”普法工作。推动便民服务中心规范运行。继续推进镇村综合信息平台建设,强化矛盾纠纷排查化解。举办安全生产知识培训,常态化开展安全生产大检查,推进安全生产标准化达标企业创建。加强食品药品、特种设备等专项整治,强化源头控制,保障群众安全。

(姚红兰)

表65 2016年甘垛镇主要经济社会指标实绩表

项 目	单位	2016年	2015年	比上年(±%)	项 目	单位	2016年	2015年	比上年(±%)
地区生产总值	万元	203209	185435	9.6	建筑企业数	家	4	4	—
第一产业	万元	87087	83075	4.8	建筑业从业人数	人	5722	5222	9.6
第二产业	万元	42110	37178	13.3	固定资产投资完成额	万元	135820	121585	11.7
第三产业	万元	74012	65182	13.5	第三产业从业人数	人	11546	11676	-1.1
公共财政收入	万元	3672	7221	-49.1	社会消费品零售总额	万元	12015	11960	0.5
农作物播种面积	公顷	15712	15709	—	集贸市场数	个	4	4	—
粮食总产量	吨	88402	88420	—	集贸市场成交额	万元	5762	4432	30.0
棉花总产量	吨	—	3850	-100.0	50平方米以上超市数	个	45	17	164.7
油料总产量	吨	2515	2510	0.2	实际到账注册外资	万美元	200	0	—
肉类总产量	吨	6966	6958	0.1	出口总额	万美元	—	—	—
水产品总产量	吨	19795	19790	—	学校	所	4	5	-20.0
全部工业总产值	万元	478352	612587	-21.9	在校学生数	人	958	1038	-7.7
工业企业数	家	267	265	0.8	外来从业人员	人	1820	1827	-0.4
工业从业人数	人	8955	8947	0.1	医疗卫生机构床位数	张	75	120	-37.5
规模以上工业产值	万元	160043	165087	-3.1	公共文化体育设施面积	平方米	4248	4248	—
建筑业总产值	万元	198400	192500	3.1	农民人均纯收入	元	23720	21260	11.6

(市统计局 姚红兰)

临泽镇

【概况】 位于高邮市东北部,东与兴化市接壤,北与宝应县毗邻,南连甘垛镇、三垛镇、周山镇,西临界首镇,省道332横穿东西,安大公路、三阳河纵贯南北。总面积199.4平方千米,其中耕地面积7901公顷,辖22个村、6个社区。总人口(户籍人口)8.99万人,其中男4.51万人、女4.48万人;非农业人口3505,外来暂住人口2508人。是年,该镇实现地区生产总值35亿元、公共财政预算收入4330万元、农民人均纯收入2.13万元,分别增长9.7%、1.3%、9.2%;该镇被评为全国科学发展千强镇(位列第970名);获全市乡镇、园区经济社会发展综合考评三等奖。

农业。全年新增流转土地、水面面积427公顷,新增设施农业和渔业面积各167公顷,新组建家庭农场10家、千亩连片大闸蟹养殖示范园2个。推广农业新技术,在营南村、陈甸村设立6个小麦、水稻示范方。建立水生动物疫病测报点和渔情信息采集点,组织种、养殖技术培训班,培训600多人次。新增各类农机具155台套。投资755万元,完成高标准农田项目治理面积334公顷。完成耕地占补平衡和城乡建设用地增减挂钩项目面积60公顷。投资550万元,实施瓦港村、东荡村农业综合开发工程。新增劳动力转移就业2500人。完成人均收入5000元以下农户的精准脱贫任务。

工业。实现全部工业开票销售19.75亿元、入库税收6328万元,完成规模以上企业工业产值65.5亿元,增加值11.58亿元。实施科技创新工程,新增市级研发机构1家,建立校企联盟2个。扬州锦江有色金属有限公司与上海东华大学合作,建立省级“研究生工作站”。全年申请专利122件,获专利授权103件,其中发明专利授权2件。新增商标22件,新增扬州市级以上品牌2个、新增扬州市级以上专精特新企业1家,完成高新技术产业产值2.3亿元。扬州市丽邮人造板有限公司被评为全市和谐劳动关系企业。

建筑业和第三产业。实现建筑业总产值85.5亿元,完成施工面积350万平方米。扬州市润泽建设工程有限公司晋升建筑总承包一级资质,成为全市建筑业纳税十强企业。新增扬州森兰物流有限公司、扬州振扬米业有限公司、高邮市湖东驾驶员培训有限公司等服务业企业3家,高邮市茂祥运输有限公司成为扬州市乡村物流示范点。以水乡古镇为特色,发展旅游业。新增个体工商户405户、私营企业260家、完成个转企25家。全年实现服务业增加值14.1亿元、增长15.5%,服务业税收1400万元、增长11.6%。

招商引资。参加全市组织开展的上海招商周、珠三角招商周、京津冀招商周等招商活动;新开工高邮协鑫光伏电力有限公司10兆瓦光伏发电项目、江苏常天水产科技有限公司淡水鱼深加工项目、扬州杰华塑胶制品有限公司一次性环保餐盒项目、高邮三联地带特种水产品交易有限公司特种水产品交易市场项目、高邮宜尚家俱城有限公司家俱城综合体项目;新竣工扬州惠远太阳能电力有限公司8兆瓦光伏发电项目、扬州秀杰塑胶制品有限公司塑料衣架项目、高邮协鑫光伏电力有限公司10兆瓦光伏发电项目、高邮市昕中旺荣商贸有限公司商贸流通项目、高邮市农祥特种水产原生态养殖有限公司特种水产养殖项目。全年实际到账外资300万美元。

镇村建设。投入205万元,完成临川河东段综合整治工程;投资150万元,实施生态体育公园第一期工程;投入100多万元,改造后街后巷19条,摊铺建设路、临兴路沥青路面。整治摊点乱设、车辆乱放、违章乱建顽症,组织专项整治行动8次,拆除违章建筑18处;设立流动摊点疏导中心,引导摊主入场经营;在主要路段设置路面监控和警示标牌,新设交通信号灯2个,新建停车场2处,划定道路停车位52个。修编工业集中区规划环境影响报告书,完成企业环境影响评估84家,关闭土法炼油加工点1处,淘汰锅炉20台,清理镇村级河道16条、39.66千米,完成疏浚土方60.2万立方米。新增造林绿化面积54公顷。改建公厕2座,改造户厕705座,其中生态式户厕30座。投入175万元,实施河道疏浚、圩堤加固及闸站改造工程。投入6880万元,启动农村电网改造工程。

社会事业。投资1500万元,新建镇中心幼儿园,实现省优质园全覆盖。新建历史文化陈列馆和高跷文化展示馆,完成兴隆当铺修缮规划和前期准备工作,申报临泽插酥烧饼、临泽布鞋等高邮市非物质文化遗产10多项,编印出版《古韵临泽》,拍摄《千年古镇 风雅临泽》宣传片,举办“情满中秋 心系乡音”淮扬名家名票演唱会,组织十月朝民间文化踩街活动。建成投资额4600万元的区域医疗中心主体工程。健全社会救助体系,重新复核低保家庭。全年发放重病医疗救助38万元、困难家庭临时救助62万元、残疾人救助160万元、急难救助10万元;发放退役士兵安置金127万元、现役士兵优待金96万元、农村退役老兵补助金52万元。临泽镇敬老院被评为省二星级敬老院。新型农村养老保险参保率98.7%,新增企业养老保险437人、城镇居民养老保险1540人。启动开展“七五”普法工作,举办法治讲座4期,发放宣传资料2万份。成立镇“有理大家评”评审团,村(社区)成立评议组,“联办、联防、联调”大调处工作机制进一步健全。推进平安临泽、法治临泽建设,加大安全生产监管力度,推动实现社会和谐安定。　（董启岚　许彬）

表66　**2016年临泽镇主要经济社会指标实绩表**

项　目	单位	2016年	2015年	比上年(±%)	项　目	单位	2016年	2015年	比上年(±%)
地区生产总值	万元	350035	319027	9.7	建筑企业数	家	3	2	50.0
第一产业	万元	94087	89671	4.9	建筑业从业人数	人	2430	2172	11.9
第二产业	万元	115807	105198	10.1	固定资产投资完成额	万元	202970	170980	18.7
第三产业	万元	140141	124158	12.9	第三产业从业人数	人	13076	13104	-0.2
公共财政收入	万元	4330	4276	1.3	社会消费品零售总额	万元	59416	56857	4.5
农作物播种面积	公顷	19381	19376	—	集贸市场数	个	7	6	16.7
粮食总产量	吨	133833	136403	-1.9	集贸市场成交额	万元	23562	12317	91.3
棉花总产量	吨	—	—	—	50平方米以上超市数	个	24	15	60.0
油料总产量	吨	2899	3020	-4.0	实际到账注册外资	万美元	300	410	-26.8
肉类总产量	吨	11314	11065	2.3	出口总额	万美元	15405	16854	-8.6
水产品总产量	吨	23234	24232	-4.1	学校	所	6	7	-14.3

续表66

项　目	单位	2016年	2015年	比上年(±%)	项　目	单位	2016年	2015年	比上年(±%)
全部工业总产值	万元	1363200	1282342	6.3	在校学生数	人	3711	4071	-8.8
工业企业数	家	527	543	-3.0	外来从业人员	人	2419	2425	-0.3
工业从业人数	人	17774	17585	1.1	医疗卫生机构床位数	张	100	136	-26.5
规模以上工业产值	万元	655417	601979	8.9	公共文化体育设施面积	平方米	9600	8200	17.1
建筑业总产值	万元	855000	707200	20.9	农民人均纯收入	元	21280	19482	9.2

(市统计局　董启岚)

周山镇

【概况】 位于高邮市北部,距城区20千米,东连三垛镇,南邻龙虬镇,西接界首镇,北靠临泽镇。总面积62.02平方千米,其中耕地面积2986公顷。辖8个村、1个社区。总人口(户籍人口)2.7万人,其中男1.36万人、女1.34万人;非农业人口523人,外来暂住人口804人。是年,该镇实现地区生产总值7.28亿元、公共财政预算收入1167万元、农民人均纯收入2.18万元,分别增长7.1%、-2.7%、10.9%。是年,该镇获全市乡镇、园区经济社会发展综合考评三等奖。

农业。发展高效农业,重点扶持中景生态园、高效农业园、大学生创业园、扬子江种业、艺定红生态渔业产业园以及渔光互补太阳能发电等项目发展。投入资金1100万元,实施农业综合开发项目;投入资金325万元,建设优质稻米基地项目。新增土地流转面积30公顷,新增设施农业面积53.3公顷,新增设施渔业面积54公顷,新注册家庭农场8家。新增绿化造林面积40.7公顷。推广新型农业机械,新增高速插秧机7台、烘干机2台。做好秸秆禁烧、禁抛、还田和综合利用工作。推进电子商务进农村,组织有机大米、黄金泥鳅、山芋制品等特色农副产品参加首届"美味高邮"农产品电商博览会。举办就业技能培训班2期,培训人数200人,新增农村劳动力转移人数150人。

工业。制定《周山镇企业家培育实施方案》《关于促进工业经济发展的激励意见》,促进工业经济平稳增长。全年实现全部工业产值23.77亿元,工业开票销售额2.92亿元,工业企业入库税收1200万元,完成规模以上工业产值1.4亿元。

建筑业和第三产业。全年实现建筑企业产值7亿元,下降36.4%。积极营造商机、集聚人气,支持宾馆、超市、物流等行业发展,农村淘宝服务站基本实现村级全覆盖。全年实现服务业增加值3.63亿元,增长14.9%。

招商引资。全年新开工项目3项,其中投资额1亿元项目1项(扬州吕氏生态休闲农庄有限公司生态休闲农庄项目)、投资额5000万元项目2项(扬州艺定红生态渔业有限公司特种水产养殖、加工项目和扬州金顺鞋业有限公司鞋业加工项目)新竣工项目3项,其中投资额1亿元项目1项(高邮山海新能源有限公司光伏发电项目)、投资额5000万元项目2项(扬州荣城置业发展有限公司商贸综合体项目和扬州金顺鞋业有限公司鞋业加工项目)。全年新注册个体工商户158户,新增私营企业140家,个转企7家。

镇村建设。启动周山烈士陵园、中奎路改造工程和周山河护坡生态景观建设工程。完成危房改造、渔民上岸安居工程任务。推动吴堡村美丽乡村建设,完成测绘与初步设计,落实施工方案。新建、改建圩口闸7座,新建排涝站4座,加固防涝圩堤12.6千米,疏浚村庄河道9条、12.4千米。申报并实施土地复垦项目3项,净增耕地16公顷。实施总投资2407万元的省级国土整治项目。新建、改造10千伏线路10.5千米。集镇连接S237快捷通道工程获准立项,启动7.8千米农村公路提档升级工程,新建小农桥4座。完成连淮扬镇高铁拆迁、征地工作,高铁拆迁安置小区基础设施配套工程到位。推进绿化造林工作,完成绿化造林40.7公顷。开展"村庄整治突击月"行动,为全市推进会提供现场。秸秆禁烧率、还田率100%。加强集镇管理,开展经常性综合整治。结合美丽乡村建设、"五位一体"长效管护、拉网覆盖式环境整治、中小河流治理等工程,大力改善镇村环境。

精神文明建设和社会事业。开展"十佳文明新风户"、第二届"周山好人"评选,时金山获市见义勇为基金会奖励,王海滨被评为市第六届道德模范"高邮好人"。学生中考达重点高中分数线11人,录取率列各乡镇第一位。开工建设教师安居工程。开展"周山教育奖励基金"捐赠仪式。举行采街、书画作品展、"庆六一"、纪念建党95周年暨周山烈士牺牲70周年专场文艺汇演等文化活动。完成村(社区)"幸福会堂"建设全覆盖。实施精准扶贫，将300户、575人纳入低收入农户帮扶对象。开展“5·19慈善一日捐”活动，募集资金20.13万元。受理矛盾纠纷68件，调解成功率100%，办理法律援助案件20多件。“平安周山”建设深入推进，加强村(社区)综治办规范化建设，升级改造全天候高清监控视频设备24个。　（陈磊）

表67　**2016年周山镇主要经济社会指标实绩表**

项　目	单位	2016年	2015年	比上年(±%)	项　目	单位	2016年	2015年	比上年(±%)
地区生产总值	万元	72822	68018	7.1	建筑企业数	家	2	2	—
第一产业	万元	27875	26555	5.0	建筑业从业人数	人	450	495	-9.1
第二产业	万元	9326	9817	-5.0	固定资产投资完成额	万元	66050	57900	14.1
第三产业	万元	35621	31646	12.6	第三产业从业人数	人	5196	5428	-4.3
公共财政收入	万元	1167	1199	-2.7	社会消费品零售总额	万元	15300	14640	4.5
农作物播种面积	公顷	6500	6501	—	集贸市场数	个	2	2	—
粮食总产量	吨	45934	46183	-0.5	集贸市场成交额	万元	2925	2810	4.1
棉花总产量	吨	—	—	—	50平方米以上超市数	个	30	30	—
油料总产量	吨	1603	1603	—	实际到账注册外资	万美元	0	30	-100.0
肉类总产量	吨	4478	4416	1.4	出口总额	万美元	—	—	—
水产品总产量	吨	8792	18776	-53.2	学校	所	2	2	—
全部工业总产值	万元	237681	261670	-9.2	在校学生数	人	545	607	-10.2
工业企业数	家	286	311	-8.0	外来从业人员	人	802	834	-3.8
工业从业人数	人	3647	3821	-4.6	医疗卫生机构床位数	张	26	20	30.0
规模以上工业产值	万元	14016	49971	-72.0	公共文化体育设施面积	平方米	—	—	—
建筑业总产值	万元	70000	110000	-36.4	农民人均纯收入	元	21831	19680	10.9

（市统计局　陈磊）

界首镇

【概况】　位于高邮市北端，距城区25千米，东接周山镇、临泽镇，南连高邮经济开发区(马棚街道)，西与金湖县隔湖相望，北界宝应县，淮江公路、京沪高速公路穿境而过。总面积85.8平方千米，其中耕地面积2421公顷，辖8个村、1个社区。总人口(户籍人口)3.27万人，其中男1.62万人、女1.65万人；非农业人口5925人，外来暂住人口4179人。是年，该镇实现地区生产总值9.86亿元、公共财政预算收入5919万元、农民人均纯收入2.21万元，分别增长10%、-6.93%、10%；获全市乡镇、园区经济社会发展综合考评三等奖。

农业。全年实现农业增加值2.48亿元，新增家庭农场4家，培育“五好”（服务成员好、经营效益好、利益分配好、民主管理好、示范带动好）农民专业合作示范社2家，新增家庭农场注册商标8个、合作社注册商标1个。全年新增土地流转面积110多公顷、高效设施农业面积150多公顷，国家农业开发土地综合治理项目通过省级验收。加强农业基础设施建设，新建泵站3座，桥梁5座，机耕路26.85千米，U型渠道25.22千米，田间建筑物300多座，粮食烘干中心8家。全镇实现机插秧面积2066.7公顷，创成扬州市粮食生产全程机械化示范镇。小麦和水稻统防统治面积分别为1933.3公顷和2026.7公顷。加大宣传推介力度，推动国家地理标志产品——界首茶干做大做强。按照产品优质化、营养化、方便化和生产机械化、专业化、规模化的生态食品发展趋势，开发“高邮湖”品牌系列农副产品，打造界首生态农产品品牌。促进村级经济增长，全镇8个村集体收入均超过40万元。

工业。坚持工业第一方略不动摇，鼓励企业加大技改投入，谋求产业结构合理布局，增强科技能力创新，实现稳中求进、进中谋“转”。全年实现规模以上工业产值10.8亿元，工业开票销售额5.21亿元，工业入库税收4858万元，固定资产投资10.27亿元，分别增长11.3%、2.2%、10.9%、13.5%；完成规模以上工业高新技术产业产值1.12亿元。全年申报软件著作权1个(高邮市恒辉机械有限公司)、获批扬州市“专精特新”培育企业1家(高邮市润平混凝土制品有限公司)；签订产学研合作项目1项，新增专利授权1项、普通商标11个。

建筑业和第三产业。实现建筑业产值18亿元。扬州荣康建筑装饰工程有限公司申报江苏省清洁生产企业。实现服务业增加值4.22亿元，新增个体工商户206家、私营企业167家、个体转企业11家。继续推进芦苇荡景区提档升级,丰富湿地旅游项目内容,增加互动体验项目。围绕“千年运河古镇、万亩生态芦荡”主题,依托《高邮湖省湿地公园总体规划》,扩大该公园水生植物种植面积,改进现有芦苇种植品质,全力加快省湿地公园建设步伐。以申报江苏省历史文化名镇和扬州特色小镇为契机,加快推进运河遗产点保护展示项目建设。举办首届高邮(界首)乡村旅游节。

招商引资。继续实行重大项目和重点企业镇领导挂钩联系制度,发挥交通、生态、文化等优势,积极承接上海、苏南等地产业转移项目,努力推进项目招引工作。全年新开工投资额5000万元以上项目3项,其中投资额5000万元项目2项(扬州盛兴金属再生资源利用项目、扬州西盟光电扩产项目)、投资额1亿元项目1项(江苏金通灵生物质发电及复合肥生产项目);竣工投资额5000万元以上项目3项,其中投资额5000万元项目2项(扬州冠丰农业园项目和扬州西盟光电扩产项目)、投资额1亿元项目1项(江苏和建矿渣微粉项目)。

镇村建设。按照科学规划布局美、村容整洁环境美、创业增收生活美的要求,全面建设美丽乡村。全年完成绿化面积34.3公顷,其中成片林14.3公顷,建成扬州市级绿化村1个,高邮市级绿化自然村庄3个。镇区主干道管网建设年度任务基本完成,集镇环境综合整治及网格化管理工作成效明显。加大镇村环境综合整治,建成二里大沟镇区段观光带。投入23万元,新建垃圾房50座,添置垃圾桶250个。有序推进金墩渔民320户搬迁工程,金墩安置区创成省渔民上岸示范工程。推行“五位一体”农村环境长效管护模式,促进农村环境明显好转。

社会事业。完成界首小学迁址新建工程,并于秋季学期投入使用。传承、弘扬界首历史文化,分界首茶干制作技艺和界首历史记忆两个部分,建成界首历史陈列馆,对茶干制作、运河文化、邮驿文化和红色文化等作详细介绍。推进农村卫生服务网络实现全覆盖,累计完成乡村医生签约居民2653人,增长40%。界首卫生院通过全国“示范中医科室”创建验收,创成全国满意乡镇卫生院。全年发放低保、五保、帮扶等专项资金536万元,惠及群众近2000人。平安界首、法治界首建设继续有效推进,全镇社会治安形势总体稳中向好。 (陈庆文)

【省级历史文化名镇申报工作】 2016年,界首镇通过深入挖掘历史底蕴、科学规划建设历史街区、精心制作申报材料等,切实推进江苏省历史文化名镇申报工作。11月30日,江苏省历史文化名镇专家验收组一行到高邮市,对该镇申报省级历史文化名镇工作进行验收。其间,通过实地考察界首小闸、界首乡师旧址、状元桥街、大清邮局旧址、明清南北大街、界首历史陈列馆等历史文化遗存,召开验收汇报会,查阅相关资料等,省专家验收组同意该镇申报省级历史文化名镇工作通过验收。

(史志)

表68 **2016年界首镇主要经济社会指标实绩表**

项　目	单位	2016年	2015年	比上年(±%)	项　目	单位	2016年	2015年	比上年(±%)
地区生产总值	万元	98546	87838	12.2	建筑企业数	家	3	3	—
第一产业	万元	26087	24829	5.1	建筑业从业人数	人	4620	4750	-2.7
第二产业	万元	17634	14261	23.7	固定资产投资完成额	万元	102710	90500	13.5
第三产业	万元	54825	48748	12.4	第三产业从业人数	人	3545	3532	0.4
公共财政收入	万元	5919	6360	-6.9	社会消费品零售总额	万元	20560	19800	3.8
农作物播种面积	公顷	6479	6478	—	集贸市场数	个	1	1	—
粮食总产量	吨	38953	40696	-4.3	集贸市场成交额	万元	6020	5850	2.9
棉花总产量	吨	—	—	—	50平方米以上超市数	个	29	28	3.6
油料总产量	吨	12844	12917	-0.6	实际到账注册外资	万美元	—	—	—
肉类总产量	吨	1867	1861	0.3	出口总额	万美元	58	—	—
水产品总产量	吨	6324	5936	6.5	学校	所	2	2	—
全部工业总产值	万元	578000	501500	15.3	在校学生数	人	1389	1536	-9.6
工业企业数	家	225	235	-4.3	外来从业人员	人	688	678	1.5
工业从业人数	人	6020	6068	-0.8	医疗卫生机构床位数	张	81	81	—
规模以上工业产值	万元	108017	97042	11.3	公共文化体育设施面积	平方米	9600	9450	1.6
建筑业总产值	万元	300000	300000	—	农民人均纯收入	元	22118	20108	10.0

(市统计局 黄振凤)

菱塘回族乡

【概况】 该乡是江苏省唯一少数民族乡。位于高邮湖西畔，距城区30千米，西与安徽省天长市毗邻，南倚神居山，北与金湖县隔湖相望，三面环湖，一侧临山。总面积53.92平方千米，其中耕地面积1903公顷。辖6个村、2个社区。总人口（户籍人口）2.33万人（含回民6212人），其中男1.16万人、女1.17万人。非农业人口人5811人，外来暂住人口328人。是年，该乡实现地区生产总值35.35亿元、公共财政预算收入9247万元、农民人均纯收入2.86万元，分别增长2.2%、18.1%、9.5%；该乡被评为国家园林城镇、省电子商务示范镇、中国江苏菱塘老鹅饮食文化传承基地，进入扬州乡镇综合发展水平前十强；获全市乡镇、园区经济社会发展综合考评一等奖。

农业。提升"三农"工作水平，全年新增高效设施农业面积73.3公顷、高效设施渔业面积66.7公顷，湖畔水产专业合作社创成农业部健康养殖示范场，清真畜牧专业合作社创成省健康养殖示范场。加大农机推广力度，新增标准化机库1150平方米，创成扬州市粮食生产全程机械化示范乡镇。开展总投资650万元的中小河流重点县工程建设，完成双庆河、骑龙引排河疏浚整治，疏浚土方40万立方米，拆建沿河涵闸10座。加大绿化造林工作力度，成片造林面积28公顷，打造面积3000平方米以上村级入口林荫廊道3个。菱塘村入选"2016中国名村影响力排行榜"。

工业。扎实推进项目建设，加大规模以上企业及企业上市培育力度，加快实施科技创新工程，全年新增规模以上企业3家，获批中国驰名商标1件（"强菱"商标）、省级企业工程中心2家，通过知识产权体系认证企业4家，扬州曙光电缆股份有限公司中小板上市材料报会待批，完成工业总产值153.5亿元，其中规模以上工业产值140.08亿元，完成规模以上工业高新技术产业产值87.24亿元。委托上海电缆研究所编制电线电缆产业发展规划。加强校企沟通，联合郑州电缆技工学院组织电缆挤塑中级工培训。创成省电线电缆产品生产优质示范区。

建筑业和第三产业。出台促进和扶持建筑业发展壮大的实施意见，江苏瑞沃建设集团有限公司蝉联省建筑业百强企业，被评为2016年扬州市建筑业先进企业、扬州市建筑业纳税10强企业；实现建筑业总产值45亿元，增长15.4%。出台推进全域旅游发展新一轮三年行动计划，实现服务业增加值6.43亿元，增长12.6%。创成省电子商务示范镇。举办第二届江苏高邮菱塘老鹅节，承办第八届江苏省创新菜烹饪技术大赛（清真美食专场）、首届高邮湖大闸蟹美食节菱塘分会场活动。菱塘盐水鹅入选"中国清真名菜"。参加2016中国国际旅游交易会展览。

招商引资。举办融入"一带一路"发展战略专家研讨会，先后在上海市和深圳市举办商机说明会，签署一批意向性合作协议，在上海市设立经济合作联络处。新开工投资额5亿元项目1项、投资额1亿元项目4项、投资额5000万元项目3项；新竣工投资额10亿元项目1项、投资额1亿元项目3项、投资额5000万元项目3项。全年新增个体户292户、私营企业186家，完成个体转企业13户。外资到账300万美元。

村镇建设。推进民族大道第二期、民族广场生态休闲公园、集镇亮化绿化美化、菱塘村便民服务中心、紫星花园第二期基础设施配套等工程。完成农村危房改造任务25户。继续推进民族敬老院工程建设。结合扬州市特色小镇建设机遇，谋划特色小镇五年建设计划，拟定特色小镇建设项目。完成清真村《中国少数民族特色村寨（民族风情园）修建性详细规化》修编工作。覆盖拉网式环境综合整治项目通过验收。

精神文明建设和社会事业。开设专家讲堂8次。开展第二届"回乡好人"推荐评选和颁奖活动。"美丽乡村"主题微电影《爱驻回回湾》完成前期创作，并举办开机仪式。成人教育中心校、中小学、幼儿园坚持立德树人，注重内涵发展。回民实验小学创成省节水型学校。实施回民实验小学功能室综合楼和民族初中操场看台、食堂改造，楼间绿化，厕所新建工程。承办高邮市第十五届书香文游研讨会。完成农村"幸福会堂"建设任务。举办第十五届"民族一家亲"文化艺术节和首届"炫舞菱塘·巾帼风采"广场舞大赛，少儿门球队获省少儿门球比赛第六名，获省少数民族健身操比赛优秀奖。群众满意乡镇卫生院、乡镇卫生院中医示范诊疗区创建工作分别通过国家卫计委和省卫计委验收，王姚村卫生室创成扬州市乡镇中医示范卫生室。实施无害化户厕改造290座。推进幸福家庭建设，落实计划生育奖扶特扶政策措施。建成文昌社区、曙光社区2个"AAA"级居家养老服务站。开展"5·19慈善一日捐"，募集善款50万元。坚持应保尽保，进一步完善社会救助体系，落实五保、低保、农保、企保、孤儿及困境儿童救助等保障政策。开展新一轮扶贫工作，排定人均收入低于7000元贫困户293户，当年完成贫困户脱贫任务90户。完成残疾人就业、失业专项调查和数据录入，落实农村重残补贴，成立残疾人协会16

家。选聘平安志愿者690人,配齐专职巡防队伍19人。全面排查化解各类矛盾纠纷,推进乡“有理大家评”评议团和村“有理大家评”评议组建设,社会矛盾调解率100%、成功率98%。文昌社区创成省和谐示范社区。全面强化安全生产工作。推进工资集体要约协商工作,签订集体合同42家;新组建工会8家、职工互济会4家,被评为省农村基层团建示范乡镇。成立女子水上救护民兵班,协助市人武部制作的微动漫《我的妈妈是女民兵》获微动漫评比全军一等奖。帮扶新疆喀什市色满乡阿塔古村建设民族团结教育活动中心和庭院经济拱棚。与湖北省钟祥市九里回族乡缔结友好乡。(朱根榴)

【菱塘回族乡被命名为“国家园林城镇”】 1月15日,住建部发文公布2015年国家生态园林城市,园林城市、县城和城镇名单,菱塘回族乡名列其中,被命名为“国家园林城镇”。此次共命名“国家园林城镇”11个,菱塘回族乡是扬州市唯一获此称号的乡镇,也是此次被命名的唯一一个少数民族乡。(朱根榴)

【菱塘回族乡列扬州乡镇综合发展水平前十强】 4月,2015年扬州市乡镇综合发展水平测评报告出炉,菱塘回族乡在扬州市71个乡镇、街道中位列第9名。此次测评,坚持简明科学、量化可比和综合评价原则,整个测评体系由发展水平、人民生活、生态建设和发展潜力四大类构成,涉及相关指标26项。(朱根榴)

表69　**2016年菱塘回族乡主要经济社会指标实绩表**

项　目	单位	2016年	2015年	比上年(±%)	项　目	单位	2016年	2015年	比上年(±%)
地区生产总值	万元	353519	312323	13.2	建筑企业数	家	4	3	33.3
第一产业	万元	27967	26636	5.0	建筑业从业人数	人	2810	2532	11.0
第二产业	万元	261248	228586	14.3	固定资产投资完成额	万元	365879	325550	12.4
第三产业	万元	64304	57101	12.6	第三产业从业人数	人	5635	5583	0.9
公共财政收入	万元	9247	7829	18.1	社会消费品零售总额	万元	346816	338688	2.4
农作物播种面积	公顷	4850	4859	-0.2	集贸市场数	个	2	2	—
粮食总产量	吨	29100	29680	-2.0	集贸市场成交额	万元	15969	15226	4.9
棉花总产量	吨	—	—	—	50平方米以上超市数	个	26	25	4.0
油料总产量	吨	151	149	1.3	实际到账注册外资	万美元	380	350	8.6
肉类总产量	吨	6153	6096	0.9	出口总额	万美元	2055	1760	16.8
水产品总产量	吨	8690	8485	2.4	学校	所	3	3	—
全部工业总产值	万元	1535000	1485340	3.3	在校学生数	人	2181	2013	8.3
工业企业数	家	394	382	3.1	外来从业人员	人	1314	1286	2.2
工业从业人数	人	8789	8737	0.6	医疗卫生机构床位数	张	32	30	6.7
规模以上工业产值	万元	1400829	1356951	3.2	公共文化体育设施面积	平方米	13715	12750	7.7
建筑业总产值	万元	450000	390000	15.4	农民人均纯收入	元	28637	26151	9.5

(市统计局　朱根榴)

人　　物

Figure

导读

部分市外高邮籍贯成功与载誉人士

陈辐宽　男，汉族，1965年3月出生，卸甲镇龙奔社区人。研究生学历，法学学士。中共党员。

他从1981年9月起，在西南政法学院刑事侦察专业学习。1985年7月，毕业后被分配到上海水上公安局刑侦队当侦查员。1987年，被提拔为上海水上公安局刑侦队副队长。1997年，任上海市公安局第八届共青团团委书记。1998年起，先后任上海市公安局刑侦总队副总队长，政治部副主任，局党委委员、政治部主任。2008年3月起，任上海市人民检察院党组成员，第二分院党组书记、检察长。2011年12月起，任上海市人民检察院党组副书记、副检察长。2016年2月起，任中共中央纪律检查委员会第十纪检监察室主任。2016年10月，调任中共山东省委常委、省纪律检查委员会书记。并先后任第十四届共青团中央候补委员、第九届上海市青年联合会委员、西南政法大学兼职教授。　（史志）

陈　刚　男，汉族，1965年4月出生，卸甲镇龙奔社区人。研究生学历，理学博士，高级工程师。中共党员。

他于1980年9月～1984年9月，在扬州师范学院化学系学习；1984年9月～1987年9月，在哈尔滨工业大学应用化学系高分子材料专业攻读硕士研究生；1987年9月～1990年8月，在北京大学化学系无机化学专业攻读博士研究生；1990年8月～1994年5月，任北京玻璃研究所晶体室工程师、副主任；1994年5～7月，任北京玻璃研究所副所长；1994年7月～2000年7月，任北京一轻集团有限责任公司副总经理兼北京玻璃研究院副院长；2000年7月～2002年3月，任北京市外经贸委副主任；2002年3月～2003年1月，任中国贸促会北京市分会党组书记、主任；2003年1月～2004年1月，任北京市朝阳区委副书记、副区长、代区长；2004年1月～2006年10月，任北京市朝阳区委副书记、区长；2006年10月～2012年7月，任北京市朝阳区委书记；2012年7月～2013年6月，任北京市委常委；2013年6月，任贵州省委常委；2013年7月起，任贵州省委常委、贵阳市委书记。　（高志中）

毛武扬　女，汉族，1967年出生，高邮镇人。现为江苏女排领队、江苏中天钢铁女子排球俱乐部总经理。

她从20世纪80年代起，先后进入江苏女排、中国女排，最终成为一名国家女排运动员。至1989年，先后参加过女排亚洲锦标赛、女排世界杯赛、汉城奥运会等多项国际体育赛事，多次获得冠军。1990年，在女排北京世界杯锦标赛中，作为国家队替补二传手，获亚军。是年，在北京亚运会上，作为国家队女排选手出赛，获得最后一个冠军。此后，她出任江苏女排领队。2014年5月，江苏中天钢铁女子排球俱乐部成立，她始任总经理。　（高志中）

盛　迪　女，汉族，1989年出生，临泽镇人。声乐硕士学位，青年歌手。

她自幼喜欢唱歌。2008 年，考入南京艺术学院，师从教授史小铃。先后获2010 年“长三角声乐比赛优秀奖”、2011年“第三届全国高等艺术院校民族声乐大赛三等奖”、2016 年“扬州斗歌大赛冠军”和中央电视台青年歌手电视大赛江苏赛区“优秀歌手”等荣誉。并为多部热播电视剧演唱插曲、片尾曲。2016年9月30日,在中央电视台《星光大道》周赛节目上,获得第一名。是年10月25日,在《星光大道》月赛中,凭借优异的表现,闯入决赛,获得第二名。并受邀参加《星光大道》年度挑战赛和中央电视台《黄金100秒》节目录制。 (翟甜甜)

陈　亚　女,汉族,1990年出生,高邮镇人。声乐硕士学位,青年歌手。

她从小喜欢音乐、体育。当初在城北小学、赞化学校上学时,就被学校作为音乐、体育人才苗子进行培养。高中毕业后,以专业成绩全市第三名的好成绩考取南京艺术学院声乐教育专业。本科毕业后又以第二名的好成绩考取研究生继续深造。先后获青年歌手电视大奖赛“最具人气奖”(2010年)、东方卫视欢乐合唱团比赛总决赛季军(2010年),中华情·艺术风采电视展演活动“优秀教师奖”(2015年),第十届新加坡中新国际音乐比赛中国赛区选拔赛“优秀指导老师奖”(2016年)。 2016年5月,她以优异成绩毕业,获得声乐硕士学位,并在南京艺术学院音乐厅成功举办个人独唱音乐会,由她的导师、音乐教授张洪侠为她担任主持。音乐会上,她在纯音乐钢琴伴奏下,声情并茂地演唱《长相知》《关雎》《在希望的田野上》等14首歌曲,优美自然的音色、娴熟的演唱技巧、富于共鸣的音质在演唱江苏民歌《拔根芦柴花》时更是发挥的淋漓尽致,博得现场观众阵阵热烈的掌声。 (翟甜甜)

冯　臻　男,汉族,1985年4月出生,高邮人。中国商用飞机有限责任公司研发中心“四性”与产品支援部安全性科室副主任,高级工程师。

他于2003年从高邮中学毕业后,考取北京航空航天大学。2010年,获飞行器设计专业学士与硕士学位。是年,身任班长的他完成为期3个月的北航大飞机班培训,随后加入中国商用飞机有限责任公司研发中心,任该中心“四性”与产品支援部安全性科室副主任、高级工程师、C919飞机项目安全性可靠性2级团队工程经理。2015年、2016年,获中国商用飞机有限责任公司先进个人、“C919大型客机首飞劳动竞赛明星个人”等称号。 (杨晓莉)

获扬州市以上荣誉的新闻人物

陈士坡　男,汉族,1962年8月出生,高邮人。中共党员。现任市司法局高邮镇司法所所长。2016年,先后被中共江苏省委宣传部授予江苏“最美法治人物”称号,被全国百家网站选入全国“政法英模榜”而向全国展播。

他多年来从事司法所工作,以“矛盾解锁一尺,和谐突破一丈”信念,发挥司法维稳的重要作用。以其心系群众、情系调解的作风,以其胸怀大局、立场鲜明的政治敏锐性,以其不辞劳苦、勇于奉献、不计得失的品格,以其艰苦奋斗、刻苦钻研、精益求精的精神,以其开拓创新与时俱进的魄力,在化解社会矛盾、构建和谐社会等方面作出积极贡献。由他牵头和直接化解的各类重大疑难复杂矛盾纠纷有1225起,解决信访结案、涉众经济纠纷96起;防止群体性上访事件43人次,避免民转刑案件11件17人次,制止群体性械斗13件210人次,配合其他乡镇、市属部门调处重大矛盾纠纷128件,防止非正常死亡48人次;接收的刑释人员和社区服刑人员,帮教安置548人,帮教率99%,安置率98%,重新犯罪率远远低于省控线以下。在群众评议中,获得人大代表、镇机关中层干部、镇辖单位负责人和招商引资四个“百分百满意”。先后被扬州市委、市政府表彰为扬州市“十佳政法干警”,被省司法厅表彰为江苏省优秀人民调解员、江苏省优秀司法所长,被司法部表彰为全国模范人民调解员,先后荣立个人三等功2次、个人二等功1次。 (高志中)

刘玉山　男,汉族,1974年10月出生,卸甲镇八桥社区人。大学文化,中共党员。现任市公安局菱塘派出所所长。2016年5月,他被中共江苏省委、江苏省人民政府授予“江苏省先进工作者”称号。

他于1998年参加公安工作,2010年调到菱塘派出所工作。他在菱塘工作期间,心系回汉民族团结,护卫一方平安,兢兢业业,无私奉献。先后化解和钝化回汉族村民间的矛盾纠纷500多起,制止有可能影响稳定的事件30多起;破获各类案件324起,抓获违法犯罪嫌疑人256人,挽回经济损失200多万元;帮助回汉困难群众100多人次,他个人捐款3万多元,募集善款20多万元,被当地回民亲切地称为“老表”。2006年、2009年、2012年,他先后荣立个人三等功3次;2011年7月,被省公安厅表彰为优秀共产党员;2014年4月,被扬州市政府表彰为扬州市先进工作者;2014年10月,获第二届“江苏最美警察”提名奖,并记个人二等功1次;2015年1月,被省委政法委表彰为江苏省人民满意政法干警,并记个人一等功1次。 (尤宫新　王小敏)

表70　**2016年高邮市获扬州市以上表彰人物一览表**

单　位	受表彰人员	荣誉(职称)称号	授誉机关与单位	表彰时间
一、获全国表彰				
市司法局高邮司法所	陈士坡	全国“政法英模榜”展播人物	全国百家网站	2016年4月
临泽镇计划生育协会	胡景秀	全国计划生育协会先进个人	中国计划生育协会	2016年5月
江苏传艺科技股份有限公司	邹为民	科技创新创业人才(2015年)	科学技术部	2016年11月
市育才棋社	沈思凡	中国象棋国家大师	国家体育总局棋牌运动管理中心、中国象棋协会	2016年11月
二、获江苏省表彰				
高邮镇	孙咏梅	首届江苏省“最美警嫂”	中共江苏省委政法委员会、中共江苏省委宣传部、江苏省精神文明建设指导委员会办公室、江苏省妇女联合会	2016年3月
江苏华富储能新技术股份有限公司	吴战宇	江苏省劳动模范	中共江苏省委员会、江苏省人民政府	2016年4月
江苏波司登制衣有限公司	何其新			
市阳光特种水产专业合作社	戴大喜			
市公安局菱塘派出所	刘玉山	江苏省先进工作者		
高邮镇司法所	陈士坡	江苏“最美法治人物”	中共江苏省委宣传部	2016年4月
扬州曙光电缆股份有限公司	郑连元	江苏省优秀企业家	中共江苏省委员会、江苏省人民政府	2016年4月
江苏江府酿酒有限公司	万红娣	江苏省白酒工艺大师	江苏省食品工业协会	2016年4月
市平安汽车出租服务有限公司	王　斌	江苏省“十大见义勇为好司机”(第四届)	江苏省见义勇为基金会、中石化江苏石油分公司、《新华日报》、《江苏法制报》、中国江苏网	2016年5月
市公安局菱塘派出所	刘玉山	江苏省先进工作者	中共江苏省委、江苏省人民政府	2016年5月
高邮市	戚华春家庭、翁国英家庭、李兆鹏家庭	江苏最美家庭	江苏省妇女联合会	2016年7月
三垛镇中心幼儿园	管国勤	感动江苏教育人物—2016最美幼儿教师	江苏省教育厅、江苏省教育基金会、江苏教育报刊总社	2016年8月22日
市公安局	陶月华	江苏省优秀应急志愿者	江苏省志愿者协会、江苏省城市应急协会、江苏省地震学会	2016年11月
扬州和益电动工具有限公司	吴广明	全省优秀农民工	江苏农民工工作领导小组	2016年12月
三、获扬州市表彰				
市红星志愿者协会	马建勇	扬州市十佳志愿者	扬州市精神文明建设指导委员会办公室	2016年4月

续表70

单　　位	受表彰人　员	荣誉(职称)称号	授誉机关与单位	表彰时间
江苏华富储能新技术股份有限公司	居春山	扬州市“十大创新人物”(2015年度)	中共扬州市委宣传部、扬州市科技局、市创新型城市建设工作领导小组办公室、市人才办	2016年7月19日
扬州宏远电子有限公司	马坤松			
江苏翊丰半导体照明工程应用技术有限公司	杨卫桥	扬州创新创业大赛(第二届)优胜奖	扬州市创新创业办公室、市财政局、市人社局、市科技局	2016年8月12日
扬州康派尔机械科技有限公司	邱小川			
扬州拓宇信息科技有限公司	翟海峰	扬州创新创业大赛(第二届)鼓励奖		
江苏传艺科技股份有限公司	邹伟民	扬州市“五一”劳动奖章	扬州市总工会	2016年4月
江苏瑞沃建设集团有限公司	张金生			
市供销合作总社	徐克祥			
扬州光明电缆有限公司	杨志鸿			
扬州汇美服饰有限公司	徐茹萍			
江苏华能电缆股份有限公司	沈爱红			
市经济适用住房发展中心	毛　勇			
江苏豪纬交通集团有限公司	宰素红			
市迅达工程机械集团有限公司	周茹宝			
扬州宏远电子有限公司	钟志良	2016年度十大扬州工匠(首届)	中共扬州市委宣传部、扬州市总工会、市经信委、市人社局、市质监局、市科技局、扬州报业传媒集团	2016年12月30日
扬州神游羽绒制衣有限公司	张国际	2016年度优秀扬州工匠		
四、获外省市表彰				
汤庄镇	朱俊山	上海市优秀农民工(2014～2015年度)	上海市农民工工作领导小组	2016年3月

(高志中)

高邮市授誉的新闻人物

2013～2015年高邮市结对帮扶低收入农户工作帮扶之星和先进个人

(由市委、市政府评选表彰)

一、帮扶之星(30名)

蒋学忠　扬州鸿信线路器材有限公司副总经理(高邮经济开发区)

郭志儒　高邮经济开发区农经站副站长

何其新　江苏波司登制衣有限公司总经理(高邮经济开发区)

凌加莹　高邮经济开发区灯塔村会计

郭长銮　高邮经济开发区东湖村党总支书记

杨志清　高邮城南经济新区上庄村党总支书记

杨旭干　扬州润盈机械有限公司总经理(高邮城南经济新区)

许文山　高邮城南经济新区特平村组长

张　炎　高邮城南经济新区浩芝村主任

嵇　青　高邮城南经济新区闸河村会计

瞿　军　扬州普林斯化工有限公司总经理(送桥镇)

姚学林　送桥镇官路村个体户

宋正香　送桥镇郭集村妇代会主任

吴宝香　送桥镇德华社区个体户

徐恒忠　送桥镇南茶村党员

徐长明　高邮镇政府民政助理

林文清　市高农机械配件公司总经理(龙虬镇)

吴静波　三垛镇农业服务中心副主任

路有顺　三垛镇柳南村卫生站站长

李长德　甘垛镇北韩村党总支书记

王忠泰　甘垛镇横泾村党总支书记

陈一明　卸甲镇郭楼村党总支书记

宋　巍　扬州华翔有色金属有限公司董事长

（卸甲镇）

姜培龙　扬州生龙米业有限公司董事长（汤庄镇）

陆誉文　扬州市恒通环保科技有限公司董事长（汤庄镇）

吴协昌　菱塘回族乡清真村党总支副书记

邹庆堂　临泽镇农经站副站长

王殿兵　市润泽建筑有限公司董事长（临泽镇）

陈国富　界首镇大昌村党总支副书记

薛连峰　周山镇法律事务所主任

二、先进个人（20名）

韩树春　市委统一战线工作部

孔德良　市人民武装部

宋　芸　市人力资源和社会保障局

陈　勇　市政务管理服务办公室

王文斌　市发展和改革委员会

杨立东　市物价局

许爱俊　市粮食局

嵇朝玉　市城市管理局

沈恒桃　市农业委员会

杨　洁　市农业资源开发局

孙新国　市农业机械管理局

王荣芳　市国土资源局

陈晓华　市经济和信息化委员会

卞凯芳　市公安局

殷建平　市国家税务局

王　进　市公路管理站

朱其庭　市邮政公司

沈茹萍　高邮农村商业银行

许永慧　人保财险高邮支公司

石文俊　市残疾人联合会　（高志中）

2013～2016年高邮市劳动模范

（由市委、市政府表彰）

马年元　高邮城南经济新区经济运行科科长兼人才办主任

王　坤　扬州戴卡轮毂制造有限公司董事长、总经理

王　俊　市湖畔水产专业合作社社长

王士华　市级机关工委副书记

王东林　扬州鸿元鞋业有限公司副总经理

王学海　江苏兴厦建设工程集团有限公司副总经理、总工程师

王家宏　扬州华盟电子有限公司副总经理、工程师

尹子川　市公安局蝶园派出所南海社区民警

叶古喜　扬州市德运塑业科技股份有限公司仓库主任

吕艾芳　高邮地税局党组成员、副局长

刘九华　扬州高标机械有限公司班组长

刘文斌　高邮亚普塑业有限公司总经理

刘金琴　扬州润明轻工机械有限公司仓库负责人

乔友军　扬州乔氏牧业有限公司总经理

吴　磊　市人民法院三垛法庭副庭长

吴国元　市第二中学教师

时万坤　扬州日兴生物科技股份有限公司生产经理

张所兰　市财政局周山镇财政所副所长

张信华　扬州市鑫通交通器材集团有限公司车间主任

李泰强　市广播电视台电视专题中心副主任

李跃明　市国家税务局党组成员、副局长

陈业祥　市中西医结合医院副院长

陈庆林　车逻镇教育中心校校长

陈庆和　市农开局督查科科长

陈宝山　扬州鑫晶光伏科技有限公司董事长

陈林伍　市金鸡园家庭农场场主

陈寨英　市委组织员、组织部组织科科长

陆士梅　扬州永辉纺织科技有限公司办公室主任

陆金标　市精标齿轮制造有限公司董事长

陆誉文　扬州市恒通环保科技有限公司总经理

居春山　江苏华富储能新技术股份有限公司总经理

柏云龙　扬州亿泰纺织有限公司保全队队长

赵　青　江苏金飞达电动工具有限公司工装设计师

赵书宝　市综治办副主任

赵月新　扬州市鸿润电气（集团）有限公司总经理

姚恒斌　扬州曙光电缆股份有限公司总经理

晏文兵　江苏中景生态农业有限公司董事长

钱　明　市发改委综合科科长

徐家平　市三垛粮库主任

高凤山　市雅源家庭农场场主

高海林　市安全生产监督管理局大队长

翁宏定　市城乡建设局城建科科长

戚维定　市文广新局办公室主任

郭　勇　市郭勇家庭农场场主

葛加平　市凯高鞋业有限公司注压车间主任、公司工会主席

董秀云　市环境监测站副站长

蒋瑞祥　三垛镇保安村党总支书记

潘建波　临泽镇薛北村党总支书记

薛凤香　界首镇界首村党支部书记

戴茂存　扬州市华胜机电制造有限公司副总经理、党支部书记　（高志中）

2016年度高邮市十大新闻人物

（由市委宣传部、市新闻信息中心评选表彰）

何其新　江苏波司登制衣有限公司总经理

邹伟民　江苏传艺科技股份有限公司董事长

沈思凡　市赞化中学九年级学生

吴　磊　市人民法院三垛法庭副庭长

张国际　扬州神游羽绒制衣有限公司裁剪车间职工

刘定勇　龙虬镇招商办副主任

张元奇　中国摄影家协会会员、市摄影家协会名誉主席

史善成　市老区经济开发促进会、扶贫开发协会、老区扶贫基金会会长

周　健　临泽镇(原周巷镇)居民

杨宝田　菱塘回族乡离休老党员(97岁)

逝世人物

孙本旺　男,汉族,1913年2月出生,原汉留镇姚费庄人。中共党员。哲学博士,著名数学家。第三届全国人大代表,第三、五届全国政协委员。1984年,因病逝世。逝世前,任国防科技大学副校长。

他青少年时先后就读于扬州中学、南开大学。1937年,毕业于南开大学数学系,后任西南联合大学讲师。1946年,赴美国留学。1947年,获纽约大学柯朗研究院哲学硕士学位。1949年,获哲学博士学位后回国。历任武汉大学教授,军事工程学院教授、数学教研室和基础课部主任,国防科技大学系统工程与数学系主任、副校长,中国数学学会第三届理事。1984年,加入中国共产党。长期从事微分几何、微分方程的研究。编著有《数学物理方程》《伽罗毕理论》《拓朴学》等,译有《数学分析》等。　（姜权　肖维琪）

乔登江　男,回族,1928年3月出生,菱塘回族乡乔大庄人。中共党员。中国工程院院士,核技术应用专家,"两弹一星功臣",受聘为华东师范大学终身教授。离休前,任国防科学技术工业委员会21基地科技委副主任兼西北核技术研究所科技委主任。2015年5月8日,因病逝世。

1944年,他小学毕业后,考取南京第五中学。后参加地下党组织,从事地下革命活动。1948年2月,中学毕业后,考取金陵大学物理系。1949年3月,南京解放前夕,秘密加入中国共产党。1952年9月,大学毕业后留校任物理系助教。1954年12月,被派往北京师范大学物理系进修。1957年9月,进修毕业后被分配到江苏师范学院物理系任讲师。1960年,任江苏师范学院物理系主任兼系党总支副书记。1963年3月,被派往苏联莫斯科大学留学。1966年,留学回国后,加入中国人民解放军,被派往罗布泊,参加新中国核试验基地研究所建设。先后任国防科学技术工业委员会21基地研究所(西北核技术研究所)五室副主任、主任,抗辐射加固技术专业副组长兼秘书,研究所副所长,基地科技委副主任兼西北核技术研究所科技委主任,研究所研究员兼博士生导师。是年10月起,参加导弹试验,并取得成功,实现"两弹"的结合。此后,每遇核试验皆参与,先后共参加核试验24次,成为全国参加核试验次数最多的老专家之一。1970年8月起,被抽调参加军事科学院组织的全军核武器防护教材编写工作,先后主编《核爆炸效应参数手册》《战略目标核效应手册》《核爆炸物理概论》《电子元器件电磁脉冲效应手册》《脉冲束辐照材料动力学》和合著《地下核爆炸现象学概论》《核爆炸与核试验》等著作。1988年6月,因患肾癌退役离休。1998年,当选为中国工程院院士。1999年6月,被华东师范大学聘任为终身教授、博士生导师。先后抱病完成国防科研基金项目7项。获科学技术奖励9项,其中获国家科技进步奖一等奖1项、部委科学技术进步奖7项。"大气层核爆炸安全论证"项目和"X光热——力学效应及其相对论电子束模拟的理论与实践研究"项目获一等奖。2003年10月,被中国人民解放军总政治部表彰为全军先进离退休干部。2006年6月,再获"光华工程科技奖"。2010年12月,再次被中央军委下令征召入伍,并被授予"文职特级军衔"和定为"专业技术一级"。　（乔国平）

附　　录

Appendix

表71　　**2016年市委、市政府部分文件目录表**

类别	文件名称	发文时间	文号
决议	中国共产党高邮市第十届委员会第十二次全体会议决议	4月8日	
	中国共产党高邮市第十届委员会第十三次全体会议决议	7月25日	
决定	《关于表彰2015年度全市社会稳定风险评估工作先进单位的决定》	1月6日	邮发〔2016〕4号
	《关于表彰2015年度乡镇人大工作先进单位和先进个人的决定》	1月27日	邮发〔2016〕7号
	《关于表彰2015年度安全生产工作先进单位的决定》	2月4日	邮政发〔2016〕9号
	《关于表彰2015年度全市经济社会发展先进单位的决定》	2月5日	邮发〔2016〕8号
	《关于表彰2015年度全市建筑业先进集体和先进个人的决定》	2月5日	邮发〔2016〕9号
	《关于给予城建局等单位记集体三等功、陆炜等同志记个人三等功的决定》	2月5日	邮政发〔2016〕11号
	《关于给予城管局等单位"突出贡献奖"表彰的决定》	2月5日	邮政发〔2016〕12号
	《关于表彰2015年度全市党建工作先进集体的决定》	2月6日	邮发〔2016〕10号
	《关于表彰2015年度政府工作先进单位的决定》	2月14日	邮政发〔2016〕16号
	《关于授予"耐水压水平探测电缆"等项目2015年度高邮市科学技术奖的决定》	2月15日	邮政发〔2016〕18号
	《关于表彰2015年度城建"双十"重点工程先进单位和先进个人的决定》	2月22日	邮发〔2016〕12号
	《关于表彰2015年度平安建设、法治建设和信访工作先进单位的决定》	2月26日	邮发〔2016〕13号
	《关于表彰2015年度住房公积金扩面缴存工作先进单位的决定》	3月14日	邮政发〔2016〕35号
	《关于表彰2015年度依法行政工作先进单位的决定》	3月15日	邮政发〔2016〕38号
	《关于表彰2015年度全市双拥工作先进单位的决定》	3月17日	邮发〔2016〕21号
	《关于表彰2014-2015年度市人大代表建议、政协提案办理工作先进单位和先进个人的决定》	3月21日	邮政发〔2016〕44号
	《关于表彰2015年度党管武装好书记的决定》	4月1日	邮发〔2016〕23号
	《关于表彰2015年度基层武装工作先进单位的决定》	4月1日	邮发〔2016〕24号
	《关于表彰2013-2015年度全市结对帮扶低收入农户工作先进单位和先进个人的决定》	4月14日	邮发〔2016〕26号
	《关于授予李忠等5位人士高邮市"城市贵宾"称号的决定》	4月15日	邮政发〔2016〕64号
	《关于授予马年元等50名同志高邮劳动模范称号的决定》	4月26日	邮发〔2016〕28号
	《关于表彰2015年度高邮市市长质量奖获奖企业的决定》	4月26日	邮政发〔2016〕85号
	《中共高邮市委关于新中国成立以来至2012年6月党内规范性文件的清理决定》	5月6日	邮发〔2016〕37号
	《关于表彰2015年度征兵工作先进单位和先进个人的决定》	7月22日	邮政发〔2016〕142号
	《关于表彰高邮市优秀教育工作者的决定》	9月5日	邮政发〔2016〕179号
	《关于命名五星级、四星级村(社区)党组织和党组织书记的决定》	9月9日	邮发〔2016〕49号

续表71

类别	文件名称	发文时间	文号
决定	《关于责令取缔万凤亭土炼油加工点等23家“十小”企业的决定》	10月10日	邮政发〔2016〕198号
	《关于授予林永兴等6人高邮市“荣誉市民”称号的决定》	10月23日	邮政发〔2016〕201号
	《关于表彰2011—2015全市普法工作先进集体和先进个人的决定》	11月25日	邮发〔2016〕56号
意见	《关于加强城市防洪排涝工作的实施意见》	2月5日	邮政发〔2016〕17号
	《关于进一步促进和扶持建筑业又快又好发展的实施意见》	2月14日	邮政发〔2016〕15号
	《2016年高邮市民生幸福工程实施意见》	2月16日	邮发〔2016〕1号
	《中共高邮市委关于乡镇领导班子换届工作的意见》	3月15日	邮发〔2016〕19号
	《关于2016年全市双拥和国防教育工作的意见》	3月17日	邮发〔2016〕22号
	《关于进一步加强新时期爱国卫生工作的实施意见》	3月28日	邮政发〔2016〕53号
	《关于全市“十三五”节能工作的意见》	4月9日	邮政发〔2016〕59号
	《关于加快扬州高邮国家农业科技区建设工作的实施意见》	4月24日	邮发〔2016〕27号
	《关于推动经济发展迈上新台阶的实施意见》	4月28日	邮发〔2016〕30号
	《关于推动文化建设迈上新台阶的实施意见》	4月28日	邮发〔2016〕32号
	《关于推动民生建设迈上新台阶的实施意见》	4月28日	邮发〔2016〕33号
	《中共高邮市委关于落实全面从严治党责任综合运用监督执纪“四种形态”的实施意见》	5月3日	邮发〔2016〕35号
	《中共高邮市委关于2016年度乡镇、园区、和市级机关党建工作考评实施意见》	5月5日	邮发〔2016〕36号
	《关于2016年度乡镇、园区经济发展综合考评和市级机关能力作风建设考评工作实施意见》	5月5日	邮发〔2016〕38号
	《关于落实发展新理念推动现代农业建设迈上新台阶建设“强富美高”新农村的意见》	5月13日	邮发〔2016〕31号
	《关于开展脱贫致富奔小康工程的实施意见》	5月16日	邮发〔2016〕40号
	《关于进一步推动旅游业发展的政策扶持的意见》	6月15日	邮政发〔2016〕112号
	《关于加快发展服务业的政策意见》	6月16日	邮政发〔2016〕108号
	《关于加快推进粮食生产全程机械化的意见》	6月16日	邮政发〔2016〕110号
	《关于促进农村居民收入持续较快增长的实施意见》	8月18日	邮发〔2016〕46号
	《关于进一步加强全市政府性债务和财务管理的实施意见》	9月14日	邮政发〔2016〕185号
	《关于进一步提升全市住宅物业管理水平的工作意见》	10月17日	邮政发〔2016〕194号
	《关于加强国有企业经营管理的意见》	11月2日	邮发〔2016〕54号
	《关于实施农村公路提档升级工程的意见》	11月14日	邮政发〔2016〕215号
	《关于加快高邮高新技术产业开发区发展的意见(试行)》	11月23日	邮发〔2016〕55号
	《关于进一步推进建成区“八老”改造的意见》	12月16日	邮政发〔2016〕249号
	《关于推进建筑产业现代化发展的实施意见》	12月16日	邮政发〔2016〕250号
	《关于加快发展老龄事业加强养老服务体系建设的实施意见》	12月22日	邮政发〔2016〕274号
	《关于2017年度水利建设与管理工作意见》	12月26日	邮政发〔2016〕263号
	《关于2017年林业工作的意见》	12月26日	邮政发〔2016〕264号
	《关于缓解企业融资难问题的意见》	12月26日	邮政发〔2016〕265号
通知	《关于转发〈扬州市政府关于贯彻落实省政府关于机关事业单位工作人员养老保险制度改革的实施意见的通知〉的通知》	1月8日	邮政发〔2016〕3号
	《关于调整对越作战残疾军人生活补助的通知》	1月15日	邮政发〔2016〕5号
	《关于〈高邮市人武部党委贯彻“三严三实”要,加强基层武装工作“四个常态化”建设措施〉和〈党建考评基层武装工作细则〉的通知》	1月25日	邮发〔2016〕3号
	《关于印发〈2016年政府工作报告目标任务落实分解表〉的通知》	2月3日	邮政发〔2016〕1号

续表71

类别	文件名称	发文时间	文号
通知	《关于建立2016年度城建十大重点项目和城建十类重点工程目标责任制的通知》	2月5日	邮发〔2016〕5号
	《关于印发〈“上海及长三角地区招商深化年”实施方案〉的通知》	2月22日	邮发〔2016〕11号
	《关于公布高邮城区首批地下文物埋藏区的通知》	2月25日	邮政发〔2016〕24号
	《中共高邮市委关于印发〈2016年全市宣传思想工作要点〉的通知》	2月26日	邮发〔2016〕14号
	《关于印发〈高邮市“十三五”人才发展规划〉的通知》	3月1日	邮发〔2016〕15号
	《中共高邮市委关于印发〈2016年全市统战工作要点〉的通知》	3月2日	邮发〔2016〕16号
	《关于2016年度市领导挂钩联系工作安排的通知》	3月9日	邮发〔2016〕17号
	《关于下达2016年主要经济指标的通知》	3月14日	邮发〔2016〕20号
	《关于印发〈高邮市2016年依法行政工作要点〉的通知》	3月15日	邮政发〔2016〕40号
	《关于印发〈2016年全市社会治安综合治理和平安建设工作要点〉的通知》	4月12日	邮发〔2016〕25号
	《关于印发〈高邮市历史建筑保护管理办法〉的通知》	4月19日	邮政发〔2016〕66号
	《关于转发〈中共扬州市委、扬州市人民政府2016“三直接”十大环节操作规范的通知〉的通知》	4月26日	邮发〔2016〕29号
	《关于印发〈高邮市环境监管及执法能力提升实施方案〉的通知》	4月28日	邮政发〔2016〕75号
	《中共高邮市委关于选举产生中共高邮市第十一次代表大会代表的通知》	5月3日	邮发〔2016〕34号
	《关于印发〈关于建立政府法律顾问制度的实施方案〉的通知》	5月4日	邮政发〔2016〕82号
	《关于2016年度全市秸秆禁烧禁抛、还田和综合利用工作的通知》	5月13日	邮发〔2016〕39号
	《关于印发〈高邮市防御洪涝灾害预案(2016年度)〉、〈高邮市城市防御洪涝灾害应急预案(2016年度)〉的通知》	5月15日	邮政发〔2016〕91号
	《关于明确扬州清水潭生态文化旅游度假区运营收费主体的通知》	5月24日	邮政发〔2016〕98号
	《关于印发〈高邮市人民政府重大行政决策程序规定〉的通知》	5月25日	邮政发〔2016〕99号
	《关于印发〈关于加强五项重点权力监督制约的实施意见〉的通知》	6月2日	邮发〔2016〕43号
	《关于印发〈高邮市学生军事训练工作实施意见〉的通知》	7月1日	邮政发〔2016〕123号
	《关于设立高邮苏中循环经济产业园的通知》	7月13日	邮政发〔2016〕127号
	《中共高邮市委、高邮市人民政府转发〈市委宣传部、市司法局关于在全市公民中开展法治宣传教育的第七个五年规划(2016—2020年)〉的通知》	7月25日	邮发〔2016〕44号
	《关于印发〈关于进一步加强技防监控建设的意见(2016)〉的通知》	9月2日	邮政发〔2016〕177号
	《关于印发〈高邮市党员干部改革创新、干事担当容错免责实施办法(试行)〉的通知》	9月9日	邮发〔2016〕47号
	《关于做好第二次全国地名普查有关工作的通知》	9月13日	邮政发〔2016〕182号
	《关于印发高邮市水污染防治工作实施方案的通知》	9月14日	邮政发〔2016〕186号
	《中共高邮市委常委工作分工的通知》	9月19日	邮发〔2016〕48号
	《关于印发高邮市小微企业创业创新三年(2016—2018)行动计划的通知》	10月10日	邮发〔2016〕50号
	《中共高邮市委转发〈市人大常委会党组关于做好全市市、乡镇两级人民代表大会换届选举工作的意见〉的通知》	10月10日	邮发〔2016〕51号
	《中共高邮市委关于印发〈中共高邮市委巡察工作实施办法(试行)〉的通知》	10月31日	邮发〔2016〕53号
	《关于做好2015年度退役士兵接收安置工作的通知》	11月16日	邮政发〔2016〕221号
	《中共高邮市委关于印发〈中共高邮市委常委会议事决策规则〉的通知》	12月1日	邮发〔2016〕57号

续表71

类别	文件名称	发文时间	文号
通知	《关于印发规范性文件清理结果的通知》	12月8日	邮政发〔2016〕242号
	《关于印发〈高邮市法制政府建设实施纲要(2015—2020年)贯彻方案〉的通知》	12月9日	邮发〔2016〕58号
	《关于印发〈高邮市城市事权划分方案(试行)的通知〉》	12月16日	邮政发〔2016〕251号
	《中共高邮市委转发〈市委组织部、市委统战部关于政协高邮市第十三届委员会人事安排的意见〉的通知》	12月24日	邮发〔2016〕59号
	《关于印发〈高邮市高考考核奖励办法〉的通知》	12月28日	邮政发〔2016〕270号
	《关于印发〈中国重要农业文化遗产候选项目江苏高邮湖湿地农业系统保护与发展管理暂行办法〉的通知》	12月30日	邮政发〔2016〕273号
	《关于在城市规划区范围内禁止生产和使用粘土砖的通告》	4月18日	邮政发〔2016〕65号
	《关于加强夏粮收购市场管理的通告》	5月25日	邮政发〔2016〕101号
办法	《关于高邮市2016招商引资开放型经济考核奖励办法》	2月25日	邮政发〔2016〕26号
	《中共高邮市委2016年度市领导挂钩联系工作考核办法》	3月8日	邮发〔2016〕18号
	《关于加快资本市场建设的实施办法》	10月28日	邮政发〔2016〕206号

(史志)

表72　**2016年高邮市部分作者在省级以上媒体、书刊和学术会议上发表的部分文章目录**

文章标题	作者	发表时间(期数)	发表载体
磨刀不误砍柴工——关于磨课的质疑与回应	蒋智春	2016年5月	中国教育报
教师教学风格形成的环境与误区	蒋智春	2016年5月	教学与管理
鸡蛋的气孔在哪里	陈龙干	2016年9月	生物学教学
解题分析:促进师生教学相长——学习罗增儒教授的解题分析观点	陆永宏	2016年12月	中学数学
“好玩”的数学实验	陆永宏	2016年10月	中小学数学
抽丝剥茧见真意踏雪留痕显实效——对轴对称复习课的一点研究	陆永宏	2016年10月	数学教学通讯
教育需要什么	陆永宏	2016年6月	初中生世界
基于标题解读的阅读教学实践	卞金华	2016年2月	基础教育外语教学研究
寻找“保持体温”的思想品德课——以省优质课《人生与责任》为例	胡　鹤	2016年3月	中学政治教学参考
信息认知加工理论框架及策略在阅读教学中的应用实践与思考	卞金华	2016年4月	基础教育外语教学研究
思想品德趣味教学案列三则	胡　鹤	2016年10月	中学政治教学参考
趣味化学实验在初中化学课上的运用	闵蓉蓉	2016年10月	中学化学教学参考
培养写作技能的阅读教学实践——以译林版《牛津初中英语》八下Unit 8 Reading教学为例	卞金华 宰月明	2016年3月	英语学习
单元话题拓展建构的教学实践与思考	卞金华	2016年8月	中小学外语教学
利用综合实践拓展初中物理实验教学	朱寿岭	2016年第2期	中学物理教学参考
阿基米德原理的验证与由来	陈广俊	2016年2月	物理教学
系统非保守弹力合元功为零的分类研究---基于机械能守恒定律的理解	陈广俊	2016年2月	湖南中学物理
备好“学生、教材”冲突,以吻合课程目标—以苏教版物理教材“摩擦力”为例	陈广俊	2016年10月	物理教学
初中英语口语有效教学研究	唐月娥	2016年4月	中学生英语
图画在初中英语课堂教学中的作用	卢万斌	2016年4月	中学生英语

续表72

文章标题	作者	发表时间(期数)	发表载体
小学语文课外阅读模式探究	陈玉梅	2016年11月	教书育人
名师也“贿赂”学生	宰华平 顾金保	2016年1月	中学政治教学参考
让“生生对话”贯穿语文课堂内外	濮长江	2016年1月	现代语文
兴趣教学法在初中数学教学中的有效应用	郑贤明	2016年1月	中学课程辅导
小组合作纠错在数学教学中的应用	李圣红	2016年1月	教育
初中英语高效课堂背景下的小组合作学习研究	阮中田	2016年1月	英语画刊
浅析英语中考复习策略	朱士梅	2016年1月	校园英语
合理运用小组合作学习　构建初中数学高效课堂	赵正萍	2016年2月	数理化解题研究
如何通过初中英语教学让知识“活”起来	曹金香	2016年3月	中学生英语
新课改下如何构建初中高效语文课堂	周　梅	2016年3月	语文天地
突出以学定教,提高初中数学教学效率	郑贤明	2016年3月	数学大世界
初中音乐乐感和音乐鉴赏教学分析	任继萍	2016年3月	启迪与智慧
物理课堂彰显物理味	李桂兵	2016年4月	数理化解题研究
初中物理“三学”教学模式的探索	赵安林	2016年4月	中学物理教学参考
情境创设在初中数学教学中的开展	赵正萍	2016年4月	数学大世界
刍议物理图景在初中物理教学中应用	王　俊	2016年5月	数理化解题研究
合作学习在初中英语中的应用	金广美	2016年5月	经典教学
桂枝昆玉　含英咀华	宰华平	2016年5月	中学政治教学参考
教育技术装备在初中英语教学中的作用	朱　莉	2016年5月	中学生英语
巧妙设计数学问题,有效挖掘隐含条件	李玉军	2016年7月	考试周刊
利用教学导入,让初中英语教学更精彩	朱士梅	2016年9月	英语画刊
计算机辅助教学在中学美术教学的应用	郝吉国	2016年9月	启迪与智慧
如何提高美术课堂教学的有效性	郝吉国	2016年9月	美术教育研究
新课标理念下初中语文话题作文的反思	周　梅	2016年9月	中学课程辅导
推动学校变革从当“好”校长开始	佘中林	2016年11月	教育
煽情不等于真情	宰华平	2016年11月	中学政治教学参考
任务型教学在初中英语阅读课堂中的有效运用	陆春芬	2016年11月	新课堂
初中数学教学中的自主学习法探究	李玉军	2016年12月	考试周刊
试论初中数学教学中渗透归纳推理意识	赵正萍	2016年12月	中学课程辅导
构建初中“生态体育”课堂“三途径”	徐有杰	2016年12月	运动
提高初中体育教学质量的有效途径	吕小艳	2016年12月	运动
作业设计在初中英语教学中的作用	曹金香	2016年12月	中学教学参考
如何提升校长教育领导力向上的思考	王家平	2016年12月	中国农村教育
轨迹问题的命题新趋向	刘鸿春	2016年12月	人大复印资料转载
信息技术运用在数学教学中的思考	卞海燕	2016年8月	中国教师
谒米芾墓	张永峰	2016年12月	中学语文教学
高邮市蔬菜流通现状分析及发展对策	张春华 马长青 王　平 冯　明 钟　越	2016年第9期	中国果菜
加强豆稻轮作,促进产业进步	马长青 冯　明 张春华 钟　越	2016年第3期	大豆科技

续表72

文章标题	作者	发表时间(期数)	发表载体
大棚苋菜套种黄瓜高效栽培技术	马长青 张春华 毛宝山	2016年第5期	上海农业科技
赤眼鳟大棚增温早繁技术	马建社	2016年11月	水产养殖
高温季节罗氏沼虾养殖技术要点	陈正兴 董学洪 马建社	2016年8月	水产养殖
公民参与司法的社会治理效应	夏　敏	2016年2月	行政管理改革
集体审判与法官意志独立—以健全审判权力运行机制为视角	夏　敏	2016年7月	中国审判.审判权力运行机制的理论与实践(上册)
丁启章诉江苏京沪高速有限公司等人身损害赔偿纠纷案	赵广才 徐智渊	2016年10月	最高人民法院公报
行政机关是否履行法定职责的认定及答复的合法性—上海万鼎市政工程有限公司诉高邮市财政局不履行法定职责案	嵇晓红	2016年10月	中国法院2016年度案例
检讨与修正:环境刑事司法之现状分析与对策思考——以实证分析为视角	朱远军	2016年8月	中国环境法治

（史志）

表73

2016年高邮市各乡镇村、社区基本情况表

乡镇	村、社区	党(总)支部书记	村(居)委会主任	会　计	村(居)民小组数(个)	户数(户)	总人口(人)	农业面积(公顷)	工业企业(家)	社会总产值(万元)	人均收入(元)
高邮镇	凤凰村	陈长忠	方玉祥	宋尔金	18	1165	4639	46	—	32931	25234
	新华村	方荣开	戴学友	王凤毛	5	766	2070	2	9	41760	22881
	新民村	汤永华	徐金松	印正军	10	790	2892	114	6	30558	24532
	湖滨村	乔高峰	曹修龙	秦国胜	13	1210	4434	191	34	51799	23981
	黄渡村	周宗宝	龙　祥	李　迎	20	1866	5866	65	75	35396	26696
	十里村	陈晓勇	马汝龙	钱宗贵	18	1141	4621	370	12	53115	21669
	宝塔社区	毛永华	凌久山	冯春明	6	607	5975	—	11	75590	28329
	武安社区	孙定华	孙定华	赵志宏	6	2340	7910	—	22	143196	29531
	新联社区	凌　云	凌　云	陈丽琴	15	2729	6870	—	4	49100	30603
	高谢社区	陈　新	王顶甲	钱帮霞	11	716	2167	60	15	45578	28302
	琵琶社区	陆凤霞	—	—	29	4262	12053	—	—	—	—
	奎楼社区	何　萍	周道霞	—	15	2900	9800	—	—	—	—
	西塔社区	王有明	汤安娜	—	14	1872	6088	—	—	—	—
	南海社区	俞晓惠	蒋　寅	—	10	2888	7701	—	—	—	—
	水部楼社区	田　耘	姜　鹏	—	12	2974	7492	—	—	—	—
	北海社区	高雪梅	蒋　欣	—	21	2552	7910	—	—	—	—
	大淖社区	陈　枫	党定龙	—	14	2774	6986	—	—	—	—
	御码社区	张艳燕	张艳燕	—	10	2008	5874	—	—	—	—
	月塘社区	王丽娟	嵇有华	—	20	3920	10016	—	—	—	—
	康华社区	冯春娟	管月琴	—	12	3846	14085	—	—	—	—

续表73

乡镇	村、社区	党(总)支部书记	村(居)委会主任	会计	村(居)民小组数(个)	户数(户)	总人口(人)	农业面积(公顷)	工业企业(家)	社会总产值(万元)	人均收入(元)
龙虬镇	张轩村	梅德洋	周华池	陈　刚	21	1203	4426	348	—	49897	24013
	兴南村	朱尚平	王天林	陈俊荣	11	618	2303	324	—	12380	23800
	东角村	秦德友	秦德友	王兴军	17	783	3652	224	—	21765	23650
	强民村	尤新月	李　民	徐晓东	11	521	1940	140	—	25749	22025
	白马村	陈　彬	高来卫	高来钧	10	632	2502	139	—	19353	23248
	兴北村	周其海	郑仲山	居梅林	11	601	2397	240	—	9645	23608
	大树村	陈学坤	陈学坤	居国岗	12	638	2249	247	—	18529	22243
	一沟村	徐文权	徐文权	王安军	13	781	2600	240	—	34693	23068
	龙潭村	张生根	王春元	裔小平	11	548	2094	196	—	20433	23616
	龙腾村	冯春良	居先宏	邹广桂	16	842	4390	330	—	62990	22080
	龙虬庄村	朱仁斌	居广星	李维兵	20	1155	6628	140	—	24208	23083
	龙虬社区	—	朱仁斌	—	—	—	—	—	—	—	—
	张轩社区	—	刘小荣	—	—	—	—	—	—	—	—
卸甲镇	卸甲村	卞正明	李宏江	张学山	24	1765	6305	678	44	68095	28248
	郭楼村	陈一明	黄加明	赵　楠	20	1077	4062	404	27	42151	24628
	一平村	李　政	朱松厚	李　岗	17	929	3262	412	29	50649	25176
	潘杨村	杨方晗	—	王文忠	21	1086	3794	521	27	29015	24718
	大庵村	倪增宏	杨善才	莫仁忠	19	1026	3429	498	18	42396	24756
	周邶墩村	陈安兵	许乃林	钱小强	34	1927	7651	660	38	77877	24710
	龙奔村	谢兆伟	张玉宏	李云峰	28	1544	5682	578	23	39242	25715
	三新村	陈德娟	陈增明	倪乃芳	14	954	3246	369	17	41412	24472
	金家村	厉子刚	张永宏	周　娟	28	1358	4770	509	39	117065	25209
	伯勤村	侯国强	谢圣兵	秦荣凯	19	913	3253	460	27	52900	24632
	三河村	孟荣忠	孙兴宏	陈旭兰	15	996	3319	407	15	53410	24910
	花阳村	曹春宝	邱红星	吴新明	25	1370	4462	681	24	48626	24566
	恒丰村	姚永志	李华琴	尚义琴	21	1030	3916	354	19	76253	24944
	金港村	颜金松	何　伟	周　静	15	934	3165	429	15	17883	25715
	陈堡村	陈述东	杨宝兵	李红玲	15	928	3255	343	13	25055	24189
	金沟村	陈永平	王庭荣	谢秀华	30	1531	4523	493	37	47845	24205
	张余村	袁福祯	王定荣	许粉娣	18	1127	3950	366	50	51188	24800
	卸甲社区	张国年	—	陈冬林	8	985	3005	—	62	1020000	—
	伯勤社区	吴登峰	郭志明	金传宏	4	693	1165	12	22	20255	—
	龙奔社区	张　浩	张　浩	张士栋	4	324	1043	19	19	17846	—
	八桥社区	杨桂芬	曹正宏	徐道梅	4	1479	2579	27	21	15568	24261
汤庄镇	汤庄村	陈　华	沈金权	吴广金	10	1211	3783	290	47	26712	30650
	缪阳村	张传宝	张二银	吴继松	10	835	2819	386	25	15488	25581
	友谊村	刘荣生	王玉中	许志国	12	1032	3493	504	5	8138	25413
	联谊村	浦　祥	李　圣	—	9	548	1845	225	6	4359	22264
	潘季村	刘春林	谭士友	朱定宇	9	821	2750	421	8	6455	22289
	南屏村	胡有美	翁学良	朱丽华	10	798	2681	424	7	6899	24814

续表73

乡镇	村、社区	党(总)支部书记	村(居)委会主任	会　计	村(居)民小组数(个)	户数(户)	总人口(人)	农业面积(公顷)	工业企业(家)	社会总产值(万元)	人均收入(元)
汤庄镇	沙堰村	郭兆平	陈顺兵	华桂军	13	1149	3375	492	7	67886	26000
	双屏村	郭正来	俞永祥	吉永明	7	920	2788	455	23	10120	25100
	长林村	洪秀华	李凤珠	郭万才	9	858	2801	436	4	8898	25551
	京汉村	张炳荣	吴桂祥	吴桂祥	17	799	2484	406	2	6223	24415
	富南村	吴中德	吴增祥	吴丽丽	12	700	2292	277	5	5456	25300
	汉留村	沈志华	李湘峰	颜育智	25	1445	4560	550	28	14978	24974
	曾钰村	周瑞荣	姜国庆	徐万斌	16	926	3152	349	26	8012	25698
	跃进村	刘学兵	刘学兵	薛兆梅	11	589	1900	294	13	6312	26011
	甸垛村	余兴良	吴　桐	孙如峰	11	819	2802	261	13	8987	25233
	四异村	薛兆龙	刘华山	孙同安	17	1160	4085	423	8	11679	24230
	友好村	吴凤梅	赵天林	樊宏宝	13	883	2808	242	3	8850	25977
	阳澄社区	余艳梅	周厚茂	—	7	1028	2875	—	—	—	—
	汉留社区	李　婷	吴万国	—	5	375	1207	—	—	—	
	海陵社区	谭海琴	韦善鸿	万江梅	—	1246	3838	—	95	—	—
	金堰社区	谢小娟	冯士东	吕春兰	—	807	2272	—	51	—	—
	汤庄养殖场	姜金涛	—	沈久定	—	—	—	—	—	—	—
	沙堰养殖场	徐有高	—	吴祝荣	—	—	—	—	—	—	—
三垛镇	三百六村	赵维祥	钱维虎	赵维锦	10	1019	3349	133	9	6275	20933
	茆吴村	杨士亮	刘尚银	—	8	827	2606	334	30	8111	20956
	春生村	陈有松	倪维岭	翁中来	15	1276	4170	411	46	7154	20549
	东楼村	周　华	施爱萍	吕志峰	9	961	3364	258	18	7054	20871
	林阳村	刘小平	陈华山	刘长松	14	811	2487	336	2	9108	20724
	二沟村	徐明宝	高正红	陈传刚	10	821	2302	164	4	13460	22904
	俞胡村	孙　松	孙　浩	王义春	19	1052	3674	409	6	12527	20358
	南丰村	周恒权	徐　媛	陈清宏	20	1171	4074	427	12	24378	21255
	剑鸣村	陆万美	王旗宏	刘　浩	18	1025	3436	488	3	11742	20530
	保安村	蒋瑞祥	赵宝宏	左元浪	21	1012	3393	480	6	1478	20650
	武宁村	吕广标	徐金宝	徐和民	12	943	3153	312	18	9039	20678
	柳南村	陈　军	强大新	娄付军	13	1167	4027	442	13	41415	20835
	港河村	张学义	管明海	王兆年	8	611	2059	289	4	6285	21058
	大卢村	赵宝宏	吴益权	卢瑞安	13	874	3082	378	4	10969	21200
	少游村	王朝良	秦长权	陆家银	8	850	2835	353	10	7522	21834
	柘垛村	杨春宏	缪从安	王才军	13	1067	3632	378	53	34222	23284
	司徒村	秦国祥	肖宏桂	顾志峰	13	1137	3828	391	7	32302	23290
	米仓村	胡　良	朱志祥	沈云峰	12	843	2829	244	48	23003	23148
	兴联村	沈文清	沈文清	葛瑞林	13	1047	3539	326	6	25787	21483
	耿庭村	俞春海	姜恩韦	张德宏	11	791	2742	243	24	22948	22842
	官垛村	王仁兵	郭永法	晏根章	13	1090	3692	314	30	25259	21316
	三阳社区	吴春兰	吴春兰	—	35	2994	6832	—	—	—	—
	二沟居委会	徐明宝	许卫华	—	3	501	718	—	—	—	—
	武宁居委会	吕广标	李玲霞	—	3	556	1177	—	—	—	—
	司徒居委会	陈生久	郭彩琴	—	5	671	1167	—	—	—	—

续表73

乡镇	村、社区	党(总)支部书记	村(居)委会主任	会 计	村(居)民小组数(个)	户数(户)	总人口(人)	农业面积(公顷)	工业企业(家)	社会总产值(万元)	人均收入(元)
甘垛镇	河口村	吕小平	徐长智	张士银	13	849	3044	306	18	7254	21224
	姚家村	姚渔杭	许长庆	张 磊	15	1209	3999	504	2	8236	19809
	北韩村	李长德	耿文标	王锦荣	15	1282	4004	531	3	9291	20853
	和平村	吴凤岭	韩传福	陈宏亮	10	1280	3569	282	4	6068	19788
	振兴村	韦志高	徐学余	徐恒盛	14	1061	3398	497	8	8590	20742
	横铁村	吴凤升	—	王庆虎	14	1032	3401	369	10	8486	21039
	沙贯村	陶安良	从勇乙	俞荣林	13	930	3099	392	8	7813	20373
	甘泉村	张增广	易荣兵	王玉春	7	812	2372	188	16	7165	21238
	新庄村	宗志勇	—	陈 胜	9	676	2316	293	9	7330	21210
	荷花村	袁桂兵	郑传旺	俞孝贵	16	1212	3968	497	5	7821	20946
	渔海村	陈春山	—	杨政礼	1	956	3184	381	5	7696	20970
	甘垛社区	汤贵喜	—	高正芳	1	547	1141	—	16	1100	21230
	三郎庙村	赵伯民	盛恒飞	倪云峰	15	1330	4312	358	5	9722	22054
	三河村	毛振波	樊长存	薛冬林	13	1114	3347	279	2	7951	21465
	横泾社区	朱凤茂	—	—	3	535	1019	—	1	1500	23975
	横泾村	沐春中	—	朱恩建	16	1370	4436	435	4	9102	21023
	官林村	陈金松	林富来	韩正大	16	1590	4903	430	3	10519	21391
	带程村	周 智	杨朝贵	黄益华	15	1168	3945	408.8	3	8074	21034
临泽镇	韩夏村	龚洪彬	夏存喜	韩登云	13	719	2516	369	8	9299	21217
	蒋颜村	杨凤勤	韦忠华	韩文书	13	828	2519	330	12	9353	21082
	合心村	薛 飞	纪永荣	纪永荣	22	1630	5003	620	12	20138	21118
	洋汉村	陈应明	陈登华	—	15	725	2603	337	5	9790	21247
	法青村	王庆军	薛从生	沈国芳	16	1036	3406	447	6	15185	21226
	朱堆村	郭有根	马友忠	朱 春	19	1425	4890	528	14	21237	21269
	东荡村	陆荣康	韩仁勤	邵书宝	12	770	2734	363	4	14940	21147
	川东村	王桂祥	王维銮	卞庆星	11	780	2724	415	5	13417	21229
	小葛村	祁志芳	仲文高	葛金还	7	561	1958	394	4	17214	21267
	董潭村	徐建生	朱继国	朱干勇	20	1640	5267	986	11	28733	21232
	瓦港村	姜海清	陆增祥	—	11	824	2725	345	9	11940	21207
	西河村	俞仁淦	徐春洪	胡兆珍	11	826	2695	365	10	29684	21202
	西安村	秦国兴	蔡万宽	张美斌	17	1167	3932	609	13	18351	21232
	薛北村	潘建波	薛林松	薛正宏	9	686	2796	345	3	11202	21206
	陈甸村	陈 忠	周桂松	陈传银	10	755	2915	338	2	24610	23110
	周巷村	查永东	胡锦忠	胡锦忠	15	1369	4449	563	12	47256	21267
	钱镜村	周瑞明	陈义林	吴永新	11	788	2838	417	11	14027	21219
	双马村	陈祝明	秦银宝	房增弼	16	1238	4119	593	9	17114	21205
	营东村	薛润东	黎长明	周 峰	11	750	2585	429	18	13397	21216
	营南村	朱 洁	陈 熔	冯宝龙	10	694	2525	405	6	13623	21208
	营西村	王泽林	黎恒东	吴 彬	11	782	2527	400	12	10809	21200

续表73

乡镇	村、社区	党(总)支部书记	村(居)委会主任	会　计	村(居)民小组数(个)	户数(户)	总人口(人)	农业面积(公顷)	工业企业(家)	社会总产值(万元)	人均收入(元)
临泽镇	营北村	葛鸿林	沈玉章	沈文义	17	1035	3041	547	18	13070	21212
	泰山社区	展厚忠	潘志权	潘志权	22	1367	4148	286	52	51896	21125
	临泽社区	袁金仁	房士玉	—	25	4490	12568	—	48	87361	—
	川青社区	卢金龙	任　滢	—	5	310	839	—	26	27441	—
	果林社区	葛其松	吕绍明	陈信兰	5	279	910	71	7	10953	—
	周巷社区	胡宏江	薛维山	—	—	820	2460	—	46	—	—
	营南社区	张佳岐	王洪发	—	—	182	605	—	19	—	—
周山镇	吴堡村	吴永美	谢文祥	吴忠理	9	550	1890	256	22	10723	23038
	万福村	居乃谭	宋子荣	邵庆华	19	1153	4099	420	20	15918	24078
	狄奔村	时正宏	丁章明	陈永干	13	768	2645	304	7	11477	20080
	双河村	晏道军	施如琴	马连华	14	932	3336	371	33	9898	20048
	志光村	周朝勇	于冬权	黎寿龙	11	910	3209	409	18	9840	20328
	长宁村	陆宝忠	周燕山	吴佩和	22	1287	4358	654	18	18620	20800
	龙胜村	时广山	郭宏飞	盖峪春	16	1062	3706	456	15	18780	22678
	龙华村	韩连坤	李中文	钱万琴	14	956	3238	403	25	11946	22978
	杨庙社区	周宏标	周宏标	王玉梅	—	270	523	—	50	25958	23000
界首镇	六安村	苏桂良	朱志军	张维才	17	1015	2801	322	19	21967	24022
	大昌村	王　浩	陈国付	戴玉兰	20	938	2972	366	16	20698	22789
	老人桥村	韩在年	何爱军	张晓东	17	1270	4060	445	13	33006	21987
	应龙村	赵春景	孙龙海	戴荣桂	14	693	2335	349	9	10959	19835
	龙翔村	姜富华	卢登荣	魏雪荣	20	1309	4312	398	15	37923	22303
	界首村	薛凤香	潘永山	张晓清	6	1030	3157	65	15	23316	24465
	永安村	梁少兵	胡宝山	史进梅	13	948	3154	192	14	18509	20889
	子婴村	盛有山	陈龙华	蒋兆华	17	1130	3502	359	10	18574	20644
	甓湖社区	陈智慧	陈庆文	徐　霞	—	1932	6428	—	119	—	—
菱塘回族乡	骑龙村	嵇广朝	陈广山	陈福雯	13	835	3121	459	87	46100	27266
	高庙村	杨松椿	杨玉香	朱梅英	15	675	2725	288	14	32185	27447
	龚家村	陈　慧	胡志鹏	陈祖兵	11	746	2586	526	45	25462	26860
	菱塘村	吴朝斌	潘士明	万兆宜	17	1055	3714	337	29	258390	31265
	清真村	吴庆才	杨　玲	冯增荣	21	1006	3094	351	3	218520	27610
	王姚村	路永明	路永东	吴庆凤	12	623	1914	382	3	19527	27227
	曙光社区	谢金陵	张　玲	詹龙江	5	817	2996	7	45	27141	34274
	文昌社区	朱仕海	吴志娟	胡仁昌	6	1246	3039	22	18	6794	22356

（此表由各乡镇提供）

索　引

Index

说　明

1. 本索引采用主题分析法编制，按汉语拼音音序排列。

2. 分目标题用黑体字标示。表格注明“(表)”字样。

3. 标引词后的数字表示内容所在页码，数字后的字母a、b则分别表示左、右栏。

4. 空两字起排的款目为上一主题的“附见”。

5.《特载》《大事纪要》《附录》等3个篇目未作索引。

D

H

X